MANNHEIMER BEITRÄGE
ZUR SPRACH- UND LITERATURWISSENSCHAFT

herausgegeben von

CHRISTINE BIERBACH · ULRICH HALFMANN
HANS-JÜRGEN HORN · WILHELM KÜHLMANN · HARTMUT LAUFHÜTTE
WERNER KALLMEYER · JOCHEN MECKE und MEINHARD WINKGENS

Band 52

Signet: Motiv vom Hals der Oinochoe des ‚Mannheimer Malers'
(Reissmuseum Mannheim, Mitte des 5. Jh. v. Chr.)

Werner Reinhart

Pikareske Romane der 80er Jahre

Ronald Reagan und die Renaissance des politischen Erzählens in den USA

(Acker, Auster, Boyle, Irving, Kennedy, Pynchon)

gnv Gunter Narr Verlag Tübingen

Die Deutsche Bibliothek – *CIP-Einheitsaufnahme*

Reinhart, Werner:
Pikareske Romane der 80er Jahre : Ronald Reagan und die Renaissance des politischen Erzählens in den USA (Acker, Auster, Boyle, Irving, Kennedy, Pynchon) / Werner Reinhart. – Tübingen : Narr, 2001
  (Mannheimer Beiträge zur Sprach- und Literaturwissenschaft ; Bd. 52)
  ISBN 3-8233-5652-6

Als Habilitationsschrift auf Empfehlung der Fakultät für Sprach- und Literaturwissenschaft der Universität Mannheim gedruckt mit Unterstützung der Deutschen Forschungsgemeinschaft.

© 2001 · Gunter Narr Verlag Tübingen
Dischingerweg 5 · D-72070 Tübingen

Das Werk einschließlich aller seiner Teile ist urheberrechtlich geschützt. Jede Verwertung außerhalb der engen Grenzen des Urheberrechtsgesetzes ist ohne Zustimmung des Verlages unzulässig und strafbar. Das gilt insbesondere für Vervielfältigungen, Übersetzungen, Mikroverfilmungen und die Einspeicherung und Verarbeitung in elektronischen Systemen. Gedruckt auf chlorfrei gebleichtem und säurefreiem Werkdruckpapier.

Gesamtherstellung: Hubert & Co., Göttingen
Printed in Germany

ISSN 0175-3169
ISBN 3-8233-5652-6

Danke

Für ein zweimonatiges Bibliotheksstipendium danke ich dem Berliner John-F.-Kennedy-Institut. Für die Gewährung eines einjährigen Habilitationsstipendiums bin ich dem *American Council of Learned Societies* und der Fulbright-Kommission in Bonn zu Dank verpflichtet.

Für vielerlei Gesten der Gastfreundschaft während meines Auslandsaufenthalts 1995/96 schulde ich dem Dartmouth College in Hanover, New Hampshire, insbesondere den Angehörigen des English Department und den Mitarbeiterinnen und Mitarbeitern der Baker Library, Dank.

Für wertvolle fachwissenschaftliche Ratschläge und Hinweise danke ich Dr. Martin Klepper (Freie Universität Berlin) sowie den Professoren Steven Wheatley (*ACLS* New York), William Cook (Dartmouth College), Peter Freese (Universität Paderborn), Heinz Ickstadt (Freie Universität Berlin), Winfried Fluck (Freie Universität Berlin), Joseph C. Schöpp (Universität Hamburg), Reiner Wild und Meinhard Winkgens (beide Universität Mannheim).

Meinen Mannheimern Kollegen Dr. Christa Grewe-Volpp und Dr. Jochen Barkhausen sage ich danke für die kritische Lektüre des Manuskripts und wertvolle Verbesserungsvorschläge.

Für finanzielle Unterstützung während meiner halbjährlichen Beurlaubung danke ich meinen Eltern.

Für die mitunter aufwendige Beschaffung von Sekundärliteratur danke ich den Hilfskräften der Mannheimer Amerikanistik, für umfangreiche Materialversendungen danke ich Ingrid Richter.

Anke Mayer hat den Personen- und Sachindex erstellt; ihrer Sorgfalt und Kompetenz gebührt mein Dank.

Prof. Ulrich Halfmann, mein „Habilitationsvater", hat mein Projekt in all seinen Stadien begleitet und gefördert. Seine Vorschläge haben meine Studie entscheidend verbessert. Danke.

Schließlich gilt mein Dank meiner Frau Ursula, meinen beiden Töchtern Sophie und Paula und meinem Sohn Leon. Ohne das Verständnis, das Vertrauen und die Verzichtbereitschaft meiner Familie hätte ich diese Arbeit nicht schreiben können.

Inhaltsverzeichnis

Einleitung 1

1. Ronald Reagan, die *1980s* in den U.S.A. und die Literatur der Dekade 8

Die amerikanischen *1980s*: „a contested terrain" 8
Das ökonomisch-politische Profil der Reagan-Dekade: „the rich got filthy rich, the middle class turned poor, the profession of begging for alms was restored to the streets" 11
Der Schauspieler-Präsident: „his innocence was indistinguishable with ignorance" 24
Der Rhetor Ronald Reagan: „In the myths of the eighties, he was the greatest mythmaker of all" 27
Reagans biographischer Hintergrund: „some learn to deny reality" 35
Reagan als Landesvater: Politische Herrschaft und familiäre Metaphorik . 40
Das kulturelle und literarische Profil der 80er Jahre: „the opposition to Reagan, another sign of the time" 49
Reagans Amerika und die Renaissance pikaresker Erzähl- und Weltdeutungsmuster 60
Was ist ein politischer Roman? 64

2. Pikareskes Erzählen in den U.S.A. Genrespezifische Merkmale und kurzer historischer Abriß 70

Amerikanisch-pikareske Literatur: Eine Reaktion auf gesellschaftliche Krisensituationen 70
Was ist ein pikaresker Roman? Antworten von Guillén, Bjornson und Poenicke 77
Pikarisches Außenseitertum 81
Pikarische Einsamkeit 84
Die pikarische Mentalität 86
Die pikarische Integrität 92
Der pikareske Roman: (Auch) Ein amerikanisches Genre 95
Kennzeichen der pikaresken Welt: Unberechenbarkeit und Realismus 115

Das pikareske Geschichtsdeutungsmuster im Konflikt zu den
Traditionen des apokalyptischen Erzählens... 118
Narrative Grundstruktur, Schlußproblematik und Erzählperspektive
im pikaresken Roman... 121
Zusammenfassung: Charakteristische Merkmale pikaresken Erzählens..... 125
Innerliterarische Gründe für die Renaissance pikaresker Erzählmuster
in den *1980s* 128
Genretheoretische Prämissen und Überlegungen 133
Interpretatorische Leitfragen, Kapitelabfolge und Textauswahl 138

3. Der ethnische Pikaro in einer exklusiven Gesellschaft: William Kennedy, *Quinn's Book* (1988) 146

Quinn's Book und „a succubus named Joyce Carol Oates" 146
Quinns Welt: „no horrors of the beyond could match those of
this world"... 154
Die frühkapitalistische Gesellschaft in *Quinn's Book* und ihre psycho-
sozialen Gesetze der Ein- und Ausgrenzung... 157
Die Identitätsproblematik in einem schwarz-amerikanischen
pikaresken Roman der 80er Jahre: Exkurs zu Charles Johnsons
Oxherding Tale (1982) 164
John the Brawn McGee: Eine pikareske Aufsteigerbiographie................... 170
Daniel Quinns pikarische Mentalität... 174
Daniel Quinn: Ein erfolgloser Erzähler, ein erfolgreicher Journalist 181
„Money is everything to me": Kennedys Pikara-Figuren in *Quinn's Book* 188
Das Romanende: „Maud and Quinn were at last ready for love"? 191
Quinns Welt und Reagans Amerika 197
Ein zweiter irisch-amerikanischer Pikaro in der Literatur der 80er Jahre:
E.L. Doctorows Billy Bathgate 199

4. Die therapeutische Funktion pikaresker Weltsicht: Paul Auster, *Moon Palace* (1989) 206

Moon Palace: „Fast-food-Literatur"?... 207
Foggs Welt: „chance and synchronicity", „omens and conjunctions" 216
Eine Initiationsgeschichte und ein Lehrmeister „von zweideutiger Art"... 222
„Kepler's Blood": „a complex dance of guilt and desire" 233
Modern? Postmodern? Prämodern?... 236
Väter und Vatersymbolik in *Moon Palace* 239
Imperialismus-, Kapitalismus- und Materialismuskritik 246

Inhalt

5. Sündige Väter, verfluchte Söhne: Das pikareske Geschichtspanorama in Tom Coraghessan Boyle, *World's End* (1987) 256

"They want me to be running wild" 256
Walter Van Brunt: Ein vatersuchender Pikaro und „the trauma of a lifetime" 264
Boyles 17. Jahrhundert: Eine Fallstudie zu Herrschafts- und Ausbeutungsstrukturen 275
Boyles pikareskes Figurenarsenal aus den *American 1960s* 282
Der Fatalist als Satiriker? 294
Knapper Exkurs zur Tradition des apokalyptischen Erzählens und apokalyptischer Weltdeutung in den U.S.A. 298
„A world without exit": Apokalyptische und zyklische Geschichtsdeutungsmuster in *World's End* 302
Die Antwort auf die Unmoral der Geschichte: Der Moralismus eines Geschichtenerzählers 308

6. Epigonale Imitation am Ende einer pikaresken Karriere: John Irving, *The Cider House Rules* (1985) 315

„A book with a polemic" 316
Homer Wells und Wilbur Larch: Das Abhängigkeitsverhältnis zwischen einem verwaisten Pikaro und seinem gottähnlichen Ersatzvater 322
Der Pikaro als sozialer Aufsteiger: Exkurs zu Charles Brockden Browns *Arthur Mervyn* (1799/1800) 331
Ocean View: Ein System sozialer Regeln, „ordinary middle-class shit" 336
Die Schlußlösung des Romans: Das Protokoll einer Kapitulation 345
Ein (partiell) gescheitertes Experiment mit dem Modell des pikaresken Romans 355

7. Der Weg des pikarischen Christen zum Heil der Selbstverblendung: John Irving, *A Prayer for Owen Meany* (1989) 361

Eine Rekonfiguration des Twain-Modells: Huck Finn und Tom Sawyer mit vertauschten Rollen 361
„Jesus has always struck me as the perfect victim": Owen Meany - ein neuzeitlicher Messias? 370
A Prayer for Owen Meany als politischer Thesenroman: „I doubt that President Reagan could be converted to democracy" 386
Politisches Erzählen im Roman: Randy White und die Vietnam-Dekade . 390

„Unclear Firmness": Die eingeschränkte Glaubwürdigkeit des Hagiographen John Wheelwright 396
Christliche und pikareske Deutungsmuster in *A Prayer for Owen Meany*.. 407
Johns pikarisches Bedürfnis nach Unterordnung: „From the father to the Father" 412

8. Pornographische Pikareske, pikarischer Masochismus: Kathy Acker, *Don Quixote* (1986) 418

Die feministische Pikareske der 70er Jahre: Erica Jongs *Fear of Flying* und Rita Mae Browns *Rubyfruit Jungle* 419
Kathy Acker: „part Burroughs, part lovesick girl, part low culture queen" 430
Die Welt der pornographischen Pikareske: „Love was rape or rejection". 436
„Masochism is now rebellion" 443
„All being is timelessly wild and pathless": Identitätsverweigerung als politisches Programm 449
Écriture féminine américaine? 452
„To subdue the worldwide spread of right-wing American policies": Die Pikara als aufklärungskritische, sozialrevolutionäre Seherin 456
„I've worked by [...] attacking any central voice": Die Piratereien der pikarischen Künstlerin 467
„Someday, there'll have to be a new world": Die Schlußproblematik in *Don Quixote* 474
Der Romantitel: „chosen by random"? 478

9. Die Wiedergeburt der Pikareske aus dem Geist der Gegenkultur der 60er Jahre: Thomas Pynchon, *Vineland* (1990) 481

Vineland: „a lighthearted interlude"? 482
Reaganland in *Vineland*: Pynchons Sicht auf die 80er Jahre 489
Zoyd Wheeler: Der Pikaro als Schlemihl 494
Frenesi Gates: Die Pikara als masochistische Verräterin 497
Brock Vond und „the secret wishes of the radical 1960s" 503
DL: Die Pikara als sozialrevolutionäre Heilige 516
Pynchons Prairie Wheeler und Robinsons Ruth Fisher:
Ein kontrastiver Vergleich 520
Pynchons Vineland: „a sacred place" 528
„This time *we* win"? Die Schlußproblematik in *Vineland* 538

„Repetition with difference": Zur Technik und Funktion der
Parodie in *Vineland* 547
„All these voices, forever": Zur therapeutischen Kraft des Erzählens
in *Vineland* 553

10. Pikareskes Erzählen in den 80er Jahren: Thesen und Synthesen 559

Sechzehn Thesen.. 560
Erste These 564
Zweite These 567
Dritte These 569
Vierte These 572
Fünfte These 578
Sechste These 580
Siebte These 584
Achte These 587
Neunte These.. 588
Zehnte These 598
Elfte These 600
Zwölfte These 603
Dreizehnte These 607
Vierzehnte These 610
Fünfzehnte These 613
Sechzehnte These 615

Coda: Pikareskes Erzählen in den 90er Jahren.................................. 619

Literaturverzeichnis 639

Index Personen/Werke 675

Index Begriffe 679

Einleitung

> Barbara Köhler, „Happy End"
> (1991)
>
> was ist ankommen und wo
> wie macht man das sagt man ja
> und amen ebbe statt flut
> haus statt schiff wie kann man
> sich und das meer so vergessen
> die liebe um keinen preis um alles
> in der welt die länder hinterm
> briefkasten die bilder im netz
> haut die galeere das strandgut
> die schiffbrüche aufbrüche häfen
>
> Quelle: Barbara Köhler, *Deutsches Roulette: Gedichte 1984-1989* (Frankfurt: Suhrkamp, 1991), p. 14.

Ziel dieser Einführung ist es, in knapper Form literaturtheoretische, methodische und konzeptionelle Grundpositionen meiner Studie zum amerikanisch-pikaresken Roman der 80er Jahre vorzustellen. Im Zentrum meines Erkenntnisinteresses steht das Verhältnis zwischen Literatur und Realgeschichte. Es ist eine der Prämissen dieser Untersuchung, daß ein literarischer Text partiell immer auch eine Reaktion ist auf den sozialgeschichtlichen Kontext seiner Entstehung, daß also jedes literarische Kunstwerk – zumindest zum Teil – „eine Antwort auf eine bestimmte historische Situation"[1] darstellt. Ein Genre wie das der Pikareske exemplifiziert auf eine besonders augenfällige Art und Weise, daß literarische Entwicklungsprozesse und sozialer Wandel wechselseitig aufeinander bezogen sind. Mit einer solchen Setzung soll freilich keineswegs einem monokausalen Basis-Überbau-Modell das Wort geredet werden. So wäre es etwa ganz unbestreitbar

---

[1] Willi Erzgräber, „Einleitung," in: Ulrich Halfmann et al. (eds.), *Wirklichkeit und Dichtung: Studien zur englischen und amerikanischen Literatur: Festschrift zum 60. Geburtstag von Franz Link* (Berlin: Duncker & Humblot, 1984), p. 9.

eine unzulässige Vereinfachung, eine einsinnige Korrespondenzbeziehung zwischen realgeschichtlicher Armut oder Obdachlosigkeit und der Dominanz pikaresker Erzählformen während einer spezifischen Epoche zu unterstellen. Statt dessen ist es sinnvoll, von einer Reziprozität im Verhältnis zwischen Literatur- und Realgeschichte auszugehen. Mit einer solchen These treten aber vielschichtige, differenzierende Fragestellungen in den Vordergrund. Zu fragen ist nicht nur, wie sich literarische Prozesse aus politischen, ökonomischen oder sozialen Kontexten herleiten lassen, sondern auch, wie erzählliterarische Texte zur Konstitution solcher Kontexte beitragen, indem sie sie reflektieren, negieren oder gegebenenfalls neu definieren. Literatur, wie ich sie unter Berufung auf die Ergebnisse funktionsgeschichtlicher Fragestellungen verstehe, ist also nicht nur – und noch nicht einmal vorrangig – das Produkt konkreter gesellschaftlicher Verhältnisse, sondern selbst ein spezifisch wirkendes, aktives Element im Prozeß der historischen und kulturellen Selbstdefinition einer Nation.[2]

Hieraus folgt, daß Literatur nicht nur rezeptiv oder reflektiv allgemeingeschichtliche Entwicklungen („Realität") dokumentiert, sondern darüber hinaus den Wunsch nach gesellschaftlichen Alternativentwürfen („Potentialität") zu artikulieren vermag. Sie konserviert somit zweierlei: die prägende Kraft sozialer Gegebenheiten und die Sehnsucht nach Besserem und erfüllt somit – in der Terminolgie von Wilhelm Voßkamp, einem der Begründer funktionsgeschichtlicher Genreforschung – sowohl „abbildende" als auch „oppositive (negationsästhetische)" Funktionen.[3] Die sozialgeschichtliche Begründung

---

[2] Cf. Silke Stratmann, „Funktionsgeschichtliche Ansätze," in: Ansgar Nünning (ed.), *Metzler Lexikon Literatur- und Kulturtheorie: Ansätze – Personen – Grundbegriffe* (Stuttgart und Weimar: Metzler, 1998), p. 170: „f[unktionsgeschichtliche] A[nsätze] [begreifen] Lit. nicht mehr als Abbild historischer Wirklichkeit oder autonome Kunstform, sondern bereits als Spiegel und zugleich prägender Faktor kollektiver Wahrnehmungsmuster und Wunschvorstellungen."

[3] Wilhelm Voßkamp, „Gattungen als literarisch-soziale Institutionen: (Zu Problemen sozial- und funktionsgeschichtlich orientierter Gattungstheorie und -historie)," in: Walter Hinck und Alexander von Bormann (eds.), *Textsortenlehre – Gattungsgeschichte* (Heidelberg: Quelle Meyer, 1977), p. 29.

dung der amerikanisch-pikaresken Romanliteratur der 80er Jahre, die diese Studie unternimmt, dient in diesem Sinne primär als ein analytischer Ausgangspunkt, um die politisch-ästhetischen Leistungsmöglichkeiten des Genres in einer spezifischen historischen Situation zu verdeutlichen. Das genretypologische Interpretationsverfahren dieser Untersuchung versteht sich in diesem Zusammenhang durchaus als ein exemplarisches, wenn es darauf abzielt, den scheinbar externen Kontext im Prozeß der Deutung amerikanischer Gegenwartspikaresken transparent zu machen.

Bereits 1983 resümiert der Germanist Jürgen Jacobs: „Präzisierende Erläuterungen verdiente auch die immer häufiger vertretene These, daß der pikareske Roman immer dann aufblühe, wenn soziale Krisen ausbrechen."[4] Für einen sowohl geographisch als auch zeitlich eingeschränkten Teilbereich der pikaresken Romanliteratur soll mit dieser Studie eine solche Präzisierung geleistet und plausibilisiert werden. Die amerikanische Pikareske der späteren 80er Jahre veranschaulicht nämlich geradezu beispielhaft, wie prominente Themen des Genres (wie z.B. die Darstellung von kollektiven Prozessen der Ein- und Ausgrenzung oder die Problematisierung des Verhältnisses zwischen gesellschaftlichem Zentrum und sozialer Peripherie) durch aktuelle realgeschichtliche Ereignisse und Einflüsse reaktualisiert werden. Zudem gilt, daß genregeschichtliche Forschungen vermutlich zwangsläufig die soziale Dimension literarischer Texte akzentuieren, indem sie nach den möglichen Ursachen für die Popularität bestimmter überlieferter Formen fragen und den Gründen für spezifische Modifikationen tradierter Konventionen nachspüren. Das Ziel meiner Untersuchung ist es also, an einem konkreten zeitgenössisch-historischen Beispielfall[5] die folgenden Grundfragen funktions-

---

[4] Jürgen Jacobs, *Der deutsche Schelmenroman: Eine Einführung* (München und Zürich: Artemis, 1983), p. 32.
[5] Cf. Klaus H. Kiefer, „Epoche und Gegenwart: Probleme funktionaler Literaturgeschichtsschreibung am Beispiel der Gegenwartslyrik," in: Thomas Cramer (ed.), *Literatur und Sprache im historischen Prozeß: Vorträge des Deutschen Germanistentages Aachen 1982: Band 1: Literatur* (Tübingen: Niemeyer, 1983), p. 217: „Gegenwart hat die unausweichliche, quasi-sofortige Tendenz, Vergangenheit zu werden [...]."

geschichtlicher Gattungstheorie neu stellen: „Läßt sich die Beziehung zwischen literarischen Gattungen und gesellschaftlichem Wandel präzisieren? Inwieweit ist die Geschicht von Gattungen durch realgeschichtliche Momente bestimmt? Kann umgekehrt eine Einwirkung literarischer Gattungen auf die historische Realität nachgewiesen werden?"[6]

Methodisch greife ich in meiner Studie zudem auf genretheoretische Neuansätze zurück, wie sie Alastair Fowler 1982 in der Monographie *Kinds of Literature* entwickelt hat.[7] Im Sinne Fowlers ist die Bestimmung der Genrezugehörigkeit eines Textes primär ein originärer interpretatorischer Akt: „genre theory [...] is properly concerned, in the main, with interpretation. It deals with principles of reconstruction and interpretation and (to some extent) evaluation of meaning. It does not deal much with classification."[8] Im Mittelpunkt des Interesses meiner Studie steht also der Versuch einer aktiven literaturgeschichtlichen (Re-)Konstruktion und keinesfalls der einer handlichen Rubrizierung oder Systematisierung. Da insbesondere eine narrative Großform – wie sie der Roman verkörpert – immer und unvermeidbar die Konventionen verschiedener Genres mischt, kann mitunter ein und dasselbe Werk unter den Vorzeichen der Traditionen verschiedener Genres gelesen und gedeutet werden. Hieraus folgt aber, daß eine bestimmte Genrezuordnung alternative Klassifizierungsmöglichkeiten keineswegs ausschließt. Für alle Primärtexte, die ich in dieser Studie als pikareske Romane identifiziere und interpretiere, gilt, daß sie – mit beträchtlichem Erkenntnisgewinn – als solche gelesen werden können; es gilt nicht, daß sie als pikareske Erzählwerke gelesen werden müssen.

Aus der Freiheit zu alternativen Genrezuordnungen läßt sich allerdings weder Willkür noch Beliebigkeit ableiten: Jegliche genretypologische Deutung muß sich an den Kriterien der Plausibilität, der Kohärenz, der Argumentationsstringenz und der Nachprüfbar-

---

[6] Wilhelm Voßkamp, p. 27.
[7] Eine ausführlichere Darlegung meiner genretheoretischen Überlegungen und Prämissen findet sich im vorletzten Unterabschnitt des 2. Kapitels dieser Studie.
[8] Alastair Fowler, *Kinds of Literature: An Introduction to the Theory of Genres and Modes* (Oxford: Clarendon Press, 1982), p. 38.

keit messen lassen. Dementsprechend erlauben z.B. erst interpretatorisch ergiebige Genrezuweisungen die Integration vermeintlich disparater Textelemente. Und auch im Umkehrschluß gilt, daß eine problematische generische Rubrizierung zu charakteristischen Fehlurteilen führen kann. So wird beispielsweise der textanalytische Teil dieser Studie zeigen, wie feuilletonistische Rezensionen, die die Zugehörigkeit eines Romans zum Genre der Pikareske nicht erkannt hatten, über jeden einzelnen meiner sieben Beispieltexte fragwürdige und anfechtbare literarische Werturteile gefällt haben. Die Ermittlung der Genrezugehörigkeit eines Textes hat in diesem Sinne unmittelbare Auswirkungen auf Prozesse der Textdeutung und der literarischen Wertung: „generic analysis redirects textual analyses [...]."[9]

Die Einordnung ausgewählter amerikanischer Romane der 80er Jahre in die Tradition des pikaresken Erzählens ist vor allem deshalb ein lohnendes Unterfangen, weil erst dadurch der Blick für ihre sozialkritischen Darstellungsanliegen, ihre Welterklärungs- und Geschichtsdeutungsmuster sowie für ihre politischen Argumentationsstrategien geschärft wird. Eine relativ vage Kategorie wie die des „postmodernen Romans", unter die üblicherweise die Erzählwerke von Kathy Acker, Paul Auster, T. C. Boyle, John Irving und Thomas Pynchon subsumiert werden, kann solcherlei nicht mit vergleichbarer Schlüssigkeit und Stringenz leisten. „Postmodern" und „pikaresk" bilden zwar gewiß kein unmittelbar einsichtiges definitorisches Gegensatzpaar. Es ist aber wichtig festzuhalten, daß sich die analytische Perspektive maßgeblich verändert, je nachdem, ob ein Roman als ein Musterbeispiel für postmodernes oder für zeitgenössisch-pikareskes Erzählen gedeutet wird.

In seinem Aufsatz „Do Postmodern Genres Exist?" faßt Ralph Cohen die derzeit aktuelle Mehrheitsmeinung unter literaturwissenschaftlichen Interpreten von Gegenwartstexten zusammen: „Critics and theorists who write about postmodern texts often refer to 'genres' as a term inappropriate for characterizing postmodern writing. The process of suppression results from the claim that postmodern writing blurs genres, transgresses them, or unfixes boundaries that conceal domination and authority, and that 'genre' is an

---
[9] Ralph Cohen, „Do Postmodern Genres Exist?", *Genre*, 20 (1987), 246.

anachronistic term and concept."[10] Solchen Auffassungen will meine Studie zum zeitgenössischen amerikanischen Roman jedoch entschieden widersprechen. Anhand des Beispiels der amerikanischen Gegenwartspikareske versucht sie nachzuweisen, daß auch die angriffslustige, vermeintlich genreauflösende Traditionsstürmerei der Postmoderne erkenntnisfördernd als eine Auseinandersetzung mit überlieferten literarischen Formen und als eine innovatorische Weiterentwicklung generischer Konventionen gelesen werden kann: „What we have [...] to do, in approaching recent literature, is to explore new groupings. But these will have taken their departure from earlier groupings."[11]

Das übergreifende thematische Interesse dieser Untersuchung an dem Wechselverhältnis zwischen Realgeschichte und Literatur, zwischen Kontext und Text, manifestiert sich auch in der Abfolge der Einzelkapitel: Ein landeskundliches Kapitel steht am Anfang der Studie; Schluß und Coda wählen Episoden aus der politischen Ereignisgeschichte als Auftakt. Das erste Kapitel skizziert das soziale und politische Profil der amerikanischen 80er Jahre und thematisiert den dekadenprägenden Einfluß Ronald Reagans. Das zweite Kapitel diskutiert systematische und historische Aspekte des pikaresken Erzählens (unter besonderer Betonung gattungsgeschichtlicher Entwicklungen in der US-amerikanischen Literatur) und arbeitet in diesem Zusammenhang einen Merkmalskatalog heraus, der in der Folge als ein heuristisches Instrument zur Begründung der Primärtextauswahl dient. Der textanalytische Teil meiner Studie besteht aus den Kapiteln 3 bis 9; eine detaillierte Begründung der Textauswahl und der Kapitelabfolge bietet der letzte Unterabschnitt des 2. Kapitels. Der Schluß formuliert und begründet Thesen zu innovatorischen Aspekten und zu den Funktionen des amerikanisch-pikaresken Romans der 80er Jahre. Eine Coda bietet einen Ausblick auf Entwicklungstendenzen in der amerikanisch-pikaresken Literatur der früheren 90er Jahre.

---

[10] Ralph Cohen, 241.
[11] Alastair Fowler, p. 33.

Einleitung

Die vier übergeordneten und zum Teil ineinandergreifenden Hauptthesen, die das Fundament für die verschiedenen interpretatorischen Einzelschritte bilden, sollen zum Abschluß dieser Einleitung und unter Vorausschau auf die Folgekapitel explizit benannt werden:

1. Die innen- und sozialpolitischen Defizite der Reagan-Dekade bewirken eine offensive (Re-)Politisierung der amerikanischen Romanliteratur.
2. Ein Indiz für diese Repolitisierung ist die Renaissance pikaresker Erzähl-, Geschichtserklärungs- und Weltdeutungsmuster.
3. In den 80er Jahren wird pikareskes Erzählen in den U.S.A. innovativ weiterentwickelt und in diesem Zusammenhang als eine Form des politischen Erzählens neu aktualisiert.
4. Die Auseinandersetzung mit Reagans Amerika als einer spezifischen Version der pikaresken Welt führt zur dezidierten literarischen Artikulation von oppositionellen politischen Weltanschauungen und Wertesystemen.

Jede dieser vier Thesen formuliert einen Sachverhalt, der bislang von der amerikanistischen Literaturgeschichtsschreibung allenfalls marginal oder glossarisch zur Kenntnis genommen wurde. Ziel meiner Studie ist es somit, einen Teilbereich der amerikanischen Romanliteratur der 80er Jahre auf neue und relevante Weise systematisch zu erfassen und zu analysieren, ihn literatur- und gattungsgeschichtlich herzuleiten und dabei exemplarisch Zusammenhänge zwischen Ereignis- und Literaturhistorie zu verdeutlichen. Damit allerdings solche Zusammenhänge überhaupt explizit gemacht werden können, muß freilich zunächst einmal ein politisches, soziales, ökonomisches und kulturelles Profil der *American 1980s* gezeichnet werden.

1. Ronald Reagan, die *1980s* in den U.S.A. und die Literatur der Dekade

Kenneth Rexroth, „These Bad Old Days" (1956)

The summer of nineteen eighteen
I read *The Jungle* and *The
Research Magnificent*. That fall
My father died and my aunt
Took me to Chicago to live.
The first thing I did was to take
A streetcar to the stockyards.
In the winter afternoon,
Gritty and fetid, I walked
Through the filthy snow, through the
Squalid streets, looking shyly
Into the people's faces,
Those who were home in the daytime.
Debauched and exhausted faces,
Starved and looted brains, faces
Like the faces in the senile
And insane wards of Charity
Hospitals. Predatory
Faces of little children.
Then as the soiled twilight darkened,
Under the green gas lamps, and the
Sputtering purple arc lamps,

The faces of the men coming
Home from work, some still alive with
The last pulse of hope or courage,
Some sly and bitter, some smart and
Silly, most of them already
Broken and empty, no life
Only blinding tiredness, worse
Than any tired animal.
The sour smell of a thousand
Suppers of fried potatoes and
Fried cabbage bled into the street.
I was giddy and sick, and out
Of my misery I felt rising
A terrible anger and out
Of the anger, an absolute vow.
Today the evil is clean
And prosperous, but it is
Everywhere, you don't have to
Take a streetcar to find it,
And it is the same evil.
And the misery, and the
Anger, and the vow are the same.

Quelle: Kenneth Rexroth, *The Collected Shorter Poems* (New York: New Directions, 1966), p. 258f.

Die amerikanischen *1980s*: „a contested terrain"

Es gibt in der amerikanischen Geschichte Dekaden, die ein von Geistes- und Sozialwissenschaften umkämpftes Terrain definieren: das Bürgerkriegsjahrzehnt etwa oder die 30er und 60er Jahre des 20. Jahrhunderts. Die Bewertung bestimmter Dekaden der amerikanischen Geschichte hat unmittelbare Auswirkungen auf nationale und kulturelle Selbstdefinitionen. Zur letztgenannten Dekade schreibt Andrew Gordon beispielsweise: „We keep going back to the

1960s, just as we keep going back to the Civil War of the 1860s: these are contested terrains."[1]

Seit der jüngsten Vergangenheit können auch die „American 1980s" auf die Liste jener Dekaden geschrieben werden, die in besonderem Maße Meinungsstreit zu initiieren vermögen. Als „a time of contradictions"[2] bezeichnet Sidney Blumenthal die 80er Jahre, als „janus-faced" und „outright paradoxical"[3] empfinden sie Walter Grünzweig und Roberta Maierhofer, und auf Paul Slansky wirken die Ereignisse der Dekade „like a surreal novel unfolding in the media."[4] Wird nach allgemeineren Charakterisierungsformeln gesucht, zeichnet sich auch schon bald Dissens ab. So nennt z.B. James Comb die 80er Jahre „an era of political romanticism"[5], während Haynes Johnson in seiner Analyse der Reagan-Jahre zu dem Ergebnis gelangt: „Unlike the twenties, the eighties were not a romantic period."[6] Ganz offensichtlich werden die jeweiligen Einschätzungen durch das politische Weltbild und Selbstverständnis der einzelnen Kommentatoren entscheidend beeinflußt. Zusätzlich kompliziert wird die Suche nach adäquaten und prägnanten Beschreibungsformeln durch die für das Jahrzehnt charakteristische Prägung der Wirklichkeitsvermittlung durch elektronische Medien. Was aber als Sein und was als Schein, was als Inszenierung und was

---

[1] Andrew Gordon, „Smoking Dope with Thomas Pynchon: A Sixties Memoir," in: Geoffrey Green et al. (eds.), *The Vineland Papers: Critical Takes on Pynchon's Novel* (Norman: Dalkey Archive Press, 1994), p. 177.
[2] Sidney Blumenthal, *Our Long National Daydream: A Political Pageant of the Reagan Era* (New York u.a.: Harper & Row, 1988), p. xiv. Cf. auch Joseph Dewey, der in *Novels from Reagan's America: A New Realism* (Gainesville u.a.: University of Florida Press, 1999), p. 1, von „the wild contradictions of the 1980s" spricht.
[3] Walter Grünzweig und Roberta Maierhofer, „Introduction: America in the 1980s," in: dies. und Adi Wimmer (eds.), *Constructing the Eighties: Versions of an American Decade* (Tübingen: Narr, 1992), p. 14.
[4] Paul Slansky, *The Clothes have no Emperor: A Chronicle of the American '80s* (New York: Fireside, 1989), p. 8.
[5] James E. Comb, *The Reagan Range: The Nostalgic Myth in American Politics* (Bowling Green: Bowling Green State University Press, 1993), p. 23.
[6] Haynes Johnson, *Sleepwalking Through History: America in the Reagan Years* (New York und London: W.W. Norton and Co., 1991), p. 461.

als Wirklichkeit, was als Simulation und was als authentisch zu gelten hat, darüber herrscht Uneinigkeit. Wo die einen „a time of distinct change and novelty"[7] wahrnehmen, bescheinigen andere dem Zeitalter „neither originality nor experimentation."[8] Bezeichnend sind die Metaphern, mit denen die Skeptiker unter den Zeitgeistforschern die Gemütslage der Durchschnittsbevölkerung zu fassen versuchen: Schlafwandeln („the American people [...] appeared to be sleepwalking through history"[9]), Tagträumerei („all things seemed possible, as they do in daydreams"[10]), hypnotische Trance („[f]or the past eight years the country had been staring up in some kind of trance at pictures in the sky"[11]).

Konsens besteht indessen dahingehend, daß die 80er Jahre im Kontext der jüngeren amerikanischen Geschichte eine – zumindest im Vergleich zu den Vorläuferjahrzehnten – deutlich abgegrenzte Einheit darstellen. Will man die Vor- und Nachteile einer strengen Dekadisierung kultureller, sozialer oder politischer Prozesse gegeneinander abwägen, so spricht vermutlich mehr gegen als für ein Denken in (doch immer auch akzidentiellen) Kalenderzeiträumen.[12] Das Begehren nach Kohärenz impliziert natürlich die Gefahr oberflächlicher Harmonisierung bzw. unangemessener Vereinfa-

---

[7] Kenneth MacKinnon, *The Politics of Popular Representation: Reagan, Thatcher, AIDS, and the Movies* (Rutherford u.a.: Fairleigh Dickinson University Press, 1992), p. 12.
[8] Haynes Johnson, p. 461.
[9] Haynes Johnson, p. 14.
[10] Sidney Blumenthal, p. xiii.
[11] Haynes Johnson, p. 447.
[12] Steven Biel sieht übrigens, meiner Meinung nach zu Recht, in dem Denken in Dekaden eine spezifisch amerikanische Methode der Periodisierung: „The construct of the decade is so deeply ingrained in the historical consciousness of Americans that it has become a ritual for the popular magazines, television news, and commercial dailies to offer up end-of-the-decade reviews that neatly package recent history and predict the near future." Wenig überzeugend scheint mir allerdings sein Versuch zu sein, diesen Umstand dem Einfluß eines einzigen Buches zuschreiben zu wollen; Verkaufsstrategien und -interessen schriftlicher und elektronischer Medien sind vermutlich wesentlich näherliegende Antworten auf Biels Frage: „Why [...] do Americans tend to think in terms of decades?" „Frederick Lewis Allen's *Only Yesterday* and the Idea of the Decade," *Journal of American Studies*, 25 (1991), 259-66; hier 259f.

chung.[13] Im Falle der „American 1980s" hingegen – ähnliches läßt sich im übrigen mit gleicher Argumentation auch für Großbritannien behaupten[14] – ergibt sich das Ordnungsprinzip der kontrastiven Dekadisierung beinahe zwingend aus der politischen Ereignisgeschichte.

Das ökonomisch-politische Profil der Reagan-Dekade: „the rich got filthy rich, the middle class turned poor, the profession of begging for alms was restored to the streets"

Im Zentrum der Dekade steht ohne Zweifel eine einzige Figur: Ronald Reagan, „the heart [...] of the era"[15] und „Symbol of the Eighties."[16] Richard King resümiert bereits 1989: „some decades *do* seem to process a unity of tenor and tone, a common ethos. The Eighties will undoubtedly come to be seen as Ronald Reagan's decade; and his presence on the national scene interpreted as

---

[13] Cf. etwa Kenneth MacKinnon, p. 11f.: „Normally, thinking in decades is unhelpful because it leads to oversimplification and historical innaccuracy, however attractive the habit may be to pundits and professional politicians." Cf. auch Hubert Winkels, *Einschnitte: Zur Literatur der 80er Jahre* (Köln: Kiepenheuer & Witsch, 1988), p. 11: „Leichtfertig ist die Rede von *der* 'Literatur der 80er Jahre'. Die Dekadeneinteilung ist schematisch, [...] außerhalb von Buchhandelsverzeichnissen gibt es so etwas wie *die* Literatur des Jahrzehnts nicht." Beide, MacKinnon für die britisch-amerikanische Kulturgeschichte und Winkels für die deutschsprachige Literatur, attestieren jedoch den 80er Jahren eine Sonderstellung und ein nachweisbares spezifisches Gepräge.
[14] Um die Gemeinsamkeiten zwischen der englischen und amerikanischen Entwicklung zu betonen, spricht MacKinnon auch von der „Reagan-Thatcher Epoch" (p. 18). Zu den Gemeinsamkeiten zwischen Thatcher und Reagan cf. auch Geoffrey Smith, *Reagan and Thatcher* (London: The Bodley Head, 1990); zur sozialkritischen Literatur der Thatcher-Zeit cf. Stephan Kohl, „Thatcher's London in Contemporary English Novels," *Journal for the Study of British Cultures*, 1 (1994), 123-32.
[15] Peggy Noonan, *What I saw at the Revolution: A Political Life in the Reagan Era* (New York: Random House, 1990), p. xii.
[16] Walter Grünzweig und Roberta Maierhofer, p. 14.

symptomatic of some deep shift in American life."[17] Divergierenden Auffassungen zu den 80er Jahren liegen fast immer unterschiedliche Bewertungen des Wirkens Reagans zugrunde: „No matter what you say about this man it winds up being somebody's propaganda."[18] Das sozial- und populärwissenschaftliche Schrifttum zu seiner Person und seiner Politik ist so umfangreich, daß sich Sidney Blumenthal gerechtfertigt sieht, polemisch von einer eigenen Wissenschaftssparte, der „Reaganology"[19] zu sprechen. Allein die Tatsache, daß Reagan neben Eisenhower und vor Clinton als einziger Nachkriegspräsident acht Jahre lang regieren konnte, verleiht seiner Ägide rein von der Dauer her die Aura der Einzigartigkeit. Ganz unabhängig von politischen Inhalten markiert Reagans Präsidentschaft somit auch eine lang ersehnte Kontinuität und Normalität. Das Attentat auf John F. Kennedy, die Eskalation des Vietnamkrieges unter Johnson und das durch den Watergate-Skandal bedingte unrühmliche Ende der Präsidentschaft Nixons hatten die Nation traumatisiert; Gerald Ford[20] und Jimmy Carter, nach Gary Wills „the most unpopular President in modern history"[21], wurden allgemein als politische Enttäuschungen wahrgenommen und deshalb auch abgewählt. Allie Fox z.B., der Held aus Paul Therouxs *The Mosquito Coast* (1981), einem der seltenen politischen Romane, die die Carter-Zeit thematisieren, bringt seine Kritik am Amerika der Spätsiebzigerjahre auf griffigpopuläre und zeittypische Formeln:

---

[17] Richard King, „The Eighties," in: Malcolm Bradbury und Howard Temperley (eds.), *Introduction to American Studies: Second Edition* (London und New York: Longman, 1989), p. 362.

[18] Peggy Noonan, p. 150; cf. auch James Comb, p. 4: „the legacy of Reaganism would earn him either the love or hatred of many of his countrymen."

[19] Sidney Blumenthal, p. 3. Cf. auch die Schlußfolgerungen Bob Schiefers und Gary Paul Gates' in *The Acting President* (New York: E.P. Dutton, 1989), p. xi: „Whatever else may be said about it, Ronald Reagan's political career certainly provoked a lot of literary attention."

[20] Gerald Fords Präsidentschaft war zudem ein bislang einmaliger historischer Ausnahmefall, da selbst Fords Vizepräsidentschaft – bedingt durch den erzwungenen Rücktritt Agnews – nicht das Ergebnis allgemeiner Wahlen war.

[21] Gary Wills, *Reagan's America: Innocents At Home* (Garden City: Doubleday, 1987), p. 179.

> We drove past Tiny Polski's mansion house to the main road, [...] Father talking the whole way about [...] the awfulness of America – how it got turned into a dope-taking, door-locking, ulcerated danger zone of rabid scavengers and criminal millionaires and moral sneaks.
>
> „Mother, this country's gone to the dogs. No one cares, and that's the worst of it. It's the attitude of people. [...] Selling junk, buying junk, eating junk -."²²

Zeittypische Aussagen wie diese, Reaktionen auf Attentate, Krieg, Politskandale und Inflation, dokumentieren den – angesichts der Erfahrungen der Depressionszeit – zwar nicht beispiellosen, aber doch mentalitätsuntypischen „pervasive sense of pessimism that enveloped the country."²³ Entsprechend ist es immer wieder die Differenzqualität zu den Seventies, die die Reagan-Kritiker und -Bewunderer gleichermaßen betonen, so z.B. Peggy Noonan, eine der Redenschreiberinnen Reagans:

> It wasn't like the seventies, where you could name the strangeness and cite examples of it. In some ways we'd improved greatly. America had been through therapy and *est*, had gone to the Betty Ford clinic and agreed to make its bed; we no longer said „recreational drugs," „victimless crime," or „quality time" without a guilty smirk; and as for the sexual circus of the seventies, we had long since quit the high wire.²⁴

Wenn Historiker in bezug auf die Eighties nach Vergleichs- oder Parallelisierungsmöglichkeiten suchen, so greifen sie bezeichnenderweise auf stabilisierende Nachkriegsjahrzehnte, auf die 20er und – häufiger – auf die 50er Jahre unseres Jahrhunderts zurück.²⁵

---

²² Paul Theroux, *The Mosquito Coast* (Boston: Houghton Mifflin, 1982), pp. 3, 47.
²³ Haynes Johnson, p. 29. Johnson geht (im Gegensatz zu mir) sogar so weit, den Pessimismus des Zeitgeistes als „something new in the American experience and especially new in the experience of Americans in this century" (ibid.) zu bewerten.
²⁴ Peggy Noonan, p. 118.
²⁵ Cf. etwa John Kenneth White, *The New Politics of Old Values* (Hanover und London: University Press of New England, 1988), p. 112: „Today the market-

Die Suche nach möglichen Kontinuitäten verstellt jedoch nur selten den Blick auf die unverwechselbaren Einzigartigkeiten der Reagan-Jahre. Grundzüge der Reaganschen Außen-, Innen- und Sozialpolitik, die Rhetorik Reagans und ihre Darstellung durch die Medien definieren ein eigenständiges Profil. Und auch im Bereich der Wirtschaftspolitik ist „Reaganomics" zu einem polarisierenden Schlagwort geworden. Obgleich es zutreffen mag, daß „[t]he story of Reaganomics" vornehmlich „a rhetorical one"[26] gewesen ist, belegen doch auch blanke Zahlen, welch drastische Einkommensumverteilung unter Reagans Präsidentschaft ins Werk gesetzt wurde. Zwar setzt der Trend zu einer zweigeteilten Gesellschaft bereits vor 1981 ein, weshalb sich monokausale Erklärungsansätze verbieten[27], unstrittig ist aber, daß der unter Reagan initiierte Verzicht auf progressive Besteuerung entscheidend zum Auseinanderklaffen von Arm und Reich beigetragen hat. Tatsächlich war die Umverteilung des gesellschaftlichen Reichtums erklärtes Ziel verschiedener Regierungsmaßnahmen. Steven A. Shull faßt zusammen: „the after-tax income of the poorest 10 percent of the population decreased by over 10 percent from 1980 to 1990 while that of the richest 1 percent grew by over 87 percent."[28] Welch statistischer Berichtszeitraum auch immer

---

place echoes the mood of another time – the 1950s. In the summer of 1987 Annette Funicello, aged forty-four, and Frankie Avalon, aged forty-six, headlined theatre marquees in *Back to the Beach*, a sequel to the 'beach-blanket' movies they made decades before. The cast of 'The Andy Griffith Show' was reunited in a made-for-television movie, as were the surviving actors of the 'Perry Mason' series. And the stranded passengers on 'Gilligan's Island' were finally rescued in a highly rated sequel."

[26] Amos Kiewe und Davis W. Houck, *A Shining City on a Hill: Ronald Reagan's Economic Rhetoric, 1951-1989* (New York u.a.: Praeger, 1991), p. 174.

[27] Tatsächlich sind – wie bei gegenwärtigen Krisen in westeuropäischen Ländern – strukturelle Ursachen anzuführen: z.B. die Konkurrenz der Billigproduktionen aus Drittweltländern, die Reduktion des Produktions- und gleichzeitige Expansion des (in den U.S.A. schlechter bezahlten) Dienstleistungssektors, der Abbau von Arbeitsplätzen durch Computerisierung.

[28] Steven A. Shull, *A Kinder, Gentler Racism? The Reagan/Bush Civil Rights Leagacy* (Armonk: M.E. Sharpe, 1993), p. 228; zu Statistiken und ihren Auswertungen cf. auch T.B. und M.P. Edsall, *Chain Reaction* (New York: W.W. Norton, 1991), p. 220; Bruce Kuhre, „The American Dream in Crisis," in: Walter

gewählt wird, wie immer auch arm und reich im einzelnen definiert werden, an der Eindeutigkeit der Befunde läßt sich nicht rütteln: „the have-nots are getting by on less and the haves are doing better than ever. [...] [T]he income gap between the richest families and the poorest is now [i.e. 1990] wider than it has been at any time since the bureau began keeping such statistics in 1947."²⁹ Was pure Statistik allerdings kaum deutlich zu machen vermag, ist das soziale Elend, das sich als Folge der Streichung von sozialen Hilfsprogrammen während der 80er Jahre eingestellt hat. Haynes Johnson bilanziert:

> From health to housing, from the environment to consumer protection, from education to child nutrition, from deregulation of financial markets to public transportation, every aspect of the domestic ledger had been affected. The poor *had* been left poorer, the rich, richer; the social compact, if not broken, *had* been severely weakened.³⁰

Bild- und Wortkunst vor allem aber nimmt das, was oft euphemistisch als „soziale Verwerfungen" bezeichnet wird, auf: als vorrangiges Material und als Anlaß zur gesellschaftlichen Anklage. Nicht zufällig ist es ein Romanschriftsteller, der eine der bislang bittersten Bewertungen der Reagan-Dekade zu Papier gebracht hat:

> The old deaf actor who nodded off in staff meetings managed always to wake up in time to approve schemes at variance with his oath of office. He refused to enforce civil right laws, subverted the antitrust statues, withheld Social Security payments from disabled people, cut off school lunches for needy children, and gave into private hands the conduct of American foreign policy in Central America. Under the persona of this fervent charmer, we were released into our great decade of deregulated thievery, and learned that the paramount issues of our age were abortion and school prayer. Meanwhile, the rich got filthy rich, the middle class turned poor, the profession of

---

Grünzweig et al. (eds.), *Constructing the Eighties: Versions of an American Decade* (Tübingen: Narr, 1992), pp. 33-49, vor allem pp. 41, 44.
[29] Barbara Ehrenreich, *The Worst Years of Our Lives: Irreverent Notes from a Decade of Greed* (New York: Pantheon Books, 1990), p. 198.
[30] Haynes Johnson, p. 455.

> begging for alms was restored to the streets, and the national debt rose to about $3 trillion.
> Now there was a president with character.[31]

Die Verarmung der Mittelklasse unter Reagan[32] geht einher mit einer schamlos-selbstbewußten Zurschaustellung von Luxus, Prunk und Reichtum: „the Reagan years saw the reemergence of luxury as a national goal"[33]; „acquisition of wealth had been given a moral rationale."[34] Über die Kosten für Nancy Reagans Inaugurationsgarderobe mußte nicht gerätselt werden, sie wurden mit stolzer Offenheit zu Protokoll gegeben.[35] Als Präsident akzentuierte Reagan die Technik symbolischer Gesten; als symbolische Geste kann auch die Durchführung der Inaugurationsfeierlichkeiten von 1981 gelesen werden. Vier Jahre zuvor ließ es sich Jimmy Carter nicht nehmen, den Weg zu seiner Amtseinführung zu Fuß zurückzulegen; alle Stationen der Einführungsprozedur waren öffentlich zugänglich und zum Großteil kostenlos. Reagan hingegen wählte eine Zeremonie, die sich selbst zu finanzieren vermochte:

> Now events were restricted to invitation-only guests, and prices ranged from one hundred dollars per admittance to two thousand dollars for a box. Some boxes were priced at ten thousand, and

---

[31] E.L. Doctorow, „The Character of Presidents," in: *Poets and Presidents: Selected Essays, 1977-1992* (London: Papermac, 1994), p. 95f.

[32] Der Anteil der letzten drei Fünftel der Einkommenspyramide am nationalen Volksvermögen geht in den 80er Jahren zurück, der des obersten Fünftels erhöht sich. Hinzu kommt, daß die beiden untersten Fünftel auch reale (und zum Teil drastische) Einkommensverluste hinnehmen mußten; cf. Bruce Kuhre, „The American Dream in Crisis," pp. 42, 44. Die Auswertung seines statistischen Zahlenmaterials veranlaßt Kuhre zu dem folgenden Resümee, p. 47: „At the same time that people are falling from the middle class and those aspiring to join the middle class see their dreams vanish, there is another segment of the population at the other end of the economic spectrum that is becoming more and more privileged."

[33] Haynes Johnson, p. 195f.

[34] Haynes Johnson, p. 113.

[35] Cf. Barbara Ehrenreich, p. 192; die Kosten betrugen übrigens $ 46, 000.

oversold at that, as were all the nine white-tie-and-tails inaugural balls.³⁶

Lakonisch bilanziert Hayden Johnson: „It was an outpouring of wealth and privilege"³⁷; „[p]eople's inaugural it was not."³⁸ Mit deutlicher Verbitterung schildert der schwarzamerikanische Schriftsteller Ishmael Reed in seinem Roman *The Terrible Twos* (1982) die Inaugurationsfeierlichkeiten von 1981; der zweite Absatz des Romans lautet:

> The fortieth President wears $3,000 worth of clothes including an $800 overcoat from I. Magnin. He is warm and well-fed. His friends come from Bel Air, California, where the average house sells for $800,000 and people pay $600 for a shirt and $350 for a tie and an alligator handbag goes for $1,500. His friends are warm and surfeited. During his inaugural, 50,000 hot-air balloons are set afloat. Stomach-warming Kentucky bourbon and tails are back in the White House, a *Time* magazine columnist rejoices.³⁹

Mit nur wenigen Worten und einfachen, aber wirkungsvollen stilistischen Mitteln (Akzentierung blanker Zahlen, Wiederholung von Schlüsselwörtern, dezente Symbolisierung) demaskiert Reed die elitäre Selbstgenügsamkeit und charakterlichen Defizite der Superreichen. Auf dem Weg zu einer petrifizierten Zweiklassengesellschaft werden die egalitären Komponenten des amerikanischen Traums revidiert; mehr denn je führt die ökonomische Polarisierung zu der Konstitution von zwei völlig voneinander getrennten sozialen Sphären: „the affluent [...] do what they can to avoid contact with the desperate and downward mobile. They abandon public services and public spaces – schools, parks, mass transit – which then deteriorate."⁴⁰ Was die vorschnelle Parallelisierung zwischen den 80er und 50er Jahren nicht transparent macht, ist das, was Thomas B. Edsall

---

³⁶ Haynes Johnson, p. 22.
³⁷ Haynes Johnson, p.19.
³⁸ Haynes Johnson, p. 22.
³⁹ Ishmael Reed, *The Terrible Twos* (New York: Atheneum, 1988), p. 3.
⁴⁰ Barbara Ehrenreich, p. 204.

als „a progressive intensification of the class bias of voting patterns"⁴¹ bezeichnet. Konnte noch Eisenhower 1956 in allen Einkommensgruppen eine politische Mehrheit für sich gewinnen, so war das Votum für Reagan 1980 ein Zeugnis für den Prozeß der gesellschaftlichen Polarisierung: „Reagan won among the rich but was soundly rejected by those in the bottom 40 percent of the income distribution."⁴²

Nicht geringere Symbolkraft als der auf Exklusion und Exklusivität ausgerichteten Inaugurationsfeier kommt einer Verfügung Reagans zu, die er bereits wenige Tage nach seinem Einzug ins Weiße Haus erlassen und mit der er angeordnet hat, daß das Porträt seines Amtsvorgängers Calvin Coolidge (1872-1933; Präsidentenamt 1923-1929), dem die nationale Geschichtsschreibung den Rang eines prototypischen Vertreters einer sozialen und ökonomischen Laissez-Faire-Politik zuerkannt hat („America's business is business"⁴³), einen besonderen Ehrenplatz in der Galerie des Präsidialsitzes erhalten sollte.⁴⁴ Das Weltbild des engeren Kreises der Reagan-Berater war immunisiert gegenüber sozialpolitischen Skrupeln und wurde von einem nur spärlich bemäntelten sozialdarwinistischen Gedankengut gespeist, in dem sich die Ideologeme puritanischer Prädeterminationslehre mit denen des amerikanischen Traumes mischten. Reichtum wurde zu einem absoluten Wert erhoben. Auf einer Pressekonferenz 1986 quittierte Reagan noch den kaum verschlüsselten auto-

---

⁴¹ Thomas Byrne Edsall, *The New Politics of Inequality* (New York und London: W.W. Norton and Co., 1984), p. 183; das 5. Kapitel dieser politikwissenschaftlichen Studie, pp. 179-201, untersucht Veränderungen im Wahlverhalten der amerikanischen Bevölkerung von 1952 bis 1982.
⁴² Barbara Ehrenreich, p. 206.
⁴³ Zit. nach Berndt Ostendorf, „Roaring Twenties," in: Rüdiger B. Wersich, *USA Lexikon: Schlüsselbegriffe zu Politik, Wirtschaft, Gesellschaft, Kultur, Geschichte und zu den deutsch-amerikanischen Beziehungen* (Berlin: Erich Schmidt, 1995), p. 646.
⁴⁴ Cf. Haynes Johnson, p. 165f.; cf. auch Johnsons Parallelisierung der Politikmuster Reagans und Coolidges, p. 113. Zur Reputation des Präsidenten Coolidge cf. Frank Freidel, *The Presidents of the United States of America*, 14th edition (Washington: White House Historical Association, 1995), p. 65: „He refused to use Federal economic power to check the growing boom or to ameliorate the depressed condition of agriculture and certain industries. [...] The political genius of President Coolidge [...] was his talent for effectively doing nothing [...]."

biographischen Skandalroman seiner Tochter Patti[45] mit den Worten: „I hope she makes a lot of money."[46]

Sozialpolitische Insensibilität und sozialdarwinistische Glorifizierungen des Reichtums geben den Eighties nach der Meinung vieler Kommentatoren ihr spezifisches Gepräge. Doctorows Rede von der „great decade of deregulated thievery" findet synonymische Gegenstücke in Barbara Ehrenreichs „decade of greed"[47] und Haynes Johnsons „ethical wasteland of the eighties"[48]; *Generation of Swine: Tales of Shame and Degradation in the '80s* betitelt Hunter S. Thompson seine Essays aus den 80er Jahren.[49] Es sind nicht zuletzt die Konsequenzen und Versäumnisse der Reaganschen Sozialpolitik, die die besondere Feindseligkeit begründeten, mit der linksliberale Intellektuelle auf den Präsidenten reagierten, eine Feindseligkeit allerdings, die offenkundig auf Gegenseitigkeit beruhte. Reagans Ressentiments gegen Universitätsgelehrte im allgemeinen und gegen Schriftsteller im besonderen („the thing was he thought writers a big pain in the ass"[50]) sind zahlreich verbürgt. In seinen Wahlkampfreden tauchen Intellektuelle zumeist als dem gesunden Volksempfinden entfremdete, schurkische Bösewichte auf, z.B. in seiner Rede zur 200. Wiederkehr des Unabhängigkeitsfeiertages, in der er der amerikanischen Bevölkerung ihre Immunität bescheinigt gegenüber „the line of a few fashionable intellectuals and academics who in recent years would have us believe ours is a sick society – a bad country."[51]

Schon zehn Jahre früher machte Reagan im kalifornischen Gouverneurswahlkampf das liberale Forschungsethos der seiner Ansicht nach degenerierten, antiamerikanischen, antipatriotischen

---

[45] Patti Davis, *Home Front* (New York: Crown, 1986).
[46] Paul Slansky, p. 157.
[47] Cf. Barbara Ehrenreich, p. 10: „the poor and the middle class were shaken down, and their loose change funneled blithely upwards to the already overfed. Greed, the ancient lubricant of commerce, was declared a wholesome stimulant."
[48] Haynes Johnson, p. 371.
[49] Hunter S. Thompson, *Generation of Swine: Tales of Shame and Degradation in the '80s* (New York: Summit Books, 1988).
[50] So charakterisiert Peggy Noonan, p. 287, ihr „BIG INSIGHT OF 1986."
[51] Paul D. Erickson, *Reagan Speaks: The Making of an American Myth* (New York und London: New York University Press, 1985), p. 66.

Intellektuellen erfolgreich zu einem Wahlkampfthema und identifizierte es als Mitursache der Studentenunruhen und als geistige Grundlage des Free Speech Movement in Berkeley.[52] Paul D. Erickson resümiert:

> Reagan's villains are intellectuals who presume superiority over the man of common sense because intellectuals, supposedly, assume that they are, to put it plainly, smarter. These include academics, intellectuals, professional liberal politicians, and, of course, communists. [...] College professors make especially tempting targets. [...] [H]e saw [i.e. in 1966] [...] an intellectual conspiracy to ruin all that is truly American.[53]

Reagans anti-intellektuelle Tiraden waren mehr als nur erfolgreiche Wahlkampfrhetorik. Vielmehr scheinen sie konstitutiv für seine Weltsicht zu gewesen zu sein. Noch zwei Jahrzehnte nach den „Aufräumaktionen" in Berkeley versuchte seine Administration, die Gelder für akademische Austauschprogramme zu kürzen, das Fulbright-Programm zu politisieren und akademische Freiheiten durch verschiedene Zensurmaßnahmen einzuschränken.[54]

Die Gegenwehr der Intellektuellen blieb nicht aus. Ralph Nader witzelte: „Reagan is the first President to own more horses than

---

[52] Cf. Lou Cannon, *Reagan* (New York: Perigee Book, 1982), pp. 148-153, und die Summe aus Cannons Überlegungen auf p. 148: „From the first day of his governorship, Reagan and higher education saw each other as the enemy." Cf. auch Haynes Johnson, pp. 77-80, besonders p. 77: „At Berkeley the impulses of the sixties found their most flagrant expression and attracted the most intense media attraction. They formed the backdrop against which Reagan ran."
[53] Paul D. Erickson, p. 61f.
[54] Cf. Richard O. Curry, „Introduction" zu ders. (ed.), *Freedom At Risk: Secrecy, Censorship, and Repression in the 1980s* (Philadelphia: Temple University Press, 1988), p. 15. Cf. auch p. 190 des in eben diesem Band veröffentlichten Artikels von Curry, „Paranoia – Reagan Style: Encounters with the USIA." Cf. weiterhin die Aufsätze John Shattucks („Federal Restrictions on the Free Flow of Academic Information and Ideas," pp. 45-59) und Janet Roloffs („The Reagan Administration and the Freedom of Information Act," pp. 69-85) in Currys Sammelband.

books."⁵⁵ William F. Lewis sichtet 1987 sogar „a whole genre of literature against Reagan."⁵⁶ Doch was sich zu Beginn der Dekade noch als aufklärerische Warnschrift und satirische Ridikülisierung präsentierte, mündete gegen Ende des Jahrzehnts in Resignation: „The old self-caricaturing B-movie actor had the amazing capacity to destroy people's lives without losing their loyalty."⁵⁷ Reagans Fehlleistungen, seine Fehlzitate, seine Unkenntnisse auf zeitpolitischem und kulturellem Gebiet, seine simplistischen Platitüden und grotesken Verzerrungen vermochten zwar schon 1983 ein gesamtes Buch zu füllen⁵⁸, konnten aber die Popularität des „Teflon-Präsidenten"⁵⁹ in keiner Weise beschädigen; in einer Mischung aus Hilflosigkeit, Verwunderung und Wut formuliert F.H. Knelman: „One wonders if Reagan attended the School of Immaculate Misconception."⁶⁰

In Europa war es vor allem Reagans außenpolitisches Profil als militärgläubiger Kalter Krieger, das zur Artikulation von Ängsten und Aufgeregtheiten, zu Kritik und Protest führte. Ein von der deutschen Friedensbewegung aufgegriffenes Plakat zeigt ihn in der Rolle Rhett Butlers und Maggie Thatcher als Scarlett O'Hara und enthält die Aufschrift: „She followed him to the end of the earth. He

---

⁵⁵ Zitiert nach F.H. Knelman, *Reagan, God, and the Bomb: From Myth to Policy in the Nuclear Arms Race* (Buffalo: Prometheus Books, 1985), p. 143; dort ohne Quellenangabe.
⁵⁶ William F. Lewis, „Telling America's Story: Narrative Form and the Reagan Presidency," *The Quarterly Journal of Speech*, 73 (1987), 280.
⁵⁷ E.L. Doctorow, „The Character of Presidents," p. 95; cf. auch Haynes Johnsons ähnliche Formulierungen, p. 51: „Was it possible that this old grade B Hollywood actor, this spouter of slogans and teller of apocryphal stories, had in him elements of political genius?"
⁵⁸ Mark Green und Gail MacColl, *There He Goes Again* (New York: Pantheon Books 1983); Green und MacColl systematisieren auf p. 9 die öffentlichen Fehlleistungen Reagans wie folgt: „obvious exaggerations, material omissions or half-truths, contrived anecdotes, voodoo statistics, denials of unpleasant facts and flat untruths."
⁵⁹ Cf. Mary E. Stuckey, *Playing the Game: The Presidential Rhetoric of Ronald Reagan* (New York u.a.: Praeger, 1990), besonders Kapitel 3, „Consolidation: The Teflon President, 1983-1985," pp. 47-66; cf. auch Bob Schiefer und Gary Paul Gates, p. 180: „Reagan had a formidable weapon going for him, an impregnable shield that came to be known in Washington as the 'Teflon phenomenon.'"
⁶⁰ F.H. Knelman, p. 143.

promised to organise it!"[61] Die Gefahr eines atomaren Schlagabtausches, so die einhellige Meinung der westeuropäischen Linken, war mit Reagans Amtsantritt gestiegen; viel stärker als in den U.S.A. rückte Reagans „Cowboy-Image" ins Zentrum öffentlicher Debatten. Aber auch in den Vereinigten Staaten selbst führte die rhetorische Dämonisierung der Sowjetunion in Kombination mit exorbitant hohen Militärausgaben zu dem vorherrschenden Eindruck einer „increasingly militarized culture"[62] mit unabsehbaren Folgen für den Weltfrieden: „the first-strike nuclear trigger tightens."[63] Mag auch gegenwärtig Expertenstreit über den Zusammenhang zwischen der Auflösung des Sowjetimperiums und den Steigerungsraten des amerikanischen Militärhaushaltes herrschen, Tatsache bleibt, daß Reagans Hochrüstungspolitik vielen seiner Zeitgenossen moralisch suspekt geblieben ist, zumal angesichts einer seltsam indifferenten Menschenrechtspolitik nach außen[64] und einer revisionistischen Bürgerrechtspolitik nach innen.[65]

Ethnische, religiöse und sexuelle Minderheiten mußten in ihren Emanzipationsbestrebungen unter Reagans Amerika herbe Rückschläge hinnehmen. Teils offen und teils verdeckt wurde alles marginalisiert, was nicht der Norm entsprach. Reagans Orientierung an dieser weißen, christlichen, heterosexuellen[66] Norm spiegelt sich auch in seiner Ernennungspolitik wider. Wurden „major government

---

[61] Das Plakat findet sich abgedruckt auf p. 130 in Robert P. Metzgers *Reagan: American Icon* (Lewisburg: Bucknell University Press, 1989).

[62] Paul Rogat Loeb, *Hope in Hard Times: America's Peace Movement and the Reagan Era* (Lexington: D.C. Heath and Co., 1987), p. 210.

[63] Gregg Phifer, „Two Inaugurals: A Second Look," *Southern Speech Communication Journal*, 48 (1983), 385.

[64] Cf. die Einschätzung F.H. Knelmans, p. 66: „Reagan probably has the worst record on human rights of any modern president."

[65] Cf. etwa Steven A. Shulls Kennzeichnung Reagans auf p. 184: „the first president to retreat on civil rights dramatically and on a broad scale, Reagan undercut much of what Carter had done." Fallstudien zu den Versuchen der Reagan-Administration „to reformulate various aspects of civil rights policy" (p. 59) finden sich in: Robert R. Detlefsen, *Civil Rights Under Reagan* (San Francisco: ICS Press, 1991).

[66] Cf. etwa Sarah Schulman, *My American History: Lesbian and Gay Life During the Reagan/Bush Years* (New York: Routledge, 1994).

posts" unter Carter noch jeweils zu 12% mit Schwarzen[67] und zu 12,1% mit Frauen besetzt, so schraubte Reagan bis zur Jahreshälfte 1983 die Quoten drastisch zurück (Schwarze: 8,1%, Frauen 8,0%).[68] Den gesamtkulturellen Prozessen der Differenzierung und Diversifizierung der „American experience" – „the America of the eighties emerged as a conglomerate of special interest groups [...] insisting on a hearing of their own 'story' of America"[69] – trug eine solche Praxis keine Rechnung. Vor dem Hintergrund der Reaganschen Ernennungspolitik müssen auch künstlerische Äußerungen gelesen werden, die Reagan, der sich 1964, zum gleichen Zeitpunkt, da er sich als vehementer Befürworter des Kriegs in Vietnam zu erkennen gab[70], gegen die Verabschiedung des *Civil Rights Act* stark machte, in die Nähe zu der Ideologie des Ku-Klux-Klans rücken.[71] Nicht nur in der Praxis seiner Rüstungs- und Wirtschaftspolitik, auch in Minderheiten- und Bürgerrechtsfragen wurden Reagans Positionen häufig mit denen der äußersten Rechten Amerikas assoziiert.

---

[67] Dieser Prozentsatz entsprach fast exakt dem schwarz-amerikanischen Anteil an der amerikanischen Bevölkerung zur Zeit der Carter-Präsidentschaft: 11,8% im Jahr 1980. In den 80er und 90er Jahren stieg dieser Prozentsatz leicht an: das *Bureau of the Census* schätzt ihn für den Stichtag 1.7.1994 auf 12,5%; cf. *The World Almanac and Book of Facts 1996* (Mahwah: World Almanac Books, 1995), p. 387.
[68] Robert Dallek, *Ronald Reagan: The Politics of Symbolism* (Cambridge und London: Harvard University Press, 1984), p. 82.
[69] Walter Grünzweig und Roberta Maierhofer, „Introduction," p. 17; Grünzweig und Maierhofer spezifizieren in der Folge die verschiedenen Interessengruppen: „Women, Catholics, Jews, Blacks, Hispanics, Asians, Native Americans, Gays and Lesbians, are just some groups, who increasingly insist on their 'difference'" (ibid.).
[70] Cf. Lou Cannon, p. 271.
[71] Ein Poster von Steven Oscharoff aus dem Jahr 1984 etwa montiert Reagans Gesicht unter eine weiße Klanskapuze; cf. Karrie Jacobs und Steven Heller, *Angry Graphics: Protest Posters of the Reagan/Bush Era* (Layton: Peregrine Smith Book, 1992), p. 42. Hintergrund der Fotomontage Oscharoffs sind halboffiziell ausgesprochene Wahlunterstützungsaufrufe für Reagan seitens des Klans.

Der Schauspieler-Präsident: „his innocence was indistinguishable with ignorance"

Doch obgleich solche Extrempositionen, glaubt man Umfragen, keine Mehrheitsmeinungen in der amerikanischen Bevölkerung darstellten, blieb Reagans Popularität, zumindest bis 1987, als der Iran-Contra-Skandal publik wurde, ungebrochen, wie sein Wahlerfolg 1984 belegt. Um Erklärungsansätze verlegen, sprechen Bob Schiefer und Gary Paul Gates von einem „enigma" und „the secret of his popularity"[72], und nicht minder konsterniert spricht E.L. Doctorow von „the mystery of Ronald Reagan."[73] Auf ihrer Suche nach Erklärungen für die einzigartige Beliebtheit Reagans verweisen viele Forscher zur Gegenwartsgeschichte auf die Fertigkeiten des Präsidenten im Bereich der medienvermittelten Selbstdarstellung, z.B. Amos Kiewe und Davis Houck: „Perhaps no other president in the electronic age has so successfully 'gone public' as this actor-turned-politician."[74] Haynes Johnson spricht zugespitzt von „the symbioses between Reagan and television" und von einer „triumvirate alliance in the eighties, Reagan, television, and America."[75] Damit personifiziert der Schauspieler-Präsident den vorläufigen Höhepunkt einer Entwicklung, in der Politik und Unterhaltungsgeschäft, Simulation und Authentizität, Dichtung und Wahrheit miteinander verschmelzen und nicht mehr voneinander unterscheidbar werden.[76] Die Aussage, daß ein Politiker über beträchtliche schauspielerische Fähigkeiten verfüge, wandelte sich in den 80er Jahren von einer Beleidigung in ein Kompliment. Reagan beschwor bei seinem Amtsabtritt eine wiedererstarkte amerikanische Wirtschaft, obwohl Statistiken eine andere Wirklichkeit nahelegten[77], er feierte die heile Welt

---

[72] Bob Schiefer und Gary Paul Gates, p. 382.
[73] E.L. Doctorow, „The Character of Presidents," p. 95.
[74] Amos Kiewe und Davis W. Houck, p. 1.
[75] Haynes Johnson, pp. 140, 448.
[76] Cf. etwa Robert Merrill, „Simulations: Politics, Television and History in the Reagan Era," in: ders. (ed.), *Ethics/Aesthetics: Post-Modern Positions* (Washington: Maissonneuve, 1988), pp. 141-68.
[77] Cf. z.B. die Zusammenfassung von Haynes Johnson, p. 449: „In the mid-seventies American companies made 95 percent of the telephones and 80 percent

der Familie in einer Zeit, da traditionelle familiäre Strukturen ihre Verbindlichkeit einbüßten[78], er mahnte die sittlichen Heilkräfte der christlichen Religion in einem Jahrzehnt an, da geldtüchtig-scheinheilige Fernsehprediger wie Swaggart und Bakker sich gezwungen sahen, ihre sexuellen Eskapaden vor der versammelten Fernsehnation auszubreiten und zu erklären. Bei der Beschreibung der amerikanischen Gegenwart kamen Fakten und Zahlen zunehmend eine sekundäre Bedeutung zu; wichtiger war, was das Publikum bereit war, seinem Präsidenten zu glauben: „The essential quality for any actor is to induce in his audience a willing suspension of disbelief."[79]

Reagans Glaubwürdigkeit wurde nicht zuletzt deshalb von einer Mehrheit als besonders hoch eingestuft, weil offensichtlich Übertragungsprozesse von seinen Filmrollen auf deren Darsteller stattgefunden hatten: die Charaktereigenschaften der von ihm verkörperten Filmhelden und die des Schauspielers Reagan sind weitgehend als Einheit wahrgenommen worden. Reagans Rollenfach aus den Spät-30ern und 40er Jahren ist üblicherweise das des Heroen[80], der, „sincere, simple, straightforward and direct, untainted by affection, and rarely ambivalent"[81], nicht zwangsläufig auch noch über intellektuelle Gaben verfügen muß: „[c]ast as the dumb, geewhiz, small-town kid with little inner conflict, his innocence was indistinguishable with ignorance, which was equated with being natural."[82] Offensichtlich konnte sich Reagan als Präsident

---

of the television sets used in American homes. By the end of the eighties American companies made only one in four telephones and one in ten TV sets sold in the United States. Similarly, the U.S. share of world automotive output declined from 52 percent in 1960 to 23 percent in the late eighties. By then one of every four cars driven in America was foreign-made. During that same period the U.S. share of steel production dropped from 26 to 11 percent."

[78] Cf. hierzu etwa David Blankenhorn, *Fatherless America: Confronting Our Most Urgent Social Problem* (New York: BasicBooks, 1995).

[79] Sidney Blumenthal, p. xiv.

[80] Cf. Stephen Vaughn, *Reagan in Hollywood: Movies and Politics* (Cambridge u.a.: Cambridge University Press, 1994), p. 46: „Reagan did often play a heroic figure whose faith in American values seldom faltered."

[81] Robert P. Metzger, p.21.

[82] Robert P. Metzger, ibid.; cf. aber auch die weniger schmeichelhafte Fortführung des Zitats: „In many of these parts, he was the easily revved-up hick or

ungeachtet aller intellektuellen Fehlleistungen einen Teil dieser Unverwundbarkeit bewahren, mehr noch: er verfolgte bewußt das Ziel, „to create the impression [that] his fantasy screen image – the all-American nice guy, firm in his convictions, yet amiable and decent – was actually the man himself."[83] Es spricht sogar einiges für die These, daß Reagan selbst Opfer einer solchen „boundary confusion"[84] gewesen ist. Schiefer und Gates konstatieren: „The photographers were right when they said that Ronald Reagan 'had never taken a bad picture.' That was not the result of happenstance. The President was always 'on.' It wasn't a conscious effort; it was second nature, the payoff from all those years in Hollywood."[85] Und Gary Wills geht sogar noch einen Schritt weiter, wenn er befindet: „Because he acts himself, we know he is authentic."[86] Während seiner gesamten Präsidentschaft hat Reagan immer wieder durch Anspielungen auf seine Hollywooderfahrungen und Leinwandrollen zurückgegriffen; sie bildeten für ihn ein primäres Referenzsystem.[87]

Grenzauflösungen zwischen Hollywood-Phantasie und Realität fanden beispielsweise dort statt, wo Reagan Bestandteile aus Hollywood-Filmen als autobiographische Erinnerungen ausgab. Michael Schallers Reagan-Monographie schildert zwei besonders anschauliche Beispiele für Reagans Tendenz, Film-Sequenzen als autobiographische Erinnerungen zu rememorieren.

> Several times during the 1980 campaign Reagan brought himself and audiences to tears describing, in a quivering voice, the tale of a pilot who sacrificed his life – and won a posthumous Congressional Medal of Honor – cradling a wounded comrade rather than bail out

---

hayseed who was not too educationally advanced. Occasionally this yokel role was taken to the brink of mental infantilism."

[83] Robert P. Metzger, p. 9.
[84] Michael Paul Rogin, *Ronald Reagan, the Movie and Other Episodes in Political Demonology* (Berkeley u.a.: University of California Press, 1987), p. 4.
[85] Bob Schiefer und Gary Paul Gates, p. 342.
[86] Gary Wills, p. 1.
[87] Cf. Robert P. Metzger, p. 21: „Throughout his two terms (1981-1989) as the 40th President of the United States, Ronald Reagan made constant reference to his old celluloid persona. With these frequent allusions to his past embodiments on film, Hollywood myth became Washington myth."

Ronald Reagan, die *1980s* in den U.S.A. und die Literatur der Dekade   27

from his crippled plane. „Never mind, son," the pilot tells the injured belly gunner, „we'll ride this one down together." Reagan seemed puzzled when journalists questioned how he could possibly know what two dead men said to each other moments before a crash. No medal was ever awarded for such an incident. Again, a montage of scenes from several wartime films appears to have inspired the story.[88]

In 1983, he again embellished his wartime record by confusing it with a movie. This time he told at least three groups that he had firsthand experience with the Holocaust because he had filmed the liberation of Nazi death camps in Europe while in the Signal Corps. When journalists noted that Reagan had not set foot outside the United States during the war, a White House spokesman released an explanation that the president meant to say that he had been greatly affected by seeing a film about death camps after the war ended.[89]

Kurt Vonnegut, einer der profiliertesten politischen Romanciers der amerikanischen Gegenwartsliteratur, spielt in einer autobiographischen Collage zu den 80er Jahren nur wenig verschlüsselt auf solche mnemotechnischen Defizite Reagans an, wenn er klarstellt: „The only warfare Ronald Reagan ever saw was in the movies, of course."[90]

Der Rhetor Ronald Reagan: „In the myths of the eighties, he was the greatest mythmaker of all"

In den Beispielen, die Schaller referiert, wird Reagan weniger (unfreiwillig) in die Rolle eines erinnerungsschwachen Alten gedrängt; sie erlauben vielmehr Rückschlüsse auf sein Selbstverständnis als Redner und Politiker. Noch mehr Bedeutung als den Erfordernissen einer erfolgreichen Selbstdarstellung maß er seiner Funktion als Geschichtenerzähler zu. „Reagan is a storyteller, a craft he learned

---

[88] Michael Schaller, *Reckoning with Reagan: America and Its President in the 1980s* (New York und Oxford: Oxford University Press, 1992), p. 8.
[89] Michael Schaller, p. 8f.
[90] Kurt Vonnegut, *Fates Worse Than Death: An Autobiographical Collage of the 1980s* (London: Vintage, 1992), p. 151.

well in his former profession"[91], meint John Kenneth White. David A. Stockman erinnert sich: „Reagan's body of knowledge is rather impressionistic: he registers anecdotes rather than concepts."[92] Und William F. Lewis schließlich bezeichnet Reagan „as a narrator of the American story [...]."[93] Schon die ersten frühen Reden des Politikers Reagan bestehen aus einer Aneinanderreihung von Geschichten, Anekdoten und Kurzepisoden. In einer Rede aus dem Jahr 1952, einer Rede, die in der Sammlung von Houck und Kiewe nicht mehr als acht Seiten umfaßt, erzählt Ronald Reagan – zum Teil ausführlich – nicht weniger als zehn separate Geschichten bzw. Anekdoten. Jedesmal dienen ihm die Einzelgeschichten dazu, sich das Wohlwollen und die Geneigtheit seiner Zuhörerschaft zu sichern; er setzt dabei ungeniert auf Sentimentalität, Gefühlsduselei und konsensfähige Platitüden. Eine Kostprobe, ein Auszug aus der fünften Anekdote, die Reagan in dieser Rede erzählt:

> I remember a few years ago on a Sunday afternoon taking a hired automobile out into the countryside of England. I wanted to see the countryside and I had never been abroad before. As dusk was falling on a very cold winter day, we came upon a little English tavern several hundred years old, a pub if you will, and this I wanted to see. So the driver and I entered and there was a very motherly looking woman standing back of the counter and very few customers as yet. Someway she divined that I was an American, and she started talking, „Oh," she said, „we had a great many of your lads just across the roadway there during the war," and she started talking about those lads. She said, „They used to come in every night and have a songfest." Then, as she looked into the distance and her face softened, she said, „I remember one Christmas Eve, me and Pop was here all alone. Suddenly the door burst open – and in they came, they had presents for me and Pop, they called me Mom." She said, „Big strapping lads they was from a place called Iowa."

---

[91] John Kenneth White, p.13.
[92] David A. Stockman, *The Triumph of Politics: How the Reagan Revolution Failed* (New York u.a.: Harper & Row, 1986), p. 90.
[93] William F. Lewis, 287.

Well, she had a tear in her eye and I'm sure I did.[94]

Wie die Beispiele Schallers zeigen, ist der Wahrheitsgehalt solcher Geschichten mitunter in Zweifel zu ziehen und letztlich, wo es um das Selbstverständnis des Geschichtenerfinders oder -erzählers geht, auch irrelevant. Um „innere" Wahrheiten, nicht um oberflächliche Faktentreue, ging es dem Rhetor Ronald Reagan. Wo aber Reagan den politischen Diskurs auf diese Weise fiktionalisiert, dort betritt er schriftstellerisches Terrain, und genau dort wirkt er als eine besondere Provokation auf die zeitgenössischen amerikanischen Erzählerinnen und Erzähler, genau dort wird seine Rhetorik, werden seine Geschichten zu einem interessanten Gegenstand für die Literatur und die Literaturwissenschaft. In dem Maße, in dem Reagan den politischen Diskurs auf diese Weise „fiktionalisiert", reagieren die Literaten mit einer sensiblen Politisierung ihrer Werke. So ist es die Begegnung mit den Eigentümlichkeiten der Reaganschen Rhetorik, die E.L. Doctorow zu der These ermutigt: „Ultimately, what politicians do becomes another kind of writing."[95]

Die Literaturwissenschaft kann vielleicht auch dann den Sozial- und Politikwissenschaften hilfreichen Beistand leisten, wenn es um die qualitative Bewertung der Reagan-Geschichten geht. Welche Art von Geschichten erzählt Reagan? Die Antwort von Amos Kiewe und Davis W. Houck:

> The story-telling character of Reagan's discourse was a natural result of his affinity with simplified discourse and his ability to reduce complex economic issues to story-like features with the customary villain and hero depiction. Organizing his rhetoric around the dichotomies of „good" and „bad," „fair" and „unfair," „hero" and „villain" – the stuff that good stories are made of – came naturally to Reagan.[96]

---

[94] Ronald Reagan, „'America The Beautiful,': June, 1952," in: Davis W. Houck und Amos Kiewe (eds.), *Actor, Ideologue, Politician: The Public Speeches of Ronald Reagan* (Westport und London: Greenwood, 1993), p. 6f.
[95] E.L. Doctorow, „Introduction," *Poets and Presidents* (London: Papermac, 1994), p. ixf.
[96] Amos Kiewe und Davis W. Houck, p. 230f.

Die Analyse ist überzeugend, das Qualitätsurteil nicht; der Verzicht auf Komplexität kann wohl kaum als Kennzeichen großer Literatur gelten. Und entsprechend kommt die bislang einzige Monographie eines Literaturwissenschaftlers zur Rhetorik Reagans, Paul D. Ericksons *Reagan Speaks: The Making of an American Myth* (1985), zwar zu einem sehr ähnlichen Analyseergebnis („heroes and villains abound in this series of tales about America and the world on the brink of an epic ideological denouement"[97]), aber zu einer gänzlich anderen Bewertung der vermeintlichen Kunstfertigkeit der Reagan-Reden. Erickson stellt bereits in seinem Vorwort klar:

> I should perhaps warn the reader that an analysis of the sort that this book provides inevitably turns up flaws, inconsistencies, and glaring instances of presumption and manipulations of facts and things resembling facts. We will also discover a good deal of writing that some will judge trite, tasteless, and sentimental prose, as well as an abundance of tortured grammar, twisted syntax, and other stylistic atrocities.[98]

Ganz in diesem Sinne argumentiert auch Paul Goetsch, wenn er in seiner Analyse der Rhetorik Reagans als Ergebnis hervorhebt: „Reagan's rhetorical legacy is problematic. Such rhetoric tends to simplify complex situations, replace arguments with formulas, anecdotes, and other narrative elements, and substitute emotional effectiveness for responsible, rational discussion."[99] Erickson wie Goetsch ergänzen ihre Stilkritik um eine Ideologiekritik; sie wird

---

[97] Paul D. Erickson, p. 25f.
[98] Paul D. Erickson, p. xii; eine Kritik des Reaganschen Stils findet sich auch in: Haig Bosmajan, „Reaganspeak as a Case Study in the Uses of Godterms, Adwords, Euphemisms, and Faulty Metaphors," *ETC*, 42 (1985), 101-08. Cf. zur Rheorik Reagans auch Helena Halmari, „Dividing the World: The Dichotomous Rhetoric of Ronald Reagan," *Multilingua*, 12 (1993), 143-76. Cf. ebenso die umfangreiche, äußerst nützliche Bibliographie Paul Goetschs zur Rhetorik Reagans in: *Presidential Rhetoric and Communication since F.D. Roosevelt: An Annotated Bibliography* (Tübingen: Narr, 1993), pp. 155-70.
[99] Paul Goetsch, „Reagan's Labor Day Address, September 4, 1982," in: ders. und Gerd Hurm (eds.), *Important Speeches by American Presidents after 1945* (Heidelberg: Winter, 1994), p. 131.

dann unvermeidbar, wenn Reagan narrative Muster auf die Darstellung seiner Lebensgeschichte und der Geschichte der amerikanischen Nation anwendet, um so die Vergangenheit und Zukunft seines Landes zu definieren. Der „storyteller" wird zum „mythmaker": „In the myths of the eighties he was the greatest mythmaker of all [...]."[100] Der Mythos, den Reagan über Amerika zu erzählen weiß, folgt einfachen Mustern. William F. Lewis faßt ihn in knapper Form zusammen.

> America is a chosen nation, grounded in its families and neighborhoods, and driven inevitably forward by its heroic working people towards a world of freedom and economic progress unless blocked by moral or military weakness.[101]

Lewis sieht hier alle notwendigen Bestandteile eines Mythos vorliegen: „It is a story with great heroes – Washington, Jefferson, Lincoln, Roosevelt – with great villains – the monarchs of pre-Revolutionary Europe, the Depression, the Communists, the Democrats – and with a great theme – the rise of freedom and economic progress. It is a story that is sanctified by God and validated by the American experience."[102] Es ist aber auch eine Geschichte, die zur Identifikation einlädt, und dort, wo diese verweigert wird, unbarmherzig exkommunikuniziert. Wer sich in ihr nicht wiederfinden will oder kann, – und es ist leicht einsichtig, welche Identifikationsschwierigkeiten Frauen oder Angehörige ethnischer, religiöser, weltanschaulicher oder sexueller Minderheiten mit einem solchen Modell haben können, *Native Americans* sogar haben müssen, – findet sich zwangsläufig mit der Rolle eines inneren Feindes besetzt. Es ist sicherlich kein Zufall, daß Politologen erstmals in den 80er Jahren eine eklatante geschlechtsspezifische Diskrepanz im Wahlverhalten

---

[100] Haynes Johnson, p. 14.
[101] William F. Lewis, 282; cf. auch Paul D. Erickson, p. xif.: „Reagan's story about Americans and their foes [is] [...] specifically a battle between ultimate good and evil cast generally in terms of Christian apocalypse."
[102] William F. Lewis, ibid.

der amerikanischen Bevölkerung verzeichnen, „the so-called gender gap [...]."[103]

Das während der Inaugurationsfeierlichkeiten vorexerzierte Bedürfnis nach scharfer Abgrenzung findet sein Spiegelbild in Reagans Rhetorik, deren Erfolg wiederum selbst Rückschlüsse über nationale Befindlichkeiten ermöglicht. Es liegt nahe, einen Zusammenhang zwischen der pathologischen Angst vor fremden Einflüssen und der Furcht der (weißen, männlichen) Mittelklasse vor Statusverlust und sozialem Abstieg zu vermuten. Tatsächlich bietet Reagans Rhetorik auch Sündenböcke an, um solche (zumeist diffusen) Ängste zu kanalisieren. So nimmt E.L. Doctorow während der 80er Jahre beispielsweise „new brazen white-racist furies across the land"[104] wahr. Das Böse wird in einen Außenbereich projiziert und damit exterritorialisiert: „every threat to his [Reagan's] miniature country of the mind comes from outside."[105] Abweichlertum wird folgerichtig einer infizierten, gefährlichen Randzone zugeordnet. Die Konstruktion eines zu schützenden Kernbereichs amerikanischer Identität verlangt aus Gründen der definitorischen Abgrenzung zwangsläufig nach der Parallelkonstruktion des Fremden, Unamerikanischen: „the alien comes to birth as America's dark double, the imaginary twin who sustains his (or her) brother's identity."[106]

Die Angst vor dem Fremden hinterließ – im Jahrzehnt der AIDS-Panik – ihre Spuren in der Körpermetaphorik des politischen Diskurses und der Körperzentriertheit des populären Filmschaffens. Ronald Reagan – selbst lange Sinnbild „of [...] the luck and discipline

---

[103] Michael Barone, *Our Country: The Shaping of America from Roosevelt to Reagan* (New York: Free Press, 1990), p. 608: „The political result of the shifting relationship between the sexes was the so-called gender gap which became apparent in the 1980 election and remained apparent throughout the 1980s." Barone verweist allerdings in der Folge, p. 609, auch darauf, daß der Hauptunterschied im Wahlverhalten verheirateter und unverheirateter Frauen bestanden hat; vor allem die letztgenannte Gruppe hat scharf anti-republikanisch gewählt.
[104] E.L. Doctorow, „The Character of Presidents," p. 95.
[105] Gary Wills, p. 376.
[106] Michael Paul Rogin, p. 284.

of physical health"[107] – sah seine Präsidentschaft begleitet von einer Renaissance der Tradition des „MALE NIPPLE MOVIE"[108], so der respektlose Terminus von John Irvings Romanheld Owen Meany. Rambo, Indiana Jones und ihre Variationen in Filmen wie *The Terminator*, *Lethal Weapon*, *Robocop* oder *Die Hard* garantierten mit ihrer fast kultischen Feier des harten, männlichen Körpers[109] Kassenerfolge zu einer Zeit, da Reagan selbst mit seiner Verkörperung eines „macho presidential style"[110] eine nationaltherapeutische Funktion zu erfüllen glaubte.[111]

Das Image des Wunderheilers Reagan wurde zudem durch ein unrühmliches Ereignis des Jahres 1981 befördert, das dem Leben des 40. US-Präsidenten zwar beinahe ein vorzeitiges Ende gesetzt hätte, aus dem der Betroffene aber gleichwohl im nachhinein rhetorisches und politisches Kapital zu schlagen wußte: Reagan war nicht der einzige amtierende US-Präsident, auf den ein Attentat verübt wurde; er war auch nicht der einzige, der es überlebte[112], aber er war der erste, der aus dem mißglückten Attentat eine politische Strategie

---

[107] Gary Wills, p. 4.
[108] John Irving, *A Prayer for Owen Meany* (New York: Ballantine, 1989), p. 272.
[109] Cf. Susan Jeffords, *Hard Bodies: Hollywood Masculinity in the Reagan Era* (New Brunswick: Rutgers University Press, 1994), p. 24f.: „In the dialectic of reasoning that constituted the Reagan movement, bodies were deployed in two fundamental categories: the errant body containing sexually transmitted disease, immorality, illegal chemicals, 'laziness,' and endangered fetuses, which we can call the 'soft body'; and the normative body that enveloped strength, labor, determination, loyalty, and courage – the 'hard body' – the body that was come to stand as the emblem of the Reagan philosophies, politics, and economics."
[110] So ein Teil des Untertitels von John Ormans Monographie *Comparing Presidential Behavior: Carter, Reagan, and the Macho Presidential Style* (New York: Greenwood, 1987); cf. auch Ormans These auf p. 18: „Ronald Reagan is the quintessential macho president."
[111] Cf. Sidney Blumenthal, p. xiv: „Reagan's mission, as he repeatedly stated, was therapeutic."
[112] 1975 wurden auf den Präsidenten Ford zwei Attentate verübt; die Attentate auf Theodore und Franklin D. Roosevelt erfolgten zu einem Zeitpunkt, da die Opfer nicht mehr (Theodore Roosevelt, 1912) bzw. noch nicht (Franklin D. Roosevelt, 1933) Inhaber des Präsidentenamtes waren. Franklin D. Roosevelt war allerdings bereits „President-elect." Cf. die Einträge zu „Assassination Attempts" in *The World Almanac and Book of Facts 1996*, p. 273.

ableitete. Seine erste Rede vor dem Kongreß nach dem mißlungenen Anschlag auf sein Leben leitete er mit Dankesadressen an diejenigen ein, die sich aus Liebe und Freundschaft um ihn gesorgt hatten, und er fuhr fort: „Thanks to some very fine people, my health is much improved. I'd like to be able to say that with regard to the health of the economy."[113] Michael Paul Rogin sieht hier – zu Recht, wie ich meine – nicht nur eine Metaphorisierung, sondern auch eine Grenzauflösung am Werke:

> The president was identifying the recovery of his mortal body with the body politic, his own convalescence with his program to restore health to the nation. Reagan was presenting himself as the healer, laying his hands on the sick social body. He was employing a very old symbolism, one that merges the body of a political leader and the body of his realm.[114]

Rogins Beispiel ist nur einer von vielen möglichen Belegen für Reagans Strategie, seine eigene Lebensgeschichte mit der seines Landes zu kontrastieren oder zu parallelisieren. In der zweiten Hälfte seiner Amtszeit sprach Reagan wiederholt von einer wirtschaftlichen „Gesundung" und „Erholung" seines Landes; die wirtschaftlichen Verhältnisse der Carterzeit verstand er als eine untypische Zwischenepisode. Die eigene Biographie und die amerikanische Wirtschaftsgeschichte nach 1981: beides las Reagan als außergewöhnliche Erfolgsgeschichten, beides las er mit einer nostalgischen Brille der Schönfärberei, beides erzählte er mit dem ihm eigenen „casual approach to the truth [...]."[115]

---

[113] Zitiert nach Michael Paul Rogin, p. 4. 1981 (der Attentatsversuch erfolgte am 30.3.1981, der US-Präsident war gerade 70 Tage im Amt) konnte Reagan noch nicht der Vorwurf gemacht werden, die ökonomischen Verhältnisse, von denen er spricht, mitverursacht zu haben.
[114] Michael Paul Rogin, p. 4f.
[115] Bob Schiefer und Gary Paul Gates, p. 180.

Reagans biographischer Hintergrund: „some learn to deny reality"

Seine Kindheit erinnert Reagan in den 1965 veröffentlichten, zur Unterstützung seines Gouverneurwahlkampfes in Kalifornien bestimmten und von Hubler bearbeiteten Memoiren als „one of those rare Huck Finn-Tom Sawyer idylls [...]."[116] Die Twain-Romane, auf die er sich bezieht, sind aber, so das zutreffende Resümee des Historikers Gary Wills, „chronicles of superstition, racism, and crime"[117], die nur selten Raum für idyllische Momente zulassen. Aus einer Vielzahl von Beispielen gewinnt der Historiker Wills den Schluß: „He [Reagan] is the sincerest claimant to a heritage that never existed, a perfect blend of an authentic America he grew up in and of that America's own fables about its past."[118] „Reaganland" nennt Wills die einfachen Geschichtsdeutungsmuster, Romantisierungen und Legenden Reagans: „Visiting Reaganland is very much like taking children to Disneyland [...]. It is a safe past, with no sharp edges to stumble against."[119] Erst eine solchermaßen zurechtgestutzte Geschichte taugt zur Illustration von einfachen moralischen Lehren und Handlungsanweisungen, die Reagans narrative Bewältigung amerikanischer Mythen leisten wollte.

In Kindheit, Jugend und als College-Student von Priestern erzogen, wurde er, Sohn einer engstirnigen religiösen Fanatikerin, „a moralizing, tract-distributing, admonition-delivering temperance

---

[116] Ronald Reagan und Richard Hubler, *Where's the Rest of Me?* (New York: Duell, Sloan and Pearce, 1965), p. 18.
[117] Gary Wills, p. 4.
[118] Gary Wills, p. 94; cf. das ähnliche Forschungsergebnis von Jimmie L. Reeves und Richard Campbell in *Cracked Coverage: Television News, the Anti-Cocaine Crusade, and the Reagan Legacy* (Durham: Duke University Press, 1994), p. 157: „what is masked by the orthodoxy of nostalgia [...] is the not-so-innocent past of 'comunity action' in America – the forgotten history of lynching, tar-and-feathering, and witch-hunting that made many small towns and villages into placs ruled by racial violence, religious intolerance, and vigilante 'justice.'"
[119] Gary Wills, p. 387. Cf. auch James Combs, p.140: „In a sense, Reagan country did and did not exist. It existed as something nostalgic, but through prospective atavism could at least be recaptured momentarily."

advocate"[120], selbst zu einem Moralapostel. Viele seiner Reden sind nur mühsam verschleierte Predigten eines missionarischen Eiferers, der sich in einer persönlichen Allianz mit Gott sah, um seiner Nation eine regenerative Wiedererweckung zu bescheren. 1983, auf der Jahresversammlung der *National Association of Evangelicals* formulierte er: „America is in the midst of a spiritual awakening and a moral renewal. And with your biblical keynote, I say today, 'Yes, let justice roll on like a river, righteousness like a never-failing stream.'"[121]

Nicht immer jedoch harmonisiert Reagans Biographie mit der von ihm propagierten Ideologie. Zwar attackierte er die Sozialpolitik F.D. Roosevelts, aber sein eigener Vater hat nur dank einer Beschäftigung im Rahmen eines New-Deal-Programms seine Familie finanziell über Wasser halten können; zwar denunzierte Reagan staatliche Fürsorgemaßnahmen, wo immer er sie witterte, aber er selbst, so das Ergebnis der minutiösen Recherchen Wills', „was cradled in the arms of 'govment [sic!]"[122]; zwar argumentierte er stets „aggressively 'profamily'"[123], aber als erster geschiedener US-Präsident hat er vermutlich die soziale Respektabilität von Ehescheidungen mehr befördert als jeder Amtsinhaber vor ihm. Interessant *seine* Version: schon zu Hollywood-Zeiten bestand Reagans Reaktion auf den Makel der Scheidung in purer Simulation. „Reagan acted as if he had not really been divorced at all. He never changed this way of looking at what had happened to him. Thirty-two years later [1980] president Reagan told an interviewer: 'I was divorced in the sense that the decision was made by somebody else.'"[124] Für den Politiker wie für

---

[120] Gary Wills, p. 34.
[121] Ronald Reagan, „National Association of Evangelicals; Remarks at the Annual Convention in Orlando, Florida, March 8, 1983," vollständig abgedruckt in: Paul D. Erickson, pp. 155-66; hier: p. 161.
[122] Gary Wills, p. 86.
[123] Barbara Ehrenreich, p. 4: „Throughout the eighties, the winning political faction has been aggressively 'profamily.' They have invoked 'the family' when they trample on the rights of those who hold actual families together, that is, women."
[124] Lou Cannon, p. 65.

den Privatmann gilt: „Facts don't make his beliefs true. His beliefs give life to the facts."[125]

Zum Teil verleugnete Reagan Realitäten, zum Teil manipulierte er sie. Mit der Chuzpe und der Verve eines ambitionierten Karrieristen erfand er sich selbst neu. Die Revisionen seiner Biographie gelangen ihm nicht zuletzt deshalb mit erstaunlich viel Unbekümmertheit, weil er über keine ausgeprägte geographische Identität – für Haynes Johnson ein Charakteristikum vieler Kalifornier[126] – verfügte. Zwar sprach Reagan oft mit nostalgischer Verklärung von seinem „boyhood home" in Dixon, Illinois, aber die Fakten legen eine andere Wirklichkeit nahe: „The Reagans lived in five different places in Dixon, four different ones in Tampico, two in Galesburg – all rented; always living from suitcases, like actors. [...] both sons were in transit, always. They had no 'boyhood home.'"[127] Konstant blieb bei Reagan allein der Wechsel, der Ortswechsel in der Kindheit, der Rollenwechsel in Hollywood, ehe er bei den „Goldwater Republicans" eine tatsächlich konstante, politisch-ideologische Heimat fand, in die er seine Fertigkeiten als Geschichtenerfinder und Anekdotenerzähler einbrachte. Während seiner Präsidentschaft reagierte sein Stab mitunter nervös auf seine narrativen Neigungen. 1985 versuchten seine Mitarbeiter, den Vorschlag der deutschen Regierung, zusätzlich zu der Gedenkfeier in Bitburg ein Konzentrationslager zu besuchen, abzuwehren, in Erinnerung an Reagans fiktive Ergänzung seiner Biographie um die Station eines Dokumentarfilmers von deutschen Todeslagern: „But those who did the initial planning had to remember their strenuous containment of the death camp stories Reagan had already told. They did not want that can of worms opened again [...], so wary were they of the power of Reagan's storytelling and the trouble it can cause a nervous staff."[128]

Zahlreicher noch als in Ronald finden sich bei seinem Vater Jack Reagan Komponenten einer heimatlos-instabilen Existenz: frühes Waisentum, ziellose geographische und soziale Mobilität. Die

---

[125] Sidney Blumenthal, p. 5.
[126] Haynes Johnson, p. 49.
[127] Gary Wills, p. 15.
[128] Gary Wills, p. 169f.

engstirnig-moralisierende Welt, in der der spätere US-Präsident aufwuchs, ist eher die eines Tom Sawyer als die eines Huck Finn. Huckleberry-Finn-Erfahrungen jedoch sammelte er bei der Konfrontation mit seinem Vater. Psychobiographen haben versucht, Reagans Wirklichkeitsretuschen auf seine Kindheitserfahrungen als Sohn eines an Alkoholismus erkrankten Vaters zurückzuführen: „Many children of alcoholic parents survive by withdrawing into themselves and creating their own reality. They invent themselves. Some learn to deny reality. Something similar seems to have happened with Reagan."[129] Ronald Reagan berichtet in seinen Memoiren jedoch recht freimütig von den Trinkeskapaden Jacks; sie dienen ihm in einer für den Wahlkampf veröffentlichten Autobiographie vornehmlich als ein Forum zur Selbstinszenierung und zur Selbstdarstellung. Er erinnert sich an eine Winternacht, in der er seinen Vater sturzbetrunken vor dem Hauseingang findet:

> I was eleven years old [i.e. 1922] the first time I came home to find my father flat on his back and no one there to lend a hand but me. He was drunk, dead to the world. I stood over him for a minute or two. I wanted to let myself in the house and go to bed and pretend he wasn't there. Oh, I wasn't ignorant of his weakness. I don't know at what age I knew what the occasional absences or the loud voices in the night meant, but up till now my mother, Nelle, or my brother handled the situation and I was a child in bed with the privilege of pretending sleep.
> But someplace along the line of each of us, I suppose, must come that first moment of accepting responsibility. If we don't accept it (and some don't), then we just grow older without quite growing up. I felt myself fill with grief for my father at the same time I was feeling sorry for myself. Seeing his arms spread out as if he were crucified – as indeed he was – his hair soaked with melting snow, snoring as he breathed, I could feel no resentment against him.[130]

---

[129] Haynes Johnson, p. 43. Cf. auch Robert Dallek, p. 53: „Like the father he largely rejected but understandably could not detach himself from, Reagan plays fast and loose with the facts." Ähnlich argumentiert Michael Paul Rogin, p. 21, der von Ronald Reagans „need to seperate himself from his dependent father" spricht.
[130] Ronald Reagan und Richard G. Hubler, *Where's the Rest of Me?*, p. 7f.

Die Szene wird deutlich aus der Perspektive eines 44-jährigen rememoriert, der eine außergewöhnlich erfolgreiche Karriere als Schauspieler hinter sich weiß und sich seinen Lesern als eine verantwortungsbewußte und verantwortungsbereite Persönlichkeit empfehlen will. „To pretend" ist ein Schlüsselwort des Textauszugs, in dem sogar von „the privilege of pretending" die Rede ist. Weil Reagan an dieser Stelle seiner Autobiographie ein Initiations- und Erweckungserlebnis braucht, beschreibt er – theatralisch überhöht – die Trunkenheit des Vaters als eine Kreuzigungsszene. Die Reminiszenz bringt zuallererst nicht Mitleid, sondern Selbstmitleid zum Ausdruck. Tatsächlich enthält ein solcher Bericht neben der explizit behaupteten großzügigen Nachsicht implizit auch Elemente einer späten Rache, wird doch die Hilflosigkeit des Vaters vor einem Millionenpublikum ausgebreitet, „[h]e dramatizes it, almost melodramatizes"[131], und politisch instrumentalisiert. Im übrigen ist auch das Ausmaß von Jack Reagans Alkoholismus umstritten. Die Möglichkeit besteht, daß Ronald Reagan nur ein weiteres Mal eine Vergangenheit imaginiert, die es so nie gegeben hat.[132] „Fake Huck-Finnery"[133] nennt Gary Wills solche Erinnerungen, aber bis zu einem gewissen Grad gehört auch „faking" zum Verhaltensrepertoire Hucks. In jenen Reminiszenzen jedenfalls, die Reagan mitgeteilt sehen will, interpretiert er den Vater als eine Quelle von Bedrohung, Furcht und Scham: „The point is that Reagan lived in fear of his father's uncontrolled behavior."[134]

Ronald Reagans Lebensweg enthält allerlei Ingredienzien eines authentisch sozialkritischen Stoffes. Beachtet jedoch wurde dieser Sachverhalt nicht, weder von der Forschung noch vom öffentlichen Bewußtsein, und auch nicht von der künstlerischen oder literarischen Praxis; zu sehr wurde Reagans öffentliches Image überschattet von

---

[131] Gary Wills, p. 34.
[132] Cf. Gary Wills, p. 34: „If he was so deeply ashamed of his father, why blazon that shame to millions of people, who would never have known about it but for his book? This has puzzled many people in Dixon, where the extent of Jack Reagan's drinking is debated. Certainly Jack was never a public disgrace like his brother Bill in Fulton."
[133] Gary Wills, p. 94.
[134] Robert Dallek, p. 16.

seiner zweiten Lebenshälfte, von seiner Karriere als autoritär-rechtslastiger Politiker. In dem Zeichensystem der populären oder literarischen Kultur steht er nicht für eine entwicklungspsychologisch interessante Sohnesexistenz, sondern für eine autoritäre Vaterfigur. Obgleich bereits zum Zeitpunkt seiner ersten Wahl zum Präsidenten eher in großväterlichem Alter, wurde er doch fast immer als Vertreter einer Vatergeneration wahrgenommen: „The key point is, precisely, that we do not think of Reagan as grandfatherly (no matter how many grandchildren he may have)."[135] Dies entspricht freilich der epochenübergreifenden amerikanischen Tradition, den jeweiligen Präsidenten als Vaterfigur, „[a]s the country's father figure"[136], wahrzunehmen und zu beschreiben. So jubelte auch Tochter Maureen in Rückerinnerung an die Inaugurationsfeier 1981 voller Stolz: „my father, Ronald Wilson Reagan, would become a father to us all"[137].

Reagan als Landesvater: Politische Herrschaft und familiäre Metaphorik

Mögen auch vielerlei Anzeichen daraufhin deuten, daß Reagan seine innerfamiliäre Vaterrolle zeitlebens nur mangelhaft ausgefüllt hat[138], seine Rolle als Vater des Landes, als „democratic king"[139], verkörperte bzw. spielte er nach Ansicht vieler meisterhaft. Offensichtlich gelang

---

[135] Gary Willis, p. 3.

[136] Robert P. Metzger, p. 9.

[137] Maureen Reagan, *First Father, First Daughter: A Memoir* (Boston u.a.: Little, Brown and Co., 1989), p. 4.

[138] James Combs, p. 59, konstatiert z.B.: „He seemed strangely distant from his children"; und Paul Slansky, p. 39, weiß folgende Episode vom Januar 1982 zu berichten: „Meeting with a group of television executives, President Reagan volunteers that seeing himself 'on the late, late show' is like 'looking at the son I never knew I had' – an odd statement from a man who actually has two sons he rarely sees."

[139] Cf. James Combs, p. 20: „through their symbolic representaton of opular mythology Presidents acquire the temporary status of democratic king [sic!]." Cf. auch Sidney Blumenthals Bewertung, p. xv: „Unlike Nixon, Reagan played the monarchical function without straining."

es ihm mit dieser Rolle, die nationale Psyche anzusprechen und, nachdem Besetzungen wie Nixon, Ford und Carter aus unterschiedlichen Gründen als defizitär empfunden worden waren, angestaute Sehnsüchte zu befriedigen. Maureen Dowd zitiert in einem Leitartikel der *New York Times* die Berkeley-Professoren Lakoff und Dundes zum Verhältnis der amerikanischen Bevölkerung zu ihrem Präsidenten: „'We [Americans] act modern, cool, and sophisticated. But underneath, we want a daddy, a king, a god, a hero [...],'" konstatiert Robin Lakoff, und ganz ähnlich äußert sich Alan Dundes mit seiner These: „'There is an unconscious aspect in politics, where we are looking for a hero who will turn out to be a father figure for the country."[140] Noch das in den 80er Jahren höchst umstrittene *SDI*-Projekt, eines der bevorzugten utopischen Konzepte Reagans, basiert metaphorisch auf der Vorstellung eines protektiven Vaters, der über der nationalen Familie einen Schutzschirm aufspannt. Entsprechend nahm Reagan auch in seiner Rhetorik mit Vorliebe die väterliche Rolle ein. Eine Grabrede für den „Unknown Serviceman of the Vietnam conflict" schloß er 1984 mit den Worten: „Thank you, dear son, May God cradle you in his loving arms"[141], nicht aber ohne zuvor unbedingten Gehorsam und Pflichterfüllung als primäre Sohnestugenden benannt zu haben: „He may not have wanted to be a hero, but there was a need [...]. He accepted his mission and did his duty."[142]

Das neue Bedürfnis nach väterlicher Autorität spiegelt sich auch in den populären Fernsehproduktionen der 80er Jahre wider. So meint etwa Terry Louise Fisher, eine der Miterfinderinnen der TV-Serie *L.A. Law*: „I think the sexual revolution is over. We may be heading for a new repression, a new 'Father Knows Best' era."[143] Familienpatriarchen, ein Jahrzehnt zuvor in populären Fernsehprogrammen noch oft die Zielscheibe von Spott, wurden wieder

---

[140] Maureen Dowd, „Of Knights and Presidents: Race of Mythic Proportions," *New York Times* (10.10.1992), A1.
[141] Zitiert nach Paul D. Erickson, p. 55.
[142] Ronald Reagan, „Unknown Serviceman of the Vietnam Conflict, May 5, 1984," abgedruckt in: Paul D. Erickson, p. 166.
[143] Zit. nach Tamar Lewin, „New Sex Mores Are Chilling TV Ardor," *New York Times* (8.3.1987), H29.

ungeniert und unkritisch gefeiert.[144] Es ist nicht entlegen, einen Zusammenhang zwischen dem bevölkerungsstatistischen Trend zu einer vaterlosen Gesellschaft und der neuen Sehnsucht nach Vätern in den Produkten der populären Kultur zu vermuten. *Fatherless America: Confronting Our Most Urgent Social Problem*, so lautet der Titel eines Sachbuchbestsellers von David Blankenhorn aus dem Jahr 1995; in ihm werden Statistiken zitiert, nach denen 1990 bereits 25,9% aller amerikanischen Kinder ohne Väter und 36,3% ohne ihre biologischen Väter aufwuchsen. Es sind dies Prozentsätze, die den Verfasser zu der These veranlassen: „the United States is becoming an increasingly fatherless society. [...] Fatherlessness is now approaching a rough parity with fatherhood as a defining feature of American childhood."[145] Als Gründer und Präsident des *Institute for American Values* [!] verfolgt Blankenhorn freilich mit seiner Publikation vorrangig die Interessen von Amerikas Neuer Rechten, die mit Eifer für die seelische Gesundheit von „Reagan's children"[146] ficht und moralische Kreuzzüge führt, für die gesetzliche Verankerung von Schulgebeten und für die Durchsetzung von wertkonservativen Lehrplänen, gegen weiche Drogen und „unreine" Kunst. In besonderem Maße hat die Neue Rechte der angeblichen Unterwanderung der Colleges durch „tenured radicals" den Kampf angesagt.[147]

In den 80er Jahren kam es zu einem Bündnis zwischen Amerikas Neuer Rechten und der Neuen Christlichen Rechten. Bruce Kuhre befindet 1992: „The coalition of these two conservative groups has

---

[144] Cf. John Kenneth White, p. 119f.
[145] David Blankenhorn, p. 1; die zitierten Statistiken finden sich auf p. 18f.
[146] Der Terminus wird in öffentlichen Diskussionen nicht eindeutig verwendet; manchmal bezeichnet er die zur Zeit der Reagan-Präsidentschaft 10- bis 20-jährigen, manchmal die neue Politikergeneration der Republikanischen Partei um Newt Gingrich, also die z. Zt. 40- bis 50-jährigen, manchmal die konsumorientierten und in ihrem Wahlverhalten konservativen Kinder der Generation der Sixties.
[147] Cf. Jimmie L. Reeves und Richard Campbell, p. 154: „In the1980s and 1990s the controversy over the control of the college campus and the purpose of a college education exploded toward the end of the Bush era in raging debates about the imposition of a 'core curriculum' that instills Western values and the censuring of 'politically correct' 'tenured radicals' who pose a threat to Reagan's children."

had a strong effect on the political structure of the country."[148] Ideologisch geeint wurden beide Gruppen durch einen missionarisch-militanten Antikommunismus, durch die gemeinsame Agitation gegen den Verfall traditioneller Familienwerte und durch das wirtschaftspolitische Bekenntnis zu einem Laissez-faire-Kapitalismus. Der unerschütterliche Glaube religiös-politischer Gruppierungen an die Selbstregulierungskräfte des Marktes („[t]he New Right conceptualizes freedom and individuality largely in terms of the right to pursue one's interests in a market context unhampered by external interference"[149]) brachte schließlich mittelfristig die Parteinahme für sozialstaatliche Prinzipien unter Legitimationszwänge. Ein Ergebnis des neuartigen Bündnisses zwischen wirtschaftslibertären und religiösen Rechten war die gewachsene Durchsetzungskraft neokapitalistischer Positionen. Es ging und geht den Rechten Amerikas um ein ehrgeiziges gesellschaftspolitisches Umbauprogramm. Fast überall glauben ihre Vertreter Anzeichen für moralischen Niedergang und gesellschaftliche Fehlentwicklungen ausmachen zu können. Mit rigorosem Sendungsbewußtsein und dogmatischer Intoleranz polemisieren sie gegen „Drogen, Abtreibung, Homosexualität, Kriminalität, Pornographie, Einsatz von Schulbussen zur Rassenintegration, Frauenemanzipation [...]."[150]

Als *Goldwater Republican* rechnete sich Ronald Reagan zwar weder der Neuen Christlichen Rechten noch der Neuen Rechten in einem engeren Sinne zu, doch konnte er sich immer auf die Unterstützung beider Lager verlassen. Beide Gruppen erfüllten, so Bruce Kuhre, „a major role in the election and presidency of Ronald Reagan [...]."[151] So stiegen während der Ägide Reagans wichtige Ver-

---

[148] Bruce Kuhre, „The 'Politicalization' of the 'Christian Right' and Its Union with the 'New Right,'" in: Walter Grünzweig et al. (eds.), *Constructing the Eighties: Versions of an American Decade* (Tübingen: Narr, 1992), p. 51.
[149] Jerome L. Himmelstein, „The New Right," in: R. Liebman und R. Wuthnow (eds.), *The New Christian Right* (New York: Aldine Publishing Co., 1983), p. 16.
[150] Rüdiger B. Wersich, „New Christian Right," in: ders. (ed.), *USA Lexikon: Schlüsselbegriffe zu Politik, Wirtschaft, Gesellschaft, Kultur, Geschichte und zu den deutsch-amerikanischen Beziehungen* (Berlin: Erich Schmidt, 1995), p. 520.
[151] Bruce Kuhre, „The 'Politicalization' of the 'Christian Right' and Its Union with the 'New Right,'" p. 63.

treter der Neuen Rechten zu einflußreichen Ämtern auf (Max Kampelman, Jeanne Kirkpatrick, Paul Nitze, Richard Perle, James Watt). Reagans Reden selbst rekurrierten beharrlich auf tragende Welt- und Geschichtsdeutungsmuster der christlichen Fundamentalisten. Unter der Präsidentschaft Reagans rückte die Republikanische Partei in ihrer Gesamtheit nach rechts.[152] Die Republikanische Partei, die Repräsentanten der Neuen Rechten, die Wortführer der Neuen Christlichen Rechten und Ronald Reagan selbst leisteten sich während der 80er Jahre (und darüber hinaus) ein erstaunlich konstantes Feindbild. In beinahe allen Lebensbereichen wurden die Wertsysteme und Vertreter der radikalen Sixties zum ideologischen Hauptfeind erklärt; dort wurden – mit Recht – die Wurzeln bahnbrechender sozialer Umwälzungen, die Wurzeln des modernen Feminismus, des *Lesbian* und *Gay Movement*, des neuen Selbstbewußtseins ethnischer Minoritäten ausgemacht. Reagan selbst war schon während seiner Gouverneurszeit wenig zimperlich in der Wahl seiner rhetorischen Mittel, um gegen das seiner Ansicht nach Widernatürliche in den Aktivisten der Sixties zu polemisieren: Einen Hippie definierte er beispielsweise „as someone who ‚dresses like Tarzan, has hair like Jane, and smells like Cheetah.'"[153]

Es wird deutlich, daß die standardisierten Inklusions- und Exklusionsrituale in der Rhetorik der Neuen Rechten im allgemeinen und in den Reden Reagans im besonderen vorrangig das Ziel verfolgten, die Erfahrungen und Werte einer bestimmten Generation, deren Befreiungsgeschichten und Befreiungsphantasien aus dem kulturellen und politischen Erbe der Nation auszuschließen. Reagans Eloge auf den Unbekannten Soldaten des Vietnamkriegs z.B. reflektierte ja in gar keiner Weise die Art und Weise, wie die Generation derer, die in den 60er Jahren volljährig geworden sind, den Krieg erlebt oder bewertet hatten, zu Hause oder als Beteiligte. Wenn Reagan dekla-

---

[152] Cf. Richard King, p. 369f.: „the Republican Party had moved considerably to the right by the Eighties, while becoming considerably more prosperous and better organized."
[153] Martin A. Lee und Bruce Shlain, *Acid Dreams: The CIA, LSD, and the Sixties Rebellion* (New York: Grove, 1985), p. 163.

mierte, „[w]e understand the meaning of his sacrifice"[154], so traf er damit noch nicht einmal die generationenübergreifenden Erfahrungen mit diesem Krieg, dessen Sinn den allermeisten Amerikanern nicht evident gewesen war, in den 60er Jahren so wenig wie in den 80ern. Tatsache ist, daß kein zweites außenpolitisches Ereignis nach 1945 innenpolitisch dermaßen polarisierend gewirkt hat wie gerade das militärische Eingreifen in Vietnam. In diesem Sinne kann Marianna P. Sullivan noch 1995 konstatieren: „Die Amerikaner hegen weiterhin widerstreitende Gefühle über den Krieg [in Vietnam]. [...] Nur vage vertraut mit den genauen Umständen des Krieges, war die Öffentlichkeit offenbar am meisten von seiner langen Dauer, den hohen Verlusten auf US-Seite und dem ergebnislosen Ausgang des Krieges beeindruckt."[155]

Wenn Reagan also schon vier Monate nach seinem Amtsantritt vor der Militärakademie in West Point apodiktisch formulierte „Vietnam was a noble cause" und gleich nach dieser Setzung programmatisch verkündete: „the era of self-doubt is over"[156], so zielte er damit auch auf eine nationaltherapeutische Geschichtsrevision ab. Wo sich Reagan aber als Geschichtsbewerter und Geschichtenerzähler auf allgemeine moralische Bewertungen und Common Sense berief, dort meinte und legitimierte er immer nur und allenfalls den gesunden Menschenverstand seiner Generation, nämlich den der Weltkriegsgeneration. Ronald Reagan, in seinen Filmrollen oft der „All-American nice guy," sah sich gleichzeitig als Verkörperer des einzig wahren

---

[154] Ronald Reagan, „Unknown Serviceman of the Vietnam Conflict," in: Paul D. Erickson, p. 166; cf. auch Erickson, p. 58: „An unusually unpopular war (with reservations even on the part of loyal and courageous members of the military), the Vietnam conflict did anything but inspire the kind of consensus and conviction that the President described."
[155] Marianna P. Sullivan, „Vietnam War," in: Rüdiger B. Wersich (ed.), *USA Lexikon: Schlüsselbegriffe zu Politik, Wirtschaft, Gesellschaft, Kultur, Geschichte und zu den deutsch-amerikanischen Beziehungen* (Berlin: Erich Schmidt, 1995), p. 737.
[156] Zit. nach Alasdair Spark, „The Soldier at the Heart of the War: The Myth of the Green Berets in the Popular Culture of the Vietnam Era," *Journal of American Studies*, 18 (1984), 47. Reagans Rede wurde am 27. Mai 1981 gehalten.

Amerika: „It is simply 'All-American' in his eyes for him to be all America; so, in his eyes, he is."[157]

Die Familienmetaphorik, auf die Reagan so häufig in seinen Reden zurückgriff, impliziert natürlich wiederum „a pattern of inclusion and exclusion"; Reagans Weltbild basierte fundamental auf einer „global distinction between us and them." Spezifischer gilt: „Most of Reagan's major political speeches began and ended with references to children."[158] Die metaphorischen „Kinder" Reagans sind die Angehörigen der Enkelgeneration, um deren Weltbild und Geschichtsbewertungen gerungen wird, sie bilden zumindest dort, wo sie prononciert gegen die Weltanschauung ihrer Eltern polemisieren, gewissermaßen das Pendant zu dem im deutschen Kontext gebräuchlichen Etikett der 89er Generation (eine zunächst feuilletonistische, danach von der Politikwissenschaft übernommene Analogiebildung zur 68er Generation).

> The identification of the young – and for that matter, the older „Yuppies" (Young Urban Professionals) – with Reagan was so extensive that, ironically, the much-discussed „generation gap" of the 1960s („You can't trust anyone over thirty") now was reversed: veterans of the 1960s didn't trust their own conservative and self-regarding children and bitterly denounced their alleged lack of altruism, compassion and intellectual interest.[159]

Es sind zwei unterschiedliche Versionen von amerikanischer Geschichte, im Sinne von *history* und *story*, die sich in den amerikanischen Kulturkämpfen der Eighties (und im übrigen auch der Nineties) befehden; und damit gekoppelt sind alternative Zukunftsentwürfe und unterschiedliche Bestimmungsversuche amerikanischer Identität. Selbst der Präsidentschaftswahlkampf 1992 ist unter den Vorzeichen eines Generationenkonflikts geführt worden. Clintons

---

[157] Gary Wills, p. 2.
[158] Alle drei Zitate stammen aus einem Aufsatz von David Chidester, „Saving The Children By Killing Them: Redemptive Sacrifice in the Ideologies of Jim Jones and Ronald Reagan," *Religion and American Culture*, 1 (1991); sie finden sich auf den Seiten 189, 186 und 187.
[159] James Combs, p. 88.

zeittypisches Engagement für eine Beendigung des Vietnamkrieges wurde zu einem Wahlkampfthema: „He is, finally, the treacherous son who dares to oppose the father. As far as Mr. Bush and his backers are concerned, when the young people of this country rejected the war in Vietnam, they gave up their generational right of succession to primacy and power. They could no longer be trusted."[160]

Es ist natürlich entweder ein Trugschluß oder ein perfides Wahlkampfmanöver, allen ehemaligen Aktivisten der Sixties ein über Jahrzehnte hinweg konstantes Weltbild zu unterstellen. So berichtet etwa Sidney Blumenthal von einer kuriosen „Conversion Conference", auf der spätbekehrte ehemalige Aktivisten der Sixties alten Glaubensgrundsätzen abschworen und öffentlich Abbitte leisteten: „It was a curious warp in time. With the Reagan era drawing to a close, former new left activists gathered to both proclaim and condemn the glory days of the '60s as the central experience of their lives."[161] Der ehemalige Berkeley-Radikale David Horowitz eröffnete beispielsweise mit einer Selbstverleugnung und Bußfertigkeit ohnegleichen in seiner Rede: „We committed serious treason. We tried to destroy this country! This country was good to us. It forgave us!"[162] „Dreams Die Hard" formuliert Joan Baez 1988 in ihrem Song „Recently" als Antwort auf ihren ehemaligen Gatten David Harris, der für sie repräsentativ ist für die Revisionisten und Konvertiten der 80er Jahre.[163] Doch bilden solche Saulus-Paulus-Biographien eher die Ausnahme. Unabhängig von individuellen Karrierewegen hat sich die überwiegende Mehrzahl der Angehörigen der Sixties-Generation bis in die Eighties bestimmte Grundwerte wie Bürgerrechte, direkte Demokratie, Gleichberechtigung der Geschlechter, Ökologie und Antimilitarismus erhalten; Grundwerte, denen die Neokonservativen der 90er

---

[160] E.L. Doctorow, „The Character of Presidents," p. 97.
[161] Sidney Blumenthal, p. 250.
[162] Zitiert nach Sidney Blumenthal, p. 251.
[163] Cf. Michael Erlewine et al. (eds.), *All Music Guide to Rock: The Best CDs, Albums and Tapes: Rock, Pop, Soul, R & B, and Rap* (San Francisco: Miller Freeman, 1995), p. 47: „on the title track, a stunning original, she boldly answered ex-husband David Harris' downbeat memoir of the 60s [...] as well as other '80s revisionists."

Jahre, auch in diesem Aspekt Reagans Erben, den Kampf ansagen. Am Tag nach dem republikanischen Triumph bei den Midterm-Wahlen 1994 veröffentlichte die *New York Times* einen mit „G.O.P.'s Rising Star Pledges to Right the Wrongs of the Left" überschriebenen Artikel, in dem Newt Gingrich zitiert wird, wie er einen zehn- bis zwölfjährigen Kampf gegen „liberal elites" ankündigt: „'There are profound things that went wrong with the Great Society and the counterculture [...]. Until the mid-1960s, there was an explicit long-term commitment to creating character. It was the work ethic. It was honesty, right or wrong."[164]

Es ist Teil von Gingrichs Programm, die politischen und sozialen Ideale der gegenkulturellen Bewegung der späten 60er Jahre aus dem kollektiven Gedächtnis und dem historischen Erbe der Nation zu tilgen.[165] Es geht auch im politischen Geschäft letztlich darum, bestimmte Interpretationen von historischer Erfahrung und bestimmte Definitionen von nationaler Identität durchzusetzen. Was die Politologin Meta Mendel-Reyes plausibel für die 90er Jahre behauptet, gilt mit nicht minderer Berechtigung auch für die Reagan-Dekade: „The politics of the nineties have been organized, to a much greater extent than most Americans realize, around the question who owns the sixties."[166] Entsprechend bilanziert auch eine Dokumentensammlung zu den Sixties von 1984 bereits im Vorwort: „President Reagan built his political career in California and nationally by

---

[164] Maureen Dowd, „G.O.P.'s Rising Star Pledges to Right the Wrongs of the Left," *New York Times* (10.11.1994), A1, B3.

[165] Zu Newt Gingrichs politischer Programmatik cf. auch dessen Publikation *To Renew America* (New York: HarperCollins, 1995), besonders das Kapitel „A New Beginning: The America We Will Create" (pp. 243-249). Auf p. 7 dieser Programmschrift findet sich z.B. folgende Bewertung der *American 1960s*: „Since 1965, however, there has been a calculated effort by cultural elites to dicredit this [American] civilization and replace it with a culture of irresponsibilty that is incompatible with American freedoms as we have known them." Allen Ginsberg hat sich in einem seiner letzten Gedichte eine treffsichere Polemik auf die geschichts- und kulturrevisionistische Politik Gingrichs verfaßt; cf. „Newt Gingrich Declares War on ‚McGovernik Counterculture,'" in: *Death & Fame: Poems 1993-1997* (New York: HarperPerennial, 1999), p. 20.

[166] Meta Mendel-Reyes, *Reclaiming Democracy: The Sixties in Politics and Memory* (New York und London: Routledge, 1995), p. xiv.

attacking sixties radicalism and its effects. Much of his presidency can be seen as an attempt to undo the social reforms and attitudinal changes that emerged from that decade."[167]

Das kulturelle und literarische Profil der 80er Jahre: „the opposition to Reagan, another sign of the time"

Es ist genau an diesem Punkt, an dem sich die Künstler und Literaten, und unter letzteren vorrangig die Verfasser breiter fiktional-pikaresker Entwürfe, in die öffentlichen Debatten einmischen. Allein schon die Tatsache, daß die überwiegende Mehrzahl zeitgenössisch-pikaresker Romane als Handlungszeit die späten 60er Jahre ganz oder teilweise wählt (Acker, Auster, Boyle, Irving, Pynchon), verweist auf die enorme Bedeutung, die diesem Zeitraum bei der Wiederbelebung pikaresker Konventionen zukommt. Zugespitzt läßt sich von einer zeitgenössischen Wiedergeburt des pikaresken Erzählens (und damit auch von einer Wiederkehr verloren geglaubter Utopien) aus dem Geiste der Sixties sprechen. So wie die 60er Jahre aus der Perspektive der 80er historisiert, neu bewertet und kritisiert werden, so werden auch die Eighties selbst an den Wertkategorien der Alternativkultur der Sixties gemessen, geprüft, und letztlich attackiert. Was Meta Mendel-Reyes für die 90er Jahre resümiert, gilt wiederum auch für die Eighties: „Our memories of the sixties help to shape the culture, economy, society and politics of the nineties, which help to shape our memories of the sixties."[168]

Der pikarische Held[169] eignet sich in besonderem Maße für eine Auseinandersetzung mit den „radikalen" 60er Jahren, mit ihren

---

[167] Judith Clavir Albert und Stewart Edward Albert (eds.), *The Sixties Papers: Documents of a Rebellious Decade* (New York u.a.: Praeger, 1984), p. xvii.
[168] Meta Mendel-Reyes, p. 24.
[169] Ich verwende in der Folge den Begriff „pikarisch", wenn ich mich auf Figuren bzw. figurale oder figurentypologische Aspekte beziehe. Wenn ich mich auf andere (vor allem narrative) Aspekte und Prozesse beziehe, greife ich ausschließlich auf den Begriff „pikaresk" zurück. Damit weiche ich von der üblichen terminologischen Praxis deutschsprachiger Sekundärliteratur ab, die die beiden Begriffe als Synonyme begreift und verwendet.

eingebildeten oder tatsächlichen Befreiungsgeschichten und kühnen, doch oft uneingelösten Befreiungsphantasien. Als Außenseiter und gegenkultureller Rebell, der seinen pikaresken Traum von einer radikalen Veränderung des gesellschaftlichen Systems gegen den Traum von einer Veränderung des eigenen Standorts in eben diesem System eingetauscht hat, ist er zugleich Subjekt und Objekt einer mitunter zynischen, geschichtsrevisionistischen Bestandsaufnahme eines aus internen Widersprüchen begründbaren Scheiterns. So sehr sich also die gesellschaftliche Zerrissenheit der Sixties als idealer Anlaß anbietet, die radikaldemokratischen Wurzeln des pikaresken Genres zu reaktivieren, so sehr macht die produktiv-literarische Umgestaltung der Pikaro-Figur[170] auch deutlich, daß der amerikanische Pikaro spätestens in den 80er Jahren, vielleicht aber auch schon bei Mark Twain, seine politische Immunität und moralische Unanfechtbarkeit verloren hat. Was mitunter bleibt, ist schmerzhafte Trauerarbeit, demütigende Erinnerungsarbeit, was bleibt, ist „the moralistic implied author shrieking hate at the world's and men's chaos."[171]

Letzten Endes geht es den pikaresken Schriftstellerinnen und Schriftstellern um öffentliche Gegengeschichten zu denen Reagans, um Gegengeschichtsschreibungen aus kapitalismus-, rassismus- oder patriarchatskritischer Perspektive, um die Beschwörung eines anderen Amerikas samt seiner historischen Tradition, um die Wiederentdeckung eines „much larger stream of American dissent."[172] John Irving (geb. 1942), Kathy Acker (geb. 1947), Paul Auster (geb. 1947) und T. Coraghessan Boyle (geb. 1948) erreichen in den 60er Jahren ihre Volljährigkeit; ihre Initiation in die politische Kultur Amerikas ist unauflösbar mit ihren Sympathien für die gesellschaftskritischen Anliegen der Gegenkultur verknüpft. William Kennedy (geb. 1928) und Thomas Pynchon (geb. 1937) erleben in den 60er Jahren ihren jeweiligen literarischen Durchbruch, und zwar mit

---

[170] Ich verwende in dieser Arbeit im folgenden die Schreibungen Pikaro und Pikara, die sich in der deutschsprachigen Sekundärliteratur eingebürgert haben.
[171] Stuart Miller, *The Picaresque Novel* (Cleveland: The Press of Case Western Reserve University, 1967), p. 72.
[172] Barbara Ehrenreich, p. 9.

Texten, deren Formen und Inhalte unverkennbar aus dem Zeitgeist der Jugendrevolte gespeist werden. Erst die literarische Nachfolgegeneration eines David Leavitt (geb. 1961), Michael Chabon (geb. 1963) und eines Bret Easton Ellis (geb. 1964)[173] zeigt sich partiell distanziert, unbeeindruckt und unbeeinflußt vom politischen und ästhetischen Ethos der 60er Jahre.

Der prägende Einfluß Reagans auf „seine" Dekade, so der Konsens sowohl der populären Kolumnisten der Zeit als auch derjenige der Politik- und Sozialwissenschaftler, ist nicht zu bestreiten: „Whatever the judgment of future historians, Reagan has made a difference. [...] He has not left the world the way he found it"[174], meint Lou Cannon. Und Haynes Johnson geht noch einen Schritt weiter: „Ronald Reagan was a consequential President. Of the thirty-eight men who preceded him as presidents of the United States, he was among the few who really altered the condition of the country and affected the way people thought about it."[175] „He spans our lives, culturally and chronologically"[176], konstatiert Gary Wills resümierend. Reagans herausragendste Leistung besteht weniger in der einen oder anderen politischen Entscheidung als vielmehr in der Durchsetzung seiner Interpretationen der Kultur und der Geschichte Amerikas. Insofern kann es auch nicht mehr überraschen, daß seine Politik und seine Person dort zu einem prominenten Thema werden, wo kulturelle Interpretationen in erster Linie geleistet werden, in den Künsten und in der Literatur.

---

[173] Unter denjenigen Romanautoren, die nach 1960 geboren wurden, wählt Malcolm Bradbury nur diese drei aus, um sie in seine Zusammenstellung „The American Novel Since 1890: A List of Major Works" aufzunehmen; cf. *The Modern American Novel: New Edition* (New York u.a.: Penguin USA, 1994), pp. 285-305. Romanciers, die in den 50er Jahren des 20. Jahrhunderts geboren wurden, wurden in der Regel noch deutlich geprägt von dem ästhetisch-politischen Zeitgeist der 60er Jahre (cf. z.B. die Romanwerke von Madison Smartt Bell, Louise Erdrich und Jayne Anne Phillips).
[174] Lou Cannon, p. 417.
[175] Haynes Johnson, p. 455. Offiziell wird Reagan als der 40. US-Präsident gezählt, Johnson spricht zu Recht nur von 38 Amtsvorgängern, weil Grover Cleveland (gewählt 1884 und 1892, abgewählt 1888) in offiziellen Listen zweimal gezählt wird.
[176] Gary Wills, p.1.

Nicht erst seit dem Beginn seiner Präsidentschaft ist Ronald Reagan ein beliebter Stoff in den Zeugnissen der populären Kultur der Vereinigten Staaten. Auf dem Woodstock-Festival 1969, einem Schmelzpunkt von Gegenkultur und *mainstream culture*, widmeten Joan Baez und Jeffrey Shurtleff den Song „Drugstore Truck Drivin' Man", mit den Anfangs- und Refrainzeilen „He's a drugstore truck drivin' man, / He's the head of the Ku-Klux-Klan", ihrem „Governor of California"; ein Jahr später scheiterte die Sammelband-Veröffentlichung der experimentell-postmodernen Kurzgeschichte „Why I want to Fuck Ronald Reagan" des britischen Science-Fiction-Autors J.G. Ballard an der mangelnden politisch-ästhetischen Courage seines amerikanischen Verlagshauses Doubleday. Auf die obszöne Geste greift darüber hinaus auch einer der Protagonisten in dem Roman *Changing Places* (1975) des Birminghamer Literaten und Literaturwissenschaftlers David Lodge zurück, wenn er einen Button mit der Aufschrift „FUCK D*CK" an sein Revers heftet, um gegen die „counter-pressures exerted by the right-wing Governor of the State [of Euphoria], Ronald Duck, a former movie-actor" zu protestieren.[177] In den 80er Jahren freilich multipliziert sich das thematische Interesse an Reagan um ein Vielfaches.

Bezeichnenderweise sind es gerade die ureigenen Reagan-Medien, Film und Fernsehen, die im Schnitt am wenigsten sichtbar auf die veränderte politisch-soziale Landschaft reagieren. Vor allem die an Einschaltquoten orientierten TV-Produktionen reflektieren eher unkritisch den gewandelten Zeitgeist: „The programs Americans watched throughout the Reagan years suggest that people had become more obsessed with individual success, the acquiring of wealth, and happy endings."[178] Die Fernsehserie *Dallas*, eine Seifenoper um einen texanischen Familienclan der Superreichen, kann hinter herausragenden Sportereignissen die höchsten Einschaltquoten vorweisen. Ebenso entsprechen die großen Verkaufserfolge des populären Bestsellermarkts den einfachen Mustern der Reaganschen Weltbeschreibung: „America's reading

---

[177] David Lodge, *Changing Places* (London: Secker and Warburg, 1975), pp. 39 und 9.
[178] Haynes Johnson, p. 145.

habits echoed their film preferences in the 1980s; they bought books that clearly delineated right and wrong, good and evil, the hero and the villain. They bought everything by Tom Clancy and Stephen King."[179]

Auch die großen Kinoerfolge des Jahrzehnts, der Spielberg- und Lucas-Dekade, zeichnen sich vornehmlich, so Kenneth Mackinnon, durch „Childishness" aus: „their success implies the populace's desire for infantilism." Was die Kassenschlager aus Hollywood in den 80er Jahren an ideologischen Inhalten transportieren, geht mit dem Zeitgeist konform: „Restoration of the Father – concomitant restoration of women to subordination [...] and promotion of the virtues of family life."[180] In populären Filmen, die Zeitreisen imaginieren (wie *The Philadelphia Experiment* oder *Back to the Future*), dient Reagans öffentliche Doppelpräsenz als Schauspieler und Politiker einzig als Anlaß für gelegentliche Gags. Im Gegensatz zu Großbritannien gibt es in der amerikanischen Filmkunst der 80er Jahre keine kohärente Gegenbewegung namhafter Gruppen zu konservativ-rechten Welterklärungsmodellen, sondern allenfalls bedeutsame Äußerungen einzelner Regisseure.[181] Gerade der insgesamt dreiteilige Kassenschlager *Back to the Future*, dessen Titel für manche programmatisch die vorherrschende Grundhaltung und Ideologie der Reagan-Jahre spie-

---

[179] Ellen Meltzer, *Day by Day, the Eighties* (New York: Facts on File, 1995), p. xiii.
[180] Kenneth MacKinnon, p. 38; MacKinnon entwickelt dort insgesamt sechs Charakteristika: Childishness, Special Effects, Nuclear Anxiety, Fear of Fascism und Restoration of the Father. MacKinnon beruft sich in seiner Systematisierung auf Forschungsergebnisse, die Robin Wood in der Studie *Hollywood from Vietnam to Reagan* (New York: Columbia University Press, 1986), vor allem pp. 163-82, vorgelegt hat. Zum Vaterbild im Hollywood-Film der 80er Jahre cf. auch Marsha Kinder, "Back to the Future in the 80s with Fathers & Sons, Supermen & PeeWees, Gorillas & Toons," *The Film Quarterly*, 42 (1989), 2-11; zum Verhältnis von Film und Politik während der Reagan-Dekade cf. Douglas Kellner, „Film, Politics, and Ideology: Reflections on the Hollywood Film in the Age of Reagan," *The Velvet Light*, 27 (1991), 9-24.
[181] Oliver Stones *Wall Street* (1987) oder *Born on the Fourth of July* (1989) können z.B. als Kritik an der Mentalität der Habgier oder an Reagans Bewertung des Vietnamkriegs rezipiert werden.

gelt[182], zeigt, wie fiktional gestaltete Vater-Sohn-Beziehungen mittels ihrer Konformität zur politischen Metaphorik der Zeit eine zweite, „politische" Lesart erlauben. So schlußfolgert z.B. Gary Wills:

> The aim of *Back to the Future* is to unite the generations, to make the hero see his parents with new eyes, as not outmoded but still young. Here is the most optimistic imaginable completion of the anti-myth to the Fall. Parents redeemed erase the sins of the past and become Paradise regained. [...] At the final eucharistic table of free lunch Ronald Reagan is the rehabilitated parent per excellence [sic!], the faded idol as reachable ideal.[183]

Reagans Geschichtsrevisionen und Doc Browns Anleitung „our only chance to repair the present is in the past"[184] stehen, nach Susan Jeffords, in einem direkten Zusammenhang. Doc Brown personifiziert – so Jeffords – das filmische *alter ego* des amerikanischen Präsidenten:

> Ranging over history, apparently in control of time, Ronald Reagan and Doc Brown come to stand as surrogate fathers, supplying symbolic leadership to a generation of youth whose futures seemed to have been opened up by their visions of technological wizardry and moral instruction. Both, by the end of the decade, seem to have gone beyond time itself, to have left the limitations of history and entered into the realm of fantasy, glory, and dreams.[185]

Das Reagan-Bild, das die bildenden Künste der 80er Jahre entwerfen, läßt von solcher Glorie nicht viel übrig. Als Sujet künstlerischer Darstellungen erhält Reagan eine einzigartige Prominenz. Der Kunsthistoriker Robert Metzger resümiert: „Never before in the history of the nation has a president of the United States stimulated

---

[182] Z.B. für Marsha Kinder oder auch für Jimmie L. Reeves und Richard Campbell; cf. dort, p. 39: „To be born again, to be morning again in America, to stand tall again in America, all are Reaganite slogans that speak of the exuberant moral, economic, and psychic recoveries of a nation going 'back to the future.'"
[183] Gary Wills, p. 388.
[184] Zitiert nach Susan Jeffords, p. 74.
[185] Susan Jeffords, p. 78.

Ronald Reagan, die *1980s* in den U.S.A. und die Literatur der Dekade 55

the imaginations of such a large number of mainstream artists to achieve works of the highest aesthetic level."[186] Und obwohl Metzger die Spannweite künstlerischer Antworten auf Reagan neutral mit den Worten „from the reverential to the critical"[187] einstuft, belegen doch seine eigenen Beispiele die uneingeschränkte Dominanz sozial-, ideologie- und medienkritischer Haltungen. In Skulpturen, Gemälden und Graphiken der Eighties wird Reagans Person vornehmlich mit Gewaltsymbolen ausgestattet: mit Gewehren, Messern oder Dynamit, mit Stahlhelmen und Gasmasken, Raketen, Boxhandschuhen und Totenschädeln. Mike Gliers Ölgemälde *Give Blood* aus dem Jahr 1982 porträtiert im Vordergrund einen mit Vampirzähnen ausgestatten Reagan und im Hintergrund einige seiner „Opfer": Obdachlose, Kinder und alte Menschen. Ein Holzschnitt Anton Van Dalens (*Reagan Prison*) des gleichen Jahres führt „STUDENTS, MINORITIES, ELDERLY, HAITIANS, SMALL BUSINESS, E.R.A., CITIES" oder auch „DAYCARE" als Opfer seiner Kürzungen im Sozialbereich an. *Blowing It* (1986) von Paul Marcus zeigt die Erde in Form eines appetitlichen Kuchens; der Präsident ist gerade im Begriff, die einzige Kerze des Kuchens, die Freiheitsstatue, auszublasen. Über 90% der 68 Beispiele aus Metzgers Katalog wählen eine dezidiert ablehnend-oppositionelle Haltung gegenüber dem Darstellungsobjekt Ronald Reagan und belegen damit die These von Steven Heller, eines Mitherausgebers eines Katalogs zu *Protest Posters of the Reagan/Bush Era*, die von einer generellen Politisierung der Kunst während der 80er Jahre ausgeht:

> Official indifference to social needs trickled down into communities everywhere. The result of a decade of conservative ideology and liberal inactivity was an increasing underclass. Responding to local health, housing, and economic crises, a number of grass-root graphic groups emerged in urban and rural areas, throughout the nation [...]. Provoked by Reagan's indifference toward the poor and disregard of women's rights, and pushed by the AIDS crisis, activism increased in the eighties. [...] The evidence is indelible in any city where posters and broadsides are hung: the quantity is large

---

[186] Robert P. Metzger, p. 8.
[187] Robert P. Metzger, ibid.

and the quality is high. Today marks a new renaissance of visual protest [...].[188]

Für die amerikanische Literatur der Zeit gilt Vergleichbares. Nicht ausschließlich, aber doch sehr prominent formuliert sich in Kunst und Literatur ein weiteres signifikantes Merkmal der 80er Jahre, „the opposition to Reagan, another sign of the time."[189] In der Kunst hat Reagan als eines der wenigen einfachen und monovalenten Symbole der Sixties überlebt; wie das Peace-Zeichen, die weiße Taube oder die geballte Faust verbürgt auch das Konterfei Reagans eine fast schon anachronistische Einsinnigkeit der künstlerisch-politischen Botschaft eines Kunstwerkes. Im scharfen Kontrast zur Entwicklung der deutschen Literatur, wo die 80er Jahre mit Einschränkungen ja auch eine Renaissance konservativer Denk- und Politikmuster bezeugen, kennt die amerikanische Literatur – in Reaktion auf außerliterarische soziale Polarisierungen und auf innerliterarische Überdrußerscheinungen an der Postmoderne – durchaus noch das Denken in „großen" Oppositionen. Für den deutschen Kontext kann Hubert Winkels feststellen: „Unter dem Titel 'Literatur der 80er Jahre' wird von Texten die Rede sein, die sich nicht mehr innerhalb einer eingespielten Ökonomie der großen Oppositionen wie privat und öffentlich, Individuum und Gesellschaft, Wesen und Erscheinung, Wahrheit und Ideologie, Reales und Imaginäres bewegen."[190] In der Literatur der U.S.A. werden aber zur Zeit der Reagan-Dekade genau diese Oppositionen, die Spannungsfelder zwischen Simulation und Authentizität, zwischen privater und öffentlicher Erinnerung, zwischen Zentrum und Rändern wichtig und produktiv. Speziell das Handlungsgeschehen pikaresker Romane kreist um bedeutsame, binäre Gegensätze, um „such crucial binary structures as the oppo-

---

[188] Steven Heller, „Hit & Run: A Legacy of UNofficial Graphic Protest," in: Karrie Jacobs und ders. (eds.), *Angry Graphics: Protest Posters of the Reagan/Bush Era* (Salt Lake City: Peregrine Smith Books, 1992), p. 7.
[189] Sidney Blumenthal, p. xviii.
[190] Hubert Winkels, p. 11.

sitions rich/poor, integrated/marginal, static/upwardly mobile, [...] master/servant [...]."[191]

Die innen- und sozialpolitischen Defizite der Reagan-Ära verstellen oft den Blick auf eine nicht minder düstere kulturpolitische Bilanz, wie sie sich exemplarisch in der sich verändernden Theaterlandschaft widerspiegelt. Innerhalb eines Jahrzehnts wurde die Zahl der Broadway-Produktionen halbiert; die Kosten für Eintrittskarten hingegen hatten sich fast verdoppelt.[192] Es dominierten spektakulär inszenierte, finanziell aufwendige, aber inhaltlich dürftige Musical-Produktionen: „Just as the conspicuous consumption and ostentatiously public display of wealth of the Reagan years found theatrical expression in elaborate musicals, their simplified story lines also reflect an aspect of the Reagan Era."[193] Gegen den Materialismus und die Simplifikationen der Dekade regen sich Widerstand und Kritik der politischen Dramatik; David Rabe, David Mamet und Tony Kushner bringen Theaterstücke auf die Bühne, die die Traditionen des gesellschafts- und sozialkritischen Theaters in den U.S.A. nutzen und innovativ bereichern. Kushners *Angels in America*, erst 1991 uraufgeführt, aber im wesentlichen *A Gay Fantasia on National Themes* (Untertitel) der Reagan-Dekade, attackiert mit aggressiver Polemik die Tabuisierungen, Oberflächlichkeiten und Heucheleien der Zeit.[194] Reagan selbst, dem von einer Figur in einem zornigen Akt der Entweihung einer nationalen Ikone homosexuelle Praktiken

---

[191] Peter N. Dunn, *Spanish Picaresque Fiction: A New Literary History* (Ithaca und London: Cornell University Press, 1993), p. 301.
[192] Alan Woods, „Consuming the Past: Commercial Theatre in the Reagan Era," in: Ron Engle und Tice L. Miller (eds.), *The American Stage: Social and Economic Issues from the Colonial Period to the Present* (Cambridge: Cambridge University Press, 1993), p. 252f.
[193] Alan Woods, p. 254.
[194] Bereits sechs Jahre zuvor reitet Kushner in dem Theaterstück *A Bright Room Called Day* (New York: Theatre Communications Group, 1994) eine scharfe Attacke auf Reagan und seine Dekade, wenn er Gemeinsamkeiten zwischen dem Berlin der frühen 30er und dem Amerika der 80er Jahre feststellt und eine Geistesverwandtschaft zwischen Reagan und Hitler andeutet. In einer Nachschrift („Afterword," p. 178) zu seinem Drama wird Kushner explizit: „I believe that History will judge Reagan and Bush harshly; not occupying the same circle of Hell as Hitler, but numbered among the damned."

unterstellt werden, wird letztlich zu einem Sinnbild unendlicher Leere, die Vater-Simulation kaschiert nur notdürftig die tatsächliche Absenz einer sittlichen Ordnung:

> LOUIS:[...] (*Points to the building* [the Hall of Justice]) Maybe the court won't convene. Ever again. Maybe we are free. To do whatever.
> Children of the morning, criminal minds. Selfish and greedy and loveless and blind. Reagan's children.
> You're scared. So am I. Everybody is in the land of the free. God help us all.[195]

Die Einsamkeit, eines der zentralen Kennzeichen pikarischer Helden, spezifischer die Einsamkeit der Kinder Reagans findet sich als Motiv in den pikaresken Erzählwerken der Dekade ebenso wieder wie in der Lyrik des Jahrzehnts. Roger Gilbert konstatiert in seiner überzeugenden Studie zur Lyrik der 80er Jahre: „The most notable feature of American poetry during the eighties [...] was the return to history, politics, and the social as vital concerns. A new imperative to confront and represent the world in all its intricate tangles of class, money, and power seems to have made itself felt among poets of virtually every stripe, no doubt partly in reaction to Reagan and the horrors he personified."[196] So läßt Ron Silliman in seinem über 100-seitigen Buchgedicht *What* (1988) sein lyrisches Ich fast antiquarisch-explizit an exponierter Stelle ausrufen: „But Reagan *is* the enemy!"[197] Und Liam Rector formuliert, selbstkritisch und pessimistisch, in seinem Gedicht „Working Wrong in the Late Republican Eighties" (1994):

> We stare now at the Republican Party as if it were a cobra
> About to strike us (It is!), but we are too hypnotized

---

[195] Tony Kushner, *Angels in America: A Gay Fantasia on National Themes: Part One: Millenium Approaches* (New York: Theatre Communications Group, 1993), p. 74.
[196] Roger Gilbert, „Textured Information: Politics, Pleasure, and Poetry in the Eighties," *Contemporary Literature*, 33 (1992), 247f.
[197] Ron Silliman, *What* (Great Barrington: Figures, 1988), p. 102.

– Such is its lurid charm, having captured the financial

And therein the political life of the nation – to do anything
About it, and the Democrats continue to devolve
As feckless shits held together by an ever-creaking

And cracking coalition of cobra-watching whiners....[198]

Die Suche nach dekadentypischen und vielleicht sogar gattungsübergreifenden Kennzeichen ist ein riskantes Geschäft, zumal dann, wenn ein geringer historischer Abstand noch nicht die Herausbildung eines literaturgeschichtlichen Konsenses zugelassen hat; sehr groß ist die Gefahr, daß eine von subjektiven Rezeptionserfahrungen und Forschungsinteressen gefärbte Meinung immer nur eine begrenzte Plausibilität beanspruchen, ein Einzelbeispiel mit einem Gegenbeispiel in Frage gestellt werden kann. Im Falle der „American 1980s" allerdings, „zeitgeists have a way of cutting across party lines"[199], ist der Einfluß der Zeit- und Sozialgeschichte auf die Literatur dermaßen evident, daß, bei aller Vorsicht und unter dem Eingeständnis von untypischen Ausnahmen im Oeuvre einzelner, von einer generellen Tendenz zur Politisierung gesprochen werden darf. Zwar resümiert Franz Link 1993, daß der „noch einmal voll engagierten Gesellschaftskritik, vor allem aus Anlaß der Bürgerrechtsbewegung und des Vietnamkriegs, [...] eine weitgehende Enthaltung von der politischen Szene, zum Teil aus einer gewissen Resignation heraus, zum entscheidenderen Teil aber der Konzentration auf die individuellen Bedürfnisse und der Mißachtung sozialer Verantwortlichkeit wegen"[200] folgte, aber bereits seine eigenen Autorenbeispiele, u.a. Thomas Pynchon, John Updike, William Kennedy, Jayne Anne Phillips, John Irving, Don DeLillo, Paul Auster und T.C. Boyle, vermögen einen solchen Befund schon nicht mehr zu decken. Für Link definieren der Widerstand gegen den Vietnamkrieg und die Suche nach alternativen Lebensformen während der

---

[198] Liam Rector, *American Prodigal* (Brownsville: Story Line Press, 1994), p. 54.
[199] Roger Gilbert, 243.
[200] Franz Link, *Amerikanische Erzähler seit 1950: Themen, Inhalte, Formen* (Paderborn u.a.: Schönigh, 1993), p. 509.

60er Jahre ein derart hohes Protestniveau, daß er alles Nachfolgende nur als Entpolitisierung wahrnehmen kann.

Reagans Amerika und die Renaissance pikaresker Erzähl- und Weltdeutungsmuster

Meine Studie zum pikaresken amerikanischen Roman der 80er Jahre geht von einer anderen Prämisse aus. Sie vertritt die These, daß die Defizite der Reagan-Dekade und das sie kennzeichnende autoritäre, anti-intellektuelle und anti-soziale Klima eine offensive Repolitisierung der Romanliteratur bewirkten.[201] Während der 80er Jahre wurde politisches Erzählen in den U.S.A. zu einem dekadetypischen Kennzeichen. Ein Indiz für die Repolitisierung der Romanliteratur ist die Renaissance pikaresker Erzähl- und Weltdeutungsmuster; die amerikanische Erzählliteratur der 80er Jahre ist durch ein ausgeprägtes „gusto picaresco"[202] gekennzeichnet. Hypothetisch muß eine solche Behauptung so lange bleiben, bis sie im textanalytischen Teil plausibilisiert und nachvollziehbar wird. Aber bereits jetzt müßte ersichtlich sein, wo sich herausragende Merkmale von Reagans Amerika mit den Darstellungsinteressen pikaresker Erzählkunst treffen.

Die Prämissen und Hypothesen, von denen meine Studie sich leiten läßt, seien hier kurz als Behauptung einer Reihe von Zusammenhängen angedeutet:

Es gibt einen Zusammenhang zwischen der Renaissance pikaresken Schreibens und der Wirtschafts- und Sozialgeschichte. Das Halbwaisentum und die Armut pikarischer Helden hat in der sozialen und ökonomischen Auseinandergliederung von Arm und Reich sowie in

---

[201] Diese These wird auch von John Whalen-Bridge vertreten; allerdings exemplifiziert Whalen-Bridge seine These nur an einem einzigen Beispiel, nämlich an den (nicht pikaresken) Erzählwerken der 80er Jahre von Norman Mailer. Cf. „Outside the Whale: Reading the American Political Novel in the Age of Reagan," *DAI*, 54,4 (1993), 1371A.

[202] Der Begriff stammt von Peter N. Dunn, p. 27.

der Verarmung alleinerziehender Mütter oder Väter einen realen Hintergrund.

Es gibt einen Zusammenhang zwischen dem Florieren pikaresker Romane und dem Prozeß der gesellschaftlichen Exklusion, wie er für die 80er Jahre charakteristisch ist. Wo Reagan die Werte des weißen, heterosexuellen Kern-Amerika zur Norm erhebt, preisen pikareske Romanciers ein freieres, alternatives Leben an der gesellschaftlichen Peripherie und verleihen so dem Gegenkulturellen, Marginalisierten und Ausgegrenzten Gehör.

Es gibt einen Zusammenhang zwischen der Renaissance pikaresken Erzählens und Reagans Neigung zum „Storytelling." Wo Reagan narrative Wahrheit und nicht Authentizität als Beurteilungsmaßstab für seine Erzählungen beansprucht, dort formulieren Schriftstellerinnen und Schriftsteller in ihren Werken andere, amerikakritische narrative Wahrheiten.

Es gibt einen Zusammenhang zwischen der Wiederbelebung pikaresker Erzählmuster und den dominanten Geschichtsversionen der politischen Rhetorik. Wo Amerikas Geschichte erzählt, entworfen und revidiert wird, dort verlangen auch die Literaten nach dem Gehör ihrer Stimmen und ihrer Versionen; die Vergangenheit als Gegenwart zu konzipieren, dies ist ebenso eine gängige literarische wie eine übliche politische Strategie.

Es gibt einen Zusammenhang zwischen der wiedergewonnenen Attraktivität pikaresker Erzählmuster und dem dynamisch-progressiven Geschichtsbild der *Reagan Republicans*. Während Reagan in seinen Reden auf Fortschritts- und Technologiegläubigkeit setzt und außenpolitisch imperiale Unterwerfungsgesten praktiziert, zeichnen sich die pikaresken Romane der Dekade durch Fortschrittsskepsis, Imperialismus- und Technologiekritik aus.

Es gibt einen Zusammenhang zwischen der Wiederkehr pikaresken Schreibens und der scharfen Opposition führender Repräsentanten der republikanischen Partei zur Gegenkultur der 60er Jahre. Der politische Streit um das Erbe und die dominante Bewertung der Sixties ist auch ein Kulturkampf; schriftstellerische Gegenversionen klagen das Vermächtnis eines alternativen Amerika und die spezifischen Erfahrungen einer gesamten Generation ein.

Es gibt einen Zusammenhang zwischen der Dominanz pikaresker Erzählmuster und Reagans Familienideologie (einschließlich der in ihr implizierten Männlichkeitskonzeptionen). Die literarische Praxis kontrastiert die Beschwörung heiler Welten mit der Instabilität, der ideologischen Anfälligkeit und der historischen Relativität und Variabilität der Geschlechterbeziehungen.

Es gibt einen Zusammenhang zwischen der Renaissance pikaresker Romane und den dominanten Vaterkonzeptionen der populären und der politischen Kultur. Die Auseinandersetzung mit der Vaterkultur gerät in den pikaresken Werken der Eighties zu einer kulturpolitischen Analyse der Dialektik zwischen emanzipativem Aufbegehren und freiwilliger Unterwerfung, zu einer Auseinandersetzung mit Geschichte und Tradition, zu einer Beschreibung des Zusammenspiels von äußerer und innerer Repression.

Es gibt einen Zusammenhang zwischen der Wiederkehr pikaresken Erzählens und der Verschmelzung von Politik und Entertainment, symbolisiert durch den Schauspieler-Präsidenten Reagan. Maskenspiel, Simulation und Theatralik, Verhaltensmerkmale pikarischer Helden, erhalten in der Literatur der 80er Jahre zusätzliche, politische Konnotationen.

Es gibt einen Zusammenhang zwischen der neuerlichen Gestaltung pikaresker Welten und der Auflösung von Informationshierarchien. Die unstrukturiert-chaotische Welt des pikaresken Romans, ihre radikale Offenheit und arbiträre Fortsetzbarkeit finden ihren Widerpart in der nicht-hierarchisierten Synchronizität von Bedeutsamem und Trivialem, die für die medial vermittelte Wirklichkeit der Eighties kennzeichnend ist.

Gemäß der Terminologie funktionsgeschichtlicher Gattungstheorie vermag ein jeder dieser Zusammenhänge als eine spezifische Form der „Bedürfnissynthese" gedeutet werden, in der „bestimmte historische Problemstellungen bzw. Problemlösungen oder gesellschaftliche Widersprüche artikuliert und aufbewahrt sind."[203] Die amerikanische Pikareske der *1980s* illustriert somit die zweisträngige Leistungskraft literarischer Mimesis, wie sie z.B. von Reiner Wild konzise auf den Punkt gebracht wird: „Insofern Literatur als Mimesis ihren Ausgang im tatsächlich Gegebenen hat, ist sie Reflexion menschlicher Praxis. [...] Als Mimesis möglicher menschlicher Praxis ist Literatur zugleich auch immer Entwurf, also konkret vorgestellte Alternative zum tatsächlich Gegebenen oder für tatsächlich Gehaltenen; diese Potentialität der Literatur ist eng verbunden mit der ihr spezifischen Erkenntnisleistung [...]."[204] Ganz in diesem Sinne resümiert auch Winfried Fluck in seiner funktionsgeschichtlichen Analyse der amerikanischen Romanliteratur vor 1900: „der Zuschuß des Imaginären macht aus Wirklichkeit Möglichkeit, um aus imaginierter Möglichkeit neue Wirklichkeit entstehen zu lassen."[205]

Nur die wenigsten amerikanisch-pikaresken Romane der 80er Jahre wie etwa Thomas Pynchons *Vineland* oder John Irvings *A Prayer for Owen Meany* thematisieren Reagan und seine Politik explizit. Manche verwenden die Technik der historischen Distanzierung oder, vor allem dort, wo die Sixties als Handlungszeitraum gewählt werden, die der implizit-kontrastiven Charakterisierung und Kommentierung. Zudem stehen viele ihrer Charakteristika zwar nicht in einem unmittelbaren Zusammenhang mit der spezifischen

---

[203] Wilhelm Voßkamp, „Gattungen als literarisch-soziale Institutionen: (Zu Problemen sozial- und funktionsgeschichtlich orientierter Gattungstheorie und -historie)," in: Walter Hinck und Alexander von Bormann (eds.), *Textsortenlehre – Gattungsgeschichte* (Heidelberg: Quelle Meyer, 1977), p. 32.
[204] Reiner Wild, „Einige Überlegungen zum Zusammenhang von Literatur und Prozeß der Zivilisation, insbesondere zum Wandel literarischer Formen," in: Thomas Cramer (ed.), *Literatur und Sprache im historischen Prozeß: Vorträge des Deutschen Germanistentages Aachen 1982: Band 1: Literatur* (Tübingen: Niemeyer, 1983), p. 389f.
[205] Winfried Fluck, *Das kulturelle Imaginäre: Eine Funktionsgeschichte des amerikanischen Romans 1790-1900* (Frankfurt: Suhrkamp, 1997), p. 21.

Wirklichkeit von Reagans Amerika, sind aber ableitbar aus originär amerikanischen Bedingungen und Voraussetzungen (spezifische Raum- und Zeitkonzeptionen etwa, oder der besondere Stellenwert der Erfahrung der Multikulturalität und der Intertextualität, eine Reverenz vor dem reichen Erbe an pikaresker Literatur). Alle pikaresken Werke der Dekade aber erhalten von den charakteristischen Merkmalen des Jahrzehnts ihrer Entstehung und Veröffentlichung neue Impulse, Motive und Motivationen. Die Ergebnisse solch produktiver Auseinandersetzungen mit der politischen Realität sind freilich keine Reaktualisierungen eines obsolet gewordenen sozialen Realismus, sondern Verknüpfungen von Verfahrensweisen des – im weitesten Sinne – realistischen Romans mit postmodernen Innovationen. Den dominanten Konventionen des ersten Jahrhundertdrittels – „traditional realism, naturalistic social protest, and a symbolically inflected modernist poetic realism"[206] – folgt zeitgenössisches pikareskes Erzählen nicht mehr.

Was ist ein politischer Roman?

Pikareske Literatur der 80er Jahre ist in höchstem Maße politische Literatur. Mit diesem Sachverhalt rückt allerdings ein relativ unscharfer, vielleicht sogar schwammiger Begriff ins Blickfeld, dessen analytische Tauglichkeit sich erst im Gefolge einer definitorischen Klärung ergeben kann. Denn was das „Politische" an der Literatur, was „politische" Literatur, was ein politischer Roman ist, ob die Begriffe oxymoronisch oder pleonastisch zu verstehen sind, darüber gehen die Meinungen auseinander: „the political novel is a very various thing – the category includes so many different kinds of books."[207] Bestimmte Positionen dürfen vom literaturwissenschaftlichen Standpunkt aus als überholt gelten. Weder (unterstellte oder

---

[206] Tony Hilfer, *American Fiction Since 1940* (London und New York: Longman, 1992), p.1.
[207] Robert Stone, „We Are Not Excused," in: William Zinsser (ed.), *Paths of Resistance: The Art and Craft of the Political Novel* (Boston: Houghton Mifflin Co., 1989), p. 35.

explizit geäußerte) auktoriale Absichten noch enge thematische Eingrenzungen (auf die Darstellungen von Regierenden oder politischen Ereignissen) sind als definitorische Kategorien tragfähig. Auch die Begründung von literarischen Werturteilen durch den ausschließlichen Verweis auf entweder das Vorhandensein oder das Fehlen politischer Elemente, wie es literaturtheoretische Vulgärversionen des Marxismus oder des *New Criticism* versucht haben, sind heute obsolet: „The two extremes of either reducing literature to a reflection of politics or else denying the political relevance of art altogether are patently unsatisfactory."[208]

Noch so einflußreiche Interpreten des Verhältnisses von Literatur und Politik wie Lionel Trilling und Irving Howe gehen eher von einer antagonistischen Beziehung zwischen den beiden Bereichen aus. Trilling bezeichnet explizit einen literarischen Sonderfall, wenn er beispielsweise von „the dark and bloody crossroads where literature and politics meet"[209] spricht. Irving Howe konstatiert: „The political novel – I have in mind its 'ideal' form – is peculiarly a work of internal tensions. [...] The conflict is inescapable: the novel tries to confront experience in its immediacy and closeness, while ideology is by its nature general and inconclusive."[210] Zeitgenössische Schriftstellerinnen und Schriftsteller hingegen tendieren dazu, (ihre) Literatur zwangsläufig als politisch relevant zu begreifen. Marge Piercy etwa meint: „In a stratified society all literature is engaged politically and morally, whether it's so perceived by the author or not."[211] Mary McCarthy erklärt: „Americans, I think, tend to get their political education through fiction."[212] Und die südafrikanische Schriftstellerin

---

[208] Catharine H. Zuckert, „The Novel as a Form of American Political Thought," in: Maureen Whitebrook (ed.), *Reading Political Stories: Representations of Politics in Novels and Pictures* (Lanham: Rowman & Littlefield, 1992), p. 126.
[209] Lionel Trilling, „Reality in America," in: *The Liberal Imagination: Essays on Literature and Society* (New York: Viking, 1950), p. 11.
[210] Irving Howe, *Politics and the Novel* (New York: Horizon, 1957), p. 20.
[211] Marge Piercy, „Active in Time and History," in: William Zinsser (ed.), *Paths of Resistance: The Art and Craft of the Political Novel* (Boston: Houghton Mifflin Co., 1989), p. 119.
[212] Mary McCarthy, „The Lasting Power of the Political Novel," *New York Times Book Review* (1.1.1984), 1.

Nadine Gordimer fragt rhetorisch: „When, explicitly or implicitly, could writers evade politics?"[213] Wenn das politische Element zeitgenössisch-amerikanischer Romane nicht hinreichend zur Kenntnis genommen wird, so liegt dies, meint z.B. E.L. Doctorow, an der Einäugigkeit der gegenwärtigen Literaturkritik:

> There's no critical fraternity today that has much regard for the political novel in America. But when political novelists come along from other countries, the value of their work is recognized. It's almost as if we're too good to need political novels in this country. It's like President Reagan's feelings about trade unions. He likes them as long as they're in Poland.[214]

Nicht ausschließlich, aber doch ganz prominent der Insistenz der feministischen Literaturwissenschaft ist es zu verdanken, daß die politische Relevanz der literarischen Darstellung von Privatbeziehungen mittlerweile weitgehend anerkannt wird. Unter gewissen methodischen Voraussetzungen kann fast jeder Roman als politische Äußerung gelesen werden. Mit Recht verweist Irving Howe darauf, daß die Anwendung des Begriffs des Politischen bei der Interpretation von literarischen Werken den Akzent primär auf „perspectives of observation" und nicht auf „categories of classification"[215] legt. Zum Nachweis, daß pikareskes Erzählen einen Musterfall politisch engagierter Literatur darstellt, bedarf es allerdings solcher extremen Ausweitungen nicht. Coopers *The Last of the Mohicans*, Hawthornes *The Scarlet Letter*, McCullers' *The Heart is a Lonely Hunter*, Plaths *The Bell Jar*, bei all diesen vier (nicht-pikaresken) Werken ist darum gestritten worden, ob sie als politische Literatur bezeichnet werden

---

[213] Nadine Gordimer, „Three in a Bed: Fiction, Morals, Politics," *The New Republic*, 205 (9.11.1991), 37.

[214] Interview von Bill Moyers mit E. L. Doctorow, 1988. Zit. nach John Whalen-Bridge, „Some New American Adams: Politics and the Novel in the Nineties," *Studies in the Novel*, 24 (1992), 185; dort ohne korrekte Quellenangabe. Die *MLA-Bibliography* verzeichnet kein Doctorow-Interview des Jahres 1988.

[215] Irving Howe, *Politics and the Novel*, p. 16.

sollen.²¹⁶ Unstrittig pikareske Werke hingegen wie Twains *The Adventures of Huckleberry Finn*, Ellisons *Invisible Man*, Tooles *A Confederacy of Dunces* oder Rita Mae Browns *Rubyfruit Jungle* sind jenseits der unterschiedlichen methodischen Positionen immer auch als primäre Zeugnisse politisch engagierter Literatur interpretiert worden. Wie nur wenig andere Genres ist pikareske Romanliteratur *eo ipso* „a highly sensitive mirror of the social conditions and mode of life of the time in which they were written [...]."²¹⁷ Pikareske Erzählliteratur bestätigt nur in zugespitzter Form einen Gemeinplatz der Literaturwissenschaft, der für Erzähltexte aller Zeiten und aller Nationalliteraturen gilt: „[a] text both produces and is produced by a social world."²¹⁸

Zentrale Kennzeichen pikaresker Romane begründen die beinahe zwangsläufige Thematisierung politischer Sachverhalte: Außenseiterperspektivik, die Schilderung von sozialer Ausgrenzung, das Entwerfen von sozialen Typengalerien, vor allem aber die Darstellung von Besitz- und Machtverhältnissen, die meiner Meinung nach ein unverzichtbarer Bestandteil jeglicher politischer Literatur ist. Damit schließe ich mich einer Definition Adam J. Sorkins an, der in seiner Einleitung zu dem Sammelband *Politics and the Muse* (1989) den Begriff des Politischen wie folgt faßt:

> The term „political", of course, can have numerous senses. This volume takes it broadly, and hospitably, to refer to power relations among groups of a variety of kinds, e.g., classes, races, genders, nations and so forth, including less objectively defined categories of society such as those who perceive themselves as haves or have-nots, as participating in or excluded from the dominant culture, as

---

[216] Ich bin der Auffassung, daß alle vier Texte produktiv unter dem Vorzeichen „politische Literatur" gelesen werden können und - vielleicht mit Ausnahme des McCullers-Romans - sogar sollten.
[217] Peter N. Dunn, p.3.
[218] Mary Gerhart, *Genre Choices, Gender Questions* (Norman und London: University of Oklahoma Press, 1992), p. 122.

propelled naturally to social status and economic success or impelled necessarily to resist oppression.[219]

Gerade die Spannungen aber zwischen den „haves" und den „have-nots", zwischen jenen „participating in" und jenen „excluded from the dominant culture", Polarisierungen, die als charakteristische Merkmale der Reagan-Dekade gelten dürfen, finden sich, mit Abstufungen, gewiß, in allen pikaresken Romanen der amerikanischen Gegenwartsliteratur. Jeder einzelne der Punkte, mit denen Barrington Moore „human misery" zu katalogisieren versucht, findet sich beispielsweise in T. Coraghessan Boyles *World's End* gestaltet, einem pikaresken Erzählwerk, das für das Jahrzehnt charakteristisch ist:

> 1) being tortured or slaughtered by a cruel enemy; 2) starvation and illness; 3) the exactions of ruthless authorities who carry off the fruits of prolonged labor; 4) the loss of beloved persons through the acts of others over which one has little or no control; 5) rotting in prison, being burned at the stake, or even simply losing the means of livelihood for the expression of heretical or unpopular beliefs.[220]

Diese Auflistung inhumaner Grausamkeiten gibt selbstverständlich nicht wieder, wie Boyle die Wirklichkeit der 80er Jahre wahrnimmt. Statt dessen argumentiert sein Roman anhand des Prinzips der impliziten historischen Analogie. Generell gilt, daß pikareske Erzählwerke nicht auf eine ungebrochene Beschreibung der politisch-sozialen Wirklichkeit, nicht auf Widerspiegelung abzielen, sondern eine der literarischen Wirklichkeitskonstitution eigene Diagnostik leisten. So findet Lee Sigelman nicht im „Spiegel", sondern im „Prisma" eine geeignete Metapher zur Beschreibung der spezifischen Leistungsfähigkeit politischer Erzählliteratur:

---

[219] Adam J. Sorkin, „Introduction: Politics and the Muse: Voices and Visions at the Crossroads," in: ders. (ed.), *Politics and the Muse: Studies in the Politics of Recent American Literature* (Bowling Green: Bowling Green State University Popular Press, 1989), p. 1.

[220] Barrington Moore, Jr., *Reflections on the Causes of Human Misery and Upon Certain Proposals to Eliminate Them* (Boston: Beacon, 1970), p. 2.

> Whereas the mirror reflects – in a one-to-one correspondence – whatever is placed before it, the prism transforms whatever passes through it into something new and different. Fiction as prism does not present a microcosm of society; this is at once too much and too little to expect of the novelist. Rather, it presents an interpretation of some selected aspects of life, and often a highly idiosyncratic interpretation – a distorted image – at that.[221]

Spezifische literarische Form-, Struktur- und Stilkonventionen dissoziieren Erzählwerke um ein zusätzliches von der sozialen Alltagswirklichkeit. Die allermeisten solcher wirklichkeitsverfremdenden Strukturzwänge können aus der Genrezugehörigkeit eines literarischen Textes hergeleitet werden. Pikareske Romane der 80er Jahre werden in den U.S.A. vor dem Hintergrund eines literaturgeschichtlich reich tradierten Erzählmusters geschrieben. Nicht zufällig empfiehlt William Dean Howells schon 1895 angehenden Schriftstellern die Lektüre von „Spanish picaresque novels": „for in their simplicity of design he [the intending author of American ficton] will find one of the best forms for an American study. The intrigue of close texture will never suit our conditions, which are so loose and open and variable; each man's life among us is a romance of the Spanish model, it is the life of a man who has risen, as we nearly all have, with many ups and downs."[222]

---

[221] Lee Sigelman, „Taking Popular Fiction Seriously," in: Maureen Whitebrook (ed.), *Reading Political Stories: Representations of Politics in Novels and Pictures* (Lanham: Rowman & Littlefield, 1992), p. 155.
[222] W[illiam] D[ean] Howells, „Lazarillo de Tormes," in: *My Literary Passions* (New York: Harper & Brothers, 1895), p. 143.

2. Pikareskes Erzählen in den U.S.A.: Genrespezifische Merkmale und kurzer historischer Abriß

> Mark Strand, „Keeping Things Whole" (1964)
>
> In a field
> I am the absence
> of field.
> This is
> always the case.
> Wherever I am
> I am what is missing.
>
> When I walk
> I part the air
> and always
> the air moves in
> to fill the spaces
> where my body's been.
>
> We all have reasons
> for moving.
> I move
> to keep things whole.
>
> Quelle: Mark Strand, *Selected Poems* (New York: Knopf, 1995), p. 10.

Amerikanisch-pikareske Literatur: Eine Reaktion auf gesellschaftliche Krisensituationen

Zum pikaresken Roman liegen zwei glänzend recherchierte Forschungsberichte aus der jüngeren Zeit vor, die qualitativ beeindrucken und nichts an Wünschen offen lassen[1]; es besteht keine Not-

---

[1] Es sind dies: Ulrich Wicks, *Picaresque Narrative, Picaresque Fictions: A Theory and Research Guide* (New York u.a.: Greenwood, 1989) und Matthias Bauer, *Der Schelmenroman* (Stuttgart: Metzler, 1994).

wendigkeit, an dieser Stelle einen dritten mit vergleichbaren Inhalten zu erstellen. Beide Berichte kommen allerdings nicht umhin, die Unüberschaubarkeit gegenwärtiger Forschungsbeiträge zu beklagen. Grundsätzlich läßt sich eine Unterscheidung zwischen einem extensiven und einem restriktiven Gattungsverständnis treffen.[2] Während Puristen lediglich dazu bereit sind, den Genrebegriff des pikaresken Romans auf eine eng begrenzte Anzahl spanischer Texte des 16. und 17. Jahrhunderts anzuwenden, behaupten die Vertreter eines expansiven Gattungskonzepts die Existenz einer einheitlichen Textkategorie, der sich Werke verschiedener Nationalliteraturen und verschiedener Jahrhunderte erkenntnisfördernd zurechnen lassen. Was in konkreten Forschungsbeiträgen jeweils unter „pikaresk" zu verstehen ist, unterliegt allerdings mitunter solch beträchtlichen Schwankungen, daß Harry Sieber bereits 1977 befinden muß: „attempts at precise definition have produced more confusion than understanding."[3]

In den letzten Jahrzehnten hat sich jedoch zumindest in einem Punkt ein weitgehend unbestrittener Forschungskonsens dahingehend herausgeschält, daß der pikareske Roman primär als eine Sonderform der politischen Literatur angesehen wird. Noch 1974 attestiert Dieter Arendt den Literaturwissenschaften eine „Tendenz, [...] sich blind zu stellen gegenüber der sozialen Problematik des Inhalts"[4], seither aber haben eine Vielzahl von Forschungsbeiträgen die Bedeutung politisch-sozialer Bedingungen für die Genese pikaresker Erzählformen im Spanien des Goldenen Zeitalters überzeugend herausgearbeitet. So betont etwa Christopher Eustis „the key role politics frequently has played in determining [...] [the] form and

---

[2] Cf. auch Jürgen Jacobs, *Der deutsche Schelmenroman: Eine Einführung* (München und Zürich: Artemis, 1983), p. 26.
[3] Harry Sieber, *The Picaresque* (London: Methuen, 1977), p. 1.
[4] Dieter Arendt, *Der Schelm als Widerspruch und Selbstkritik des Bürgertums: Vorarbeiten zu einer literatur-soziologischen Analyse der Schelmenliteratur* (Stuttgart: Klett, 1974), p.8. Cf. aber auch Helmut Heidenreich, der bereits 1969 eine Interpretationstradition ausfindig macht, die im spanisch-pikaresken Roman primär ein „sozialgeschichtliches Dokument der politischen und wirtschaftlichen Dekadenz" sieht; „Einleitung," in: ders. (ed.), *Pikarische Welt: Schriften zum europäischen Schelmenroman* (Darmstadt: Wiss. Buchgesellschaft, 1969), p. xiv.

function [of picaresque narratives]"⁵, Anne J. Cruz identifiziert „[t]he critical view of a Spain in moral and political decline" als „the main focus of the picaresque genre"⁶, und Carmen Benito-Vessels resümiert 1994, „that social desperation [...] contributed to the forging of the rogue as a literary character."⁷ Inwieweit aber der Rückgriff auf pikareske Erzähltraditionen und -konventionen in späteren historischen und anderen nationalen Kontexten eine sozio-ökonomische Krisensituation zu indizieren vermag, ist noch weitgehend ungeklärt; und so mahnt auch Jürgen Jacobs 1983 an: „Präzisierende Erläuterungen verdiente auch die immer häufiger vertretene These, daß der pikareske Roman immer dann aufblühe, wenn soziale Krisen ausbrechen."⁸

Zumindest für den Kontext der US-amerikanischen Literatur läßt sich eine solche Präzisierung leisten. Die beiden wichtigsten pikaresken Erzählwerke der U.S.A., Mark Twains *The Adventures of Huckleberry Finn* (1885) und Ralph Ellisons *Invisible Man* (1952), sind ganz unstrittig auch Reaktionen auf ökonomische, soziale oder ideologische Umbruch- bzw. Krisensituationen. Im 20. Jahrhundert treten in Amerika vor allem in den 30er, 50er, 60er und 80er Jahren pikareske Romane in quantitativ beeindruckender Zahl in Erscheinung. In allen vier Fällen können und müssen spezifische gesellschaftliche Bedingungen – die Nachwirkungen der großen Weltwirtschaftskrise in den 30er, die sozialen Mißstände, auf die die radikale Studenten-, die Bürgerrechts-, die Anti-Vietnam- und die neue Frauenbewegung während der 60er Jahre reagieren, die sozialen Ungleichheiten der Reagan-Dekade – zur Erklärung des auch qualitativ auffälligen Auftretens pikaresker Romane herangezogen werden. Auch Erzählwerke, die der pikaresken Tradition nur bedingt zugerechnet werden können, aber jedenfalls auf bedeutsame

---

[5] Christopher Eustis, „Politics and the Picaresque in the 20th-Century Spanish Novel," *Revisto de Estudios Hispanicos*, 18 (1984), 163.

[6] Anne J. Cruz, „The Picaresque as Discourse of Poverty," *Ideologies and Literature*, 1 (1985), 75.

[7] Carmen Benito-Vessels und Michael Zappala, „Preface," in: dies. (eds.), *The Picaresque: A Symposium on the Rogue's Tale* (Newark: University of Delaware Press, 1994), p. 11.

[8] Jürgen Jacobs, p. 32.

Themen und Motive des Genres zurückgreifen – John Steinbecks *The Grapes of Wrath* (1939), Jack Kerouacs *On the Road* (1957) und Joseph Hellers *Catch 22* (1961) etwa – sind primär Zeugnisse der politischen Literatur Amerikas.

Die 50er Jahre, die immerhin solche pikaresken Klassiker der Moderne wie Bellows *The Adventures of Augie March* und Ellisons *Invisible Man* hervorgebracht haben, scheinen zunächst einen Ausnahmefall darzustellen und nicht unbedingt dazu geeignet zu sein, die These von einem Zusammenhang zwischen sozialen Krisen und pikaresker Romanliteratur zu bestätigen. Gemeinhin gelten die Fifties als eine selbstgefällige, sterile Dekade. J. Ronald Oakley faßt in seiner Monographie zu den 50er Jahren gängige Einschätzungen der Eisenhower-Dekade zusammen: „It was, they [historians] said, a dull, placid, and sterile age, a time of materialism, selfishness, conformity, apathy, conservatism, consensus, and security."[9] Tatsächlich aber werden nostalgische Verklärungen oder kritische Verdammnisurteile zumeist retrospektiv, in Kenntnis weiterer Entwicklungen und im Vergleich zu den – unbestritten turbulenteren – 60er Jahren geleistet bzw. gefällt. In den Zeitraum zwischen 1951 und 1960 fallen nämlich auch die Bundesgerichtsentscheidung „Brown vs. Board of Education", die die Apartheidpolitik der Südstaaten im Bildungsbereich für illegal erklärte[10], die Anfänge der Bürgerrechtsbewegung (cf. etwa die von Martin Luther King organisierte *Bus Boycott*-Aktion in Montgomery, Alabama) und die Anti-Atombombenbewegung. Oakley stellt zur Dekade klar: „it was never the golden age it was made out to be."[11] Bereits 1958 wählt Kenneth Allsop den Titel *The Angry Decade* für seine Darstellung des Jahrzehnts.[12] Die 50er Jahre bringen einflußreiches kulturkritisches Schrifttum hervor, ohne das vermut-

---

[9] J. Ronald Oakley, *God's Country: America in the Fifties* (New York: Dembner Books, 1986), p. 427.

[10] Cf. Robert C. Baron und Samuel Scinta, *20th Century America: Key Events in History* (Golden: Fulcrum, 1996), p. 69: „The opinion in *Brown v. Board of Education* set aside the 'seperate but equal' doctrine laid down by the Supreme Court in 1896."

[11] J. Ronald Oakley, p. 435.

[12] Kenneth Allsop, *The Angry Decade: A Survey of the Cultural Revolt of the Nineteen-Fifties* (New York: British Book Centre, 1958).

lich die Unruhen der Folgedekade undenkbar gewesen wären. Die Eisenhower-Jahre bildeten das Jahrzehnt, in dem beispielsweise David Riesman, Daniel Bell, Mary McCarthy und Paul Goodman ihre gesellschafts- und amerikakritischen Thesen formulieren. Richard H. Pells schreibt zu dem kulturkritischen Vermächtnis der Intellektuellen der Nachweltkriegsdekade:

> This was a portrait of America that could have radical implications in another time and under other circumstances. Indeed, most of the moral and cultural quandaries depicted in the articles and books of the postwar intellectuals were transmitted intact to the 1960s. But in the following decade these no longer seemed the subtle contradictions of an economically stable if emotionally insecure nation. Rather, they were at the heart of the political and social crises ripping the country apart. And they shaped the perspective of people too young to have experienced the strains and ambivalences of the postwar years. So, far from being part of a silent generation of complacent apologists, the writers of the 1950s became (whether they wished to or not) the prophets of rebellion and the sires of the New Left.[13]

Zumindest für den Bereich der U.S.A. – und bisherige Forschungsergebnisse legen nahe, daß eine ähnliche These auch für Deutschland, Großbritannien, Spanien und Lateinamerika Gültigkeit beanspruchen darf – gilt: pikareske Literatur ist eine Sonderform sozialer Protestliteratur. Angesichts der Romanwerke von Bellow, Donleavy, Purdy oder Salinger bleibt eine These wie die von Bruno Schleussner zur amerikanischen Literatur der 50er Jahre ebenso unverständlich wie unbegründet: „die soziale Problematik, die für den Schelmenroman neuer wie alter Prägung typisch ist, [scheint] in Amerika nach dem Weltkrieg kaum bestanden zu haben."[14] Es darf

---

[13] Richard H. Pells, *The Liberal Mind in a Conservative Age: American Intellectuals in the 1940s and 1950s* (New York u.a.: Harper & Row, 1985), p. 188.
[14] Bruno Schleussner, *Der neopikareske Roman: Pikareske Elemente in der Struktur moderner englischer Romane: 1950-1960* (Bonn: Bouvier, 1969), p. 181. Ausgerechnet der an gesellschaftlichen Problemen höchst interessierte Bellow-Roman *The Adventures of Augie March* (1953) dient Schleussner als Hauptexempel für seine These, daß in der U.S.-Literatur der 50er Jahre des 20. Jahrhunderts „die

aber – hierin ist Schleussners Monographie zur britischen Neopikareske untypisch – geradezu als ein Spezifikum deutschsprachiger (und zumeist germanistischer) Beiträge zur Theorie und Geschichte des pikaresken Romans gelten, daß sie in der Regel – wie die hier vorliegende Studie – die politisch-gesellschaftskritische Dimension pikaresker Erzählwerke akzentuieren:

> Most French critics have recognized the innovations in style found in the picaresque novel but have downplayed its sociocritical element [...]. British critics, like their French neighbors, tended to describe the picaresque by only one of its characteristic components [...]. In Germany, however, the picaresque, long associated with native traditions of the *Schwankbuch* and the *Bildungsroman*, was not typically viewed as a „closed" genre limited to one time period.[15]

Selbstverständlich gibt es in den westlichen Romanliteraturen keine einsinnige Korrespondenzbeziehung zwischen realgeschichtlicher Armut und Obdachlosigkeit und der auffallend häufigen Gestaltung von Pikaro-Figuren[16], und selbstverständlich ermöglichen pikareske Darstellungskonventionen eine Form von ästhetischer Distanz, die zur Begründung unterschiedlicher Weltanschauungen innerhalb konstanter Themen- und Strukturtraditionen dienen kann. Aber das vor-

---

Dualität von Schelm und Tor keinerlei Bezug zu sozialen Problemen hat" (p. 178).

[15] Ellen Layne Turner, „The Reception of the Picaresque in the French, German, and English Tradition," *DAI*, 51,8 (1991), 2738A.

[16] Cf. Richard Bjornson, *The Picaresque Hero in European Fiction* (Madison: University of Wisconsin Press, 1977), p. 13: „there is no simple correspondence between the actual existence of rogues or vagabonds and their emergence as popular fictional heroes between 1550 and 1750." Ähnlich argumentiert Peter N. Dunn, *The Spanish Picaresque Novel* (Boston: Twayne, 1979), p. 139: „There is no simple correspondence between picaresque literature and lack of work or general poverty." Cf. auch Dunns (meiner Meinung nach überzogene) Kritik an „[s]implistic interpretations that explain the picaro and his world as a transcription of social conditions or as an expression of protest against those conditions" in: *Spanish Picaresque Fiction: A New Literary History* (Ithaca und London: Cornell University Press, 1993), p. 301.

herrschende Interesse der pikaresken Romanciers ist stets ein soziales, wenn nicht sogar ein im engeren Sinne politisches: „Their motivations were financial, political and social in nature despite the fact that many of them presented their work to the public as entertainment or edification."[17]

Zwar gibt es gute Gründe für die Annahme, daß pikareske Erzählwerke auf einer „basic narrative structure" fußen, „that may have flowered in Spain during a particular period but is essentially a universal narrative type"[18], doch läßt sich solch eine narrative Urform allein dann überzeugend begründen, wenn die Gattung auf ihre strukturellen Kennzeichen (episodische Reihung, offener Schluß) reduziert wird und thematische bzw. motivgeschichtliche Aspekte unberücksichtigt bleiben. Zudem kann ein rein typologischer Ansatz keinen Beitrag zu der Klärung der Frage leisten, warum pikareske Erzählformen zu bestimmten Zeiten „Konjunktur" haben und sich größter Popularität erfreuen und zu anderen Zeiten, etwa in Deutschland zwischen 1700 und 1900[19] oder in der gesamteuropäischen Literatur des 19. Jahrhunderts[20], nur sehr selten anzutreffen

---

[17] Harry Sieber, p. 59f.

[18] Ulrich Wicks, p. 25.

[19] Gerhart Hoffmeister (beispielhaft für viele Germanisten) führt diesen Sachverhalt vornehmlich zurück auf „die politische Zersplitterung Deutschlands, die dem Romanautor nicht die Attacke auf die Gesellschaft, wohl aber die Entfaltung des Individuums nahelegte. Denn es gab keine homogene bürgerliche Klasse, die satirisch dargestellt werden konnte." „Zur Problematik der pikarischen Romanform," in: ders. (ed.), *Der deutsche Schelmenroman im europäischen Kontext: Rezeption, Interpretation, Bibliographie* (Amsterdam: Rodopi, 1987), p. 11.

[20] Cf. Stuart Miller, *The Picaresque Novel* (Cleveland: The Press of Case Western Reserve University, 1967), p. 133: „Whatever the reason, the picaresque novel seems to disappear between 1750 and 1900, but undergoes a revival in the twentieth century." Cf. auch Claudio Guillén, der vorsichtiger formuliert und sich auch um Erklärungen bemüht: „The nineteenth century did not welcome the ambitious outsider. We all recall, of course, some exceptions to this [...]. By and large, the nineteenth century was the time for the full outsider, the dreamer and the bohemian, the revolutionary and the ideologist, the man of courage, the rebel against man and God. The *pícaro* could not rival Prometheus or Robespierre." Guillén macht gerade für (Nord- und Süd-)Amerika Ausnahmen geltend: „In America, the land of pioneering and self-made men, as well as of conservative tastes in literature, the *pícaro*, from Concolorcorvo and Lizardi to Mark Twain

sind. Zwar hat sich die pikareske Romanform im Verlauf ihrer historischen Entwicklung als höchst adaptationsfähig erwiesen[21], – an kaum einer zweiten literarischen Gattung lassen sich die Mechanismen des Kulturtransfers so beispielhaft nachweisen[22], – zwar konnte sie leicht jeweiligen nationalen, gesellschaftlichen und historischen Gegebenheiten angepaßt werden und die Objekte ihrer Kritik ohne große Mühen austauschen, aber sie blieb doch in einem transnationalen Sinn primär ein Indikator von „spannungsvollen Krisen- und Übergangszeiten [...]. In Zeiten des Zerfalls aller gewohnten Bedeutungen und Wirklichkeitsbezüge findet der pikarische Satiriker seine beste Beute [...]."[23]

Was ist ein pikaresker Roman? Antworten von Guillén, Bjornson und Poenicke

Es ist ganz offensichtlich, daß die definitorischen Unterschiede bei der Bestimmung der pikaresken Form ganz beträchtlich sein müssen, wenn der Terminus bemüht wird, so unterschiedliche Erzählwerke wie Franz Kafkas *Amerika*-Roman[24], Homers *Odyssee*[25], Herman

---

and Roberto J. Payró, was not forgotten." „Toward a Definition of the Picaresque," *Literature as System: Essays Toward the Theory of Literary History* (Princeton: Princeton University Press, 1971), p. 104f.
[21] Cf. Jerry C. Beasley, „Translation and Cultural *Translatio*," in: Carmen Benito-Vessels und Michael Zappala (eds.), *The Picaresque: A Symposium on the Rogue's Tale* (Newark: University of Delaware Press, 1994), p. 105: „the picaresque [...] was almost infinitely adaptable throughout all the cultural shifts in the history of early modern Europe [...]."
[22] Cf. hierzu etwa Jean-Marie Valentin, „Kulturtransfererscheinungen im Bereich der Literaturgeschichte am Beispiel des europäischen und deutschen Schelmenromans," in: Gisela Quast (ed.), *Einheit in der Vielfalt* (Bern: Lang, 1988), pp. 546-55.
[23] Gerhart Hoffmeister, p. 11.
[24] Andreas Solbach, „Pikarische Elemente in Kafkas *Amerika*," *Neophilologicus*, 71 (1987), 413-22.
[25] Joseph V. Ricapito, „Classicity in the Spanish Golden Age: Gonzalo Pérez's Translation of *La Ulyxea* and the Origins of the Spanish Picaresque Novel," in: Carmen Benito-Vessels und Michael Zappala (eds.), *The Picaresque: A Symposium*

Melvilles *The Confidence Man*[26], John Dos Passos' *U.S.A.*-Trilogie[27], Pynchons *Gravity's Rainbow*[28] und die Tagebücher von Sarah Kemble Knight (geschrieben 1704/5, publiziert 1825)[29] zu charakterisieren. Mit Recht kann Edward H. Friedman mit leichter Ironie konstatieren: „Much ink, if not blood, has been spilled in attempting to define the picaresque mode (genre, myth) and to determine those works worthy of inclusion in lists of picaresque novels [...]."[30]

Der Gegensatz, den Regine Rosenthal in Sichtung bisheriger Forschungsrichtungen zum pikaresken Roman ausmacht, zwischen einer historischen Betrachtungsweise, die das Genre „nur aus dem historischen und sozialen Kontext" des Goldenen Zeitalters erschließt, und einer „'ahistorischen' Richtung", die in der Pikareske „eine wichtige, noch lebendige narrative Form sieht, [...] sich aber nicht mit soziopolitischen Zeitumständen"[31] beschäftigt, kann leicht überwunden werden. Gerade eine Deutung der pikaresken Literatur als einer Spezialform politisch engagierter Literatur ermöglicht eine Synthese zwischen exklusiver Historik und transhistorischer Inklusivität.

---

on the Rogue's Tale (Newark: University of Delaware Press, 1994), pp. 36-56, besonders p. 49, wo Ricapito von „the trickster figure of Ulysses" spricht.

[26] Alexander Blackburn, *The Myth of the Picaro: Continuity and Transformation of the Picaresque Novel 1554-1954* (Chapel Hill: University of North Carolina Press, 1979), pp. 158-77.

[27] Joseph Fichtelberg, „The Picaros of John Dos Passos," *Twentieth Century Literature*, 34 (1988), 434-52.

[28] Regine Rosenthal, „*Gravity's Rainbow* and the Postmodern Picaro," *Revue Françaises d'Etudes Américaines*, 14 (1989), 407-26.

[29] Kathryn Zabelle Derounian-Stodola, „The New England Frontier and the Picaresque in Sarah Kemble Knight's Journal," in: dies. und J.A. Leo Lemay (eds.), *Early American Literature and Culture: Essays Honoring Harrison T. Meserole* (Newark: University of Delaware Press, 1992), pp. 122-31.

[30] Edward H. Friedman, *The Antiheroine's Voice: Narrative Discourse and Transformations of the Picaresque* (Columbia: University of Missouri Press, 1987), p. 3.

[31] Regine Rosenthal, *Die Erben des Lazarillo: Identitätsfrage und Schlußlösung im pikarischen Roman* (Frankfurt und Bern: Lang, 1983), p. 13.

Den vielleicht wichtigsten und einflußreichsten Bestimmungsversuch der letzten Jahrzehnte hat Claudio Guillén zuerst 1962 und in modifizierter Form 1971 vorgelegt.[32] Guilléns nützliche Unterscheidung zwischen „a group of novels, [...] that deserve to be called picaresque in the strict sense – usually in agreement with the original Spanish pattern" und einer weiteren „group of novels, [...] which may be considered picaresque in a broader sense of the term only"[33] hat dem terminologischen Streit zwar viel von seiner Schärfe und Verbissenheit genommen, gleichzeitig aber auch eine Entwicklung in der Literaturgeschichtsschreibung begünstigt, die die spanische Urform als Norm und die Entwicklungen der Folgejahrhunderte primär als unerwünschte Abweichungen, „Mutationen und Deformationen"[34] begreift. Guillén stellt einen Katalog von acht charakteristischen Merkmalen zusammen, die alle in einem literarischen Werk realisiert sein müssen, damit es den im strengeren Sinne pikaresken Romanen zugerechnet werden darf: 1.) die psychisch-dynamische Situation des Handlungsträgers, 2.) die pseudo-autobiographische Form, 3.) die Einseitigkeit und Parteilichkeit der Perspektive, 4.) die reflektierend-kritische Gesamthaltung des Erzählers, 5.) der Nachdruck, der auf materielle Aspekte des Lebens gelegt wird, 6.) ein auf panoramische Gesamtschau abzielendes Porträt einer Gesellschaft, 7.) horizontale Bewegung durch den Raum bei vertikaler Bewegung durch die Gesellschaft und 8.) episodische, offene Struktur.[35]

---

[32] Claudio Guillén, „Toward a Definition of the Picaresque," *Proceedings of the IIIrd Congress of the International Comparative Literature Association* (Den Haag, 1962), pp. 252-66; modifiziert und erweitert in: *Literature as System: Essays Toward the Theory of Literary History* (Princeton: Princeton University Press, 1971), pp. 71-106. Helmut Heidenreich nimmt eine Übersetzung des Guillén-Vortrags von 1962 in seine Sekundärtextanthologie *Pikarische Welt* von 1969 auf. Da die Übersetzung (von Ruth Krawschak) mitunter präziser formuliert als das englischsprachige Original, werde ich, wo es mir angebracht scheint, in diesem Kapitel im Haupttext die Übersetzung zitieren und im Fußnotentext zusätzlich die englische Version von 1971 dokumentieren.
[33] Claudio Guillén, *Literature as System*, p. 71.
[34] Regine Rosenthal, *Die Erben des Lazarillo*, p. 13.
[35] Claudio Guillén, *Literature as System*, pp. 79-85.

Doch obgleich diese Kombination formaler und thematischer Aspekte richtungsweisend ist, fällt die Aufzählung insgesamt doch recht eng und spezifisch aus, so daß nur eine verschwindend geringe Zahl zeitgenössischer Werke die Kriterien in ihrer Gesamtheit erfüllen kann. Was Guillén leistet, ist eine gewissenhafte Unterscheidung zwischem dem Genre des pikaresken Romans und pikaresken Themen; was in seinem Ansatz fehlt, ist eine differenzierte Unterscheidung zwischen konstanten und variablen Elementen des Genres. Eine Definition, die die Integration späterer Werke leichter zuläßt, stellt Richard Bjornson 1977 vor: „In broad general terms, it [the term picaresque novel] is usually employed to describe episodic, open-ended narratives in which lower-class protagonists sustain themselves by means of their cleverness and adaptability during an extended journey through space, time, and various predominantly corrupt social milieux."[36]

Wie Guillén so betont auch Bjornson gleichzeitig spezifisch pikareske Strukturen und Handlungsmuster und spezifisch pikareske Themen. Was Bjornson (im Gegensatz zu Guillén) ungerechtfertigt vernachlässigt, ist die dynamische psychisch-soziologische Situation der Pikaro-Figur, die sich aus dem Umstand ergibt, daß es sich bei dem Pikaro üblicherweise um ein Waisenkind handelt. Klaus Poenicke trägt genau diesem Sachverhalt Rechnung, wenn er ihn in seinem Definitionsversuch des Genres als eines von zwei Hauptelementen herausstellt: „1) the quasi-confession, presented in first-person narrative, of a paradigmatically orphaned protagonist operating on the fringes of society and legality; 2) an action-oriented, hectically episodic plot crowded with sudden peripeties and anagnoreses."[37]

Mein eigenes Verständnis der Gattung „pikaresker Roman", das es in der Folge zu entwickeln, zu kommentieren und zu begründen gilt, geht, in Übereinstimmung mit herkömmlichen Auffassungen,

---

[36] Richard Bjornson, p. 4.
[37] Klaus Poenicke, „Fortune's Wheel and Revolution: On the Picaresque View of History," in: Winfried Fluck et al. (eds.), *Forms and Functions of History in American Literature: Essays in Honor of Ursula Brumm* (Berlin: Erich Schmidt, 1981), p. 126.

davon aus, daß der pikareske Roman über spezifische Strukturen (zyklische Episodik, offener Romanschluß) und über eine spezifische – expansive – Raumkonzeption verfügt; es akzentuiert stärker, als das üblicherweise der Fall ist, daß dem pikaresken Roman auch eine spezifische Gesellschafts-, Zeit- und Geschichtskonzeption eigen ist, daß die Pikaro-Figur durch eine spezifische psychologische Konstitution, durch eine „pikarische Mentalität" gekennzeichnet ist und daß die Gesellschaft, der eine literarische Darstellung widerfährt, stets mit repressiv-patriarchalischen Zügen ausgestattet ist. Und schließlich weicht meine Bestimmung des Genres insofern von konventionellen Definitionen ab, als sie die Ich-Erzählperspektive als eine Variante, nicht als eine Konstante der Gattung versteht.

Pikarisches Außenseitertum

Im Zentrum sämtlicher Definitionsvorschläge, unabhängig von jeweils unterschiedlichen methodischen Prämissen, steht natürlich die Figur des Pikaro. Aber mit Helmut Heidenreich gilt, daß mitunter die Pikaros der westlichen Literaturen „sehr ungleiche Brüder sind, die sich nicht", oder zumindest nicht so leicht, „über einen Kamm scheren lassen."[38] Es reicht aber nicht aus, den Pikaro gemäß einer literarhistorischen Perspektive als den „einzig variable[n] Faktor in der Struktur"[39] oder als „perhaps the most radically changed element of the genre"[40] zu bestimmen. Wenn dem Begriff überhaupt eine literarhistorische und textanalytische Relevanz zugestanden werden soll, so müssen sich auch konstante Merkmale ermitteln lassen, die jenseits bestimmter nationalliterarischer und epochaler Grenzen Geltung beanspruchen dürfen. Ganz sicher ist der Schlußfolgerung Bruno Schleussners zuzustimmen, „daß der Typus des Picaro nicht so einfach und unkompliziert ist, wie ihn noch Chandler sah und wie

---

[38] Helmut Heidenreich, p. xiii.
[39] Bruno Schleussner, p. 41.
[40] Harry Sieber, p. 59.

ihn viele Literaturgeschichten sehen."[41] Die Psychostruktur des Pikaro ist zwar „nicht unkompliziert", aber ebenso auch über die Jahrhunderte hinweg erstaunlich konstant. Aber selbst wenn man die Frage, was denn die eigentliche Substanz der pikarischen Mentalität ausmacht, vorläufig in den Hintergrund stellt, lassen sich verschiedene (soziale und sozialpsychologische) Konstanten der Figur ermitteln: ihr Außenseiterstatus, ihre Einsamkeit und ihre Marginalität.

Jürgen Jacobs faßt den literaturwissenschaftlichen Konsens zusammen, wenn er den Pikaro als „einen Außenseiter" definiert, „der sich gegen eine feindliche Welt mit wendiger Unbedenklichkeit behauptet"[42]; Dieter Arendt sieht in dem Pikaro einen „Außenseiter der an Normen gewöhnten, der normalen bzw. normierten Gesellschaft."[43] Claudio Guillén präzisiert, indem er den Pikaro als „'halben Außenseiter'", als einen „Außenseiter, der nicht durchgehalten hat"[44], begreift. Der Pikaro ist Mitglied einer sozial geächteten, abseitigen Schicht und verfügt entsprechend über die verletzliche Sensibilität und den scharfen Blick des Uneingeladenen und Ausgegrenzten.[45]

---

[41] Bruno Schleussner, p. 16. Frank Wadleigh Chandler gilt als der Begründer der literaturwissenschaftlichen Forschung zum pikaresken Roman; seine Monographie *Romances of Roguery: An Episode in the History of the Novel: Part I: The Picaresque Novel in Spain* (New York: Columbia University Press, 1899) gilt als „the first standard work on the subject and still among the most comprehensive", seine noch einflußreichere, auch nicht-spanische Literatur berücksichtigende Studie zu *The Literature of Roguery*, 2 vols. (Boston: Houghton Mifflin, 1907; Reprint New York: Burt Franklin, 1961) „laid the foundation for almost all subsequent criticism" (Ulrich Wicks, p. 20).
[42] Jürgen Jacobs, *Der deutsche Schelmenroman*, p. 29.
[43] Dieter Arendt, p. 19.
[44] Claudio Guillén, „Zur Frage der Begriffsbestimmung des Pikaresken," in: Helmut Heidenreich (ed.), *Pikarische Welt: Schriften zum europäischen Schelmenroman* (Darmstadt: Wiss. Buchgesellschaft, 1969), p. 392. Cf. die Formulierungen in *Literature as System*, p. 100: „'half-outsider'" und „'outsider that fails' [...]."
[45] André Jolles bewertet den literarischen Schelm neben der Ritter- und Hirtenfigur als eines von „drei Sicherheitsventile[n] unserer Kultur. Wo uns Kultur bedrückt, treten die Sicherheitsventile in Wirksamkeit." „Die literarischen Travestien: Ritter – Hirt – Schelm," in: Helmut Heidenreich (ed.), *Pikarische Welt: Schriften zum europäischen Schelmenroman* (Darmstadt: Wiss. Buchgesellschaft, 1969), p. 117. Klaus Poenicke, p. 127, sieht in der pikaresken Literatur „a

Der klassische Pikaro des *siglo d'oro* ist marginal, weil ihm die Gesellschaft die Möglichkeit einer Integration verwehrt; er sieht sich mit einem undurchlässigen sozialen Ostrazismus konfrontiert. Der pikareske Roman erhält seine Spannung durch den Widerstreit zwischen dem pikarischen Begehren nach Inklusion und den gesellschaftlichen Mechanismen der Exklusion: „The insider-outsider opposition permeates the social model the picaresque novel contains."[46] So sieht auch Cécile Cavillac in dem Prozeß der sozialen Exklusion „l'essence du genre."[47] Der Pikaro ist aber eine Figur, die (letztlich erfolglos), wenn schon nicht nach Insider-Wissen, so doch zumindest nach einem Insider-Status giert. Damit ergibt sich im Kontext der spanischen Literatur der frühen Neuzeit ein erstaunlich festes Handlungs- und Bewegungsmuster: „a movement from exclusion to attempted inclusion and back to exclusion [...]."[48]

Für die Adaptionen des pikaresken Romans in der angelsächsischen Literatur hat dieses Muster allerdings nur eine eingeschränkte Gültigkeit: der Pikaro durchläuft in der englischen Literatur, wie vielfach festgestellt wurde[49], einen Prozeß der Verbürgerlichung. Nach Gustavo Pellon und Julio Rodriguez-Luis exemplifiziert der britische Pikaro z.B. den Triumph des Parvenus und somit, „albeit in an unorthodox manner, the accepted practice of social climbing."[50]

---

kind of early warning system", und für Regine Rosenthal, *Die Erben des Lazarillo*, p. 14, erfüllt das pikareske Genre „die Funktion eines 'Sicherheitsventils' der Gesellschaft, da die Fiktionalisierung der eskapistischen Sehnsüchte in der Figur des Pikaro tatsächliche revolutionäre Tendenzen verhindert."
[46] Lars Hartveit, *Workings of the Picaresque in the British Novel* (Oslo: Solum Forlag, 1987), p. 16.
[47] Cécile Cavillac, „Roman Picaresque et Théorie du Roman," in: Jean Bessière (ed.), *Fiction, Narratologie, Texte, Genre* (New York u.a.: Lang, 1989), p. 171.
[48] Ulrich Wicks, p. 61.
[49] Diese Feststellung trifft beispielsweise Johannes Roskothen in seiner Monographie *Hermetische Pikareske: Beiträge zu einer Poetik des Schelmenromans* (Frankfurt u.a.: Lang, 1992), p. 22, wo u.a. Roderick Random und Moll Flanders wie folgt charakterisiert werden: „Diese kämpfen nicht länger um das nackte Überleben, sondern verfolgen eine geordnete Bürgerlichkeit als Lebensziel."
[50] Gustavo Pellon und Julio Rodriguez-Luis, „Introduction," in: dies. (eds.), *Upstarts, Wanderers Or Swindlers: Anatomy of the Picaro: A Critical Anthology* (Amsterdam: Rodopi, 1986), p. 18.

Vergleichbares gilt auch für den nordamerikanischen Kontext. Auch in den U.S.A. wird der Pikaro durch einen starken Drang zum gesellschaftlichen Zentrum geprägt, sein Weg führt zwar nicht immer, aber doch oft teleologisch in die gesellschaftliche Mitte. Somit entsteht in der englischsprachigen Literatur eine Variante, ein literarisches Alternativmodell zum traditionellen Bewegungsschema „Exklusion – versuchte Integration – erneute Exklusion" (ein Muster, das noch den Weg Huckleberry Finns angemessen zu beschreiben vermag): die erfolgreiche Verwirklichung des Strebens nach Zentralität.

Pikarische Einsamkeit

Eines aber teilt der amerikanische Pikaro immer mit den kontinentaleuropäischen Manifestationen der Figur, ganz unabhängig vom Erfolg oder Mißerfolg seines weltlichen Karrierestrebens: das Gefühl einer grundlegenden Einsamkeit. [51] „[T]he basic situation of the picaresque novel is the solitude of its principal character"[52], meint Robert Alter, Stuart Miller empfindet diese Einsamkeit als „almost absolute"[53], Alexander Blackburn definiert „the fundamental situation of the literary picaro" als „the loneliness of an individual isolated *within* society"[54], und Claudio Guillén stellt die pointierte Frage: „Kann sich ein echter Pikaro überhaupt einen 'Herzbruder' leisten?"[55] Natürlich nicht. Im scharfen Kontrast zu den Konventionen des Abenteuerromans, wo dem jeweiligen Helden fast ausnahmslos eine Freundesfigur beigesellt wird, bleibt der Pikaro bindungslos. Wenn der Pikaro

---

[51] Schon Lazarillo befindet: „ich muß die Augen offenhalten und auf der Hut sein, denn ich bin allein"; *Das Leben des Lazarillo aus Tormes: Seine Freuden und Leiden*, übs. von Helene Henze (Frankfurt und Wien: Büchergilde Gutenberg, 1992), p. 10.
[52] Robert Alter, *Rogue's Progress: Studies in the Picaresque Novel* (Cambridge: Harvard University Press, 1964), p. 3.
[53] Stuart Miller, p. 82
[54] Alexander Blackburn, p. 19.
[55] Claudio Guillén, „Zur Frage der Begriffsbestimmung des Pikaresken," p. 390; cf. *Literature as System*, p. 96: „can any true *pícaro* have a 'heart brother'?"

bzw. die Pikara eine sexuelle Beziehung aufnehmen, so fast immer deshalb, um entweder masochistische Begehren zu befriedigen oder um den eigenen gesellschaftlichen Aufstieg zu beschleunigen.

Die Einsamkeit des Pikaro ist denn auch seit den 50er Jahren des 20. Jahrhunderts von Schriftstellern und Literaturwissenschaftlern zum Anlaß genommen worden, die Figur existentialistisch auszudeuten. Bei pikaresken Romanciers wie Bellow und Boyle wird der Pikaro zu einem existentialistischen Helden, bei Theoretikern des pikaresken Romans wird der existentialistische Held zum Pikaro. So bezeichnet beispielsweise Ulrich Wicks den „Sisyphus rhythm" als „[t]he primary structural characteristic of picaresque narrative"[56], und Klaus Poenicke findet „some suggestive analogies between traditional picaresque and existentialist, even radically absurdist conceptions [...]."[57] Die Unbehaustheit des pikarischen Helden der Neuzeit wird zu einer exemplarischen Erfahrung und verweist auf eine irreversible transzendentale Obdachlosigkeit. Bei Alexander Blackburn fällt der Versuch, die pikareske Romanform ideengeschichtlich zu reaktualisieren, am expansivsten aus: „And thus, today, the picaresque novel proves to be more than a freak of literary history. Now Western civilization as a whole could be described as 'picaresque': the picaro is modern man without a living faith."[58] Und ganz ähnlich argumentiert Stuart Miller, wenn er, vorsichtiger, resümiert: „Perhaps only in the atheistic climate of the twentieth century, devoid of promises of security in this world or another, may the picaresque novel become what it really is."[59]

Existentialistische Gestaltungen der Pikaro-Figur sind auch im amerikanisch-pikaresken Roman der Reagan-Dekade nachweisbar. Marco Stanley Fogg, der Ich-Erzähler in Paul Austers *Moon Palace*, und Walter Van Brunt, eine der pikarischen Figuren in T.C. Boyles *World's End*, finden sich in einer Lage, die eine existentialistische Ausdeutung nahelegt, die aber gleichsam auch literaturgeschichtlich vorgeprägt ist und schon dem literarischen Urmodell des Lazarillo de

---

[56] Ulrich Wicks, p. 326; ähnlich Matthias Bauer, p. 11.
[57] Klaus Poenicke, p. 121.
[58] Alexander Blackburn, p. 25.
[59] Stuart Miller, zit. nach Poenicke, p. 121 (dort: falsche Quellenangabe).

Tormes nicht fremd war: „Lazarillo provides an excellent example of the no-exit situation experienced by so many Spanish pícaros."[60] Begünstigt wird die Grunderfahrung der *Huis Clos* bei Boyle und Auster vor allem durch die Bindungs- und Elternlosigkeit der Protagonisten. Walter Van Brunt und Marco Stanley Fogg sind prototypische Waisenkinder, einsam, allein gelassen, „without guidance or protection."[61] Mehr als alles andere erklärt der Waisenkind-Status des pikarischen Helden die pikarische Mentalität.

> The *pícaro* is, first of all, an orphan. In the history of narrative forms, *Lazarillo de Tormes* represents the first significant appearance of the myth of the orphan. All later picaresque novels will build on this same highly suggestive situation.[62]

Die pikarische Mentalität

Viele spezifische Kennzeichen des Pikaro – sein Außenseiter- und Grenzgängertum, seine Marginalität, sein Bedürfnis nach Inklusion, seine Einsamkeit, seine Unfähigkeit zu Liebe und Freundschaft – können aus seinem Status als Waisenkind und den aus ihm resultierenden Weltsichten und Verhaltensweisen abgeleitet werden. Deshalb ist die Elternlosigkeit des Helden auch kein fakultatives Element der Erzählform, nicht irgendein Motiv, das „hinzu kommen" kann[63], sondern die wichtigste Voraussetzung für die psychosoziale Dynamik im Handlungsgeschehen des pikaresken Romans. Wo in pikaresken

---

[60] Richard Bjornson, p.21.
[61] So die Charakterisierung der klassischen Pikaro-Figur durch Lars Hartveit, p. 15.
[62] Claudio Guillén, *Literature as System*, p. 79.
[63] Cf. *Die Erben des Lazarillo*, p. 15, wo Regine Rosenthal im Anschluß an ihre Bestimmung des Kerns der Gattung fortfährt: „Hinzu kommen die Vaterlosigkeit des Pikaro, sein häufiger Rollenwechsel und das relativ offene Ende der Romanform [...]." Als ein fakultatives Element des Genres bewertet Franchot Ballingers Aufsatz „*Ambigere*: The Euro-American Picaro and The Native American Trickster," *MELUS*, 17 (1991-92), 22, das Waisentum; der typische Pikaro ist dort „of low birth or obscure origins (perhaps orphaned and thus without family status) [...]."

Romanen der Moderne ein Held oder eine Heldin nicht faktisch ein (Halb-)Waise ist, wie z.B. in Erica Jongs *Fear of Flying*, in Ralph Ellisons *Invisible Man* oder in Salingers *The Catcher in the Rye*, dort haben er oder sie zumindest irreversibel mit den Eltern und deren Weltanschauungen gebrochen. Harmonische Eltern-Kind-Beziehungen kennt der pikareske Roman nicht, auch die zeitgenössischen Pikaros und Pikaras haben „no active fathers, mothers, brothers, sisters, or legitimate wives."[64] Es mag sein, daß zur Zeit der Entstehung der Gattung die Antistammbäume der Pikaros vornehmlich dazu gedient haben, den adligen Stolz auf reinrassige Abstammung zu parodieren; in der Literatur des 20. Jahrhunderts jedoch dient das Waisentum jenseits vereinzelter autorenbiographischer Rückbezüge[65] vornehmlich als Anlaß zur literarischen Zeichnung von Persönlichkeitsmustern, denen sowohl eine soziale als auch eine im engeren Sinne politische Relevanz zukommt. Dies gilt in besonderem Maße für die US-amerikanische Literatur, wo die Waisenkindmetaphorik seit der Staatsgründung in politischen Texten und Kontexten häufig zur Beschreibung des Emanzipations- bzw. Abnabelungsprozesses vom europäischen Vater- bzw. Mutterland genutzt worden ist.[66] Für Dana A. Heller besteht beispielsweise das „classic dilemma of the American hero" darin, daß er sich auf eine selbstkasteiende Suche nach seinen Ursprüngen begeben muß, „divorced from ancestry, in search of his rightful inheritance."[67] „Orphan" schließlich lautet das letzte Wort des vielleicht bedeutendsten amerikanischen Romans des 19. Jahrhunderts: „On the second day, a sail drew near, nearer, and

---

[64] Patrick W. Shaw, „Huck's Children: The Contemporary American Picaro," *Mark Twain Journal*, 21, 4 (1983), 43.
[65] John Dos Passos war ein Waisenkind; Tom Coraghessan Boyle wuchs als Halbwaise (vaterlos) auf. Das vielleicht bekannteste Waisenkind der amerikanischen Literatur des 20. Jahrhunderts ist allerdings kein Romancier, sondern ein Dramatiker: Edward Albee.
[66] Cf. hierzu etwa Winthrop D. Jordan, „Familial Politics: Thomas Paine and the Killing of the King," *Journal of American History*, 60 (1973), 294-308, und Jay Fliegelman, *Prodigals and Pilgrims: The American Revolution Against Patriarchal Authority, 1750-1800* (New York: Cambridge University Press, 1982).
[67] Dana A. Heller, *The Feminization of Quest-Romance: Radical Departures* (Austin: University of Texas Press, 1990), p. 19.

picked me up at last. It was the devious-cruising Rachel, that in her retracing search after her missing children, only found another orphan."⁶⁸

Der vater- und mutterlose Protagonist ist freilich „a choice subject for the psychoanalyst of literature."⁶⁹ Der Pikaro ist, verjagt aus der Geborgenheit des Familienschoßes, sehnsüchtig auf der Suche nach dem, was er seit frühester Kindheit entbehren und vermissen mußte; er sucht nach einem Erzieher, einem Mentor, einem Vorbild, einem Lehrer. „[P]erhaps the whole history of my adventure could be titled 'Desiderio in Search of a Master'"⁷⁰, läßt die britische Autorin Angela Carter ihren pikarischen Ich-Erzähler in dem Roman *The Infernal Desire Machines of Doctor Hoffman* (1972) formulieren. Aber literarische Pikaros bewegen sich keineswegs in vaterlosen Gesellschaften; sie begegnen im Gegenteil während des Verlaufs ihrer Abenteuer zumeist einer Vielzahl von Figuren, die allesamt als Vaterersatz fungieren. Der Pikaro leidet unter einer psychisch-emotionalen Auffälligkeit: der durch seine elternlose Vergangenheit Traumatisierte neigt nämlich dazu, sich fremdbestimmen zu lassen, Liebe mit Abhängigkeit zu verwechseln. Mitunter weiß er noch nicht einmal Zärtlichkeit und Gefühlskälte sicher voneinander zu unterscheiden. Denn die Lehrmeister, die sich ihm anbieten bzw. denen er sich anbiedert, sind „nicht selten von zweideutiger Art"⁷¹, sie verkörpern fast ausnahmslos den sadistisch-tyrannischen Mißbrauch von (väterlicher) Herrschaft. Bisweilen findet das pikarische Bedürfnis nach familiärer Zugehörigkeit Unterschlupf und zeitweilige Befriedigung in der subtileren Ersatzform der unkritischen Vaterlandsliebe; sein „desire to be sheltered"⁷² verstellt dem Pikaro dann den Blick darauf, daß er sich damit gleichfalls zu einem Funktionsträger in einem Unterdrückungsmechanismus macht. Mit

---

⁶⁸ Herman Melville, *Moby-Dick or The Whale* (Evanston und Chicago: Northwestern University Press, 1988), p. 573.
⁶⁹ Claudio Guillén, *Literature as System*, p. 86.
⁷⁰ Angela Carter, *The Infernal Desire Machines of Doctor Hoffman* (New York: Penguin USA, 1994), p. 190.
⁷¹ Dieter Arendt, p. 31.
⁷² Robert J. Butler, „The Woman Writer as American Picaro: Open Journeying in Erica Jong's *Fear of Flying*," *Centennial Review*, 31 (1987), 323.

demselben Akt, mit dem er gegen die Gewalt der Ersatzväter rebelliert, versklavt sich der Pikaro – seine „bedeutendste Assoziation ist das Dienertum"[73] – nur ein weiteres Mal. Im amerikanischpikaresken Roman des 20. Jahrhunderts treffen sich das Interesse am Psychologischen und am Politischen.

Somit lassen sich verschiedene Vorurteile über den pikaresken Roman bei Berücksichtigung der zeitgenössischen Manifestationen des Genres nicht bestätigen: weder bietet der pikareske Roman generell nur eine seichte „psychology without entrails"[74], noch enthält er nur „keimhaft [...] die Möglichkeit zum Figurenroman"[75], sondern er ist mitunter Figurenroman (z. B. bei Saul Bellow, Thomas Berger, Charles Brockden Brown, bei Salinger, Toole und Twain). Der Pikaro ist keineswegs zwangsläufig ein statischer Charakter, nicht notgedrungen gilt für ihn: „he is all outside; he has no inner life."[76] Die pikaresken Romane der Gegenwart und, wie einfühlsame Studien nachweisen[77], auch diejenigen der Vergangenheit, verfügen über eine ausgeprägte Psychologie und verdanken ihre Entstehung bisweilen auch einem markanten psychologischen Interesse. Es ist ganz sicher richtig, daß das „*Selbst* von Schelmen [...] oft schwer zu orten"[78] ist, daß die den Pikaro kennzeichnende Flexibilität „immer auch die Gefahr der völligen Identitätsdiffusion in sich trägt"[79], aber

---

[73] Dieter Arendt, p. 19.
[74] Gary MacEóin, *Cervantes* (Milwaukee: Bruce Publ. Co., 1950), p. 65.
[75] Bruno Schleussner, p. 65.
[76] Joseph Fichtelberg, 445.
[77] Cf. neben den bereits zitierten Studien von Klaus Poenicke und Regine Rosenthal z.B. José Luis Alonso-Hernández, „Lectura psicoanalitica de tematicas picarescas," *Imprévues*, 1 (1981), 105-13, oder auch David Alan Boruchoff, „In His Own Words: Monologue and Monologism in the Picaresque Confession," *DAI*, 49,10 (1989), 3019A: „in his attempt to divorce the active from a conscious self, the picaro paints a rich, introspective and psychological portrait [...] of himself [...]."
[78] Johannes Roskothen, p. 34.
[79] Regine Rosenthal, *Die Erben des Lazarillo*, p. 150; cf. auch C.G. Jung, der den Pikaro aus der Trickster-Figur der mündlichen Volksliteraturen herleitet; „Zur Psychologie der Schelmenfigur," in: Helmut Heidenreich (ed.), *Pikarische Welt: Schriften zum europäischen Schelmenroman* (Darmstadt: Wiss. Buchgesellschaft, 1969), pp. 245-254.

diese Sachverhalte rechtfertigen noch nicht so generalisierende und weitreichende Schlußfolgerungen, wie sie Stuart Miller und Peter N. Dunn vorschlagen: „The picaro is every man he has to be, and therefore no man"[80]; und: „the picaro is he who is not."[81]

Zwar führt die Verwendung der pikaresken Standardmotive des Rollenspiels und der Verstellung, zwar führen die mimetischen Fähigkeiten des Pikaro gelegentlich dazu, daß er als „charakterlos" (im Sinne von tugendlos), als „incorrigible, ambitious, scheming, role-playing, mask-wearing"[82] entworfen wird, aber genau dadurch konstituiert sich auch Konstanz in den pikarischen Selbstwahrnehmungen, Verhaltensmustern und psychischen Funktionsmechanismen. Gerade in der Literatur des 20. Jahrhunderts sind die chamäleonartigen Anpassungen, die der Pikaro vollzieht, nicht primär Äußerungen einer raffinierten, schlitzohrigen Taktik, sondern Kennzeichen einer psychischen Überlebensstrategie, die sich aus einem grenzenlosen Zugehörigkeitsbedürfnis heraus erklärt. Scham-, Schuld- und Inferioritätsgefühle generieren den Wunsch nach Selbstauflösung und Selbstbestrafung, die protokollierten Prozesse der Deindividualisierung sind somit nicht das Resultat einer oberflächlichen Figurenkonzeption, sondern das Ergebnis einer figurenpsychologisch motivierten Neigung zur Instabilität.

Gemäß der Terminologie des symbolischen Interaktionismus verfügt der pikarische Held über eine ausgeprägte „Me-Identität", die die Konstitution einer echten „I-Identität" verhindert.[83] Wo freilich die Grenze zwischen dem Selbst und dem Anderen verwischt oder gar aufgelöst wird, dort wird Inauthentizität zu einem analytischen Schlüsselbegriff. Wenn sich – wie so oft in amerikanisch-pikaresken Romanen des 20. Jahrhunderts – Fremdzwang umwandelt in Selbstdisziplinierung, dann läßt der Pikaro genau jene Wesensmerkmale vermissen, die der Gegenwartsphilosoph Charles Taylor zur Grund-

---

[80] Stuart Miller, p. 71.
[81] Peter N. Dunn, *The Spanish Picaresque Novel*, p. 142.
[82] William Riggan, *Picaros, Madmen, Naïfs, and Clowns: The Unreliable First-Person Narrator* (Norman: University of Oklahoma Press, 1981), p. 76.
[83] Cf. George Herbert Mead, *Geist, Identität und Gesellschaft aus der Sicht des Sozialbehaviorismus* (Frankfurt: Suhrkamp, 1973), p. 177ff.

lage seiner Definition von authentischen Verhaltensweisen, Entscheidungen und Handlungsmaximen macht:

> Briefly, we can say that authenticity (A) involves (i) creation and construction as well as discovery, (ii) originality, and frequently (iii) opposition to the rules of society and even potentially to what we recognize as morality.[84]

Der pikareske Roman kann sich in vielerlei Varianten präsentieren: er kann geradlinig auf satirische Darstellungsverfahren setzen oder aber dort zu einer Sonderform des psychologischen Romans werden, wo er Konformitätsdruck und Prozesse der Selbstversklavung thematisiert. Beides in einem – psychologische Realistik und satirische Außenseiterperspektivik – kann freilich im Rahmen einer Ich-Erzählsituation nur dann miteinander kombiniert werden, wenn sich der Pikaro bewußt zu seinem Nonkonformismus bekennt. Allein eine auktoriale Erzählinstanz gewährleistet eine Außenperspektivik, die es erlaubt, gleichzeitig Kritik am pikarischen Assimilationsbegehren und pikareske Gesellschaftssatire zu artikulieren.

Folgendes läßt sich im Anschluß an die bisherigen Ausführungen zur Pikaro-Figur festhalten: Der Pikaro ist erstens ein gesellschaftlicher Außenseiter. Er ist zweitens gekennzeichnet durch eine klar umrissene (Waisenkind-)Mentalität. In seiner psychischen Disposition spiegeln sich zum dritten die sozialen Prozesse der Ein- und Ausgrenzung auf einer individualpsychologischen Ebene wider, nämlich in dem Konflikt zwischen dem Begehren nach Anpassung und Imitation und dem Wunsch nach Originalität, Differenz und Rollenverweigerung. Wo auch nur eines dieser drei Merkmale nicht vorliegt, macht es wenig Sinn, von einer Pikaro-Figur zu reden.

---

[84] Charles Taylor, *The Ethics of Authenticity* (Cambridge und London: Harvard University Press, 1991), p. 66.

Die pikarische Integrität

Neben der Rollenanpassung thematisieren pikareske Romane, wie rudimentär auch immer, stets das alternative Verhaltensmodell der Rollenverweigerung. Zwar gilt für die Mehrzahl der pikaresken Werke Klaus Poenickes Feststellung zum *Lazarillo*, „Lazarillo does not oppose the social disorder he laments, but adds to it"[85], aber bereits in den pikaresken Werken Smolletts findet Poenicke „a few isolated scenes of collective resistance."[86] Und auch schon die Pikaresken des Goldenen Zeitalters implizieren mit extensiven Beschreibungen von Hunger und Armut einen Protest gegen Ungleichheiten bei der Verteilung des gesellschaftlichen Reichtums und damit den Traum von einer egalitären Gegenutopie: „There is [...] a suggestion of an alternative, classless society in the picaresque novel – occasionally the travellers along the road form a kind of gypsy brotherhood [...]."[87] Gerade die Tatsache, daß in der Literatur nach 1945 der Pikaro gelegentlich zu einem positiv gezeichneten, bewußten Rebellen voller „social awareness and anger"[88] wird, wird bei Bruno Schleussner zum Hauptargument für seine Konstruktion eines „neopikaresken" Romans.

Zu einem einsinnigen Sprachrohr oppositioneller oder revolutionärer Empörung taugt der Pikaro aber nicht; die pikareske Gesellschaftskritik macht keine Unterschiede zwischen den verschiedenen gesellschaftlichen Ständen und Schichten. Ein orthodox-marxistischer Literaturhistoriker wie Ulf-Heiner Marckwort kommt folglich z.B. nicht umhin, dem Genre *political incorrectness* zu bescheinigen:

> Sozialistische Schelme gibt es nicht, wohl aber Schelme in einer sozialistischen Gesellschaft; sie sind Residuen vorsozialistischer

---

[85] Klaus Poenicke, p. 125. Cf. auch Johannes Roskothen, p. 33: „Stehlende Schelme wollen das Privateigentum nicht abschaffen, sondern daran teilhaben."
[86] Klaus Poenicke, p. 129.
[87] Lars Hartveit, p. 16.
[88] Patrick W. Shaw, „Huck's Children," 42. Als eine pikareske Rebellenfigur deutet Leah Ireland-Kunze beispielsweise auch den Ich-Erzähler in Heinrich Bölls *Ansichten eines Clowns*; „Two Clowns: New Dimensions of the Picaresque," *Colloquia Germanica*, 14 (1981), 342-51.

Gesellschaften [...]. Schelmenstücke und Schelmereien sind nicht nur gegen die Arroganz der Macht, die phantasielose Dummheit der Verwaltung gerichtet, sondern ebenso gegen die Dummheit und Einfallslosigkeit der Deklassierten und Entrechteten – Schelme und Schelmenstücke sind nur sich selbst verpflichtet, sie dienen nicht [...] der Revolution."[89]

Der Pikaro ist eine ambivalente Figur und vielleicht auch gerade deshalb Zensoren prinzipiell suspekt. Man mag es goutieren oder nicht, aber der Pikaro erweist sich häufig als erstaunlich resistent gegenüber ideologischen Konstrukten; nach James L. Treadway definiert sich „the picaresque ethic" gerade durch die Immunität des Pikaro gegenüber den „corrupting influences of the world"[90]. Ganz gleich, wie laut der Pikaro auch mit den Wölfen heult, bleibt er zum Teil doch auch immer Unschuldslamm: „there is always a touch of the victim about the picaro"[91], „despite the savvy he soon acquires, part of him remains engagingly innocent."[92] Dies gilt in besonderem Maße für die amerikanische Variante der Pikaro-Figur, die häufiger als Opfer- denn als Mittäterinstanz konzipiert wird. Es ist vermutlich kein Zufall, daß einem Amerikaner – R.W.B. Lewis – das Verdienst zukommt, den Begriff des „pikaresken Heiligen" in die literaturwissenschaftliche Diskussion der Figur eingeführt zu haben.[93] Als Prototyp dieser spezifisch amerikanischen Modifikation des Pikaro gilt natürlich zumeist Huckleberry Finn, der, so die Mehrheitsmeinung der Interpreten, bis zum Ende der Romanhandlung unkorrumpierbar bleibt. Aber Hucks „intrinsic goodness"[94] und seine

---

[89] Ulf-Heiner Marckwort, *Der deutsche Schelmenroman der Gegenwart* (Köln: Pahl-Rugenstein, 1984), p. 300; cf. auch die inhalts- und auch fast wortgleiche Argumentation auf p. 40: „Sozialistische Pikaros gibt es nicht, wohl aber Pikaros in der sozialistischen Gesellschaft als quasi bürgerliche Residuen [...]."
[90] James L. Treadway, „Johnson Jones Hooper and the American Picaresque," *Thalia*, 6, 2 (1983), 37.
[91] Lars Hartveit, p. 15.
[92] Ulrich Wicks, p. 60.
[93] Richard W.B. Lewis, *The Picaresque Saint: Representative Figures in Contemporary Fiction* (Philadelphia: Lippincott, 1959); zur Definition des pikaresken Heiligen cf. das erste Kapitel der Monographie, besonders pp. 30-33.
[94] Franchot Ballinger, 27.

Unschuld haben einen hohen Preis: „Huck, to remain good and innocent, could never grow up."[95]

Es ist also gerade für den nordamerikanischen Kontext wenig plausibel, den pikaresken Roman als „l'histoire d'un enfant qui devient adulte"[96] zu definieren, wie Kathrine Jorgensen dies vorschlägt. Auf eine besonders augenfällige Art und Weise wird in den U.S.A. der pikareske Roman zu einer Meditation über das Phänomen einer (meist gescheiterten, selten erfolgreichen) Initiation. Im Gegensatz zu europäischen Modellen verkörpern in den amerikanischen Pikaresken seit der Erstpublikation von Charles Brockden Browns *The Adventures of Arthur Mervyn* (in zwei Teilen, 1799 und 1800) fast ausnahmslos junge Menschen, meist unter 20, selten über 30, die Pikaro-Figur. Folglich kommt der Konvention des schockartigen, traumatischen Inititiations- und Desillusionierungserlebnisses, das schlagartig die Bosheit und Brutalität der Welt offenbart, ein besonderes Gewicht zu. Im spanischen Vorbild entwickelt sich der Pikaro üblicherweise von einem einfältigen Kind zu einem mit allen Wassern gewaschenen Mann, in amerikanischen Formen des Genres aber kann eine solche Entwicklung auch abbrechen bzw. (bei Huckleberry Finn und Holden Caulfield etwa) auch gar nicht erst einsetzen. Dana A. Heller verweist darauf, daß es die Erfahrung einer gescheiterten Initiation ist, die sowohl Huck als auch Holden zu exemplarisch amerikanischen Figuren macht: „However, even when a hero rejects the notion of completion – or even when initiation is seen as an impossible task – he may still become heir to the power granted in refusal and heroic failure. If his efforts do not lead to successful social integration, he becomes our admired American antihero, our Huck Finn, on the lam from civilization, or our Holden Caulfield, who 'lights out' for an inward territory [...]."[97]

---

[95] Alexander Blackburn, p. 186.
[96] Kathrine Sorenson Ravn Jorgensen, „Pour une nouvelle approche du roman picaresque," *Revue romane*, 21 (1986), 89.
[97] Dana A. Heller, p. 8.

Der pikareske Roman: (Auch) Ein amerikanisches Genre

Die Howells-These von der vorzüglichen Eignung der pikaresken Romanform für die Wiedergabe genuin amerikanischer Erfahrungen wird in der Literatur der U.S.A. nach dem Zweiten Weltkrieg in mannigfaltiger Weise bestätigt. Der amerikanische Nachkriegs-Pikaro, konzipiert als ein „independent resistant-to-rules American"[98], der „archetypal American struggles against patterns of conformity"[99] kämpft, lädt zur Identifikation ein. Die Dynamik der pikaresken Handlungsführung vermag erfolgreich eine Mentalität widerzuspiegeln, die Tocqueville bereits 1840 als eine spezifische „American restlessness"[100] identifiziert hat.

Spätestens in den 50er Jahren des 20. Jahrhunderts wird die Pikareske zu einer der wichtigsten Sonderformen des amerikanischen Romans. Nach Johannes Roskothen vollzog sich die „'Wiederkehr der Schelme' im 20. Jahrhundert [...] überwiegend in Deutschland und den USA"[101]; drei der vier Romane, die Harry Sieber 1977 bei seiner Suche nach „purest twentieth-century mutations"[102] der klassischen Pikareske findet, gehören der amerikanischen Literatur der 50er Jahre an: Ralph Ellisons *Invisible Man*, Saul Bellows *The Adventures of Augie March* und J.P. Donleavys *The Ginger Man*.[103] Eine Umfrage von Raymond Mazurek (aus dem Jahr 1987) unter amerikanischen Universitätsdozenten nach den in den 80er Jahren am häufigsten unterrichteten Nachkriegsromanciers und Nachkriegsromanen belegt eindrucksvoll die Dominanz der pikaresken Form: auf der Liste der „most significant novelists" werden die ersten vier Plätze von Autoren belegt, die allesamt in ihren Werken auf pikareske Konventionen und Themen zurückgegriffen haben (Saul

---

[98] Frederick Monteser, *The Picaresque Element in Western Literature* (University: University of Alabama Press, 1975), p. 75.
[99] Alexander Blackburn, p. 209.
[100] Alexis de Tocqueville, *Democracy in America*, II (New York: Vintage, 1990), p. 137.
[101] Johannes Roskothen, p. 24.
[102] Harry Sieber, p. 62.
[103] Siebers viertes Beispiel entstammt der deutschen Literatur der 50er Jahre: Thomas Manns *Bekenntnisse des Hochstaplers Felix Krull*.

Bellow, Ralph Ellison, Joseph Heller, Thomas Pynchon), auf der Liste der „most significant novels" finden sich unter den ersten fünf Plazierungen drei Romane, die pikareske Traditionen nutzen; in der Auflistung der am häufigsten unterrichteten Romane nimmt Ralph Ellisons *Invisible Man* den Spitzenplatz ein.[104] Für Mazurek sind diese Sachverhalte ein Anlaß zum Trost: „I do find it somewhat consoling that, after the Reagan years [...], academics still value novels with so much troubling social content."[105]

Die Geschichte des pikaresken Romans in den U.S.A. beginnt natürlich nicht, wie Frederick Monteser und mit ihm viele Nicht-Amerikanisten meinen, mit den Abenteuern von Huckleberry Finn[106]; sie beginnt – spätestens[107] – im ausgehenden 18. Jahrhundert mit Charles Brockden Browns *The Adventures of Arthur Mervyn* (in zwei Teilen, 1799 und 1800). Schon dieses nationalliterarische Frühwerk exemplifiziert beispielhaft die Integration politischer Themen in pikareske Erzählmuster[108]; die anschauliche Schilderungen von grauenhaften Zuständen während der Fleckfieberepidemie von 1793 dürfen als früheste Zeugnisse des sozialen Realismus in der amerikanischen Romanliteratur gelten. In *Arthur Mervyn* finden sich bereits viele Elemente, die sich in den beiden Folgejahrhunderten zu spezifischen Kennzeichen der amerikanischen Variante des pikaresken Romans entwickeln werden. Der Titelheld, zu Beginn naiv und unerfahren, ist vergleichsweise jung an Jahren (18), er träumt von einem gesellschaftlichen Aufstieg (und organisiert diesen erfolgreich), er bettet

---

[104] Raymond Mazurek, „Courses and Canons: The Post-1945 U.S. Novel," *Critique*, 31 (1990), 148f.
[105] Raymond Mazurek, 156.
[106] Frederick Monteser, p. 81: „The American pícaro really made his first appearance in Mark Twain's novels."
[107] Einige Literaturhistoriker setzen den Zeitpunkt des ersten Auftretens der pikaresken Romanform in den U.S.A. früher, indem sie Brackenridges *Modern Chivalry* (1792) dem Genre zuordnen. Da aber dieses Werk (für mich) zentrale Themen und Kennzeichen des Genres nicht enthält, erscheint mir diese Zuordnung höchst fragwürdig.
[108] Cf. Shirley Samuels, „Plague and Politics in 1793: *Arthur Mervyn*," *Criticism*, 27 (1985), 225-46.

seine Erfahrungen und Erkenntnisse in einen moralisierend-christlichen Interpretationszusammenhang ein. Die Kopplung der Pikareske mit der Initiationsthematik, das ungestüme Begehren des Pikaro nach Zentralität, die symbolische Überhöhung von gesellschaftlichen Mißständen, die Thematisierung von Fragen nach Schuld und Unschuld im pikaresken Kontext, all diese Aspekte sind richtungsweisend für die weitere Entwicklung des Genres in den Vereinigten Staaten.

Es ist das Verdienst der literaturhistorischen Forschungen von Cathy N. Davidson, daß in jüngerer Zeit der Blick auf einen zweiten pikaresken Traditionsstrang in der frühen amerikanischen Erzählliteratur gelenkt wurde, nämlich auf die von Frauen verfaßte „domestic picaresque."[109] Die Mobilität der Pikara-Figuren ist zu Beginn des 19. Jahrhunderts allerdings, konform zur gesellschaftlichen Wirklichkeit, sehr begrenzt. Die Abenteuer der Heldin von Tabitha Gilman Tenneys *Female Quixotism* (1801), Dorcasinas Sheldon, spielen sich in Tagträumen ab; maximal 30 Meilen entfernt sie sich von ihrem Zuhause. Da das Lesen und nicht das Leben für Dorcasinas zum eigentlichen Abenteuer wird, und da – aus offensichtlichen mentalitäts- und sozialgeschichtlichen Gründen – sich den amerikanischen Pikaras der Zeit nicht das promiskuitive Lebensmodell einer Landstörtzerin Courasche als Alternative anbietet, ist es problematisch und verwirrend, den Begriff der Pikareske ohne Einschränkungen zur Charakterisierung frühamerikanischer Sonderformen eines – im weitesten Sinne – *domestic realism* heranzuziehen. Das extrem seltene Auftreten von Pikara-Figuren in der amerikanischen Literatur des 19. Jahrhunderts ist natürlich „attributable to extraliterary factors"[110]; speziell in der Literatur einer Zeit, die einen *cult of domesticity* erfindet, spiegeln sich die fehlenden Möglichkeiten von Frauen zur Mobilität auch in der Literatur wider. Wenn Frauen in der Literatur des Jahrhunderts „auf Reisen gehen", dann zumeist

---

[109] Cf. Cathy N. Davidson, *The Revolution and the Word: The Rise of the Novel in America* (New York und Oxford: Oxford University Press, 1986), besonders das 7. Kapitel: „The Picaresque and the Margins of Political Discourse" (pp. 151-211).
[110] Ulrich Wicks, p. 61.

notgedrungen, „in despair and fear"[111], wie in Harriet Jacobs' *Incidents in the Life of a Slave Girl: Written by Herself* (1861). Verschiedene Aspekte von Tenneys Roman antizipieren aber durchaus spätere Entwicklungen des pikaresken Genres, deutlicher als *Arthur Mervyn* akzentuiert er den Prozeß gesellschaftlicher Marginalisierung (hier eines gesamten Geschlechts), und entschiedener als Brown thematisiert Tenney die Spannung zwischen individueller (auch imaginierter und imaginärer) Freiheit und gesellschaftlicher Begrenzung von Freiheits(t)räumen. Und schließlich lenkt die von Davidson initiierte Subsumierung eines Teilbereichs der *Domestic Fiction* unter die Traditionen des pikaresken Erzählens auch den Blick auf ein generelles Problem bisheriger Modelle zur Definition der „politischen" Aspekte erzählliterarischer Texte: „critical definitions of 'political' and 'the political novel' have, wittingly or unwittingly acted [...] to exclude recognition of women's contributions, most often by distinguishing the 'social' from the 'political' novel."[112]

James Fenimore Coopers Lederstrumpf-Romane gehören nicht einem strikt definierten pikaresken Genre an. Da sie bestimmte Themen und Motive aber durchaus mit dem pikaresken Roman teilen, haben sie in den U.S.A. die weitere Ausprägung des Genres beeinflußt. So bleibt auch Natty Bumppos Ahnenreihe dunkel, seine Herkunft und Identität sind geheimnisumwittert. Vor allem aber stellt Natty die erste wichtige Verkörperung des neuen (amerikanischen) Adam dar, der sein Eden erfolglos verteidigt und an die Geschichte der Zivilisation verliert. Auch der Konflikt zwischen dem Einzelgänger und den gesellschaftlichen Normen und Sittengesetzen, ein wesentliches Thema pikaresker Romane, wird in den Lederstrumpf-Romanen zu einem gewichtigen Thema. Das Motiv der Flucht, im amerikanisch-pikaresken Roman eine Alternative zum

---

[111] Bonnie Frederick and Virginia Hyde, „Introduction," zu: Bonnie Frederick und Susan H. McLeod (eds.), *Women and the Journey: The Female Travel Experience* (Pullman: Washington State University Press, 1993), p. xx.

[112] Sharon M. Harris, „Introduction: Literary Politics and the Political Novel," in: dies. (ed.), *Redefining the Political Novel: American Women Writers, 1797-1901* (Knoxville: University of Tennessee Press, 1995, p. vii.

Drang zur gesellschaftlichen Mitte, wird am Ende von *The Pioneers* (1823) gestaltet.

Coopers Gegensatzpaare Natur und Zivilisation, Freiheit und Unterwerfung (Domestizierung), Brüderlichkeit und Egoismus werden in Twains *Huckleberry Finn* (1884) ebenso übernommen wie die grundlegende Einsamkeit und moralische Integrität des Helden. Im Gegensatz zu Natty aber ist Huck, der nach Martin Hume Twains „experiment with an American picaro"[113] und nach Patrick W. Shaw „the first picaro with a modern sensibility"[114] darstellt, keineswegs geschichtslos. Bei Twain nimmt die lange Reihe von angst- und fluchtreflexauslösenden Elternfiguren (Pap, die Witwe Douglas) im amerikanisch-pikaresken Roman ihren Ausgang. Doch auch in weiteren Punkten ist der Einfluß des *Huckleberry-Finn*-Romans auf eine spezifisch amerikanische Ausprägung der pikaresken Erzähltradition immens und einzigartig: mit *The Adventures of Huckleberry Finn* politisiert Twain die Pikareske durch den Einbezug scharfer Satiren auf die Südstaatengesellschaft; er amerikanisiert die Pikareske, indem er Traditionen der *slave narratives* miteinbezieht; er modernisiert die Konventionen des Genres, indem er es zu einem Medium der Sprachkritik ausgestaltet. Die Instrumentalisierung des Pikaro vollzieht sich zuallererst durch Formen der sprachlichen Manipulation. Und die respektlose Sprache Hucks ist es auch (Huck ist zuallererst eine Stimme, und „[d]iese Stimme ist zweifellos eine von Twains bedeutendsten Leistungen"[115]), die prominent die Gegenutopie einer repressionsfreien Lebensweise erahnen läßt. Wie bei Cooper stehen am Ende von Twains Roman die Flucht, das Freiheitsversprechen des „Territoriums." Damit fällt zwar die Auflösung der Schlußproblematik bei Twain „aggressively antihistorical"[116] aus, Huck wird zu einer weiteren Variante des geschichtsflüchtigen amerikanischen Adam, aber gerade durch diese antihistorische Komponente erhält

---

[113] Martin Hume, *Spanish Influence on English Literature* (London: E. Nash, 1905), p. 183.
[114] Patrick W. Shaw, „Huck's Children," 42.
[115] Helmbrecht Breinig, *Mark Twain: Eine Einführung* (München und Zürich: Artemis, 1985), p. 111.
[116] Alexander Blackburn, p. 178.

der Romanschluß auch den Charme, den offensichtlich jene pikaresken Romanciers der zweiten Hälfte des 20. Jahrhunderts empfinden, die die Konfliktbewältigungsstrategien ihrer jeweiligen pikarischen Helden in Analogie zum figurentypologischen Verhaltensmodell von Huck Finn, „his central mode of being is that of escape and evasion"[117], gestalten.

Die Vorherrschaft der pikaresken Tradition unter den kanonisierten amerikanischen Nachkriegsromanen führt freilich zu der Frage nach den Gründen für diesen bemerkenswerten Sachverhalt. Es bietet sich eine Antwort aus dem Bereich der Forschung zu populärkulturellen Mythenbildungen an. Der vielleicht bedeutendste Mythos der amerikanischen Literatur, der des amerikanischen Adam[118], rekurriert auf eine in der europäisch-pikaresken Literatur vorgeprägte Thematik. Claudio Guillén beschreibt den Pikaro als „a godless Adam", „[a]ll values must be rediscovered by him anew"[119]; nach Alexander Blackburn hat der „archetypal American of literary myth", „a lonely, rootless Adam", „some natural resemblance to the picaro – the solitary feudal outcast – of Spanish novelistic myth." Und so spricht Blackburn folgerichtig auch von Huck Finns „incorruptibly innocent, Adamic eyes."[120] Wo sich allerdings der pikareske Adam zum Ziel setzt, eine neue Heimat zu finden bzw. einen paradiesischen Urzustand wiederzuerlangen, dort erfährt er „many ejections from lesser substitute gardens [...]."[121] Bei den Wanderungen des heimatlosen Adam und seiner Suche nach kompensatorischen Gratifikationen sind für den amerikanischen Kontext zwei Komponenten von Belang: eine soziale und eine geographische.

---

[117] James M. Cox, *Mark Twain: The Fate of Humor* (Princeton: Princeton University Press, 1966), p. 173.

[118] Die wichtigste und einflußreichste Analyse des „American Adam" stammt von Richard W.B. Lewis, *The American Adam: Innocence, Tragedy, and Tradition in the Nineteenth Century* (Chicago: University of Chicago Press, 1955). Auf p. 1 dieser Monographie definiert Lewis die Figur als „a figure of heroic innocence and vast potentialities, poised at the start of a new history."

[119] Claudio Guillén, *Literature as System*, p. 79.

[120] Alexander Blackburn, p. 149 und p. 181.

[121] Ulrich Wicks, p. 66.

Der gesellschaftliche Aufstieg, erst recht in einer Gesellschaft, deren Markenzeichen die soziale Mobilität ist, bietet den amerikanischen Pikaros eine Option, die Entbehrungen der Kindheit und, falls erfolgt, die Vertreibung aus dem Paradies der familiären Geborgenheit zu verdrängen. Allerdings differieren die einzelnen Pikaros der amerikanischen Literatur beträchtlich hinsichtlich ihrer sozialen Ambitionen: sie sind entweder Zivilisationsflüchtlinge oder aber teils mehr, teils weniger erfolgreiche soziale Aufsteiger. Doch selbst wenn sie die Spitzenpositionen der gesellschaftlichen Pyramide erklimmen, bleibt ihr Erfolg merkwürdig leer. Aber ganz gleich, ob sich der amerikanische Pikaro auf den gesellschaftlichen Kern zubewegt oder sich von ihm entfernt, eines ist er immer: in Bewegung.

Pikaros sind Vaganten, pikareske Romane zeigen sich fasziniert von dem Phänomen der Mobilität, das Reisemotiv ist ein integraler Bestandteil des Genres. In amerikanischen Romanen aber sind die pikaresken Reisen zudem auf eine herausfordernde Weise ziellos, „movement in American literature is often aggressively non-teleological."[122] Der Historiker Daniel Boorstin sieht in der besonderen Offenheit der Kolumbus-Expeditionen die entscheidende Differenzqualität zu früheren Forschungsreisen[123]; und Robert J. Butler nimmt die Boorstin-These zum Anlaß, sie auf das Genre der amerikanischen Pikareske zu übertragen: „the picaresque heroes of American literature are all descendents of Columbus because their travels seldom bring them to satisfying places but instead open up new space for exploration."[124] Amerikanisch-pikareske Romane, von Charles Brockden Browns *The Adventures of Arthur Mervyn* (1800) über Jack Kerouacs *On the Road* (1957) bis zu Erica Jongs *Fear of Flying* (1973), tendieren dazu, Stasis mit Stagnation und äußere Bewegung mit innerem Wachstum gleichzusetzen. „[G]eographically undirected journeys" führen, so Robert J. Butler, zu einem „ongoing

---

[122] Robert J. Butler, 309.
[123] Daniel Boorstin, *The Exploring Spirit: America and the World, Then and Now* (New York: Random House, 1975), p. 3f.; ebenso in: *The Discoverers* (New York: Random House, 1985), p. 166
[124] Robert J. Butler, 309.

process of becoming" statt zu einem „completed state of being [...]."[125] Das 19. Jahrhundert erfindet mythische amerikanische Räume, den wilden Westen, die *open road* und vor allem die Frontier, die einen „spawning ground for picaresque characters"[126] konstituiert. Und auch für die amerikanischen Pikaros des 20. Jahrhunderts gilt: „the home is gone, the hearth is cold, the church is dead, and the polls are closed. Only the road is open."[127] Die amerikanische Freiheitskonzeption setzt physischen Raum als die Grundlage zur Herausbildung mentaler Freiräume zwingend voraus. Deshalb bleiben die gesellschaftlichen Karrieren der amerikanischen Pikaros auch immer ambivalent; was sie an sozialem Status gewinnen, verlieren sie an geographischer Mobilität.

Notgedrungen mobil sind auch die Okies, die *bottom dogs* in John Steinbecks epochalem Roman *The Grapes of Wrath* (1939). Steinbecks sozial engagiertem Protestroman fehlt eine einheitsstiftende individuelle Pikarogestalt. Statt dessen gesteht er der Heimatlosigkeit, weist er der pikaresken Erfahrung, ausgebeutet, ignoriert, mißhandelt, vertrieben und verlassen zu werden, die Exemplarität einer Klassenerfahrung zu. Beispielhaft integriert der Roman sozioökonomische Analysen in das Handlungsgeschehen, und er weist auch einen Ausweg aus jenem düsteren Pessimismus, der Twains Weltsicht in *Huckleberry Finn* kennzeichnet. In dem hinsichtlich seines ästhetischen Werts umstrittenen Schlußtableau nimmt Rose, die Tochter der Joad-Familie, nach einer Totgeburt einen verhungernden Landstreicher an die Brust. Indem Steinbeck gerade am Schlußpunkt seines Romans den zähen Überlebenswillen und die moralische Integrität der gesellschaftlich an die Peripherie Gedrängten akzentuiert, wirkt der Roman innerhalb der Entwicklung der amerikanischen Pikareske traditionsbildend, mehr jedenfalls als die vermeintlich zentraler dem Genre zugehörigen Romane *Tortilla Flat* und *Cannery Row*, denen gleichfalls eine zentrale Pikarofigur fehlt und in denen eine pikareske Brüder-

---

[125] Robert J. Butler, 310.
[126] James L. Treadway, 33.
[127] Patrick W. Shaw, „Huck's Children," 43.

gemeinschaft einer alternativen Sexual- und Trinkmoral und einem
„etwas anderen" Eigentumsbegriff huldigt.[128]

Die Erfahrungen der Depressionszeit prägen auch die *U.S.A.*-Trilogie
von John Dos Passos (*The 42nd Parallel*, 1930, *Nineteen Nineteen*,
1932, *The Big Money*, 1936). Dos Passos erkennt wie Steinbeck in der
pikaresken Form ein ideales Medium zur Widerspiegelung der
scharfen gesellschaftlichen Trennung zwischen Besitzenden und
Besitzlosen, zwischen Ausbeutern und Ausgebeuteten. Im Gegensatz
zu Steinbeck aber aktualisiert er das Genre, indem er es erstmals mit
experimentellen Darstellungstechniken (besonders in den „News-
reel"- und „Camera Eye"-Passagen) koppelt. Und er enthüllt am
entschiedensten seit Charles Brockden Brown die den amerikanisch-
pikaresken Roman prägende Alternative zwischen dem Drang nach
und der Flucht vor dem gesellschaftlichen Zentrum. Aber alle
pikarischen Gestalten der Trilogie (Mac, J. Ward Moorehouse,
Charley Anderson, Janey Williams und ihr Bruder Joe, Eleanor
Stoddard und Eveline Hutchins) leiden unter dem Gefühl, ein
inauthentisches Leben zu führen. Wo sie reüssieren, verkörpern sie,
wie Joseph Fichtelberg schreibt, den „hollow success of the picaro":
„Only at fleeting moments do Dos Passos' picaros attempt to
confront themselves, in hasty glances at a stranger in the mirror."[129]
Für trotzige Gesten der Selbstbehauptung, die noch Ma Joad auszeichnen, findet sich in Dos Passos' sozialer Chronik kein Raum.

Allerdings finden sich solche Gesten wieder in dem pikaresken
Romanschaffen Saul Bellows[130], wo sich der pikareske Lebensweg zu

---

[128] Zum Einfluß pikaresker Erzählkonventionen auf das Romanschaffen Steinbecks cf. die Ergebnisse der Studie von Marcia Dorothy Yarmus in *DAI*, 46,1
(1985): „The Hispanic World of John Steinbeck," 146A.
[129] Joseph Fichtelberg, 442 und 445.
[130] Zur spezifischen Prägung der pikaresken Erzähltradition bei Saul Bellow cf.
neben der bereits zitierten Monographie von Regine Rosenthal auch zwei Aufsätze aus jüngerer Zeit: Patrick W. Shaw, „History and the Picaresque Tradition
in Saul Bellow's *The Adventures of Augie March*," *CLIO*, 16 (1987), 203-19, und
Barbara Probst Solomon, „The Spanish Journey of Saul Bellow's Fiction,"
Salmagundi, 106-07 (1995), 94-99.

Expeditionen in den inneren Raum, in die *terra incognita* der Seele, zu Erkundungsreisen in die Mechanismen der Selbstentfremdung und der Selbstfindung abwandelt. In *The Adventures of Augie March* (1953) und *Henderson the Rain King* (1959) wird in der Nachfolge von J.D. Salingers *The Catcher in the Rye* (1951) der traditionelle Themenkatalog pikaresker Werke um das Motiv der Identitätssuche erweitert. Zudem erfindet Bellow in den frühen 50er Jahren gemeinsam und fast zeitgleich mit Ralph Ellison den ethnisch definierten Pikaro. Auf die jüdisch-amerikanische Variante der Figur werden in den nachfolgenden Jahren u.a. Erica Jong und Paul Auster, auf die schwarz-amerikanische Ishmael Reed und Charles Johnson zurückgreifen.

In den Romanwerken Bellows widerfährt dem Pikaro eine Intellektualisierung. Der Roman *The Adventures of Augie March* knüpft zwar zunächst (mit der Schilderung von Augies Kindheit in einem der Elendsviertel Chicagos) unverkennbar an naturalistische Erzähltraditionen an, doch tritt die soziale Problematik zunehmend in den Hintergrund zugunsten eines humanistisch-philosophischen Interesses. Bei Bellow verweist der pikareske Konflikt zwischen Selbst- und Fremdbestimmung auf die übergeordnete Fragestellung nach der Freiheit des menschlichen Willens. Ungleich seinem Bruder Simon sucht Augie nicht nach materiellem Reichtum oder Macht, sondern nach einer sinnvollen und sinnstiftenden Haltung zu den Zufälligkeiten und Abstrusitäten der menschlichen Welt. Augie lernt im Verlauf seines Lebens, sich Fremdeinflüssen zu widersetzen und Eigeninitiative zu ergreifen. Die pikareske Situation wird in *Augie March* zu einem Sinnbild für die *conditio humana* in einer Welt, die dauerhaftes Glück weder kennt noch zuläßt, aber dennoch die Hoffnung auf ein besseres Leben nicht ausschließt. Mit *Augie March* gelingt Bellow ein seltenes Kunststück (Kathy Acker und Thomas Pynchon werden es in den 80er Jahren wiederholen): er läßt eine Pikareske mit einem optimistischen Grundton schließen. Im Lachen Augies am Ende des Romans wird resignative Verzweiflung durch trotzige Selbstbehauptung relativiert.

In *Augie March* wird, wie schon gesagt, die soziale Problematik des pikaresken Romans tendenziell in den Hintergrund gedrängt zugunsten einer sozial-philosophischen Dimension. Bei Ralph Ellison hingegen steht sie im Zentrum des Erzählinteresses. Ulrich Wicks konstatiert: „Ellison reemphasizes the sociocritical aspect of the picaresque."[131] *Invisible Man* ist *der* politische Roman des schwarzen Amerika. Wie zuvor bei Mark Twain wird auch bei Ellison pikareskes Erzählen zu einem Synonym für politisches Erzählen. Die pikarische Mobilität ist in *Invisible Man* freilich eine unfreiwillige; „Keep this Nigger-Boy Running" steht als implizites Motto über dem Lebensweg des namenlosen Ich-Erzählers. Doch obgleich der Roman eindringliche Bilder findet zum Zweck der Demaskierung einer rassistisch-sozialdarwinistischen Gesellschaft, die die Gedemütigten noch zum Kampf unter- und miteinander zwingt, läßt er von Anfang an die Konventionen einer einsinnigen Anklageschrift hinter sich, indem er naturalistische Darstellungsverfahren um eine expressionistische und bisweilen surrealistische Symbolik ergänzt. *Invisible Man* beschreibt gleichzeitig eine soziale Ausstiegsgeschichte und einen psychischen Reifungsprozeß. Wie Huckleberry Finn erweist sich der „Unsichtbare" als unbestechlich und unkorrumpierbar. Die – im Kontext der pikaresken Romanliteratur Nordamerikas gängigen – pikaresken Aufsteigerbiographien analysiert er mit umsichtigen Scharfsinn: „And that lie that success was a rising *upward*. What a crummy lie they kept us dominated by. Not only could you travel upward toward success but you could travel downward as well; up *and* down, in retreat as well as in advance, crabways and crossways and around in a circle [...]."[132] Nicht die zwielichtige Erfahrung des Reüssierens, sondern allein die Erfahrung des Scheiterns wird für den Erzähler zu einem absoluten Wert: „humanity is won by continuing to play in face of certain defeat."[133]

Der „Unsichtbare" lernt allmählich, sich den Instrumentalisierungsversuchen seiner Umgebung zu verweigern. Ellisons Erzähler ist freilich kein Eskapist (wie z.B. – zeitweise – Augie March); stets bleibt sein Blick auf das gesellschaftliche Ganze und dessen Reformbedürftigkeit gerichtet. Am Ende seiner Lebensrückschau (im Epilog) wird der „Unsichtbare" zu einem Propheten eines neuen, plura-

---

[131] Ulrich Wicks, p. 215.
[132] Ralph Ellison, *Invisible Man* (New York: Modern Library, 1994), p. 502.
[133] Ralph Ellison, p. 568.

listischen und multikulturellen Amerika: „Whence all this passion toward conformity anyway? – diversity is the word." Und: „Our fate is to become one, and yet many [...]."[134] Ob allerdings die im Roman beschriebenen Selbstbehauptungsversuche des Erzählers solch zukunftsgewissen Prognosen bereits hinreichend Substanz verleihen, bleibt fragwürdig. Am Ende seiner Geschichte führt der „Unsichtbare" eine äußerst reduzierte Existenz, er haust in einem Kellerloch im New Yorker Stadtteil Harlem, in dem er während eines gewalttätigen Rassenaufruhrs Zuflucht fand. Zwar kündigt der Erzähler mit neuartigem Selbstbewußtsein das Ende seiner Hibernation (sein „coming out" sozusagen) und damit sein Wiedereintauchen in das gesellschaftliche Leben an, es bleibt aber offen, wie viel Erfolg seinen (keineswegs konkretisierten) künftigen Lebensplänen beschieden sein wird in einer pikaresk konstruierten Welt, von der es im Roman heißt: „The world moves in a circle like a roulette wheel."[135] Ellisons *Invisible Man* thematisiert (wie jeder pikareske Roman) eine Identitätssuche, läßt aber das Ergebnis dieser Suche weitgehend offen. Der dem pikaresken Roman eigene Verzicht auf eine definitive Schlußlösung läßt gleichermaßen Raum für Optimismus und Skepsis. Ellisons ambivalente Haltung gegenüber künftigen gesellschaftlichen Entwicklungen antizipiert freilich den Grundtenor der amerikanischpikaresken Literatur der 60er Jahre.

Die Renaissance des pikaresken Erzählmodells in den 50er Jahren setzt sich in den 60er Jahren fort. Kultbücher und Dekadenklassiker wie Joseph Hellers *Catch 22*, Ken Keseys *One Flew Over the Cuckoo's Nest* und Kurt Vonneguts *Slaughterhouse 5* zitieren pikareske Themen, ohne selbst dem Genre anzugehören. Zu den wichtigeren pikaresken Romanen des Jahrzehnts zählen u.a. Thomas Pynchons *V.* (1963), James Purdys *Cabot Wright Begins* (1964) und Thomas Bergers *Little Big Man* (1964). Bergers Pikareske z.B. präsentiert sich zunächst als eine freche Parodie auf populärkulturelle Klischees über Amerikas Wilden Westen: der Titelheld Jack Crabb alias Little Big Man (sein indianischer Name) durchstreift das Land von Ost nach

---

[134] Ralph Ellison, pp. 567 und 568.
[135] Ralph Ellison, p. 80.

West (von Missouri bis Kalifornien) und von Süd nach Nord (von Arizona bis Montana), ist in zwei Kulturen zu Hause, versucht sich auf seinem prototypisch pikaresken Lebensweg zeitweise als Goldgräber, Büffeljäger, Cheyenne-Krieger, Maultiertreiber, Hochstapler und Geschäftsmann. Crabb erzählt, 111-jährig, autobiographische Episoden aus den Jahren 1852 bis 1876 zwar schon 1953, aber das Weltbild Crabbs ist in entscheidendem Maße den Grundwerten der Gegenkultur der 60er Jahre verpflichtet. Gleich einem gesellschaftlichen Aussteiger der Sixties ist Crabb auf der Suche nach einem alternativen Lebensstil und nach neuartigen Formen der Bewußtseinserweiterung. Er erprobt freiwillige Armut, nicht-possessive Formen der Liebe, kommunitäre Formen des Zusammenlebens. Seine Sicht auf Geschichte und Natur antizipiert Elemente des Gedankengutes der Ökologiebewegung. Schließlich hat selbst die Darstellung des historischen Völkermords an den Indianern, so eine These Adi Wimmers zur filmischen Adaption des Romans, einen deutlichen Gegenwartsbezug: „*Little Big Man* (starring Dustin Hoffman, 1969) or *Soldier Blue* (1970), in which historical massacres of Indians form the core of the plot, were [...] immediately perceived [...] as allegories on the war in Indochina."[136]

Die pikareske Romanliteratur der 60er Jahre kritisiert letztlich wirksam den Überlegenheitsanspruch der weißen Kultur des *Mainstream*-Amerika. Während der Sixties universalisieren sich pikareske Gesellschaftssatire und Sozialkritik zu einer umfassenden Attacke auf den *American way of life* und auf das politische System, das ihn erzeugt. Eine erfolgreiche Zusammenfassung der literarischen Kritik an der Provinzialität der amerikanischen Mittelklasse, an der

---

[136] Adi Wimmer, „Recyclings of the Frontier Myth in Vietnam War Films of the 1980s," in: Walter Grünzweig et al. (eds.), *Constructing the Eighties: Versions of an American Decade* (Tübingen: Narr, 1992), p. 111. Zur Verfilmung des Romans cf. auch: John W. Turner, „*Little Big Man*, the Novel and the Film: A Study of Narrative Structure," *Literature/Film Quarterly*, 5 (1977), 154-63. Die pikaresken Strukturen des Erzählwerks analysieren die folgenden zwei Aufsätze: L.L. Lee, „American, Western, Picaresque: Thomas Berger's *Little Big Man*," *The South Dakota Review*, 4 (1965), 35-42, und Richard A. Betts, „Thomas Berger's *Little Big Man*: Contemporary Picaresque," *Critique*, 23 (1981-82), 85-96.

alltäglichen Korruption und an den puritanisch-possessiven Aspekten des amerikanischen Nationalcharakters bietet John Kennedy Tooles *A Confederacy of Dunces*, 1969 vollendet, aber erst 1980 posthum veröffentlicht. Doch gegen Ende der Dekade hat die gesellschaftskritische Pikareske der *Sixties* ihre unschuldige Parteilichkeit verloren, bei Toole werden nicht nur die Engstirnigkeit und dumpfe Provinzialität der schweigenden Mehrheit, sondern ebenso die naiven Revolutionsphantasien der *Counterculture*-Schickeria, des *Gay Movement* und der *Women's Liberation* hemmungslos verspottet. Der Schluß ist radikal offen: Ignatius Reilly, der Pikaro des Romans, begibt sich gemeinsam mit Myrna Minkoff, einer nymphomanen Feministin, auf eine geographisch wie sozial ziellose Flucht, um einer von seiner Mutter veranlaßten Einweisung in die Psychiatrie zuvorzukommen.

Pikareske Werke haben oft eine „antifeministische Tönung."[137] Der pikareske Roman ist, in den U.S.A. und anderswo, ein von männlichen Autoren, von männlichem (und gelegentlich auch von chauvinistischem) Denken dominiertes Genre. In den 70er Jahren aber versucht eine nennenswerte Zahl von Autorinnen wie z.B. Rita Mae Brown, Sharon Isabell (*Yesterday's Lessons*, 1974) und Erica Jong von unterschiedlichen Richtungen des feministischen Spektrums aus, die Gattung einer kritischen Revision zu unterziehen und zur Thematisierung des weiblichen Emanzipationsbegehrens zu nutzen. In den 80er Jahren folgen ihnen Autorinnen wie Marilynne Robinson (mit *Housekeeping*, 1981), Kathy Acker (mit *Don Quixote*, 1986) und Phyllis Burke (mit *Atomic Candy*, 1989). Für die 70er und 80er Jahre des 20. Jahrhunderts, für die Jahrzehnte nach der spektakulär inszenierten Mondlandung, der bislang letzten (männlich-)imperialistischen Geste mit kolonialem Unterwerfungsanspruch, die mit dem Rekurs auf die Frontier-Vorstellung legitimiert wurde, gilt es für die Literatur ein Phänomen zu konstatieren, für das John Hawkes seine Heldin Sunny Deauville in *Adventures in the*

---

[137] Jonas Andries van Praag, „Die Schelmin in der spanischen Literatur," in: Helmut Heidenreich (ed.), *Pikarische Welt: Schriften zum europäischen Schelmenroman* (Darmstadt: Wiss. Buchgesellschaft, 1969), p. 163.

Alaskan Skin Trade (1985) prägnante Worte finden läßt: „woman [...] is the last frontier."[138]

Die beiden einflußreichsten feministischen Pikaresken der 70er Jahre sind Jongs *Fear of Flying* und R.M. Browns *Rubyfruit Jungle* (beide 1973). Der Roman *Rubyfruit Jungle* beispielsweise betritt Neuland, indem er den pikaresken Lebensweg einer bekennenden Lesbierin von der Kindheit über die Jugend- und Collegezeit bis zum Eintritt in das Berufsleben nachzeichnet und damit auch erstmals den Mechanismen der sexuellen Marginalisierung im Kontext des pikaresken Romans nachspürt. *Fear of Flying* schließlich blendet Elemente des Künstler(innen-)Romans in die pikareske Romanform ein, eine Kopplung, auf die William Kennedy und Paul Auster in den 80er Jahren zurückgreifen werden, und ergänzt damit das Genre, wie schon zwei Jahrhunderte zuvor Tabitha Tenney, um eine poetologische Komponente. Zudem ist Jongs Roman sicherlich einer der meistgelesenen pikaresken Romane der Nachkriegsliteratur, eine Taschenbuchausgabe von 1995 bejubelt auf der Umschlagsseite „over 6.5 million copies in print."[139] Aufgrund der Explizitheit der im Roman beschriebenen sexuellen Handlungen wird Jongs Roman zu einem Skandalbuch der Dekade, ähnlich wie es Philip Roths *Portnoy's Complaint* (1969) für das vorangegangene Jahrzehnt gewesen war. Im Gegensatz zu Portnoy ist Isadora Wing aber zugleich eine echte pikareske Existenz, heimat- und wurzellos und (zumindest im biographischen Ausschnitt der Romangeschichte) immer unterwegs. Weil Erica Jongs und Rita Mae Browns feministisch-pikareske Romane aus den 70er Jahren erst einen geeigneten Kontext schaffen, um die feministischen Revisionen der pikaresken Genrekonventionen im Werk Kathy Ackers angemessen zu diskutieren, werden Kurzanalysen zu *Fear of Flying* und zu *Rubyfruit Jungle* am Anfang des 8. Kapitels (zu *Don Quixote*) stehen.

„The *pícaro* in his odyssey moves horizontally through space and vertically through society"[140], systematisiert Claudio Guillén. Die

---

[138] John Hawkes, *Adventures in the Alaskan Skin Trade* (New York: Simon and Schuster, 1985), p. 16.
[139] Erica Jong, *Fear of Flying* (New York u.a.: Signet, 1995), Umschlagseite.
[140] Claudio Guillén, *Literature as System*, p. 84.

Gesellschaft hat aber in den Vereinigten Staaten schon im 19. Jahrhundert durch die demokratische Staatsform und ihre egalitäre Ideologie sowie durch die Erfahrung der Multi-Ethnizität ein spezifisches Gepräge, das sie von den sozialen Strukturen Europas scharf unterscheidet. Der amerikanische Pikaro wandert nicht nur von Ort zu Ort, von Abenteuer zu Abenteuer, sondern gelegentlich auch (in Saul Bellows *Henderson the Rain King*, in Thomas Bergers *Little Big Man*, in Tom Coraghessan Boyles *World's End*, in William Kennedys *Quinn's Book*) von Kultur zu Kultur, von Ethnie zu Ethnie. Eine Eigenart der amerikanischen Pikareske ergibt sich dadurch, daß bisweilen, in Thomas Pynchons *Vineland* etwa, die pastorale Idylle bzw. Enklave als ein attraktiver Zufluchtsort für den Pikaro gezeichnet wird. Die spanische Urform entstand als ein bewußt konzipiertes Gegengenre zur pastoralen Hirten- und Schäferdichtung. In Amerika aber, wo das pastorale Ideal vom einfacheren, aber besseren Leben auch in der politischen Rhetorik heimisch ist, gibt es keinen unauflösbaren Widerspruch zwischen der Pikareske und der Pastorale.

Es ist hier eine weitere Erzähltradition zu erwähnen, die im Zusammenhang mit Twain und Tenney bereits angesprochen wurde und die erstaunlich viele Gemeinsamkeiten mit der klassischen pikaresken Form aufweist, nämlich die der *slave narratives* des 19. Jahrhunderts. Fluchterzählungen ehemaliger Sklaven und pikareske Erzählungen haben u.a. die Akzentuierung traumatischer Kindheitserlebnisse, verschiedene Motive (z.B. Dienertum, trickreiche Täuschung, Verstellung), die Zeichnung der jeweiligen Helden als verlassene oder vernachlässigte Kinder und die episodische Struktur gemeinsam. Und doch gilt, daß die *slave narratives* des 19. Jahrhunderts keine pikaresken Texte sind. Es wäre fast zynisch, fiktive und historisch verbürgte Leiden ohne Einschränkungen gleichzusetzen: „the black experience itself suggested to some Afro-American writers the picaresque form when they turned to fiction", aber „their immersion in a bitter underground life robbed them of the kind of aesthetic distance which could use the picaresque mode creatively in fiction [...]."[141] Zudem haben pikareske Erzählwerke, im pointierten Gegensatz zu *slave narratives*, fast niemals eine Handlungsstruktur, die als „rise from bondage to freedom"[142] beschrieben werden könnte, und sie kennen auch nicht den in schwarz-amerikanischen Erzählwerken so häufig anzutreffenden „transcendent sense of community."[143]

Genau dieses stabilitätsstiftende und zukunftsgewisse Gemeinschaftsgefühl fehlt am Romanende dem Ich-Erzähler von Ralph Ellisons *Invisible Man*; ein Text, der ganz unstrittig der pikaresken Erzähltradition verpflichtet ist: „in nearly every aspect it conforms to the old patterns."[144] Ellisons entscheidende Leistung für die Neubelebung des Genres besteht nicht nur darin, daß er den Pikaro „afroamerikanisiert", sondern auch darin, daß er die Erfahrungen und Einsichten seines schwarzen Helden zugleich verallgemeinert. Der letzte Satz des Romans lautet: „Who knows but that, on the lower frequencies, I speak for you."[145] Der Erzähler spielt damit auf einen Anspruch auf Repräsentativität an, der in den frühen 80er Jahren für den schwarz-amerikanischen Autor Charles Johnson zum Ausgangs-

---

[141] Charles H. Nichols, „The Slave Narrators and the Picaresque Mode: Archetypes for Modern Black Personae," in: Charles T. Davis und Henry Louis Gates, Jr. (eds.), *The Slave's Narrative* (Oxford und New York: Oxford University Press, 1985), p. 291f.

[142] Damit widerspreche ich dem – ansonsten vorzüglichen – Aufsatz von Charles H. Nichols, der auf p. 284 eben diese These vertritt: „And the servant-trickster-con-man forces a new kind of perception on the reader. We are moved by a sense of compassion for the suffering individual; we cannot deny him some degree of spiritual triumph in his rise from bondage to freedom." Gleichfalls unfundiert ist die Ansicht von Stefanie Piccinato, die in „The Slave Narrative and the Picaresque Novel," in: Werner Sollors und Maria Diedrich (eds.), *The Black Columbiad: Defining Moments in African American Literature* (Cambridge und London: Harvard University Press, 1994), p. 89, die folgende unmodifizierte These vertritt: „in both the picaresque and the slave narrative the pattern of narration, while recalled at the height of success, is characterized by an upward movement: from inhuman condition to a status of freedom (the slave) or integration into society and freedom of want (the picaro) – for both a condition of fulfillment."

[143] Charles H. Nichols, p. 290.
[144] Stuart Miller, p. 134.
[145] Ralph Ellison, p. 572.

punkt wird für die Reaktualisierung der pikaresken Romanform in dem Erzählwerk *Oxherding Tale* (1982).

Eine umfassende Geschichte der Entwicklung des pikaresken Genres in den U.S.A. ist noch nicht geschrieben worden. Aber bereits eine knappe literaturgeschichtliche Übersicht eröffnet die Möglichkeit, spezifische Eigenarten amerikanisch-pikaresken Erzählens der Tendenz nach zu beschreiben:

Der klassische europäische Pikaro ist ein ewiger Grenzgänger; endlos zieht er seine Kreise an der Peripherie einer Gesellschaft, die ihm den Zutritt verweigert. Der amerikanische Pikaro bzw. die amerikanische Pikara hingegen ist entweder ein Rebell (wie bei Ralph Ellison und Erica Jong, bei Kathy Acker und William Kennedy), ein erfolgreicher sozialer Aufsteiger (wie bei Charles Brockden und Rita Mae Brown, in E.L. Doctorows *Billy Bathgate*, in *The Cider House Rules* und in der *Oxherding Tale*) oder ein Eskapist (bei Mark Twain, Saul Bellow und John Kennedy Toole, bei Paul Auster und Thomas Pynchon und in Marilynne Robinsons *Housekeeping*).

Die pikarischen Figuren der amerikanischen Literatur machen – wiederum fast ohne Ausnahme – Bekanntschaft mit mindestens zwei Ethnien, mit mindestens zwei kulturellen Traditionen: die Konfrontation zwischen weißer und schwarzer Gesellschaft findet sich in *Huckleberry Finn*, *Invisible Man*, *Oxherding Tale*, *The Cider House Rules* und *Quinn's Book*, die zwischen westlicher und asiatischer Tradition in *Moon Palace* und *Vineland* gestaltet, den Konflikt zwischen westlich-weißer und indianischer Tradition thematisieren *Little Big Man* und *World's End*, den zwischen jüdischer und christlicher Kultur *Augie March* und *Fear of Flying*. Die *U.S.A.*-Trilogie thematisiert den Gegensatz zwischen der US-amerikanischen und der mexikanischen Mentalität, *A Prayer for Owen Meany* kontrastiert die Vereinigten Staaten und Kanada.

Amerikanisch-pikareskes Erzählen thematisiert – fast ausnahmslos – hartnäckiger, entschiedener und vordringlicher als europäische Varianten moralische Fragen, z.B. Fragen nach den Voraussetzungen pikaresker Unschuld und den Ursachen pikaresken Schuldigwerdens. Es erweist sich insbesondere interessiert an der Frage, wie es passieren kann, daß ein Staat zum Familienersatz wird; es zeigt die Bedingungen auf, unter denen ein Mensch zum Pikaro mutiert.

Es ist nicht zuletzt diese freiwillige Selbstversklavung, die den Pikaro für die pikaresken Romanciers der Reagan-Dekade, besonders für Acker, Boyle und Pynchon, zu einer politisch wie psychologisch interessanten Figur macht. Ein knapper Ausblick auf Modifikationen dieses Motivs in der Literatur der späteren 80er Jahre, der freilich an dieser Stelle der Argumentation noch hypothetisch bleiben muß, soll verdeutlichen, wie pikaresker Familienmetaphorik im Roman der Reagan-Dekade eine politische Relevanz zuteil wird.

Nicht nur die Gewalt der Väter und Ersatzväter, auch das politische System, mit dem sich Romanhelden wie Walter Van Brunt (aus Boyles *World's End*), Homer Wells (aus Irvings *The Cider House Rules*) und Zoyd Wheeler (aus Pynchons *Vineland*) konfrontiert sehen, zielt auf absolute Unterwerfung und Kontrolle ab. In den amerikanischen Pikaresken des Reagan-Jahrzehnts verdeutlichen familiäre oder pseudo-familäre Figurenkonstellationen und -konfrontationen eine enge Verbindung zwischen Politik und Psychologie; Vaterschaft und Vatersuche werden zu politischen Metaphern. Sohnesfiguren empfinden eine heftige Haßliebe gegenüber ihren verschwundenen Vätern oder deren Surrogaten; Vaterfiguren weigern sich, das gesellschaftliche Feld zu räumen und bekämpfen die rebellionsbegierigen Söhne. Eltern-Kind-Konfigurationen werden so unauflösbar durchdrungen von Angst- und Schuldgefühlen. In den Erzählwerken Kathy Ackers sind die Beziehungen zwischen den Generationen gar nur noch durch sado-masochistische Bilder zu fassen.

Die amerikanisch-pikaresken Romane der 80er Jahre inszenieren mit einer unheimlichen Ausnahmslosigkeit den Sieg der Väter über die Söhne, die Vernichtung einer Kinder- durch eine Elterngeneration, und manchmal, spezifischer, den Sieg der realkapitalistischen *Reagan Republicans* über die Träume und Utopien der *Sixties' Counterculture*. Romane wie *The Cider House Rules* und *World's End*, wie der zeitgenössische amerikanische Roman insgesamt

„rich in father/son relationships"¹⁴⁶, exemplifizieren auf eine besonders eingängige und hartnäckige Weise das Phänomen der „immer scheiternden ödipalen Struktur der Pikareske [...]."¹⁴⁷ Ob und wie sich in eine solche Struktur dennoch Komponenten utopischen Denkens integrieren lassen, wird eine interessante Detailfrage bei der Analyse amerikanischer Gegenwartspikaresken werden.

Ellisons *Invisible Man* jedenfalls entwickelt, wenigstens nach meiner Lesart des Romans, keinen tragfähigen Gegenentwurf zur rassistischen Wirklichkeit der 40er und 50er Jahre, zumindest stellen die Umsturzphantasien von Brother Jack und Ras, the Destroyer, für den retrospektiv Erzählenden keinen solchen dar. Als primär gesellschaftsanalytische und (für Ortega y Gasset) auch „zersetzende" Literatur¹⁴⁸ kann der pikareske Roman aber auch leicht ohne eine gesellschaftliche Gegenutopie auskommen. Sein Hauptanliegen ist die Darstellung von sozialen Mißständen und Kulturpathologien. Es ist bezeichnend, daß bei Boyle auch die indianische Kultur, bei Kennedy auch die afro-amerikanische Kultur und bei Pynchon und Irving (in *A Prayer for Owen Meany*) auch die Gegenkultur der Sixties einer unbarmherzigen und schonungslosen Kritik unterzogen werden. So bleibt bei diesen Autoren zunächst wenig Raum zur Beschwörung einer heilen Gegenwelt oder nobler Gegencharaktere. Der amerikanisch-pikareske Gegenwartsroman kennt die Stereotypen des edlen Wilden, des edlen Schwarzen, des edlen Hippies oder

---

¹⁴⁶ Francesco Aristide Ancona, *Writing the Absence of the Father: Undoing Oedipal Structures in the Contemporary American Novel* (Lanham: University Press of America, 1986), p. 5.

¹⁴⁷ Steffi Habermeier, „Autoerotismus und Pikareske in Angela Carters *The Infernal Desire Machines of Doctor Hoffman*," in: Annette Keck et al. (eds.), *Auto(r)erotik: Gegenstandslose Liebe als literarisches Projekt* (Berlin: Erich Schmidt, 1994), p. 159.

¹⁴⁸ Cf. José Ortega y Gasset, kein Freund der pikaresken Romangattung, „Die originelle Schelmerei des Schelmenromans," in: Helmut Heidenreich (ed.), *Pikarische Welt: Schriften zum europäischen Schelmenroman* (Darmstadt: Wiss. Buchgesellschaft, 1969), p. 12: „Der Schelmenroman ist in seiner Extremform eine zersetzende Literatur, aus bloßer Verneinung gebildet, die ein peinlich genaues Inventar der über die Erde verbreiteten Übel aufstellt, die kein Organ besitzt zur Erfassung des Harmonischen und des Vortrefflichen."

Revolutionärs nicht.[149] Statt dessen entwirft er modellhaft eine Welt voller „chaos and depravity", „a world that is forever falling apart."[150]

Kennzeichen der pikaresken Welt: Unberechenbarkeit und Realismus

In der pikaresken Romanwelt läßt sich fast nichts mit Gewißheit vorhersagen. Charaktere tauchen urplötzlich auf und verschwinden ebenso plötzlich auch wieder, „[a]nything can happen to anyone at any time."[151] Es entsteht so allerdings „a frighteningly repetitive pattern of private and public dishonesty, greed, brutality, downright sadism"[152]; Begriffe, die nach der Ansicht der zeitgenössischen pikaresken Romanciers auch dazu taugen, die vorherrschenden Verhaltensmuster in Reagans Amerika zu fassen. Der ordnungsstiftende, religiöse Interpretationsrahmen aber, den Reagans politische Rhetorik auf mannigfache Weise beschwört, fehlt bezeichnenderweise völlig.

Die Welt der Pikareske gehorcht nicht dem Gesetz der Notwendigkeit, sondern jenem des Zufalls. Sie exemplifiziert das launische, wechselhafte und unvorhersehbare Walten der Glücksgöttin Fortuna. Die Reaktualisierung traditionell pikaresker Themen und Motive kann allerdings gelegentlich auch einen Konflikt zwischen den konventionellen Welterklärungsmustern des Genres und den z.T. aufklärerischen Absichten ihrer Verfasser begründen. So bauen z.B. William Kennedy und John Irving klassische Vorstellungen über das unberechenbare Walten der Schicksalsgöttin Fortuna in ihre zeitgenössisch-pikaresken Werke ein. In *Quinn's Book* versinnbildlicht eine schnelle Abfolge von Wett- und Glücksspielszenen noch recht gelungen das rasche Weiterdrehen des Glücksrads, in *A Prayer for Owen Meany* aber führt die Schicksalsvorstellung beispiels-

---

[149] Wohl aber findet sich der Typus des „pikaresken Heiligen"; etwa in John Irvings *A Prayer for Owen Meany* oder – mit Einschränkungen – in Thomas Pynchons *Vineland*.
[150] Ulrich Wicks, p. 54f.
[151] Stuart Miller, p. 37.
[152] Klaus Poenicke, p. 121.

weise dazu, daß der Vietnamkrieg für den Erzähler John Wheelwright bis zum Ende ein unverstandenes Naturereignis und Fatum bleibt.

In der pikaresken Romanwelt kann Unvorstellbares jäh Wirklichkeit werden. Ihre Struktur folgt nicht den Prinzipien der Kausalität, Finalität oder Teleologie. Statt dessen herrschen in ihr Synchronizität und Willkür, sind in ihr einzig die Gesetzmäßigkeiten der Repetition und der zyklischen Zirkularität gültig. Möglicherweise ist es erst die Akzidentialität der pikaresken Welt, die ihren Realismus begründet: Implausibilität konstituiert Glaubwürdigkeit. Ganz in diesem Sinne äußert sich beispielsweise Paul Auster in einem Interview zu den Darstellungsabsichten seines Romans *Moon Palace*:

> In the strictest sense of the word, I consider myself a realist. Chance is a part of reality: we are continually shaped by the forces of coincidence, the unexpected occurs with almost numbing regularity in all our lives. And yet there's a widely held notion that novels shouldn't stretch the imagination too far. Anything that appears „implausible" is necessarily taken to be forced, artificial, „unrealistic." [...]
> [W]hat I'm talking about is the presence of the unpredictable, the utterly bewildering nature of human experience. From one moment to the next, anything can happen. Our life-long certainties about the world can be demolished in a single second.[153]

Amado Alonso nennt den Realismus des pikaresken Romans „eine unausbleibliche Eigenschaft"[154], und in der Tat zielt der pikareske Roman auch stets darauf ab, die Welt in ihrer ganzen Ekelhaftigkeit, „the endless real possibilities of life's dirt"[155] zu schildern. Er legt

---

[153] Paul Auster, „Interview with Larry McCaffery and Sinda Gregory," in: *The Art of Hunger: Essays, Prefaces, Interviews and The Red Notebook* (New York u.a.: Penguin USA, 1993), pp. 277-79.

[154] Amado Alonso, „Das Pikareske des Schelmenromans," in: Helmut Heidenreich (ed.), *Pikarische Welt: Schriften zum europäischen Schelmenroman* (Darmstadt: Wiss. Buchgesellschaft, 1969), p. 86.

[155] Stuart Miller, p. 72. Weil der pikareske Roman *per definitionem* die Abscheulichkeiten des Lebens beschreibt, sind auch die Prämissen falsch, die Stanislaw Baranczak setzt, wenn er meint, daß die „literary convention" des Genres

damit Zeugnis ab für eine Entwicklung, die Alexander A. Parker als „the history of the conquest of reality in European literature"[156] begreift. Er wird aber auch niemals zu einer bloßen Unterform des sozialen Realismus, da er seine Lebendigkeit u.a. auch aus karikaturistischen und polemischen Verzerrungen und Überzeichnungen gewinnt. Allerdings veranlassen gerade die sozialen Ungleichheiten und Verelendungsprozesse in der unteren Mittelklasse zeitgenössische Autoren dazu, ein tradiertes Merkmal wiederzubeleben, das in fast allen Pikaresken der 50er Jahre gefehlt hatte, den besonderen Nachdruck nämlich, den die Pikaresken des Goldenen Zeitalters auf die „Sorge um den Lebensunterhalt, [...] auf Hungerleiden und Geldsorgen"[157] gelegt hatten. Aus der Perspektive der zeitgenössischen Romanciers Amerikas wird die Habsucht zur (Un-)Tugend des Reagan-Jahrzehnts, in dem Diebstahl[158] und Betrug, mitunter gesellschaftlich sanktioniert, zu zentralen Lebensprinzipien avancieren.

„Realistisch" wird also die Pikareske nicht zuletzt durch die Eindringlichkeit, mit der sie die materiellen Aspekte des pikarischen Überlebenskampfes zur Darstellung bringt. Entsprechend werden Armut und (mehr oder minder freiwillige) Askese, Not und Elend, Mangel und Entbehrung zu wichtigen Motiven, denen niemals eine bloß beiläufige Bedeutung zukommt. Die sozialkritischen Komponenten pikaresken Erzählens leisten so einen entscheidenden Rückbezug auf die Alltagswirklichkeit; pikareske Romane, so Peter N. Dunn, „show dirt and beggars and describe places and persons in

---

„inapplicable to the Holocaust" wäre; „Childhood's End: Janos Nyiri's gripping autobiographical novel of the Holocaust years in occupied Hungary," [Rezension zu Janos Nyri, *Battlefields and Playgrounds*, übs. von William Brandon, New York: Farrar, Straus & Giroux, 1995] *The Boston Sunday Globe* (19.11.1995), A17.

[156] Alexander A. Parker, *Literature and the Delinquent: The Picaresque Novel in Spain and Europe* (Edinburgh: University Press, 1967), p. 27.

[157] Claudio Guillén, „Zur Frage der Begriffsbestimmung des Pikaresken," p. 385; cf. *Literature as System*, p. 83: „There is a general stress on the material level of existence or of subsistence, on sordid facts, hunger, money."

[158] Nach Frank Wadleigh Chandler ist das typische Vergehen des Schelms der Diebstahl: „As the typical crime of the villain is murder, so the typical crime of the rogue is theft." *The Literature of Roguery* (Boston: Houghton Mifflin, 1907), p. 4.

whose real existence we could believe."[159] Die pikareske Welt kann folglich zwar eine (z.B. satirisch) überzeichnete sein, bleibt aber immer auch eine – im weitesten Sinne – realistische. Selbst solche pikaresken Romanciers, die unverhohlen auf satirische Darstellungsmodi setzen (sie werden in der amerikanischen Literatur der 80er Jahre rar), achten sorgsam darauf, daß ihre Romanwelten durch ein erhebliches Maß an *vraisemblance* gekennzeichnet sind.[160]

Das pikareske Geschichtsdeutungsmuster im Konflikt zu den Traditionen des apokalyptischen Erzählens

Unerwartete Peripetien und ironische Willkür charakterisieren die pikareske Welt. Zahlreich überliefert sind pikarische Klagen über die Launenhaftigkeit und Unbeständigkeit des Glücks. Ohne Zweifel: „the whole picaresque tradition is full of statements, laments, and complaints about fortune."[161] Und auch in Gegenwartspikaresken bleiben Meditationen über Schicksal und Zufall wichtige Elemente des Erzählmusters. Der Rückgriff auf historische Fortuna-Vorstellungen trägt die Hauptverantwortung dafür, daß sich zeitgenössische pikareske Werke nicht nur durch eine spezifische Raumkonzeption, sondern ebenso durch eine spezifische Geschichts- und Zeitkonzeption auszeichnen. Das Geschichtsbild der Pikareske ist ein dezidiert zyklisches. Es akzentuiert Sukzessivität, nicht Finalität oder dynamische Progression. Zeit konstituiert sich lediglich durch die Abfolge verschiedener Momentaufnahmen. Geschichte wird somit letztlich zu einem Nacheinander von qualitativ gleichwertigen Ereignissen und Stadien, das keinen verborgenen Sinn in sich trägt und keiner transparenten Entwicklungslogik unterliegt.

Die Welt der Pikareske ist eine der einfachen Sequenzen und keine der voraussagbaren Konsequenzen. In den meisten amerika-

---

[159] Peter N. Dunn, *The Spanish Picaresque* Novel, p. 139.
[160] Zum Begriff cf. Helmbrecht Breinig, *Satire und Roman: Studien zur Theorie des Genrekonflikts und zur satirischen Erzählliteratur der USA von Brackenridge bis Vonnegut* (Tübingen: Narr, 1984), pp. 64-66.
[161] Stuart Miller, p. 28.

nisch-pikaresken Werken der Reagan-Zeit kommt es freilich – wenigstens bei oberflächlicher Betrachtung – zu einem überraschenden und neuartigen Konflikt zwischen pikaresken und apokalyptischen Weltdeutungsmustern bzw. zu einer Integration apokalyptischer Deutungsmuster in pikareske Weltbeschreibungsmodelle. Es kommt also zu der Kombination bzw. Überlagerung zweier Erfahrungsmuster, die herkömmlicherweise hinsichtlich des Erzählverlaufs (additive Reihung vs. Irreversibilität) und in bezug auf Raum- (Expansion vs. Reduktion), Zeit- (Zirkularität vs. Linearität) und Geschichtskonzeption (zyklischer Verlauf vs. Teleologie) als einander ausschließende Modelle angesehen werden. Tatsächlich aber belegen die amerikanischen Pikaresken der Gegenwartsliteratur die zumindest partielle Kompatibilität der beiden Explikationsmodelle. *Quinn's Book, A Prayer for Owen Meany, Don Quixote* und *Vineland* thematisieren Endzeitvorstellungen; mit *World's End* betitelt T.C. Boyle seinen Beitrag zur pikaresken Romanliteratur des Jahrzehnts, und bereits *Arthur Mervyn* und *Huck Finn* entwickeln eine „imagination of disaster."[162] So ergibt sich – noch hypothetisch – ein weiteres spezifisches Kennzeichen der amerikanischen Pikareske: Amerikanisch-pikareske Romane tendieren dazu, apokalyptische Elemente in ihre Weltbeschreibungen zu integrieren.

Wie die Verbindung zwischen Apokalypse und Pikareske *en détail* geleistet und plausibilisiert wird, läßt sich erst anhand konkreter Textinterpretationen exemplifizieren. Da aber diese Kopplung, soweit ich es übersehen kann, gerade in den nord- *und* lateinamerikanischen Literaturen in einzigartiger Häufigkeit und Popularität anzutreffen ist, läßt sich bereits vorab hypothetisch formulieren, daß vermutlich die Erfahrungen der Multikulturalität, des Völkermords und die der faktischen Marginalität, verbunden mit einer missionarischen Sehnsucht nach Zentralität und Exemplarität, Erfahrungen, die sich aus dem ehemaligen Kolonialstatus historisch ableiten lassen, als Voraussetzungen für nationalliterarische Traditionen des pikaresk-apokalyptischen Erzählens zu gelten haben. Seit den Anfängen der weißen Besiedlungsgeschichte Amerikas, seit Amerika als politisches und kulturelles Projekt im Europa der frühen Neuzeit

---

[162] Alexander Blackburn (zu *Huckleberry Finn*), p. 182.

erfunden worden ist, ist es beladen mit pikaresken Unsterblichkeits- und apokalyptischen Selbstauslöschungsphantasien.

Mitunter, in *Vineland*, in *A Prayer for Owen Meany* und in *World's End*, offerieren pikareske Gegenwartstexte vordergründig eine gleichberechtigte apokalyptische Komplementär- oder Konkurrenzlesart. In diesen Fällen akzentuieren dann hinter der Fassade dezeptiver Simplizität selbstironische Brüche die radikale Anfälligkeit scheinbar stabiler, tatsächlich aber obsolet gewordener Muster der Erzähl-, Ordnungs- und Sinnkonstitution. In den Werken Pynchons und Irvings schreibt sich über eine Ästhetik der Überwältigung und Unterwerfung eine andere, die auf Beteiligung und Distanz setzt. Konventionalität wird nur noch als Parodie konsumierbar, Imitation wird zur Voraussetzung vermeintlich authentischer, tatsächlich aber verbrauchter Gesten des Heroischen und Sentimentalen.

Meistens jedoch, in *Quinn's Book* etwa, integriert sich ein katastrophales Ereignis von apokalyptischem Ausmaß relativ bruchlos in pikareske Erzählverläufe. Für Ulrich Wicks ist „the grotesque or horrible incident" ein Standardmotiv der pikaresken Literatur: „Picaresque fiction may often compress the blackness and horror of the debased world into one specific and very particularized incident."[163] Zumeist löst ein solches Ereignis ein traumatisch-dramatisches Initiations- oder Desillusionierungserlebnis aus, wobei oft die schiere Grandiosität einer Katastrophe die Einzelexistenz diminuisiert und pikarisiert und heroische Gesten als deplaziert erscheinen läßt. An das Initialereignis schließt sich dann eine Vielzahl relativ selbständiger Einzelepisoden an, „endless stories-within-the story [...]."[164] Das Erzählprinzip ist das der losen Episodenreihung, die Erzählstruktur ist zyklisch. „In the picaresque novel, the chronological sequence is all there is: this happened and then that"[165], konstatieren Wellek und Warren in ihrer höchst einflußreichen *Theory of Literature* (1948), und Kathrine Jorgensen spricht von „une

---

[163] Ulrich Wicks, p. 65.
[164] Claudio Guillén, *Literature as System*, p. 85.
[165] René Wellek und Austin Warren, *Theory of Literature* (New York: Harcourt, ²1956), p. 215.

simple linéarité chronologique."¹⁶⁶ Als Konsequenz stellen sich ein außergewöhnlich hohes Erzähltempo und „Rush-of-event patterns"¹⁶⁷ ein.

Narrative Grundstruktur, Schlußproblematik und Erzählperspektive im pikaresken Roman

Pikareske Romane sind aber „episodic with a vengeance."¹⁶⁸ Sie fordern den Leser und auch den Pikaro selbst, falls er Erzähler und damit Interpret seiner eigenen Lebensgeschichte ist, dazu auf, innerhalb der chaotisch-instabilen episodischen Welt der Pikareske nach festen Strukturen zu suchen. Und so bilden die vielen Einzelepisoden auch zumeist ein zirkuläres Muster, das auf markanten Themen- und Motivwiederholungen basiert, von denen die endlos wiederholte Reinszenierung von Herr-Knecht-Beziehungen vielleicht die auffälligste ist. Es ist leicht einsichtig, daß das narrative Bauprinzip der episodischen Reihung, wie die Geschichte der produktiven Rezeptionen des *Lazarillo* unstrittig belegt, unschwer Einschübe und Amplifikationen zuläßt. Die dominante Struktur der Episodik konstituiert aber in anderer Hinsicht für die Verfasser pikaresker Werke auch ein handwerkliches Problem, nämlich dann, wenn es darum geht, einen Text zum Abschluß zu bringen. Pikareske Werke konfrontieren Leser und Autoren mit einer spezifischen Schlußproblematik, die Ulrich Wicks mit den Worten faßt: „a central character who never develops or ages goes through an adventure after another until the author himself collapses." Und: „Picaresques do not 'end' or conclude, [...] they just stop."¹⁶⁹

„[T]here is no way of ending a picaresque novel. [...] All you can readily do with a picaresque novel is to break it off and leave it deliberately in a to-be-continued state, for its episodic structure

---

¹⁶⁶ Kathrine Sorensen Ravn Jorgensen, 84.
¹⁶⁷ Stuart Miller, p. 26.
¹⁶⁸ Stuart Miller, p. 13.
¹⁶⁹ Ulrich Wicks, pp. 48 und 59.

affords no natural point of conclusion"[170], befindet Robert Alter. Tatsächlich können viele Pikaresken eine Fortsetzung haben oder auch unvollständig bleiben, ohne daß sie dadurch an Einheitlichkeit gewinnen oder verlieren würden; ihr Ende gilt gewöhnlich als radikal offen. Die lange Geschichte des pikaresken Romans erlaubt allerdings sehr wohl eine Unterscheidung nach unterschiedlichen Graden der Offenheit und eine Systematisierung nach verschiedenartigen Schlußsituationen. Barbara Babcock-Abrahams unterscheidet drei alternative pikareske Romanschlüsse: Hochzeit, Strafe (einschließlich des Todes des Helden) und ein „'to be continued' ending."[171] Es macht aber meines Erachtens mehr Sinn, dieses Modell von den vergleichsweise spezifischen inhaltlichen Vorgaben zu lösen und in eine mehr verhaltenstypologisch eingefärbte Begrifflichkeit zu übertragen. Die drei alternativen Schlußsituationen, wie ich sie systematisiere, sind: ein erfülltes oder ein zurückgewiesenes (frustriertes) Zentralitätsbegehren und, drittens, das explizite Bekenntnis zur Marginalität, das sich manchmal auch in einem Fluchtverhalten äußern kann.

Bei Bestimmungsversuchen zum pikaresken Roman ist es hilfreich, zwischen konstanten und variablen Merkmalen zu unterscheiden. Variable Elemente sind für mich u.a. die Gestaltung des Romanendes und die Wahl der Erzählperspektive; im Gegensatz zu Guillén und vielen anderen ist für mich die Ich-Erzählperspektive nur ein fakultatives Merkmal pikaresker Romane. Eine solch abweichende Setzung bedarf allerdings der Erläuterung.

Zumeist sind es Hispanisten, die die Ich-Erzählperspektive zu einem entscheidenden Maßstab für eine Genrezuweisung machen; „what defines the genre" ist z.B. nach Gustavo Pellon und Julio Rodriguez-Luis „its imitation of the autobiographical point of view

---

[170] Robert Alter, p. 33.
[171] Barabara Babcock-Abrahams, „Liberty's A Whore: Inversion, Marginalia and Picaresque Narrative," in: dies. (ed.), *Reversible World: Symbolic Inversion in Art and Society* (Ithaca: Cornell University Press, 1978), p. 111. Cf. auch die Alternativschlüsse, die William Riggan, p. 42, konstruiert: „These, then, are the basic situations in which the *pícaro* usually finds himself at the end of his career [...]: a dubious success figure, a despondent failure, a convicted felon, or a religious convert."

established by the anonymous author of the *Lazarillo* in order to narrate a life."¹⁷² Das unflexible Beharren auf der gattungsdefinitorischen Macht der Erzählperspektive führt aber dazu, daß aus einer gattungsgeschichtlichen Perspektive interessanten und innovativen Romanen, die zentral pikareske Themen und Motive gestalten, nur Randzonen des Genres zugewiesen werden, und es kann zudem auch nicht den vielfältigen Experimenten und Variationen von Erzählperspektiven Rechnung tragen, wie sie seit dem ausgehenden 19. Jahrhundert belegt sind. Auch mag es nicht so recht einleuchten, warum nur eine Ich-Erzählperspektive „a unified and completely 'picaresque point of view'" gewährleisten, warum nur eine Ich-Erzählsituation „an unsettling insecurity regarding the intent, authority, and veracity"¹⁷³ des Erzählten bewirken können soll, wie William Riggan meint. Der Boyle-Roman *World's End*, der Irving-Roman *The Cider House Rules* und Pynchons *Vineland* belegen Gegenteiliges. In Gegenwartsromanen wie *Don Quixote* oder *The Cider House Rules* schließlich wird die Erzählperspektive bewußt (und mit erheblichen interpretatorischen Konsequenzen) im Vagen belassen. Die Geschehnisse in Irvings Roman z.B. werden von einem auktorialen Erzähler vorgetragen; bei diesem Erzähler könnte es sich aber um eine der Romanfiguren handeln. Zeitgenössisches pikareskes Erzählen verknüpft Verfahrensweisen des – im weitesten Sinne – realistischen Romans mit postmodernen Innovationen. Damit rücken auch neue, spannende Aspekte in den Vordergrund: die Unzuverlässigkeit *aller* denkbaren Erzählperspektiven etwa, oder aber die Verteilung originärer Merkmale des Pikaro auf mehrere Figuren, die Aufspaltung einer ursprünglich bzw. bisher meist als Einheit konzipierten Identität.

Wo der Pikaro zum Erzähler seiner eigenen Geschichte wird, dort freilich ist der Erzählvorgang selbst eine Äußerung des Be-

---

[172] Gustavo Pellon und Julio Rodriguez-Luis, „Francisco Rico's *The Picaresque Novel and the Point of View*," in dies. (eds.), *Upstarts, Wanderers Or Swindlers: Anatomy of the Picaro: A Critical Anthology* (Amsterdam: Rodopi, 1986), p. 160; die beiden Verfasser beziehen sich in ihrer Rezension auf eine Monographie zum pikaresken Roman, die 1984 von der Cambridge University Press publiziert worden ist.
[173] William Riggan, pp. 40 und 78.

gehrens nach Ordnung und Kohärenz. Das erzählende Ich versucht dann die Erfahrungen des erlebenden Ichs zumindest einer ästhetischen und oft auch einer retrospektiv angeeigneten moralischen Ordnung anzupassen. Mitunter aber kann es sich bei der beurteilten, erinnerten und selektiv dargebotenen Lebensschau selbst um einen Schelmenstreich handeln. Für Matthias Bauer besteht denn auch die dem Leser zugedachte Aufgabe bei der Lektüre von pikaresken Romanen darin, „dem Schelm auf die Schliche zu kommen", der Leser ist dazu aufgefordert, „gleichsam die halbierte Sicht der Dinge einer Komplementärlektüre zu unterziehen": „Der bloße Nachvollzug dessen, was schwarz auf weiß dasteht, genügt nicht, um in die Grauzonen des Erzählten vorzudringen. Was der Leser zwischen den Zeilen entdecken und im Verlauf seiner Konjektur erschließen kann, wird im Text bestenfalls angedeutet."[174] Ganz offensichtlich beeinflussen Eigeninteressen und die pikarische Mentalität selbst die Darstellungsweisen und -inhalte der pikarischen Lebensbeichte; unvermeidbar schafft die pseudo-autobiographische Form „a situation of narrative unreliability."[175] Wo zudem der pikarische Erzähler aufgrund eines „zweiten" Erweckungserlebnisses eine Konversion erfahren hat[176], ist es mitunter schwierig, eine präzise Unterscheidung zu treffen zwischen den „confessions of a liar"[177] und den ʻlies of a

---

[174] Matthias Bauer, pp. 2 und 29.
[175] William Riggan, p. 76. Zur literaturwissenschaftlichen Reliabilitätsforschung sowie zu Theorie und charakteristischen Kennzeichen des unglaubwürdigen bzw. unzuverlässigen Erzählens cf. den vorzüglichen Forschungsbericht von Ansgar Nünning, „*Unreliable Narration* zur Einführung: Grundzüge einer kognitiv-narratologischen Theorie und Analyse unglaubwürdigen Erzählens," in: ders. (ed.), *Unreliable Narration: Studien zur Theorie und Praxis unglaubwürdigen Erzählens in der englischsprachigen Erzählliteratur* (Trier: Wissenschaftlicher Verlag Trier, 1998), pp. 3-39; besonders pp. 27-37.
[176] Eine minutiöse Analyse dieses Standardmotivs leistet Jürgen Jacobs in dem Aufsatz: „Das Erwachen des Schelms: Zu einem Grundmuster des pikaresken Erzählens," in: Gerhart Hoffmeister (ed.), *Der deutsche Schelmenroman im europäischen Kontext: Rezeption, Interpretation, Bibliographie* (Amsterdam: Rodopi, 1987), pp. 61-75.
[177] Claudio Guillén, *Literature as System*, p. 92.

confessionalist'"[178]. Johnny Wheelwright z.b., der Ich-Erzähler in Irvings *A Prayer for Owen Meany*, erzählt seine Lebensgeschichte aus einer selbstgerecht-bigotten Perspektive heraus, nachdem er – genretypisch – einen „process of self-righteous 'dehumanization'"[179] durchlaufen hat. Die Konversion stellt freilich in pikaresken Werken ein fakultatives Erzählmoment dar, obgleich sich besonders in den U.S.A., vermutlich aufgrund des puritanischen Erbes, eine Tendenz zur „Konfessionalisierung" der Pikareske nachweisen läßt.

Zusammenfassung: Charakteristische Merkmale pikaresken Erzählens

So ergeben sich im Anschluß an die bisherigen Ausführungen acht wichtige Merkmale pikaresken Erzählens:

1. Der Pikaro ist immer – spätestens ab dem Zeitpunkt seiner Verwaisung – zumindest phasenweise ein sozialer Außenseiter, angesiedelt an der gesellschaftlichen Peripherie. Sein Status als gesellschaftlicher Paria begründet seine Isolation und seine Randperspektivik.
2. Den Pikaro prägt eine definierbare Psyche, deren prominente Kennzeichen ein unkritisches Zugehörigkeitsbedürfnis und ein sublimes Kompensationsbedürfnis sind. Als elternlose (verwaiste, halb verwaiste oder den Kontakt mit den Eltern verweigernde) und bindungsunfähige Figur ist seine Einsamkeit grundlegend; seine Elternlosigkeit motiviert seine Suche nach Ersatzfiguren oder -formen. Das Motiv der Vater- bzw. der Muttersuche ist grundlegend für die Konstitution eines pikaresken Erzählwerkes.
3. Die pikareske Welt ist eine, die nach den Gesetzen des Zufalls und der Unberechenbarkeit strukturiert ist. Der Pikaro wird in eine Welt

---

[178] Randolph D. Pope, „The Picaresque and Autobiography," in: Carmen Benito-Vessels und Michael Zappala (eds.), *The Picaresque: A Symposium on the Rogue's Tale* (Newark: University of Delaware Press, 1994), p. 74.
[179] Claudio Guillén, *Literature as System*, p. 84.

initiiert, in der Synchronizität und ironische Willkür, nicht Kausalität oder schicksalhafte Notwendigkeit sein Geschick bestimmen.
4. Der pikareske Roman thematisiert zentral Prozesse gesellschaftlicher Exklusion und Inklusion. Diese begründen im Pikaro einen Konflikt zwischen den einander widerstrebenden Bedürfnissen nach Imitation und Anpassung einerseits und nach Originalität und Differenz andererseits. Die Darstellung von sozialen Grenzen und Grenzüberschreitungen zählt zu den vordringlichen Anliegen pikaresker Erzählmuster.
5. Pikareske Romane betonen jenseits ihrer psychologischen Realistik mit Nachdruck die materiellen Aspekte des pikarischen Kampfes um ein Überleben in einer feindseligen Welt. Soziales Elend, Armut, Entbehrung, Hunger spielen nie eine nur beiläufige Rolle.
6. Pikareske Erzählwerke sind nach dem additiven Prinzip der Episodenreihung strukturiert und gestalten offene Romanschlüsse.
7. Die Zeit- und Geschichtskonzeption des pikaresken Romans ist zyklisch. An die Stelle von Finalität und dynamischer Progression tritt die Vorstellung simpler Sukzessivität. Geschichte wird so zu einem *Perpetuum mobile* ohne verborgenen Sinn oder inhärente Entwicklungslogik.
8. Die Konzeption des geographischen und sozialen Raumes ist expansiv. Pikareske Erzählwerke leisten umfassende Gesellschaftsporträts; zumindest der soziale Gegensatz zwischen armen und reichen Ständen, Klassen, Bevölkerungsgruppen findet sich in ihnen immer gestaltet. Räumliche und gesellschaftliche Mobilität sind wesentliche Komponenten einer Pikaro-Figur.

Variable Elemente des Genres, die nicht in einen Merkmalskatalog pikaresker Romane gehören, sind demnach die Wahl der Erzählperspektive, der Anteil satirischer Darstellungstechniken, die Lösung der Schlußproblematik und die Integrität bzw., am anderen Ende der Entwicklungsmöglichkeiten pikarischer Helden, die Verführbarkeit des Pikaro.

Die hier vorgestellten acht Merkmale treffen in ihrer Gesamtheit auf die Klassiker des pikaresken Romans in der amerikanischen Literaturgeschichte zu (*The Adventures of Arthur Mervyn, The*

Adventures of Huckleberry Finn, U.S.A., *Invisible Man*, *The Adventures of Augie March*, *A Confederacy of Dunces*, *Rubyfruit Jungle*), wobei vielleicht die einzige Ausnahme bei schwarz-amerikanischen pikaresken Erzählwerken gemacht werden muß, bei denen es strittig sein kann, ob die Zeit- und Geschichtskonzeption tatsächlich zyklisch strukturiert ist.

Diese acht Merkmale erlauben es auch, eine Grenzlinie zu Werken zu ziehen, die dem Genre nicht angehören (Beispiele: die *Leatherstocking Novels*, es fehlen die Merkmale 2, 3, und 7, oder Bobbie Ann Masons *In Country*, wo es auch um die Vatersuche eines Halbwaisenkindes geht, aber die Merkmale 3, 4, 5 und 8 fehlen) oder aber ihm nur sehr peripher zuzurechnen sind (Beispiel *Catch 22*, es fehlen die Merkmale 2 und 4).

Anhand dieses Merkmalskatalogs, der als ein rein deskriptiver verstanden sein will, läßt sich auch begründen, warum die *Trickster*-Erzählungen der indianischen Literaturen nicht, wie gelegentlich behauptet wurde[180], der pikaresken Erzähltradition angehören (es fehlen die Merkmale 2, 3, 4, 8). Die Trickster-Figur hat, wie Franchot Ballinger überzeugend nachweisen konnte, einen gänzlich anderen Realitätsstatus als die Pikaro-Figur: „Trickster never allows final definition of time, place, and character"[181]; sie ist häufig entsozialisiert, gehört einer Gegenwelt, nicht einer wiedererkennbaren historischen oder zeitgenössischen Realität an, ihre „marginality is of quite different sorts"[182], sie ist eine „archaic all-person"[183], formuliert „statements about the people's physical or psychic origins."[184] Der Kontext pikaresken Erzählens wäre nicht mehr auszumachen (cf.

---

[180] Z. B. von Barbara Babcock-Abrahams in „'A Tolerated Margin of Mess': The Trickster and His Tales Reconsidered," *Journal of Folklore Institute*, 11 (1975), 159: „The term 'trickster' has, unfortunately, become established in the literature, for it would perhaps be better to call both this type of tale and persona by the literary term 'picaresque' [...]."
[181] Franchot Ballinger, 31.
[182] Franchot Ballinger, 21.
[183] Karl W. Luckert, „Coyote in Navajo and Hopi Tales: An Introductory Essay [...]," zu: Berard Haile, *Navaho Coyote Tales: The Curly Tó Aheedlíinii Version* (Lincoln: University of Nebraska Press, 1984), p. 7.
[184] Franchot Ballinger, 35.

Merkmale 4 und 5), wenn ein Pikaro ins Totenreich wandern oder eine mythische Himmelsreise unternehmen würde.[185] Beispiele wie diese rechtfertigen mit Nachdruck die Warnung Ballingers vor den „limitations of one culture's terms applied to another people's experiences and perceptions [...]."[186]

Innerliterarische Gründe für die Renaissance pikaresker Erzählmuster in den *1980s*

Wie die Genese des pikaresken Romans im Spanien des *siglo d'oro* kann auch die Renaissance pikaresker Erzählformen während der Reagan-Dekade nicht ausschließlich durch den Rückgriff auf außerliterarische Kontexte erklärt werden. Die Entstehung der spanischen Pikareske war nicht nur eine Folge der sozialen Mißstände des Zeitalters, sondern auch eine innerliterarische Überdrußreaktion auf die inflationäre Verbreitung von wirklichkeitsfernen Ritter- und Schäferromanen[187], die Konzeption der Pikaro-Figur „ein wohlerwogenes Gegenstück zur Heldengestalt"[188] der heroischen Dichtung. So führte das Zusammenspiel von literarischen und ökonomischen Gegebenheiten zur Herausbildung eines Gegengenres.

Ebenso kann die Wiederbelebung pikaresker Erzählmuster in den *American 1980s* auch als eine innerliterarische Überdrußreaktion auf postmoderne Erzählformen mit deren einseitiger Betonung von ästhetischer Autonomie, von Form und Selbstreflexivität gedeutet werden: „in a very general way, American writers during the late 1970s and 1980s can be said to have shared with the public at large the conviction that a retreat was needed from what were perceived as

---

[185] Diese Beispiele für Trickster-Erzählungen finden sich bei Berard Haile, pp. 33-37 und 161-65; sie werden in dem Aufsatz Ballingers zitiert.
[186] Franchot Ballinger, 30.
[187] Cf. Johannes Roskothen, p. 19f.
[188] Pedro Salinas, „Der literarische 'Held' und der spanische Schelmenroman: Bedeutungswandel und Literaturgeschichte," in: Helmut Heidenreich (ed.), *Pikarische Welt: Schriften zum europäischen Schelmenroman* (Darmstadt: Wiss. Buchgesellschaft, 1969), p. 207.

the 'excesses' of postmodernism."[189] Im Spanien des 16. und im Amerika des ausgehenden 20. Jahrhunderts werden Stimmen laut, die die Forderung nach „a deliberate alternative, a 'truthful' literature"[190], nach mehr Realismus erheben. Pikareske Gegenwartsromane sind populär – im ersten Jahresviertel 1996 konnten z.B. sowohl Paul Auster als auch John Irving Titel auf der *SPIEGEL*-Bestsellerliste plazieren –, die pikaresken Werke von Paul Auster, T.C. Boyle, Rita Mae Brown, John Irving und William Kennedy und sogar noch die vergleichsweise schwierigen Romane von Kathy Acker und Thomas Pynchon sind sowohl Best- als auch Longseller des gegenwärtigen Literaturbetriebs.

Seit Mitte der 70er Jahre läßt sich eine Entwicklung auf dem Büchermarkt beobachten, die darin gipfelt, daß „nontraditional novels with political themes" zu „commercial successes"[191] werden. Pikareske Romane sind im 20. Jahrhundert umfang- und handlungsreiche Fabulierwerke, sie leisten Erzählen in praller Form[192] und stehen somit in einem Gegensatz zu den alltäglichen (und – zumindest nach dem Empfinden vieler Literaturkritiker – manchmal auch langweiligen) Oberflächeninhalten des Minimalismus[193], der

---

[189] Larry McCaffery, „The Fictions of the Present," in: Emory Elliott (ed.), *Columbia Literary History of the United States* (New York: Columbia University Press, 1988), p. 1163.
[190] Alexander A. Parker, p. 22.
[191] Larry McCaffery, p. 1175; McCafferys Beispielliste enthält Werke von Doctorow, Oates, Robbins, Vidal, Irving und Delany.
[192] Cf. Mark Shechner, „American Realisms, American Realities," in: Kristiaan Versluys (ed.), *Neo-Realism in Contemporary American Fiction* (Amsterdam: Rodopi, 1992), p. 38f: „In an age of truly progressive arts like photography, film, video, and electronically-generated music, [...] prose can go back to doing what it has traditionally done best: tell stories."
[193] Zum Begriff cf. Larry McCaffery, p. 1164f. Sein Beispielautor ist Frederick Barthelme: „Barthelme, like most of the other writers associated with minimalism [...] deals with basically inarticulate people [...]; he signals the sources of their unhappiness not by psychological introspection or analysis but via a careful selection of revealing surface details." In der Folge entwickelt McCaffery als weitere Kennzeichen des minimalistischen Erzählens „[the] emphasis on slight plots, the elliptical development of dramatic conflicts [...], and the meticulous re-creation of quirky local speech patterns" (p. 1165). Zum Minimalismus cf. auch

vielleicht von allen Schreibweisen am deutlichsten mit dem Zeitgeist der Reagan-Bush-Dekade konform geht, „that is, fiction that has surrendered its rights to the visionary and the apocalyptic in favor of staying home and tending its own garden."[194] Ein solches Pauschalurteil charakterisiert sicherlich nicht alle minimalistischen Erzähltexte auf eine zutreffende Art und Weise: die Kurzgeschichten von Ann Beattie, Bobbie Ann Mason oder Jayne Anne Phillips, die üblicherweise dem Minimalismus zugerechnet werden, politisieren geradezu die Sicht auf das amerikanische Alltagsleben, wenn sie konventionelle weibliche Rollenmodelle problematisieren und in Frage stellen. Gleichwohl gilt aber die Feststellung, daß fabulistische Erzählwerke tendenziell „welthaltiger" und damit gesellschaftspolitisch interessierter sind als minimalistische.[195]

Im Gegensatz zu zeitgenössischen Klassikern der postmodernen Literatur haben Handlungsaufbau und Charakterzeichnungen in pikaresken Erzählwerken klare Konturen. Der zeitgenössische pikareske Roman kann so „Volksnähe" einlösen, ohne auf postmoderne Eigenarten wie Selbstreflexivität, Parodie oder die Thematisierung von narrativer Autorität verzichten zu müssen. Es ist in ihm – einem Produkt des späten 20. Jahrhunderts[196] – stets die Versuchung präsent, lang tradierte literarische Techniken und Inhalte parodistisch zu überzeichnen; zeitgenössisch-pikareskes Erzählen ist fast immer selbstbewußte Imitation und Problematisierung des Imitationsbegehrens zugleich. Das Ergebnis ist nur selten eine einfache inhaltliche Reaktualisierung oder formale Restoration des Althergebrachten, sondern zumeist dessen Transformation, die inhaltliche und formale Synthetisierung von Vergangenem und Gegen-

---

Philip E. Simmons. „Minimalist Fiction as 'Low' Postmodernism: Mass Culture and the Search for History," *Genre*, 24 (1991), 45-62.

[194] Mark Shechner, p. 40.

[195] John Barth deutet den Minimalismus auch als „a reaction [...] against the ironic, Black-Humoristic 'fabulism'"; cf. „A Few Words About Minmalism," in: *Further Fridays: Essays, Lectures, and Other Nonfiction 1984-1994* (Boston u.a.: Little, Brown and Co., 1995), p. 72.

[196] Cf. Malcolm Bradbury, „Writing Fiction in the 90s," in: Kristiaan Versluys (ed.), *Neo-Realism in Contemporary American Fiction* (Amsterdam: Rodopi, 1992), p. 19: „we are certainly not residents of an age of innocent realism [...]."

wärtigem: „what we get in consequence, is, as always in literary history, a hybrid – a mixture of modes in which the relations between various narrative strategies are newly negotiated."[197] So thematisieren zeitgenössisch-pikareske Erzählwerke nicht nur inhaltlich (z.B. durch das Motiv der Vatersuche oder durch Vatersymbolik), sondern auch formal (durch die Wahl eines geschichtsreichen Genres) den Versuch der Generation der in den 60er Jahren volljährig Gewordenen, sich mit dem geschichtlichen Erbe auszusöhnen: „the law of the fathers has never been more operative, though nowadays this patrimony is called, postmodernly, 'intertextuality.'"[198] Die Lebenswege der kulturellen Rebellen der Sixties sind mitunter exemplarisch pikaresk, sie werden auf der inhaltlichen Ebene zeitgenössischer Pikaresken dann auch politisch relevant, wenn Elemente wie Konversion (in *A Prayer for Owen Meany* und *World's End*), Verrat (bei Pynchon), Anarchismus (bei Acker) und Konformitäts- (in *The Cider House Rules*) und Assimilations- bzw. Akkulturationsdruck (bei Kennedy und Auster) thematisiert werden oder wenn in einzelnen pikarischen Helden die übergroße Sehnsucht nach der Zugehörigkeit zu einer nationalen Familie die einstmals subversiven Zielsetzungen auslöscht.

Es ist die Synthese zwischen traditionellen und experimentellen Erzählweisen, die die amerikanischen Pikaresken der 80er Jahre auch aus einer literaturgeschichtlichen Perspektive heraus zu einem spannenden Forschungs- und Betrachtungsgegenstand macht, denn, so Winfried Fluck, „experimental and realistic modes of writing mix and merge in new and unforeseen ways, so that the old battle lines between the two [...] have to be reconsidered."[199] Die wichtigsten Darstellungstechniken und -inhalte, die Alfred Hornung für die amerikanische Literatur der 80er Jahre ausmacht, „the deconstruction of hierarchies, the decentering of a singular and unitary concept of the subject, the atomization of a seemingly coherent and consistent

---

[197] Winfried Fluck, „Surface Knowledge and 'Deep' Knowledge: The New Realism in American Fiction," in: Kristiaan Versluys (ed.), *Neo-Realism in Contemporary American Fiction* (Amsterdam: Rodopi, 1992), p. 79.
[198] Mark Shechner, p. 31.
[199] Winfried Fluck, p. 83f.

reality"[200], dies alles kennzeichnet auch die Darstellung der Handlungsweisen zeitgenössischer literarischer Pikaros und die Intentionen ihrer Verfasser. Zeitgenössisches pikareskes Schreiben verläuft quer zu herkömmlichen Stileinteilungen, es trägt in sich Kennzeichen aller vier Einzelrichtungen, die Tony Hilfer zur Systematisierung der amerikanischen Literatur nach 1940 vorschlägt („naturalistic social protest, modernist realism, traditional realism, postmodernism").[201] Auch ist gerade der amerikanische Postmodernismus fast niemals jenes „disengaged, aestheticist, and ultimately narcisisstic project"[202] gewesen, das postmoderne Schreibweisen in verschiedenen anderen Nationalliteraturen auszeichnet. Die Beispielautoren, die Molly Hite in ihrem Essay zu „Postmodern Fiction" in den U.S.A. anführt, John Hawkes, John Barth, Robert Coover, Thomas Pynchon, Don DeLillo, Kurt Vonnegut, Kathy Acker[203], aber auch Paul Auster, den Mark Shechner zu den „key figures in this [postmodern] movement"[204] zählt, sie alle belegen in ihrer Gesamtheit die erfolgreiche Synthese von politischem Engagement und modernen sowie postmodernen Erzählweisen, sie alle verifizieren eine These, die Malcolm Bradbury 1992 aufstellte: „The 1980s was the decade when the distinction between realism and experiment grew less credible."[205]

---

[200] Alfred Hornung, „Postmodern – post mortem: Death and the Death of the Novel," in: Kristiaan Versluys (ed.), *Neo-Realism in Contemporary American Fiction* (Amsterdam: Rodopi, 1992), p. 96f.
[201] Tony Hilfer, *American Fiction Since 1940* (London und New York: Longman, 1992), pp. 10-12.
[202] Molly Hite, „Postmodern Fiction," in: Emory Elliott (ed.), *The Columbia History of the American Novel* (New York: Columbia University Press, 1991), p. 699.
[203] Molly Hite, pp. 709-24.
[204] Mark Shechner, p. 33.
[205] Malcolm Bradbury, p. 22. Zur erfolgreichen Synthetisierung von traditionellen – im weitesten Sinne pikaresken – und (post)modernen Erzählkonventionen cf. auch Roger B. Salomon, *Desperate Storytelling: Post-Romantic Elaborations of the Mock-Heroic Mode* (Athens und London: University of Georgia Press, 1987), Elaine B. Safer, *The Contemporary American Comic Epic: The Novels of Barth, Pynchon, Gaddis, and Kesey* (Detroit: Wayne State University Press, 1989) und Thomas Pugh, „Why Is Everybody Laughing? Roth, Coover, and Meta-Comic Narrative," *Critique*, 35 (1994), 67-80.

Genretheoretische Prämissen und Überlegungen

Die Studie *Kinds of Literature* des britischen Literarhistorikers Alastair Fowler[206], die sich bewußt in die Tradition der hermeneutischen Genretheorie E.D. Hirschs stellt[207], war vielleicht die einflußreichste Publikation aus dem Bereich des *Genre Criticism* der 80er Jahre.[208] Eine der wichtigsten Thesen dieser Studie übernehme ich als Grundlage meiner eigenen genregeschichtlichen Studie zum zeitgenössischen pikaresken Roman in den U.S.A.:

> Every literary work changes the genres it relates to. This is true not only of radical innovations and productions of genius. The most imitative work, even as it kowtows slavishly to generic conventions, nevertheless affects them, if only minutely and indirectly. It will make one convention familiar and unambigious, another easy and disgusting. Consequently, all genres are continuously undergoing metamorphosis. This, indeed, is the principal way in which literature itself changes.[209]

Genre ist zuerst eine produktions- und rezeptionsästhetische Kategorie, „it is part of the author's and reader's competence"[210], die es ermöglicht, ein spezifisches literarisches Werk in einen historischen Traditionszusammenhang zu stellen und dem synchronen Nebeneinander von konventionellen und individuellen Zügen nachzuspüren. So gesehen ist die Bestimmung der Genrezugehörigkeit primär ein Akt der Interpretation und nicht der Klassifikation; das

---

[206] Alastair Fowler, *Kinds of Literature: An Introduction to the Theory of Genres and Modes* (Oxford: Clarendon Press, 1982).
[207] Cf. Eugenio Bolongaro, „From Literariness to Genre: Establishing the Foundations for a Theory of Literary Genres," *Genre*, 25 (1992), 305: „the most sustained discussions of the crucial function of genre are to be found in literary theory inspired by the hermeneutic tradition [...] and by Bakhtin's concept of dialogism."
[208] Zur Bewertung des Einflusses Fowlers cf. Frans de Bruyn, „Genre Criticism," in: Irena Rima Makaryk (ed.), *Encyclopedia of Contemporary Literary Theory: Approaches, Scholars, Terms* (Toronto u.a.: University of Toronto Press, 1993), p. 84.
[209] Alastair Fowler, p. 23.
[210] Jerry Palmer, *Potboilers: Methods, Concepts and Case Studies in Popular Fiction* (London und New York: Routledge, 1991), p. 116.

leitende Interesse ist primär ein konstruktives und kein rekonstruktives oder klassifikatorisches. Zudem ist die Zuordnung eines literarischen Werkes unter ein spezifisches Genre kein Vorgang, der jemals definitiv zu einem Abschluß gelangen könnte; auch bei Genrebestimmungen gelten die Gesetzmäßigkeiten des hermeneutischen Zirkels. Gerade eine narrative Großform – wie sie der Roman darstellt – mischt immer und notgedrungen die Konventionen verschiedener Genres. Daraus folgt, daß ein und dasselbe Werk unter den Vorzeichen der Traditionen verschiedener Genres gelesen und gedeutet werden kann: „Literary works can always be grouped in different ways."[211]

Paul Austers Roman *Moon Palace* in die Tradition des pikaresken Erzählens zu stellen, schließt andere – komplementäre und zum Teil überschneidende – Genrezuweisungen (Entwicklungsroman, Künstlerroman, postmoderner Roman, Zeitgeistroman, *Jewish-American Novel*) nicht aus, sondern ergänzt sie. Mitunter ist sogar die Bewertung der Konventionalität eines Stilmittels von einer jeweiligen Genrezuordnung abhängig. Der elegische Grundton etwa, mit dem Paul Austers Ich-Erzähler Marco Stanley Fogg Teile seiner Biographie darbietet, verhält sich gegenüber den Konventionen eines Zeitgeistromans und gegenüber denen der *Jewish-American Novel* konform, er ist eine mögliche Variante pikaresken Erzählens, für einen postmodernen Roman aber innovativ, und er steht in einer Antithese zu der üblichen emotionalen Färbung eines Entwicklungsromans. Ebenso birgt fast jedes Merkmal eines Textes gattungskonforme und gattungstranszendierende Aspekte in sich. T.C. Boyles Roman *World's End* etwa führt 61 Haupt- und Nebenfiguren ein, die er verschiedenen sozialen und ethnischen Gruppen zuweist und die er zudem auch auf zwei verschiedene Zeitalter (zweite Hälfte des 17. und 60er Jahre des 20. Jahrhunderts) verteilt. Gemessen an den Konventionen des pikaresken Romans stellt die reine Anzahl der Figuren eine Variante dar (die meisten zeitgenössisch-pikaresken Romane kommen mit etwas weniger Personal aus). Die breite soziale Streuung verhält sich konform zu den Konventionen des Genres, die breite historische Streuung kann hingegen als ein innovatives

---

[211] Alastair Fowler, p. 54.

Element, der Einbezug mythischer bzw. halb-mythischer Figuren als ein antithetisches Element im Kontext üblicher Figurenkonventionen des pikaresken Romans bewertet werden. Jedes literarische Werk verhält sich also in einem Teil seiner Merkmale konform zu den herkömmlichen Form-, Stil- und Darstellungstraditionen des Genres, dem es sich zuordnen läßt, und weicht in einem anderen Teil davon ab, „verändert" sie: „literary meaning necessarily involves modulations or departures from generic codes, and therefore, eventually, alterations of them. However a work relates to existing genres – by conformity, variation, innovation, or antagonism – it will tend, if it becomes known, to bring about new states of these genres."[212]

Hieraus ergibt sich die Schlußfolgerung, daß literaturwissenschaftliche Genredefinitionen, wenn sie sich deskriptiv und nicht normativ verstehen, immer einen Rückstand haben zu der aktuellen literarischen Praxis, daß sie mithin immer überprüft und gegebenenfalls auch erneuert werden müssen. Wo hingegen ein bestimmtes historisches Modell invariabel zur Norm erhoben wird, dort wird die Fortentwicklung eines Genres nur noch als ein defizitärer Degenerationsprozeß beschreibbar, und dort verschließt sich auch der Blick auf historische Verwandtschaftsbeziehungen und produktive Modifikationen: „The idea of [...] transformation is vital for literary history, since it offers the only means of tracing the continuities that underlie many changes."[213]

Auch die angriffslustige, genreauflösende Traditionsstürmerei der Postmoderne läßt sich erkenntnisfördernd vor dem Tableau der Auseinandersetzung mit tradierten Genres lesen. Die zuweilen unter Berufung auf Croce vertretene Ansicht, die Kategorie des Genres sei für zeitgenössische Literatur allgemein und für postmoderne Literatur im besonderen irrelevant, geht in die Irre.[214] Gerade die Texte

---

[212] Alastair Fowler, p. 23.
[213] Alastair Fowler, p. 167; cf. auch p. 168: „In principle, genealogies could be constructed that related the earliest literature, through successive transformations, to the most recent." Cf. auch Jerry Palmer, p. 127: „There seems little doubt that future work on genre must start from non-static definitions."
[214] Cf. Ralph Cohen, „Do Postmodern Genres Exist?", Genre, 20 (1987), 241: „Critics and theorists who write about postmodern texts often refer to 'genres' as

von „postmodernen" Autoren wie Acker, Auster und Pynchon offenbaren ein Höchstmaß an Traditionsbewußtheit, und zwar ganz besonders dort, wo sie sich kritisch mit dieser Tradition auseinandersetzen und sie zum Teil hinter sich lassen wollen: „The reading," und, in diesem Kontext, auch das Verfassen, „of each new text is [...] of necessity a rereading of an already familiar text."[215] So gilt es beispielsweise, John Irving unter Rückgriff auf Charles Brockden Brown zu lesen, und Kathy Acker mit Rückbezug auf die feministischen Reaktualisierungsversuche des pikaresken Genres in den 70er Jahren durch Erica Jong und Rita Mae Brown. Aber ebenso gilt auch, daß gegenwärtige Romane einen anderen Blick auf die Klassiker des Genres nahelegen und möglich machen. Wenn etwa zeitgenössische amerikanische Pikaresken auf bedeutsame Weise apokalyptische Themen in ihre Handlungsmuster integrieren, so schärft dies auch den Blick dafür, daß eine solche Koppelung bereits schon bei Charles Brockden Brown und Mark Twain angelegt war.

Genres verändern sich, indem sie bisher als genrefremd erachtete Elemente in sich aufnehmen und kreativ mit herkömmlichen Mustern kombinieren.[216] Alastair Fowler sieht hierin sogar eine überhistorische Gesetzmäßigkeit in der Entwicklung und Entstehung literarischer Formen: „The earliest phase of every kind is the late

---

a term inappropriate for characterizing postmodern writing. The process of suppression results from the claim that postmodern writing blurs genres, transgresses them, or unfixes boundaries that conceal domination or authority, and that 'genre' is an anachronistic term and concept." Cohen belegt in der Folge seiner Untersuchung, 257, die Relevanz des Genre-Begriffs für zeitgenössische Literatur. Zu einem ähnlichen Ergebnis gelangt auch Theo D'haen, „Genre Conventions in Postmodern Fiction," in ders. et al. (eds.), *Convention and Innovation in Literature* (Amsterdam und Philadelphia: John Benjamins Publishing Co., 1989), pp. 405-20. Cf. zu Cohens Fragestellung auch Thomas O. Beebee, *The Ideology of Genre: A Comparative Study of Generic Instability* (University Park: Pennsylvania State University Press, 1994), pp. 9-11; Beebee entwickelt im 7. Kapitel seiner Monographie die These, „that theory itself is *the* postmodern genre" (p. 11).
[215] Ulrich Wicks, p. 3.
[216] Cf. Thomas L. Kent, „The Classification of Genres," *Genre*, 16 (1983), 10-12.

phase of another."²¹⁷ So ergibt sich für die Literaturwissenschaft gleichzeitig eine Freiheit und eine Pflicht zur Rekategorisierung und zur Regruppierung von individuellen Einzelwerken. So sind denn auch Analysen zu pikaresken Erzähltraditionen in der amerikanischen Gegenwartsliteratur zum Teil reaktive Rekonstruktion und zum Teil reaktive Konstruktion.

Es ist freilich ein unmögliches Unterfangen, eine feste und stabile Grenzlinie zwischen „gerade noch" und „schon nicht mehr" pikaresk ziehen zu wollen. Ob ein Roman wie *The Grapes of Wrath*, für mich überzeugend, oder ein Werk wie *The Confidence-Man*, für mich nicht überzeugend, in die Tradition des pikaresken Erzählens gestellt werden kann, muß stets im Einzelfall unter Beurteilung der Plausibilität spezifischer Genredefinitionen geprüft werden. Es gibt allerdings jenseits von programmatischen Selbstäußerungen und jenseits von feuilletonistisch-impressionistischen Genrezuweisungen in jedem Text eine Vielzahl von Elementen, die eine spezifische Genrezugehörigkeit zu indizieren bzw. zumindest zu suggerieren vermögen. Zu den wichtigsten generischen Indikatoren zählen beispielsweise Texttitel, -anfang und -umfang, Handlungsstrukturen, soziale Auswahl und Herkunft der Charaktere, *settings*, intertextuelle Anspielungen und die Gestaltung bestimmter literarischer Themen und Motive.²¹⁸

Für den pikaresken Roman heißt das meiner Meinung nach, daß nur, wo bestimmte Voraussetzungen gegeben sind, eine plausible Genrezuordnung geleistet werden kann. Für alle Texte, die ich in dieser Studie dem Genre des pikaresken Romans zuordne, gilt, daß sie – mit erheblichen interpretatorischen Konsequenzen – als pikareske Erzählwerke gelesen werden können; es gilt nicht, daß sie

---

[217] Alastair Fowler, pp. 159; zu Fowlers Konstruktion eines „law of literature" cf pp. 149-212, besonders pp. 149-169.
[218] Eine vollständige Liste von „generic signals" findet sich bei Fowler im 6. Kapitel, pp. 88-105. Cf. auch Klaus W. Hempfer, *Gattungstheorie: Information und Synthese* (München: Fink, 1973), p. 223: „Die Annahme generischer Invarianten rechtfertigt sich nicht nur aufgrund der Aporien einer rein historisch argumentierenden Gattungstheorie oder aufgrund der Entwicklung der linguistischen Theorienbildung, sondern konnte experimentell durch die Analyse psychogenetischer Prozesse nachgewiesen werden."

so gelesen werden müssen. Die literaturwissenschaftliche Freiheit zu alternativen Genrezuordnungen und Regruppierungen impliziert nicht Willkür, sondern muß sich an den Kriterien der Plausibilität, der Kohärenz und der Nachvollziehbarkeit messen lassen; wenn eine interpretatorisch ergiebige Genrezuweisung geleistet wird, erlaubt sie die Integration vermeintlich disparater Textelemente.[219]

Letztlich zielen genregeschichtliche Studien auf eine Synthetisierung von Historischem und Gegenwärtigem ab: „a generic approach can put the work in historical perspective without losing an authenticity worth having."[220] Beim pikaresken Roman als einer Sonderform politischen Erzählens rückt damit ein zusätzlicher Aspekt in den Vordergrund, nämlich inwieweit die Zugehörigkeit zu einem Genre politisch-ideologische Implikationen mit sich bringt. Es geht um die Frage, ob und in welchem Maße Genre als „a powerful determinant of the ideological subtext of a literary work" zu gelten hat, bis zu welchem Maße Genrezugehörigkeit dazu führen kann, „[to] slant and distort the words on the printed page, despite the stated intentions of an author."[221]

Interpretatorische Leitfragen, Kapitelabfolge und Textauswahl

Aus der historischen und systematischen Diskussion des Genres lassen sich verschiedene Aspekte isolieren, denen bei der Analyse und Deutung von sieben repräsentativ ausgewählten amerikanisch-pikaresken Romanen der 80er Jahre nachzuspüren sich lohnt. Sie lassen sich in drei Fragekomplexe einteilen.

Ein erster Fragekomplex konzentriert sich auf die Weiterentwicklung und Ausdeutung der Pikaro-Figur. Spezifischer gilt es, repräsentative erzähltechnische Neuerungen zur Darstellung der pikarischen

---

[219] Cf., allgemeiner, Alastair Fowler, p. 263: „When a valid construction of any aspect of a work is arrived at, a number of elements normally fall into place."
[220] Alastair Fowler, p. 270.
[221] James Mandrell, „Questions of Genre and Gender: Contemporary American Versions of the Feminine Picaresque," Novel, 20 (1987), 170.

Psyche ausfindig zu machen. Darüber hinaus wird zu klären sein, welche Aspekte der Figur in der Literatur der späteren 80er Jahre akzentuiert und pointiert werden, an welcher Stelle also der zeitgenössische Pikaro auf einer Verhaltensskala einzuordnen ist, die vom selbstbewußten Rebellentum bis zum konformistischen Opportunismus reicht. In diesem Zusammenhang lohnt es sich auch zu untersuchen, wie die Lösung der Schlußproblematik ausfällt, ob also der Pikaro als Rebell, Eskapist oder sozialer Aufsteiger endet. Ein besonderes Gewicht kommt dabei der Analyse des Motivs der Vater- bzw. der Muttersuche zu. So ist z.B. die Frage von besonderem Interesse, welche Ersatzkonstrukte an die Stelle der vermißten familiären Zugehörigkeit treten können. Und schließlich wird übergreifend zu fragen sein, welche konkreten Funktionen die Beschreibung des pikarischen Lebens an der gesellschaftlichen Peripherie erfüllt.

Ein zweiter Komplex interpretatorischer Leitfragen richtet sein Interesse auf die pikareske Welt und pikareske Weltdeutungsmuster. Es wird zu prüfen sein, inwieweit der sozialgeschichtliche Kontext die Konstitution der pikaresken Romanwelt (einschließlich der ihr eigenen Geschichts-, Zeit- und Raumkonzeption) beeinflußt. Ein besonderes Augenmerk verdient in diesem Zusammenhang die Kontrastierung zwischen den 60er und 80er Jahren. Eingebunden sind solche Einzelfragen in das übergeordnetes Erkenntnisziel, das „Politische" in pikaresken Gegenwartstexten zu sichten, zu systematisieren und zu definieren.

Einen dritten Schwerpunkt bilden schließlich Fragen nach der Weiterentwicklung pikaresker Erzählstrukturen. Es wird zu ermitteln sein, durch welche ursprünglich genrefremden Konventionen pikareske Erzählmuster ergänzt werden. Insbesondere wird es darum gehen müssen zu klären, welche Funktionen parodistische Darstellungsverfahren erfüllen und wie es im einzelnen gelingt, apokalyptische Denkstrukturen in den pikaresken Roman einzuführen. Und letztlich geht es in diesem Komplex auch um eine Prüfung der Frage, inwieweit sich die politisch-ideologischen Implikationen pikaresker Erzählstrukturen angesichts teilweise gegenläufiger auktorialer Darstellungsinteressen als dominant oder adaptionsfähig erweisen.

Meine Studie zum pikaresken Erzählen während der Reagan-Jahre wird in der Folge unter diesen Vorzeichen sieben Romane der Zeit einer Analyse unterziehen. Alle sieben Romane wurden bereits an anderer Stelle, zumeist im Feuilleton, als pikareske Erzählwerke identifiziert, kein einziger von ihnen aber bislang konsequent als ein Zeugnis der pikaresken Romanliteratur mit auch nur halbwegs angemessener Ausführlichkeit interpretiert oder unter genretypologischen und genregeschichtlichen Vorzeichen gelesen. Die sieben Romane, die die Grundlage meiner Textuntersuchung bilden, wurden in einem Zeitraum von sechs Jahren veröffentlicht, der früheste 1985, der späteste 1990 bzw. 1989.[222] 1985 scheint mir das früheste Publikationsdatum zu sein, das plausibel die Herleitung eines Einflusses der Reagan-Dekade auf ein Erzählwerk zuläßt; frühere Pikaresken des Jahrzehnts, Marilynne Robinsons *Housekeeping* (1981) oder Charles Johnsons *Oxherding Tale* (1982) können entstehungsgeschichtlich noch nicht von der sozialen Wirklichkeit der 80er Jahre beeinflußt worden sein. Bei der Abfolge der einzelnen Kapitel halte ich mich nicht an eine strikte, an den Veröffentlichungsdaten orientierte Chronologie; wichtiger war es mir, thematisch Zusammengehöriges nebeneinander zu gruppieren.

Die Kapitel 3 (zu William Kennedy) und 4 (zu Paul Auster) untersuchen die Erfahrungen ethnischer Pikaros in einer aus den Fugen geratenen Welt, Kapitel 5 (zu Tom Coraghessan Boyle) untersucht, wie sich die pikareske Wirklichkeitssicht auf den historischen Raum ausweitet; die Kapitel 6 und 7 thematisieren zwei unterschiedliche Experimente John Irvings mit der Form des pikaresken Romans, die unterschiedlich gelungen ausfallen. Die Kapitel 8 (zu Kathy Acker) und 9 (zu Thomas Pynchon) widmen sich schließlich jenen Romanen, die die herkömmlichen Erzählmuster der Pikareske am offensivsten zu erneuern trachten, indem sie nach

---

[222] Pynchons *Vineland* kam zwar erst im Januar 1990 in den amerikanischen Buchhandel, einige wenige Rezensionsexemplare wurden aber bereits im Dezember 1989 verschickt.

neuen erzähltechnischen Möglichkeiten zur pikaresken Wiedergabe von gesellschaftlicher Erfahrung im Amerika Reagans suchen. Kapitel 10 faßt Ergebnisse der Einzelanalysen zusammen; eine knappe Coda verweist auf Weiterentwicklungen pikaresker Erzählmuster während der 90er Jahre.

Auswahlkriterien für die Primärtextgrundlage der Einzelkapitel waren Exemplarität, Originalität sowie literatur- und rezeptionsgeschichtliche Bedeutung. Texte, die nicht entscheidend zu einer Erneuerung pikaresker Erzählkonventionen beitragen wie etwa Rita Mae Browns *High Hearts* (1986) oder Scott Bradfields *The History of Luminous Motion* (1989) finden ebensowenig Berücksichtigung wie solche Romane, die von der zeitgenössischen Literaturkritik nicht oder nur sehr sporadisch zur Kenntnis genommen wurden (wie etwa Phyllis Burkes *Atomic Candy* von 1989). In den 80er Jahren hat das Genre des pikaresken Romans vorrangig weißen Männern der Mittelklasse als Medium für Sozial- und Kulturkritik gedient: „Social dependencies prolong specific genre preferences."[223] Eine solche Dominanz hinterläßt freilich auch Spuren bei der Auswahl jener Primärtexte, denen eigene Kapitel gewidmet werden. *Political Correctness* kann kein sinnvoll begründbares Auswahlkriterium einer Studie ein, die bei ihrer Primärtextauswahl auf Repräsentativität abzielt. So gibt es beispielsweise keinen gewichtigen schwarz-amerikanischen Beitrag zur pikaresken Romanliteratur, der während der Reagan-Jahre *geschrieben* wurde.[224] Prominenten weiblichen Romanciers der Dekade wie Anne Tyler, Alison Lurie, Jayne Anne Phillips, Bobbie Ann Mason, Jane Smiley oder Toni Morrison war ganz

---

[223] Mary Gerhart, *Genre Choices, Gender Questions* (Norman und London: University of Oklahoma Press, 1992), p. 172.
[224] Daniel Wayne Schmidt interpretiert Toni Morrisons Romane *Sula* (1973) und *Song of Solomon* (1977) überzeugend als innovatorische pikareske Erzähltexte (cf. „Rewriting the American Picaresque: Patterns of Movement in the Novels of Erica Jong, Toni Morrison, and Marilynne Robinson," *DAI*, 54,8 von 1994, 3035A). Morrisons großer Roman aus den 80er Jahren, *Beloved* (1987), gehört freilich nicht dem pikaresken Romangenre an. Das thematische Interesse dieses Romans gilt ganz offensichtlich der häuslichen Sphäre und nicht der wurzellosen pikaresken Mobilität. Darüber hinaus stehen auch die magisch-surrealistischen Teile des Romans in einem Widerspruch zu pikaresken Erzählkonventionen.

offensichtlich mehr an einer intellektuellen Vertiefung, an einer Psychologisierung und Politisierung der *Domestic Fiction*, des intimhäuslichen Bereiches und der identitätstiftenden Kraft der Region gelegen als an großen, makrokosmischen und geographisch expansiven politischen Gegenentwürfen. Insofern umfassen pikareske Erzählmuster immer nur einen (allerdings gewichtigen) Teilbereich der politisch engagierten Literatur der Dekade. Man mag gemeinsam mit Robert Hughes darüber spekulieren, ob das gesellschaftskritische Interesse der pikaresken Romanciers der 80er Jahre sich nicht auch durch den „puritanische[n] Hintergrund" Amerikas und das aus ihm resultierende „permanente Schuldgefühl hinsichtlich sozialer, kultureller oder intellektueller Ungleichheiten"[225] erklären ließe. Unstrittig ist jedoch, daß zur Zeit der Präsidentschaft Reagans die Pikareske auch deshalb eine (auch ökonomisch) erfolgreiche Reaktualisierung erfährt, weil in ihr traditionelle und zeitgenössische Erzählverfahren auf eine faszinierende Weise synthetisiert werden können. Die zeitgenössische Pikareske löst ein, was das (deutsche wie amerikanische) Feuilleton der Zeit ebenso beharrlich wie unbeirrt fordert: einen neuen, synthetischen Realismus.[226]

Die pikaresken Romanciers der 80er Jahre koppeln Unterhaltung mit Belehrung; sie schreiben nicht primär eine Sonderform von Avantgarde-Literatur. Dennoch leisten auf jeweils eigenständige Weise alle von mir zu diskutierenden Romane für die Weiterentwicklung des pikaresken Romans in den U.S.A. auch Neues. William Kennedys *Quinn's Book* stellt erstmals die Erlebnisse eines

---

[225] „SPIEGEL-Gespräch: 'Zur Dummheit erzogen': Kulturkritiker Robert Hughes über die neuen Rechten in Amerika," *DER SPIEGEL* (30.10.1995), 199.

[226] So sichtet Joseph Dewey beispielsweise in seiner Monographie zur amerikanischen Romanliteratur der 80er Jahre „a significant assertion of the realistic novel, so long eclipsed by the massive achievement of the postmodern novel." Deweys Studie enthält u.a. Kapitel zu Kennedys *Quinn's Book*, Boyles *World's End* und Irvings *A Prayer for Owen Meany*. Ich bin freilich der Auffassung, daß Deweys Konstrukt eines „spectacular realism" relevante literatur-, genre- und funktionsgeschichtliche Bezüge weniger deutlich zu machen vermag als eine stringente Deutung der entsprechenden Romane im Kontext der literarischen Pikareske; cf. *Novels from Reagan's America: A New Realism* (Gainesville u.a.: University of Florida Press, 1999), pp. 9 und 28f.

irisch-amerikanischen Pikaro in das Zentrum eines Handlungsgeschehens, das in Amerika selbst lokalisiert wird (Donleavys *Ginger Man* spielt nicht in der Neuen Welt). Indem Kennedy Assimilationsdruck und Assimilationsbegehren einer Ethnie thematisiert, die, gemäß einem zentristischen Gesellschaftsmodell, in einem Raum zwischen Zentrum und Peripherie anzusiedeln ist, kann er illustrieren, wie gesellschaftlicher Druck innerhalb einzelner gesellschaftlicher Gruppen weitergeleitet wird. Paul Austers *Moon Palace* leistet Innovatives, wenn der Roman die pikareske und die postmoderne Welt zur Deckungsgleichheit bringt. Tom Coraghessan Boyle nimmt in *World's End* die Form der literarischen Pikareske zum Anlaß, das sozioökonomische Gepräge zweier Zeitalter, zweier Jahrhunderte miteinander zu vergleichen. John Irvings *The Cider House Rules* zeigt mit – für den Kontext der amerikanischen Erzählliteratur der 80er Jahre – einmaliger Deutlichkeit, wie die Sehnsucht eines pikarischen Waisenkindes nach Zugehörigkeit und Familienersatz zu einer unkontrollierten Unterwerfung unter die Gebote einer Ersatzvaterfigur führt. Irvings *A Prayer for Owen Meany* offeriert eine neue Version eines pikaresken (Schein-)Heiligen; sein Ich-Erzähler ist eine Art Tom Sawyer, der, erwachsen geworden, in einer Grauzone zwischen Unschuld und Erfahrung lebt. Kathy Ackers *Don Quixote* wagt vermutlich das erzähltechnisch radikalste Experiment mit den Konventionen des pikaresken Romans, wenn sie einen Wesenszug der pikarischen Figur, den Masochismus, isoliert, sexualisiert und mit der Lust einer tabubrechenden Provokateurin breit ausdeutet und variiert. Thomas Pynchons Roman *Vineland* endlich aktualisiert die Pikareske erstens durch die Kombination von pikaresken mit postmodern-parodistischen Darstellungstechniken und zweitens durch die Synthetisierung der pikaresken Erfahrung mit den Erfahrungen der Angehörigen der Gegenkultur der späten 60er Jahre. Schließlich führt Pynchon (wie – in bescheidenerem Ausmaß – auch Acker) utopisches, auf radikale Gesellschaftsveränderung gerichtetes Denken in die Geschichte des pikaresken Romans Nordamerikas ein.

Die pikaresken Romanwerke der 80er Jahre sind bislang von der amerikanistischen Literaturgeschichtsschreibung noch nicht systematisch erfaßt worden; sie sind aber ein ganz wesentliches Indiz für die Repolitisierung der Erzählliteratur in der Zeit der Präsidentschaft

Ronald Reagans. Indem ich mit dieser Studie einen Sachverhalt ins Zentrum des Forschungsinteresses stelle, der bislang allenfalls marginal oder glossarisch zur Kenntnis genommen wurde, möchte ich einen Beitrag zur systematischen Erfassung, Beschreibung, Deutung und Wertung eines Teilbereichs der politischen Literatur der 80er Jahre leisten. Da sich diese Studie primär als eine literatur*geschichtliche* Recherche versteht, habe ich gelegentlich in einzelnen Kapiteln zu Zwecken der Parallelisierung oder der Kontrastierung, oder auch nur, um historische Entwicklungslinien sichtbar zu machen, Exkurse zu anderen pikaresken Erzählwerke der US-amerikanischen Literatur eingearbeitet: zu Doctorows *Billy Bathgate* (in Kapitel 3), Brockden Browns *Arthur Mervyn* (in Kapitel 4), Jongs *Fear of Flying* und Rita Mae Browns *Rubyfruit Jungle* (in Kapitel 8).

Einer besonderen Begründung bedarf vielleicht meine Entscheidung, Exkurse zu zwei pikaresken Romanen der frühen 80er Jahre in den textanalytischen Teil dieser Studie zu integrieren: zu Charles Johnsons *Oxherding Tale* (1982) (in Kapitel 3) und zu Marilynne Robinsons *Housekeeping* (1981) (in Kapitel 9). Es sind vor allem drei (ineinandergreifende) Gründe, die für eine solche Entscheidung sprechen. So gewährleisten die beiden Kurzinterpretationen erstens, daß auch wirklich alle gewichtigen Erneuerungen der pikaresken Romanform in der amerikanischen Literatur der 80er Jahre zum Gegenstand des analytischen Interesses dieser Arbeit werden. Entscheidender und bedeutsamer ist allerdings zweitens, daß diese beiden Texte exakt den Ausgangspunkt markieren, von dem aus sich amerikanisch-pikareskes Erzählen unter dem Einfluß der Reagan-Dekade weiterentwickeln wird (beide Romane wurden Ende der 70er Jahre geschrieben und Anfang der 80er Jahre veröffentlicht). Da sich zudem sowohl die Johnson- als auch die Robinson-Pikareske durch Merkmale auszeichnen, die zum Teil in scharfem Gegensatz zu charakteristischen Kennzeichen des pikaresken Erzählens der *späteren* 80er Jahre stehen, bilden die beiden Romane drittens einen naheliegenden, idealen Bezugsrahmen für textanalytische Einzelschritte. So können kontrastive Vergleiche dazu beitragen, die Besonderheiten der späteren Texte konturiert herauszuarbeiten. Angesichts dieser soeben skizzierten Vorteile scheint es mir gerechtfertigt, kurzfristige Unterbrechungen im Argumentationsfluß in Kauf zu nehmen.

Schließlich: Wie für fast alle genregeschichtlichen Arbeiten, so gilt auch für meine Studie eine Beobachtung des Genretheoretikers Alastair Fowler: „interpretations of genre are in part reconstructions, in part mappings of the literary landscape for the first time."[227]

---

[227] Alastair Fowler, p. 50.

3. Der ethnische Pikaro in einer exklusiven Gesellschaft: William Kennedy, *Quinn's Book* (1988)

> Rita Dove, „Political" (1995)
>
> There was a man spent seven years in hell's circles –
> no moon or starlight, shadows singing
> their way to slaughter. We give him honorary status.
> There's a way to study freedom but few have found
> it; you must talk yourself to death and then beyond,
> destroy time, then refashion it. Even Demeter keeps digging
> towards the darkest miracle,
> the hope of finding her child unmolested.
>
> This man did something ill advised, for good reason.
> (I mean he went about it wrong.)
> And paid in shit, the world is shit and shit
> can make us grown. It is becoming the season
> she was taken from us. Our wail starts up
> of its own accord, is mistaken for song.
>
> Quelle: Rita Dove, *Mother Love* (New York und London: W.W. Norton & Co., 1995), p. 55.

Quinn's Book und „a succubus named Joyce Carol Oates"

Die enge Verflechtung von Literatur und Film war ein kulturelles Kennzeichen der 80er Jahre: „The list of writers whose novels or stories have been made into films in the past ten years is virtually a who's who in fiction [...]."[1] Pikareske Erzählwerke aber blieben von diesem Trend merkwürdig unberührt; sie fügten sich nicht besonders gut ein in ein Filmschaffen des Hollywood-*Mainstream*, das vornehmlich auf unpolitische Themen und strahlende Identifikationsfiguren setzte. Zwar hat die Hollywood-Filmindustrie, wie das

---

[1] Mark Shechner, „American Realisms, American Realities," in: Kristian Versluys (ed.), *Neo-Realism in Contemporary American Fiction* (Amsterdam: Rodopi, 1992), p. 36f.

Feuilleton zu berichten weiß, schon seit langem die Rechte an *A Prayer for Owen Meany* aufgekauft, aber die Umsetzung steht noch aus und dürfte sich angesichts der erzählperspektivischen Spezifika der Vorlage auch als schwierig und enttäuschend erweisen. Nicht finanziell, aber doch zumindest ästhetisch enttäuschend, angesichts der Komplexität des literarischen Originals, waren schon, trotz immensen Staraufgebots, die Adaptionen von *The World According To Garp*, *The Hotel New Hampshire* und *The Cider House Rules*.

Pikareske Romane scheinen sich gegen einsträngige filmische Umsetzungen zu sperren; die Werke Ackers und Pynchons sind möglicherweise überhaupt nicht in das filmische Medium übertragbar. Allerdings konnte die Verfilmung von William Kennedys *Ironweed* (Weltpremiere Dezember 1987) breites Interesse erwecken; Filmgrößen wie Meryl Streep und Jack Nicholson, beiden trug der Film Nominierungen für den renommierten *Academy Award* ein, lockten auch ein Publikum, das wenig Wert auf qualitativ hochwertige literarische Vorlagen legt, in die Lichtspielhäuser: „About 2,500 premiere goers, mostly celebs and politicos, all bedecked and bejeweled, paid $ 125 per ticket to attend. They arrived in stretch limos, Rolls Royces, and even horse-drawn carriages to see the film [...]."[2] Im Widerspruch zum Zeitgeist der Reagan-Dekade entwerfen Roman wie Film, zu dem Kennedy selbst das Drehbuch schrieb, die materielle und psychische Not zweier *bottom dogs*, die entwürdigenden Entbehrungen von zwei obdachlosen Drifterexistenzen.[3] Der

---

[2] Benedict Giamo, „*Ironweed* and the Snows of Reduction," in: Barbara Tepa Lupack (ed.), *Take Two: Adapting the Contemporary American Novel to Film* (Bowling Green: Bowling Green State University Popular Press, 1994), p. 132; der Aufsatz, pp. 131-53, informiert über die Produktions- und die Rezeptionsgeschichte des Films und leistet einen Vergleich zwischen der literarischen Vorlage und ihrer filmischen Umsetzung.

[3] Zur Obdachlosigkeit als einem prominenten sozialen Problem der 80er Jahre in den U.S.A. cf. Jonathan Kozol, *Rachel and Her Children: Homeless Families in America* (New York: Crown, 1988). Kozol, ein Kenner der Materie, schätzt in seiner Studie, p. 10, die Zahl der Obdachlosen auf mindestens 2 Millionen. Cf. auch die Schätzung von Elke Heß in dem Artikel zu „Homelessness" in: Rüdiger B. Wersich (ed.), *USA Lexikon: Schlüsselbegriffe zu Politik, Wirtschaft, Gesellschaft, Kultur, Geschichte und zu den deutsch-amerikanischen Beziehungen* (Berlin: Erich Schmidt, 1995), p.353: „Obdachlosigkeit hat sich seit Beginn der 80er Jahre zu

Erfolg des Films hat zu Neuauflagen und zu einer breiteren Rezeption von Kennedys früheren Werken und letztlich auch zur Anerkennung des ausnahmslos hohen Niveaus eines Oeuvres geführt, dessen Verfasser vor der Verfilmung von *Ironweed* nur in Fachkreisen ein Begriff war.[4] Zugleich allerdings hat der Film eine Rezeptionstradition begründet, die dem tatsächlichen Schaffen des Autors nur sehr unangemessen gerecht wird; Kennedy galt fortan als ein Meister des sozialen Realismus (ein *Motion Picture Guide* von 1988 bezeichnet den Film zu Recht als „dim, grim, and relentlessly depressing"[5]), als ein Erbe der proletarischen Literatur der Depressionszeit, als ein *regional writer*, der in besonderem Maße in der irisch-amerikanischen Einwanderungs- und Sozialgeschichte seines Heimatortes Albany, N.Y., verwurzelt ist. Dabei ging der Blick verloren auf die umfassende Einbindung der Werke Kennedys in die Tradition eines sozial wie politisch engagierten pikaresken Erzählens.

So wurde der Roman *Quinn's Book*, ganz unzweifelhaft eine modellhaft entworfene literarische Pikareske, bei seiner Erstpublikation 1988 mit sehr viel Reserviertheit, ja mit Unverständnis und Enttäuschung aufgenommen und mitunter auch mit unsachlicher Polemik abgekanzelt: „Either William Kennedy has lost his mind, or it has been taken over by a succubus named Joyce Carol Oates."[6] Sven Birkerts beklagt sich wortreich über den Romananfang, über die ambitionierte Einführung des pompösen Ich-Erzählers Daniel Quinn: „he is posing when we first shake hands, and, as a result, we never trust him again."[7] Bedingte Glaubwürdigkeit und „posing" definieren aber geradezu die Essenz einer literarischen Pikaro-Figur. Sicher sind die Nebenfiguren in *Quinn's Book* – „its

---

einem der gravierendsten sozialen Problemen in den USA entwickelt. Die Zahl obdachloser AmerikanerInnen wird von Obdachloseninitiativen auf drei Mio. und höher geschätzt."

[4] Cf. Benedict Giamo, p. 131: „Kennedy was used to laboring in relative obscurity."

[5] *The Motion Picture Guide 1988 Annual* (Evanston: Cine Books, 1988), p. 134.

[6] Rhoda Koenig, „Search and Destroy," *New York Magazine* (23.5.1988), 93.

[7] Sven Birkerts, „'O Albany,'" *The New Republic* (27.6.1988), 41.

minor characters tend to be Typical People"[8] – gekennzeichnet durch eine „thin superficiality", sicher leistet sich der Roman ein rasantes Erzähltempo, gewagte Handlungsumschwünge und „deus-ex-machina improbabilties"[9], aber all dies gehört eben auch zu den klassischen Erkennungszeichen des pikaresken Erzählens. Nur wer die Genrezugehörigkeit des Romans und damit seine spezifische Leistungsfähigkeit und seine spezifischen Darstellungsabsichten völlig verkennt, nur wer Ernest Hemingway und nicht Charles Brockden Brown oder Mark Twain als „the single male American novelist who seems most to have influenced him [Kennedy]"[10] benennt, muß auf *Quinn's Book* mit Enttäuschung, Konsternation, Polemik oder Unverständnis reagieren. Viele der Romane Kennedys rekurrieren nämlich auf ganz prominente Weise auf pikareske Erzählkonventionen und -traditionen.

In all seinen Romanen hat Kennedy die Problematik der Außenseiterexistenz thematisiert; Franz Link resümiert: „Was Kennedy in besonderer Weise unter den zeitgenössischen Erzählern auszeichnet, ist die Auswahl seiner Charaktere, die sein Bild der Gesellschaft Albanys – und damit stellvertretend für die USA – ausmachen. Sie sind alle der Schattenseite des Lebens entnommen."[11] Kennedy hat in all seinen Romanwerken auf pikareske Konventionen und Themen zurückgegriffen, besonders augenfällig vielleicht in *The Ink Trunk* (1969), *Legs* (1975) und *Ironweed* (1983). In *Quinn's Book* (1988), seiner offensichtlichsten „flirtation with genre fiction"[12] und dem einzigen Roman des bis 1996 sechsbändigen Albany-Zyklus[13], der ausschließlich im 19. Jahrhundert spielt, bündelt und systematisiert Kennedy sein Interesse am Pikaresken.

---

[8] J. K. Van Dover, *Understanding William Kennedy* (Columbia: University of South Carolina Press, 1991), p. 103.
[9] Diese und die vorangegangene Formulierung finden sich bei Sven Birkerts, 41.
[10] Michael G. Yetman, „*Ironweed*: The Perils and Purgatories of Male Romanticism," *Papers on Language and Literature*, 27 (1991), 89.
[11] Franz Link, *Amerikanische Erzähler seit 1950: Themen, Inhalte, Formen* (Paderborn u.a.: Ferdinand Schöningh, 1993), p. 472.
[12] Sven Birkerts, 41.
[13] 1996 ist bei Viking der Roman *The Flaming Corsage* erschienen; die Handlungszeit liegt zwischen 1884 und 1912.

Bereits der erste Satz des Romans ist inhaltlich und syntaktisch eine *tour de force*, er legt das Fundament für die charakterliche Einschätzung eines aufdringlichen Erzählers, der sich inmitten einer aus den Fugen geratenen pikaresken Welt befindet:

> I, Daniel Quinn, neither the first nor the last of a line of such Quinns, set eyes on Maud the wondrous on a late December day in 1849 on the banks of the river of aristocrats and paupers, just as the great courtesan, Magdalena Colón, also known as La Última, a woman whose presence turned men into spittling, masturbating pigs, boarded a skiff to carry her across the river's icy water from Albany to Greenbush, her first stop en route to the city of Troy, a community of iron, where later that evening she was scheduled to enact, yet again, her role as the lascivious Lais, that fabled prostitute who spurned Demosthenes' gold and yielded without fee to Diogenes, the virtuous, impecunious tub-dweller.[14]

Dieser Romananfang spielt bereits auf gewichtige pikareske Themen an (Sexualität, Mobilität, Zweiklassengesellschaft), führt *en passant* zwei seiner weiblichen Hauptfiguren und die Jahreszeitensymbolik ein und leistet zuallererst natürlich, durch Wortwahl, Syntax, Stil und bildungsbürgerliche Anspielungen, eine indirekte Selbstcharakterisierung der Erzählinstanz selbst. Daniel Quinn schreibt sich, hier und in den Folgeabschnitten des ersten Kapitels, primär die Rolle eines kommentierenden Beobachters zu und desavouiert diese Rolle auch zugleich durch allerlei stilistische Aufdringlichkeiten. Quinn will sich nach eigenem Bekunden zurücknehmen, in eine historische Kontinuität und Traditionslinie stellen („neither the first nor the last of a line of such Quinns"), drängt sich tatsächlich aber eilfertig und unangemessen in den Vordergrund. Quinn entstammt dem irisch-amerikanischen Hunger- und Lumpenproletariat; im Eröffnungsabschnitt „seines" Buches aber spricht er als jemand, der diese Herkunft vergessen machen will, indem er zwanghaft Wort-

---

[14] William Kennedy, *Quinn's Book* (New York: Viking, 1988), p. 5. Alle weiteren Zitate aus dem Roman beziehen sich auf diese Erstausgabe und werden in diesem Kapitel nur noch durch den Hinweis auf die jeweiligen Seitenzahlen dokumentiert.

beherrschung und Bildungswissen demonstriert und stilistische Souveränität simuliert. Sein „ersatz [...] idiom", wie T. C. Boyle treffend feststellt, „rings false"[15], es erlaubt Quinn vielleicht die Kontrolle über seinen Erzählgegenstand, etabliert ihn aber gleichzeitig als eine ungefestigte, inauthentische Stimme, die sich ohne Ecken und Kanten dem literarischen Geschmack seiner Zeit anbiedert.

In *Quinn's Book* sind es nicht die Pikaro- (Daniel Quinn, mit Einschränkungen John McGee), sondern die Pikara-Figuren (Magdalena Colón, Maud Fallon), die, zu Beginn des Romans sogar im wörtlichen Sinn als Teil einer Publicity-Show, den Versuch unternehmen, sich gegen den Strom zu stellen. Doch die Flußüberquerung, „vexatious to all logic" (p. 5), scheitert ebenso kläglich wie tragisch, die Fähre wird von einer Eisscholle gerammt und versinkt, Magdalena wird (schein-)tot geborgen, die Leichen ihrer Dienerin und des leichtsinnig-wagemutigen Fährmannes werden gar erst Monate später aufgefunden, „locked in grotesque, inverted embrace [...], as if they had been out for an orgiastic swim and had died submerged in perversion" (p. 9). Was sich an den Bootsuntergang anschließt, ist nicht weniger als eine Eis- und Feuerkatastrophe von einem beinahe apokalyptischen Ausmaß. Eine sich schnell formierende Eiswand bringt eine von sensationsbegierigem Publikum überlastete Brücke und einen Damm zum Einsturz, die sich anschließende Flut löst eine Katastrophe von bislang noch nicht bezeugtem Ausmaß aus – „fire rising out of flood – the gods gone mad" (p. 11). Kennedy nutzte für die Katastrophendarstellungen in seinem Roman historische Quellen, verlegte aber „The Great Fire of August 17, 1848"[16] in seinem historischen Roman um 16 Monate zurück. Indem Kennedy die Beschreibung eines menschenmordenden Unglücks an den Anfang seines Romans stellt, verwirklicht er paradigmatisch eine wichtige pikareske Konvention: „the picaro's journey tends to begin

---

[15] T. Coraghessan Boyle, „Into the Heart of Old Albany," *The New York Times Book Review* (22.5.1988), 32.
[16] William Kennedy, *O Albany! Improbable City of Political Wizards, Fearless Ethnics, Spectacular Aristocrats, Splendid Nobodies, and Underrated Scoundrels* (New York: Viking Penguin, 1983), p. 67.

with [...] [a] violent encounter with the world [...]."[17] Noch der Anfangsparagraph des Romans bezeugt Quinns Bemühen, die ihn verunsichernde Erfahrung einer unstrukturiert-disruptiven Welt in eine kohärente Ordnung überzuführen, wenn er die harte Einsilbigkeit der ersten Worte in eine elaboriert-hypotaktische Struktur integriert. Im Anschluß an die desaströsen Geschehnisse des Winters 1849 wird sich Quinn auf eine Suche nach dem Sinn der Welt und nach seiner eigenen Stellung und Identität in ihr begeben.

Der Roman folgt streng dem episodischen Bauprinzip; inhaltlich muß er auf eindringliche Weise sozialen Konfliktstoff thematisieren und soziale Kataklysmen zur Darstellung bringen, um nach der apokalyptischen Ouvertüre nicht antiklimaktisch zu werden. Quinns „Buch" gliedert sich in zwei Bücher, die wiederum jeweils aus zwei Großkapiteln bestehen. Im ersten Kapitel, „A Cataclysm of Love: Albany: Winter & Spring 1849-1850", macht der 14-jährige Vollwaise Quinn, der sich als helfende Hand bei dem Fährschiffer John McGee verdingt, gemeinsam mit seinem „Master" wichtige, seinen künftigen Lebensweg prägende Bekanntschaften: mit der 12-jährigen Maud Fallon, in die er sich verliebt, mit dem Zeitungsverleger Will Canady, der ihm eine Ausbildung im Metier des Journalismus ermöglichen wird, mit der reichen Witwe Hillegond Staats, in der er einen Mutterersatz findet, mit deren Sohn Dirck, der Quinn mit einem großzügig ausgestatten Bankkonto versehen wird, mit dem Ex-Sklaven und Untergrundaktivisten Joshua, den Daniel wie einen Heiligen verehren wird, und natürlich mit Magdalena Colón, der Tante und Adoptivmutter Mauds, die von John McGee auf eine wundersam-obszöne Weise wiederbelebt wird. Im Verlauf des Kapitels erwählt Magdalena John McGee zu ihrem Beschützer und *stage manager* und verläßt, zusammen mit Maud, John, und Daniel, die Villa der Staats, wo die Gruppe zeitweise Asyl gefunden hatte, um ihre Bühnenkarriere fortzusetzen. Aber Magdalena und John entledigen sich schon nach einem Tag des zusätzlichen Kostenfaktors Daniel, indem sie ihn, durch Schlafmittel narkotisiert, an den Ufern des Erie-Kanals aussetzen. Das Kapitel endet damit, daß sich Quinn

---

[17] Lars Hartveit, *Workings of the Picaresque in the British Novel* (Oslo: Solum Forlag, 1987), p. 15.

auf eine „romantic quest" (p. 131), auf die Suche nach der ihm entführten Maud begibt.

Das zweite Kapitel, „The Dumb Cake: Saratoga: Spring 1850", erzählt, wie Maud eine Bühnenkarriere dem Leben mit Daniel vorzieht und wie der unerwünscht Gewordene von dem Anwesen des Großgrundbesitzers Obadiah Griswold verjagt wird, der sich Maud und Magdalena als seine Konkubinen hält und Daniel mit den Worten ausweist: „'[...] The fact is that no one wants you around here [...]'" (p. 179).

Das dritte Kapitel („A Bazaar of Enticement: Albany, Summer 1864") macht einen Zeitsprung von 14 Jahren und zeigt Maud, die sich in dem Haus von Gordon Fitzgibbon, dem reichsten Mann Albanys, einquartiert hat, auf dem Höhepunkt ihrer Showbusiness-Karriere (als halbnackte Mazeppa-Darstellerin) und Daniel Quinn auf dem Höhepunkt seines Ruhms als Bürgerkriegsberichterstatter. Während dieser Tätigkeit unterstützt Quinn Joshuas Fluchthilfe für entlaufene Südstaatensklaven. Während einer Wohltätigkeitsveranstaltung der Albany-Elite bleibt Daniel allerdings den von ihm erwarteten rhetorischen Pflichtpatriotismus schuldig; statt dessen läßt er es zu einem Eklat kommen, indem er in seiner Ansprache die Luxusklasse mit „the war's reality" (p. 222) konfrontiert. Wieder entzieht sich Maud, aus finanziellen Gründen, wie sie mitteilt, dem monogamen Begehren Daniels.

Im letzten Kapitel des Romans („Tambo and Paddy Go To Town: Saratoga: August 1864") erzählt Quinn von Boxkämpfen und Pferderennen, vom rasanten Aufstieg John McGees zu einem Spielbankbesitzer und Kongreßkandidaten der Demokraten, von der Ermordung Joshuas während der New York Draft Riots von 1863, deren ohnmächtiger Zeuge Quinn wird. Der Roman schließt mit der Beschreibung einer grotesk-skurrilen Party, die in Erwartung des „zweiten" Todes von Magdalena abgehalten wird. Maud Fallon steht weiterhin unentschieden zwischen Daniel Quinn und Gordon Fitzgibbon; nichtsdestotrotz beendet Daniel „sein" Buch hoffnungsfroh mit der Feststellung: „And then Maud and Quinn were at last ready for love" (p. 289).

In den beiden Rahmenkapiteln wählt Daniel Quinn die Ich-Erzählform; in den Binnenkapiteln spricht er von sich in der dritten Person. Was diese inhaltliche Synopse des Romans nur unvollkommen wiedergibt, ist das Ausmaß, mit dem Kennedy durch brutalrealistische Beschreibungen von Grausamkeiten und abscheuerregenden Widerwärtigkeiten jeglicher Art die Rahmenhandlung um das verhinderte Liebespaar Maud-Daniel kontextualisiert und relativiert. Beispielsweise wird Daniel im ersten Kapitel des Romans mit einem für den Gesamtroman typischen Anblick konfrontiert: „The chicken-pig house door was open and I entered through it into a black dream, finding a man lying spread-eagled on the floor, a railroad spike driven into each of his hands, each of his feet. [...] He had been stripped to below the waist, slit up the middle, and now a globular rat was eating his liver" (p. 99).

Quinns Welt: „no horrors of the beyond could match those of this world"

Kennedys literarisches Porträt von Albany wird oft mit dem Dublin in den Erzählwerken von James Joyce und mit Faulkners Yoknapatawpha verglichen.[18] Aber zumindest in *Quinn's Book* ist der geographische Mikrokosmos, im Gegensatz zu den *settings* der Mitbegründer der literarischen Moderne, eine entschieden pikaresk gezeichnete Welt, in der der launenhafte Zufall regiert und die abscheulichsten Grausamkeiten den Alltag definieren. Wenig spart Kennedy in seinem Sittenporträt des 19. Jahrhunderts aus: Seuchen, Krieg und Hunger kommen ebenso zur Darstellung wie Rassen- und Klassenkampf. „[B]oxing, betting, horse racing"[19] sowie Hochstapelei, Korruption und Prostitution sind es, die den Weg zum

---

[18] Cf. Michael G. Yetman, 84 („Kennedy knows his home town the way Joyce knew Dublin") und W.D. Adamson, „Very Old Themes: The Legacy of William Kennedy's Humanism," *Classical and Modern Literature*, 15 (1994), 67: „the Novels of William Kennedy's Albany cycle constitute the most impressively sustained *oeuvre* written by an American since Faulkner's Yoknapatawpha saga, with which Kennedy's fiction is routinely compared."

[19] Edward C. Reilly, *William Kennedy* (Boston: Twayne, 1991), p. 102.

gesellschaftlichen Aufstieg ebnen. In seiner Gesamtheit bietet *Quinn's Book* eine schonungslose Chronik von Gewalttätigkeiten, Daniel Quinn lernt früh, „that violence was the norm of this bellicose world" (p. 49). Kennedys Albany und Mark Twains Südstaaten in *Huckleberry Finn* unterscheiden sich nur in Nuancen, die Familienfehden zwischen den Palmers und Ryans in *Quinn's Book* sind ein direktes Duplikat der Shepherdson-Grangerford-Episoden. Gerade für die irischen Einwanderer wird die amerikanische Verheißung zu einem Alptraum. Den Industriemagnaten des 19. Jahrhunderts, wie sie im Roman von Lyman Fitzgibbon, dem Vater Gordons, exemplifiziert werden, ist es ein leichtes, mit rhetorischem Geschick den Zorn der Ausgebeuteten auf die irischen Neuankömmlinge zu lenken:

> Keep them moving is the edict of the city's leaders, and with obscene pleasure the Albany wharf rats and river scum (some Irish among these, preying on their own) carry out this edict by stoning the canalboats that try to unload newcomers here. It is no wonder the greenhorns grew feral in response, finding in this land a hatred as great as that which drove them out of Ireland, that suppurating, dying sow of a nation. (p. 112)

Quinns pikareske Welt des Schreckens bildet ein attraktives Jagdrevier für aas- und menschenfressende Hunde, Ratten und Schweine; während eines Frühlingstages im Jahr 1850 trifft Daniel auf ein Schwein, „snuffling in the sludge. The animal brought forth with its jaws first the arm of an infant and then the attached torso" (p. 50). Im Anschluß an die Feuerkatastrophe werden die Menschen selbst von einer animalisch-kannibalistischen Gier ergriffen. Eine Frau etwa stürzt sich, „with the maddened and throaty growl of a jungle feline", auf die vermeintlich tote Magdalena, „sank her teeth into that pallid cheek, and came away with a blooded wad of flesh in her mouth, which she savored with a bulging smile" (p. 13). Keine Frage: in dieser Welt ist der Mensch nicht nur im übertragenen Sinne des Menschen Wolf („'They meant to eat her like wolves,' said my master to the police officer", p. 13), diese Welt belegt, „how the fear of death easily yields to the power of greed" (p. 11), sie ist eine Hölle,

„full of suffering"[20], die keine Hoffnung auf Erlösung zuläßt. Ein von Schwindlern um seine Ersparnisse gebrachter Schwede begeht Selbstmord, „full certain", wie Will Canady (schon sein Name legt es nahe, in der Figur ein *alter ego* des Romanverfassers zu sehen) räsonniert, „that no horrors of the beyond could match those of this world" (p. 42).

Einzig das schnelle Weiterdrehen des Glücksrades führt zu unverhofften Peripetien und kurzfristigen Triumphen: ein Rennpferd bricht Sekunden nach einem schwer errungenen Sieg das Vorderbein und erhält, nur wenig später, den Gnadenschuß. Ein zukunftsgewisses, progressives Geschichtsbild läßt sich anhand eines Welterklärungsmodells, das auf das Walten der Fortuna-Göttin und der „maddened gods of hellfire" (p. 37) rekurriert, nicht herleiten oder begründen; aber auch orthodox-christliche Muster der Weltdeutung werden von dem Erzähler des Romans nicht propagiert. Quinns Weltsicht zeigt im Gegenteil religions- und kirchenkritische Züge. Mit seiner Familie verliert Quinn seinen Glauben an christliche Interpretationen der Welt, „I cried a good deal over my sister and my lost parents and I stopped going to church" (p. 65), den Sonntag nimmt er als den Tag der Woche wahr, „when men were off work and free to maim one another" (p. 117), bei Priestern und Nachbarn findet er wenig Anzeichen von den „Christian virtues of charity and compassion" (p. 101). Im Gegenteil:

> Prayer vigils were called and some brave souls came out to hear our preachers tell them their sins were causing people to die. One stranger stood up and called the preacher a madman for saying that and yelled out how it was pigs running loose in the city, not sin, that caused the cholera. But he didn't get far with that. They hit him with a plank and he stopped yelling. (p. 63)

Quinn ist jeglicher Gedanke an eine Theodizee fremd, bereits die Eröffnung seines Buches rekurriert bei der Beschreibung der Naturkatastrophe auf die Vorstellung heidnisch-antiker Götterwesen, beschreibt deren „avaricious devouring of human life" (p. 9) und spricht

---

[20] J. K. Van Dover, p. 103.

von einer „cosmic, mythic rage" (ibid.), die sich ohne Sinn und Selektion ihre Opfer sucht: „We survived only because we survived. There is no other ascribable reason or logic behind who was saved and who wasn't" (p. 10). Wie *Ironweed* zitiert auch der Nachfolgeroman *Quinn's Book* christliche Themen und Motive, diesmal allerdings im generischen Kontext der Pikareske und mit deutlicher (genrekonformer) grotesker Verzerrung. Ein gekreuzigter Leichnam wird auf eine Tournee geschickt, „on tour of all Irish neighborhoods in the city's north and west ends, a traveling theater piece: drama in the flesh" (p. 121f.). Daniel wird Zeuge einer wundersamen Wiederauferstehung, bewerkstelligt durch einen nekrophilen Akt, „by the sunny friction of joy" (p. 30); die offene Wunde, eine Ikone des Christentums, wird zu einer orgasmusfähigen zweiten Vagina, die in Daniel bizarre sexuelle Phantasien auslöst: „I, for years, dreamed of a woman who owned bilateral pudenda" (p. 31).

Die frühkapitalistische Gesellschaft in *Quinn's Book* und ihre psychosozialen Gesetze der Ein- und Ausgrenzung

Christliche Motivik dient Kennedy in *Quinn's Book*, anders als in seinem vorausgegangenem Pulitzerpreisroman, vornehmlich dem Zweck der parodistischen Überzeichnung. Die pikareske Welt kennt bei Kennedy nur die Hölle und keinen Himmel, sie kennt keinen Gott und keinen Erlöser, wohl aber den Teufel in Menschengestalt. Wäre Kennedys Roman freilich bei diesem hoffnungslosen Befund stehengeblieben, hätte er vielleicht noch nicht einmal die Mindestanforderungen erfüllt, die an einen Roman zu stellen sind, der sich als ein „politischer" verstanden wissen will. Da aber *Quinn's Book* Höllensymbolik[21] und frühkapitalistische soziale Mißstände ineinanderblendet, stellt der Text auch die Frage, weshalb sich die amerikanische Gesellschaft des zweiten Drittels des 19. Jahrhunderts

---

[21] Die Höllensymbolik ist auch in *Ironweed* von besonderer Prominenz; Analogien zwischen *Ironweed* und Dantes *Inferno* untersucht ein Aufsatz von Edward C. Reilly: „Dante's *Purgatorio* and Kennedy's *Ironweed*: Journeys to Redemption," *Notes on Contemporary Literature*, 17, 3 (1987), 5-8.

als ein beispielloses Alptraumland präsentiert. Kennedys Roman stellt es sich zur Aufgabe, verdeckten ökonomischen Interessen und psychologischen Mechanismen nachzuspüren. Zwei Ursachen für das diabolische Antlitz des Menschen macht Kennedy aus: die spontanen Grausamkeiten des Mobs und die wohlinszenierten Grausamkeiten eines oligarchen, antidemokratischen Zirkels der frühen Industriebarone.

Eine Nebenhandlung des Romans kreist um den Versuch von Dirck Staats, die Machenschaften einer ominösen Gruppe aufzudecken, die sich schlicht als „The Society" (p. 88) bezeichnet, eine Kennedy-Variante verschwörerischer Geheimbünde, deren faktische Existenz im 19. Jahrhundert historisch verbürgt ist und die schon 1844 George Lippard in *The Quaker City* hinreichend Stoff für ein urbanes Unsittengemälde geboten hatte. Die Mitglieder des Geheimbundes, wie sie Kennedy durch seine Figur Dirck Staats porträtiert, entstammen der gesellschaftlichen Elite, „leaders of The Society are often the same men who hold leadership positions in this community, this state, this nation, in commerce, finance, politics, industry, and invention" (p. 88f.). Die Aufnahmeriten dieser Society sind ebenso von menschenverachtender Ekelhaftigkeit (sie beinhalten u.a. den Verzehr von Exkrementen) wie die Eidesformel, die künftige Mitglieder zu leisten haben und die ohne weiteres einer der Schreckenserzählungen Poes entnommen sein könnte:

> I will defend The Society with my life, not only its known aims, but those yet to be defined. I will punish its enemies without fear of reprisal by any man, any law. If I ever betray this oath, I agree that my stomach should be opened by a blade, and my organs and entrails exposed to the tooth and fang of ravenous rats. (p. 91)

Dirck Staats, ein aufrichtiger Freund und Förderer Daniels, macht es sich zu seiner Lebensaufgabe, den geheimen Praktiken des Ordens journalistisch nachzuspüren und wird prompt selbst das Opfer von Entführung und Mißhandlung. Allein der Tatsache – eine bissige Ironie Kennedys – , daß sein steinreicher Vater Petrus die Gründung des Albany-Ablegers der Society einst initiiert hatte, verdankt es Dirck, daß sein Leben verschont und ihm „nur" die Zunge herausgeschnitten wird. Die Sünden des Vaters sind es, die „Dirck's painful descent into hell" (p. 101) verursachen. Der Komplizenschaft des Vaters mit dem Bösen verdankt er es aber auch in letzter Konsequenz, daß ihm das Leben erhalten bleibt. Die Karriere des Petrus Staats belegt, wie eng in *Quinn's Book* diabolische Machenschaften und „economic genius" (p. 27) gekoppelt werden, war doch gerade Petrus ein Vorzeigephilanthrop und Stadtheiliger Albanys: „He octupled the Staats fortune, becoming Albany's richest man as the new century began. He also proved the most benevolent of all Staatses, and was loved by his contemporaries, who honored him by naming both a short street and a public water pump after him" (p. 27).

Ebensowenig läßt der Roman kaum Zweifel daran, daß auch Lyman Fitzgibbon, ein früherer Geschäftspartner von Petrus und zum Zeitpunkt der Erzählhandlung Inhaber des Finanzadelprädikats des reichsten Stadtbürgers, zu den Gründungsmitgliedern der Society zählt.[22] Für Kennedy ist Lyman Fitzgibbon der paradigmatische *WASP*-Kapitalist der Jahrhundertmitte, „his vaunted power [...] capable of turning men of perfectly sound ego into cringeous and snivelous whelps" (p. 106), ein Industrieller, der von dem Konkurrenzkampf auf dem Arbeitsmarkt zwischen verschiedenen ethnischen Gruppen profitiert und durch ihn prosperiert, soziale Konflikte aber mit frömmelnder Bigotterie schönredet:

> Lyman Fizgibbon [...] delivered his gospel to the work force at the hour of high noon. He announced [...] that his foremen would hereafter monitor all comparable battles and would note, for purposes of effecting terminal discharge, the name of any worker involved [...]; that he believed in his soul that we are here on this earth to court peaceful ways in the name of Christ, and may those who choose otherwise boil forever in the fluid caldrons of hell.
> [...] Then, in this peculiar ironbound world under one benevolent God, the making of stoves was resumed, for now and forever, amen. (p. 127f.)

---

[22] Diese Schlußfolgerung legt eine Textstelle auf p. 129 beinahe zwingend nahe, in der Fitzgibbon nach Selbstrechtfertigung sucht und davon spricht, „[...] that The Society was *not always* vile, and that *all* present members are not villainous men.'"

Die materiellen Bedrohungen durch Armut und Arbeitslosigkeit aber sind es, die das gemaßregelte Proletariat bereits im Diesseits Bekanntschaft mit der Hölle schließen läßt. Die Glücksgöttin Fortuna vermag vielleicht keine Strukturen in ihren launenhaften Gunstbezeugungen erkennen lassen, die Verhaltensmuster der Massen aber folgen nach Kennedy durchaus ermittelbaren Regeln und Gesetzmäßigkeiten. In Quinns Buch finden sich gleich mehrere Mobszenen gestaltet, zwei der markantesten schildern jene Episoden, die die Palmer-Ryan-Fehde von 1850 und die die New York Draft Riots von 1863 zur Darstellung bringen.

T.C. Boyle überliest die gesellschaftsanalytische Bedeutung der Palmer-Ryan-Episode, wenn er sie als einen „clash between two Irish immigrant clans in Albany"[23] deutet, denn tatsächlich handelt es sich um eine blutige Auseinandersetzung zwischen einem irland- (die Ryans) und einem englandstämmigen Familienclan (die Palmers), um einen gewalttätigen Konflikt also, wie Kennedy fiktive Presseberichte marktschreierisch verkünden läßt, zwischen „Papists and Americans, between the Irish and the Know-Nothings" (p. 127). Toddy Ryan wurde erschlagen, nachdem er, ein Immigrant aus Irland, Arbeit in Fitzgibbons Foundry gefunden hatte. Sein Leichnam wird durch die irisch-amerikanischen Stadtviertel gekarrt und für demagogische Zwecke benutzt: "'Hullo and listen to us now ... look here on the corpse of Toddy Ryan ... killed for being Irish [...]" (p. 122). Die sich anschließenden gräßlichen Kampfes- und Schlächterszenen stehen nach den Worten des Erzählers Daniel Quinn für eine exemplarische Auseinandersetzung zwischen „the new hires and the old let go" (p. 110), sie erfüllen für den Kennedy-Interpreten Tramble T. Turner die Funktion, an eine Zeit zu erinnern, „when Irish-Americans were viewed by other groups as potential wage competitors."[24]

Die aggressive Bekämpfung der Neueinwanderer variiert natürlich eines der zentralen Themen des pikaresken Romans, nämlich den Konflikt zwischen dem Streben nach gesellschaftlicher Inklusion und dem gegenläufigen Bestreben der bereits Integrierten nach

---

[23] T. Coraghessan Boyle, 32.
[24] Tramble T. Turner, „*Quinn's Book*: Reconstructing Irish-American History," *MELUS*, 18, 1 (1993), 38.

Exklusion der zur gesellschaftlichen Mitte Drängenden. In Kennedys Aktualisierung der pikaresken Romanform teilen gleich zwei gesellschaftliche Gruppen das Schicksal der aggressiven Marginalisierung: die *Irish Americans* und die *African Americans*.[25] Die Tatsache aber, daß beide Gruppen einen gemeinsamen Gegner, das weiße, protestantische Kern-Amerika, haben, trägt in keiner Weise dazu bei, auch nur Ansätze eines solidarischen Bewußtseins oder Handelns zu konstituieren. Schon früh lernt Daniel Quinn von seinem Lehrmeister William Canady, „that the mob at fury's peak has no politics, no ethnic alliance, no religion, but is a rabid beast with bloody claws" (p. 127). Nirgendwo wird im Roman diese These so beispielhaft illustriert wie in den Textstellen, die den Aufruhr der irischen Einwanderer und die Viktimisierung der schwarzen Bevölkerung im Bürgerkriegs-New York des Jahres 1863 beschreiben.

Die Diskriminierung, die die Iren durch das protestantische Establishment erfahren, geben diese instinktiv an eine rangniedrigere ethnische Gruppe weiter; es kommt nicht zu einem Bündnis zweier Schwacher gegen einen Starken, sondern zu einer unheiligen Allianz gegen die Allerschwächsten. In ihrer literaturgeschichtlichen Studie *Playing in the Dark* bringt Toni Morrison diesen sozialpsychologischen Mechanismus auf den Punkt: „It is no accident and no mistake that immigrant populations (and much immigrant literature) understood their 'Americanness' as an opposition to the resident black population."[26] Wer den Kreis des gesellschaftlichen Zentrums weiter nach außen schiebt und nach rassistischen Kriterien definiert, kann darauf hoffen, näher ans Zentrum zu rücken. Noel Ignatiev hat eine gesamte Monographie der Fragestellung gewidmet, „how the Catholic Irish, an oppressed race in Ireland, became part of an oppressing race in America."[27] Die Iren, die, so kurios dies heute anmuten mag, in der ersten Hälfte des 19. Jahrhunderts nicht als

---

[25] Zu Parallelen zwischen den historischen Erfahrungen der *Irish Americans* und jenen der *Black Americans* cf. wiederum den Aufsatz Turners, 31-45, besonders 39-44.
[26] Toni Morrison, *Playing in the Dark: Whiteness and the Literary Imagination* (Cambridge: Harvard University Press, 1992), p. 47.
[27] Noel Ignatiev, *How the Irish Became White* (New York und London: Routledge, 1995), p. 1.

„Weiße" angesehen wurden, repetieren die Mechanismen gesellschaftlicher Ausgrenzung. So wie in der Palmer-Ryan-Episode die englischen Einwanderer die Iren als Sündenböcke für frühkapitalistische gesellschaftliche Mißstände ausmachen, so sucht sich der Zorn der *Irish-Americans* über soziale Ungleichheit und Diskriminierung in den schwarzen Amerikanern sein Sündenbock-Opfer. Die Verabschiedung eines Gesetzes, das die allgemeine Wehrpflicht einführt und zugleich diejenigen von ihr befreit, die imstande und willens sind, 300 $ in die Nordstaatenkasse zu zahlen, hat destruktive Auswirkungen auf die soziale Balance. Daniel Quinn erläutert mit Sorgfalt und Einfühlungsvermögen, obgleich auch mit dem für ihn bezeichnenden bombastischen Vokabular, die sozialen, ökonomischen und psychologischen Ursachen des Massenaufruhrs:

> We need not elaborate on the crystalline injustice of this to the poor man in general, and in particular to the poor Irishman (a quarter of the entire city was Irish), mired in generational denial und humiliation as he was, and for whom free negroes meant a swarm of competitors for the already insufficient jobs at the bottom of the world. (p. 275)

Zu keiner anderen Erklärung als Kennedys Erzähler gelangt auch eine zeitgleich mit *Quinn's Book* publizierte historische Studie zum amerikanischen Bürgerkrieg:

> Crowded into noisome tenements in a city with the worst disease mortality and highest crime rate in the Western world, working in low-skill jobs for marginal wages, fearful of competition from black workers, hostile toward the Protestant middle and upper classes who often disdained or exploited them, the Irish were ripe for revolt against this war waged by Yankee Protestants for black freedom.[28]

Selbst die vermeintliche Regellosigkeit des spontanen Massenaufruhrs folgt den psychosozialen Gesetzen der Ein- und Ausgrenzung; „pil-

---

[28] James M. McPherson, *Battle Cry of Freedom* (New York: Oxford University Press, 1988), p. 609.

lage and destroy all that is not of us" (p. 275) lautet die Handlungsmaxime der Aufständischen. Die entfesselte Masse wird in *Quinn's Book* zu einem vielgliedrigen, blutdürstigen Wesen, dessen Verhalten sich nur noch unter Rückgriff auf eine animalisch-bestialische Metaphorik fassen läßt: „The howling of the mob grew fiercer, more shrill, a worldless yawp of animal frenzy, the mob hearts all linked now in a single feral pulsebeat as they sensed a quarry and a kill" (p. 276).

Es ist sicherlich richtig, daß es Kennedy in *Quinn's Book* auch darum geht, wie Tramble T. Turner meint, „a sense of fellow feeling between two communities too often baited against each other"[29] zu generieren, es ist aber nicht korrekt, mit Turner weiterführend zu schlußfolgern, daß der Roman bereits erfolgreiche Modelle einer „shared identity between the two groups" vorstellen würde, und es ist ebenso fragwürdig, von einer „shared identity" zwischen John und Joshua bzw. von einer „fused identity between Joshua and Quinn" zu reden.[30] Zwar trifft die Feststellung zu, daß sich alle Pikaros, die einer ethnischen Minderheit angehören, vor ähnliche Probleme gestellt sehen. Falls sie in der von Weißen beherrschten Welt reüssieren oder auch nur überleben wollen, müssen sie ihre Vergangenheit, ihre Wurzeln, letztlich ihre Identität verleugnen: „Identität braucht Geschichte."[31] Ein direkter Vergleich zwischen der Darstellung der irisch-amerikanischen und der schwarz-amerikanischen Erfahrung in der pikaresken Romanliteratur der Eighties legt jedoch nicht nur Parallelen, sondern ebenso eindringlich markante Unterschiede offen. So vermag z.B. ein Exkurs zu Charles Johnsons *Oxherding Tale* (1982), entstanden zwischen 1975 und 1982[32], sowohl die Gemein-

---

[29] Tramble T. Turner, 36.
[30] Die drei Zitate finden sich bei Turner auf den Seiten 41, 40, 42.
[31] Klaus Benesch, „The Manumission of First-Person Viewpoint: Identität und Autobiographie in Charles Johnsons *Oxherding Tale*," *Arbeiten aus Anglistik und Amerikanistik*, 17 (1992), 3.
[32] In einem Vorwort zu einer Neuauflage des Romans 1995 referiert Johnson ausführlich und detailliert die Produktionsgeschichte des Textes: eine erste Fassung wurde 1975 fertiggestellt, die Überarbeitung dauerte bis zum Sommer 1980. Entstehungsgeschichtlich gehört *Oxherding Tale* also der pikaresken Romanliteratur der 70er Jahre an; die Wahl Reagans zum US-Präsidenten konnte

samkeiten als auch die Differenzen zwischen einem irland- und einem afrikastämmigen Pikaro der Dekade anschaulich zu machen. Und darüber hinaus schärft ein Vergleich zwischen *Quinn's Book* und der Johnson-Pikareske den Blick für charakteristische Veränderungen innerhalb der amerikanisch-pikaresken Erzähltradition während der 80er Jahre.

Die Identitätsproblematik in einem schwarz-amerikanischen pikaresken Roman der 80er Jahre: Exkurs zu Charles Johnsons *Oxherding Tale* (1982)

Zunächst springen die Gemeinsamkeiten im Entwicklungsmuster der jeweiligen Hauptfiguren ins Auge: in *Oxherding Tale* und in *Quinn's Book* demonstrieren die jeweiligen Ich-Erzähler nicht, wie Identität sich konkretisiert, sondern wie sie sich auflöst. Mehr noch: in *Oxherding Tale* wird Identitätslosigkeit geradezu zu einer Voraussetzung des Überlebens. Der „Soulcatcher" Horace Bannon, eine halb-allegorische Figur, die Tod und Zerstörung personifiziert, wendet während seiner Suche nach entlaufenen Sklaven eine besondere und außergewöhnlich erfolgreiche Technik an:

> „When you *really* after a man with a price on his head, you forgit for the hunt that you the hunter. You get hup at the cracka down and creep ovah to where that Negro is hidin'. It ain't so much in overpowerin' him physically, when you huntin' a Negro, as it is mentally. Yo mind has to soak hup his mind. His heart. [...] Mah feelin's, and my voice, fly out to fasten onto that Negro. He senses me afore he sees me. You *become* a Negro by lettin' yoself see what he sees, feel what he feels, want what he wants [...]."[33]

---

folglich keine Auswirkungen auf Inhalte und Form von Johnsons schwarz-amerikanischer Reaktualisierung pikaresker Erzählmuster haben. Cf. Charles Johnson, „Introduction," *Oxherding Tale* (New York: Penguin USA, 1995), pp. ix-xix. In einem essayistisches Zwischenkapitel benennt Johnson übrigens explizit „the nineteenth-century picaresque novel" als eines seiner Modelle für die Komposition seines zweiten Langerzählwerks.

[33] Charles Johnson, *Oxherding Tale* (New York: Penguin USA, 1995), p. 114f. Alle weiteren Zitate aus dem Roman beziehen sich auf diese Aufgabe. Auf die

Bannons Beschreibung seiner Spür- und Jagdstrategie, die auch sprachlich als Imitation eines schwarzen Ethnolektes belegt, wie weit der Seelenfänger bei seiner Technik der Assimilation mit seinen Opfern geht, macht deutlich, daß Identität, daß Wünsche und Begehren in der Welt des Romans zur Entdeckung und damit zum Tod führen. Es ist dies eine Lehre, die dem Erzähler des Romans gleich mehrfach erteilt wird.

Erzähler in *Oxherding Tale* ist Andrew Hawkins, der seine Geburt im Mai 1838 einer zotig-derben Verwechslungskomödie, einer „low-comedy scene"[34], verdankt. Nach einem Trinkgelage zwischen dem Plantagenbesitzer Jonathan Polkinghorne und dem Hausklaven George Hawkins fürchten beide Männer die Konfrontation mit und die unvermeidliche Strafpredigt der jeweiligen Ehefrau; der Herr befiehlt folglich für die Nacht den Bettentausch. Doch im Ehebett der Polkinghornes kommt es in der Nacht zu einer geschlechtlichen Vereinigung zwischen dem Sklaven und der Sklavenbesitzerin, die ihren Gatten in ihren Armen wähnt:

> Sleepily, Anna turned and soldered herself to George. She crushed him in a clinch so strong his spine cracked. Now he had fallen too far to stop. She talked to George, a wild stream of gibberish, which scared him plenty, but he was not a man to leave his chores half-finished, and plowed on. Springs in the mattress snapped, and Anna, gripping the headboard, groaned, „Oh *gawd*, Jonathan!"
> „No, ma'am. It ain't Jonathan!"
> „Geo-o-o-orge?" Her voice pulled at the vowel like taffy. She yanked her sheet to her chin. „Is this *George?*"
> „Yo husband's in the quarters." George was on his feet. „He's, uh, with my wife." None of it made sense now. (*OT*, p. 6)

Eitler Mannesstolz verleitet George dazu, ohne Not seine Identität preiszugeben und damit seine künftige Degradierung zu einem Feldsklaven, zu einem Hirten von Ochsen und Schafen, die sich in der Kopulationsszene bereits sprachlich andeutet („he had fallen", „he [...] plowed on"), mitzu-

---

jeweilige Seitenzahl wird von mir unmittelbar im fortlaufenden Text hinter dem Kürzel *OT* verwiesen.

[34] Steven Weisenburger, „In-Between," *Callaloo*, 7 (1984), 153-156; nachgedruckt in und zitiert nach: *Contemporary Literary Criticism*, 51 (1989), 231f.; hier: 231. Cf. auch Timothy L. Parrish, „Imagining Slavery: Toni Morrison and Charles Johnson," *Studies in American Fiction*, 25 (1997), 92: „Andrew's [...] origin is distinctly comic."

verursachen.[35] Wieder schält sich aus der Geschichte seiner Zeugung für Andrew die Lehre heraus, daß es in der weißen Welt Mitte des 19. Jahrhunderts für einen Schwarzen heilsamer ist, wenn er namen-, gesichts- und konturenlos bleibt.

Die nächtliche Begegnung (ein Zufall im wörtlichen Sinne) führt zu der Geburt Andrews, der bis zu seinem 20. Geburtstag, von der Mutter nicht als Sohn anerkannt, bei seinem Vater in den Sklavenquartieren der Plantage lebt. *De jure* ist Andrew Leibeigentum der Polkinghornes, faktisch aber läßt der (an der Existenz des Jungen immerhin mitschuldige) Sklavenhalter dem Mischlingskind durch die Anstellung eines Hauslehrers eine erstklassige Erziehung angedeihen. Andrews Hellhäutigkeit und Bildung eröffnen ihm die Möglichkeit, ethnische Grenzen zu überschreiten und auch als Weißer „durchzugehen"; tatsächlich bezieht der Roman aus solchen Grenzüberschreitungen seine Spannung und seine Struktur. *Oxherding Tale* schildert vornehmlich Handlungen und Vorkommnisse, die sich in den Jahren zwischen 1858 und 1860 ereignen; 1858 verläßt Andrew die Plantage seiner Geburt, um auf dem Gut „Leviathan" der nymphomanen Jungwitwe Flo Hatfield Geld zu verdienen, mit dem er sich selbst und seine Eltern von den Polkinghornes freikaufen will. Flo Hatfield, nach Steven Weisenburger „a cross between Catherine the Great, Mae West, and The White Goddess"[36], wird dem Namen der Plantage gerecht, wenn sie ihr Regiment mit absolutistischer Allmacht führt. Sie richtet Andrew zu einem ihrer Sexsklaven ab; wieder lernt der Mischlingsjunge, daß es für das Vorankommen in der weißen Welt[37] bedeutsam ist, keine eigenen Begehren, keine eigene Identität auszubilden; statt dessen sind Fügsamkeit, Anpassungsfähigkeit und Flexibilität der Schlüssel zum Erfolg und zu der Gunst der Herrin: „The lover of Flo Hatfield's fantasy was polymorphous: husband, ravager, teacher, Galahad, eunuch, swashbuckler, student, priest, and, above all else, *always there*." (*OT*, p. 61). Flos Ausbildungsziele für Andrew benennt der Roman unverblümt: ein guter Liebhaber, so Flo Hatfield „must get the feel of sacrifice and the ideal of service into his head" (*OT*, p. 64). Als Andrew Eigenwillen und Identität

---

[35] Der Grund, der dazu führt, daß Ellisons Invisible Man vom College verwiesen wird, ist der gleiche, der die Degradierung von George Hawkins verursacht: beide werden dafür bestraft, daß sie Befehle allzu willentlich befolgt haben, und nicht deshalb, weil sie sich ihnen widersetzt hätten.

[36] Steven Weisenburger, 232.

[37] Der Roman gliedert sich in zwei große Teile; den zweiten Teil überschreibt Johnson mit „The White World" (p. 99).

entwickelt, indem er seine Herrin schlägt, weil diese ihm seinen Lohn verweigert, bekommt er prompt die Konsequenzen seines auf Selbstbehauptung ausgerichteten Verhaltens zu spüren: er wird, gemeinsam mit dem Sargschreiner der Plantage, Reb, der zu Andrew eine väterliche Freundschaft aufgebaut und zu dessen Gunsten bei der Sklavenhalterin interveniert hatte, zur Minenarbeit abgestellt, die, so weiß er, für ihn den sicheren Tod bedeutet. Doch Reb und Andrew betreten die Yellowdog Mine, ein „symbolträchtiger Hades für aufmüpfige und identitätshungrige Schwarze"[38], niemals. Der Erzähler nutzt seine Hellhäutigkeit zur Flucht, gibt sich als ein Weißer und Reb als seinen Sklaven aus. Seine helle Hautfarbe ermöglicht Andrew geographische wie soziale Mobilität.

Auch der weltkluge Reb warnt Andrew vor den Gefahren, die die Herausbildung einer stabilen Identität für einen Schwarzen im 19. Jahrhundert mit sich bringt; Rebs Überlebensstrategie ist die empathetische Einfühlung in die Gedankengänge der Vertreter der Herrenklasse: „If you got no power", so Reb, „you have to think like people who *do* so you kin make y'self over into what they want" (*OT*, p. 62). Zu Rebs Überlebenstechnik gehört es, Identität nicht auf-, sondern abzubauen; letztlich rettet er damit sogar seinem Schützling Andrew das Leben. Denn ein ziemliches implausibles Happy End schildert in einer Zuspitzung, „remarkable for its brutality and humbling tenderness"[39], wie der Sklavenfänger Bannon Andrew Hawkins aufspürt, ihm aber völlig unerwartet das Leben schenkt, da er sich geschworen hatte, seinen Beruf ab dem Zeitpunkt aufzugeben, da er bei seiner Jagd ein allererstes Mal nicht fündig werden würde. Der Sklave, dessen er nicht habhaft wird, ist Reb: „'–yo friend, as Ah was sayin', didn't have no place inside him fo' me to settle. He wasn't *positioned* nowhere.'" (*OT*, p. 174).

Auf ihrer Flucht finden Andrew und Reb Unterschlupf in Spartanburg in South Carolina, wo sich Andrew unter dem Namen William Harris mit Erfolg um eine Stelle als Lehrer an einer Schule für Erwachsene bewirbt. Als Quintessenz seiner Lehr- und Wanderjahre kristallisiert sich für Andrew das Wissen um die Notwendigkeit einer wandlungsfähigen Identität heraus. Folglich achtet er sorgsam darauf, sich zu dem neuen Namen eine Biographie und Familiengeschichte hinzuzuerfinden. Andrew Hawkins weiß: „Memory, as the metaphysicians say, is imagination" (*OT*, p. 109); er weiß, so Klaus Benesch: „Identität [...] bedarf auf dieser Seite der 'color-line'

---

[38] Klaus Benesch, 16.
[39] Stanley Crouch, „Charles Johnson: Free at Last!" *The Village Voice* (19.7.1983), 32.

einer beschreibbaren Vergangenheit, sie verlangt nach einer Biographie, nach 'Geschichte'."[40] Nachdem der Arzt Gerald Undercliff den Ungereimtheiten von Andrews biographischen Konstruktionen auf die Schliche gekommen ist, zwingt er durch Erpressung den attraktiven Jungmann zu einer Ehe mit seiner Tochter Peggy, die, obgleich noch jung an Jahren, bereits exzentrisch-altjüngferliche Züge aufweist. Am Tag der Eheschließung im Juli 1860 kennt Andrew das Gebot der Stunde: „a new, subtle, loss of identity" (*OT*, p. 139). Der Übertritt des Mulatten in die Gesellschaft der Weißen findet mit dem völligen Identitätsverlust seinen Abschluß.

Obgleich sich die Welt in *Oxherding Tale* gelegentlich als ein „slaughterhouse" präsentiert, dessen Charakteristika für Andrew „stasis, denial, humiliation, thinghood" (*OT*, p. 70) sind[41], ist der Grundton des Romans – untypisch für die US-amerikanische Pikareske der 80er Jahre – ein zukunftsgewiß-optimistischer. Ein Rezensent des Romans feiert ausdrücklich das den Text kennzeichnende Zukunftsvertrauen als ein wirksames Gegengewicht zu „so much serious contemporary writing [that] is inundated by post-wastelanders and entropists."[42] Jonathan Little kommt in seiner Deutung des Romans zu dem Ergebnis: „Unlike most of the protagonists in similar circumstances, Andrew does not become overwhelmed by the horrors of white racist persecution [...]."[43] Um die optimistische Botschaft des Romans zu sichern, nimmt Johnson sogar Anachronismen und Implausibilitäten in Kauf; Andrews Frau Peggy etwa reagiert auf das Geständnis ihres Mannes auf seine wahre Abstammung lediglich mit einem gleichgültigen Schulterzucken.

Oxherding Tale feiert unbelastet und ungeniert den Weg des Erzählers aus der Sklaverei in die Freiheit, seine Befreiung von physischen und psychischen Fesseln. Der Roman macht somit eine arglos-großgläubige Zukunftsgewißheit anschaulich, die späteren Pikaresken der Dekade fremd ist. Schon als 20-jähriger träumt Andrew seinen privaten amerikanischen Traum: „Whatever my origin, I would be wholly responsible for the shape I gave myself in the future, for shirting myself handsomely with a new life

---

[40] Klaus Benesch, 13.
[41] Schon bei Ellison präsentiert sich „history" als ein „gambler" und „madman"; cf. *Invisible Man* (New York: Modern Library, 1994), p. 434.
[42] Michael Krasny, „A Black Historical Tale," *American Book Review*, 6, 4 (1984), 14.
[43] Jonathan Little, „Charles Johnson's Revolutionary *Oxherding Tale*," *Studies in American Fiction*, 19 (1991), 146.

that called me like a siren to possibilities" (*OT*, p. 17). Der Schluß des Romans erfüllt diese ambitiösen Hoffnungen Andrews: „Reb built his finest coffin, the one in which they laid Abraham Lincoln to rest. After the war, Fruity [i.e. seine Frau Peggy] and I turned to the business of rebuilding, with our daughter Anna (all is conserved; all), the world" (*OT*, p. 176). Andrews Redefinitionen seiner eigenen Identität kommen erst dann zu einem Abschluß, wenn er auf der höchsten der für ihn erreichbaren Sprossen der sozialen Leiter angekommen ist. Verbürgte, authentische Geschichte, das ist für ihn etwas, das mit aller Kraft der Selbstverleugnung negiert werden muß. Historische Identität, die Verankerung eines Selbst in einer transindividuellen Geschichtlichkeit, ist für ihn etwas Furchtauslösendes:

> [...] the past is threatening; in the Black World a threat because there *is* no history worth mentioning, only family scenarios of deprivation and a bitter struggle – and failure – against slavery, which leads to despair [...]; and in the White World the past is also a threat, but here because, in many cases, the triumphs of predecessors are suffocating, a legend to live up to, or to reject (with a good deal of guilt), the anxiety that these ghosts watch you at all times, tsk-tsking because you have let them down: a feeling that everything significant has been done, the world is finished. (*OT*, p. 132)

Wo den Weißen die Vergangenheit eine Bürde ist, dort ist den Schwarzen die Zukunft eine Verheißung. Die fast vollständige Deckungsgleichheit schwarz-amerikanisch-pikaresker Erzählwerke mit der *Slave Narrative* markiert einen bedeutsamen Unterschied des afroamerikanischen Pikaros zu allen anderen pikarischen Gestalten der US-Literatur, die ethnischen Minderheiten angehören. Allerdings sieht sich jeder randständige Pikaro, zumal ein ethnisch definierter, gezwungen, sein Verhältnis zur *Mainstream*-Kultur zu klären. Die Erkenntnis, die er bei seinem Bestimmungsversuch gewinnt, ist jedesmal beachtenswert konstant: „And here's the cream of the joke: Weren't we *part of them* as well as apart from them [...]?"[44]

Ein Vergleich zwischen Andrew Hawkins und Daniel Quinn lenkt freilich in erster Linie den Blick auf bemerkenswerte Modifikationen pikaresker Erzählkonventionen während der Reagan-Dekade. John-

---

[44] Ralph Ellison, p. 565.

son entwirft, noch unbeeinflußt von der sozialen Wirklichkeit der 80er Jahre, einen pikarischen Helden, der zu Bindung, Freundschaft und solidarischem Handeln fähig ist und der letztlich mit Zukunftszuversicht die Werte und Ideale der gesellschaftlichen Mitte bzw. Mittelklasse übernimmt. Sein peripherer Status ist für Hawkins etwas, das es in einem positiven Sinne zu verleugnen und zu überwinden gilt. Gänzlich anders hingegen präsentiert sich gegen Ende der Dekade Kennedys Pikaro. Quinns prominente Kennzeichen sind Isolation und Einsamkeit. Das Leben an der Peripherie nutzt er zu einer (zumindest rhetorischen) Abgrenzung von dem verlogen-scheinheiligen und damit suspekten Wertesystem des gesellschaftlichen Zentrums.

Auch hinsichtlich ihrer Geschichtskonzeption unterscheiden sich die beiden Erzähltexte deutlich. Während Johnson zu Beginn des Jahrzehnts die Ablösung südstaatlich-feudalistischer Gesellschaftsstrukturen durch kapitalistische Organisationsprinzipien als einen historischen Fortschritt würdigen kann, akzentuiert Kennedy gegen Ende der Dekade die zyklische Wiederkehr von sozialen Mißständen, die er als das zwangsläufige Ergebnis einer auf Klassengegensätzen basierenden Gesellschaftsordnung interpretiert. Während also *Oxherding Tale* der prinzipiellen Möglichkeit einer Ergänzung und Redefinition der amerikanischen Erfahrung Ausdruck verleiht, artikuliert *Quinn's Book* vornehmlich Zweifel an der Fähigkeit der amerikanischen Gesellschaft zum sozialen Wandel und Angst vor den sozialen Auswirkungen einer petrifizierten, zur inneren Reform unfähigen Zweiklassengesellschaft. Am Anfang des Reagan-Jahrzehnts stehen somit in der pikaresken Romanliteratur Amerikas Zukunftszuversicht und positiv konnotiertes Zentralitätsbegehren, an seinem Ende hingegen Fortschrittsskepsis und Kapitalismuskritik.

John the Brawn McGee: Eine pikareske Aufsteigerbiographie

Der optimistische Grundton in *Oxherding Tale* negiert darüber hinaus letztlich die Ambivalenz vermeintlicher oder tatsächlicher Befreiungsgeschichten, denn in pikaresken Romanen bedeuten sozialer Aufstieg und Zurückweisung der sozialen Herkunft immer auch: „the defeated come to love the symbols of their conquerors."⁴⁵ Charles Johnson muß sogar auf eine Finte, auf eine List zurückgreifen, um die Aufstiegskarriere seines Erzählers wenigstens ansatzweise zu plausibilisieren: einem weniger hellhäutigen Protagonisten wären vermutlich die Aufstiegschancen, die Andrew Hawkins beherzt wahrnimmt, versagt geblieben. William Kennedys Roman *Quinn's Book* hingegen trifft eine deutliche Unterscheidung hinsichtlich der jeweiligen Aussichten von irlandstämmigen und von afrikastämmigen Amerikanern auf gesellschaftliches Emporkommen. Dem aus Irland eingewanderten John McGee eröffnen sich gesellschaftliche Aufstiegsmöglichkeiten, die dem schwarzen Aktivisten Joshua verwehrt bleiben. John McGee dringt zur gesellschaftlichen Spitze vor, „the most recent incarnation of John the Brawn", die der Roman anbietet, zeigt ihn als eine „handsome figure of substance and money, as wealthy as he is hairy" (p. 217f.), während Joshua zum Opfer einer rassistischen Lynchpraxis wird.

John the Brawn McGee, „nicknamed for his size and strength", schreibt in *Quinn's Book* eine „Irish-Democratic success story"⁴⁶; er beginnt seine Karriere als ein „fugitive from trouble in a dozen towns along the canal" (p. 13) und endet als ein durch Korrumpierbarkeit zu Reichtum gekommener Spielbankbesitzer. Sein Vermögen und seine Skrupellosigkeit qualifizieren ihn zu einem möglichen Kandidaten der Demokratischen Partei für einen Sitz im Kongress. Damit erhält Johns Lebensweg exemplarische Züge: „A rural people in Ireland, most of the immigrants to America in the nineteenth century settled in large cities. Here, simply for survival at first, and later yet for assimilation and prosperity, many of them entered politics."⁴⁷ Johns Erfolg ist aber gegründet auf Korruption und Egozentrik; im Zentrum der politischen Macht angekommen, dissoziiert er sich von seiner ethnischen und sozialen Herkunft und kann es sich sogar leisten, mit seiner irischen Abstammung zu kokettieren: 8000 Dollar gibt er für einen reinrassigen irischen Setterhund aus, „in

---

[45] Ralph Ellison, p. 109.
[46] Edward C. Reilly, *William Kennedy*, pp. 92 und 93.
[47] Robert E. Rhodes, „'Polytics Ain't Bean Bag': The Twentieth-Century Irish-American Political Novel," *MELUS*, 18, 1 (1993), 57.

a public gesture of contempt for the poverty of his early days" (p. 251). John the Brawn steigt nicht mit, sondern aus seiner Klasse auf; wie in *Billy Phelan's Last Game* und *Ironweed* kritisiert William Kennedy auch in *Quinn's Book* „the assimilationist pressures that justify a harsh upward mobility and social division among Irish-Americans."[48]

Bezeichnenderweise verdankt John seinen Durchbruch einem Boxkampf, „the greatest fight boxiana [...] ever known" (p. 242). Bei der Schilderung des Boxkampfes zwischen Arthur Barker und John McGee parodiert Kennedy primär den sensationalistischen Stil des Sportjournalismus der Jahrhundertmitte; gleichwohl aber gerät ihm die Beschreibung der Kampfesszenen auch zu einer humoristischen Parabel über den Selbstbehauptungskampf der irischen Einwanderer gegen die alteingesessenen, englandstämmigen Amerikaner. Bereits die schmückenden Beiworte, mit denen die beiden Kontrahenten charakterisiert werden, definieren deutlich die Fronten: „John the Brawn was [...] polarized as the heroic Irish champion of the United States and matched against Arthur (Yankee) Barker, the pride of the native Americans" (p. 241), der im Verlauf des Matches auch als „The True American" (p. 242), als „the Patriot" (p. 243), „the Pet of Patriotism" und „the True Yankee" (p. 244) bezeichnet wird. Der Kampf entwickelt sich schließlich zu einem „mortalizing conflict over who was to be the bare-knuckle champion of this godly land" (p. 242).

Als Sieger in dieser Auseinandersetzung kann sich John, gelenkt von „the power of greed" (p. 11), künftig ähnlich ehrgeizigen Projekten auf dem Gebiet der Politik widmen. Je erfolgreicher er ist, desto „amerikanisierter" erscheint er auch, bis er schließlich zu einer perfekten Verkörperung des amerikanischen Heldenmythos wird: „From Natty Bumppo to Augie March, the American hero, free-style and self-taught, makes his own way."[49] Der ambitionierte Pikaro findet in Amerika eine ihm günstig gesonnene Sozialstruktur vor; der Akkulturationsdruck war in den U.S.A. seit jeher außergewöhnlich

---

[48] Liam Kennedy, „Memory and Hearsay: Ethnic History and Identity in *Billy Phelan's Last Game* and *Ironweed*," *MELUS*, 18, 1 (1993), 81.

[49] Michael G. Yetman, 93.

aggressiv. Das Streben nach Zentralität und sozialem Aufstieg, ein Kennzeichen vieler Pikaros der US-Literatur, ist bei John the Brawn in reiner Form realisiert. Und mögen zunächst vielleicht auch einzelne Züge der Karriere dieser Figur phantastisch anmuten, so wurden einzelne Stationen ihrer Aufstiegsgeschichte, wie Edward C. Reilly nachweist, doch auch nach einem historisch verbürgten Beispiel modelliert.[50] Eine vergleichbare Quelle für eine schwarz-amerikanische Erfolgsgeschichte in den 50er Jahren des 19. Jahrhunderts findet Kennedy bei der Auswertung der Chroniken seiner Heimatstadt nicht. Zwar muß John, wie so viele Helden in schwarz-amerikanischen Romanen des 20. Jahrhunderts[51], zuvor einen Prozeß der Brutalisierung durchlaufen, bevor sich ihm die Chance auf einen gesellschaftlichen Aufstieg eröffnet, zwar legt der Afroamerikaner Joshua als Sparringpartner Johns die Grundlagen für dessen Erfolg, zwar behauptet Daniel Quinn lapidar: „as he [John] rose in the world, so did Joshua" (p. 246), aber bereits die Schlußszene des legendären Boxkampfes entwirft ein Bild von symbolischer Aussagekraft, das die Morrison-These von der Abgrenzungsfunktion der schwarz-amerikanischen Bevölkerung für weiße, nicht-englische Neueinwanderer eindringlich bestätigt: „A good time was had by all, nobody got killed that we know of, and the nigger carried off John the King on his shoulders" (p. 245).

---

[50] Cf. Edward C. Reilly, „John the Brawn McGee in *Quinn's Book*: A Probable Source," *Notes on Contemporary Literature*, 19 (1989), 4-5, und die Zusammenfassung dieser Trouvaille bei J. K. Van Dover, p. 109: „There is, in fact, a historical model for this implausible career: James Morrisey. The Irish-American heavyweight who won a famous match in 1853 and went on to prosper as a gambler, saloon keeper, labor leader, Congressional representative, and Saratoga racetrack millionaire."

[51] Cf. Roger Rosenblatt, der Boxkampfszenen in Richard Wrights *Black Boy*, in Jean Toomers *Cane* und in Ralph Ellisons *Invisible Man* analysiert und zu dem Ergebnis kommt: „The point of this story, in fact and parable, is repeated regularly; a black man seeking recognition in the white world must be brutalized to the extent that when recognition comes, it will be to him as an animal"; „Black Autobiography," in: James Olney (ed.), *Autobiographies: Essays Theoretical and Critical* (Princeton: Princeton University Press, 1980), p. 172f.

Daniel Quinns pikarische Mentalität

Für den Erzähler Daniel Quinn stellt John McGee die erste wichtige väterliche Ersatzfigur dar (später wird er weiteren begegnen: Emmett Daugherty, Will Canady, Joshua). Nachdem die Choleraseuche seine Eltern und Geschwister hingerafft hatte, verdingte sich Daniel zunächst bei einem Kanalschiffer mit dem aufschlußreichen Namen „Masterson" und findet nach vier Monaten der Ausbeutung und Mißhandlung, nach „four of the worst months of my life" (p. 66), schließlich im Fährbetrieb McGees eine Anstellung. Als Vatersurrogat voller Kraft, Männlichkeit und sexueller Aggressivität ist John für den 14-jährigen Daniel gleichermaßen ein idealisiertes Vorbild und eine Angstfigur ersten Ranges. Emotionale Ambivalenz, in der er gleichzeitig Identifikation anstrebt und Distanz sucht, kennzeichnet noch das Verhältnis des retrospektiv erzählenden, erwachsenen Daniel zu seinem ersten Ersatzvater. Traumatisiert wird der junge Daniel Quinn des Jahres 1849, wenn er gemeinsam mit Maud mit voyeuristischer Neugier eine sündhaft-perverse *menage à trois*, nach T. C. Boyle „a bawdy and very funny scene"[52], beobachtet, eine Szene, die beherrscht wird von der Potenz und Wollust Johns, „copulating alternately with an apparent corpse [Magdalena Colón] and a wealthy dowager [Hillegond Staats]."[53]

Die Zärtlichkeit des Ziehvaters initiiert Daniel in die geheimnisvolle, begehrt-gefürchtete Welt der Sexualität („I realized how little I knew about him, or about any man. I especially could not find a place for the tenderness he displayed in stroking the hair out of La Última's eyes with his two calloused fingers", p. 14); „the agitation", die er empfindet, „was not only beyond words but would take decades to be sifted of significance" (p. 31). Daniels ohnmächtig-neidvolle Bezeugung der väterlichen Potenz – die Episode ist offenkundig eine Parodie auf das Freudsche Konzept einer Urszene – definiert künftig seinen Status als Voyeur und Pikaro: „Der abseitige

---

[52] T. Coraghessan Boyle, 32.
[53] J. K. Van Dover, p. 104.

Blick prädestiniert den Schelm zum Voyeur [...]."[54] Er will es dem „Eber" gleichtun[55] und kann es nicht; noch als 29-jähriger paßt Daniel, wenn Maud ihn dazu auffordert, in der Rolle Johns die beobachtete Szene zu wiederholen („'Do you remember how John came to Magdalena when she was dead, how he raised her clothing? [...] I want you to do the same to me now [...]'", p. 208). „No voyeur will ever reach me", verkündet Maud im Anschluß an ihre unzweideutige Aufforderung, folglich kann es auch nicht zu der begehrten körperlichen Vereinigung mit Daniel kommen.

Quinn's Book erzählt über weite Strecken eine Initiationsgeschichte; im ersten der vier Bücher des Romans eröffnet John McGee Daniel Einblicke in die menschliche Sexualität, Zugang zu der Villa der Staats und damit zu der Welt der Erbreichen, und schließlich beschert er ihm auch die erste von vielen nachfolgenden Erfahrungen des Ausgesetztseins und der Vertreibung. Der Daniel Quinn des Romananfangs giert nach einer Ersatzfamilie und nach Adoption. Ohne Umschweife ist er dazu bereit, die Staats-Villa als sein neues Zuhause und die Besitzerin Hillegond, die er später als „The Great Mother" (p. 229) apostrophieren wird, als eine Ersatzmutter wahrzunehmen, an deren „abundant bosom [...] I swore anew I would filially return" (p. 136). Allerdings stellt Daniel mit dieser Familienphantasie neben den bedrohlichen John the Brawn bereitwillig eine nicht minder furchtauslösende Mutterfigur: „This giant creature, Hillegond, had us in her power, which was very old power and reeked of money and leisure and exploitation" (p. 19). Hillegond, „bounteous and bawdy" (p. 27), ist auch im etymologischen Sinn eine zweideutige „Queen mother of compassion" (p. 197), die in Daniel Sehnsüchte nach und Ängste vor dem mütterlichen Verschlingen freisetzt.[56]

---

[54] Johannes Roskothen, *Hermetische Pikareske: Beiträge zu einer Poetik des Schelmenromans* (Frankfurt u.a.: Lang, 1992), p. 34.
[55] Cf. p. 31, Maud: „'He is a low beast, and they are both fools for a man. Would you want to do that to me?' 'I think so,' I said, though I had not considered it in such an individualized context."
[56] Zum „female devourer archetype" in *Ironweed* cf. Michael G. Yetman, 89 und 98.

Daniels Strategie der Schmeichelei und Anbiederung bei gleichzeitiger Wahrung einer inneren Distanz zeitigt letztlich Erfolg, zumindest in finanzieller Hinsicht: vom Sohn des Hauses wird er generös mit einem eigenen Bankkonto ausgestattet, das ihm 15 Jahre lang ein sorgenfreies Ein- und Auskommen garantiert. Jedoch nur in finanzieller, nicht aber in emotionaler Hinsicht ist es gerechtfertigt, von einem „lucky orphan"[57] oder von „Lucky Quinn"[58] zu reden.

Bevor Daniel als Entlohnung für seine Dienste bei der Bergung und Betreuung des geschundenen Dirck Staats über ein eigenes Bankkonto verfügen darf, muß er allerdings zuerst zwei traumatische Erfahrungen machen, die grundlegend seine Selbstdefinition und seine pikarische Mentalität prägen werden: seine erzwungene Vertreibung von dem Anwesen der Staats und das nachfolgende Ausgesetztwerden durch John the Brawn. Erneut heimat- und wurzellos geworden, setzt der Abschied von den Staats die Urängste eines Waisenkindes frei: die Angst vor der Armut, vor der Bindungslosigkeit, vor dem Ersatzvater, vor der Ungeborgenheit in der Welt draußen, vor der Zukunft:

> I leaned out of the carriage window for a final look at the mansion, which aroused pity and terror in my breast, but without Aristotle's cathartic effect. I pitied myself both for my inability to ever dream of living in such a place again, and also for my loss of its comforts as I reentered the world outside its doors. And its receding presence aroused in me the terror of John the Brawn, the terror of the unknown, the terror of once again being a penniless orphan. (p. 58)

Daniels Vorahnungen trügen nicht; noch während er seine düsteren Zukunftsaussichten sortiert, „the penitentiary, the Almshouse, or an early grave" (p. 59), haben ihm John und Magdalena bereits ein narkotisierendes Schlafmittel verabreicht, um den unerwünschten zusätzlichen Kostenfaktor und den gleichermaßen unerwünschten Einfluß auf die 12-jährige Maud loszuwerden. Choleraepidemien und Feuerkatastrophen konfrontierten Quinn mit dem indifferent-

---

[57] J. K. Van Dover, p. 102.
[58] Peter A. Quinn, „Incandescent Albany," *Commonweal* (20.5.1988), 309.

grausamen Gesicht der Natur, sein Ausgesetztwerden ergänzt seine Initiationserfahrungen, indem es ihm die Hinterhältigkeit vermeintlicher Vertrauenspersonen und deren materielle und emotionale Egozentrik vor Augen führt. Alleingelassen, erwacht Daniel in einer anderen Welt. In dieser definiert er seinen Status neu; er ist entschlossen, sich fortan als erwachsen zu begreifen.

> My own childhood had been terminated for me on a warm morning in April 1850, under the rising sun on the banks of the Erie Canal. There and then, Daniel Quinn, late a boy in possession of neither safety nor joy, a boy being shaped by fire, flood, ice, and the less comprehensible barbarities of men and women, was entering into a creaturehood of a more advanced order: young animal confounded – solitary, furious, eccentric, growing bold. (p. 61)

Das Schlüsselerlebnis des Verlassenwerdens dient Daniel dazu, seine künftigen Zielsetzungen und Verhaltensweisen zu bestimmen, und es antizipiert weitere Vertreibungen, die er in seinem späteren Leben zu erleiden haben wird (vom Anwesen Obadiah Griswolds etwa). Fortan wird Daniel „possession" als ein Synonym für emotionale Geborgenheit und Sicherheit dienen; fortan wird Daniel unüberwindbar einsam und richtungslos bleiben; fortan wird er sich immer wieder als exiliert, als „an outcast from all that was home" (p. 68), als „alone on the road, [...] aimless and homeless" (p. 136f.) begreifen. Für einige Interpreten wird er deshalb zu einer repräsentativen amerikanischen Figur des 19. Jahrhunderts, für J. K. Van Dover steht er, als „an immigrant and an orphan", für „an utterly new American"[59], und für George W. Hunt thematisieren bereits alle drei früheren Romane des Albany-Zyklus „Whitman's innocent orphan, ever 'on the road' in simultaneous search for a self and in quest of a father [...]."[60]

Die Konturen von William Kennedys Quinn-Figur werden jedoch mindestens ebenso stark von dem pikaresken Erbe der amerikanischen Literaturgeschichte geprägt wie von der sozialgeschicht-

---

[59] J. K. Van Dover, p. 106.
[60] George W. Hunt, „William Kennedy's Albany Trilogy," *America* (19.5.1984), 375.

lichen Wirklichkeit der Immigrationserfahrung. Wie Huckleberry Finn, Augie March und Ignatius Jacques Reilly ist und bleibt Daniel Quinn primär ein Außenseiter, letztlich ist auch er, in Korrespondenz zu den literarischen Vorbildern, „less dislocated than unlocated."[61] Zudem ist er, wie so viele amerikanische Pikaros der 50er Jahre des 20. Jahrhunderts und wie so viele der Romanfiguren Kennedys, ein Außenseiter aus freiem Willen, „by choice eccentric and self-marginalizing [...]."[62] Quinn ist „essentially an observer of life"[63]; ob bei Hilfsaktionen für entflohene Sklaven oder Bürgerkriegsgefechten, ob bei Massenunruhen oder Naturkatastrophen, bei Pferdewettrennen oder Boxkämpfen, bei Wohltätigkeitsveranstaltungen der Reichen oder bei den sozialen Unruhen in den Elendsquartieren, Quinn ist immer dabei und niemals wirklich integriert. Zwar tragen Quinns spätere Ansichten des Jahres 1864 gelegentlich gesellschaftskritische und sozialrevolutionäre Züge, J.K. van Dover beklagt gar, Kennedy schaffe mit der Figur einen „rebel with too many causes"[64], aber letzlich erweist sich Quinns pikareske Waisenkind-Mentalität und nicht seine politische Überzeugung als das entscheidende persönlichkeitsprägende Element. Nur wer die zentrale figurenpsychologische Spannung zwischen Quinns gesellschaftskritischer Gesinnung und seiner pikarischen Mentalität samt der aus ihr resultierenden Verhaltensweise des „non-commitment" nicht erkennt, muß auf die faktische Ausgestaltung der Figur enttäuscht reagieren. Sven Birkerts vermißt bei der Figur authentische, nachvollziehbare Gefühle, „shock or fear"[65], Rhoda Koenig findet in dem Roman „little impression of feeling or character"[66], für Christopher Lehmann-Haupt berichtet Quinn zumeist in gefühllosen, „greedy but

---

[61] J. K. Van Dover, p. 106.
[62] So charakterisiert Michael G. Yetman, 93, die Figur des Francis Phelan aus *Ironweed*.
[63] J. K. Dover, p.111; cf. auch ibid.: „He is neither a thinker nor a feeler. He is an observer."
[64] J. K. Van Dover, p. 107; cf. auch die Fortsetzung des Zitats: „Quinn will oppose war, racism, class oppression, secret societies, condescending WASPs."
[65] Sven Birkerts, 42.
[66] Rhoda Koenig, 93.

undernourished passages"[67], und J. K. Van Dover faßt die Kritik einer ganzen Schar von Rezensenten resümierend zusammen mit den Worten: „good, liberal oppositions [...] do not comprise a character; [...] Quinn seems to possess no moral center."[68] Als exemplarische Pikaro-Figur ist Quinn dem Leben gegenüber tatsächlich „greedy", hat er tatsächlich kein moralisches Zentrum, keine authentischen Gefühle oder stabile Identität. Doch all diese Kennzeichen leiten sich nicht aus einer handwerklichen Inkompetenz Kennedys, sondern aus der gelungenen Reaktualisierung pikaresker Erzähltraditionen ab. Die Defizite der Figur sind die psychischen Defizite einer exemplarischen Pikaro-Figur.

Quinn sucht primär nicht nach einer Weltanschauung, sondern nach Zugehörigkeit und Autoritätsfiguren; glaubt er letztere gefunden zu haben, übernimmt er deren Weltsicht zumeist kritiklos. Daniel befreit sich von der Vaterfigur des John McGee, indem er diejenigen grenzenlos idealisiert, die an seine Stelle treten: Will Canady, „this splendid soul [...], cut to no cloth save his own" (p. 48), Joshua, „a saint" (p. 197).

Daniel Quinn muß sich von seiner Vergangenheit und damit von seiner irischen Herkunft dissoziieren, um für seine idealisierten Ersatzeltern Will Canady und Hillegond Staats als Sohn attraktiv zu werden. Daniel sehnt sich nach dem purifizierten, sozial wie physisch hygienischen Raum, den das Staats-Anwesen für ihn verkörpert. Zwar erkennt er noch als Zögling Canadys in dem Irenjungen Joey Ryan sich selbst „in another guise" (p. 111) wieder, aber nur um sogleich einen scharfen Trennungsstrich zu ziehen: „Poor as we Quinns had been [...], never were we dirt poor" (p. 122). Dreck wird in Kennedys Roman gleichbedeutend mit Scham, mit internalisierter Schuld. Wenn Quinn in einem imaginären Brief an Maud von den Nöten, den Sorgen und dem Elend des irischen Einwandererschicksals erzählt („Maud, I speak to you now of the Irish", p. 111), oder wenn er über die sozialpsychologischen und ökonomischen Ursachen der New York Draft Riots spekuliert, so tut er dies mit

---

[67] Christopher Lehmann-Haupt, „*Quinn's Book*: William Kennedy's New Novel," *New York Times* (16.5.1988), C18.
[68] J. K. Van Dover, p. 107.

distanzierter Unterkühltheit und reservierter Neutralität. In einer nüchternen Bestandsaufnahme seines bisherigen Weges bleibt ihm am Ende seines Lebensberichts nur eine wenig schmeichelhafte Selbstanalyse, „a growing awareness of dark omissions in his life and a resolute will to struggle with the power the past seemed to have over him" (p. 288). Die Verdrängung der irischen Herkunft fordert ihren Tribut: Traditionslosigkeit und Identitätsdiffusion. Und sie generiert darüber hinaus auch Schuldgefühle. Was die irisch-amerikanische Erfahrung ausmache, wird William Kennedy 1985 in einem Interview gefragt. Seine Antwort: „'What unites us? It's song, drink, wit, and guilt.'"[69] An den ersten beiden „Einigungsfaktoren" hat Quinn keinen, am dritten wenig, am vierten überreichlich Anteil. Was vor allem anderen in Daniel Quinn eine – wie auch immer brüchige – irisch-amerikanische Identität konstituiert, das ist sein emotionales Leiden an seiner pikarischen Bereitschaft, viele Masken anzunehmen. Nur wenige sind dazu imstande, in dem „man of mercurial moods" (p. 210) eine feste Identität zu orten, von Maud allein heißt es, „[she] always saw through Quinn's masks" (p. 206). Als eine Huckleberry-Finn-Variante des amerikanischen Pikaro bleibt Daniel grundlegend richtungslos, geographisch wie weltanschaulich, wie der folgende – typische – Dialog zwischen Will Canady und Daniel Quinn *in nuce* veranschaulicht:

>„You're on your way," said his friend.
>„I am," said Quinn.
>„Do you know where you're going?" said his friend.
>„I do not."
>„Will you know when you get there?"
>„I might," said Quinn, „or I might not." (p. 228f.)

Quinns vorgeblich zielloser Ritt führt aber mit erstaunlicher Zielgerichtetheit zu der Staats-Villa, dem einzigen Ort, den er sich als Heimat zu denken wünscht. Jenseits seiner privaten Interessen nach Zugehörigkeit gibt es nichts, was seinem Leben Richtung weist: „Quinn experiences everything and concludes nothing" (p. 239). Er

---

[69] Peter Quinn, „William Kennedy: An Interview," *The Recorder*, 1 (1985), 81.

frißt Wissen in sich hinein, ist „busy accumulating and organizing facts", aber er findet keine „synthesis" (p. 265f.): „he knew things in general; his specifics lacked direction" (p. 261).

Daniel Quinn: Ein erfolgloser Erzähler, ein erfolgreicher Journalist

Daniel Quinn ist die perfekte Verkörperung einer pikaresken Existenz, ruhe- und ziellos, er favorisiert Neuanfänge und flieht vor Konsequenzen: „In beginnings there is all for Quinn, a creature of onset. Will Quinn ever become a creature of finalities?" (p. 240). Was aber ist die Niederschrift seines bisherigen Lebens anderes als der Versuch, Einzelerfahrungen zu synthetisieren, sein Leben retrospektiv mit einer Teleologie zu versehen, aus biographisch Erlebtem Schlußfolgerungen zu ziehen und ein Mann des zielgerichteten Handelns und Schreibens, „a creature of finalities", zu werden? William Kennedy psychologisiert den Pikaro, er gewinnt in seinem Aktualisierungsversuch der pikaresken Romanform eine neue Dimension, indem er dem äußeren Raum einen inneren Raum der Selbsterkundung hinzufügt; er entheroisiert die Figur, indem er nicht betont, wie sie in einer feindlichen Welt überlebt, sondern statt dessen akzentuiert, wie sie in einer gleichgültigen Welt verloren geht. Und er intellektualisiert seinen Pikaro, indem er ihn zu einer Schriftstellerexistenz macht. Genretypologisch beschreibt *Quinn's Book* die Schnittstelle zwischen dem pikaresken und dem poetologischen Roman.

Die Charakteristika, die den Pikaro Quinn auszeichnen, definieren ihn auch als Schriftsteller. Das Wort und die Sprache dienen ihm, dem früh Elternlosen und unglücklich Verliebten, als familiäre Ersatzheimat, als „the home of my soul" (p. 135), und als Kompensation für sein unerfülltes sexuelles Begehren nach Maud. In einer journalistische Karriere, für ihn Beruf und Berufung zugleich, wittert er seine Chance, zu Macht, Wohlstand und Ansehen zu gelangen: „Quinn's mood elevated once he discovered his control over the word. [...]. He felt a surge of power and also vague intimations of wealth" (p. 170). Mit Hilfe des Wortes will er seinem Leben Struktur verleihen: „We would call it Quinn's will to alter existence, to negate life's caprice and become causality itself" (p. 198). In all diesen Zielsetzungen aber ist er nur sehr mäßig erfolgreich. Auch in literarischer Hinsicht bleibt Quinn ein begnadeter Imitator, ein Sammler verschiedener Stilrichtungen und Schreibweisen, aber unfähig, eigene Originale zu schaffen.

Als Erzähler versucht Quinn vielerlei, wagt „bold experimentation in fictional style and techniques"[70], variiert Erzählsituationen und Erzählperspektiven. Er versucht sich im Parodieren verschiedener Textsorten und Stilrichtungen, erforscht die spezifischen Leistungsmöglichkeiten von parataktischer (p. 207) und hypotaktischer Syntax (cf. p. 169f., wo er einen monströsen 35-Zeilen-Satz formuliert), geriert sich wechselweise als Chronist, Aufklärer, Rhetoriker. Eine Vielzahl von Stilrichtungen weiß er perfekt zu imitieren, einen eigenen Stil jenseits der virtuosen, aber epigonalen Parodie findet er freilich nicht. Er akkumuliert statt zu synthetisieren. Für Christopher Lehmann-Haupt ist *Quinn's Book* „a pastiche of 19th-century styles"[71], für J. K. Van Dover „an anthology of modes of oral and written communication."[72] Ohne Zweifel: Quinn, selbst ohne eigene Stimme, hat ein besonderes Talent, mit den Stimmen anderer zu reden. Im wörtlichen Sinne zur Stimme eines anderen wird er, wenn er zum Vorleser schriftlicher Notizen von Dirck Staats wird, nachdem dieser aufgrund seiner verstümmelten Zunge des Redens unfähig geworden war. Als Daniel Dirck verläßt, ist letzterer entsetzt. Quinn konstatiert: „I saw in Dirck's face his realization that he was losing his voice yet again" (p. 131).

Daniels Fähigkeit, mit den Stimmen anderer zu reden, ist es, die Dirck belohnt, wenn er seinem Interpreten den Unterhalt für eineinhalb Lebensjahrzehnte finanziert; diese Fähigkeit ist es auch, die Daniel als Journalist reüssieren und als Schriftsteller scheitern läßt. Dieses Scheitern aber ergibt sich aus der konsequenten Gestaltung der Psycho-Logik einer pikarischen Figur; es darf nicht – wie viele

---

[70] Edward C. Reilly, *William Kennedy*, p. 88; Reilly ordnet diese Experimentierlust allerdings William Kennedy selbst und nicht der Figur Daniel Quinn zu.
[71] Christopher Lehmann-Haupt, C18.
[72] J. K. Van Dover, p. 117.

Rezensenten dies tun – gleichgesetzt werden mit dem Scheitern Kennedys bei der Handhabung der Figur. Die Rezensionsgeschichte von *Quinn's Book* ist ein Musterbeispiel dafür, wie die Tatsache, daß eine Genrezugehörigkeit unerkannt bleibt, zu interpretatorischen und evaluativen Fehlleistungen führen kann und vielleicht auch muß. Sven Birkerts Buchrezension von 1988 ist in dieser Hinsicht repräsentativ und symptomatisch. Birkerts beklagt das „posing" des Erzählers, die Formulierungen des Romans bestünden aus „undistinguished, tired sentences"; Birkerts liest *Quinn's Book* zwar als „ambitious blending of the ribald and picaresque with the matter-of-fact", findet aber „nothing original here."[73] Genau dies aber ist ja der Witz und die unausweichliche Konsequenz, wenn pikarische Helden zu Erzählern werden. Der Pikaro muß sich selbst erfinden, und zwar als etwas, was er nicht ist. Er muß sich in Pose werfen, um als mehr zu erscheinen als er ist; er muß sich erkennbar in Pose werfen, um als Pikaro identifiziert werden zu können.

Daniel Quinn hat zu dem Zeitpunkt, da er seine Geschichte erzählt, einen weiten Weg hinter sich, den klassisch-pikaresken Weg eines Analphabeten, der sich mit autodidaktischem Geschick zu einem Meister der Wortkunst entwickelt. Dieser Weg mag sich als lukrativ und einträglich erwiesen haben, er hat jedoch denjenigen sehr viel Mühe gekostet, der sich alles – bildungsbürgerliche Anspielungen, Vokabular, Syntax – erst aneignen mußte. Diese Anstrengungen aber schreiben sich unbeabsichtigt ein in eine bemühte, angestrengte Wortwahl und Syntax. Selbstverständlich hat die Feststellung Boyles Gültigkeit, daß Quinns „ersatz idiom" nicht authentisch klingt, „[it] rings false, as in the 12-line opening sentence."[74] Aber der „intolerably baroque excess" des Buches verweist nicht auf stilistische Insuffizienzen Kennedys, wie Rhoda Koenig meint[75], sondern er legt Zeugnis ab für den ungeheuerlichen Assimilationsdruck, unter den sich ein mittelloser Neueinwanderer des 19. Jahrhunderts wie Daniel Quinn gesetzt sieht. Die sprachliche Form

---

[73] Das zweite der vier Zitate aus der Birkerts-Rezension findet sich auf p. 42, die anderen auf p. 41 der Buchbesprechung.
[74] T. Coraghessan Boyle, p. 32.
[75] Rhoda Koenig, 93.

des Romans erzählt implizit die Geschichte einer vollkommenen Assimilation und somit auch die einer gescheiterten Identitätssuche.[76] Nichts an Quinns Erzählpraxis ist authentisch, alles ist ein verzweifelter Versuch zu gefallen, vor allem seinem Lehrer Will Canady, der ihn zu Beginn ihrer Bekanntschaft als „penniless orphan who thought the Mexican war was fought in Canada" (p. 74) kritisiert hatte. Indem Quinn seine Herkunft aus dem irischen Armutsproletariat zu verleugnen lernt, wird er zu einer beliebig formbaren Masse, ohne Ecken und Kanten.

Die Sprache, in der Daniel sein Leben erzählt, ist letztlich nicht seine eigene, sondern die seines Förderers Will Canady: humanistischen Idealen verpflichtet, aber strotzend vor Bildungsdünkel und Geltungssucht. Daniel verfügt nicht über die brachiale Durchsetzungskraft und mentale Skrupellosigkeit eines John the Brawn, der es sich leisten kann, mit seinem irischen Akzent auch dann noch zu kokettieren, als er in die gesellschaftliche Finanzelite vorgedrungen ist. Und als mittelloser Pikaro steht Daniel auch nicht die Option eines Dirck Staats offen, der es sich leisten kann, sein Aufklärungsbuch über die verdeckten Machenschaften der Society in einer geheimen Privatsprache zu komponieren. Daniels Sprache ist weder privat noch intim, sondern öffentlich und ostentativ, rezeptions-, nicht produktionsorientiert. Noch wenn er in einem der privatesten Momente seines Buches um Mauds Liebe wirbt, klingt er für seine eigenen Ohren wie ein Imitator: „Quinn thought he might have stolen this line from a poem" (p. 174).

Genau hieraus aber, aus dem pikarischen Unvermögen, eine eigene Stimme zu kreieren, speist sich sein Erfolg als Zeitungsreporter und die Wirkkraft seiner journalistischen Texte. Quinn hat die Fähigkeit, mit seinem Gegenstand zu verschmelzen, wenn er über die Leiden anderer schreibt, wenn er z.B. „slave stories" zu Papier bringt, „as they came out of Joshua's mouth" (p. 247). Nur, wenn sich eine grausame Wirklichkeit einer sprachlich gefälligen Dar-

---

[76] Nicht nur *Quinn's Book*, auch alle anderen Romane des Albany-Zyklus lassen sich als literarische Studien zu „assimilation and acculturation" begreifen; cf. James B. Denigan, „The Irish-American Experience in the Novels of William Kennedy," *DAI*, 51,6 (1990), 2018A.

bietung verweigert, kann Quinn auf rhetorischen Bombast und exzessive Sprechblasen verzichten und statt dessen zu einer eindrucksvoll knappen, elliptischen Schreibweise finden. Zehn der elf *slave narratives*, die er unter seinem Namen drucken läßt und die er in seinem Buch zitiert, bestehen nur aus einem einzigen Satz. Sie erzählen eigentlich keine Geschichten, sondern verweigern eine narrative, epische Ausgestaltung geradezu; sie bieten nur narrative Fragmente, kondensieren und reduzieren Geschichte auf eine nackte temporäre Abfolge.

„Slave named Bandy tried to run away and master slit his feet.
„Slave named Mandy lost a plow hook plowin' and master tied her to a tree and whipped her till blood ran down her toes.
„Slave named named [sic!] Julius was flogged bad for callin' his master 'mister.'
„Slave named Pompey worked for a man had a wife wanted a nigger whipped every time she see one.
„Slave named George had a master got hisself into a rage in town, came home drunk and shot George in the foot.
„Slave named Abram got old and useless but master wouldn't send for no doctor. 'Let him die,' said master, and old Abram died with creepers in his legs.
„Slave named Hanson had a master so mean that two hundred lashes was only a promise.
„Slave named Darius, all he lived on for a year was Indian-meal bread and pot liquor of boiled pork.
„Slave named Adam ran away and they caught him and tied him to the ground and whipped him to death.
„Slave named Caroline runnin' stuff up a hill fell down, got up, kept runnin', and master whipped her, sayin', 'How come you can't get up that hill faster?'
„Slave named Tucker got punished for goin' to a church meetin' at night. Next mornin' master called Tucker in and whipped him on the head with the butt of the cowhide, got his gun and hit Tucker on the head with the breech, got the fire tongs and hit Tucker on the head with it, got the parlor shovel and beat Tucker on the head with it; then when Tucker went to leave, master got his knife and sliced Tucker across the stomach and hit him on the head with the knife. But Tucker got away holdin' his guts in, ran and walked

sixteen miles and found a doctor, and almost died for five days but didn't."

So wrote Quinn. (p. 247)

Hier, und nur hier, wird Quinn authentisch, und zwar paradoxerweise genau dann, wenn er sich völlig die Perspektive eines anderen (Joshua) zu eigen macht. In Passagen wie diesen – im Text findet sich ein Pendant, wenn Quinn über seine Beobachtungen im Bürgerkrieg berichtet – wird das Wort zu einer machtvollen Gegenwehr, einer Gegenmacht gegen die demagogische Rhetorik der Industriebosse, zu einer Geste der Selbstbehauptung und des Protestes gegen die Macht der Waffen, des Geldes und des Mobs. Quinn erzählt hier nicht; er verweigert das Erzählen. Er macht die Inhumanität der Sklavenhaltergesellschaft lediglich durch lapidare Rubrizierungen und Bilanzierungen anschaulich. Erst wenn die grausame soziale Wirklichkeit ihn die Unangemessenheit jeglicher sprachlichen Wiedergabe von Leid und Folter lehrt, klingt nichts mehr falsch, gesucht elaboriert, verziert oder gekünstelt. Quinn wagt sich an die Grenzen des Darstellbaren und kapituliert auch gelegentlich vor dem Übermaß an Leiden, mit dem er konfrontiert wird. Als die Szene, in der er vom Mord des Pöbels an Joshua erzählt, ihrem Höhepunkt zusteuert, kann er das Geschehen nur noch verfremdet und gefiltert in der Form einer Volksballade vermitteln:

> *They beat him with their cudgels*
> *And they stabbed him with their knives*
> *and he did not die*
> *They dropped stones onto his chest*
> *They dropped stones onto his head*
> *and he did not die*
> *They poked holes in him with sticks*
> *They roped his legs and dragged him*
> *and he did not die*
> *They gave him to the harpies*
> *And they opened up his flesh*
> *and he did not die*
> *And the harpies oiled his wounds*
> *And they lit him with a match*

and he did not die
They hanged him from a lamppost
Lit a fire underneath him
and he died (p. 277)

Quinn beginnt sein Buch mit einer Spekulation über „the gods gone mad" (p. 11), aber seine Lebenserinnerungen belegen in ihrer Gesamtheit, daß das schlimmste Übel von den Menschen – „gone mad" – ausgeht.

Indem Kennedy seine Figur zu einem anklägerischen Anwalt für Freiheits- und Menschenrechte hochstilisiert, verliert diese freilich auch an Konsistenz. Daniel ist zu pikaresk gezeichnet, um konsequent glaubwürdig zu sein, und er ist zu gut, um konsistent als Pikaro durchzugehen. So kommt es in *Quinn's Book* zu einem Konflikt zwischen generischen Vorgaben und auktorialen Absichten. Pikareske Strukturen drängen auf die Thematisierung einer Assimilationsgeschichte; Kennedys Intention aber ist es, den Erzähler mit sozialrevolutionären Zügen auszustatten. Tatsächlich ist Kennedy in einem Ausmaß um *political correctness* bemüht, daß die historische Glaubwürdigkeit seines Sittenporträts des 19. Jahrhunderts ernsthaft bedroht, wenn nicht gar dauerhaft beschädigt wird: „Not only is everyone (except the two miserable slave hunters) opposed to slavery; everyone (quite improbably) respects the human dignity of African-Americans."[77] Maud muß John nur ein einziges Mal dazu ermahnen, das „N-Wort", das noch im Simpson-Prozeß von 1995 eine entscheidende Rolle gespielt hat, nicht zu benutzen, und prompt hält sich John, im Kontrast zu seinen ansonsten herrisch-eigenwilligen Charakterzügen, für die restlichen 250 Seiten des Romans strikt an diese Anweisung.

Wenn Quinn versucht, die Grausamkeiten der Sklavenhaltergesellschaft des Südens oder die des Bürgerkrieges zur Sprache zu bringen, dann wird er zu einer Inkarnation des nationalen Gewissens des Folgejahrhunderts samt dessen Sensibilität für Rassismus, Völkermord, Verfolgung und Vertreibung. In seinen Bürgerkriegserzählungen, die wiederum Zeugnis ablegen für die Technik des

---

[77] J. K. Van Dover, p. 112.

elliptischen Verweigerns von harmonisierenden Geschichten, mischt sich schonungsloser Realismus („A pile of dead people, that's the reality I'm talking about. The bigger the pile, the bigger the reality", p. 222) mit grotesken Episoden („I found him under a bridge, having what some folks like to call carnal relations – with a brown chicken", p. 222) und düster-surrealen, apokalyptischen Bildern: „He walked across the darkening field, where the broken artillery was strewn, but found no other survivors. Six horses stood hitched to a limber, all with limp necks, all erect in harness: twenty-four legs in an upright position, dead" (p. 188). Quinns Buch erinnert an einen Krieg, der von vielen Zeitgenossen als eine apokalyptische Heimsuchung erfahren wurde.[78] Um dies zu verdeutlichen, setzen Quinns Miniatur-Tableaux aus dem amerikanischen Bürgerkrieg darstellungstechnisch auf Statik, Symbolik und auf einen Stakkato-Rhythmus.

„Money is everything to me": Kennedys Pikara-Figuren in *Quinn's Book*

Der Quinn des dritten der vier Großkapitel vermag gelegentlich einen Edelmut an den zu Tag legen, der der von ihm angebeteten Maud Fallon den gesamten Roman über fremd bleibt und den sie zu keinem Zeitpunkt ihrer Karriere teilt. Der durch die Figurenkonstellation bedingte Kontrast zwischen den Charaktereigenschaften des Erzählers und jenen der Pikara-Figuren des Romans zeichnet dafür verantwortlich, daß Quinn letztlich vergleichsweise uneigennützig und heldenhaft erscheint. Maud, „this orphan of the river" (p. 10), und Daniel, „that orphan of life" (p. 187), bilden in *Quinn's Book* ein sehr ungleiches Paar. Daniel ist zumindest in den ersten beiden Kapiteln naiv, verträumt, romantisch, pathetisch[79], Maud hingegen

---

[78] Cf. hierzu etwa die Monographie von James H. Moorhead, *American Apocalypses: Yankee Protestants and the Civil War, 1860-1869* (New Haven: Yale University Press, 1978).

[79] In der zweiten Hälfte des Romans verliert Quinn zum Teil diese Naivität und legt mitunter auch Abgeklärtheit und Zynismus an den Tag; zum Teil bleibt er aber auch, zumindest in seiner wirklichkeitsfremden Verklärung Mauds, bis zum Ende „a greenhorn victim" (p. 140).

schon als 12-jährige pragmatisch, realistisch, frühreif, vorwitzig und gelegentlich auch altklug: „'Men desire any woman's body if it's naked.'" (p. 159). Schon Mauds Adoptivmutter und Unterweiserin in weltlichen und amourösen Angelegenheiten, „Magdalena Colón, also known as La Última" (p. 5), ist eine gerissene Hochstaplerin, die ihr „Hispanicized English (she was of Hibernian stock and spoke the language perfectly)" (p. 7) kultiviert und es sich zur Gewohnheit macht, die Leichtgläubigkeit und Unbedarftheit der amerikanischen Männer ihrer Zeit zu ihrem finanziellen Vorteil zu nutzen.[80] Magdalena ist als ein eineiiges Zwillingskind und als eine Herrin, die ihre Zofe zu ihrem Ebenbild macht, sowie als eine Lehrerin, die Maud zu ihrer Doublette formt, viel weniger einzigartig als ihr bombastischer Künstlername dies glauben machen will. Frauen, so Daniels neidvolldrastische Schlußfolgerung, geben geschlechtsspezifische Erfahrungen an die nachfolgenden Generationen weiter; Männer müssen sich ein solches Wissen hingegen im Alleingang aneignen: „Women handed their wisdom on to each other, but boys were supposed to discover the secrets of life from watching dogs fuck" (p. 158).

Es ist bezeichnend, daß Magdalena sich John the Brawn zu ihrem Beschützer wählt, beide eint materielle Habgier und amoralische Skrupellosigkeit. Wie ihrem männlichen Gegenpart, so liegt auch der Figur der Magdalena ein historisches Vorbild zugrunde: „Lola Montez (1818-61), the Irish adventuress, dancer, actress, performer of the famous Spider Dance (also Magdalena's speciality), spiritualist, and, as of 1859, religious convert and recluse."[81] Den Konversionsteil der Biographie schenkt sich Kennedy. Magdalena Colón ist seine Version der ehrbaren Dirne, eine „saintly whore" (p. 18), die mit pikarischer Chuzpe und nymphomaner Lebensgier einen erfolgreichen Selbstbehauptungskampf in einer patriarchalisch und chauvinistisch strukturierten Gesellschaft führt. Es ist dieser Aspekt ihrer

---

[80] Zur faktischen Existenz weiblicher Hochstapler im Amerika des 19. Jahrhunderts cf. die kulturgeschichtliche Studie von Kathleen R. DeGrave, „Swindler, Spy, Rebel: The Confidence Woman in Nineteenth-Century America," Diss. University of Wisconsin at Madison, 1989.
[81] J. K. Van Dover, p. 109.

Biographie, dem Quinn am meisten Bewunderung zollt: „her ability to survive as a solitary woman in a hostile world" (p. 280).

Doch was er an der Pflegemutter der Geliebten schätzt, wird in seinen Augen bei der Geliebten selbst zu einem Makel. Daniel erhofft sich, typisch für Kennedys männliche Protagonisten, von Maud die Wahrnehmung einer klassischen femininen Rolle: „For Kennedy, [...] the only possible role that can be imagined for the female is that of the nurturer to the male."[82] So wünscht sich auch noch der 29-jährige Daniel Maud „as the instrument by which he would rid himself of death and war" (p. 218). Von einer genuinen Pikara-Figur, verwaist, verschlagen und durchtrieben, ist solcherlei freilich nicht zu bekommen. Daniel errettet Maud vor allem deshalb, weil er das Verhalten des geliebt-gehaßten Ersatzvaters John McGee imitieren will.[83] John ist es, der die Initiative zur Einleitung der Bergungsaktionen ergreift: „I lifted her [Maud] out of our skiff onto the shore [...]. My master, meanwhile, lifted the corpse of La Última from the skiff" (p. 11). Quinns Metaphorik macht deutlich, daß die Rollenverteilung innerhalb des heranwachsenden Liebespaars schon Minuten nach den erfolgreichen Rettungshandlungen feststeht: „the vivid young girl [...] held my hand with the same tenacity a starving wolf might grip with peerless jaws the flank of a vagrant deer" (p. 9).

Die Paarbildung zwischen einem echten Pikaro und einer echten Pikara (John-Magdalena) mag erfolgversprechend sein und gegen- und wechselseitige Bedürfnisbefriedigung erlauben, die zwischen einer Pikara-Figur und einem Pikaro mit moralischen Prinzipien und sozialrevolutionären Zügen, zwischen einem heiligen Narren und einer abgebrühten Lebedame ist es nicht. In einer mustergültigen Projektion nimmt Daniel Maud als „a creature of quixotic ways" (p. 202) wahr, aber Daniels idealisierendes Liebeswerben (und nicht Mauds auf materielle Bereicherung ausgerichtetes Handeln) verdient es, als quixotesk bezeichnet zu werden (schließlich teilt Daniel Quinn vermutlich nicht zufällig seine Initialen mit dem Ritter von der traurigen Gestalt). Maud weiß, was sie will, wenn sie sich stein-

---

[82] Micheal G. Yetman, 89.
[83] Cf. J. K. Van Dover, p. 110: „As John rescues Magdalena, young Daniel Quinn rescues Maud [...]."

reichen Protegées als Konkubine anbietet. Wo Daniel aus der Perspektive des Wohlversorgten selbstgerecht formulieren kann: „Money is nothing,'" dort entgegnet ihm Maud, bodenständig und verblüffend offen: „'Money is everything to me. How am I to live without money? [...]'" (p. 204). Daniels moralisierende Anklagen und Vorwürfe treffen Maud nicht; mit der Verschlagenheit einer Pikara unterstreicht sie ihre unbegrenzte Wandlungsfähigkeit: „I am never what I was. I am always new, always two" (p. 164). Wieder und wieder steht Quinn als ein Getäuschter da.

Die Frauenfiguren erfüllen im Roman mehrere Funktionen; nicht zuletzt aktualisieren sie mittelalterliche Vorstellungen von der „Frau Welt", die von vorne besehen einen verführerischen Anblick bietet, tatsächlich aber verrottet und todbringend ist. Die Frauenfiguren des Romans sind aber auch die vorrangigen Trägerinnen der humoristischen Episoden des Romans. Die humoristischen Teile in *Quinn's Book*, „the comedy here [...] ist often situational, even slapstick"[84], sind fast immer derb, gelegentlich auch rüde und zotig. In einer exemplarischen Szene gegen Ende des Romans etwa rächt sich Maud an einer Intrigantin, indem sie diese niederringt und deren Hinterteil, „[a]ll full of pimples and dimples" (p. 285), zum Entzücken der Partygäste, die mit einem „roar of laughter" (ibid.) reagieren, einer ausgiebigen Betrachtung feilbietet.[85] Kennedy versucht mit solcherlei Szenen ein Gegengewicht zu jenen Romanpassagen zu schaffen, die ein Kompendium von abscheulichen Grausamkeiten konstituieren. Auch das Ende des Romans steht vordergründig in einem scharfem Kontrast zu dessen brutal-realistischen Teilen.

Das Romanende: „Maud and Quinn were at last ready for love"?

Der letzte Satz des Romans lautet: „And then Maud and Quinn were at last ready for love" (p. 289). Woher aber Daniel am Schluß seines

---

[84] J. K. Van Dover, p. 103.
[85] Ein weiteres Beispiel für den zotig-rüden Humor des Romans bietet natürlich die Szene, in der John the Brawn Magdalena Colón „wiedererweckt"; cf. die ersten Worte der Totgeglaubten auf p. 30: „'Why did you stop doing me?'"

Buches die Gewißheit nimmt, daß sich in seinem Verhältnis zu Maud alles zum Guten wenden wird, bleibt rätselhaft. Daniel verwendet viel Sorgfalt darauf, das Ende seines Lebensberichts als eine Art Abschluß, als den Zielpunkt einer *homecoming journey* zu inszenieren. Mit La Últimas „zweitem" Tod schließt sich der Kreis der Quinnschen Lebensschau: Magdalena tritt von der Lebensbühne ab. Noch ihr „passing" inszeniert sie als eine feierliche Party. Eine von Daniel verfaßte „NOTICE OF PROXIMATE DEATH" preist das Großereignis marktschreierisch an: „Her passing will take place on the Griswold lawn, and so, to facilitate the viewing, it is suggested that visitors carry with them either candle or lamp. Dinner and libations will be served, and dancing on the lawn will begin sharply at eight o'clock" (p. 281).

Es entwickelt sich eine neobarocke Lebenslust im Angesicht von Tod und Vergänglichkeit, die Kennedy zuvor in seinem Roman sorgfältig vorbereitet hat. Immer wieder werden in *Quinn's Book* Erotik und Tod auf eine groteke Weise miteinander gekoppelt. Die Leichen von Magdalenas Zofe und eines Fährmannes sind bei ihrer Bergung derart ineinander verschlungen, „as if they had been out for an orgiastic swim and had died submerged in perversion" (p. 9). Magdalena wird in einer Totenkammer durch eine nekrophile Schändung frischer Lebenssaft injiziert. Maud und Daniel küssen sich erstmals in einem Augenblick, da sie beide vor einer implodierenden, sich in Staub auflösenden Mumie eines Revolutionshelden stehen, „and though we did not interrupt our kissing, I could see from my eyes corner that the face of Amos was gone, as were his hands" (p. 43). Hillegond Staats wird während eines Schäferstündchens erdrosselt. Mit der Kopplung von Sexualität und Tod mischt Kennedy christliche, schauerromantische und psychoanalytische Mythologeme auf parodistische Weise. Für die Figuren in *Quinn's Book* stimuliert die Anwesenheit des Todes sexuelle Vereinigungswünsche; die Konfrontation mit dem Tod steigert das körperliche Verlangen. So nimmt es nicht wunder, daß am Schluß des Romans das bevorstehende Lebensende von Mauds Ziehmutter den Hintergrund bildet, vor dem Maud und Daniel nach einem 15-jährigen Vorspiel und mehreren vergeblichen Versuchen während dieses Zeitraums erstmals miteinander intim werden. Die beiden Waisenkinder können, erwachsen geworden, das Erbe ihrer jeweiligen Ersatzeltern antreten. Doch es gibt, wie gesagt, wenig Anlaß, Daniels Vermutung zu teilen, daß seine monogamen Wunschträume kurz vor der Realisierung stehen. Viel wahrscheinlicher ist, daß nicht Daniel das Erbe von John the Brawn antritt, der voller Manneskraft zu Beginn des Buches gleich mit zwei Frauen den koitalen Akt vollzieht, sondern daß Maud in die Fußstapfen ihrer Adoptivmutter tritt: „She was never content with one man" (p. 218). Daniel erscheint am Ende seines Romans wie ein zweiter Lazarillo. Über das Ende des vermutlich wichtigsten pikaresken Romans der Literaturgeschichte schreibt Klaus Poenicke:

> The crowning event in his [Lazarillo's] career is his marriage to a beautiful young woman whom evil tongues suspect to be the concubine of the arch-priest, highest representative of the religious hierarchy. With vigour [sic!], Lazarillo rejects such slander, while slipping with ease into the sinful but remunerative *ménage à trois*. Whatever his previous gestures of violence and revolt, he now integrates with equal facility into the establishment.[86]

Der höchste Repräsentant der religiösen Ordnung wird bei Kennedy durch den höchsten Repräsentanten der frühkapitalistischen Ordnung, durch Gordon Fitzgibbon, ersetzt; damit erschöpft sich aber auch schon das Ausmaß an inhaltlicher Variation, das sich der Roman leistet. Erzähltechnisch jedoch ist der Schluß von *Quinn's Book* ein originäres Produkt der 80er Jahre des 20. Jahrhunderts.[87]

---

[86] Klaus Poenicke, „Fortune's Wheel and Revolution: On the Picaresque View of History," in: Winfried Fluck et al. (eds.), *Forms and Functions of History in American Literature: Essays in Honor of Ursula Brumm* (Berlin: Erich Schmidt, 1981), p. 125.

[87] Joseph Dewey deutet das (vordergründig) melodramatische Finale als einen Reflex auf den Zeitgeist der 80er Jahre: „Kennedy comes at the Reagan Era through the remarkable parallel of history, finding in the mid-nineteenth-century embrace of melodramatic theater and the simultaneous rise of journalism important forebears of Reagan's play zone of disengagement, of our era's deep need for theater and its indulgence of the seductive diversion of melodrama." *Novels from*

„[V]iewing" (p. 281) wird am Ende des Romans zu einem Schlüsselwort; Kennedy setzt ein prächtiges Hollywood-Finale in Szene, das einem erstmals von Sven Birkerts polemisch geäußerten Vorwurf Nahrung gibt:

> I suspect that the writing of *Quinn's Book* coincided, at least in part, with Kennedy's work on the screenplay of *Ironweed*. The pace and exteriority of the new novel are patently celluloid. Indeed, the screen, rather than the page, might be the destined home for these slight lives. For the camera inevitably enriches stereotypes, and it catches the grain of concrete details that prose cannot always reach. Kennedy would not have to change much – just the second word of the title. That job done, he could get back to what he ordinarily does so beautifully: real writing.[88]

Birkerts Frontalpolemik zeugt zwar in ihren vorschnellen Generalisierungen gleichermaßen von genregeschichtlicher Uninformiertheit (komplexe und parodistische Anspielungen auf die Traditionen und Konventionen pikaresken Schreibens entgehen ihm) und von literaturtheoretisch bedenklicher Eilfertigkeit[89], für die Schlußparagraphen des Romans aber – und nur für sie – trifft die Feststellung zu, daß sich Kennedy eine cineastische Perspektive zu eigen macht. Während der von knappen Dialogen begleiteten Tanzszenen, – „[a]nd so we danced: Magdalena and John, Gordon and Phoebe, Maud and I, and several hundred others" (p. 284) –, werden alle Haupt- und die wichtigeren Nebenfiguren noch einmal in knappen Großaufnahmen vorgeführt; „the comic end of Quinn and Maud's embrace"[90] entläßt die Leserinnen und Leser mit trügerischer Seichtigkeit und Oberflächlichkeit aus dem Romangeschehen. Aber nur wer die raffinierte genregeschichtliche Anspielung auf das Ende des *Lazarillo de Tormes* überliest, kann zu dem Schluß kommen, das Romanende leiste sich

---

Reagan's America: A New Realism (Gainesville u.a.: University of Florida Press, 1999), p. 136.
[88] Sven Birkerts, 42.
[89] Zumindest die These, daß das Filmgenre per se eine Vorliebe für stereotype Figuren habe, bedürfte weiterer Begründung, um plausibel zu werden.
[90] Tramble T. Turner, 44.

„a banal, romantic conclusion [...]."⁹¹ Daniels wahrscheinliches weiteres Schicksal als gehörnter Liebhaber bietet wenig Anlaß, den Optimismus einer Figur zu teilen, die sich bei der Einschätzung der Bedürfnisse der angebeteten Lebensdame immer mit hartnäckiger Insistenz und blinder Egozentrik geirrt hat.⁹² Magdalenas grotesk-feierliche Verabschiedung findet auf dem Höhepunkt des Bürgerkrieges statt, es fehlen die Erschlagenen und Ermordeten; die sozialen und ethnischen Konflikte des Jahrhunderts dürfen kaum als gelöst oder auch nur als beschwichtigt bewertet werden. Die Jahreszeiten-Symbolik der Makrostruktur signalisiert viel eher, daß Kennedy seinen Figuren nur eine kurze Verschnaufpause gönnt, ehe alle Konflikte, die persönlichen und die politischen, wieder aufgenommen werden.

Die Jahreszeiten-Symbolik des Romans argumentiert außerhalb eines Schemas einfacher Geschichtskonzeptionen; aus ihr läßt sich weder ein düster-apokalyptisches noch ein progressiv-zukunftsgewisses Geschichtsbild ableiten. Noch dort, wo sich Kennedy am augenfälligsten ein Anlaß geboten hätte, den Verlauf der amerikanischen Geschichte als einen Emanzipationsprozeß zu feiern, in der erfolgreichen Abschaffung der Sklaverei nämlich, findet er ein Bild von düsterer Ambivalenz. Der Schwarze Joshua kauft in einem Akt der Empathie und der Identifikation einem Hundefänger seine Jagdbeute ab; die Vorschriften besagen aber, daß die Hunde nur in die Freiheit entlassen werden dürfen, wenn sie einen Maulkorb tragen: „we muzzled the dogs and turned them loose. With luck they'd find a way to get rid of the muzzles before they starved to death" (p. 252). Das Geschenk der Freiheit, so die Denkstruktur von Quinns Kommentar, allein impliziert noch nicht künftiges Überleben, weder für die befreiten Hunde noch für die aus der Leibeigenschaft entlassenen Sklaven.

Quinns skeptische Sicht auf seine pikareske Welt manifestiert sich oft in symbolträchtigen Bildern und Symbolen, die für den Erzähler

---

[91] Walter Kirn, „Kennedy Stumbles," *Connaisseur* (July 1988), 3.
[92] Cf. etwa Daniels Erwartungen, p. 174: „What I expect from you is something. I expect you to love me as I love you." Mauds Antwort, p. 175: „'You don't understand my situation, and you don't understand me.'"

den Sinn der individuell-biographischen und der kollektiv-nationalen Geschichte eher verrätseln denn erhellen. Das einzige Erbstück, das die Eltern Quinn hinterlassen, ist eine keltische Scheibe[93], „a circular metal disk bearing an odd trompe l'oeil design. Now it was a screaming mouth with vicious eyes, now a comic puppy with bulbous nose and tiny mouth" (p. 73). Daniel kann den gesamten Roman über die Bedeutung der Rätselscheibe nicht entziffern; er glaubt schließlich „in this willful ambiguity [...] the wisdom of multiple meanings" (p. 239) zu erkennen. Ganz ohne Zweifel stehen die Scheibe und Quinns erfolglose Interpretationsanstrengungen auch für Dauer im Wechsel, „[i]t certainly functions as an emblem of continuity"[94]; vor allem anderen aber repräsentiert die Scheibe auch ein ideales Emblem für die pikareske Welt, in die Quinn sich gestellt sieht, die einmal das Gesicht eines Verzweiflungsschreis und einmal das eines harmlosen Clowns anzunehmen vermag. Die Scheibe zu deuten, heißt für Quinn seine Welt und für die Leser seines Lebensberichts Quinns Buch zu deuten. Die Scheibe konstituiert somit, wie Quinn explizit macht, eine Interpretationsherausforderung für künftige Generationen: „Quinn equated Maud with his Celtic potato platter: both of them agents of change and illusion, both of uncertain origin and significance – the platter waiting underground for another generation to unearth it" (p. 178). Im Kontext des pikaresken Romans aber wird die „potato platter" zu einem facettenreichen Symbol für eine pikareske Welt, in der Zufall und Ambivalenz regieren, der die Verbindlichkeit von sicheren Interpretationsmodellen abhanden gekommen ist: Kennedys Auseinandersetzung mit der amerikanischen Vergangenheit wird zu einer Auseinandersetzung mit der Gegenwart des Landes.

---

[93] Die Titelseite der amerikanischen Erstausgabe enthält eine zeichnerische Reproduktion dieser Scheibe; Van Dover verweist darauf, daß sie von Kennedy nach einem tatsächlichen frühgeschichtlichen Fundstück, nach „an actual disk discovered by archaeologists" (p. 119f.) entworfen wurde.

[94] J. K. Van Dover, p. 120.

Quinns Welt und Reagans Amerika

Der Roman *Quinn's Book* ist ein markantes Zeugnis für die literarische Auseinandersetzung mit den politisch-gesellschaftlichen Gegebenheiten seiner Handlungszeit *und* seiner Entstehungszeit; wie jeder historische Roman dokumentiert das Buch mindestens so anschaulich die Mentalität der darstellenden wie die der dargestellten Epoche. Die offensive und offene Darstellung von Sexualität und Gewalt etwa zerstört jegliche Illusion, daß es sich bei dem Roman um ein authentisches Dokument aus dem 19. Jahrhundert handeln könnte. Wie sehr Kennedy an dem Aufzeigen einer Analogie zwischen dem 19. und dem 20. Jahrhundert gelegen war, belegt zusätzlich die Entstehungsgeschichte des Romans. Kennedys ursprünglicher Konstruktionsplan für den Roman fußte auf einem Konzept von „interlocking chapters set in alternate centuries."[95] Erst in einem zweiten Arbeitsschritt strich Kennedy die Kapitel, die im 20. Jahrhundert spielen sollten, und beschränkte sich auf die drei Mitteldekaden des 19. Jahrhunderts. William Kennedy geht es in *Quinn's Book* weniger um einen „act of historical imagination that encourages the reader to reconsider events in nineteenth-century America"[96], wie Tramble T. Turner meint, es geht in dem Roman weniger um die Rekonstruktion der Vergangenheit als vielmehr darum, eine Analogie zwischen der Vergangenheit und der Gegenwart sichtbar werden zu lassen. In *Quinn's Book* macht Kennedy das Unvermeidliche – die Projektion gegenwärtiger Erfahrungen in vergangene Epochen – zum literarischen Programm. Sein Roman ist somit, „in part", „a response to Kennedy's experience of the 1980s."[97] Das Porträt des 19. Jahrhunderts, das Daniel Quinn gibt, korrespondiert mit bisweilen erstaunlicher Exaktheit mit wesentlichen Aspekten der sozialen Wirklichkeit im Amerika Ronald Reagans. Kennedy zielt mit *Quinn's Book* eigentlich weniger auf eine Gegengeschichtsschreibung aus rassismus- und sozialkritischer Perspektive als vielmehr auf eine Gegenwarts-

---

[95] Alvin P. Sanoff, „A Novelist's Need to Go Home Again," *U.S. News and World Report* (20.6.1988), 66; cf. auch J. K. Van Dover, p. 105.
[96] Tramble T. Turner, 31.
[97] J. K. Van Dover, p. 122.

geschichtsschreibung aus der Perspektive der sozial Deklassierten oder Marginalisierten ab.

Die Beispiele für Vergleichbarkeiten sind vielfältig: „the power of greed" (p. 11), die alle nicht-intellektuellen weißen Figuren des Romans auszeichnet, dient Barbara Ehrenreich als ein Schlüsselbegriff zur Analyse der Reagan-Jahre[98], die Massenszenen des Romans erinnern an entsprechende großstädtische Aufruhrszenen aus den 80er Jahren, die psychologischen und ökonomischen Ursachen von Rassismus und spontanen Eruptionen von Gewalt, die zum Teil gewissenlosen „operations of industrial capitalism"[99], sind über die Jahrhundertwende hinweg nahezu identisch geblieben, und selbst noch die Hochstapler-Kultur der Geisterbeschwörung, die *Quinn's Book* zum Teil verspottet, findet ihre Korrespondenz in dem Esoterik-Boom der Reagan-Dekade. Auch die gesellschaftlichen Großstrukturen der 60er Jahre des 19. und der 80er Jahre des 20. Jahrhunderts sind einander zum Verwechseln ähnlich: hier wie dort treten sozial engagierte Literaten dem aufgesetzten Optimismus der offiziellen politischen Rhetorik entgegen; hier wie dort ignoriert eine verschwenderische finanzielle Luxusklasse das depressiv-gewalttätige Janusgesicht der gesellschaftlichen Underdogs. William Kennedy selbst macht in einer Interview-Äußerung solche Analogien explizit: „the suicidal tendencies of the immigrants, the incredible street fights, the lynchings, all these have absolutely direct application to our own time."[100] Die pikareske Welt des 19. Jahrhunderts ist Kennedys Metapher für das soziale Ungleichgewicht der Reagan-Zeit. So wie E. L. Doctorow in *Billy Bathgate* die 30er Jahre des 20. Jahrhunderts als eine Metapher für das zeitgenössische Amerika unter Reagan begreift, so schildert auch Kennedy Zeitgeschichte in historischer Verfremdung.

---

[98] Cf. Barbara Ehrenreich, *The Worst Years of Our Lives: Irreverent Notes from a Decade of Greed* (New York: Pantheon, 1990), p. 10: „Greed, the ancient lubricant of commerce, was declared a wholesome stimulant."
[99] J. K. Van Dover, p. 106.
[100] William Kennedy, „The Responsibility of Carrying the Dead," (Interview), *New York Times Book Review* (22.5.1988), 32.

Ein zweiter irisch-amerikanischer Pikaro in der Literatur der 80er Jahre: E.L. Doctorows Billy Bathgate

Im Vergleich zu Kennedy schildert E.L. Doctorow in *Billy Bathgate* (1989) allerdings eine ungleich zynischere Variante des US-amerikanischen Pikaro. Der Ich-Erzähler Billy Bathgate (bei dem Nachnamen handelt es sich um ein Eponym, das auf Billys Herkunft, Bathgate Avenue, und einen dort abgehaltenen Markt anspielt), erinnert sich in Doctorows Roman in den 80er Jahren an seine Jugendzeit 1935, in der er Aufnahme in die Gang des (historischen) Bandenführers Dutch Schultz fand. Der Roman erzählt „the story of a poor picaro from the Bronx"[101], der die Gelegenheit zum sozialen Aufstieg, so Salman Rushdie, „with all the hunger of the street"[102] ergreift. Die Welt des Verbrechens wird für ihn, einen 15-jährigen Halbwaisen, zu einer zweiten Heimat: „organized crime has always been a launching pad for the upwardly mobile."[103] Zu Billys literarischer Ahnenreihe zählen, so Minako Baba, „faces from the gallery of American heroes: Huck Finn, Tom Sawyer, Little Lord Fauntleroy, Augie March [...]."[104] Wie Daniel Quinn, so sind auch Billy Bathgate ethnisch bedingte Handicaps in die Wiege gelegt worden. Die Mutter ist eine irische Katholikin, der Vater, der die Familie schon bald nach der Geburt Billys verlassen hatte und von dem der Sohn noch nicht einmal den Namen kennt, war Jude. Im Sommer des Jahres 1935 avanciert Billy innerhalb kürzester Zeit zum Laufburschen, Botengänger, Lehrjungen und Maskottchen („good-luck kid"[105]) der Verbrecherbande um Dutch Schultz. Mit der pikarischen Einfühlsamkeit des gesellschaftlichen Underdogs versteht sich Billy darauf, den Bandenführer zu hofieren und ihm zu schmeicheln: „I knew from my own career with him that Mr. Schultz liked to be pursued, he was vulnerable to people

---

[101] Michael Bruce McDonald, „Doctorow's *Billy Bathgate*: Compelling Postmodern Novel, Retro-Realist Film," in: Barbara Tepa Lupack (ed.), *Take Two: Adapting the Contemporary American Novel to Film* (Bowling Green: Bowling Green State University Popular Press, 1994), p. 172.
[102] Salman Rushdie, „Billy the Streetwise Kid," *The Observer* (10.9.1989), 51.
[103] John Leonard, „Bye Bye Billy," *The Nation* (3.4.1989), 454.
[104] Minako Baba, „The Young Gangster As Mythic American Hero: E.L. Doctorow's Billy Bathgate," *MELUS*, 18, 2 (1993), 45.
[105] E.L. Doctorow, *Billy Bathgate: A Novel* (New York u.a.: Harper Paperbacks, 1990), p. 86; alle weiteren Zitate aus dem Roman beziehen sich auf diese Ausgabe. Auf die jeweilige Seitenzahl wird unmittelbar im fortlaufenden Text hinter der Abbreviatur *BB* verwiesen.

who were attracted to him, followers, admirers, acolytes, and the otherwise dependent, whether show-off kids, or women whose men he killed" (*BB*, p. 185); Verstellung und Arschkriecherei definieren Billys „secret endowment" (*BB*, p. 206). Freimütig bekennt sich der Erzähler schon in der Eingangspassage des Romans zu seiner Fähigkeit „of adoring worshiping [sic!] that rudeness of power" (*BB*, p. 4), die Dutch Schultz personifiziert.

Billy Bathgate wird im Verlauf seiner Initiation in das Weltbild und in das Wertesystem des organisierten Verbrechens zum Zeugen von Mord, Erpressung, Korruption und Diebstahl, er lernt Schießkunst und Verrat, er wird unter der Obhut der Gang erwachsen, wie ihm seine Mutter im Spätsommer 1935 bestätigt: „You've grown out [...]'" (*BB*, p. 376). Billy genießt die Geborgenheit einer Ersatzfamilie, genießt es, wenn er nach pflichtbewußter Erfüllung seiner Aufträge zu einem Mitglied der kriminellen Zunft avanciert: „I am finally with them, one of them, their confident, their colleague" (*BB*, p. 445). Die psychologische Disposition eines Pikaro treibt Billy dazu an, sich auf eine Vatersuche zu begeben; er findet den Ersatzvater in Dutch Schultz. Wenn Dutch die Hand auf Billys Schulter legt, so interpretiert der Junge dies als eine Geste väterlicher Anerkennung und väterlichen Wohlwollens: „And I feel the warmth of the hand, and the weight of it, like a father's hand, familiar, burdensome in its pride, I see the mouth open in laughter, the large teeth" (*BB*, p. 448). In Demut konzediert Billy seinem Lehrmeister Dutch Schultz: „he made me his" (*BB*, p. 4). Allein: der angebetete Ersatzvater ist ebenso mächtig wie launisch, er ist nicht nur ein Anführer, sondern auch ein Tyrann, der skrupellos über Leichen geht. Vorhersehbar sein Ende: eine Killertruppe der Mafia erschießt Schultz und seine engsten Getreuen im Herbst 1935. Billy ist erneut vaterlos: „I am resentful, I feel fatherless again, a whole new wave of fatherlessness" (*BB*, p. 453). Er beweint den Tod des Lokalmatadoren, „sobbing and sniffling like a wretched orphan" (*BB*, p. 458).

Die simulierte Perspektive eines 15-jährigen verleiht Dutch Schultz legendär-mythische Proportionen. Salman Rushdie kommentiert kulturkritisch: „A secular nation hungry for gods, America made of men like the Dutchman dark deities in whom it desperately wanted to believe [...]."[106] John Bemrose bietet in seiner Rezension des Doctorow-Romans eine anthropologisch-psychologische Spekulation an: „Something in human nature identifies with the outlaw and his rebellion against what is false and overbearing."[107] Daniel E. Williams verleiht in einem Beitrag zur amerika-

---

[106] Salman Rushdie, 51.
[107] John Bemrose, „Growing Up in Gangland," *Maclean's Magazine* (6.3.1989), 59.

nischen Erzählliteratur des frühen 19. Jahrhunderts einer solchen anthropologischen Spekulation ein nationalspezifisches Gepräge: „Simply stated, in America we admire rogues [...]. Their radical freedom, predatory individualism, and defiance of authority represent the extremeties of ideals we all share."[108] Befunde wie die von Rushdie, Bemrose und Williams verlangen allerdings bei der Interpretation von *Billy Bathgate* nach einer Differenzierung: so sind beispielsweise Billys Reaktionen auf den Tod des vergötterten urbanen Revolverhelden bei genauem Hinsehen ambivalent. Dutch Schultz ist, wie Richard Eder klarstellt, zugleich Billys „idol, his mentor and, in the way symbolic fathers are, his victim"[109]; Billys Empfindungen gegenüber dem Vaterersatz folgen einem ödipalen Grundmuster. Weil der Erzähler zur Zeit des Handlungsgeschehens auch „a pretty little devil" (*BB*, p. 247) ist, gelingt es ihm, ein (für beide lebensgefährliches) Verhältnis mit Drew Preston, der Geliebten des Bandenführers, „society beauty and tramp"[110], anzufangen. Der geheime Verstoß gegen die ungeschriebenen Regeln der Gang verändert auch Billys Sicht auf deren Anführer: „I was frightened to belong so devoutly to Mr. Schultz. I was made bleak in my mind by his rule. You can live in other people's decisions and make a seemingly reasonable life for yourself, until the first light of rebellion shows you the character of all of them, which is their tyranny" (*BB*, p. 308f.). So findet in Billys Psyche durchaus ein Widerstreit zwischen Verlustängsten und Befreiungsphantasien statt, wenn er zum Zeugen der Fallgeschichte des Bandenführers wird, dessen Tage gezählt sind, nachdem ihm der korrupte Tammany-Hall-Boss und Meinungsführer James J. Hines seine Protektion entzogen hat: „our great gangster of the Bronx: He had risen and he was falling. And the Dutchman's life with me was his downfall" (*BB*, p. 420).

John Bemrose bemängelt an *Billy Bathgate* „an odd lack of emotion"[111], Andrew Clifford beklagt sich über „[t]he lack of a moral centre [...]."[112] Tatsächlich zeichnet sich der Erzähler durch eine besonders abgebrühte, auch frühreife Form der Emotionslosigkeit aus. Auf die Hinrichtung seiner

---

[108] Daniel E. Williams, „Doctor, Preacher, Soldier, Thief: A New World of Possibilities in the Rogue Narrative of Henry Tufts," *Early American Literature*, 14 (1984), 16.
[109] Richard Eder, „Siege Perilous in the Court of Dutch Schultz," *Los Angeles Times Book Review* (5.3.1989), 3.
[110] Salman Rushdie, 51.
[111] John Bemrose, 59.
[112] Andrew Clifford, „True-ish Crime Stories," *The Listener* (14.9.1989), 29.

einstigen Verbündeten durch einen Akt mafioser Selbstjustiz reagiert er primär nicht mit Trauer, sondern mit einer Haltung der Enttäuschung und der Egozentrik: „my disappointment is acute, I do not feel grief but that they have died so easily, as if their lives were so carelessly held, this is what disappoints me" (*BB*, p. 452f.). Am Totenbett von Dutch Schultz lauscht Billy den letzten Worten des Bandenführers; trocken kommentiert er dessen Todeskampf: „No wonder I got hungry. He [Dutch Schultz] went on for over two hours" (*BB*, p.461). Offensichtlich komplikationslos verarbeitet Billy seine Erfahrungen mit Verbrechen und Mord: „I was fearful that when I went to bed I would have nightmares but I slept the sleep of the innocent" (*BB*, p. 466). Gleichmütige Indifferenz und abgeklärte Gefühlslosigkeit sind allerdings im Kontext des pikaresken Erzählens die Regel, nicht die Ausnahme; wird *Billy Bathgate* als ein pikareskes Erzählwerk gelesen, dann wird die Kritik von Bemrose und Clifford an dem Roman substanzlos. Im Vergleich zu früheren pikaresken Romanen der US-amerikanischen Literatur markiert das humanistische Engagement eines Daniel Quinn, nicht die materialistische Egozentrik eines Billy Bathgate, die Ausnahme. Wie die Pikaros in den Werken von Charles Brockden Brown und John Dos Passos, so ist auch Billy vorrangig an einem individuellen Aufstieg und an materiellem Reichtum interessiert; die Hoffnung auf gesellschaftliche Reformen oder Umwälzungen hat in seinem Weltbild keinen Platz.

Nach dem Scheitern seiner Suche nach einem Ersatzvater verlagert sich Billys Hauptinteresse auf die Aneignung der finanziellen Hinterlassenschaften seines Meisters. Bereits zu Beginn seiner Lehrzeit bei Schultz hat sich der Junge schnell an ein luxuriöses Leben und an den Umgang mit großen Geldsummen gewöhnt. Die Aussicht, den Bandenchef zu beerben, setzt in Doctorows Pikaro schließlich unvorhergesehene Energien frei: „my competitive spirit was reawakened" (*BB*, p. 475). Billy stimmt einen Lobgesang auf die Macht des Geldes an: „the money was deathless, the money was internal and the love of it was infinite" (*BB*, p. 476). Boyd Tonkin resümiert: „For Billy, crime becomes a means of grace."[113] Durch das Geld, das der Erzähler sich in der Folge zusammenraubt, sein „pirate swag" (*BB*, p. 480), wird er zu einem mehrfachen Dollar-Millionär. Auf den letzten Seiten des Romans gesteht der Erzähler, daß ihm der Reichtum des Bandenführers Schultz zum Aufbau eines eigenen Finanzimperiums gedient hat, wobei er es bezeichnenderweise offen läßt, ob er auch nach 1935 der

---

[113] Boyd Tonkin, „A Round Table Story," *New Statesman & Society* (15.9.1989), 37.

Welt des organisierten Verbrechens angehört oder ob er sein Vermögen durch legale Geschäftspraktiken vermehrt hat.

Am Ende des Romans ist Billy, so Michael Bruce McDonald, „an older man denying the fact that he has been profoundly touched, indeed shaped, by the events of his early years [...]."[114] Schon vergleichsweise früh im Roman rühmt sich Billy seines Hangs „of ending up in the wrong church" (*BB*, p. 267). Doch alle Indizien deuten darauf hin, daß Billy mit seinem Anschluß an die Schultz-Gang mit Folgerichtigkeit in einer seinem Weltbild gemäßen „Kirche" gelandet ist. Entgegen anderslautender Beteuerungen hat Billy das kriminell-kapitalistische Wertesystem seines Ziehvaters bruchlos übernommen; „Billy Bathgate is another Billy Liar."[115] Nach John Leonard ist Doctorows Roman „a fairy tale about capitalism."[116] Die kapitalistischen Denk- und Aneignungsstrukturen, die *Billy Bathgate* zur Darstellung bringt, zeichnen sich freilich nicht durch eine besondere Raffinesse aus. Mit der ihm eigenen dumpfen Primitivität war Geldakkumulation für Dutch Schultz Selbstzweck: „he spent his money to make more of it, he had to make it in order to keep making it, because only if he kept making it would he live to make more of it" (*BB*, p. 419). Der Drang des Dutchman zur Aneignung und zur imperialistischen Ausweitung seiner Macht ist grenzenlos: „Mr. Schultz's urge to appropriate was stronger than his cunning, it was the central force of him, it operated all the time and wherever he happened to be, he'd appropriated speakeasies, beer companies, unions, numbers games, nightclubs, me, Miss Drew" (*BB*, p. 262).

Die Welt der 30er Jahre, die Doctorows Roman beschwört, ist nicht nur eine pikareske, „[t]he world worked by chance" (*BB*, p. 44), sondern auch ein Spiegel der Dekade, in der das Erzählwerk geschrieben wurde. Die Habgier der Reichen, die Armut der Ghettobewohner, sozialdarwinistische Denkstrukturen kennzeichnen die 80er Jahre nicht weniger markant als Doctorows 30er Jahre. „[T]his market, this bazaar of life, Bathgate, in the age of Dutch Schultz" (*BB*, p.484), dem Billy mit seinen Schlußworten seine Reverenz erweist, wird von E.L. Doctorow nur wenig verschlüsselt in Analogie zu dem Amerika der Reaganzeit konstruiert. *Billy Bathgate* ist primär ein kapitalismus-

---

[114] Michael Bruce McDonald, p. 185.
[115] John Sutherland, „Shakespeare the Novelist," *London Review of Books* (28.9.1989), 26.
[116] John Leonard, 454.

und gegenwartskritischer Roman: „Doctorow shows how even the canniest aptitude for acquiring wealth can devolve into a state of spiritual impoverishment. Not coincidentally, he shows how capitalism itself – attended by its oddly exact ideological Doppelgänger, gangsterdom – tends to conspire in this process."[117] In *Billy Bathgate*, wie in *Quinn's Book*, sind die Grenzen zwischen ökonomischer Gerissenheit und krimineller Gesetzesübertretung fließend. Beide Romane entwerfen historisch-pikareske Welten, die ein sozialkritisches Licht auf das Amerika der 80er Jahre werfen. John Leonard findet am Ende seiner Rezension zu *Billy Bathgate* nostalgischpathetische Worte: „Once upon a time, he [Billy had] a huge heart, our Billy, Billy Budd, Huck Finn, call him Ishmael; but they broke it forever."[118] Leonards Trauergesang kommt verfrüht: die Koexistenz von zwei so unterschiedlichen irisch-amerikanischen Pikaros wie Billy Bathgate und Daniel Quinn belegt, daß auch in der amerikanischen Romanliteratur der 80er Jahre die pikarische Figur immer zwei Optionen hat. Sie kann, wie Daniel ein zwar akkulturierter, aber dennoch gesellschaftskritischer Randgänger sein, und sie kann, wie Billy (oder John McGee) den Weg zur gesellschaftlichen Spitze beschreiten.

Sowohl *Quinn's Book* als auch *Billy Bathgate* entsprechen in allen wesentlichen Einzelelementen mustergültig den charakteristischen Merkmalen pikaresken Erzählens. Der zukunftszuversichtliche Optimismus der *Oxherding Tale* ist den beiden späteren Pikaresken allerdings bezeichnenderweise fremd. Wo Johnson die erfolgreiche Integration seines Erzählers in die bürgerliche Gesellschaft feiert, bleiben Kennedy und Doctorow die sittlichen Werte des gesellschaftlichen Zentrums suspekt. Das weiße Kern-Amerika stellt sich bei ihnen primär als ein Sammelhort für Vorurteile, Intoleranz und rassistische

---

[117] Michael Bruce McDonald, p. 172; McDonalds Aufsatz ist der bislang gewichtigste literaturwissenschaftliche Beitrag zu einer Deutung des Doctorow-Romans. Eine durchgängige Schwäche des interpretatorischen Ansatzes besteht aber darin, daß McDonald offenbar von einem antonymischen Verhältnis zwischen pikareskem und politischem Roman ausgeht; cf. p. 184: „The book can be read, moreover, as a lively picaresque adventure without troubling oneself too much over the niceties of its politics [...]."
[118] John Leonard, 456.

Ressentiments dar. Der Akkulturationsprozeß selbst gerät somit ins Zwielicht, weil er den Verlust jeglichen Wertgefühls impliziert.

Reagan, der vollständig assimilierte Amerikaner mit verdrängten irischen Wurzeln, zeigte nach William Kennedy ebenso wenig Gespür für die sozialen Belange der sozial Deklassierten wie sein fiktionaler Gegenpart in *Quinn's Book*, der korrupte Parvenu John McGee. In einem parodistischen *mock interview*, das er im Publikationsjahr von *Quinn's Book* veröffentlichte und fünf Jahre später in eine Sammlung von nicht-fiktionalen, essayistischen Texten aufnahm, verknüpft Kennedy das pikareske Thema der Heimatlosigkeit explizit mit der politischen Praxis und der historischen Bedeutung des dekadeprägenden US-Präsidenten der 80er Jahre:

> Now that you've gotten around to God, let me ask another question: is Ronald Reagan homeless?
> Yes.
> Does he have a soul?
> No.
> Will he be remembered for the war on drugs, or the budget deficit, or fraternizing with Gorbachev?
> No, he will be remembered for his remark that people who sleep on heating grates in the street are there by choice.[119]

---

[119] William Kennedy, „The Homeless: Do They Have Souls?" in: William Kennedy, *Riding the Yellow Trolley Car: Selected Nonfiction* (New York: Penguin USA, 1994), p. 415; zur Entstehungsgeschichte des Essays schreibt Kennedy, p. 414: „This was my response to a request from a *Newsday Magazine* editor that I peruse some photos of the homeless and then write something. The excellent photos, some of them excruciating to look at, were by a veteran photojournalist named Andrew Holbrooke."

4. Die therapeutische Funktion pikaresker Weltsicht: Paul Auster, *Moon Palace* (1989)

James Wright, „Having Lost My Sons, I Confront the Wreckage of the Moon: Christmas, 1960" (1963)

After dark
Near the South Dakota border,
The moon is out hunting, everywhere,
Delivering fire,
And walking down hallways
Of a diamond.

Behind a tree,
It lights on the ruins
Of a white city:
Frost, frost.

Where are they gone,
Who lived there?

Bundled away under wings
And dark faces.

I am sick
Of it, and I go on,
Living, alone, alone,
Past the charred silos, past the hidden graves
Of Chippewas and Norwegians.

This cold winter
Moon spills the inhuman fire
Of jewels
Into my hands.

Dead riches, dead hands, the moon
Darkens,
And I am lost in the beautiful white ruins
Of America.

Quelle: James Wright, *Above the River: The Complete Poems* (Middletown: Wesleyan University Press, 1992), p. 139.

Moon Palace: „Fast-food-Literatur"?

Willliam Kennedys Roman *Quinn's Book* enthält eine eindringliche Szene, in der Daniel Quinn schildert, wie die neu eingewanderten, heimatlosen Hungeriren, zur Vermeidung von potentiell epidemieauslösenden Wohnverhältnissen und aus Angst vor Arbeitsplatzkonkurrenz, wie Vieh zusammengetrieben und auf 34 Eisenbahnwaggons verladen und in den amerikanischen Westen verfrachtet werden:

> Ahead we could see them climbing into the railroad carriages that would take them west, the carriage windows down, some wet wash and portable bedding already getting the air, the children barefoot and on holiday, racing on the cobbles and gravel, a snarling dog clubbed by a militiaman's rifle, a piglet dropped and running loose beneath a carriage.[1]

Für Kennedys Erzähler werden die notleidenden Iren zu „paradigms of helpless, guiltless suffering."[2] Das Bild vom Abtransport der heimatlosen Iren antizipiert tödlichere Verladeaktionen des 20. Jahrhunderts. Nach dem Völkermord an den Juden kann weder der deutsche noch der amerikanische Pikaro derselbe sein; in den pikarischen Gestalten jüdisch-amerikanischer Autoren werden nach 1945 der materielle und der psychische Überlebenskampf deckungsgleich.

Seit jeher steht die Figur des heimatlosen, wandernden Juden in enger Nachbarschaft zum klassischen Pikaro; beide sind ruhelose und marginalisierte Gestalten, beide sehen sich mit einem ambivalenten Assimilationsdruck konfrontiert, der zugleich Freiheit und Gefangenschaft verheißt. Die Traditionen der Schlemihl-Figur in der jüdischen Literatur tragen ein übriges dazu bei, dem jüdisch-amerikanischen Pikaro ein spezifisches Gepräge zu verleihen: „to the degree that Jews looked upon their disabilities as external afflictions, sustained through no fault of their own, they used the *schlemiel* as the model of endurance, his innocence a shield against corruption, his

---

[1] William Kennedy, *Quinn's Book* (New York: Viking, 1988), p. 139.
[2] William Kennedy, p. 134.

absolute defenselessness the only guaranteed defense against the brutalizing potential of might."³ Zwar ist, wie Sanford Pinsker treffend feststellt, „the very *Weltanschuung* [sic!] of the *schlemiel* [...] particularly Jewish"⁴; gleichwohl aber trägt sie ebenso unverkennbar schlitzohrig-pikareske Züge: „one is not surprised to find that [...] a number of contemporary Jewish-American authors, like Saul Bellow, reflect in some of their works the perplexities of the picaresque."⁵ Saul Bellow ist ganz unbestreitbar der prominenteste unter den jüdisch-amerikanischen pikaresken Romanciers, aber auch einzelne Figuren von Nelson Algren, Norman Mailer und Bernard Malamud sind durch pikarische Verhaltensmuster gekennzeichnet.

Der Pikaro ist ein Überlebender, ein paradigmatischer „survivor." Damit aber wird er durch ein Wort charakterisiert, das seit Auschwitz alle Unschuld verloren hat, worauf die jüdisch-amerikanische Lyrikerin Sharon Olds in den letzten beiden Strophen ihres Gedichts „That Year" (1980) eindringlich verweist.

>   and in Social Studies, we came at last
>   to Auschwitz, I recognized it
>   like my father's face, the face of the guard
>   turning away – or worse yet
>   turning toward me.
>
>   The symmetrical piles of white bodies,
>   the round white breast-shapes of the heaps,
>   the smell of the smoke, the dogs the wires the
>   rope the hunger. It had happened to others.
>   There was a word for us. I was: a Jew.
>   It had happened to six million.
>   And there was another word that was not
>   for the six million, but was a word for me

---

³ Ruth Wisse, *The Schlemiel as Modern Hero* (Chicago: University of Chicago Press, 1971), p. 5.
⁴ Sanford Pinsker, *The Schlemiel as Metaphor: Studies in Yiddish and American Jewish Fiction: Revised and Enlarged Edition* (Carbondale und Edwardsville: Southern Illinois University Press, 1991), p. 1.
⁵ Claudio Guillén, *Literature as System: Essays Toward the Theory of Literary History* (Princeton: Princeton University Press, 1971), p. 102.

and for many others: I was:
a survivor.⁶

Das Bewußtsein, zu den Davongekommenen zu zählen, und die Schuldgefühle des Überlebenden charakterisieren auch das Selbstverständnis des Ich-Erzählers Marco Stanley Fogg in Paul Austers pikareskem Gegenwartsroman *Moon Palace* (1989). Wenn der erste Teil des Romans ein masochistisches Selbstexperiment, einen extremen Rückzug in die eigene Innerlichkeit schildert, eine kranke Bereitschaft, sich beinahe zu Tode zu hungern, dann nähert sich Foggs äußere Erscheinung deutlich dem Aussehen eines KZ-Opfers am Tag seiner Befreiung an: „my hair was so short that I scarcely recognized myself anymore. It accentuated my thinness to an almost appalling degree. My ears stuck out, my Adam's apple bulged, my head seemed no bigger than a child's."⁷

Auster, 1947 als Nachkomme eingewanderter österreichischer Juden geboren, hat all seine bislang publizierten Romane dazu genutzt, durch sorgfältig ausgeklügelte Techniken mit den Konventionen stark kodifizierter Genres zu spielen, um diese zu reaktualisieren. Die drei Romane der *New York Trilogy* (*City of Glass*, 1985; *Ghosts*, 1986; *The Locked Room*, 1988) werden gemeinhin als postmoderne Weiterentwicklungen des Detektivromans gedeutet, *In the Country of Last Things* (1988) imitiert parodistisch die Konventionen des Weltuntergangsromans, *The Music of Chance* (1991) die der Parabel Kafkascher Prägung, *Leviathan* (1992) die Traditionen des Politthrillers. Die Romane *Moon Palace* (1989) und *Mister Vertigo* (1994) schließlich variieren und experimentieren primär mit den Konventionen des pikaresken Romans. *Moon Palace* spielt sogar ausdrücklich auf den *Lazarillo*-Roman an, wenn M.S. Fogg mit seinem Verhalten die Ritterfigur in dem ersten pikaresken Roman der Weltliteratur imitiert: „I remembered a scene from a book I had once read, *Lazarillo de Tormes*, in which a starving hidalgo walks around

---

⁶ Sharon Olds, *Satan Says* (Pittsburgh und London: University of Pittsburgh Press, 1980), p. 6f.
⁷ Paul Auster, *Moon Palace* (New York: Viking, 1989), p. 67. Alle weiteren Primärtext-Zitate in diesem Kapitel nennen nur noch die entsprechenden Seitenzahlen, die sich auf diese Erstausgabe des Romans beziehen.

with a toothpick in his mouth to give the impression that he had just eaten a large meal. I began affecting the toothpick disguise myself, always making a point to grab a fistful of them when I went into a diner for a cup of coffee" (p. 60f.).

Bereits als 23-jähriger zitiert Auster in einem Essay zu Knut Hamsun und Franz Kafka Samuel Beckett und macht sich dessen Forderung nach neuen literarischen Formen zu eigen: „What I am saying does not mean that there will henceforth be no form in art. It only means that there will be a new form, and that this form will be of such a type that it admits the chaos and does not try to say that the chaos is really something else.... To find a form that accommodates the mess, that is the task of the artist now."[8] Austers Romane betreiben in diesem Sinne Grundlagenforschung im Bereich des literarischen Erzählens; mit unverstellter Bewunderung bekennt Austers nicht weniger profilierter Kollege Allan Gurganus: „It is joyful to witness familiar face cards wielded by someone possessing the wit to isolate these elements and, book by book, to reroute them, book by book, to renew them."[9] Folglich setzen sich Austers literarische Welten vornehmlich zusammen aus, wie Barry Lewis feststellt, „reconfigured plots and reworked motifs drawn from the history of American literature [...]."[10]

Der Roman *Moon Palace* rekurriert besonders augenfällig auf vielerlei intertextuelle Anspielungen und wurde deshalb auch häufig sehr schnell, zu schnell als ein Schlüsselroman oder als ein prototypisch postmoderner Roman gelesen. Schon in *In the Country of Last*

---

[8] Zit. nach Paul Auster, „The Art of Hunger," in: *The Art of Hunger: Essays, Prefaces, Interviews and The Red Notebook* (New York: Penguin USA, 1993), p. 19. Auster nennt 1973 als Entstehungsdatum seines Essays; als Quelle für sein Zitat verweist er auf ein Interview Tom Drivers mit Samuel Beckett, „Beckett at the Madeleine," das im Sommer 1961 im *The Columbia University Forum* publiziert wurde. William Drenttel kann in seiner äußerst gewissenhaft erstellten Bibliographie, *Paul Auster: A Comprehensive Bibliographic Checklist of Published Works 1968-1994* (New York: Delos, 1994), keine Publikation des Auster-Essays vor 1982 nachweisen.

[9] Allan Gurganus, „How Do You Introduce Paul Auster in Three Minutes?," *The Review of Contemporary Fiction*, 14, 1 (1994), 8.

[10] Barry Lewis, „The Strange Case of Paul Auster," *The Review of Contemporary Fiction*, 14, 1 (1994), 53.

Things, dem Vorläuferroman zu *Moon Palace*, kombiniert Paul Auster pikareske Erzählkonventionen mit postmodernen Darstellungstechniken. Sven Birkerts betitelt seine Rezension des Romans von 1989 mit „Postmodern Picaresque"[11] und Florian Felix Weyh bezeichnet *Moon Palace* in seinem Auster-Eintrag im *Kritischen Lexikon der fremdsprachigen Gegenwartsliteratur* als einen „postmodernen Unterhaltungsroman", wobei er allerdings die angeblichen Kennzeichen eines solchen Genres auf recht fragwürdige Weise konkretisiert: „– phantasievoll, anspielungsreich und voller intertextueller Bezüge."[12] Paul Auster selbst weist in einem Interview von 1993 autobiographische Lesarten des Romans weit von sich („it's probably the least autobiographical novel I've ever written") und reiht sich selbst, unter expliziter Bezugnahme auf *Moon Palace*, in die Tradition des literarischen Realismus ein: „In the strictest sense of the word, I consider myself a realist."[13] Bereits während der Entstehungsphase des Textes bezeichnet Auster den Roman als dasjenige seiner Bücher, „[which is] most rooted in a specific time and place."[14]

Die pikaresken Elemente des Romans sind es, die Austers Lektor bei der Erstlektüre des Manuskripts jubilieren und zu einer entlarvenden Gesundheitsmetaphorik greifen lassen: „It [the manuscript] had elements of the picaresque adventure à la Twain or Fielding that led me to predict that the sales would be much healthier than those of *The Country of Last Things* [sic!]."[15] Entsprechend sieht Florian Felix Weyh den Roman auch vorrangig „durch Konzessionen an ein breiteres Publikum geprägt."[16] Weyhs weitere Ableitung aus dieser

---

[11] Sven Birkerts, „Postmodern Picaresque," *The New Republic* (27.3.1989), 36; zu den pikaresken Elementen des Romans cf. auch die Rezension von Michiko Kakutani, „A Picaresque Search for Father and for Self," *The New York Times* (7.3.1989), C19.
[12] Florian Felix Weyh, „Paul Auster," *Kritisches Lexikon der fremdsprachigen Gegenwartsliteratur* (26. Nachlieferung), 8.
[13] Paul Auster, „Interview with Larry McCaffery and Sinda Gregory," *The Art of Hunger*, p. 281; das voranstehende Zitat aus demselben Interview findet sich auf p. 277.
[14] Paul Auster, „Interview with Joseph Mallia," *The Art of Hunger*, p. 275.
[15] Gerald Howard, „Publishing Paul Auster," *The Review of Contemporary Fiction*, 14, 1 (1994), 95.
[16] Florian Felix Weyh, 7; das Folgezitat findet sich auf Seite 8.

Vermutung jedoch, daß der Roman *Moon Palace* bei der Kritik auf „einhellige Zustimmung" gestoßen sei, wird von gewissenhaften Recherchen zu der Rezensionsgeschichte des Romans nicht gedeckt. In Deutschland wie in den U.S.A. überwiegen eher negative Rezensionen. So hält Bruce Bawer den Roman für „rather overdone"[17], Michael Rutschky gesteht, daß ihm der Roman „schlechter gemundet hat" als die früheren Werke Austers, weil er „zum Genre des pikaresken Romans" zähle, „in dem, wenn du um die nächste Ecke gehst, gleich die unwahrscheinlichsten Abenteuer und Verwicklungen beginnen."[18] Und zu einem polemisch-unsachlichen Verdammnisurteil gar läßt sich Matthias Politycki hinreißen, der in dem Roman eine „Abschlußarbeit für ein Creative writing-Seminar" vermutet und ihn dem Genre der „Fast-food-Literatur" zurechnet: „das Beste an Austers Roman bleiben Umschlag- und Einbandgestaltung."[19]

Austers Romane scheinen, wie solche Urteile nahelegen, über ein ganz erhebliches Provokationspotential zu verfügen. Wie im Falle von *Quinn's Book* führt auch bei *Moon Palace* genregeschichtliche Halbbildung zu fragwürdigen Werturteilen. Eine genretypologische Analyse ist in besonderem Maße unverzichtbar im Angesicht eines Oeuvres, das sich nicht mit eilfertiger Gewißheit bestimmten Schreibtraditionen und Stilrichtungen zurechnen läßt: „the lack of precise analogies to his work often leaves critics off-center in discussing it and even a little peeved [...]."[20]

Nicht alle langen Erzähltexte Austers gehören dem pikaresken Romangenre an, aber sie alle kreisen um genuine pikareske Themen und Motive wie Reisen, Verwaisung, Einsamkeit, sozialer Ab- und Aufstieg, Rollenspiel und Identitätsverlust; „[t]he missing father"[21]

---

[17] Bruce Bawer, „Doubles and More Doubles," *The New Criterion*, 7 (1989), 70.
[18] Michael Rutschky, „Die Erfindung der Einsamkeit: Der amerikanische Schriftsteller Paul Auster," *Merkur*, 45 (1991), 1111.
[19] Matthias Politycki, „Das Kamerun-Prinzip: Einige Vorurteile über 'amerikanische' und 'deutsche' Literatur," *Neue Rundschau*, 104 (1993); die ersten beiden Zitate finden sich auf Seite 86, das dritte auf Seite 85.
[20] Gerald Howard, 95.
[21] Joyce Reiser Kornblatt, „The Remarkable Journey of Marco Stanley Fogg," *New York Times Book Review* (19.3.1989), 8.

macht Joyce Reiser Kornblatt, „l'abscence du père ou des parents"[22] macht Claude Grimal als eines der Zentralthemen im Romanschaffen von Paul Auster aus. Das Motiv der Vaterlosigkeit freilich erhält in der jüdisch-amerikanischen Nachkriegsliteratur ein besonderes Gewicht; noch Spielbergs preisgekrönter Holocaust-Film *Schindler's List* gewinnt Konsistenz durch das „Pathos des abwesenden Vaters [...]."[23] Die Schuld des Überlebenden, des Nachgeborenen thematisiert auch der Roman *Moon Palace*, in dem der Erzähler im Verlauf des Handlungsgeschehens den Tod des eigenen Vaters und des Großvaters ursächlich herbeiführt.

Die Erzählinstanz in *Moon Palace* ist der 39-jährige Marco Stanley Fogg, der 1986 entscheidende Stationen seines Lebens aus den Jahren 1969 bis 1971 rememoriert und kommentiert. Fogg macht die spezifische Erzählsituation erst sehr spät, nach Ablauf von mehr als einem Drittel des Gesamtromans, explizit, wenn er die einzige Szene des Romans, die in den 80er Jahren spielt, schildert. Fogg trifft 1982 unverhofft einen ehemaligen Freund seiner Studienzeit, Zimmer, wieder: „I have not seen or heard from him since, but I suspect that the idea to write this book first came to me after that meeting four years ago, at the precise moment when Zimmer vanished down the street and I lost sight of him again" (p. 106).

Foggs Lebenserinnerungen gliedern sich deutlich in drei Teile. Das erste Drittel (Kapitel 1 und 2) beschreibt Foggs krankhaften Rückzug in eine selbst gewählte Isolation und seinen sich anschließenden psychischen Zusammenbruch. Nachdem das Waisenkind Fogg, das den Vater nie gekannt und die Mutter schon früh durch einen Verkehrsunfall verloren hatte, mit seinem Onkel Victor seine einzige ihm verbliebene verwandtschaftliche Bezugsperson verloren hat, kommt bei Fogg eine persönlichkeitsauflösende, regressive Entwicklung in Gang; mit dem Tod des Onkels, so schreibt Fogg retrospektiv, „my life began to change, I began to vanish into another world" (p. 3). Fogg finanziert seine Ausbildung an der New Yorker Columbia University mit dem wenigen Geld, das ihm seine Mutter

---

[22] Claude Grimal, „Paul Auster au coeur des labyrinthes," *Europe*, 68 (1990), 64.
[23] Jim Hoberman, „Spielbergs Oskar," *taz* (3.3.1994), 13.

hinterlassen hat, und durch den schrittweisen Verkauf seines „Zimmermobiliars": 1 492 Bücher, die er von seinem Onkel erbt und nach lesewütig-wahlloser Lektüre weiterverkauft. Im Sommer 1969 sind Foggs finanzielle Mittel aufgebraucht, er wird obdachlos, verbringt seine Tage und Nächte unterernährt im Central Park und wird schließlich von seinem ehemaligen Zimmergenossen, Zimmer, und einer flüchtigen Bekannten, Kitty Wu, aufgefunden und errettet. Im zweiten Teil des Romans geht Fogg mit seiner Retterin, einem chinesisch-amerikanischen Mädchen der zweiten Einwanderergeneration, eine Partnerschaft ein.

Vor allem aber schildert der Mittelteil des Romans Foggs Bekanntschaft mit dem greisen und reichen Thomas Effing, bei dem Fogg bis zum Herbst des Jahres 1970 eine Anstellung als Sekretär findet. Zu Foggs Aufgaben gehört es, dem blinden und gelähmten Effing die Alltagswelt zu beschreiben, ihm Bücher vorzulesen und schließlich die Lebenschronik des alten Mannes, seinen Nachruf, zu verfassen. Bei Thomas Effing, so stellt sich heraus, handelt es sich um die angenommene Identität eines einstmals beachteten Landschaftsmalers, Julian Barber[24], der 1916 eine Expedition in die Wüstenlandschaft Utahs unternommen und seither als verschollen gegolten hatte. Effing erzählt Fogg die tatsächlichen Ereignisse des Jahres 1916. Julian Barber war während seiner Expedition von einem heimtückischen Führer im Stich gelassen worden, ziellos war er gezwungen gewesen, nur halb seiner Sinne mächtig, in der Wüste umherzuirren: „That was the moment when Julian Barber was obliterated: out there in the desert, hemmed in by rocks and blistering lights, he simply canceled himself out" (p. 165). Julian Barber nutzt sein Verschollensein zu einem Bruch mit seiner

---

[24] Bei dem Namen könnte es sich um eine dezent versteckte Anspielung auf Francisco de Quevedos pikaresken Roman *El Buscon* (1626) handeln. Cf. den Romananfang Quevedos: „I come from Segovia. My father was called Clemente Pablo; he came from the same place, may he rest in peace! He was, as everybody knows, a barber, although his head was so much in the clouds that it annoyed him to be so called and he said they ought to call him a 'reaper of cheeks and tailor of beards'." Francisco de Quevedo, „The Swindler (El Buscón)," in: *Two Spanish Picaresque Novels*, transl. by Michael Alpert (London u.a.: Penguin, 1969), p. 85.

bisherigen Biographie, entschließt sich, eine andere Identität anzunehmen, um nicht zu seiner ungeliebten (und zum Zeitpunkt seines Aufbruchs schwangeren) Ehefrau zurückkehren zu müssen. Er findet Unterschlupf in einer Einsiedlerhöhle, die auf wundersame Weise ausreichend Möbel und Lebensmittel enthält. Die Höhle dient allerdings auch einer Bande von Desperados, den Gresham-Brüdern, als Versteck. Kurzerhand tötet Effing alias Barber die Gesetzlosen und nutzt das erraubte Geld der Banditen zu einem Neuanfang.

Nachdem Effing seinem Zögling Fogg sein schuldbeladenes Leben gebeichtet hat, legt er für sich ein Sterbedatum fest und verteilt in der ihm verbliebenen Zeit gemeinsam mit seinem Zögling Fogg als selbst auferlegte Sühne auf den Straßen New Yorks mehrere Tausend Dollar, die Summe, die er sich 1916 unrechtmäßig angeeignet hatte. Nach verrichtetem Werk findet Effing in Fogg einen Komplizen, wenn letzterer bewußt seine Pflichten als Betreuer so weit außer acht läßt, daß der Greis sich eine Lungenentzündung zuziehen und zum festgelegten Zeitpunkt sterben kann.

Im letzten Teil des Romans zerbricht Marcos Beziehung zu Kitty, weil diese sich weigert, ein gemeinsames Kind auszutragen und sich statt dessen für einen Schwangerschaftsabbruch entscheidet. Im Zentrum des Schlußteils steht aber die Beziehung Foggs zu dem Geschichtsprofessor Solomon Barber, Effings verleugnetem Sohn und Erben, „who turns out (in the novel's most extreme coincidence) to have been Emily Fogg's teacher and onetime lover, therefore Marco's father."[25] Doch Fogg verliert seinen Vater wieder, kaum daß er ihn gefunden hat. Nachdem sich Solomon Barber am Grab von Emily Fogg Marco offenbart hat, bringen ihn die wütend-aggressiven Anklagen des Sohnes aus der Balance; Sol Barber stürzt in ein frisch ausgehobenes Grab und stirbt wenige Monate später an den Folgen seiner Verletzungen. Nach dem Tod des Vaters macht sich Marco auf die Suche nach Effings Höhle. Marco muß in der Folge dieser Suche erfahren, daß Effings einstiges Refugium unter einem neu errichteten Stausee begraben liegt. Schließlich wird Marcos Auto gestohlen, in dessen Kofferraum sich Marcos gesamtes Hab und Gut, das Geld, das

---

[25] Steven Weisenburger, „Inside *Moon Palace*," *The Review of Contemporary Fiction*, 14, 1 (1994), 71f.

er von Sol Barber geerbt hatte, befand. Fogg unternimmt einen dreimonatigen Fußmarsch an die Pazifikküste, sieht dort dem aufgehenden Mond zu: „I kept my eyes on it as it rose into the night sky, not turning away until it had found its place in the darkness" (p. 307).

Foggs Welt: „chance and synchronicity", „omens and conjunctions"

Das Ende des Romans ist so ambivalent wie schon der Name des pikaresken Ich-Erzählers, ein Name, der vor Mehrdeutigkeit vibriert und damit auf das für die Werke Austers zentrale Konstruktionsprinzip der semantischen Überdeterminierung verweist. An semantischer Komplexität kann der Name von Austers Erzähler mit dem des berühmten Vorbilds Lazarillo mithalten.[26] So lassen sich mindestens sechs Bedeutungsmöglichkeiten isolieren:

1. die beiden Vornamen spielen auf große Entdeckerfiguren der Geschichte der westlich-imperialistischen Eroberung der Welt an: Marco Polo und Henry Morton Stanley. Die Erzählerfigur wird so mit dem Reise- und Expeditionsmotiv in Verbindung gebracht.
2. Fogg macht es sich zur Manier, seine Vornamen nur mit den Initialbuchstaben M.S. abzukürzen, „pretentiously echoing the gods of modern literature" (p. 7) wie z.B. E.M. Foster oder T.S. Eliot. Da seine Initialen aber zudem eine gängige Abkürzung für „Manuskript" darstellen, wird sein Name gleich auf doppelte Weise mit Wortkunst und Schriftstellertum gekoppelt.
3. „M.S." ist aber auch ein gängiges Kürzel für eine Krankheit, die Foggs psychische Erkrankung des Jahres 1969 vorwegnimmt.

---

[26] Javier Herrero ermittelt vier „most important meanings" des Namens von Lazarillo in seinem Aufsatz „Renaissance Poverty and Lazarillo's Family: The Birth of the Picaresque Genre," in: Gustavo Pellon und Julio Rodriguez-Luis (eds.), *Upstarts, Wanderers Or Swindlers: Anatomy of the Picaro: A Critical Anthology* (Amsterdam: Rodopi, 1986), p. 203f.

4. Der Nachname des Erzählers ist aus einer Verballhornung des ursprünglichen Familiennamens „Fogelman" entstanden, „someone in the immigration offices at Ellis Island had truncated it to Fog, with one g, and this had served as the family's American name until the second g was added in 1907" (p. 3). Die Entstehungsgeschichte des Namens zitiert also das Phänomen des Assimilationsdrucks. Die Adaptionswilligkeit der Vorfahren verweist darüber hinaus auf Wandelbarkeit, Instabilität und Identitätsdiffusion; semantisch bindet der ursprüngliche Familienname den Erzähler an das Motiv der Wirklichkeitsflucht und erneut an die Motive der Reise und der Heimatlosigkeit an.

5. Foggs Nachname ist identisch mit dem des Titelhelden in Jules Vernes *Le Tour du monde en 80 jours* (1872).[27] Wieder werden die Themen der Reise, der Entdeckung und der Literatur miteinander verknüpft.

6. Schließlich ist Fogg selbst ein bedeutungstragender, interpretativer Name, der Assoziationen an eine vernebelte Herkunft, an die fehlende Klarsicht der Erzählerfigur und an Expeditionen in unbekanntem Terrain zuläßt.

Foggs Name verweist damit auf eine solche Vielzahl von Bedeutungsmöglichkeiten, daß eine klare Linie nur schwer sichtbar ist; Foggs Selbstinterpretationen seines Namens stiften zudem eher Konfusion denn Identität. Die übermächtige Präsenz von Synchronizität führt zu der Absenz einer einheitsstiftenden Perspektive. Statt persönlichkeitsdeutender Zielgerichtetheit entsteht persönlichkeitszersetzende Beliebigkeit. Foggs „Interpretationswut" exemplifiziert einen Leitgedanken der Philosophie Hans Blumenbergs: „Prinzipiell mißlingt dem Menschen die vollständige Aufklärung seiner Lage; statt dessen versucht er in immer neuen Anläufen deren Aus- und Umdeutung, ohne sich je zu finden [...]."[28]

---

[27] Schon in dem Motto zu *Moon Palace* zitiert Paul Auster Jules Verne: „Nothing can astound an American."
[28] Ingeborg Breuer u.a., „Von Geschichte zu Geschichten: Hans Blumenbergs Metaphorologie," in: dies., *Welten im Kopf: Profile der Gegenwartsphilosophie: Deutschland* (Darmstadt: Wiss. Buchgesellschaft, 1996), p. 74.

Wie der Name der Erzählerfigur so wird auch die pikareske Welt des Romans nicht nach den Prinzipien von Kausalität und Teleologie, sondern nach denen von „chance and synchronicity"[29] konstruiert; sie konstituiert einen Kosmos, in dem „die schöne Welt von der grauenvollen nur durch einen winzigen Schritt getrennt ist."[30] Alles scheint mit allem verknüpft zu sein, auf dem Höhepunkt seiner psychischen Erkrankung entdeckt Fogg „ever larger masses of connectedness" (p. 32), aber beim Lesen von Foggs Lebensgeschichte entsteht keineswegs der Eindruck, daß sich ein geheimes sinnstiftendes Bauprinzip seiner Welt ermitteln lassen würde. Statt dessen regieren in ihr unangefochten Zufall und Unvorhersehbarkeit. Polemisch spricht Michael Walters von einer „spaghetti-junction of omens and congruencies."[31] Wenn Fogg in Unkenntnis der tatsächlichen Verwandtschaftsbeziehungen „zufällig" eine Anstellung bei seinem biologischen Großvater findet oder auf seinen biologischen Vater trifft, so gilt für *Moon Palace* in ganz besonderem Maße, was Dieter Arendt allgemein als ein Strukturprinzip pikaresker Romane ermittelt hat: „Der Zufall – sofern er zum Arrangeur aller Dinge wird, verlaufen sie glücklich oder unglücklich – verkehrt alle Teleologie ins Groteske oder Absurde."[32]

In der pikaresken Welt, die Fogg beschreibt, sind mehr Unsicherheit, Zufälligkeit und Irrationalität enthalten, als dieser ertragen kann: „[h]ier regiert der blinde, bisweilen brutale Zufall: Es sind buchstäblich Mord und Tod, welche das Lebenspuzzle an den entscheidenden Stellen zusammensetzen; und Zeichen wie Symbole [...] verschwinden hinter einem absichtlich erzeugten Nebel von

---

[29] Sinda Gregory in: Paul Auster, „Interview with Larry McCaffery and Sinda Gregory," p. 277.
[30] Florian Felix Weyh, 7. Cf. auch Marc Chénetier, *Paul Auster as „the Wizard of Odds": Moon Palace* (Paris: Didier, 1996), p. 78: „"The dismissal of causality as a founding principle appears as another way of counteracting linearity, and teleology can hardly function when endings are open-ended."
[31] Michael Walters, „In Circulation," *The Times Literary Supplement* (28.4.1989), 452.
[32] Dieter Arendt, *Der Schelm als Widerspruch und Selbstkritik des Bürgertums: Vorarbeiten zu einer literatur-soziologischen Analyse der Schelmenliteratur* (Stuttgart: Klett, 1974), p. 55.

Zusammenhangs- und Bedeutungsvielfalt [...]."[33] Der Roman macht deutlich, daß die immer neuen Sinnzusammenhänge, die Fogg zu entdecken glaubt, die Konstruktionen eines Destabilisierten sind; sie bezeugen eher Selbsttäuschung und Selbstbetrug als genuine Selbst- oder Welterkenntnis.

Der erste Teil des Romans beschreibt eine psychische Krankheitsgeschichte, deren Symptome eine extreme Passivität, Apathie, zunehmender Realitätsverlust und schließlich Halluzinationen sind.[34] In Umkehrung der geschichtlichen Entwicklung der Erzählform Roman stellt Auster die Entdeckung der Psyche, des inneren Raums an den Anfang seiner Pikareske und läßt diese mit einem geographischen Bild des äußeren Raums enden. Foggs Entwicklung im ersten Drittel des Romans folgt einem regressiven Muster, bis schließlich seine „Regression in eine Art vor-reflexives Bewußtsein"[35] ihn im wörtlichen Sinne auf einer phylogenetisch-evolutionären Anfangsstufe als Höhlenbewohner enden läßt. Er trifft während der Schlußphase seines ziel- und mittellosen Umherirrens im Central Park auf eine Felsformation, „a natural cave, and without stopping to consider the matter any further, I crawled into this shallow indentation" (p. 69).

Foggs Abstieg wird im Schicksal seines Onkels Victor antizipiert, dem in seiner Laufbahn als Musiker gleichfalls ein künstlerisch-sozialer Abstieg widerfuhr, als er sich gezwungen sah, in Orchestern mit immer geringerer Reputation mitzuspielen. Über seinen Onkel befindet der erwachsene Fogg: „when faced with a choice between the now and the later, Victor had always gone with the now" (p. 10). Genau ein solches Unvermögen zum planerischen Vorausdenken zeichnet auch den erzählten Fogg des ersten Romandrittels aus; sein neurotisches Verhalten erweist sich als Teil einer Familienpathologie.

---

[33] Wolfgang Steuhl, „Das Etwas ist die Liebe," *Weltwoche* 40 (4.10.1990), 990.
[34] Barry Lewis, 55, bewertet diese Symptome als „all the typical signs of a severe schizophrenic episode: his behavior becomes increasingly erratic, he loses track of time, he experiences disturbing hallucinations, and his powers of association are considerably loosened."
[35] Martin Klepper, *Pynchon, Auster, DeLillo: Die amerikanische Postmoderne zwischen Spiel und Rekonstruktion* (Frankfurt und New York: Campus, 1996), p. 288.

Wichtiger und entscheidender aber ist, daß der erzählende Fogg seiner Fallgeschichte auch die Repräsentativität einer Generationserfahrung verleiht:

> Later that same month, the Columbia campus was turned into a battleground, and hundreds of students were arrested, including daydreamers like Zimmer and myself. I am not planning to discuss any of that here. Everyone is familiar with the story of that time, and there would be no point in going over it again. That does not mean I want it to be forgotten, however. My own story stands in the rubble of those days, and unless this fact is understood, none of it will make sense. (p. 25)

Seinen Rückzug in die Innerlichkeit empfindet Fogg explizit als eine Geste des politischen Protestes, „I tended to look at myself from a political perspective, hoping to justify my condition by treating it as a challenge to the American way" (p. 61). Der Central Park wird zu dem Zielpunkt einer inneren Emigration, einer Flucht vor dem mit prophetischer Klarheit als Alptraumland empfundenen Amerika[36]: „suddenly the American continent was transformed into a vast danger zone, a perilous nightmare of traps and mazes" (p. 18).

In *Moon Palace* ist der Rückzug in den Innenraum somit kein Indiz für ein primär eskapistisches Begehren; statt dessen wird Privatgeschichte zur politischen Metapher für die Sinnsuche einer Generation, die „dazu gehören" will und es doch nicht kann, die sich auf individueller wie auf nationaler Ebene als verwaist empfindet. Auster versucht sich mit der Beschreibung der psychischen Krankheit seiner Erzählerfigur auch an der Rekonstruktion der zeittypischen Mentalität der 60er Jahre und kombiniert somit in *Moon Palace* die Konventionen der Pikareske mit denen des Zeitgeistromans. Den zeitgeschichtlichen Rahmen stellt Auster dadurch her, daß er seinen Erzähler in dessen Lebensrückschau eine Vielzahl von Jahreszahlen und Daten einstreuen und auf authentische historische Ereignisse

---

[36] Cf. auch Catherine Pesso-Miquel, „'Humpty Dumpty had a great fall': L'Amérique comme lieu de la Chute dans *Moon Palace* de Paul Auster." *Etudes Anglaises*, 49 (1996), 483: l'Amérique [dans *Moon Palace*] est un enfer qui lutte encore contre la différence, un enfer qui s'exporte vers d'autres contrées."

(Vietnamkrieg, Mondlandung, Woodstock) Bezug nehmen läßt. Seine Erfahrungen mit Armut und Deprivation veranlassen Fogg, eine Parallelität zwischen seiner Persönlichkeitsauflösung und dem Niedergang Amerikas zu konstatieren: „I was a living proof that the system had failed, that the smug, overfed land of plenty was finally cracking apart" (p. 61). Steven Weisenburger schlußfolgert: „The deteriorating social body thus finds its analogy in Fogg's body [...]."[37] Zumindest in der Selbstwahrnehmung Foggs wird seine Krankheit zu einer amerikanischen Pathologie.

Während der Zeit von Foggs innerem Exil nähern sich innere und äußere Wirklichkeit dermaßen aneinander an, daß sie schließlich zur völligen Deckungsgleichheit gelangen. Die allmähliche Entleerung des Zimmers, die stufenweise Reduktion von Mobiliar (Büchern) entspricht den einzelnen Phasen einer gezielten Selbstauslöschung: „piece by piece, I could watch myself disappear" (p. 24). Bezeichnenderweise aber wird Foggs Rückentwicklung sowohl mit Bildern des Todes als auch mit solchen einer spirituellen Wiedergeburt gefaßt. Denn die Versuche des Erzählers, sich einzumauern bzw. selbst lebendig zu begraben[38], machen den Weg frei für die Erfahrung einer Neugeburt: „I felt like someone about to be reborn, like someone on the brink of discovering a new continent" (p. 52).

Auch das innere Exil von Marco Stanley Fogg trägt deutlich Züge eines Initiationsrituals. Noch während seines depressiven Selbstrückzugs tritt er ein in die Welt der Bücher, bildet er sich in einem autodidaktischen Selbststudium zu einem Literaturkenner aus, indem er die 1 492 Bücher verschlingt, die ihm sein Onkel hinterlassen hat. Aber Foggs Art, Literatur zu rezipieren, verrät deutlich pathologische Züge, wahllos verschlingt er, was er in den Bücherkisten findet; ihm fehlen ein Ziel und eine Richtung. Beides findet er, der Initiant, wenn er im zweiten Teil des Romans in Thomas Effing einem Initiator, einer genuinen *guide figure* begegnet.

---

[37] Steven Weisenburger, 71.
[38] So kommentiert der Hausmeister, der Fogg gegen Ende des ersten Kapitels aus der Wohnung vertreibt, den Zustand des Zimmers mit den Worten: „it reminds me of a coffin" (p. 45).

Eine Initiationsgeschichte und ein Lehrmeister „von zweideutiger Art"

Auf seiner Suche nach Vaterersatz begegnet jeder Pikaro verschiedenen Lehrmeistern, die „nicht selten von zweideutiger Art"[39] sind. Literaturgeschichtlich der erste der langen Reihe solcher Mentoren ist der blinde Bettler, der seinem Zögling Lazarillo auf schmerzhaft-sadistische Art das brutale Treiben der Welt vor Augen führt. Ein Blinder ist es, der dem Pikaro Lektionen im richtigen Sehen, in der angemessenen Wahrnehmung der Wirklichkeit erteilt.[40] Paul Auster greift genau diese Figurenkonstellation wieder auf, wenn er den blinden Thomas Effing zu einem „self-appointed mentor" (p. 108) des inneren Reifeprozesses von Marco Stanley Fogg macht. Der Roman nennt genaue Eckdaten für Foggs Lehrzeit bei Effing, sie beginnt am 1.11.69 und endet am 12.5.70. Während dieser 6 1/2 Monate führt Effing seinen jugendlichen Betreuer in das zielgerichtete Lesen von Büchern, in das exakte Beschreiben der alltäglichen Wirklichkeit und in Teilbereiche der amerikanischen Real- und Kunstgeschichte ein.

Zunächst bildet Effing, dem wie dem blinden Lehrmeister von Lazarillo aus Tormes „Verschlagenheit und Scharfsinn mitgegeben"[41] wurden, seinen Zögling dazu aus, ihm die fehlenden Augen zu ersetzen; er verlangt von seinem Lehrling, ihm die Welt durch präzise Beschreibungen nahezubringen. Am Anfang macht der Schüler zahlreiche Fehler, vertraut er zu sehr auf automatisierte Prozesse des Wahrnehmens und auf automatisierte Mechanismen der sprachlichen Umsetzung von optischen Eindrücken: „I realized that I had never acquired the habit of looking closely at things, and now that I was

---

[39] Dieter Arendt, p. 31.
[40] Cf. *Das Leben des Lazarillo aus Tormes: Seine Freuden und Leiden*, übs. von Helene Henze (Frankfurt und Wien: Büchergilde Gutenberg, 1992), p. 13: „So kam's, und nächst Gott danke ich mein Dasein ihm, denn ob er gleich selber blind war, hat er doch mir die Augen helle gemacht und mir im Leben den Weg gewiesen." Cf. zu der „schmerzhafte[n] Lektion des Blinden" auch Jürgen Jacobs, „Das Erwachen des Schelms: Zu einem Grundmuster des pikaresken Erzählens," in: Gerhart Hoffmeister (ed.), *Der deutsche Schelmenroman im europäischen Kontext: Rezeption, Interpretation, Bibliographie* (Amsterdam: Rodopi, 1987), p. 62.
[41] *Das Leben des Lazarillo aus Tormes*, p. 13.

being asked to do it, the results were dreadfully inadequate" (p. 121), „I was piling too many words on top of each other, and rather than reveal the thing before us, they were in fact obscuring it" (p. 123).

Foggs anfängliche „poetische Praxis" repetiert somit das additive Organisations- und Strukturprinzip einer enzyklopädisch reichen, aber undurchschaubar obskuren pikaresken Welt. Was Fogg bei Effing, dessen künstlerische Sozialisation in die Zeit der Hochmoderne fällt, durchläuft, ist hingegen ein Kurzlehrgang in imagistischer Dichtungstheorie, aus der Auster, der seine schriftstellerische Karriere als Lyriker begonnen und schon früh selbst essayistische Beiträge zum Imagismus publiziert hatte[42], einen Teil seiner eigenen dichtungstheoretischen Programmatik herleitet: „Instead of doing it [the effort to describe things accurately] merely to discharge an obligation, I began to consider it as a spiritual exercise, a process of training myself how to look at the world as if I were discovering it for the first time" (p. 121). Effing vermittelt Fogg grundlegende Prämissen modernistischer Dichtungstheorie, die sich bei Viktor Sklovskij beispielsweise wie folgt lesen: „Und gerade um das Empfinden des Lebens wiederherzustellen, um die Dinge zu fühlen, um den Stein steinern zu machen, existiert das, was man Kunst nennt. Ziel der Kunst ist es, ein Empfinden des Gegenstandes zu vermitteln, als Sehen, und nicht als Wiedererkennen [...]."[43]

Auch Austers Erzähler geht es primär ums Sehen, nicht um ein Wiedererkennen, ihm geht es darum, „to look at the world as if I were discovering it for the first time", auch Fogg hat die Zielsetzung, „den Stein steinern zu machen", oder, genauer und „more to the point, the same brick was never really the same [...], and eventually, if one could watch it over the course of centuries, it would no longer be there" (p. 122). Fogg gewinnt allmählich auch den Respekt und die Anerkennung seines Lehrers: „I discovered that the more air I left around a thing, the happier the results, for that allowed Effing to do

---

[42] Cf. etwa den Auster-Essay zu „Ideas and Things," *Harper's Magazine*, 25 (November 1975), 106-10; Reprint: pp. 103-06 in *The Art of Hunger*. Der Titel des Essays spielt auf ein berühmtes Diktum von William Carlos Williams an („no ideas but in things").
[43] Viktor Sklovskij, „Kunst als Verfahren," in: Jurij Strieder (ed.), *Russischer Formalismus* (München: Fink, 1971), p. 14.

the crucial work on his own: to construct an image on the basis of a few hints, to feel his own mind traveling toward the thing I was describing for him" (p. 123).

Auster spielt mit solchen Formulierungen nicht nur auf die Theorie und Praxis der imagistischen Dichtungskonzeption an („Konzentration auf *ein* Bild, Verzicht auf erzählende und reflektierende Elemente, Kürze und Präzision des Ausdrucks"[44]), sondern er verbindet auch mit subtiler Technik die Motive der Entdeckung („discovered") und der Reise („traveling") mit originär poetologischen Themen, eine Kopplung, die bereits in der Namensgebung seines Protagonisten angelegt ist. Explizit macht Fogg die Verbindung zwischen der Lektüre von Literatur und der Eroberung von äußerem Raum bei der Beschreibung der Lesesucht seiner späten Studentenjahre:

> Each time I opened a box, I was able to enter another segment of my uncle's life, a fixed period of days or weeks or months, and it consoled me to feel that I was occupying the same mental space that Victor had once occupied – reading the same words, living in the same stories, perhaps thinking the same thoughts. It was almost like following the route of an explorer from long ago, duplicating his steps as he thrashed out into virgin territory, moving westward with the sun, pursuing the light until it was finally extinguished. (p. 22)

Der pikareske Weltentdecker und Gesellschaftssatiriker läuft in *Moon Palace* Gefahr, als immobiler Leser, als Zweitverwerter authentischer Wirklichkeitsbeschreibungen zu enden. Indem aber Auster die Entdeckung der Literatur und die Entdeckung der Welt zunächst metaphorisch parallelisiert, dann aber inhaltlich scharf kontrastiert, kann er seinem Erzähler eine Form von Distanz zu den historischen und zeitgeschichtlichen Geschehnissen in der außerliterarischen Welt verleihen, die allein ihn erst zu einem glaubwürdigen Vertreter gesellschafts- und technologiekritischer Ansichten macht.

---

[44] Eberhard Däschler, „Imagismus," in: Günther Schweikle und Irmgard Schweikle (eds.), *Metzler Literatur Lexikon: Stichwörter zur Weltliteratur* (Stuttgart: Metzler, 1984), p. 207.

Expeditionsreisen in das Reich der Literatur und die Erkundungsfahrten der neuzeitlichen Entdecker werden in *Moon Palace*, wiewohl zunächst scheinbar analogisiert, scharf voneinander geschieden. Die Welt der realen Entdecker, die neuzeitliche Welt der Naturwissenschaften und der technologischen Überlegenheit, ist gekennzeichnet durch konstante Strukturen: ob Auster die Entdeckung der Neuen Welt oder die Erschließung des nordamerikanischen Westens, ob er die Erfindung des elektrischen Stuhls oder den Krieg in Vietnam thematisiert, stets geht es um Unterwerfung und Eroberung, um Ausbeutung und Auslöschung. Bereits der erste Satz des Romans verweist auf einen geographischen End- und mentalitätsgeschichtlichen Höhepunkt in der Geschichte des abendländischen Imperialismus: „It was the summer that men first walked on the moon" (p. 1). Die eigentliche Mondlandung wird 30 Seiten später beschrieben, und zwar nicht als eine Triumphgebärde menschlicher Geistes- und Forschungskraft, sondern als eine ungeheuerliche Verlusterfahrung, als ein Akt der Entzauberung einer fortan ärmeren Welt. Fogg erlebt an dem Tag, an dem er die letzten Bücher aus der Hinterlassenschaft seines Onkels verkauft hat, das epochale Ereignis vor dem Fernsehschirm einer New Yorker Grillbar mit:

> The big color television set was on, glowing eerily over the bottles of rye and bourbon, and that was how I happened to witness the event. I saw the two padded figures take their first steps in that airless world, bouncing like toys over the landscape, driving a golf cart through the dust, planting a flag in the eye of what had once been the goddess of love and lunacy. (p. 31)

Das Setzen der Fahne, eines Zentralsymbols imperialistischer Eroberung, wird in Foggs Beschreibung zu einem Akt der Hybris und der schuldbeladenen (Selbstver-)Blendung. Die Erschließung des Weltraums wird in Austers Roman durch den Ausverkauf der Mondlandschaften im Westen der U.S.A. antizipiert, auf den Thomas Effing seinen Schüler mit Nachdruck hinweist: „Manifest Destiny! They mapped it out, they made pictures of it, they digested it into the great American profit machine" (p. 149).

Manifest Destiny – schon die Begriffsschöpfung exemplifiziert die unauflösbare Einheit von imperialistischer Praxis und Rhetorik.[45] Auch die Mondladung erfährt in Foggs Bericht eine Kommentierung durch die bombastische Rhetorik der offiziellen politischen Repräsentanten:

> Then the president [i.e. Richard Nixon] spoke. In a solemn, deadpan voice, he declared this to be the greatest event since the creation of man. The old-timers at the bar laughed when they heard this, and I believe I managed to crack a smile or two myself. But for all the absurdity of that remark, there was one thing no one could challenge: since the day he was expelled from Paradise, Adam had never been this far from home. (p. 31)

Moon Palace erzählt von zwei Welten, von der tödlichen und entzauberten Welt der Technokraten und von der Welt der Bücher und Dichter, der Bilder und Maler. Kunst und Literatur sind in *Moon Palace* Medien, die die menschenfeindlichen Auswüchse der technikbesessenen Eroberer kritisch begleiten, sie konservieren eine Restspur von Zauber in einer entzauberten Welt, sind ein letzter Zufluchtsort für Phantasie und Utopie. Schon 1969 ließ W.H. Auden sein Gedicht „Moon Landing" mit einer beschwörenden (und dennoch skeptischen) Strophe enden:

> Our apparatniks will continue making
> the usual squalid mess called History:
> all we can pray for is that artists,
> chefs and saints may still appear to blithe it.[46]

---

[45] Cf. auch Klaus Poenicke, *Der amerikanische Naturalismus: Crane, Norris, Dreiser* (Darmstadt: Wiss. Buchgesellschaft, 1982), wo der Verfasser auf p. 1 das „aggressiv-missionarische Lebensgefühl des 'Manifest Destiny'" in Verbindung bringt zu „der Großräumigkeit der amerikanischen Erfahrung, der rapide fortschreitenden Kontinentalerschließung" sowie zu „dem unaufhaltsamen wirtschaftlichen, technologischen und [...] militärischen Aufstieg [der USA] zur Weltmacht [...]."
[46] W. H. Auden, „Moon Landing," in: *Collected Poems* (New York: Vintage, 1991), p. 844.

Thomas Effing führt Fogg in die Welt der Bilder und der Bildbetrachtung ein. Der Interpretation des Gemäldes „Moonlight" des amerikanischen Landschaftsmalers Ralph Albert Blakelock (1847-1919) (pp. 137-41) kommt in dieser Phase von Foggs Ausbildung eine Schlüsselfunktion zu. Sie läßt sich in vier deutlich voneinander unterschiedene Deutungsschritte gliedern.

Zunächst bleibt das Gemälde für Fogg konturenlos, doch schon bald erkennt er auf der Leinwand eine innere Landschaft, „a landscape of inwardness and calm" (p. 137). In einer zweiten Rezeptionsstufe gewinnt diese Landschaft für ihn idyllische Züge: „it struck me that Blakelock was painting an American idyll, the world the Indians had inhabited before the white men came to destroy it" (p. 139). Aber das Bild ist 1885 entstanden, zu einer Zeit, „when it was too late to hope that any of these things could survive" (ibid.). Also schlußfolgert Fogg in einem dritten Interpretationsschritt: „this picture was meant to stand for everything we had lost. It was not a landscape, it was a memorial, a death song for a vanished world" (ibid.).

Schließlich objektiviert Fogg seine Reaktionen auf das Gemälde, in dem er es anhand der Biographie und des Gesamtoeuvres Blakelocks kontextualisiert; er erreicht so ein letztes, viertes, Interpretationsergebnis, indem er die verschiedenen Darstellungen des Mondes nicht mehr primär als realistische Abbildungen eines Himmelsgestirns, sondern als Chiffren für die subjektive Weltaneignung des Künstlers begreift:

> There were dozens of pictures similar to the one I had found in the Brooklyn Museum: the same forest, the same moon, the same silence. The moon was always full in these works, and it was always the same: a small, perfectly round circle in the middle of the canvas, glowing with the palest white light. After I had looked at five or six of them, they gradually began to separate themselves from their surroundings, and I was no longer able to see them as moons. They became holes in the canvas, apertures of whiteness looking out onto another world. Blakelock's eye, perhaps. A blank circle suspended in space, gazing down at things that were no longer there. (p. 140f.)

Vier sukzessive Interpretationsschritte lassen sich mithin festhalten:
1. die Entdeckung einer inneren Landschaft, eines inneren Raums;
2. die Idyllisierung dieses Raumes;
3. eine Funktionsbestimmung der Kunst: Kunst als ein Ort zur Bewahrung uneingelöster Utopien und vernichteter Harmonien; Kunst als Trauerarbeit, als „a memorial", „a death song."
4. Schließlich eine weitere Funktionsbestimmung: Kunst als ein Mittel zur Selbstbehauptung und Konstitution von Subjektivität und Identität.

In *Moon Palace* verweisen kleinste Strukturen immer auf größere Strukturen, spiegelt sich die Makrostruktur in der Mikrostruktur. So entsprechen die vier Phasen von Foggs Bildinterpretation exakt den einzelnen Stationen von Foggs Einsiedlerdasein im ersten Romandrittel. Und identische Strukturen beschreiben auch Effings Erzählung über seinen Aufenthalt im amerikanischen Westen des Jahres 1916 und Solomon Barbers Jugendwerk „Kepler's Blood." Allen drei Vertretern der verschiedenen Familiengenerationen, dem Sohn, dem Vater und dem Großvater dient die Kunst dazu, eine Konzeption von Zukunft jenseits der Erschließung immer neuer Märkte und jenseits der Instrumentalisierung immer neuer Technologien zu konservieren.

Die Kunst Blakelocks enthält utopische Elemente, einen Vorgriff auf ein alternatives, besseres Leben. Sie steht damit in einem Gegensatz zu dem künstlerischen Schaffen der realistischen Landschaftsmaler des 19. Jahrhunderts wie Thomas Moran und Albert Bierstadt, die, so Effing, zu Komplizen derjenigen geworden waren, deren Ziel auf Herrschaft und Unterwerfung der Natur und der indianischen Völker ausgerichtet war:

> Moran got famous for what he did out there, he was the one who showed Americans what the West looked like. The first painting of the Grand Canyon was by Moran, it's hanging in the Capitol building in Washington; the first painting of Yellowstone, the first painting of the Great Salt Desert, the first painting of the canyon country in southern Utah – they were all done by Moran. [...]. Those were the last bits of the continent, the blank spaces no one

had explored. Now here it was, all laid out on a pretty piece of canvas for everyone to see. (p. 149)

Effing behauptet eine unheilige Allianz zwischen (pseudo-)realistischdarstellender Kunst und imperialistischer Politik. Kunst ist für ihn nicht ein ideologiefreies Terrain, sondern der Ort, an dem Ideologien entweder legitimiert (Moran) oder subversiv in Frage gestellt werden (Blakelock). Ähnliche Funktionen kommen, so Auster in einem Interview von 1990, auch der Literatur zu. Wie Effing attackiert auch Auster gezielt pseudo-realistische Konventionen, Weltdeutungsmuster und Repräsentationsstrategien:

> [...] there's a widely held notion that novels shouldn't stretch the imagination too far. Anything that appears „implausible" is necessarily taken to be forced, artificial, „unrealistic." I don't know what reality these people have been living in, but it certainly isn't my reality. In some perverse way, I believe they've spent too much time reading books. They're so immersed in the conventions of so-called realistic fiction that their sense of reality has been distorted. Everything's been smoothed out in these novels, robbed of its singularity, boxed into a predictable world of cause and effect. Anyone with the wit to get his nose out of his book and study what's actually in front of him will understand that this realism is a complete sham.[47]

Paul Auster legt sehr viele Elemente seines künstlerisch-literarischen Glaubensbekenntnisses seinen Romanfiguren in den Mund[48]; ebenso deutlich wie *Quinn's Book* ist auch *Moon Palace* an der Schnittstelle zwischen dem pikaresken und dem poetologischen Roman angesiedelt. Die Form der Pikareske, die im ersten Drittel des Romans

---

[47] Paul Auster, „Interview with Larry McCaffery and Sinda Gregory," p. 278.
[48] Tatsächlich besteht passagenweise Anlaß, eine Identität zwischen Paul Auster und Marco Stanley Fogg zu vermuten. So veröffentlichte Auster 1987 in einer renommierten Kunstzeitschrift einen Artikel über das Werk von Ralph Albert Blakelock („Moonlight in the Brooklyn Museum," *Art News*, 86, 7 [September 1987], 104-05), den er mit einigen (wenigen) Änderungen in seinen Roman integriert; cf. hierzu auch Steven Weisenburger, 77. Bedeutsam ist allerdings, daß Auster in seinem Essay wiederholt auf erheblich vorsichtigere Formulierungen bei der Bildinterpretation zurückgreift als seine Kunstfigur Marco S. Fogg.

noch nicht prominent sichtbar ist, wird für Auster zu einem geeigneten Medium, um den Zufall und die Unberechenbarkeit seiner fiktionalen Welten ins Zentrum zu rücken und damit ein ideologisches Bündnis mit den herrschenden Darstellungstechniken zu unterlaufen. Aber Auster ist auch vorsichtig genug, um nicht einfach tradierte Konventionen zu übernehmen. *Moon Palace* macht deutlich, daß nicht weniger als spezifische Epochenstile auch Genrezugehörigkeiten ideologische Setzungen implizieren. Ein Genre, bei dem dies besonders deutlich wird, ist die Wildwesterzählung. Jane Tompkins führt in ihrer Monographie zum Wildwestfilm und zur Westernliteratur einige der tragenden Prämissen des Genres auf: „Westerns [...] are obsessed with pain and celebrate the suppression of feeling; their taciturn heroes want to dominate the land, and sometimes to merge with it completely – they are trying to get away from other people and themselves."[49]

Durch den biographischen Rückblick von Thomas Effing integriert Auster eine Wildwesterzählung in seinen Roman und transformiert zugleich spezifische Determinanten des Genres. Denn Effings Erzählung ist eine eigenartige Wildwestgeschichte, in der sich Elemente der Abenteuergeschichte und der Initiationserzählung mit Strukturen des Traumes mischen; Fogg selbst bezeichnet sie als eine Parabel, „a parable to explain its [Effing's life's] inner meanings" (p. 183). In seinem Gleichnis zitiert Effing nicht primär amerikanische Geschichte, sondern amerikanische Mythen. Es geht in ihm um Treue und Verrat, Einsiedlertum und Banditen, Mord, Moral und Geld. Wichtiger: die Parabel exemplifiziert die Identitätsfindung des weißen amerikanischen Mannes durch seine Initiation in die Kunst des Tötens. Effing glorifiziert zwar seinen dreifachen Mord an den Gresham-Brüdern nicht, seine Geschichte reinszeniert aber einen uramerikanischen Sündenfall und sie reproduziert uramerikanische Männlichkeitskonzeptionen. Bei Effings Lebensbeichte handelt es sich um die Rationalisierungen eines Mannes, der schuldig geworden ist; Effing hinterläßt seinem von ihm nicht erkannten Enkelsohn und

---

[49] Jane Tompkins, *West of Everything: The Inner Life of Westerns* (New York und Oxford: Oxford University Press, 1992), p. 6f.

seinem von ihm nicht anerkannten Sohn als Erbe die moralische
Pflicht, sich der biographischen Vergangenheit zu stellen:

„Everyone has a right to know about his own past. I can't do
much for him, but at least I can do that."
„Even if he'd rather not know?"
„That's right, even if he'd rather not know." (p. 198)

Marco Stanley Fogg erbt so von Thomas Effing das Wissen um die
schuldhafte Vergangenheit der amerikanischen Nation, das Wissen
um Landraub und Völkermord. Fogg ist aber auch ein Nachgeborener,
dessen Erfahrungen zum Teil mit denen des Großvaters
identisch sind; in dem Figurenpaar Thomas Effing und Marco Fogg
liegt eine vielgesichtige und vielschichtige Korrespondenzbeziehung
vor. Eine keineswegs vollständige Liste der Gemeinsamkeiten zwischen
beiden Figuren umfaßt eine parallele Höhlen- und Transformationserfahrung
und strukturell analoge Lebensphasen, die
durch asoziale Einsamkeit gekennzeichnet sind. Beide Figuren zeigen
sich fasziniert vom Mondlicht, beide leiden unter Schuldkomplexen,
beide sind verhinderte Väter. Es ist aber bezeichnend, daß Foggs
Aufbruch in den amerikanischen Westen zu gänzlich anderen Ergebnissen
führt als ein halbes Jahrhundert zuvor die Expedition seines
Großvaters: der Künstler reüssiert, wo der Pikaro erfolglos bleibt.
Für Effing fungiert der Westen als ein Symbol für innere Freiheit; die
Landschaft erlaubt ihm, wie so vielen Wildwesthelden, eine erfolgreiche
Flucht „from a mechanized existence, economic dead ends,
social entanglements, unhappy personal relations [...]."[50] Ihm gelingt
in der Wüstenlandschaft, wiederum in Parallelität zu den Konventionen
des Westerngenres, eine Metamorphose, „a translation of the
self into something purer and more authentic, more intense, more
real."[51] Wo Effing Identität findet, entdeckt jedoch Fogg seine innere
Leere, wo Effing Zuversicht und Lebensmut schöpft, dort entdeckt
Fogg Anlaß zu Trauer und Frustration.

---

[50] Jane Tompkins, p. 4.
[51] Jane Tompkins, ibid.

Foggs entscheidende Lehrzeit fällt in die Phase seines Lebens, in der er mittel- und obdachlos im New Yorker Central Park umherirrt, in der er zum Pendant von George Orwells Ich-Erzähler in *Down and Out in Paris and London* (1933) wird: „Perhaps that was all I had set out to prove in the first place: that once you throw your life to the winds, you will discover things you had never known before, things that cannot be learned under any other circumstances" (p. 58). Wie Orwells Ich-Erzähler unternimmt auch Fogg eine „personal search for poverty"[52], er lernt, aus der Mülltonne zu leben, peinliche Demütigungen hinzunehmen, ein Geächteter der bürgerlichen Wohlstandsgesellschaft zu werden, sich mit seiner pikaresken Existenz zu arrangieren. Armut treibt Fogg auf die Straße, seine Wurzellosigkeit spiegelt die soziale Wirklichkeit amerikanischer Großstädte. Wie George Orwell 50 Jahre zuvor, so revertiert auch Paul Auster die Zielrichtung der pikaresken *Quest*. Was Lars Hartveit über den Ich-Erzähler in Orwells Semi-Autobiographie schreibt, gilt auch für M.S. Fogg: „To achieve liberation, he adopts the picaro's *persona*, but reverses the direction of his quest. Instead of seeking insider status in the upper reaches of the social pyramid, 'I"s aim is insider status below the bottom rung of the ladder which the picaro yearns to ascend."[53] Während Orwell freilich Abstand zu seiner sozialen Herkunft aus der Mittelklasse anstrebt, sucht Fogg Distanz zu der klassenübergreifenden amerikanischen Ideologie des sozialen Aufstiegs. Beide Texte aber, der Austers wie der Orwells, illustrieren mustergültig „the picaro's ability to adapt, even to the harshest conditions."[54] So perfektioniert, wie schon in anderem Kontext zitiert, Fogg während der Central-Park-Episode vor allem sein Talent für Simulation und Maskenspiel: „I remembered a scene from a book I had once read, *Lazarillo de Tormes*, in which a starving hidalgo walks around with a toothpick in his mouth to give the impression that he had just eaten a large meal. I began affecting the toothpick disguise myself" (p. 60f.).

---

[52] John Atkins, *George Orwell* (London: John Calder, 1954), p. 84.
[53] Lars Hartveit, *Workings of the Picaresque in the British Novel* (Oslo: Solum, 1987), p. 145.
[54] Lars Hartveit, p. 143.

Die Neigung zur prätentiösen Verstellung teilt Marco Stanley Fogg mit seinem Großvater, der den Besitz eines sehr viel größeren Vermögens vortäuscht als er tatsächlich hat; was er besitzt, hat er bezeichnenderweise in einer Stadt namens „Bluff" (p. 184) unrechtmäßig erworben. Nicht primär Verstellung, aber Eskapismus ist das Kennzeichen des Zwischenglieds in der Generationenkette. Sol Barber, Marcos Vater, verschanzt sich hinter seiner eigenen Körpermasse: „Effing's son was immense, monumental in his bulk, a pandemonium of flesh heaped upon flesh" (p. 235). Auf Fogg wirkt er fast wie eine mythische Figur, „there was a legendary quality about him, a thing that struck me as both obscene and tragic" (ibid.). Indem Auster die Lebensgeschichte Barbers in den Roman integriert, weitet er seine Kritik an pathologischen Erscheinungsformen in der US-amerikanischen Geschichte auf die 50er Jahre des 20. Jahrhunderts aus. Barber war einst ein „fellow traveler with the peace movement back at Columbia in the thirties" (p. 244) gewesen und wurde deshalb zu einem Opfer der paranoiden Kommunistenhatz während der McCarthy-Jahre: „He had not been blacklisted in any formal sense, but it was nevertheless convenient for his detractors to surround his name with pinkish innuendos, as if that were finally a better excuse for rejecting him" (p. 244).

„Kepler's Blood": „a complex dance of guilt and desire"

Indem Fogg extensiv Barbers Jugendwerk „Kepler's Blood" referiert, fügt Auster seinen Experimenten mit *genre fiction* ein weiteres Beispiel hinzu. „Kepler's Blood", 1932 von einem 17-jährigen geschrieben, mischt Konventionen der frühen *Science Fiction Pulps* mit Handlungsmustern der Abenteuerromanze und Elementen aus indianischen Schöpfungsmythen: „it was written in the sensational style of the thirties pulp novels. Part western and part science fiction, the story lurched from one improbability to the next, churning forward with the implacable momentum of a dream" (p. 253). Zuallererst ist das Jugendwerk ein psychologisches Dokument, es legt Zeugnis dafür ab, in welchem Ausmaß Barber von der Vaterlosigkeit seiner Jugend geprägt und traumatisiert worden ist.

Ein 35-jähriger Künstler, John Kepler, verabschiedet sich von Frau und Kind, um in der Wüstenlandschaft des amerikanischen Südwestens Landschaftsstudien zu unternehmen. Er wird nach einem Sturz von den Angehörigen eines mythischen Indianerstamms, „[t]hey called themselves the Humans, [...] according to the legends they told him, their ancestors had lived on the moon" (p. 255), geborgen und gepflegt und schließlich zum „father of a new generation" erkoren, reidentifiziert als „the Wild Father who fell from the moon, the Begetter of Human Souls, the Spirit Man who will rescue the folk from oblivion" (p. 258). Aber Keplers Sohn, John Kepler, Jr., macht sich, nachdem er das 18. Lebensjahr vollendet hat, auf die Suche nach seinem Vater, findet ihn, wird aber von diesem zurückgewiesen und verleugnet. Der Sohn sinnt auf Rache und tötet den schlafenden Vater, heimlich beobachtet von Kepler Seniors indianischem Lieblingssohn Jocomin. Jocomin sinnt auf Gegenrache, erlernt von einem weisen Adoptivvater während langer Lehrjahre „the magical powers of the Twelve Transformations" (p. 260), nimmt nach Abschluß seiner Lehr- und zu Beginn seiner Wanderjahre den Namen Jack Moon an, entführt aus dem Haus des jüngeren Kepler dessen 16-jährigen Sohn und zeugt mit diesem, nachdem er sich selbst in eine Frau verwandelt hat, Zwillinge. Kepler Jr., inzwischen 40-jährig, sucht den entführten Sohn, tötet während seiner Suche einen Koyoten: „What he does not realize, of course, is that he has just killed his own son. Before he has time to stand up and walk over to the felled animal, three other coyotes leap out at him from the darkness. Unable to defend himself against their attack, he is chewed to pieces within a matter of minutes" (p. 262).

In „Kepler's Blood" wird der abwesende Vater gleichzeitig heroisiert und verdammt, er trachtet dem Sohn nach dem Leben, wird aber selbst durch Kinderhand ermordet. Am schlimmsten jedoch wird die Sohnesfigur der Erzählung, Kepler, Jr., abgestraft. Fogg erkennt in der literarisierten Selbstanalyse des Buches „a complex dance of guilt and desire": „Desire turns into guilt, and then, because this guilt is intolerable, it becomes a desire to expiate itself, to submit to a cruel and inexorable form of justice" (p. 263).

In der Gestaltung bzw. Nacherzählung der Wildwestgeschichte Effings und der populärliterarischen Jugendphantasie Barbers verwendet Auster die gleichen Techniken: Er mischt die Traditionen verschiedener Genres, psychologisiert die Figuren, bringt eine ausgeklügelte Symbolik zum Einsatz, versieht die Texte mit einer Vielzahl intertextueller Anspielungen und thematisiert die Auseinandersetzung mit familiären Wurzeln (Barber) oder künstlerischen Einflüssen einer Vorläufer- bzw. metaphorischen Vatergeneration (Effing). Mit der Integration zweier selbständiger Episoden in das Romanganze setzt Auster damit wiederum, wie schon bei Foggs Interpretation des Blakelock-Gemäldes „Moonlight", auf das Prinzip der Parallelkonstruktion. Denn die Erzählungen Effings und Barbers thematisieren nicht weniger unglaubliche Zufälle und unwahrscheinliche Koinzidenzen als Marco Foggs eigene Lebensniederschrift. Im Grunde bieten die Geschichten Effings und Barbers nichts anderes als verschlüsselte Reinszenierungen bzw. Antizipationen von Foggs eigenem Lebensentwurf und von Foggs eigenem Text. Und da der Erzähler des Romans einzelne Episoden aus Effings Leben und den Jugendroman Barbers nicht nur referiert, sondern auch interpretiert, liefern seine Deutungen gleichzeitig eine Grundlage, nach der sein eigener Text gemessen, bewertet und interpretiert sein will. Nicht nur „Kepler's Blood", auch der Roman *Moon Palace* eilt „from one improbability to the next" (p. 253), erzählt von ganz und gar zufälligen Begegnungen zwischen Enkel und Großvater und Vater und Sohn. Der Einbezug separater Geschichten dient in *Moon Palace* als ein zusätzliches und entscheidendes Interpretationsangebot; das Verhältnis zwischen den selbständigen Erzählungen Effings und Barbers zu Foggs eigenem Lebensbericht ähnelt der hermeneutisch produktiven Beziehung, die zwischen einer Rahmen- und einer Binnenerzählsituation besteht.

Wie Effings Erzählung mit dem Genre der Wildwesterzählung und wie Barbers Jugendwerk mit dem Genre des Science-Fiction-Pulp-Romans experimentiert, so ist der Gesamtroman eine Auseinandersetzung mit dem Genre des pikaresken Romans. Austers Version der Pikareske setzt – wie die literarischen Versuche seiner direkten Vorfahren väterlicherseits – auf Symbolisierung und Psychologisierung. Mit der Aktualisierung pikaresker Handlungsmuster schreibt Auster gleich in zweifacher Weise gegen dominante Erzähltraditionen in der Literatur des 20. Jahrhunderts an: die

Erzählmuster des pikaresken Romans dienen ihm dazu, sich sowohl von den Konventionen des Realismus als auch von jenen der Moderne abzusetzen.

In einem Interview aus dem Jahr der Erstpublikation des Romans *Moon Palace* formulierte Paul Auster ein programmatisches Statement zu seinem eigenen Selbstverständnis als Schriftsteller und zu seiner eigenen literarischen Praxis:

> I'd certainly agree that novel-writing has strayed very far from these open-ended structures – and from oral traditions as well. [...]. I want my books to be all heart, all center [...]. This ambition seems so contrary to what most novelists are trying to accomplish that I often have trouble thinking myself as a novelist at all.[55]

Die episodische Grundstruktur des pikaresken Erzählens erlaubt es Auster, mit einer Erzählpraxis zu experimentieren, in der Kleinstepisoden auf wiederkehrende Strukturmuster verweisen, in der eine scharfe Trennung zwischen Haupt- und Nebenhandlungen nicht besteht, in der alle Einzelaspekte „center" sind bzw. dieses Zentrum des Erzählinteresses stets neu thematisieren und variieren. Die Zielgerichtetheit des Erzählinteresses kompensiert somit für die vergleichsweise Ziellosigkeit der erzählten Handlung.

Modern? Postmodern? Prämodern?

In Austers Traum von einem selbstreflexiven Gesamtkunstwerk finden sich Restspuren eines modernistischen Ideals: „die Literatur und Kunst der Moderne erweist sich als ein Versuch, eine als chaotisch empfundene Welt darzustellen, und dabei in der ganzheitlichen Form des Kunstwerks noch so etwas wie Totalität zu schaffen."[56] Im Kunstwerk – so der modernistische Anspruch – wird

---

[55] Paul Auster, „Interview with Larry McCaffery and Sinda Gregory," p. 305.
[56] Gerhard Hoffmann, Alfred Hornung und Rüdiger Kunow, „'Modern', 'Postmodern' und 'Contemporary': Zur Klassifizierung der amerikanischen Erzählliteratur des 20. Jahrhunderts," in: Gerhard Hoffmann (ed.), *Der zeitgenössische*

idealiter die undurchschaubar-chaotische Vielfalt der Welt durch neue Formen der Ganzheit, Unerklärbares durch Erklärliches ersetzt. Eine konsensorientierte, selektive Liste spezifischer Kennzeichen der Literatur der Moderne müßte – neben anderen – die folgenden Punkte beinhalten: die Konzentration auf die zerbrechliche Subjektivität eines Individuums (Irving Howe: „the self begins to recoil from externality and devotes itself, almost as if it were the world's body, to a minute examination of its own inner dynamics: freedom, compulsion, caprice"[57]), eine distanziert-ironische Haltung den Erzählgegenständen gegenüber (Maurice Beebee: „the attitude of detachment and non-commitment"[58]), das spezifische Interesse an der Nachzeichnung psychopathologischer Ausnahmezustände (Georg Lukács: „das Psychopathologische [wird] zu einem Terminus ad quem der dichterischen Komposition"[59]), die Konzentration auf eine großstädtisch-urbane Wirklichkeit (Harry Levin: „It is not surprising that Modernism, the product of cities, should be so impelled to recreate the image of cities"[60]).

All diese vier Kriterien finden sich auf eine geradezu exemplarische Weise im ersten Romandrittel von *Moon Palace* gestaltet. *Moon Palace* ist ein Erzähltext, der sich ein introspektives Vorspiel leistet und der sich viel Zeit läßt, ehe er sich als eine Pikareske zu erkennen gibt. Austers Roman zitiert mit viel Ironie die Traditionen der Moderne und läßt sie sodann ohne Skrupel hinter sich. Foggs Entwicklung einer neuen harmonischen Weltsicht, seine Wahrnehmung von „ever larger masses of connectedness" (p. 32) und „secret correspondences" (p. 33), fällt – erste Ironie – mit dem krisenhaften Höhepunkt seiner psychischen Erkrankung zusammen, und zudem

---

amerikanische Roman: Von der Moderne zur Postmoderne: Band 1: Elemente und Perspektiven (München: Fink, 1988), p. 20.

[57] Irving Howe, *The Idea of the Modern in Literature and the Arts* (New York: Horizon, 1967), p. 14f.

[58] Maurice Beebee, „*Ulysses* and the Age of Modernism," *James Joyce Quarterly*, 10 (1972), 175.

[59] Georg Lukács, „Die weltanschaulichen Grundlagen des Avantgardismus," *Werke*, IV (Neuwied und Berlin: Luchterhand, 1971), p. 480.

[60] Harry Levin, „What Was Modernism?" In: *Refractions: Essays in Comparative Literature* (New York: Oxford University Press, 1966), p. 291.

ist seine harmonisierende Weltsicht – zweite Ironie – ohne Substanz und nur von äußerst kurzer Dauer: „one morning I woke up and found that I was somewhere else: back in the worlds of fragments" (p. 33).

Paul Auster schreibt mithin eine nach-moderne Literatur, eine Art von Erzählliteratur, die sich einer kulturanalytischen Prämisse anschließt, die Leslie Fiedler 1975 mehr polemisch-programmatisch denn deskriptiv mit den Worten formuliert hat: „The kind of literature which had arrogated itself the name Modern [...] is *dead*, i.e. belongs to history not actuality."[61] Gegen Ende des zweiten Kapitels wandelt sich der Ich-Erzähler von einem dem Tod Geweihten zu einem wundersam Erretteten, zu einem „survivor": „I had jumped off the edge, and then, at the very last moment, something reached out and caught me in midair. That something is what I define as love. It is the one thing that can stop a man from falling, the one thing powerful enough to negate the laws of gravity" (p. 50).

„Das klingt wie ein wackeres Schlußwort"[62], meint ein Rezensent des Romans. Es *ist* ein Schlußwort, plaziert nach gerade einmal einem Sechstel des Gesamtromans, denn erst nach Foggs Errettung gewinnt *Moon Palace* an historischer Tiefe, räumlicher Weite und sozialer Varianz, erst ab dem dritten Kapitel gewinnt der Roman an Tempo und Rasanz. Wenn die Welt der Moderne abgehandelt ist, wenn die Themen der Moderne zitiert, ihre Darstellungsmittel imitiert und ihre Perspektiven auf die Welt parodiert sind, gerät der Roman in Fahrt, nimmt die pikareske Odyssee durch Raum, Zeit und gesellschaftliche Gruppen ihren Anfang. *Moon Palace* greift in Kenntnis der Moderne auf frühere Erzählformen zurück; er ist deshalb ebenso postmodern wie auch prämodern.

---

[61] Leslie Fiedler, „Close the Border – Close That Gap: Postmodernism," in: Marcus Cunliffe (ed.), *American Literature Since 1900* (New York: Peter Bedrick Books, 1987), p. 329. Der Fiedler-Aufsatz ist erstmals 1975 in London bei Sphere Books veröffentlicht worden.
[62] Wolfgang Steuhl, 990.

Väter und Vatersymbolik in *Moon Palace*

William Kennedys Ich-Erzähler Daniel Quinn empfindet an einem entscheidenden Punkt seines Reifungsprozesses zum Schriftsteller Stil-, Genre- und Epochenkonventionen als eine Barriere, die es zu überwinden gilt: „My thinking process itself was inhibited by form, by the arguments and rules of tradition. [...] I was in need of freedom from inhibition, from dead language, from the repetitions of convention."[63] Ganz ähnlich empfindet auch Paul Auster (durch seine Figur Marco Stanley Fogg) die Tradition der introspektiven Erzählliteratur der Moderne als etwas, das es zu überwinden gilt. Der Innenraum wird zu einem beklemmenden, persönlichkeitsauflösenden Schauplatz mentaler Paralysen: „*Moon Palace* is preoccupied with the problem of the Inside. Its action unfolds through a series of quests for natural language, fathers, authority, and history, always occurring within claustrophobic interiors."[64] Foggs Studentenbude, umfunktioniert zu einem Sarg für einen Halbtoten, Foggs Höhle im Central Park und Thomas Effings Höhle im Süden Utahs konstituieren bedrohliche Innenräume, symbolisieren monadische Isolation. Noch der Freund, der ihn zusammen mit Kitty Wu aus der fensterlosen Einsamkeit errettet, trägt den aufschlußreichen Namen „Zimmer." Und auch der korpulent-massige Körper Solomon Barbers wird von diesem als eine Art Gefängnis bzw. Verlies empfunden: „His body was a dungeon, and he had been condemned to serve out the rest of his days in it, a forgotten prisoner with no recourse to appeals, no hope for a reduced sentence, no chance for a swift and merciful execution" (p. 240).

Marco Stanley Fogg und Solomon Barber kompensieren zunächst die Enge des Raumes, indem sie ausgedehnte Reisen in das Reich der Literatur unternehmen, für Barber wird Literatur zu einem Zufluchtsort, „[b]ooks became a refuge for him early on, a place where he could keep himself hidden" (p. 240), für Fogg wird Lesen zum Zentrum seiner Trauerarbeit um seinen verstorbenen Onkel: „That was how I chose to mourn my Uncle Victor. One by one, I would

---

[63] William Kennedy, *Quinn's Book*, p. 265.
[64] Steven Weisenburger, 70.

open every box, and one by one I would read every book. That was the task I set for myself, and I stuck with it to the bitter end" (p. 21). Durch diese pekuliäre Form des Trauerns wird Fogg, wie Auster in einem Interview feststellt, zu einem „bookish young man."[65] Erst Foggs obsessive Lesewut während der Phase seiner Eremitage erklärt und motiviert die zahlreichen intertextuellen Anspielungen des Romans. Die schiere Anzahl von Anspielungen auf frühere literarische Werke dürfte mit denen der Erzähltexte von Arno Schmidt oder James Joyce konkurrieren können. Wie in den Werken dieser beiden Klassiker der modernen Erzählliteratur aber sind auch in *Moon Palace* die intertextuellen Allusionen selbst dort, wo sie in beinahe exzeßhafter Manier in den Roman integriert werden, niemals nur zierendes Beiwerk oder dysfunktional.

Die Vorliebe Marco Stanley Foggs für intertextuelle Anspielungen erklärt sich konsequent aus den Hauptmerkmalen seiner psychischen Disposition. Als junger Mann ebenso wie als retrospektiv Erzählender leidet Fogg unter seiner Verwaisung, unter der Eltern-, Familien- und Bindungslosigkeit. Er entwickelt die einen Pikaro kennzeichnende Waisenkindmentalität, er ist auf der Suche nach Ersatz, nach Kompensation. Mit seinem Onkel Victor verliert er, nach eigenen Worten, „my one link to something larger than myself" (p. 3), in den Büchern des Onkels findet er „the same mental space that Victor had once occupied" (p. 22). Literatur wird für Marco Fogg zu einem Surrogat, fast zu einem Synonym für Familie; sie wird ihm zu einer zweiten Heimat, durch sie kompensiert er die psychischen, sozialen und emotionalen Entbehrungen des Waisenkindes. Literatur wird für ihn zu einem eigenen Verwandtschaftssystem mit legitimen und illegitimen Kindern, mit übermächtigen Vätern und abwesenden Müttern.

Auch die Tendenz zu symbolischer Darstellung, besonders augenfällig in den immer wiederkehrenden Anspielungen auf den Mond, schreibt Auster schlitzohrig einem Wesenszug seines Protagonisten zu: „Fogg [...] is constantly searching the world for hidden connections. The moon imagery comes from Fogg – I wasn't trying

---

[65] Paul Auster, „Interview with Larry McCaffery and Sinda Gregory," p. 316.

to impose it on him."⁶⁶ Tatsächlich ist der Mond im Roman ein Symbol von unauflösbarer Komplexität, was auch zu verärgerten Leserreaktionen geführt hat: „the references to the moon proliferate [...] to the point of distraction, and even (at times) to the point of ludicrousness [...]."⁶⁷ Der Mond dient Fogg wechselweise als Anlaß zu Zivilisationskritik (Mondlandung) und nostalgischer Rückerinnerung (Victors Orchester „The Moon Men", Foggs pubertäre Schwärmerei für einen Baseballspieler namens Moon). Der Mond verkörpert für ihn gleichermaßen Nahrung (cf. den Namen des China-Restaurants in der Nähe seines Studentenapartments, „Moon Palace") und Transzendenz („the two *os* [des Restaurantschildes 'Moon Palace'] had turned into eyes, gigantic human eyes that were looking down on me with scorn and impatience. They kept on staring at me, and after a while I became convinced that they were the eyes of God", p. 70). Der Mond steht zudem in Foggs Eigeninterpretationen konventionell für Wahnsinn (cf. den Terminus „lunacy") und Liebe. Als gemeinsamer Nenner aus diesen so unterschiedlichen Referenzbereichen ergibt sich, daß der Mond all jene Bereiche symbolisiert, die jenseits der Rationalität des Menschen angesiedelt sind; er verkörpert das „Prinzip [...] alles dessen, das der alltäglichen Vernunft fremd ist"⁶⁸: „Radiant Diana, I thought, image of all that is dark within us" (p. 31). Als Exeget seines eigenen Werkes wird Paul Auster während eines Interviews explizit:

> The moon is many things all at once, a touchstone. It's the moon as myth [...]. At the same time, it's the moon as object, as celestial body, as lifeless stone hovering in the sky. But it's also the longing for what is not, the unattainable, the human desire for transcendence. And yet it's history as well, particularly American history. First there's Columbus, then there was the discovery of the West, then finally there is outer space: the moon as the last frontier. But Columbus had no idea that he'd discovered America. He thought he had sailed to India, to China. In some sense, *Moon Palace* is the embodiment of that misconception, an attempt to think of America

---

⁶⁶ Paul Auster, „Interview with Larry McCaffery and Sinda Gregory," p. 316.
⁶⁷ Bruce Bawer, 70.
⁶⁸ Martin Klepper, p. 287.

as China. But the moon is also repetition, the cyclical nature of human experience."[69]

Die letzte der insgesamt sechs textexternen Auster-Deutungen der Mondsymbolik verdient es, herausgestellt zu werden. Wiederholung, zyklische Reihung, die dominanten Strukturmittel pikaresken Erzählens, finden sich – so Auster als Eigeninterpret seines Werkes – im Bild des Mondes zitiert. Es ist bezeichnend, daß Auster dieses repetitive Prinzip im Roman im Fortgang seiner Interview-Äußerungen exklusiv auf eine männliche Generationenabfolge anwendet: „There are three stories in the book, after all, and each one is finally the same. So it's a critique of the notion of progress."[70] Konsterniert formuliert Patrick Parrinder: „For a novel in which lunar symbolism plays a principal part, the central matrix of relationships is remarkably patrilinear."[71]

Daß die väterliche Absenz nachdrücklicher in den Blickpunkt rückt als die mütterliche, erklärt sich unter anderem aus den thematischen Schwerpunkten des pikaresken Romans. Der Verlust der Mutter mag für Fogg schmerzlich sein, aber allein die unbekannte Identität seines Vaters wird umrankt von der Aura des Geheimnisvollen. Marco sucht mit dem Vater seine Ursprünge, seine Wurzeln. Es ist dies eine Suche, die mit widerstreitenden Gefühlen unternommen wird. Die Sehnsucht nach der Umarmung durch jemanden, den er seinen biologischen Vater nennen darf, wird begleitet von der Angst vor der Begegnung mit einem Doppelgänger, der notgedrungen die Einmaligkeit der eigenen Existenz relativieren muß: „To have a double, to see yourself mirrored in a twin, is the beginning of a feeling that something private and essential about you is being removed in a secretive and unpleasant way."[72] Marco Fogg fürchtet sich vor dem unbekannten Vater mehr, als er ihn begehrt, seine Reaktion auf die Selbstoffenbarung Barbers ist prompt: Foggs Anklagen und Zurückweisungen, „I vented my rage like a madman,

---

[69] Paul Auster, „Interview with Larry McCaffery and Sinda Gregory," p. 317f.
[70] Ibid., p. 318.
[71] Partrick Parrinder, „Austward Ho," *London Review of Books* (18.5.1989), 12.
[72] Charles Baxter, „The Bureau of Missing Persons: Notes on Paul Auster's Fiction," *The Review of Contemporary Fiction*, 14, 1 (1994), 40.

screaming my lungs out in the hot summer air" (p. 292), verunsichern Barber dermaßen, daß er in ein ausgehobenes Grab fällt; an den Verletzungen, die er sich zugezogen hat, wird er sterben. Der erzählende Fogg rationalisiert sein Verhalten während der Anagnorisis-Szene, seine Selbstdefinition und Identität waren bedroht: „For twenty-four years, I had lived with an unanswerable question, and little by little I had come to embrace that enigma as the central fact about myself. My origins were a mystery, and I would never know where I had come from. This was what defined me" (p. 295).

Die Vatersuche steht in *Moon Palace* für die Suche nach Traditionen und Ursprüngen; der tatsächlich aufgefundene Vater aber erweckt in Fogg ebenso Ängste vor Abhängigkeit, Unmündigkeit und Minderwertigkeit. Marco Stanley Fogg ist ein Pikaro, der in letzter Konsequenz sich selbst dazu verdammt, in einer vaterlosen Gesellschaft zu leben. Weder Paul Auster noch sein Romanheld teilen „the prideful and rather curious American faith in family as a source of identity. For him [Auster], family is more a source of *loss* of identity."[73]

In *Moon Palace* – wie auch in John Irvings *A Prayer for Owen Meany* – sind die idealisierten unbekannten Väter so überlebensgroß, daß ihre tatsächliche Identifizierung notgedrungen zu einer Enttäuschung geraten muß. Wo im pikaresken Roman allerdings Väter „wiederentdeckt" werden, dort werden sie auch sogleich von den Söhnen als eine Bedrohung empfunden: „the boy not only loves his father; he wants to take his father's place."[74] Schon bei seiner ersten Begegnung mit Sol Barber wittert Marco intuitiv in ihm eine bedrohliche, die eigene Persönlichkeit reduzierende Präsenz: „He was titanic in his obesity, a person of such bulging, protrusive roundness that you could not look at him without feeling yourself shrink" (p. 235).

Marco, der schon zuvor den Tod seines Großvaters mit herbeigeführt hatte, bringt unfreiwillig, aber kompromißlos, „in einer

---

[73] Charles Baxter, 41.
[74] Francesco Aristide Ancona, *Writing the Absence of the Father: Undoing Oedipal Structures in the Contemporary American Novel* (Lanhan: University Press of America, 1986), p. 1.

grotesken Szene [...] nahe der letzten Ruhestätte der Mutter"[75], den aufgespürten Vater – wörtlich – ins Grab:

> I vented my rage like a madman, screaming my lungs out in the hot summer air. After a few moments, Barber began to back off, staggering away from my assault as though he couldn't stand it anymore. He was still weeping, and his face was buried in his hands as he walked. Blind to everything around him, he lurched down the row of graves like some injured animal, howling and sobbing as I continued to scream at him. The sun was at the top of the sky by then, and the whole cemetery was shimmering with a strange, pulsing glare, as if the light had grown too strong to be real. I saw Barber take a few more steps, and then, as he came to the edge of the grave that had been dug that morning, he began to lose his balance. He must have stumbled on a stone or a depression in the ground, and suddenly his feet were collapsing under him. It all happened so fast. His arms shot out from his sides, desperately flapping like wings, but he had no chance to right himself. One moment he was there, and the next moment he was falling over backward into the grave. (p. 292f.)

Die Verletzungen, unter denen Barber offensichtlich leidet „like some injured animal", werden ihm von Marco zugefügt; auf einer symbolischen Ebene wird Marco zum Vatermörder. Indem Marco den Vater beseitigt, versucht er sich auch an einer Revolte gegen die eigene Sterblichkeit. Nach Barbers Tod trifft Fogg eine besonders hintergründige Entscheidung: er beerdigt den Vater, „a lone Gentile in a sea of Russian and German Jews" (p. 300), in dem Grab, das für ihn selbst vorgesehen war, und begreift diese Entscheidung als einen wohltätigen Akt: „Considering all that happened in the past few months, I felt it was the least I could do for him" (ibid.).

Durch den symbolischen Vatermord wird Fogg schuldig und amerikanisiert zugleich; „Ödipus' und Hamlets Geist schweben über der Szene."[76] Fogg trägt fortan schwer an der Schuld des Über-

---

[75] Peter von Becker, „Marco Stanley Foggs Reise ins Ich," *Süddeutsche Zeitung* (5.12.1990), 7.
[76] Peter von Becker, 7.

lebenden und wird damit zu einer repräsentativen jüdisch-amerikanischen Nachkriegs-Existenz. Wie Barbers Jugendwerk „Kepler's Blood" ist auch Marcos Lebensbeichte „a complex dance of guilt and desire" (p. 263), wie Effings Wüstenerzählung ist auch Foggs Niederschrift von entscheidenden Stationen seines Lebens eine Reise in die Vergangenheit, die Geschichte eines Mannes, „haunted by the past" (p. 117).

Foggs Erzählinteresse ist letztlich therapeutisch motiviert. „Writing is no longer an act of free will for me, it's a matter of survival"[77], formuliert Paul Auster in einem Interview 1990, „Schreiben ist eine endlose Therapie"[78], so lautet die Überschrift eines Auster-Interviews, das 1992 veröffentlicht wurde. Während der Niederschrift von Teilen seiner Biographie entdeckt Fogg einen, seinen inneren Raum. Zunächst idyllisiert er diesen Raum zu einer Art utopischen Enklave, spürt aber schon bald die illusionären Grundlagen dieser Idylle. Gleichzeitig leistet der erzählende M.S. Fogg mit der literarischen Durchgestaltung seiner Biographie originäre Trauerarbeit; Trauer im großen – um Amerikas verpaßte Chance, wahrhaft eine zweite, bessere, Neue Welt zu sein, um Völkermord und Landraub, und Trauer im kleinen – um verstorbene oder auch nur aus den Augen verlorene Menschen, um Effing, Barber, Uncle Vic, um die Mutter, Kitty Wu und Zimmer. *Moon Palace* ist ein Buch, dessen Anliegen es ist, Verluste zu protokollieren. Mit der erzählerischen Bearbeitung von Teilen seiner Lebensgeschichte arbeitet Fogg, wie Martin Klepper zutreffend feststellt, „die Defizite seiner Kindheit, die Traditionslosigkeit und die Verzweiflung an der Kontingenz therapeutisch auf [...]."[79] Die Erzählhaltung in *Moon Palace* gewinnt zunehmend eine nostalgisch-elegische Einfärbung, „*Moon Palace* becomes a semi-nostalgic epitaph for the lost innocence of the 1960s American dream [...]."[80]

---

[77] Paul Auster, „Interview with Larry McCaffery and Sinda Gregory," p. 285.
[78] Sven Gächter, „'Schreiben ist eine endlose Therapie': Der amerikanische Romancier Paul Auster über das allmähliche Entstehen von Geschichten," *Weltwoche* (31.12.1992), 30.
[79] Martin Klepper, p. 297.
[80] Allon Reich, „The Promised Land," *New Statesman & Society* (21.4.1989), 38.

Imperialismus-, Kapitalismus- und Materialismuskritik

Mit geradezu verächtlicher Geste denunziert der Roman das materielle Streben nach Reichtum und Geld, das den Zeitgeist der Reagan-Dekade geprägt hat. Heinz Ickstadt kommentiert beispielsweise: „Diese Geringschätzung des Materiellen (vor allem des Materiellen als Besitz) zieht sich durch das ganze Buch: Was Marco an Besitz erbt oder gewinnt, veräußert oder verliert er auch wieder. Geld wird verschleudert, verschent oder gestohlen."[81] In Austers Werken findet sich immer wieder, so Dennis Barone, „a sort of 1960s commitment in the 1980s [...]."[82] Thomas Effing verhöhnt die materialistische Mentalität geradezu, wenn er gemeinsam mit seinem Pfleger Fogg in „a series of swift guerilla attacks" (p. 204) mehr als 20,000 Dollar auf New Yorks Straßen an ihm wildfremde Menschen austeilt.[83] Während der Geldverteilung begegnen Effing und Fogg einer bunten Vielfalt von Reaktionsweisen, wie sie einer pikaresk konstituierten Welt angemessen ist:

> There were the suspicious ones who felt we were trying to trick them [...]; there were the greedy ones who didn't think fifty dollars was enough; there were the friendless ones who latched on to us and wouldn't let go; there were the jolly ones who wanted to buy us a drink, the sad ones who wanted to tell us their life stories, the artistic ones who danced and sang songs to show their gratitude. (p. 207)

Foggs alternative Freiheitskonzeption setzt nicht auf irdische Reichtümer, die 10,000 Dollar, die er von Sol Barber erbt, „my entire inheritance, everything I owned in the world" (p. 305), werden ihm

---

[81] Heinz Ickstadt, *Der amerikanische Roman im 20. Jahrhundert: Transformation des Mimetischen* (Darmstadt: Wissenschaftliche Buchgesellschaft, 1998), p. 200.

[82] Dennis Barone, „Introduction: Paul Auster and the Postmodern American Novel," in: ders. (ed.), *Beyond the Red Notebook: Essays on Paul Auster* (Philadelphia: University of Pennsylvania Press, 1995), p. 20.

[83] Insofern kann Thomas R. Edwards' Charakterisierung Effings als „model capitalist" nicht so recht überzeugen; „Sad Young Men," *New York Review of Books* (17.8.1989), 52.

zusammen mit seinem Wagen gestohlen; Fogg „never even thought of reporting it to the police" (ibid.). Worin auch immer das Erbe der Väter in *Moon Palace* bestehen mag, in Geldwerten wird es nicht gemessen, die traditionelle genealogisch-kapitalistische Ethik patrilinearer Gesellschaften wird nicht bestätigt. Indem Marco das Geld des Vaters und Großvaters verliert, verlieren jene auch einen Teil ihrer fortdauernden Präsenz und Unsterblichkeit, den materieller Besitz, so Norman O. Brown, gemäß den Mythen des Kapitalismus zu gewährleisten scheint: „Property accumulations are [...] the man's life. And being the man's life, things become alive and do what the man would like to do. Things become the god (the father of himself) that he would like to be: money *breeds*."[84] Und Francesco Ancona sekundiert: "Money is perceived to be eternal – immortal. [...] Because money endures, it conquers death [...]."[85] Die vermeintlich regenerative Macht des Geldes konstituiert einen der tragenden Glaubenssätze des Kapitalismus; schon 1762 weiß Benjamin Franklin einem jungen Geschäftsmann den folgenden Rat zu erteilen: „'Remember, that Money is of a prolific, generating Nature. Money can beget Money, and its Off-spring can beget more, and so on. [...] The more there is of it, the more it produces every Turning; so that the Profits rise quicker and quicker. He that kills a breeding Sow, destroys all her Off-spring to the thousandth Generation."[86]

Foggs Freiheitskonzeption setzt nicht auf materiellen Reichtum; statt dessen setzt sie geographischen Raum voraus: gegen Ende des Romans wird Marco Stanley Fogg zum Wanderer. Während die amerikanische Nation sich immer raffiniertere Methoden der Fortbewegung, Luxusautos und Mondraketen, ersinnt, ist Marco Stanley Fogg am Ende des Romans, seines Autos beraubt, in seinem Fußmarsch am Anfangspunkt der menschlichen Fortbewegung angelangt. Fogg mutiert vom Reisenden zum Wanderer, vom Suchenden

---

[84] Norman O. Brown, *Life Against Death: The Psychoanalytical Meaning of History* (Middletown: Wesleyan University Press, ²1985), p. 279.
[85] Francesco Aristide Ancona, p. 11f.
[86] Benjamin Franklin, *Advice to a Young Tradesman: Written By an Old One* (Boston: [Benjamin Mecom, 1762]), p. 1f. Max Weber zitiert im zweiten Kapitel seiner Studie *Die protestantische Ethik und der Geist des Kapitalismus* ausführlich aus dieser (nur 4-seitigen) Franklin-Publikation.

zum Pikaro: „Wandering is [...] a more spontaneous and planless [...] form of travel."[87] Am Romanende gewinnt Fogg somit eine beinahe mythische Statur; er wird zu einer Variante des heimatlosen, ewig wandernden Juden, gleichermaßen dissoziiert von der Geschichte seines Lebens und der Geschichte seiner Nation. Sein Durchstreifen der amerikanischen Wüstenlandschaft wird so zu einer spektakulären Form der Amnesie.

Als Wanderer findet der ambulante, wandelbare Pikaro in *Moon Palace* seine letzte ausformulierte Gestalt: „For the next three months, I continued walking, slowly working my way west" (p. 306). Im ersten Drittel des Romans erfährt Fogg sich selbst, im zweiten Drittel die amerikanische Geschichte, im dritten die amerikanische Gegenwart als Raum. Die Verräumlichung der Zeit und der eigenen Psyche ist es, was, so Paul Ingendaay, „an Austers Figuren so ungewöhnlich ist."[88] Indem Auster das Freiheitsversprechen des Territoriums, die Freiheitsverheißung des Raumes an das Ende des Romans stellt, verwurzelt er seinen Helden fest in die amerikanisch-pikareske Erzähltradition: „If Auster's linguistic virtuosity can have a French formalist-philosopher's edge, his subject matter remains classically American – the quest for freedom at the expense of security, the quixotic tests characters endure in fast-forward through real and dangerous horizontal space."[89] Der amerikanische Traum von räumlicher Freiheit erweist sich allerdings in *Moon Palace* als illusionär; auf der Suche nach den Spuren seines Großvaters findet Fogg statt der Eremitenhöhle einen Stausee vor. „The whole country out there is underwater. They flooded it about two years back" (p. 304), muß er sich von dem Betreiber einer Trading-Post-Station mitteilen lassen. Gleichwohl aber konserviert Foggs Spurensuche Fragmente einer gesellschaftlichen Gegenutopie: „Auster's works [...]

---

[87] Martin Green, *Seven Types of Adventure Tale: An Etiology of Adventure Tale* (University Park: Pennsylvania State University Press, 1991), p. 162.
[88] Paul Ingendaay, „Wenn alles ins Wanken gerät," *Frankfurter Allgemeine Zeitung* (22.9.1990), BZ5.
[89] Allan Gurganus, 7.

presume [...] utopianism, if only to memorialize its failure."[90] Noch der Titel des Romans verweist auf die grundlegende Spannung zwischen Offenheit und Geschlossenheit, wenn er eine Vorstellung von einem offenen Raum mit dem Bild eines geschlossenes Raumes kombiniert.

Das Romanende ist an radikaler Offenheit kaum zu überbieten und hat folglich Rezensenten und Interpreten zu höchst divergierenden Lesarten und Werturteilen veranlaßt. Barry Lewis schreibt von einer „meandering conclusion"[91], und Patrick Parrinder empfindet den Schluß „distinctly downbeat"[92], wohingegen Bruce Brawer „a satisfying sense of closure"[93] konstatiert und Martin Klepper dem Romanende eine „offensichtlich positive[...] Abgeschlossenheit"[94] attestiert. Die Offenheit des Romanendes, auf die Auster in einem Interview eigens hinweist[95], erlaubt jedoch keine eindeutigen Zukunftsprognosen.[96] Weder geht der Erzähler „aus der Nacht seiner Herkunft der Morgensonne überm Pazifik entgegen"[97], wie ein Rezensent der *Süddeutschen Zeitung* polemisch schreibt, noch kann davon die Rede sein, wie der Auster-Eintrag im *KLfG* glauben machen will, daß die „mit der Entdeckung des Vaters gewonnene Sicherheit [...] und damit auch sein Lebenswille"[98] verloren gehen.

---

[90] Eric Wirth, „A Look Back from the Horizon," in: Dennis Barone (ed.), *Beyond the Red Notebook: Essays on Paul Auster* (Philadelphia: University of Pennsylvania Press, 1995), p. 179.
[91] Barry Lewis, p. 57.
[92] Patrick Parrinder, 12.
[93] Bruce Bawer, 69.
[94] Martin Klepper, p. 284.
[95] Paul Auster, „Interview with Larry McCaffery and Sinda Gregory," p. 318: „By the end of the book I think he [Fogg] manages to get somewhere. But he only reaches the beginning, the brink of his adult life. And that's where we leave him – getting ready to begin."
[96] Cf. auch Bernd Herzogenrath, *An Art of Desire: Reading Paul Auster* (Amsterdam und Atlanta: Rodopi, 1999), p. 156: „As the final scene of *Moon Palace* suggests, ‚finding one's final place' is only a temporal illusion. The subject is searching for its place in the world, but as a speaking subject, it is forever alienated from its *being* [...]."
[97] Peter von Becker, 7.
[98] Florian Felix Weyh, 8.

> I had come to the end of the world, and beyond it there was nothing but air and waves, an emptiness that went clear to the shores of China. This is where I start, I said to myself, this is where my life begins. (p. 306)

So formuliert weder ein blauäugiger Optimist noch ein des Lebens Müder. Zwar klingt der Einschub „I said to myself" nach Autosuggestion und Selbstbeschwörung. Aber die Erzählsituation, ein 39-jähriger berichtet retrospektiv über seine Zeit als 22- bis 24-jähriger, macht ganz unzweideutig klar, daß Fogg auch nach seiner Ankunft am Pazifischen Meer noch Meilen zu gehen hat, bevor er schläft.

Auster ist sehr zurückhaltend mit den Informationen, die er über den erzählenden M.S. Fogg gibt. Gewiß ist, daß Fogg nach 1971 Überlebenswillen bewiesen hat. Und die Art und Weise, wie schockiert er nach einer zufälligen Wiederbegegnung mit Zimmer, seinem Freund aus Studentagen, auf dessen Konventionalität reagiert und wie fremdartig ihn Zimmers Rolle als Familienoberhaupt anmutet, legt die Schlußfolgerung nahe, daß Marco Stanley Fogg ein Außenseiter, familien- und kinderlos, geblieben ist.

Von dem unverzagten Lobgesang auf die redemptive Kraft der Liebe, den Fogg in Vorwegnahme eines Schlußwortes am Ende des zweiten Kapitels angestimmt hat, ist am tatsächlichen Romanende nichts mehr übrig geblieben. Gemäß der pikaresken Erzähllogik kann sich der Roman keinen zweiten „angel from another world" (p. 95) leisten: „Usually the protagonist [in the picaresque novel] does not seek any stable relation between himself and another, as in the romance. If he does, he is usually frustrated."[99] Marcos Beziehung zu Kitty Wu zerbricht, weil diese nicht gewillt ist, ein gemeinsames Kind auszutragen und sich statt dessen für eine Abtreibung entscheidet. Auster spielt sorgsam auf zeitspezifische Hintergründe an: 1970, drei Jahre vor der bahnbrechenden Entscheidung des Supreme Court in der Klage Roe vs. Wade, wurde in den US-Staaten New York, Hawaii und Alaska das Abtreibungsverbot liberalisiert.[100] Fogg

---

[99] Stuart Miller, *The Picaresque Novel* (Cleveland: The Press of Case Western Reserve University, 1967), p. 12.
[100] Gert Raeithel, *Geschichte der nordamerikanischen Kultur: Band 3: Vom New Deal bis zur Gegenwart* (Weinheim: Quadriga, 1989), p. 407.

kann Kitty den Schwangerschaftsabbruch nicht vergeben; der Meinungskonflikt mit der Freundin fördert Foggs exemplarisch-pikarische Mentalität in aller Deutlichkeit zu Tage:

> The baby was my chance to undo the loneliness of my childhood, to be part of a family, to belong to something that was more than just myself, and because I had not been aware of this desire until then, it came rushing out of me in huge, inarticulate bursts of desperation. (p. 280)

Foggs Sehnsucht nach Ehe und Kindern erklärt sich natürlich aus seiner eigenen Herkunft aus einer dysfunktionalen Familie. So identifiziert er sich uneingeschränkt mit dem ungeborenen Kind: „If you kill our baby, you'll be killing me along with it" (p. 280). Aber: „Time was against us" (ibid.). Tatsächlich verhindert Kittys Entscheidung gegen die Austragung des Kindes eine Verlängerung des Familienerbes in die Zukunft; Fogg wird das letzte Glied in einer Dreier-Reihe (Effing – Barber – Fogg) von „verhinderten" Vätern, die allesamt gekennzeichnet sind durch „alienated, unstable, and obsessive (yet equally successful) features [...]."[101] Und auch Kitty fügt sich ein in eine Kette der sich verweigernden Mütter; wie Elizabeth Barber, die im Gefolge einer postnatalen Depression ihren Sohn Sol auf immer verstößt, wie Foggs Mutter, deren früher Unfalltod dem Verdacht auf eine suizidale Handlung Nahrung gibt, entzieht sich auch Kitty der Rollennormierung durch eine Mutterschaft.

Moon Palace setzt auf das Konstruktionsprinzip der Repetition und entwickelt so eine eigenartige Konzeption von Zeit; Steven Weisenburger spricht sogar von einer „alternate mode of temporality"[102]. Der Roman setzt auf Geradlinigkeit der Handlungsführung, exemplifiziert „[l]a linéarité du récit rétablie[...]"[103], verweigert aber jegliche Konzession an die Vorstellung von zielgerichteten (Persönlichkeits-)Entwicklungen. Paul Auster reduziert die Grundmuster pikaresken Erzählens auf eine nukleare Form und auf

---

[101] Steven Weisenburger, 73.
[102] Steven Weisenburger, 75.
[103] Chantal Coulomb-Buffa, „Réconciliation dans *Moon Palace* de Paul Auster," *Revue Française d'Etudes Américaines*, 62 (1994), 408.

wenige Bestandteile: einfache Aneinanderreihung, Synchronizität, Unberechenbarkeit, Expansion des Raumes. Noch das Schlußtableau des Romans, „I had come to the end of the world" (p. 306), ersetzt Zeit durch Raum, verwendet eine primär zeitliche Bestimmung („the end") zur Begrenzung eines Raums. Fogg erlebt nicht das Ende einer Welt, er steht am Rand einer Welt. Und wenn Fogg in den Lebensgeschichten Effings und Barbers Grundzüge seines eigenen Lebensweges wiedererkennt, greift er abermals zu einer räumlichen Metaphorik und nicht zu einer zeitlichen Bestimmung dieses kuriosen Sachverhaltes; er spricht nicht von Antizipation, sondern von „a subterranean version of my own life story" (p. 233).

Obgleich Austers Roman fast auf jeder Seite eine Jahreszahl zur zeitlichen Lokalisierung des Handlungsgeschehens anbietet, gehört Foggs Welt, wie die Wildwesterzählung Effings und die Welterschaffungsgeschichte Barbers, letztlich eher der Un-Zeit des Mythos an. Foggs Einsamkeit – „This is loneliness, I said to myself. This is what it means to have no one" (p. 69) – wird zur Verlassenheit desjenigen, der außerhalb der Geschichte und jenseits von Generationenabfolgen steht. Fogg wird gegen Ende seiner Erzählung zum Wanderer, dieser ist aber, gemäß den Traditionen der Literaturgeschichte, „the archetype of all adventureres, if you study adventures out of historical context, as literary myth."[104] In erster Linie zielt das Hauptinteresse des Romans nicht auf die Decouvrierung individueller Ursprünge ab, sondern es gilt den Wurzeln nationaler Selbstdefinitionen und -mythologisierungen und der Konstitution alternativer Muster der Weltaneignung.

Die Ursprünge des Imperialismus und damit die Ursprünge Amerikas sind ebenso wie das puritanisch-amerikanische Ideal des *self-made man* untrennbar verbunden mit einer spezifischen, nämlich progressiven Konzeption von Zeit und Geschichte. Was *Moon Palace* entgegensetzt, ist nicht Entropie, sondern Akzidenz.

Allein das erste Romandrittel experimentiert mit einem entropischen Modell. *Moon Palace* insgesamt leistet literarische Grenzwertbestimmungen, liefert psychologische Versionen des algebraischen Phänomens der asymptotischen Konvergenz. Mit fast mathe-

---

[104] Martin Green, p. 155.

matischer Präzision läßt Auster seine Figur mit dem asketischen Rückzug in den inneren Raum ein Spiel spielen, „the game of getting as close as possible to absolute zero without actually becoming zero [...]."[105] Dann aber kommt der „Zufall", wie schon ein halbes Jahrhundert früher Thomas Effing, so auch 1969 M.S. Fogg zur Hilfe. Ausgerechnet die Zufälligkeiten des Romangeschehens konstituieren aber ein konstantes Strukturmuster: „what seemed foreclosed and predetermined, a *sentence*, veers randomly off on unforeseen trajectories. Over and over again this is the rhythm of events in *Moon Palace*. Each time characters approach a 'dead end' or 'period' ([p.] 289) concluding any particular 'sentence,' then chance and contingency take over."[106] Austers Wunschtraum von einem Roman, in dem alles „Mitte" ist, führt zu einem Text, in dem kein stabiles Zentrum mehr auszumachen ist: „any conception of events as 'plot' (with beginning, middle, and end) must be ceaselessly reinvented on the basis of contingent potentials."[107] Wieder und wieder erweist sich Instabilität als das einzig konstante Strukturprinzip. Wieder und wieder gilt, was Fogg widerfährt, nachdem sich Sol Barber ihm als sein Vater offenbart hat: „everything [...] began to move, to totter, to fall apart – the whole world began to rearrange itself before my eyes" (p. 292).

Das Politische manifestiert sich in *Moon Palace* auf eine ganz andere Weise als in *Quinn's Book*. Zwar führt Fogg, wie die Obdachlosen der Reagan-Dekade, zeitweise ein Leben aus der Mülltonne, zwar setzt Auster den Verteufelungen der Sixties durch prominente Vertreter der Republikanischen Partei ein alternatives Zeitporträt entgegen, doch solche Befunde zum Einfluß des Reagan-Jahrzehnts auf den Roman sind noch vergleichsweise dürftig. Nicht durch konkrete Analogisierungen, wie sie *Quinn's Book* und *Billy Bathgate* auszeichnen, sondern durch die kritische Darstellung und Bewertung der Geschichte des amerikanischen Imperialismus wird *Moon Palace*

---

[105] Motoyuki Shibata, „Being Paul Auster's Ghost," in: Dennis Barone (ed.), *Beyond the Red Notebook: Essays on Paul Auster* (Philadelphia: University of Pennsylvania Press, 1995), p. 185.
[106] Steven Weisenburger, 75.
[107] Steven Weisenburger, ibid.

zu einem zeittypischen Produkt der Eighties, zu einem Dokument für die soziale Sensibilität und das ideologiekritische Engagement der pikaresken Literatur der Periode. Der Roman zeugt nicht von einem apolitisch-verspielten, postmodernen Ästhetizismus, sondern akzentuiert den Zusammenhang zwischen sprachlichen Aneignungen der Welt und politischem Verhalten in dieser Welt. *Moon Palace* thematisiert das Verhältnis zwischen Politik und Kunst und letztlich auch die Moralität künstlerischen Schaffens. Effing erkennt während seines Einsiedlerdaseins in der Wüstenlandschaft Utahs: „The true purpose of art was not to create beautiful objects [...]. It was a method of understanding, a way of penetrating the world" (p. 170). Fogg gewinnt während seiner Weltbeschreibungen für seinen blinden Lehrmeister eine neue Perspektive auf den Prozeß der Versprachlichung von Welt: „I no longer saw it as an aesthetic activity but as a moral one" (p. 123). Nichts anderes kennzeichnet Austers Handhabung des Genres der Pikareske. Austers Reaktualisierung der pikaresken Romanform ist ebenso ein ästhetisches wie ein politisch-weltanschauliches Experiment. Die Weltsicht, die sie entwirft, ist ein Angebot zur Reinterpretation der zeitgenössischen Wirklichkeit bzw. zur Veränderung dieser Wirklichkeit durch Interpretation.

Das *make believe* der Literaten und der Künstler, der Pikaros und der Pantomimen komplettiert erst das politische Engagement. Während eines ihrer Streifzüge zum Zwecke der Geldverteilung treffen Effing und Fogg auf einen jungen Schwarzen „with an open umbrella over his head. That was incongruous enough, but then I saw that the umbrella was also broken: the protective cloth had been stripped off the armature, and with the naked spokes spread out uselessly in the air, it looked as though he was carrying some huge and improbable steel flower" (p. 209). Fogg erinnert sich: „This was imagination in its purest form: the act of bringing nonexistent things to life, of persuading others to accept a world that was not really there" (ibid.). Das Geschäft des Komödianten ist mit dem des pikaresken Romanciers identisch. Der junge Schwarze, Orlando, begleitet Fogg und Effing eine kurze Zeit lang und verabschiedet sich mit einem Aphorismus und einer politischen Geste der Gegenwehr:

„[...] If you're not ready for everything, you're not ready for anything." [...]

He held up a black power fist to us in farewell and then sauntered off, disappearing into the crowd by the time he reached the end of the block. (p. 210)

5. Sündige Väter, verfluchte Söhne: Das pikareske Geschichtspanorama in Tom Coraghessan Boyle, *World's End* (1987)

> Liam Rector, „Property" (1994)
>
> From place to place with no place
> To lay the head, to tether
> And so gather and find repose from
>
> The adventure of getting through the weather
> And each other....What was it?
> Some kind of real estate swindle in Eden
>
> Gave some people places and others nothing?
> Do we inherit it, earn it, or is it mine
> Based only on my ability to take and defend it?
>
> Quelle: Liam Rector, *American Prodigal* (Brownsville: Story Line Press, 1994), p. 36.

„They want me to be running wild"

So beliebt das Genre des pikaresken Romans bei den amerikanischen Erzählautoren der 80er Jahre gewesen ist, so unbemerkt ist dieses Phänomen im amerikanischen wie im deutschen Feuilleton geblieben. Die jeweilige Rezensionsgeschichte zu *Quinn's Book*, zu *Moon Palace* und zu Tom Coraghessan Boyles *World's End* belegt, wie mit erstaunlicher Konstanz fragwürdige Genrezuordnungen zu nicht minder fragwürdigen Werturteilen geführt haben. Im Falle von *World's End* sind die pikaresken Kennzeichen des Romans, vermutlich wegen Boyles Verwendung einer auktorialen Erzählinstanz, fast gänzlich unbemerkt geblieben; statt dessen wurde er allein an den Kriterien des psychologischen Romans gemessen. So beklagt Richard

Eder die Typisierung der Nebenfiguren[1], Wolfgang Breuer bemängelt die Weltsicht des Romans, die „zuweilen fatalistisch"[2] sei, Thomas Klingenmaier attestiert der Romanwelt Herzlosigkeit[3], und Harald Eggebrecht vermißt an dem Roman „Präzision und Ökonomie [...]."[4] Ausufernde Fabulierlust, düstere Weltsicht und satirisch-verzerrte, typisierte Nebenfiguren können aber seit der Entstehung des Genres fast jedem pikaresken Roman zum Vorwurf gemacht werden.

Vermutlich ist Boyle unter allen pikaresken Romanciers der amerikanischen Gegenwartsliteratur der bissigste, vielleicht auch der zynischste, Dan Pope bezeichnet ihn als „a sixties-bred idealist with a couple decades worth of cynicism under his belt"[5], für Fritz J. Raddatz sind Boyles Texte „voll bösartigem Witz und vergiftetem Lächeln."[6] Aber gerade die Angriffslust und Abgeklärtheit des Satirikers sind es auch, die Boyle in der Pikareske eine ideale Form für seine gesellschaftskritischen Fiktionen finden lassen. Ein Eintrag in *Contemporary Literary Criticism* von 1986 bescheinigt Boyle „black humor" und ein Gefühl für „the comic senselessness of human behavior" und beschreibt seine Erzähltexte als „irreverent fiction filled with satire and ironic twists [...]."[7] Die Neigung zur satirischen Verzerrung kombiniert Boyle mit einer ungebändigten Lust am

---

[1] Cf. Richard Eder, „Kismet Comedy from New Holland to New York," *Los Angeles Times Book Review* (11.10.1987), 3: „he [Depyster Van Wart] is an abstract and essentially uninteresting villain. So are his Van Wart forebears. His daughter, Mardi, is a routine temptress."
[2] Wolfgang Breuer, „Rülpser unverdauter Geschichte," *UZ* (13.10.1989), 39.
[3] Cf. Thomas Klingenmaier, „Geschichtskollisionen," *Stuttgarter Zeitung* (29.12.1989), 24: „Die von Garçia Marquez's Macondo und Faulkners Yoknapatawpha abgeschaute Welt hat kein Herz, und Boyles ätzendem Humor eignet in seinem mokant Indirekten dazu noch etwas Erbarmungsloses."
[4] Harald Eggebrecht, „Van Brunt heißt die Kanaille," *Süddeutsche Zeitung* (2./3. 12. 1989), 4.
[5] Dan Pope, „A Different Kind of Postmodernism," *The Gettysburgh Review*, 3 (1990), 666.
[6] Fritz J. Raddatz, „Arroganz des Talents," *DIE ZEIT* (5.4.1991), L5.
[7] „T. Coraghessan Boyle 1948-," *Contemporary Literary Criticism* (Detroit:Gale), 36 (1986), 56.

Fabulieren; das deutsche Feuilleton spricht von „Fabulierwut"[8] und „Vollbluterzählen."[9] Bereits Boyles Erstlingsroman *Water Music* von 1982 greift auf pikareske Strukturen zurück, Ken Tucker ordnet ihn einer von ihm neu konstruierten Gattung zu: „the picaresque/experimental, a genre that has produced some of the most-praised and least-read books in the last 30 years [...]."[10] Tatsächlich beantwortet Boyle die Frage nach seinen literarischen Vorbildern mit Hinweisen auf Thomas Pynchon, John Barth[11] und Günter Grass[12], allesamt Autoren, die sich um inhaltliche Aktualisierungen und erzähltechnische Erneuerungen der pikaresken Gegenwartsliteratur verdient gemacht haben.[13] Aber das Interesse Boyles an pikaresken Erzählstrukturen speist sich auch aus seiner intimen Kenntnis der englischen Literatur der ersten Hälfte des 19. Jahrhunderts, zu der er eine Dissertation vorgelegt hat.[14]

Boyles Biographie selbst erinnert in ihren Grundzügen an einen exemplarisch pikaresken Lebensweg. In seinen ersten Lebensjahren wächst er, das Kind einer Alkoholikerin und eines Alkoholikers, vernachlässigt und verwahrlost auf, besucht eine Sonderklasse für Schüler mit Lernschwächen, schließt sich in seiner Jugend der Hippie- und Protestbewegung der Sixties an, nimmt, um der Einberufung nach Vietnam zu entgehen, einen Lehrerjob an einer

---

[8] Thomas Klingenmaier, 24: „T. Coraghessan Boyle [...] ist einer der sprachmächtigsten und fabulierwütigsten jungen Autoren der USA."
[9] Harald Eggebrecht, 4.
[10] Ken Tucker, „Playing Hell with History," *The Village Voice* (6.1.1982), 39.
[11] Tad Friend, „Rolling Boyle," *New York Times Magazine* (9.12.1990), 68.
[12] Martin Oehlen, „Ein Autor, der die Lust am Lesen wecken will," *Kölner Stadt-Anzeiger* (30.9.1992), 9.
[13] Eine vergleichbar bewundernswerte Leistung bescheinigt Ken Tucker, 39, auch T.C. Boyle: „The terrific thing about the book though, is that it shows a complete understanding of how the picaresque/experimental novel became a way to render avant-garde fiction techniques into a commercial form, even while subverting that form to smithereens. For that, I'd say Boyle deserves it all: academic respect, and Tom Robbin's paperback sales."
[14] Cf. Peter Henning, „T.C. Boyle: It's Show Time," *FOCUS* (16.8.1993), 65: „Er hat über englische Literatur der Jahre 1800 bis 1840 promoviert und lernte den absurden Humor und den literarischen Umgang mit historischem Material bei Charles Dickens schätzen."

Slumschule für Latinos und Schwarze an, driftet in die Drogenszene ab und wird zum Junkie. Schließlich legt er Arbeitsproben seiner literarischen Frühversuche vor, mit denen er sich einen Studienplatz für *Creative Writing* sichert, und verfolgt seither eine akademisch-literarische Karriere. Seine Reputation als Kultbuchautor endet mit der Verleihung des renommierten PEN-Faulkner-Preises 1989 für den Roman *World's End*. Das Feuilleton liebt es, Boyle als eine Außenseiter- und Rebellenfigur zu entwerfen, schwadroniert vom „Punk-Professor" und dessen „Aufstieg aus dem Prolo-Milieu in den Literaten-Olymp"[15], von einem „postmoderne[n] Literaturhippie [...]."[16] Gleichzeitig gilt, daß Boyle Teile seiner Biographie mit frecher Chuzpe redigiert hat; selbst seinen klangvollen Mittelnamen legte er sich erst zu, nachdem er sich zu einer schriftstellerischen Karriere entschlossen hatte. Bei Interviews und Lesungen weiß Boyle mit seinem Außenseiter-Image zu kokettieren; einem Interviewer des *Rheinischen Merkur* beschreibt er beispielsweise die thematischen Schwerpunkte seines literarischen Schaffens mit deutlicher Lust an der Provokation: „'Es geht um die drei existentiellen Dinge des Lebens – nämlich Essen, Scheißen und Sterben ...' (lacht dreckig) Abgerundet mit einem Schuß Sex."[17]

Boyles öffentliche Selbstdarstellungen als schmuddeliger *agent provocateur* vernebeln die Existenz eines zweiten Boyle, der Englischprofessor an der University of Southern California und das etablierte Oberhaupt einer fünfköpfigen Familie ist. Boyle selbst macht diesen Sachverhalt in einem seiner offenherzigeren Interviews explizit: „'They want me to be running wild, to die young. But you could also present me as the family man with a Ph. D. who's been with his wife for 20 years, loves his three kids, is a tenured professor at U.S.C., lives in the suburbs and plants trees in his backyard.'"[18]

---

[15] Sven Michaelsen, „'Romane sind wie Rockkonzerte,'" *STERN* (10.8.1989), 119.
[16] Peter Henning, „Ein 'Charles Dickens' unseres Jahrhunderts: In den USA gilt er als 'die' literarische Entdeckung – der postmoderne Literaturhippie T. Coraghessan Boyle," *Westdeutsche Allgemeine Zeitung* (16.12.1992), 12.
[17] Alexander Hilbert, „Bloß kein Abschied vom Leben auf der Überholspur: Interview mit T. Coraghessan Boyle," *Rheinischer Merkur* (13.11.1992), 17.
[18] Tad Friend, 66.

Selbstironie und das Wissen um die Macht von Suggestion und Verstellung kommen Boyle bei dem Verfassen seiner pikaresken Erzählwerke zugute. *World's End*, von ihm selbst als sein „breakthrough book"[19] bezeichnet, verwirklicht wesentliche pikareske Handlungs- und Strukturmerkmale auf mustergültige Weise: der Roman setzt auf das Konstruktionsprinzip der additiven Reihung, nimmt den Blickwinkel der sozial Unterprivilegierten ein, enthält gesellschaftssatirische Elemente und bietet eine immense Vielfalt von Schauplätzen und Nebenfiguren an. Die wichtigste Pikaro-Figur des Romans, Walter Van Brunt, ist ein Antiheld von dunkler Abkunft, verwaist, vernachlässigt und verhärmt. Auf das Motiv der Vatersuche legt Boyle einen Schwerpunkt seines literarischen Schaffens, die literarische Gestaltung des „Verhältnis[ses] zwischen Vätern und Söhnen" benennt er 1992 in einem Interview als die bedeutsamste Konstante seiner „schriftstellerischen Obsessionen [...]."[20] Boyles entscheidende Expansion des Genres besteht darin, daß er neben dem geographischen und sozialen auch den historischen Raum auslotet; sein Roman spielt mit wechselnder Kapitelfolge in den späten 60er Jahren des 20. Jahrhunderts und im Kolonialzeitalter des letzten Drittels des 17. Jahrhunderts. Boyle verwendet so in *World's End* genau jene Erzähltechnik, die William Kennedy ursprünglich für *Quinn's Book* konzipiert hatte, einen Roman, den Boyle in einer Rezension entgegen dem Trend der feuilletonistischen Literaturkritik zu loben und zu preisen wußte.[21] Boyle verwendet in *World's* End eine Erzähltechnik, die Ina Schabert als „historical flux"[22] bezeichnet, er kombiniert die Darstellung zweier Zeitalter, um die geistige

---

[19] William Brisick, „PW Interviews T. Coraghessan Boyle," *Publisher's Weekly* (9.10.1987), 72. Als ein „breakthrough book" bewertet auch Benjamin DeMott den Roman in seiner Rezension „Ghost Ships on the Hudson," *New York Times Book Review* (27.9.1987), 53: „*World's End* is a smashing good book, the peak achievement thus far in a career that seems now to have no clear limit."

[20] Interview mit Alexander Hilbert, 17.

[21] Cf. T. Coraghessan Boyle, „Into the Heart of Old Albany," *The New York Times Book Review* (22.5.1988), 32: „In an era when so much of our fiction is content to accomplish so little, *Quinn's Book* is a revelation."

[22] Cf. Ina Schabert, *Der historische Roman in England und Amerika* (Darmstadt: Wiss. Buchgesellschaft, 1981), p. 56f.

Verwandtschaft zwischen zwei Epochen zu akzentuieren, um den Blick frei zu machen auf Epochenspezifisches und Epochenübergreifendes, auf Kontinuitätslinien innerhalb des geschichtlichen Wandels. Zwischen den beiden Zeiträumen, die der Roman schildert, entsteht schließlich eine Vielzahl von Korrespondenzbeziehungen hinsichtlich der Figurenkonstellation: „Boyles Klammer, mit der er die Distanz zwischen drei Jahrhunderten amerikanischer Geschichte zusammenhält, ist die Typisierung seiner Figuren."[23]

Boyles Roman besteht aus zwei Teilen („Martyr's Reach" und „World's End") mit zusammen 34 Kapiteln, von denen 24 im 20. und 10 im 17. Jahrhundert spielen. Mit *World's End* leistet T. C. Boyle eine literarische Historiographie der Niederlagen der amerikanischen „Linken." Der Roman zeigt, wie die Vertreter von gleich vier Generationen der Familie der Van Brunts zu Verrätern an ihren einstigen Idealen bzw. zu Überläufern werden. Im 17. Jahrhundert versagt Jeremias in einem entscheidenden Moment als Führer einer aufständischen Gruppe von Pächtern, sein Sohn Wouter bringt gegen Ende des Jahrhunderts seine besten Freunde und Mitverschwörer gegen die selbstherrlichen Terrorstrategien des Patroon durch Denunziation an den Galgen. Truman Van Brunt liefert 1949 seine kommunistischen Parteifreunde, die ein politisches Alternativkonzert veranstalten wollen, einem fanatisierten rechtsextremistischen Mob aus. Truman holt nicht die sehnsüchtig erwartete Hilfe herbei, sondern wechselt statt dessen die Fronten, schlägt sich auf die Seite der selbsternannten, selbstgerechten „Patrioten" und verläßt zwei Tage später, ohne ein Wort der Erklärung, seinen dreijährigen Sohn Walter und seine Frau Christina, die sich daraufhin aus Kummer zu Tode hungert.

Der Roman setzt ein mit Walters 22. Geburtstag im Sommer 1968. Walter kifft, hat Visionen von einer Begegnung mit seinem Vater, den er seit 1949 nur ein einziges Mal – an seinem 11. Geburtstag – zu Gesicht bekam und über dessen gegenwärtigen Aufenthaltsort er nicht das geringste weiß. Schließlich rast Walter mit seinem Motorrad gegen eine Gedenktafel („historical marker"), die an eine

---

[23] Paul Stänner, „Ein amerikanisches Epos," *Der Tagesspiegel* (10.12.1989), 8.

grausame Hinrichtung Aufständischer am Neujahrstag 1695 erinnert, und büßt als Folge des Unfalls sein linkes Bein ein. Walter heiratet seine linksökologische Jugendfreundin Jessica, wechselt aber schon kurz nach der Eheschließung im politischen Sinne die Seite, wird zum Parteigänger seines Arbeitgebers, des Großgrund- und Fabrikbesitzers Depeyster Van Wart, der schon 1949 Walters Vater zielbewußt zum Verrat überredet hatte. Walter findet in Depeyster einen nationalpatriotischen politischen Ziehvater, bricht mit seiner Frau, seinen Freunden und mit seinen kommunistischen Adoptiveltern, rast in der Neujahrsnacht 1969, abermals von einer wirren, geisterhaften Erscheinung seines Vaters heimgesucht, erneut gegen die Geschichtstafel. Als Folge wird ihm auch noch sein zweites Bein amputiert.

Im Krankenhaus erfährt er von einem ehemaligen – rechten – politischen Weggefährten seines Vaters dessen gegenwärtigen Wohnort (Barrow, Alaska). Walter entschließt sich dazu, seinen Vater aufzusuchen, ihn mit Fragen zu dessen Treue- und Vertrauensbruch 1949 zu konfrontieren. Vor seiner Abreise vergewaltigt er noch Jessica, die inzwischen von ihm geschieden wurde und eine Beziehung mit dem besten unter Walters ehemaligen Freunden, Tom Crane, eingegangen ist.

Die Konfrontation zwischen Vater und Sohn, Boyles auktorialer Erzähler spricht von einem „marathon, a contest, a title bout"[24], angesiedelt in der nördlichsten Stadt der Welt, verläuft unversöhnlich und ohne eindeutigen Sieger. Wieder zurück in Peterskill, gestaltet nach dem historischen Modell von Boyles tatsächlichem Geburtsort Peerskill, wird Walter zum direkten Handlanger der politischen und ökonomischen Interessen Depeysters. Während einer Winternacht seilt er das Umweltschiff *Arcadia*, auf dem sich Jessica und Tom Crane befinden und gegen dessen Existenz Depeyster mit Eifer polemisiert hat, los, verliert aber danach die Orientierung, rutscht auf

---

[24] T. Coraghessan Boyle, *World's End: A Novel* (New York: Viking, 1987), p. 396; alle weiteren Zitate beziehen sich auf diese Erstausgabe des Romans und werden unter Verweis auf die jeweilige Seitenzahl direkt im Text ohne zusätzlichen Quellennachweis belegt.

den glatten Wegen aus und erfriert mit einem jämmerlichen Klageruf auf den Lippen.

Boyle baut neben der der Van Brunts zwei weitere Genealogien in seinen Roman ein: die der Landherren-Dynastie der Van Warts und die der Mohonks, der Häuptlingsfamilie der Kitchawanken. Die Sippe der Mohonks ist sogar weitläufig mit den Van Brunts verwandt: Katrinchee, die Schwester von Jeremias, ging eine Beziehung mit dem Häuptlingssohn Jeremy ein; das Kind aus dieser Beziehung begründete eine lange Galerie von stets grünäugigen Jeremy Mohonks, die in einem Jeremy Mohonk des 20. Jahrhunderts ihre vorläufig letzte Fortsetzung findet. Dieser Letzte der Kitchawanken entscheidet sich, wie schon seine Vorfahren im 17. Jahrhundert, gegen die Strategie der Anpassung und des Überläufertums: er schult sich autodidaktisch in der Lektüre der klassischen Werke des Marxismus, setzt auf Konfrontation mit dem Gutsherrengeschlecht der Van Warts und den anpasserischen Stiefelleckern der Van Brunts. Eine bracchiale Auseinandersetzung mit Rombout, dem Vater Depeysters, bringt ihn für 20 Jahre ins Zuchthaus. In der Nacht der Peterskill-Riots beißt er, haßerfüllt und in voller Kriegsbemalung, dem Überläufer Truman ein Ohr ab. Seine letzte *Ruse*, die der Roman schildert: er geht eine Liebesbeziehung mit Joanna, der Gattin Depeysters, ein und setzt mit der Frucht aus diesem Verhältnis ein Kuckucksei in das scheinbar so sichere Familiennest der Großgrundbesitzer-Dynastie.

Der Roman endet damit, daß Depeyster Van Wart den von ihm so heiß ersehnten männlichen Erben in Empfang nimmt: „There it was – there *he* was – his son, swaddled in white linen like the others, but big, too big, and with a brushstroke of tarry black hair on his head. And there was something wrong with his skin too – he was dark, coppery almost, as if he'd been sunburned or something" (p. 455). Grünäugig schaut ihm das Neugeborene ins Gesicht; nach schweren Sekunden des Zweifelns lächelt Depeyster zurück. Er ist entschlossen, das Kind als sein eigenes anzuerkennen.

Walter Van Brunt: Ein vatersuchender Pikaro und „the trauma of a lifetime"

Das Schicksal von Walter Van Brunt steht ohne Zweifel im Zentrum des Erzählerinteresses. Indem er seine Hauptfigur zunächst ein erstes und ein halbes Jahr später, in der Neujahrsnacht 1969, auch noch ein zweites Bein durch Motorradunfälle verlieren läßt, stattet Boyle sie mit einem aufschlußreichen, symbolischen Defekt aus. Walters physische Verkrüppelung verweist auf ein psychisches Manko: auf seiner Suche nach väterlicher Geborgenheit mangelt es ihm sowohl an Standfestigkeit als auch an der Fähigkeit, auf eigenen Füßen zu stehen. Vor beiden Unfällen wird er von Halluzinationen heimgesucht, in denen die übergroße Gestalt seines Vaters von ihm seine Gliedmaßen als Opfer verlangt: „How many pounds of flesh did he have to sacrifice? How many limbs?" (p. 81). Selbst mit seiner Begeisterung für das Motorradfahren versucht Walter den Vater zu imitieren: die letzte Begegnung mit ihm geht zurück auf das Jahr 1957, „he looked out at the man on the lawn, the father he barely knew, and the motorcycle that stood behind him" (p. 10). In seinen Gesichten und Visionen phantasiert Walter den Vater als eine überlebensgroße, fast mythische Gestalt: „Huge, [...] he'd looked like a cross between the Wandering Jew and the Ghost of Christmas Past" (p. 9).

Als dreijähriges Kind mußte Walter in einem traumatischen Ohnmachtserlebnis erfahren, wie sein Vater der Familie mit trotziger Gleichgültigkeit den Rücken kehrte. Seither wird Walter immer wieder von Erinnerungen an seinen „3 year-old's dance of denial and trauma" (p. 225) heimgesucht und von vagen Schuldgefühlen und Impulsen zur Selbstbestrafung geleitet, er fühlt „the stab of guilt and betrayal" (p. 173)[25], fahndet ergebnislos nach den Wurzeln seiner Schuldgefühle: „guilty, guilty, why did he always feel guilty?" (p. 122).

---

[25] Cf. auch p. 8: „But then he felt a stab of guilt, the curse of the apostate, and saw his father again."

Zu Beginn des Romans stattet sich Walter in seinen Phantasien mit den Attributen eines lebensverachtenden existentialistischen Antihelden aus[26]:

> He was feeling sorry for himself, feeling orphaned and martyred and strung out, full of the merde of human existence and sick with the idea of decay: feeling old. It was 1968. Sartre was front-page news, *Saturday Review* was asking „Can We Survive Nihilism?" and *Life* had photographed Jack Gelber adrift on an ice flow. Walter knew all about it. He was an alienated hero himself, he was a Mersault, a Rocquentin, a man of iron and tears facing the world in unhope and as riddled with the nausea as Jarlsberg is with holes. (p. 6)

Walter gefällt sich in der Pose des existentialistischen Einzelgängers, „soulless, hard, free from convention and the twin burdens of love and duty" (p. 8). Selbstbezogenheit und Egozentrik aber disqualifizieren ihn für die Rolle eines schicksalsergebenen Märtyrers, viel eher ist er ein selbstverliebter Repräsentant einer geschichtsunkundigen Aussteigergeneration: „In fact, there were few who had any grasp at all of the notion that history had preceded them. [...] What was real, what mattered, was the present. And in the present, they and they alone were ascendant – they'd invented sex, hair, marijuana and the electric guitar, and civilization began and ended with them" (p. 74). Doch die Geschichte – die nationale wie die individuell-biographische – sucht Walter heim, er ist „haunted [...] by the ghosts of the past" (p. 3), „he suffered an attack of history" (p. 6). Er wird durch die Erzählungen seiner Pflegeeltern zu einer Auseinandersetzung mit seiner eigenen Geschichtlichkeit und der Geschichte der Väter gezwungen, in deren Verlauf sich sein Begehren herauskristallisiert, seinem Vater und dessen unrühmlicher Rolle während der Peterskill Riots von 1949 die Absolution zu erteilen.

---

[26] Zur literaturgeschichtlichen Tradition dieser Figur in der amerikanischen Literatur cf. David D. Galloway, *The Absurd Hero in American Fiction: Updike, Styron, Bellow, Salinger* (Austin und London: University of Texas Press, 1966), besonders das Kapitel zu Saul Bellow („The Absurd Man as Picaro"), pp. 82-139.

Dem Peterskill Riot, nach dem tatsächlichen Riot von 1949 in Peerskill, N.Y., Boyles Geburtsort, modelliert, kommt eine exemplarische Funktion für die Analyse amerikanischer Klassenstrukturen und für Walters allmähliche Neudefinition seines Verhältnisses zum abwesenden Vater zu. 1949 organisieren Vertreter eines linken Alternativamerika, „graying Anarchists and Socialists who'd founded the community back in the twenties because they wanted to free themselves from the diseases of city life and give their children a libertarian education" (p. 83f.), Gewerkschafter und frühe Bürgerrechtler, Liberale, Sozialisten und parteitreue Kommunisten ein Protestkonzert gegen den dumpfen Patriotismus der McCarthy-Ära, „[a] little culture in the hinterlands" (p. 84). In der vordersten Front der Organisatoren finden sich Walters Vater Truman und Walters spätere Adoptiveltern Hesh und Lola Solovay. Aber ein von Presse und Unternehmern fanatisierter rechtsextremistischer Mob, „the Peterskill paper had seethed with anti-Communist, anti-Jew and anti-Negro invective for the past month" (p. 87), angeführt von dem Jungfabrikanten Depeyster Van Wart, vereitelt das Konzert. Blutlüsterne Schlägertrupps beweisen sich ihre tugendhafte Vaterlandsliebe, indem sie zum Angriff auf alles Nicht-Amerikanische blasen: „'Kill the commies!' the mob chanted. 'Lynch the niggers!' [...] The better part of them were drunk, whipped to a frenzy by irrational hates and prejudices that were like open wounds, but others – there was a knot of them, the ones in dress shirts and ties and Legionnaire's caps – were as cool as field marshals" (p. 90).

Walters Vater, Truman Van Brunt, der Hilfe holen und Presse wie Polizei benachrichtigen soll, schlägt sich statt dessen aber in der Stunde der Not auf die Gegenseite, liefert die Konzertbesucher und seine Freunde ans Messer, taucht zwei Tage ab, nur um sodann seine Sachen zu packen und ohne ein Wort der Erklärung Frau und Kind auf immer zu verlassen. Walters parteitreuer Pflegevater betrachtet in einem Gespräch mit seinem Adoptivsohn die Angelegenheit als erledigt: „'Look him up, go ahead. Where you'll look, God only knows. But as far as I'm concerned, he's a bum. A Judas. Persona non grata. As far as I'm concerned, the book is closed [...]'" (p. 83). Für Walter hingegen ist nichts abgeschlossen: „There was some unfinished business here, something he had to ask, had to know" (p.

16). Als geisterhaftes Wesen erscheint ihm sein Vater und mahnt: *"Don't you believe it. [...] Two sides, Walter,* his father said. *Two sides to every story"* (p. 97).

Tatsächlich bietet der Roman in seinem Verlauf nicht nur zwei, sondern gleich vier Versionen der Ereignisse von 1949 an; die von Walters Pflegeeltern und die des Anführers des Mobs, die von Jeremy Mohonk und schließlich die Sicht der Dinge durch Walters Vater selbst. Walter will seinen Vater exkulpiert sehen, „'[h]e had to have a reason,' Walter said" (p. 98), und durchläuft während der Suche nach den Motiven seines Vaters selbst eine erstaunliche Transformation. Er wird zum Parteigänger seines Arbeitgebers Depeyster Van Wart, dem in den Erzählungen seiner Pflegeeltern, mit denen er seit frühesten Kindertagen vertraut gewesen ist, unrühmliche Rollen zukamen: „the unenlightened Nazi bircher fiend who'd formented the riots that shamed his father and broke his mother's heart" (p. 117), „the bogeyman, the Fascist who'd masterminded the slaughter of innocents" (p. 123). Walter wird, wie Depeyster Van Wart treffsicher erkennt, zu einem „kid who was ready to turn the other way", wird unter den Händen seines Arbeitgebers zu Lehm: „He was clay. Clay to be molded" (p. 157).

Walter wird zu einem servilen Diener seines Arbeitgebers, findet in „Dipe", wie er seinen neuen Freund nennen darf, einen neuen Ersatzvater und in Van Wart Manor eine Idylle, von der er glaubt, daß sie ihn für die Entbehrungen der Kindheit zu entschädigen vermag:

> Here, peace reigned. The world was static, tranquil, timeless, bathed in the enduring glow of privilege and prosperity. There were no phantasms here, no signs of class strife, of grasping immigrants, trade unionists, workers, Communists and malcontents, no indication that the world had changed at all in the past three hundred years. (p. 316)

Ohne es zu bemerken, ist Walter jedoch disloziert. Reduplikation ist eine der wenigen Konstanten im Verhaltensrepertoire einer Pikaro-

Figur.[27] Letztlich wiederholt Walter bis ins Detail die Entwicklung seines Vaters Truman, seine Handlungen sind von einer reduplikativen Natur; wie Truman bricht er mit seinen besten Freunden, wie Truman bringt er willfährig seine Ehe zu Bruch, wie sein leiblicher Vater entdeckt er, der von kommunistischen Pflegeeltern im Geiste des Klassenkampfes erzogen wurde, in einem religiös-politischen Erweckungserlebnis die kritiklose Gefolgschaft und bedingungslose Vater-(lands-)Liebe als Bestandteile seiner patriotischen Pflicht. Walter Van Brunt durchläuft eine klassisch-pikareske Entwicklung, die Claudio Guillén mit den Worten faßt: „the protagonist gradually vanishes and dissolves into a role, a social status, a mask."[28] Statt Identität zu gewinnen, wird Walter zu einem Imitat, zu einer Repetitionsfigur.

Es sind die klassischen pikaresken Defizite, die Walter für Depeyster verführbar und verfügbar machen. Auf der Suche nach Kompensation für das vermißte Elternhaus sucht der Pikaro Walter Schutz in der Konstruktion einer nationalen Familie; er will den Vater dadurch von Schuld freisprechen, indem er ihm nacheifert und dessen Verhalten reproduziert. Wenn sich Walter auf das gesellschaftliche Zentrum zubewegt, so beschreibt er damit zugleich einen der Wege, zu dem ihn seine pikareske Disposition prädestiniert: einen Weg in die Abhängigkeit und Unmündigkeit. In scharfem Kontrast zu William Kennedys Version des pikarischen Helden wird der Pikaro in *World's End* zu einem Vertreter der Gegenaufklärung. Es nimmt nicht wunder, daß Walter, kaum daß er zum Parteigänger Depeysters geworden ist, auch sein zweites – rechtes – (Stand-)Bein verliert.

Walters emotionale Unreife und psychische Defizite werden besonders bei der Analyse seines Verhältnisses zu Jessica deutlich.

---

[27] So spricht beispielsweise Klaus Poenicke in seiner Analyse des *Lazarillo*-Romans zutreffend von „the reduplicative nature of Lazarillo's action"; „Fortune's Wheel and Revolution: On the Picaresque View of History," in: Winfried Fluck et al. (eds.), *Forms and Functions of History in American Literature: Essays in Honor of Ursula Brumm* (Berlin: Erich Schmidt, 1981), p.125.

[28] Claudio Guillén, „Toward a Definition of the Picaresque," in: *Literature as System: Essays Toward the Theory of Literary History* (Princeton: Princeton University Press, 1971), p. 88.

T.C. Boyle, *World's End*

Am Beginn des Romans, nach der Amputation seines ersten Beines, idealisiert er die Verlobte zu einer Mixtur aus „Joan of Arc, Calypso and Florence Nightingale" (p. 48), nach der Eheschließung hofft er auf die erlösende Kraft der Liebe (s)einer Frau: „He'd tried to concentrate on Jessica, on the union that would redeem him and make him whole" (p. 127). Am Ende aber ist es seine Liebe zu den United States und nicht die Union mit Jessica, in der er seine Heilserwartungen bestätigt glaubt; für Jessica bleibt nur noch eine unrühmliche Rolle übrig: „the martyr in the kitchen: who needed her?" (p. 254). Als typische pikareske Figur ist Walter zur Liebe nicht fähig: „The picaro [...] has no fixed emotional position toward anyone or anything. His lack of love expresses a lack of personality."[29]

Walters Entwicklung erklärt sich also primär aus den Gesetzmäßigkeiten der pikaresken Figurenpsychologie und nicht durch die Existenz eines dubiosen Verräter-Gens. Zwar bietet der Roman auch diese letztere Lesart an, die eine Reihe feuilletonistischer Rezensenten auch überzeugt hat, aber sie wird figurenperspektivisch von Truman Van Brunt vorgetragen, von jener Figur also, die am meisten Grund hat, vergangene Verratshandlungen durch genetische Determinationen zu rationalisieren und zu entschuldigen. Der Pikaro neigt dazu, schuldhafte Verfehlungen einem ungnädigen Schicksal zuzuschreiben. Seinen Ehebruch mit Mardi, der mißratenen Tochter Depeysters, rationalisiert Walter z.B. mit dem Hinweis auf schicksalhafte Vorherbestimmung: „It was inevitable. Preordained. A role in a play he'd been rehearsing all his life" (p. 173). Allein, wie es Louise Glück in ihrem Gedicht „Liberation" (1985) formuliert: „Only victims have a destiny."[30]

Depeyster Van Wart allerdings ist für Walter allenfalls ein sehr behelfsmäßiger Vaterersatz; niemals läßt der Erbreiche seinen politischen Zögling den Standesunterschied vergessen, niemals auch vergißt er sein ökonomisches Interesse an Walters Arbeitskraft. Einen bezahlten Urlaub, damit Walter seinen Vater aufsuchen kann,

---

[29] Stuart Miller, *The Picaresque Novel* (Cleveland: The Press of Case Western Reserve University, 1967), p. 78.
[30] Louise Glück, *The First Four Books of Poems* (Hopewell: Ecco Press, 1995), p. 172.

genehmigt er nicht. Aber Walter ist fest entschlossen, der Wahrheit über die Motivationen Trumans auf die Spur zu kommen. Seine Motive für die Konfrontation mit dem Vater sind primär selbsttherapeutisch[31]; Walter versucht sich von den Gespenstern der Vergangenheit zu emanzipieren: „There was nothing left now but to go find his father and bury the ghosts forever" (p. 323).

Boyle siedelt die Abrechnung zwischen Vater und Sohn an einem symbolträchtigen Ort an: im alaskanischen Barrow. Dort, „the northernmost city in the world" (p. 277), in „the northernmost city in America, the end of the line" (p. 386), hat Truman Van Brunt seine endgültige Bleibe gefunden, an einem Ort, an dem sich die Geschichte der Frontier, an dem sich die Kolonisation einheimischer Kulturen durch die westliche Zivilisation wiederholt: „Walter had read about it [Barrow] in *A Guide to Alaska: Last American Frontier*" (p. 391). Gleichzeitig ist Barrow aber auch eine Art Vorhölle: in dem ersten Raum, den Walter in Barrow betritt (einer Gaststätte), nimmt er einen infernalischen Gestank, den Geruch von „vomit, superheated piss, rancid grease, stale beer" (p. 388) wahr. Darüber hinaus dient Boyle die Stadt auch noch als Anlaß für parodistische Kommentare – die Musikbox des Eskimolokals, in dem Walter sich nach dem Haus seines Vaters erkundigt, spielt Bing Crosbys „White Christmas" – und als Symbol für einen Zustand der Selbstentfremdung und Dislokation: nach seiner Ankunft wird Walter heimgesucht von „a feeling of alienation, of displacement" (p. 388). Barrow wird in Boyles Roman zu einem mythischen Ort der Ewigen Nacht.

Kurz vor der eigentlichen Wiederbegegnung mit dem Vater durchlebt Walter noch einmal alle Demütigungen seiner Kindheit, er fühlt sich wie „some poor abused orphan out of a Dickens story" (p. 392). Er wird verleugnet, die Einheimischen wissen nichts von einem Sohn Trumans, auf keinen der zahlreichen Briefe des Sohnes hat der Vater geantwortet. Vor dem Haus des Vaters angekommen, bleibt die Tür verschlossen. Die harsche Abweisung straft Walters Wunschphantasien Lügen. Nicht die erträumte Geborgenheit, „*Walter*, his father said, *it's been a long time*, and he held out his arms" (p. 351),

---

[31] Cf. p. 130: He wanted [...] to find him, confront him, wave the bloody rag of the past in his face and reclaim himself in the process."

sondern die radikalste Form der Unbehaustheit erfährt der Vatersuchende am Ende seiner Reise „to the heart of the polar night" (p. 345). Walter sucht Zuflucht in Todesphantasien[32], regrediert zu einem dreijährigen Kind: „And then, all at once, the rage and frustration and self-pity building in him till he couldn't help himself, he threw back his head and shrieked like an animal caught in a trap, all the trauma of a lifetime [...]: 'Dad!' he sobbed. 'Dad!' The wind choked him, the cold rove at him. 'Daddy, Daddy, Daddy!'" (p. 392). Jetzt erst öffnet der Vater seine Tür.

Walters Ziele am Beginn der Konfrontation mit seinem Vater sind klar definiert:

> „I know you don't give two shits about me and I know you want to get this over with, so I'm going to tell you why I came all the way up here into the ass-end of nowhere to find you. I'm going to tell you everything, I'm going to tell you what it feels like to lose your feet – yes, both of them – and I'm going to tell you about Depeyster Van Wart." His heart was hammering. This was it. Finally. The end. „And then," he said, „I want some answers." (p. 395)

In der sich anschließenden Auseinandersetzung, die Boyles auktorialer Erzähler wechselweise mit den Metaphern eines Trinkwettkampfes, eines Langstreckenlaufes und eines Boxkampfes faßt, erhält Walter nicht nur eine, sondern gleich mehrere Antworten auf die Frage nach Trumans Motiven für den Verrat während der Peterskill-Unruhen 1949. Truman testet verschiedene Erklärungsmöglichkeiten aus, verwirft andere, wartet ab, wann sich der Sohn zufrieden gibt:

1. Auf Depeysters Erklärung für die Verhaltensweise des Überläufers, Walters Lebenslüge, seit er die Seiten gewechselt hat, – patriotisches Pflichtgefühl – reagiert Truman nur mit „a bitter laugh" (p. 399).

---

[32] Cf. p. 392: „Walter knew that he was going to die right there on the doorstep, frozen hard like one of the grotesque carcasses on the roof next door. That would show him, he thought bitterly. His son, his only son, the son he'd denied and deserted, frozen on his doorstep like so much meat."

2. Truman nimmt für sich, ohne nach tiefer schürfenden Erläuterungen zu suchen, einen Persönlichkeitswandel in Anspruch: „I changed, all right? Is that a crime?" (p. 404).
3. Truman verweist auf instinktives Verhalten; die Verletzung einer unschuldigen Aura war es, die ihn gereizt hat: „'Your mother was a saint, yeah. [...] Maybe she made me feel like shit in comparison, made me feel like hurting her – just a little maybe. [...]'" (ibid.). Truman expliziert: „'sometimes it feels good to feel like shit, you know what I mean? It's a need, almost. Something in the blood [...]'" (p. 405).
4. Truman macht finanzielle Interessen geltend: „There was money this time. Money to get away and start over, sort things out. Someplace. Anyplace. Barrow, even" (ibid.).
5. Erst als Walter nicht aufgibt und weiterhin mit der hartnäckigen Insistenz eines Masochisten seine Warum-Fragen stellt[33], holt Truman zu seinem letzten und mächtigsten Gegenschlag aus und präsentiert Walter die einzige Antwort, an die er wirklich glaubt und die alle seine bisherigen Erklärungen zur Makulatur werden lassen. Er konfrontiert Walter mit einem tausendseitigen Manuskript, dem Ergebnis eines 20-jährigen historischen Forschungsprojekts über die Kolonialgeschichte Peterskills mit dem pathetischen Titel *Colonial Shame: Betrayal and Death in Van Wartville, the First Revolt*. In diesem Manuskript gibt Truman eine letzte Antwort auf Walters Fragen; mit dem Wiederholungsdruck der Geschichte und einer fragwürdigen Theorie über die genetische Weitergabe von Verratshandlungen begründet er sein eigenes Versagen von 1949. Geschichte wird für Truman zum unentrinnbaren Schicksal: „'Fate!' he shouted suddenly. 'Doom! History! Don't you see?'" (p. 423). „'It's in the blood, Walter. It's in the bones [...]'", so lauten seine Abschiedsworte an den Sohn, der mit Ungläubigkeit, Entsetzen, Furcht und Zorn auf die Ausführungen des Vaters reagiert und mit einem Fluch auf den Lippen die Flucht antritt.

Trumans letzte, eigentliche Antwort auf Walters Fragen setzt auf Narration, nicht auf Argumentation, „[t]he old man [...] wasn't

---

[33] Cf. p. 407: „[...] I want to know why, why you did it. [...] I want to know why, why in your heart, why. You hear me: why?'"

debating, he was narrating" (p. 398); entsprechend werden Walters Reaktionsweisen auf die Ausführungen des Vaters vom Gefühl und nicht von seinem Verstand geleitet. Walter spielt verschiedene Ansichten über seinen Vater durch. Nach einem Initialschock („The rumor was truth. His father was shit", p. 402) gewinnt er allmählich eine unpathetische, nüchterne Perspektive: „His father was nothing, neither hero nor criminal, he was just a man, weak, venal, confused, impaled on the past, wounded beyond any hope of recovery" (p. 407). Aber dieses potentiell heilsame Zwischenergebnis verliert er am Ende der Konfrontation wieder, wenn Vater und Sohn sich gegenseitig verfluchen; Walters scheinbare Contenance in der Mittelsektion der Auseinandersetzung (Trumans Antworten Nr. 3 und 4) war ein Selbstbetrug. Seine Schlußworte an Truman bezeugen die ganze Heftigkeit seiner affektiven Reaktion: „'You're crazy!' Walter shouted. 'Nuts. Apeshit.' He was spitting out the words, out of control, the suitcase clutched tight in his hand. 'I hate you,' he said. 'Die,' he said" (p. 424).

Walters pikarische Sehnsucht nach einer harmonisierenden Rückkehr in die väterlichen Arme hat sich als ebenso trügerisch und illusionär erwiesen wie sein naiver Glaube an die exorzistischen Auswirkungen der Begegnung: „It would go three rounds, he could see that now. Then he could take the plane back to Van Wartville and he'd be free of his ghosts forever – *Father? What father? He never had a father* – damaged, but free" (ibid.). Am Ende triumphiert Truman, am Ende ist es Walter, der einen Schrei „beyond hope or redemption" (p. 447) ausstößt.

Denn Walter hat zum Zeitpunkt seiner Wiederbegegnung mit dem Vater, nachdem er ein Bündnis mit Depeyster geschlossen und spätestens seit er seine Ex-Frau Jessica vergewaltigt hat, schon längst jene moralische Integrität verloren, die allein es ihm erlaubt hätte, die Rolle des sittlichen Anklägers glaubwürdig zu spielen. Truman weist Walter explizit auf den Widerspruch zwischen der moralisierenden Grundhaltung und den Fakten der bisherigen Lebensführung des Sohnes hin:

„[...] You're a son of a bitch," Walter said.

Truman smiled. „So are you." (p. 404)[34]

Geschichte, so die These Truman Van Brunts, verläuft zunächst in Zyklen und kennt feste Repetitionsmuster, die aber alle auf ein apokalyptisches Ende zulaufen. Die Reinszenierung stabiler Mythen garantiert gleichzeitig Kontinuität im Wandel und historische Teleologie. Bei dieser Setzung handelt es sich aber um die zweckbedingte Konstruktion eines Mannes, der selbst in der Vergangenheit schuldig geworden ist, wie Walter zwischenzeitlich erkennt: „[W]as that it? The old man manipulating history to justify himself?" (p. 410). Historische Forschung wird in *World's End* als Passion der Verräter geschildert.[35] Aber ganz gleich, ob sich die Nachgeborenen mit dem geschichtlichen Erbe auseinandersetzen, wie Truman, oder danach trachten es zu verdrängen, wie die 68er Generation, für die Walter beispielhaft steht, alle werden unterschiedslos im Mahlstrom der Geschichte, so die implizite These des Romans, zermalmt. Die Kollision mit einer Gedenktafel kostet Walter sein erstes Bein. Sie erinnert an eben jenes historische Ereignis aus dem Jahr 1695, das im Zentrum von Trumans historischen Recherchen steht und das er seinem Sohn referiert: die grausame Hinrichtung der vermeintlichen Aufrührer Cadwallader Crane und Jeremy Mohonk. Auf dem Höhepunkt der Konfrontation zwischen Vater und Sohn führt Boyle bislang getrennte Handlungsfäden des Romans kunstfertig zusammen, indem er das 17. und das 20. Jahrhundert ineinanderblendet. Die Macht der Synthese identifiziert Boyle in einem Interview als die wichtigste Komponente seiner Definition der Leistungsmöglichkeiten der erzählenden Literatur: „One of the most interesting things about the writing talent is that it contains some magical power of synthesis – I don't know where it comes from."[36]

---

[34] Cf. auch p. 402: „'But your own wife – I mean, don't you have a conscience? How could you do it?' / The old man was silent a moment, regarding him fixedly over the lip of the bottle. When he spoke, his voice was so soft Walter could barely hear him: 'How could you?'"
[35] Cf. p. 85: „'History,' Lola said, lingering over the syllables, 'that was his passion.'"
[36] William Brisick, 72.

Boyles 17. Jahrhundert: Eine Fallstudie zu Herrschafts- und Ausbeutungsstrukturen

Boyles Porträt der amerikanischen Kolonialzeit leistet Geschichtsschreibung von unten, Historiographie „aus dem Blickwinkel der einfachen Leute."[37] Den historischen Szenen aus der Frühzeit der Besiedlung des nordamerikanischen Kontinents haftet nichts Idyllisches, den Figuren nichts Heroisches an; der Roman zielt auf Demystifikation ab, auf „Mythenzertöpperung"[38], wie es Thomas Klingenmaier nennt. Schon in der spanischen Pikareske des 17. Jahrhunderts waren die utopischen Verheißungen der Neuen Welt mit Skepsis zur Kenntnis genommen worden; Quevedos Schwindler bilanziert 1624 am Schluß seiner Lebensrückschau trocken: „I thought things would go better in the New World and another country. But they went worse, as they always will for anybody who thinks he only has to move his dwelling without changing his life or ways."[39] Die soziale Welt des 17. Jahrhunderts, die Boyles Roman präsentiert, ist eine scharf getrennte, undurchlässige Klassengesellschaft, die sich teilt in diejenigen, die das Land bearbeiten, und in andere, die es besitzen. Amerika ist in Boyles Roman ein Kontinent, der Knechtschaft, nicht Freiheit verheißt, ein „dismal alien place" (p. 206), „a barbaric new world that teemed with demons and imps, with strange creatures and half-naked savages" (p. 25). Streng genommen ist Boyles koloniales Amerika sogar eine Dreiklassengesellschaft, denn noch unter den ausgebeuteten Pächtern stehen die Eingeborenen, die eigentlich Beraubten. Boyle gestaltet seine Figuren des 17. Jahrhunderts bis ins Detail in strenger Analogie zu jenen des 20. Jahrhunderts. Der Vater-Sohn-Konflikt zwischen Truman und Walter wird in dem Verhältnis zwischen Jeremias Van Brunt und seinem Sohn Wouter, die holländische Namensversion von Walter, wie Truman seinen Sohn belehrt, antizipiert und variiert.

---

[37] Ulrich Horstmann, „Geschichte als Mahlstrom," *DIE ZEIT* (10.11.1989), L8.
[38] Thomas Klingenmaier, 24.
[39] Francisco de Quevedo, „The Swindler (El Buscón)," in: *Two Spanish Picaresque Novels*, transl. by Michael Alpert (London u.a.: Penguin, 1969), p. 214.

Wie Walter, so ist auch sein Urahn Jeremias Van Brunt durch ein körperliches Gebrechen gezeichnet: nach dem Biß durch eine giftige Alligator-Schildkröte amputierte der Vater Harmanus dem damals 15-jährigen ein Bein, um dem Sohn das Leben zu retten. Schon früh entwickelt Jeremias rebellische Züge; seine Worte und Gesten, sein Mienenspiel und sein Blick strahlen Rebellentum aus: „It was a look of hatred, a look of defiance, of contempt for authority, for rapiers, baldrics, silver plumes and account ledgers alike, a look that would have challenged the patroon himself had he been there to confront it" (p. 54). Früh verwaist, überlebt Jeremias, „one of the afflicted and downtrodden of the earth" (p. 59), durch die Solidarität und Hilfe seiner Nachbarn. Mit der Figur des Jeremias Van Brunt führt Boyle das Thema der sozialen Gerechtigkeit in seinen Roman ein. Jeremias formuliert Zweifel an der Legitimität der absolutistischen Herrschaftspraxis. Nach seiner Verhaftung wegen der unbefugten Bebauung einer Landparzelle redefiniert er beispielsweise sozialkritisch den Begriff des Verbrechers: „In their eyes, he was a criminal. But what had he done, really? Try to work it and survive? [...]. They were the real criminals – the patroon and his henchmen, Their High Mightinesses of the States General, the English king himself" (p. 142). Der Fluch, nicht das Gebet ist die von Jeremias bevorzugte Form der Anklage. Nach der Bestattung seiner Schwester Katrinchee kniet er am Grab nieder, „his lips moving as if in prayer. But he wasn't praying. He was cursing God in his heaven and all his angels, cursing St. Nicholas and the patroon and the dismal alien place that rose up around him in a Gehenna of trees, valleys and bristling hilltops" (p. 206f.). Jeremias' Selbstwahrnehmung ist nicht frei von Hybris, seine Nachbarn erachten ihn als hochmütig, verweigern aber auch nicht ihren Respekt vor dem Widerstandsfunken, der in Jeremias glimmt: „there was a hard cold look in his eye, the look of intransigence and invincibility [...]: he was down, but not defeated. No, never defeated" (p. 297).

Freilich ist Jeremias in entscheidenden Situationen eher ein Maulheld denn ein tatsächlicher Insurgent oder Aufrührer: zum Termin der Pachtzahlung schließt er sich mißmutig und verstimmt mit einer Flasche Rum in ein Hinterzimmer ein und überläßt seiner Frau Neeltje das Geschäft des Bezahlens. Als der Patroon von allen

Pächtern zusätzliche Frondienste beim Bau einer neuen Straße einfordert, verweigert er seinen Nachbarn die Solidarität und läßt Neeltje an seiner Statt seinen Sohn Wouter und seinen Neffen Jeremy schicken. Doch der Patroon Stephanus Van Wart erkennt die Ansteckungsgefahr, die von Jeremias' Verweigerung ausgeht, will an ihm ein Exempel statuieren, läßt die beiden Kinder an den Pranger stellen und versichert Neeltje vor der gesamten Siedlergemeinschaft: „they will sit in those stocks until such time as your husband comes to this house and goes down at my feet to beg – yes, beg – for the privilege of serving me" (p. 329).

Der Pranger wird aufgestellt, Wouters Cousin Jeremy flieht, verfolgt von van den Post, dem *schout*, Wouter bleibt unbeaufsichtigt und alleingelassen am Pranger stehen: „Wouter didn't know what to do. He was afraid. [...]. What he wanted more than anything was to go home and bury himself in his father's arms, ask him to explain it all to him again – he wasn't sure he had it right anymore" (p. 333). Im Anschluß an die Schilderung von Wouters Orientierungslosigkeit gestaltet Boyle – unter Verzicht auf jegliche sentimentalisierende Zwischentöne – die vielleicht eindringlichste Szene des gesamten Romans, eine Szene von höchster psychologischer und symbolischer Dichte, die in einem einzigen Bild die gesamte Familiengeschichte der Selbstversklavung der Van Brunts, der prototypischen Underdogs sämtlicher Jahrhunderte, in sich birgt:

> Biting his lips to fight back the tears, Wouter Van Brunt, eleven and a half years old and as full of regrets as any septugenarian, slouched around the white pine frame, sat himself down on the rough log behind it and stuck his feet out straight before him. Slowly, deliberately, giving it all his concentration, he eased down the crossbar until it clamped firm around his ankles. Then he went to work on his hands.
>
> He was still there when his father came for him. (p. 333)

Jeremias' Marsch zur Befreiung seines Sohnes läßt erstmals im Roman Hoffnung auf ein solidarisches Handeln und auf eine erfolgreiche Revolte aufkommen: „One by one the farmers threw down their tools and silently followed Jeremias up the drive to the house [...]. By the time Jeremias had reached the meadow in front of the house, the whole neighborhood [...] was behind him" (p. 334). Der Widerstandsfunke schlägt über, („[i]t was in the air. It was electric. It was the will of the mob", ibid.), aber in dem Augenblick, da sich der Rebell auf dem Höhepunkt seiner Macht befindet und erstmals eine solidarische Gemeinschaft hinter sich weiß, da sich gleichgesinnte Pächternachbarn geschlossen mit ihm verbünden, geschieht Unerwartetes. Der Vater geht vor dem Patroon in die Knie.

> „I beg you," Jeremias sobbed, broken at long last, broken like a horse or mule, „I beg you to let me ..." and his voice faded away to nothing, „to let me serve you." (p. 336)

Aber Stephanus will die äußerste Demütigung seines Knechts, zwingt Jeremias, seinem Stolz und seiner Männlichkeit abzuschwören:

> Stephanus [...] took a step forward, his face recovered now, the magnificent nostrils alive with disdain, and held out his foot, as if expecting the ultimate obeisance. „Who owns you?" he asked, his balance perfect, voice inflexible.
> „You," Jeremias croaked, staring at the gleaming shoe as if transfixed.
> „And who owns your wife, your son, your half-breed bastard?"
> [...] „You," he said.
> „Good." The patroon straightened up, and in the same instant he dropped his foot to the ground and drove it up again into Jeremias' face. [...] „I don't want your service, [...] I want your blood." (p. 337)

In *World's End* wird das Aufbegehren der Besitzlosen grausamgenüßlich abgestraft, wohingegen die Arroganz der Mächtigen ungesühnt bleibt. Jeremias' sekundenschneller Wandel vom aufmüpfigen Rebellen zum devoten Stiefellecker verweist auf eine konstante Struktur des Romans. Von der ersten bis zur letzten Generation lehnen sich die Van Brunts mit wilder Entschlossenheit gegen soziales und ökonomisches Unrecht auf, um, so Matthias Bröckers,

„sodann winselnd zu Kreuze zu kriechen."⁴⁰ Und Wolfgang Steuhl befindet: „Zwar haben seine [Boyles] Gestalten immer wieder die Möglichkeit, sich zu entscheiden: zwischen progressivem Aufbruch und hasenherzigem Verrat. Aber, so könnte der Autor klagen, sie wollen nicht tapfer und stark sein [...]."⁴¹ Nicht so sehr tatbereite Tapferkeit, sondern der Gegensatz zwischen der Freiheit des Willens und der determinierenden Kraft der Geschichte steht im Roman zur Diskussion. Besonders deutlich wird dies am weiteren Werdegang von Wouter Van Brunt.

Wouter, der bislang seinen Vater mit präpubertärer Naivität vergöttert hatte, „his father was a small deity, reverenced and wise, incapabable of error, the very oracle of truth and decision" (p. 291), reagiert auf den Kniefall mit Ungläubigkeit, Scham und Abscheu; auf die Vergötterung folgt bruchlos die Diabolisierung. Wieder konfrontiert der Roman seine Leser mit einer erschütterten, traumatisierten Kinderfigur, die dem väterlichen Vorbild abschwört: „And his father – he had no father" (p. 341). Wouter stellt seine Fragen nach den Ursachen des väterlichen Verhaltens mit nicht geringerer selbstquälerischer Insistenz als Walter drei Jahrhunderte später: „Why? he asked himself. Why hadn't *vader* risen up to choke the life out of that self-important dandy in the fancy pumps and silk doublet? [...] Why hadn't he packed up and started over in New York, Connecticut, Long Island or Pavonia? Why, when all was said and done, hadn't he gone out to work on the road crew in the first place?" (p. 339). Wouters Fragen sind die Zentralfragen des Gesamtromans. Diese sind jedoch auch an die selbstgerecht urteilenden Söhne selbst zu stellen, die „für Moral" halten, „was vielleicht nur eine Frage der Konstellation ist [...]."⁴²

Wouter überwindet die seelische Verwundung, die er durch den Kniefall des zuvor angebeteten Vaters erlitten hat, nie: „He grew into manhood, and to look at him you'd never know the depth of his

---

⁴⁰ Mathias Bröckers, „Wunderbare Verlierer: Die Romane des Pyromanen Tom Coraghessan Boyle," *taz* (3.10.1990), 42.
⁴¹ Wolfgang Steuhl, „Am Ende der Welt: Ein amerikanischer Familienroman," *Frankfurter Allgemeine Zeitung* (10.10.1989), L17.
⁴² Herbert Mainusch, „Walter sucht seinen Vater am Ende der Welt," *Die Welt* (28.10.1989), 19.

hurt, never guess that he was crippled in his way as his father before him" (p. 376). Der väterliche Kniefall raubt ihm fundamentale Bestandteile seiner eigenen Identität: „He'd lost his father, [...] lost his own identity as son to the man who defied the patroon" (p. 370). Nach einem von Wouter initiierten spontanen Aufruhr während eines Erntefestes im Herbst 1693- er wirft eine Fensterscheibe des Herrenhauses ein und setzt eine Scheune in Brand – ist der Rädelsführer gemeinsam mit seinen engsten Freunden und Komplizen, gemeinsam mit Cadwallader Crane und seinem Cousin Jeremy Mohonk auf der Flucht, die drei verstecken sich monatelang in einer Höhle. Aber ausgerechnet Wouter, der sich als 11-jähriger zum moralischen Ankläger seines Vaters aufgeschwungen hatte, verläßt eines Nachts den Unterschlupf und denunziert, um seine eigene Haut zu retten, seine engsten Vertrauten, die darauf dem Racheurteil des Patroon zum Opfer fallen:

> Their sentence read as follows: „We decree that the prisoners shall be drawn on a Hurdle to the Place for Execution, and then shall be hanged by the Neck, and then shall be cut down alive, and their Entrails and Privy members shall be cut from their bodies, and shall be burned in their Sight, and their Heads shall be cut off, and their Bodies shall be divided into four Parts, and shall be disposed of at the King's Pleasure."
>
> Whether or not it was fully complied with is not recorded. (p. 423)

Ohne Zweifel: *World's End* zitiert Grausamkeiten aus der amerikanischen Geschichte mit nicht geringerer Drastik als *Quinn's Book*. Hier wie dort sind es die besitzenden Schichten, die sich durch besonderen Sadismus auszeichnen, es sind die Mächtigen, die ihre Versionen von geschichtlichen Vorgängen und historischer Teleologie überliefern konnten. „Klio, die Muse der Geschichte, hat ihre Küsse lange Zeit den Herrschenden und Siegern geschenkt"[43], konstatiert, poetisierend, Klaus Modick. Wenn sich William Kennedy

---

[43] Klaus Modick, „Erblast des Besitzes: Klassenverrat am Hudson River: Ein amerikanisches Epos von Weltrang," *Rheinischer Merkur* (13.10.1989), 5.

und T.C. Boyle durch das Medium des pikaresken Romans an einer Geschichtsschreibung aus der Perspektive der Beherrschten und Verlierer versuchen, sind sie aufrichtig und gewissenhaft genug, um nicht in einen einfachen Gut-oder-böse-Schematismus zu verfallen.

Nur bei oberflächlicher Betrachtung stützt der Roman die These von der genetischen Vererbung verräterischen Betragens. Modick verweist zu Recht darauf, daß in *World's End* nicht Elemente eines „(hierzulande begründet verdächtigen) Rasse- und Blut-Mythos" die verschiedenen Verratshandlungen motivieren, sondern „seit Urzeiten stabile[...] Konditionierungen [...]."[44] Boyles Pikareske illustriert somit beispielhaft ein Diktum Adornos: „Herrschaft erbt sich fort durch die Beherrschten hindurch."[45]

Wenn Jeremias Van Brunt erstmals als Delinquent im Herrenhaus der Van Warts vorgeführt wird, spürt er einen unbändigen Haß in sich aufsteigen, „he felt an intoxicating rush of hatred surge through him" (p. 145), will er seine Hosen herunterreißen, „all he wanted at the moment was [...] dropping his pants" (ibid.), aber dem Drang nach Verwüstung und Verunreinigung, „to defecate in the silver teapot" (ibid.) ist ein zweites, tiefer sitzendes Gefühl beigesellt: „For all his anger and resentment, Jeremias was awed by it [opulence itself]; he felt weak and insignificant – he felt guilty; yes, guilty – and he slouched into Van Wart's parlor like a sinner slouching into the Sistine Chapel" (ibid.). Jeremias fühlt sich durch die absolute Verachtung, die ihm von dem Sohn des Hauses, Stephanus, entgegenschlägt, diminuiert, reduziert auf den Status eines Untermenschen: „The utter contempt in the man's voice – he might have been speaking of hogs or cattle – was a thing that would be with him for life" (p. 148). Obgleich Jeremias einen relativ großzügigen Pachtvertrag erhält, verläßt er das Anwesen der Van Warts als ein Besiegter, „for Jeremias it was no victory. No: he left the manor house in shame" (ibid.).

Nur undeutlich definierte Schuld- und Schamgefühle sind Jahrhunderte übergreifende Konstanten in den sozialen Biographien der

---

[44] Klaus Modick, ibid.
[45] Theodor W. Adorno, *Minima Moralia: Reflexionen aus dem beschädigten Leben* (Frankfurt: Suhrkamp, 1978), p. 242.

jeweiligen Van Brunts. Das Gewissen der kleinen Leute und internalisierte Schuldgefühle sind wirksame Herrschaftsinstrumente in den Händen jener, die ohne Skrupel nach ökonomischer Bereicherung und absolutistischer Allmacht gieren. Was immer sich die Van Brunts an charakterlichen Insuffizienzen und moralischem Fehlverhalten leisten, „Verrat, Überläufertum und Zukreuzekriechen"[46], alles findet seinen Ursprung in internalisierten Formen der Unterdrückung. Die frühen Verletzungen des Selbstwertgefühls werden in später erlebten Grenzsituationen reaktiviert, die Boyles Underdogs zu „winselnden Objekt[en] fremder Gewalten"[47] reduzieren. Boyles Figuren gewinnen nur dann eine wie auch immer fragwürdige Form von Identität, wenn sie ihr Verhalten dem Fremdbild, das die Mächtigen von ihnen haben, angleichen; „sometimes it feels good to feel like shit" (p. 405), weiß Truman seinem Sohn Walter zu berichten. *World's End* schreibt primär Mentalitätsgeschichte, nicht Ereignisgeschichte, wenn es den Weg des Menschen nicht aus seiner, sondern *in* seine selbst verschuldete Unmündigkeit darstellt.[48] Dem Roman ist folglich in erster Linie an gesellschaftspolitischer und soziopsychologischer Aufklärungsarbeit gelegen.

Boyles pikareskes Figurenarsenal aus den *American 1960s*

Es sind die stabilen Herrschaftsverhältnisse und nicht genetische Dispositionen[49], die zu Wiederholungen in geschichtlichen Abfolgen führen; der Roman *World's End* teilt diese sozialhistorische These mit

---

[46] Ulrich Horstmann, L8.
[47] Wolfgang Steuhl, L17.
[48] Cf. Immanuel Kant, „Beantwortung der Frage: Was ist Aufklärung?," in: *Schriften zur Anthropologie Geschichtsphilosophie Politik und Pädagogik* (Darmstadt: Wiss. Buchgesellschaft, 1983), p. 53: „Aufklärung ist der Ausgang des Menschen aus seiner selbst verschuldeten Unmündigkeit. Unmündigkeit ist das Unvermögen, sich seines Verstandes ohne Leitung eines anderen zu bedienen."
[49] Cf. etwa die folgende Fehleinschätzung von Cynthia Cotts in „World's End," [Review] *VLS* (November 1987), 3: „Betrayal of trust becomes [...] a genetic trait for the Van Brunts [...]."

vielen Zeugnissen der pikaresken Romanliteratur.[50] Wenn der Roman, wie Klaus Modick meint, ein „Epos des Verrats und der Verräter schlechthin"[51] ist, so ist er auch ebensosehr ein Epos über die Funktionsweise (früh- und spät-)kapitalistischer Macht- und Unterwerfungsstrukturen. Ein Gewissen leisten sich in *World's End* allein diejenigen, die auf den unteren Stufen der sozialen Leiter stehen; diejenigen, die eigentlich Anlaß hätten, mit sich selbst im unreinen zu sein, die Vertreter der Herrenschicht, wähnen sich auf eine bezeichnende Weise merkwürdig frei von Schuldgefühlen jeglicher Art. Depeyster Van Wart richtet Truman und Walter Van Brunt zugrunde, bewertet aber den Verrat des ersteren und den Tod des letzteren als wohlgemeinte patriotische Opfergaben. Ohne Skrupel auch leistet sich Depeyster seine eigene „guilty little fantasy": „she was naked, that big freckle-faced dormmate of Mardi's, hovering over him and bucking like a wild animal, and he could feel his seed taking hold, could see them – his sons – marching from her hot and fertile womb as from the mouth of some ancient cave" (p.160).

Depeyster Van Wart, der vorläufig letzte selbstherrliche Großgrund- und Fabrikbesitzer in einer langen und vermeintlich ehrwürdigen Ahnenreihe, leidet, so seine Selbstwahrnehmung, unter einem erheblichen Defizit: ihm fehlt ein männlicher Erbe, für einen Sohn wäre er bereit, mit dem Teufel zu Tische zu sitzen. Heimlich ersehnt er sich, „stammbaumnervös", den Tod seiner Frau Joanna, die ihm „nur" eine rebellisch-verzogene Tochter geschenkt hat, um mit einer jugendlich-fruchtbaren Nachfolgerin, mit einer „prize bitch" (p. 35), den heiß begehrten Nachwuchs zeugen zu können:

---

[50] Peter N. Dunn vermerkt in *The Spanish Picaresque Novel* (Boston: Twayne, 1979), p. 139, zum zeitgeschichtlichen Hintergrund, vor dem sich die spanischpikareske Literatur herausbildete: „There were [...] kinds of stress in social relations, which multiplied and deepened as small landowners were ruined by large magnates, towns lost their independence to those same magnates, and the crown supported aristocratic interests against small peasants and tradesmen." Auch die pikareske Welt des (amerikanischen) 17. Jahrhunderts, die *World's End* entwirft, basiert auf einer Gesellschaft, in der königliche Macht und Politik die Akkumulation von Reichtum begünstigen und die Besitzer kleinerer Landgüter in den Ruin treiben.
[51] Klaus Modick, 5.

„Fertile ground. That's what he needed" (ibid.). Depeyster Van Wart kennt drei Passionen: den Haß auf alles Anti-Patriotische, den Fortbestand der Herrenrasse und die Vergrößerung seiner im Vergleich zu früheren Jahrhunderten an Umfang erheblich reduzierten Latifundien. Seine Droge ist das Land, an dem er sich im wörtlichen Sinne berauscht: er ißt das Land, das er besitzt. Genauer: er schmaust es „in verstohlen genaschten Prisen."[52] Boyles Erzähler befindet lapidar: „Depeyster Van Wart, twelfth heir to Van Wart Manor, [...] was a terraphage. That is, he ate dirt" (p. 33).

Mit Vorliebe leistet Depeyster sich vergangenheitsverklärende Geschichtsklitterungen, in seinen Tagträumen imaginiert er einen heroischen Kampf seiner Ahnen gegen die Indianer, der in dieser Form niemals stattfand. Mit seinen politischen Vorstellungen am äußersten rechten Rand des politischen Spektrums angesiedelt („*Democracy*, it was a farce. Another brand of communism", p. 154), ist er ein Parteigänger McCarthys bzw., zeittypischer, Barry Goldwaters; seine Beschwörungen einer heroischen Vergangenheit ähneln den Versionen der amerikanischen Geschichte, die auch Ronald Reagan in seinen politischen Reden entworfen hat. Boyle spart bei der Zeichnung der Figur nicht mit Hohn und Spott. Zu einer Halloween Party maskiert sie sich beispielsweise auf eine geradezu grotesk-lächerliche Weise: „He looked like a refugee from one of Rembrandt's group portraits, like a colonist, a pioneer, like the patroon who'd wrested the place from the Indians" (p. 363). Mit berechnender Skrupellosigkeit polt Depeyster Walter um, schleicht er sich in Walters Vertrauen ein und wird zu dessen Ersatz- und Beichtvater, der dem Verhalten des tatsächlichen Vaters Truman die Absolution erteilt: „'Your father,' he [Depeyser] said, leaning forward and making an effort to control his voice, 'your father was a patriot [...]'" (p. 124). Depeyster geriert sich als Walters väterlicher Freund, stellt aber in entscheidenden Situationen seine Interessen als Walters Arbeitgeber über das Gebot der freundschaftlichen Empathie. Als Walters Identitätskrise ihren Höhepunkt erreicht, verweigert Depeyster dem gelehrigen Schüler, wie schon erwähnt, Sonderurlaub für die Alaska-Reise und kontert Walters Krisen-

---

[52] Wolfgang Steuhl, L17.

stimmung mit einer egozentrisch-skurrilen frohen Botschaft, die die Grenzen von Depeysters Einfühlungsbereitschaft deutlich markiert: „'Hey, I didn't tell you the good news! [...] I'm buying a horse!'" (p. 325).

Depeysters lächerliche Posen und Imitationen verdeutlichen, daß auch die Familie der Van Warts einen Degenerationsprozeß durchlaufen hat. Doch obgleich auch ihre Macht und ihr Besitz geschrumpft sind, sind die eigentlichen Herrschafts- und Ausbeutungsstrukturen in den Grundzügen unverändert geblieben und haben im 20. Jahrhundert allenfalls raffiniertere und verfeinerte Formen angenommen. Die Klassenjustiz, die schon im 17. Jahrhundert in ihren Zielsetzungen völlig transparent gewesen war („the patroon was judge, jury and prosecutor on his own lands, and paid the *schout* and hangman to take care of the rest", p. 52), kennzeichnet gleichermaßen das 20. Jahrhundert. Der Verlauf des Prozesses etwa, den Depeysters Vater Rombout gegen Jeremy Mohonk, den letzten Nachkommen der Kitchawanken, eines Volksstammes, der einstmals die Van Wart-Ländereien in seinem Besitz hatte, führt, läßt das Ideal einer unabhängigen Rechtsprechung zur Farce werden:

> The trial didn't last an hour. The Indian was accused of criminal trespass, assault with a deadly weapon and attempted murder. His attorney, appointed by the court, had gone to school with Rombout. The sheriff, the court recorder, the district attorney and the district attorney's assistant had also gone to school with Rombout. The judge had gone to school with Rombout's father.
> [...]
> The jury, eight of whom had gone to school with Rombout, was out for five minutes. Their verdict: guilty as charged. (p. 66f.)

Boyle findet bei seinem Vergleich zwischen amerikanischer Gegenwart und Vergangenheit wenig Anlaß für fortschrittsgewissen Optimismus; statt dessen akzentuiert er die Konstanz oligarcher und ostrakistischer Strukturen, betont er „continuities within change."[53] Nicht anders als seinem Vorfahren Stephanus geht es Depeyster, dem

---

[53] Benjamin DeMott, 52.

politischen Kopf eines lokalen Machtkartells, bei der Organisation der Riots von 1949 um die exemplarische Demonstration von politischer Macht. Bei Stephanus aber hatten Macht- und Besitzgier noch primär kompensatorische Funktionen erfüllt: „What he wanted was nothing less than to amass the biggest estate in the Colony [...]. It had become his obsession, his overmastering desire, the one thing that made him forget the paved streets, the quiet taverns, the music, art and society of Leyden and Amsterdam" (p. 296). Bei Depeyster hingegen dienen Macht- und Besitzstreben der Überwindung eines tiefsitzenden Inferioritätskomplexes: „Depeyster [...] was reflecting sadly on how far the Van Warts had fallen. His ancestor [...] had owned half of Westchester. They'd built something unique, something glorious, and now it was finished. Eaten away, piece by piece, by blind legislators and land-hungry immigrants, by swindlers and bums and Communists" (p. 153). In *World's End* wird Geschichte zu einem Fluch, für die Besitzlosen wie für die Besitzenden.

Zukunftszuversicht kann Depeyster auch nicht aus dem aufsässigen Verhalten seiner Tochter Mardi ableiten, die sich der Protest- und Drogenkultur der Hippiebewegung anschließt, gleichwohl sie aber immer auch verhätschelt-verwöhnte Göre aus reichem Hause, Tochter ihres Vaters bleibt. Ihr liebstes Gesellschaftsspiel besteht darin, Anstoß zu erregen: „'I just like to shock people, that's all – see how they'll react. You know: *épater les bourgeois* [...]'" (p. 168). Ihrem Vater gleich setzt sie mit perfider Hinterhältigkeit alles daran, Walters Ehe zum Scheitern zu bringen. Noch in Walters Hochzeitsnacht trachtet sie danach, den Jungvermählten zu verführen. Während einer späteren Ehebruch-Szene verhält sie sich absichtlich so, daß Jessica Walter *in flagranti* ertappen kann: „But it was Mardi too. [...]. She heard the door slam. She heard the footsteps and Jessica's voice [...] – but she wouldn't let go of him, wouldn't stop. He was inside her when Jessica came through the door. Then, only then, did Mardi look up" (p. 252). Nicht Mardis Verhalten freilich, das dem ihres Vaters und dem der Van Warts früherer Jahrhunderte sehr ähnlich ist, sondern allein die oberflächlich konträren politischen Grundüberzeugungen verhindern, daß Depeyster sich in seiner Tochter wiederzuerkennen vermag. Allein ein männlicher Erbe, so Depeysters tiefste Überzeugung, vermag noch das dynastische, geldaristokratische Geschlecht zu retten bzw. vor dem Aussterben zu bewahren.

Die Angst davor, das letzte Glied in einer langen Ahnenreihe zu sein, teilt Depeyster Van Wart kurioserweise ausgerechnet mit seinem gefährlichsten, weil nicht domestizierbaren Gegenspieler, mit dem letzten Überlebenden des Indianervolks der Kitchawanken, Jeremy Mohonk. Wie Walter Van Brunt ist auch Jeremy eine pikarische Existenz, aber wo Walter auf der Suche nach einer Ersatzheimat zu konformistischem Gesinnungspatriotismus überläuft, bleibt Jeremy durch eine bewußt getroffene Entscheidung am Rande des Gemeinwesens angesiedelt. Als Halbblut ist er ethnisch, als ehemaliger Zuchthausinsasse ist er sozial und als Marxist ist er politisch marginalisiert. Gemeinsam mit seinem radikalen Freund Sasha Freeman, der 1935 „a polemic called *Marx Among the Mohicans*" (p. 184) publiziert, versucht sich Jeremy an einer ehrgeizigen Synthese von kommunistischen und indianischen Welterklärungsmodellen:

> His people had never owned the land beneath their feet, but had lived on it, with it, a part of it. They hadn't bought and sold and expropriated the means of production – they'd lived in their clans, cooperating, planting and harvesting together, sharing game, manufacturing their clothes and tools from nature. Sure. And the white men – the capitalists, with their greed for pelts and timber and real estate – they changed all that forever, strangled a great and giving society, a communist society. (p. 185)

Jeremy ist in Peterskill eine Gestalt von unheimlich-unsichtbarer Präsenz. 1949 wird er zum Zeugen des Verrats von Truman Van Brunt an seinen Genossen: „White men. They'd betrayed the Kitchawanks, the Weckquaesgeeks, the Delawares and Canarsees, and they betrayed their own kind too" (p. 192). Von archaischem Haß erfüllt, „the Indian felt he somehow knew this man, knew him in some deep and tribal way" (p. 195), versucht Jeremy, den Verräter zu töten, beißt ihm ein Ohr ab und versieht ihn so mit einem spezifischen Kainszeichen bzw. Judasmal.

In der bitteren Welt von Boyles Roman aber ist kein Platz für pikareske Heilige, edle Wilde oder uneigennützige Sozialrevolutionäre; Verrat ist im Roman kein exklusiv weißes Verhaltensmuster. Eine frühe Legende der Kitchawanken aus der Zeit der weißen Besiedlung des amerikanischen Kontinents gehörte zum Standardrepertoire von Walters Großmutter; wieder und wieder lauschte Walter einer Erzählung, in der ein Mohawkkrieger um die Tochter des Kitchawankenhäuptlings Sachoes, Minewa, freit: „Sachoes was reluctant, but the Mohawk blustered and threatened and cut open his chest in three places to show his sincerity. He would take her to the north country and make her a queen" (p. 5). Den Wünschen des hartnäckigen Freiers wird widerwillig entsprochen; zwei Wochen später trifft eine Gruppe von Kitchawanken auf ein Lagerfeuer: „What they saw, Walter's grandmother said, spreading mayonnaise, was betrayal. What they saw was the Mohawk and Minewa, what was left of her" (ibid.). Der verliebte Freier hatte seine Braut zum Fressen gern. Eine zweite historische Legende aus dem Geschichtenreservoir der Großmutter erzählt, wie Sachoes selbst zum Opfer einer Verratshandlung durch seinen Bruder Wasamapah, „the memory of the tribe" (p. 274), wurde:

> Wasamapah, eager to make the old chief look bad and with the patroon's note for two thousand gilders stuffed in his moccasin, had surrepetitiously added three jagged bruise-colored shells to the treaty string, shells that extended the boundaries of the patroon's purchase till they encompassed every last verst, morgen and acre of the Kitchawank's homeland. (p. 275)

Die Einführung des Privateigentums initiiert in den Augen Jeremys den Sündenfall der indianischen Gesellschaften. Verrat und Treuebruch sind in *World's End* aber weder rein weiße noch rein männliche Privilegien. Die ehebrecherische Beziehung zwischen Jeremy Mohonk und Depeysters Ehefrau Joanna freilich darf als eine der harmlosesten, aber folgenreichsten Verratshandlungen gelten, die der Roman schildert. In der seltsamen sexuellen Mesalliance – sie ist in ihrem Kern eine sado-masochistische Beziehung – zwischen dem Letzten der Kitchawanken und der Gattin des Letzten der Van Warts finden beide Beteiligte die Befriedigung ihrer geheimsten Gelüste: „he would humiliate her, ravage her, fill her right up to the back of the throat with all the bitterness of his fifty-five bleak and hopeless years. But she surprised him. The more brutal he was, the more she liked it. [...]. He backed off. Gave in. Fell, for the first time in his life, in love" (p. 355).

Joanna, „sex-starved" (p. 357), „Lady Chatterley [...] was a nun compared to Joanna Van Wart" (p. 358), deutet ihre Beziehung zu dem Indianer als eine erweiterte Form von Philanthropie; Jeremy sieht in Joanna ein geeignetes Instrument, um am Geschlecht der Van Warts Rache zu üben. Die Beziehung zeitigt Folgen: Joanna wird schwanger, signalisiert dem vergötterten Lover ihre Bereitschaft, das Kind auszutragen und den Ehemann zu verlassen. Jeremy sieht den Moment der Vergeltung gekommen: „his face was terrible [...], it was the face of the raider, the avenger, the face beneath the raised tomahawk. [...] 'I don't want you,' he said. 'I don't want your half-breed bastard, or your quarter-breed either.' [...] 'Destroyer,' he hissed. 'Usurper. She-wolf. Charity Lady. [...] I spit on you [...]'" (p. 362).

Die schroffe Zurückweisung der Geliebten, so Jeremys Vermutung, gewährleistet eine gekonnt plazierte und exquisit ausgesuchte maximale Kränkung des weißen Establishments. Die so herb Verschmähte indes leidet nicht sehr lange unter der Verletzung ihrer Eitelkeit, da sie vorsichtig genug war, für den Fall der Trennung vom Geliebten Vorsorge zu treffen. Kaum daß sie von ihrer Schwangerschaft gewußt hatte, fuhr sie zielstrebig nach Hause und verführte, erstmals nach 20 Jahren, ihren Gatten, um ihm das Produkt ihres Seitensprungs unterjubeln zu können. Boyles Erzähler leistet sich einen zynischen Seitenhieb, wenn für Depeyster das karitative Engagement seiner Frau für indianische Belange die Funktionen eines Aphrodisiakums annimmt: „He was John Smith and she was Pocahontas, untamed, feverish, coupling as if to preserve their very lives. [...] He mounted her, penetrated her, spilled his seed deep within her. Blissfully. Gratefully. Thinking: this Indian business isn't so bad after all" (p. 280).

Mit Joannas pseudo-karitativem Engagement für die Belange der notleidenden indianischen Bevölkerung, das in der Praxis auf Entmündigung und Entwürdigung der Reservatsbewohner abzielt, zitiert Boyle ebenso gekonnt satirisch den Zeitgeist der Sixties wie schon zuvor mit Walters unglaubwürdigen existentialistischen Selbststilisierungen oder wie mit den Aussteigersyndromen Tom Cranes. Die Figur des Tom Crane wird von Boyle in bewußtem Kontrast zu Walter Van Brunt entworfen. Tom, dessen Initialen ein verdecktes und zynisch-satirisches Selbstporträt des Autors vermuten lassen[54], tritt Walters Nachfolge an, wenn er zu Jessicas Liebhaber avanciert, und müßte hinsichtlich der Figurenkonstellation eigentlich die positiven Ideale der sanften Revolte der Hippiegeneration verkörpern; tatsächlich aber wird die Figur in besonderem Maße zum Opfer auktorial-bösartiger Häme. Im Roman ist Tom Crane zu keinem Zeitpunkt ein ernstzunehmender politischer Kontrahent Depeysters; statt dessen gerät Boyle die Figur zu einer zynischen Karikatur einer grenzenlos naiven Aufbruchsrhetorik und Erneuerungseuphorie.

Tom findet sein Walden in einer abgelegenen Waldhütte, wo er in asketischer Selbstgenügsamkeit, ohne fließendes Wasser oder Strom, einsamen Formen des politischen Protestes huldigt, „living like a hermit, a man of the mountains, a saint of the forest and hero of the people, free of the petty pecuniary worries that nag shop owner and working stiff alike" (p. 71). Tom, „a dropout, and proud of it" (p. 70), lebt nach einem strengen Zeitplan, vormittags liest er Tolkien und Vonnegut, des Nachmittags, „studying for the revolution" (ibid.), wagt er sich an gewichtigere Lektüre: Lenin, Trotskij und Bakunin. Sein Weltbild kombiniert – zeittypisch – naive Revolutionsromantik mit abstruser Esoterik und ist offen für wirre Zufügungen der dritten Art. So ist es ihm ein Leichtes, die vermeintliche Sichtung einer fliegenden Untertasse in seine Weltsicht zu integrieren: „He believed in clairvoyance, reincarnation, astrology and the economic theories of Karl Marx, and as he stood there, he could feel his belief system opening up to include an unshakable faith in the existence of extraterrestrial life as well" (p. 73). Die unbedarfte Naivität seiner politischen Gesinnung manifestiert sich beispielsweise in seiner einfältigen Vorfreude auf ein bevorstehendes Rockkonzert: „he was going to a concert. A rock concert. A wild, joyous, jungle-thumping celebration of nubility, rebelliousness, draft resistance, drug indulgence, sexual liberation and libidinous release" (p. 72).

---

[54] Boyle und Tom Crane verwenden beispielsweise das Namenskürzel T.C.; cf. p. 430: „'Hey, you okay or what? T.C.? It's me, Mardi, okay?'"

Tom wird somit als ein lächerlich-armseliger Sproß einer alteingesessenen Gelehrtenfamilie, eines „scholarly and grallatorial clan" (p. 370), porträtiert, dessen arglose Überschwenglichkeit vielleicht ergreifend ist, aber ganz gewiß nicht zu politisch effektiven Widerstandshandlungen zu führen vermag. Als Bienenzüchter kapitalistischen Ausbeutungsstrukturen nicht gänzlich abhold, „Bees. What a concept: they did all the work, and he collected the profit" (p. 301), ist Tom mehr eine Parodie denn eine ernstzunehmende Verkörperung eines Eskapisten, der die Flucht in die Naturidylle und Waldromantik antritt. Am Ende des Romans findet er gemeinsam mit Jessica in der noch jungen Ökologiebewegung, in der Arcadia Foundation, „a nonprofit, tax-deductible organization dedicated to cleaning up the river" (p. 303), eine neue geistige Heimstatt. Mit unverstelltem Sarkasmus wird die vertrauensselige Begeisterungsfähigkeit der Figur durch den auktorialen Erzähler ridikülisiert:

> Tom was electrified. It was as if all the disparate pieces of his life had come together in this one inspired moment. Here was something he could get behind, a slogan, a banner, a raison d'être: Save the River! Hail, Arcadia! Power to the People! Here was a way to protest the war, assert his extraterrestrial/vegetarian/nonviolent hippie credo, stick a thorn in the side of the establishment and clean up the river all in one blow. (p. 303)

Der naive Fanatismus Toms ist historisch uninformiert; die linksökologischen Heilserwartungen Toms und die solipsistisch-egozentrischen Existentialismusinterpretationen Walters stehen gleichermaßen in verdächtiger Nähe zu den patriotischen Selbstbeweihräucherungen der amerikanischen Rechten. Auch der Verrat liegt dem Heiligen der Wälder nicht allzu fern. Wenn er während der noch ungeklärten Ehekrise zwischen Jessica und Walter mit der Frau des Freundes ins Bett geht, praktiziert auch Tom Verrat am Vertrauen des Freundes; wenn er in unaufrichtig-frommem Selbstbetrug den Geschlechtsverkehr mit Jessica als „therapeutische" Serviceleistung interpretiert[55], verrät er die ganze Jämmerlichkeit seines selbstgerechten Denkens. Wenn Walter Tom und Jessica nach dem Leben trachtet, indem er das Umweltschiff *Arcadia* losseilt, nimmt er nicht nur persönliche Rache, sondern wird auch zum Vollstrecker der heillos Gestrauchelten gegen die Selbstgerechtigkeit derer, die sich immer im Besitz hehrer Wahrheiten glauben. Walter wird zum bösen Anti-Geist der Hippie-Generation: „What had he wanted – to go aboard, climb into the bunk with them, save the marshwort and become a good guy, an idealist, one of the true and unwavering? [...] The thought was so bitter he laughed aloud. Then he pulled the ribbon" (p. 445).

Mit Wucht und Härte polemisiert Boyle gegen die abwegigen Selbstgerechtigkeiten sowohl der Idealisten als auch der Renegaten seiner Generation; einen dritten Weg weist er nicht. Er bringt, so scheint es zunächst, auf den Punkt, ja spitzt zu, was in den spanisch-pikaresken Werken des Goldenen Zeitalters keimhaft angelegt war: einen gänzlich uneingeschränkten Geschichtspessimismus. Tatsächlich gilt, daß die unentrinnbare Zwangsläufigkeit, mit der Walter Van Brunt sein eigenes Ende herbeiführt, zunächst bitter stimmt. Walters Schicksal reaktualisiert auf eine beispielhafte Weise „the no-exit situation experienced by so many Spanish picaros."[56] Indem er sich zum Erfüllungsgehilfen der Wunschträume Depeysters macht, schafft er sich sein eigenes Spinnennetz, aus dem es kein Entkommen mehr gibt. Mit kühler Berechnung hatte Depeyster, Boyles Version eines neuzeitlichen Kaiphas, schon Walters Vater zum Verrat überredet; Truman erinnert sich in seinem Gespräch mit Walter an seine „zufällige" Wiederbegegnung mit dem ehemaligen Waffenkameraden: „'Maybe I misled you a little last night,' he said. 'About that day when I ran into him at the store. It was an accident on my part, I swear it was, but not on his. No. Nothing he ever does is by accident [...]'" (p. 400).

---

[55] Cf. p. 310: „The bony saint made love to her that night, a soft, therapeutic love, and he was careful and tentative in his lovemaking as if it were the first time."
[56] Richard Bjornson, *The Picaresque Hero in European Fiction* (Madison: University of Wisconsin Press, 1977), p. 21.

Mit nicht minder berechnender Kalkulation instrumentalisiert Depeyster auch Walter für seine Zwecke: „the principal theme of the evening was the *Arcadia*, and Dipe's thwarted effort to organize a rally against its landing at Garrison, 'or, for shit's sake, anywhere else on this side of the river.' [...] 'If I was twenty years younger,' Depeyster said, glancing at Walter" (p. 437). Walter versteht die indirekte Handlungsaufforderung, geht auf in der „Rolle [...] des braven Dieners"[57], die so viele literarische Pikaros spielen, leint in einer kalten Winternacht das Öko-Schiff los. Mit zynischer Abgeklärtheit rechtfertigt er seine Sabotage, die nebenbei auch noch das Leben seines Ex-Freundes Tom Crane und seiner Ex-Frau Jessica gefährdet: „they had the romance of the storm, the romance of the do-gooders and marshwort preservers, of the longhairs and other-cheek turners, the romance of peace and brotherhood and equality, and they were taking their weary righteous souls to bed in the romance of the sloop. All at once he knew why he'd come. All at once he knew" (p. 443). Walter tappt mit blinder Zielstrebigkeit in die Stolperfallen, die die Herrschenden für ihn ausgelegt haben:

> It was while he was crawling, his hands and knees gone dead as his feet, that he heard the first tentative whimper. He paused. His mind was fuzzy and he was tired. He'd forgotten where he was, what he'd done, where he was going, why he'd come. And then there it was again. The whimper rose to a sob, a cry, a plaint of protest and lament. And finally, shattering and disconsolate, beyond hope or redemption, it rose to a wail. (p. 446f.)

Am Ende des Romans steht Depeyster Van Wart als der unbestrittene Sieger aller Auseinandersetzungen da. So erwirbt er beispielsweise ein Stück Land aus dem Besitz der Cranes, nach dem er schon lange Zeit giert hat, von Tom Crane, der Geld für notwendige Schiffsreparaturen braucht, zu einem Spottpreis. Mit rührseliger Selbstgewißheit glorifiziert Depeyster Walters tragisches Geschick:

---

[57] Dieter Arendt, *Der Schelm als Widerspruch und Selbstkritik des Bürgertums: Vorarbeiten zu einer literatur-soziologischen Analyse der Schelmenliteratur* (Stuttgart: Klett, 1974), p. 46.

Walter had sacrificed himself. For him. For America. To strike a blow at the dirty little kikes and atheists who'd poisoned his childhood and somehow got a stranglehold on the whole great suffering country. It was a tragedy. It really was. It was Sophocles. It was Shakespeare. And the kid was, was – he was a hero, that's what he was. A patriot. (p. 452f.)

Wie schon bei seiner Interpretation der Verratshandlungen Trumans modelliert Depeyster in egozentrischer Selbstverblendung existentielle Not zu einem melodramatischen Schnulzenstück über die Tugendhaftigkeit selbstloser Vaterlandsliebe um. Es sind die interessegeleiteten Geschichtsinterpretationen der Sieger, die sich unabhängig von ihrem jeweiligen Wahrheitsgehalt durchsetzen. Solchen Gegenwahrheiten eine Stimme zu geben, das ist das Geschäft des gesellschaftskritischen Romanciers, wie Boyle es versteht und definiert.

Der Fatalist als Satiriker?

Bei vordergründiger Lektüre scheint *World's End* getragen zu werden von einem resignativ-pessimistischen Geschichtsfatalismus. Ein Interviewer formuliert: „Trotz der funkelnden Ironie, die Sie Ihren Figuren mit auf den Weg geben, wird man den Verdacht nicht los, daß hinter dem Satiriker Boyle ein eingefleischter Fatalist steckt." Boyles Erwiderung: „Ja, ich denke, Sie liegen richtig mit Ihrer Vermutung."[58]

Die Termini, die Boyle und sein Gesprächspartner Alexander Hilbert verwenden, verlangen nach Klärung und Präzisierung. Boyle bekennt sich explizit zu satirischen Darstellungstechniken. Argumentiert aber die Satire nicht *per definitionem* immer auch moralistisch? Boyle: ein Geschichtspessimist *und* ein Moralist? Ein Fatalist *und* ein Satiriker? Synthetisiert Boyle prinzipiell Unvereinbares? Nachfragen wie diese verweisen auf eine Grundfrage der Satireforschung des 20. Jahrhunderts, nämlich, so Helmbrecht Breinig, „ob hinter der Ge-

---

[58] Alexander Hilbert, 17.

staltung des Negativen in der Satire notwendig ein mehr oder weniger deutlich kenntlich gemachtes positives Ideal stehen muß." Breinigs Antwort:

> Wenn die Satire Unterdrückung, Mord und andere Verbrechen anprangert, so sind die impliziten Gegenbilder ohne die Andeutung bestimmter sozialer Interaktionsideale nicht konkreter als mit der Negation des Negativen zu benennen.
> Das heißt aber, daß die Satire wohl ohne positive Ideale auskommen kann, nicht aber ohne Normen, die das Negative als negativ kenntlich machen.[59]

Breinigs Klärungen schärfen den Blick für eine Analyse des Geschichts- und Gesellschaftsbildes in *World's End*. Boyle mag erhebliche Zweifel daran äußern, ob künftige historische Entwicklungen die amerikanische Gesellschaft Amerikas positiv verändern werden, aber er läßt keinen Zweifel daran, daß Veränderungen nötig sind. Keine der zahlreichen Romanfiguren lebt „positive Ideale" vor. Boyle kritisiert die Selbstüberschätzung (Tom Crane), die Instabilität (Walter Van Brunt), den Hedonismus und die Unaufrichtigkeit (Mardi) der jugendlich-unreifen politischen Aktivisten der späten 60er Jahre, aber er stellt niemals die Relevanz dekadenspezifischer Grundwerte der Sixties wie Gerechtigkeit, Emanzipation und Authentizität auch nur in Ansätzen in Frage. Gerade weil Boyles Figuren zu Opfern ihrer psychosozialen Konditionierung werden, machen sie implizit die Normen einer alternativen gesellschaftlichen Moral sichtbar. Es erscheint mir strittig, ob Boyles Romane uneingeschränkt der postmodernen Schreibweise zugerechnet werden können. Doch selbst wer eine solche Etikettierung verteidigt, muß konzedieren, daß die satirischen Darstellungstechniken in *World's End* den Erzähltext entscheidend politisieren. Gerhard Hoffmann bringt einen allgemeinen Befund zur amerikanischen Gegenwartsliteratur auf den Punkt, wenn er schreibt: „Mit der Satire ist die

---

[59] Helmbrecht Breinig, *Satire und Roman: Studien zur Theorie des Genrekonflikts und zur satirischen Erzählliteratur der USA von Brackenridge bis Vonnegut* (Tübingen: Narr, 1984). Das erste der beiden Zitate findet sich auf p. 76, das zweite auf p. 77.

Perspektive einer wie auch immer verzerrten Realität und damit ein umgrenzter Standpunkt mitgegeben, der auf einen außerfiktionalen Sachverhalt zielt; und so gewinnen die fiktionalen Spiele der Postmoderne durch die Satire ganz konkret den Anschluß an die gesellschaftlichen Verhältnisse und gesellschaftskritischen Bewegungen und damit an den 'Zeitgeist'."[60]

Walter erfriert fast an der gleichen Stelle wie seine Urahnin Katrinchee, Jeremias' Schwester, drei Jahrhundertre früher. Und immer wieder werden über die Jahrhunderte hinweg verschiedene Mitglieder der Van Brunt-Sippe kurz vor ihrem Tod von eigentümlichen Freßsuchtsanfällen heimgesucht. Harmanus, der Vater von Jeremias, der die Familie 1663 nach Amerika brachte, macht sich mit kannibalistischer Gier kurz vor seinem Ende heißhungrig über ein Zuchtschwein her[61]; Jeremias, nachdem er von einem Hunger heimgesucht wurde „that snatched him up and dominated him, made him its creature, its slave, its victim" (p. 380), nagt kurz vor seinem Ableben das rohe Fleisch gerade mal halbtoter Milchkühe an; und auch Walter wird kurz vor seinem Tod zu einem freßsüchtigen Monstrum: „he was hungry. But not just hungry. Ravenous, starved, mad – killing mad – for the scent and texture and taste of food" (p. 438). Die widernatürlichen Hungeranfälle erklären sich aus einer destruktiven Mischung aus Lebensgier und Lebensangst, aus Schuldgefühlen und Sühnebedürfnis. Bei der Schilderung des Schicksals von Katrinchee macht Boyles ansonsten zumeist zurückhaltender auktorialer Erzähler den Zusammenhang zwischen Hunger und Schuld

---

[60] Gerhard Hoffmann, „Perspektiven der Sinnstiftung: Das Groteske, das Satirische, das Absurde und ihre Reduktion zur 'freien Komik' durch Spiel und Ironie," in: ders. (ed.), *Der zeitgenössische amerikanische Roman: Von der Moderne zur Postmoderne: Band 1: Elemente und Perspektiven* (München: Fink, 1988), p. 235.

[61] Cf. p. 25: „There he was. Harmanus. His big head and torso throwing macabre shadows against the ghostly twisted trunks of the white birches behind him, a joint the size of a thighbone pressed to his face. They stepped closer. His shirt was torn, stained with blood and grease; gobs of meat – flesh as pink and fat-ribbed as a baby's – crackled above the flames on a crude spit. And then they saw it, lying there at his feet: the head and shoulders, the very eyes and ears, the face with its squint of death. No baby. A pig. A very particular pig. Old Volckert Varcken, Van Wart's prize boar."

explizit: „'I feel so ... so ...' (she meant to say 'guilty,' but that's not how it came out) '... so *hungry* [...]'" (p. 204).

Boyles Geschichtskaleidoskop konfrontiert vordergründig mit erstaunlich konstanten, zeitübergreifenden Handlungs- und Verhaltensmustern. Cynthia Cotts formuliert in ihrer Rezension des Romans die These: „Boyle's main theme seems to be cyclical history"[62], Alexander Schmitz gelangt während seiner Besprechung des Buches zu dem Schluß, daß *World's End* getragen sei „von der nicht unbedingt ermunternden Botschaft, daß Geschichte eine zyklische Sache ist: Dinge wiederholen sich, als steckte in ihnen eine fast mythische Gesetzmäßigkeit"[63], Klaus Modick beschreibt die „Geschichtsphilosophie" des Romans als „eine düstere, pessimistische Version der Wiederkehr des Gleichen"[64], und Wolfgang Steuhl attestiert dem Roman „ein bestürzendes Menschenbild [...]; nämlich das eines von der Vergangenheit weitgehend determinierten, [...] statischen Wesens."[65] Boyle selbst kokettiert bisweilen mit der Düsterkeit seines Weltbildes. Während eines Interviews 1990 erklärt er beispielsweise: „I'm as depressed deep down as Samuel Beckett is on the surface [...]. I'm not looking ahead joyfully to the rest of my life or the future of the human race. [...]."[66]

Eine genaue Lektüre des Romans führt aber zu wichtigen Relativierungen und Differenzierungen von solch - tendenziell zutreffenden - Allgemeinbefunden. Die Sohnesfiguren des Romans, Wouter und Walter, scheinen auf den ersten Blick nur vergangene Verratshandlungen ihrer Väter zu repetieren; tatsächlich aber leisten sie sich weit verabscheuungswürdigere und ruchlosere Vergehen. Jeremias ist zu dem demütigen Kniefall vor der Macht des Patroon bereit, weil er Frau und Kinder versorgt wissen will; Wouter hingegen dichtet eigene Vergehen seinen besten Freunden an und liefert diese damit an den Galgen. Truman verläßt scheinbar motivationslos Frau und Kind, aber Walter, ungleich rachsüchtiger, schreckt auch

---

[62] Cynthia Cotts, 3.
[63] Alexander Schmitz, „Tragik und Triumph des Lebens," *Welt am Sonntag* (10.12.1989), 69.
[64] Klaus Modick, 5.
[65] Wolfgang Steuhl, L17.
[66] Tad Friend, 68.

vor der Vergewaltigung Jessicas und einem versuchten Doppelmord an Jessica und Tom nicht zurück. Die Verratshandlungen Wouters und Walters sind in besonderem Maße perfide; die Söhne wiederholen nicht die Untaten ihrer – immerhin bußfertigen[67] – Väter, sie potenzieren sie. Insofern hat Herbert Mainusch recht, wenn er meint, der Roman stelle „böse" (und im übrigen gerade im Kontext der deutschen Geschichte des 20. Jahrhunderts relevante) Fragen: „Welches Recht haben die Söhne, ihre Väter anzuklagen? Warum weigern sie sich, sich in den Vätern wiederzuerkennen?"[68]

Die Wahrheit des Blutes aber, „a truth that resides in the blood" (p. 411), erweist sich als eine gigantische historische Fehlinterpretation des Hobbyhistorikers Truman Van Brunt: Truman leistet sich das, was Richard K. Simon als „a Quixotic confusion between past and present"[69] bezeichnet. Am Anfang der vielen Verratshandlungen, die im Roman zur Darstellung kommen, steht ein verratener Vater: der Indianerhäuptling Sachoes. Das Geschichtsbild des Romans ist nicht mit den Geschichtsdeutungsmustern einer seiner Figuren deckungsgleich. Im Gegenteil: nur vordergründig kommt es zu einer gleichrangigen Koexistenz von eigentlich konkurrierenden Geschichtsmodellen, von pikaresken und apokalyptischen Welterklärungsmustern.

Knapper Exkurs zur Tradition des apokalyptischen Erzählens und apokalyptischer Weltdeutung in den U.S.A.

In seinem Essay zur Differenzierung zwischen dem literaturkritischen Begriff der Moderne und jenem der Postmoderne identifiziert Heinz-

---

[67] Jeremias wird lebenslang gezeichnet durch „inward suffering" (p. 338); Truman versteht seinen Wohnsitz in einen „winter wonderland" als eine Form von „penance" (p. 396).
[68] Herbert Mainusch, 19.
[69] Richard Keller Simon, „John Kennedy Toole and Walker Percy: Fiction and Repetition in *A Confederacy of Dunces*," *Texas Studies in Language and Literature*, 36 (1994), 100.

Günter Vester „apokalyptische Stimmungslagen"[70] als ein Merkmal der zeitgenössisch-postmodernen Kultur und Gesellschaft. Für die Literaturen Amerikas jedoch gilt, daß sich die Kombination zwischen pikaresken und apokalyptischen Weltdeutungsmustern von Anbeginn an in auffällig-markanter Häufigkeit nachweisen läßt. In der Literatur der Vereinigten Staaten findet sich eine solche Kombination bei Ralph Ellison und bei Joseph Heller, sie findet sich in den Erzählwerken von Nathaniel West und von Walker Percy, sie findet sich in *The Grapes of Wrath* und in *Gravity's Rainbow*, sie läßt sich schon bei Charles Brockden Brown, Edgar Allan Poe (*The Adventures of Arthur Gordon Pym*) und bei Mark Twain nachweisen. Die Integration apokalyptischer Themen in die literarische Form der Pikareske kennzeichnet auch, wie bereits konstatiert, in besonderem Maße Boyles *World's End*.

Selbstverständlich hat der Begriff der Apokalypse in der Gegenwartsliteratur seine engere religiöse und religionswissenschaftliche Bedeutung verloren; der Terminus hat unbestreitbar eine Säkularisierung erfahren. In Literaturkritik, Literaturwissenschaft und Essayistik wird der Terminus zunehmend als ein Synonym für „Weltkatastrophe" und nicht mehr im Sinne von „Offenbarung" verwendet. Frank Kermode konstatiert 1985: „In fashionable use, the word *apocalypse* has no very precise meaning, only vague connotations of doom [...]."[71] Die Erfindung der Atombombe hat dem 20. Jahrhundert die Perspektive auf eine „do-it-yourself apocalypse"[72] eröffnet. Der Abwurf der Atombombe auf Hiroshima markiert einen mentalitäts- und kulturgeschichtlichen Paradigmenwechsel: „the description of apocalypse", so John R. May, „became historical."[73] Die Folge ist der Abschluß einer Entwicklung, die bereits im 19. Jahrhundert eingesetzt hatte und die Joseph Dewey als „the secularization of the apocalyptic

---

[70] Heinz-Günter Vester, „Moderne – Postmoderne und Retour: Vom Verschiebebahnhof zeitdiagnostischer Begriffe," in: [Evelyn Flögel und Joseph C. Schöpp (eds.)], *Die Postmoderne – Ende der Avantgarde oder Neubeginn* (Eggingen: Edition Isele, 1989), p. 21.
[71] Frank Kermode, „Apocalypse and the Modern," in: Saul Friedländer et al. (eds.), *Visions of Apocalypse: End or Rebirth?* (New York und London: Holmes & Meier, 1985), p. 84.
[72] David Ketterer, *New Worlds for Old: The Apocalyptic Imagination, Science Fiction, and American Literature* (Garden City: Doubleday, 1974), p. 106.
[73] John R. May, *Toward a New Earth: Apocalypse in the American Novel* (Notre Dame und London: University of Notre Dame Press, 1972), p. 3.

temper"[74] bezeichnet. Die Synthese zwischen Apokalypse und Pikareske ist ebenso bemerkenswert wie problematisch und erklärungsbedürftig, denn das Geschichtsverständnis des pikaresken Romans ist ein dezidiert zyklisches, das des apokalyptischen Romans nicht minder entschieden ein lineares: „Broadly speaking, apocalyptic thought belongs to rectilinear rather than cyclical views of the world"; „basically, one has to think of an ordered series of events which ends, not in a great New Year, but in a final Sabbath."[75] Für den weiteren Fortgang meiner Argumentation schließe ich mich zunächst einer bewußt vage gehaltenen Definition von „apocalyptic fiction" an, die Robert Detweiler 1990 vorgestellt hat, eine Definition, die die religiöse Herkunft des Adjektivs nicht verleugnet, aber dennoch dazu taugt, zeitgenössisch-apokalyptische Literatur einzuschließen: „Apocalyptic fiction [...] consists of a narrative that somehow significantly 'reveals' the end of the world."[76]

Detweilers Begriffsbestimmung muß allerdings um eine kulturgeschichtliche Komponente ergänzt werden. Amerikanische Romanciers des 19. und 20. Jahrhunderts müssen sich zugleich mit einem pikaresken und mit einem apokalyptischen Erbe auseinandersetzen. Wie umfassend und profund bereits die ersten puritanischen Siedler Nordamerikas von apokalyptischen Denkstrukturen geprägt waren, ist seit längerem mannigfach beschrieben und nachgewiesen worden. John Dewey beispielsweise gelangt in seiner Monographie zu apokalyptisch-amerikanischer Erzählliteratur zu dem Fazit: „The Puritans translated the American wilderness not into the language of Genesis, but of Revelation, not of beginnings, but of glorious endings."[77] Und Stephen J. Stein schließt auch das 18. Jahrhundert ein, wenn er resümiert: „From the coming of the first settlers until the founding of the nation, the Book of Revelation remained a constant point of reference as New Englanders struggled to understand themselves, their responsibilities, and their place in history."[78] Die puritanischen Siedler der

---

[74] Joseph Dewey, *In a Dark Time: The Apocalyptic Temper in the American Novel of the Nuclear Age* (West Lafayette: Purdue University Press, 1990), p. 40.
[75] Frank Kermode, *The Sense of an Ending: Studies in the Theory of Fiction* (London u.a.: Oxford University Press, 1967), p. 5.
[76] Robert Detweiler, „Apocalyptic Fiction and the End(s) of Realism," in: David Jasper und Colin Crowder (eds.), *European Literature and Theology in the Twentieth Century: Ends of Time* (London: Macmillan, 1990), p. 154.
[77] Joseph Dewey, *In a Dark Time*, p. 18.
[78] Stephen J. Stein, „Transatlantic Extensions: Apocalyptic in Early New England," in: C.A. Patrides und Joseph Wittreich (eds.), *The Apocalypse in English*

ersten Generation definierten ihre geschichtlichen Standpunkt in der Neuen Welt nicht als einen Anfangs-, sondern als einen Endpunkt der historischen Entwicklung, als Vollendung eines vorherbestimmten und ermittelbaren Prozesses. Apokalyptische Geschichtsdeutungen kennzeichnen gleichermaßen einen Großteil der amerikanischen Ideengeschichte und einen Großteil der amerikanischen Historiographie: „the very idea of America in history *is* apocalyptic, arising as it did out of the historicizing of apocalyptic hopes in the Protestant Reformation."[79] Immerhin geht die apokalyptische Ausdeutung Amerikas bereits auf Kolumbus zurück, der um 1500 nach seiner dritten Erkundungsexpedition zur Neuen Welt in einem seiner Briefe proklamiert: „God had made me the messenger of the new heaven and the new earth of which he spoke in the Apocalypse of St. John [...] and he showed me the spot where to find it."[80] Doch spätestens im zweiten Viertel des 19. Jahrhunderts werden missionarisch-optimistische Welterlösungsphantasien substituiert durch das destabilisierende Grundgefühl, im Angesicht einer welthistorischen Aufgabenstellung versagt zu haben.[81] Schon in den Romanen Coopers z.B. ist Nordamerika ein Kontinent der verpaßten Chance und der gescheiterten Erlösung.

Lange vor dem Atombombenabwurf auf Hiroshima also zeigten sich amerikanische Theologen, Philosophen und Intellektuelle fasziniert von apokalyptischen Selbstdefinitionen; für Richard Dellamora konstituiert die

---

Renaissance Thought and Literature: Patterns, Antecedents and Repercussions (Ithaca: Cornell University Press, 1984), p. 293.

[79] Douglas Robinson, *American Apocalypses: The Image of the End of the World in American Literature* (Baltimore und London: Johns Hopkins University Press, 1985), p. xi.

[80] G. B. Spoterno, *Memorials of Columbus* (London, 1823), p. 224; zit. nach Pauline Moffitt Watts, „Apocalypse Then: Christopher Columbus's Conception of History and Prophecy," *Medievalia et Humanistica*, New Series, 19 (1992), 1.

[81] Vereinzelt datieren (literatur-)geschichtliche Forscher den Paradigmenwechsel in der Selbstdefinition Amerikas schon auf das 17. Jahrhundert; cf. Zbigniew Lewicki, *The Bang and the Whimper: Apocalypse and Entropy in American Literature* (Westport und London: Greenwood, 1984), p. xii: „Probably the most important aspect of seventeenth-century apocalyptic considerations was a growing sense of disappointment and unbelief that the colonists were able to fulfill their role in God's design. This feeling of a failed mission was also the reason for the increasing skepticism about America's prospects for becoming the site of the New World."

Apokalypse gar „a permanent feature of American politics."[82] Zweifelsohne gibt es in der amerikanischen Geschichte Dekaden, die mehr, und solche, die weniger von apokalyptischen Themen und Denkstrukturen geprägt werden. Damit apokalyptische Grundstimmungen zeitgeistprägend werden können, bedarf es, so Frank Kermode, einer „sociological predisposition to the acceptance of apocalyptic structures and figures."[83] Joseph Dewey findet eine allgemeine Formel: „the apocalyptic temper", Deweys Begriff für die apokalyptische Mentalität, ist „a way of responding by a culture in crisis [...]."[84] Dewey verweist im Verlauf der Illustration seiner These darauf, daß alle markanten Wendepunkte in der Geschichte der Zivilisation der westlichen Welt, „the birth of Christ, the dismantling of Catholic hegemony, the discovery of the new World, the introduction of atomic weaponry"[85], jeweils ein Zeitalter apokalyptischer Spekulationen eingeleitet haben. Wie prominent oder unauffällig sich die 80er Jahre des 20. Jahrhunderts im Kontext amerikanisch-apokalyptischer Literatur präsentieren, und bis zu welchem Ausmaß apokalyptische Strukturen pikareske Erzählwerke der Dekade prägen, dies werden Fragestellungen sein, die es im Schlußteil dieser Studie zu klären gilt. Zum gegenwärtigen Stand der Argumentation ist der wesentlich spezifischeren Fragestellung nachzugehen, welche Dominanz oder Marginalität apokalyptischen Erzähl- und Weltdeutungsmustern in Boyles *World's End* überhaupt zukommt.

„A world without exit": Apokalyptische und zyklische Geschichtsdeutung in *World's End*

Indem Boyles Roman während des Rededuells zwischen Walter und Truman die Handlungsfäden der Romankapitel zu Geschehnissen des 17. Jahrhunderts mit jenen, die Vorkommnisse des 20. Jahrhundets thematisieren, zusammenführt, spielt er auch vage mit der Möglichkeit, sämtliche Kapitel zur Geschichte der amerikanischen Kolonialzeit figurenperspektivisch Truman Van Brunt zuzuordnen. Im 12. Kapitel des zweiten Teils schließlich ist es ganz unzweideutig

---

[82] Richard Dellamora, *Apocalyptic Overtures: Sexual Politics and the Sense of Ending* (New Brunswick: Rutgers University Press, 1994), p. 194.
[83] Frank Kermode, „Apocalypse and the Modern," p. 86.
[84] Joseph Dewey, *In a Dark Time*, p. 14.
[85] Joseph Dewey, *In a Dark Time*, p. 12.

Truman Van Brunt, der die Geschehnisse aus den Jahren 1694 und 1695 referiert. Als Amateurhistoriker erklärt Truman historische Entwicklungen anhand einer apokalyptischen Schablone, bezeichnet er die generationenübergreifende Familienfehde zwischen den Van Warts und den Van Brunts als ein „mortal drama about to unfold" (p. 413) und mißt vergangenen Handlungen des Aufrührertums oder Verrats eine die Gegenwart antizipierende Bedeutung bei: „Everything hung in balance. / Worlds. Generations" (p. 419). In direkter Nachbarschaft zu der Pathetik von Trumans Worten befindet sich auch gelegentlich Boyles auktorialer Erzähler, etwa wenn er die bevorstehende Auseinandersetzung zwischen Wouter und Stephanus großspurig-düster ankündigt mit den Worten: „Though no one yet knew it, the final cataclysm was at hand, the final dance between Van Warts and Van Brunts" (p. 383). Die apokalyptische Vision am Ende der Geschichte ist das historische Gesetz, das Truman zu erkennen glaubt, sein Manuskript, „some terrible withering revelation" (p. 410), überreicht er dem Sohn wie ein Todesurteil. Der Tanz zwischen den beiden ungleichen Geschlechtern kommt am Ende des 17. Jahrhunderts aber keineswegs zu einem Stillstand, wie die erzählte Handlung um Walter, Truman und Depeyster belegt. Das apokalyptische Weltdeutungsmuster wird durch den Fortgang der Geschichte unzweideutig falsifiziert. Joseph Dewey resümiert: „That [his] (re)construction of history [...] haunts Truman, narrows his perspective, and ultimately autoclaves his heart."[86] Statt grandioser Weltuntergangsphantasie inszeniert der Roman Geschichte als ein Perpetuum mobile.

Deshalb ist auch Vorsicht geboten, wenn der Erzähler des Romans suggeriert, daß mit Walters Tod der Dezennien überspannende Konflikt zwischen den Besitzlosen und den Besitzenden einen endgültigen Abschluß gefunden hätte. Sicher: Walter stirbt (vermutlich) kinderlos, die Familie der Van Brunts stirbt aus. Und doch: das Baby, das Joanna ihrem arglosen Ehemann unterschiebt, trägt zu einem Bruchteil das genetische Material der Van Brunts in sich, hat die kennzeichnenden grünen Augen der Van Brunts und

---

[86] Joseph Dewey, *Novels from Reagan's America: A New Realism* (Gainesville u.a.: University of Florida Press, 1999), p. 204.

Mohonks: „Depeyster's eyes were gray, as were his father's before him, and Joanna's the purest, regal shade of violet. The baby's eyes were green as a cat's" (p. 455). Es wird deutlich: Der Tanz ist nicht an seinem Ende angelangt, der Tanz wird munter weitergehen.

Boyles Romanfiguren aus den 60er Jahren sind primär nicht Endpunkte eines zielgerichteten Degenerationsprozesses, sondern jeweils aktuelle Verkörperungen konstanter psychologischer Typen. Zu Unrecht favorisiert Mathias Bröckers die erstgenannte Lesart: „Die letzten Nachkommen der Familiendynastien in 'World's End' sind eine abgefahrene Psychodelik-Braut, ein kiffender Öko-Indianer und der zum 'Verrat' prädestinierte, vom Aussteiger zum Yuppie sich wandelnde Protagonist Walter Van Brunt."[87]. Zwar spielt der (für Norbert Schachtsiek-Freitag „reißerische"[88]) Titel des Romans ganz offenkundig mit der Spannung zwischen einer apokalyptischen und einer pikaresken Lesart des Romans. Doch der Titel hält nicht, was eine einsinnig-oberflächliche Deutung verspricht: Er spielt auf die Beschwörung eines Weltuntergangs, zumindest aber einer untergegangenen Welt an, bietet aber primär ein Geschichtspanorama, das in besonderem Maße Kontinuität akzentuiert. Zudem wird der Titel zusätzlich dadurch ironisiert, daß er auch für einen ganz konkreten geographischen Ort (ein Loch am Grund des Hudson-Flusses) steht, der gleichzeitig einen Friedhof bezeichnet sowie Dauer im Wandel symbolisiert: „World's End, the graveyard for sloops and steamers and cabin cruisers alike" (p. 171). Noch das Umweltschiff *Arcadia* treibt gegen Romanende, von Walter losgeseilt, den „black haunted immemorial depths of World's End" (p. 445) entgegen. Der Titel des Romans ist vieldeutig, kann auch für Barrow, Alaska, für das geographische Ende der Welt stehen, an dem Walters Illusionen hinsichtlich der Integrität seines Vaters endgültig vernichtet werden. Die Ortsnamen im Roman, wie auch viele der Figurennamen, laden zu

---

[87] Mathias Bröckers, 42. Bei der Identizierung Walters als „Yuppie" handelt es sich ganz offensichtlich um einen anachronistischen und semantischen Fehlgriff.
[88] Norbert Schachtsiek-Freitag, „Breitwand-Panorama," *Frankfurter Rundschau* (10.10.1989), B10: „Der reißerische Buchtitel des Romans meint übrigens keine utopische Endzeitvision, sondern zitiert ganz schlicht einen für die Schiffahrt früherer Zeiten gefährlichen Flußlauf des Hudson zwischen West Point und Martyr's Reach."

einer Art von symbolischer Ausdeutung ein, die prinzipiell unabschließbar ist.

Boyles Roman beschwört primär nicht den Untergang einer Welt, sondern, wie John Clute treffend kommentiert, „a world without exit."[89] Depeyster Van Wart z.B. verliert am Ende des Romans keine Welt, er gewinnt eine durch die Geburt des heiß ersehnten männlichen Erben. Sicher: Jeremy Mohonk hat das Produkt seiner Liebesbeziehung zu Joanna zum Instrument seiner indianischen Bettrache an den Van Warts auserkoren: „This son would be no blessing, no purveyor of grace or redemption. This son would be his revenge" (p. 357). Am Ende jedoch ist Jeremy *the trickster tricked*. Depeyster nimmt das Kind nach schweren Sekunden des Zweifels an, „[h]e had those thoughts, those unsettling thoughts, just once, just then, and he dismissed them, never to have them again" (p. 456), und gibt dem Kind zu dem Nach- auch noch den Vornamen seines eigenen Vaters Rombout als Geburtsbeigabe mit, ausgerechnet also den Namen jenes Menschen, der Jeremy ins Zuchthaus gebracht und für den Jeremy schon in der Vergangenheit nur harte Worte übrig hatte: „'A criminal and an expropriator,' the Indian continued. 'A pauperizer of the working classes, a pander to the twin whores of privilege and capital, and a polluter of the lands my ancestors lived in harmony with for seven thousand years [...]'" (p.63). Die beiden letzten Sätze des Romans lauten:

> *Rombout*, he [Depeyster] thought, caught up in the sudden whelming grip of inspiration, he would call him *Rombout* ...
> After his father. (p. 456)

Depeyster, der Reiche und Mächtige, kann es sich leisten, in Kontinuitäten zu denken: „Naming a child after the father establishes presumptions of [...] continuity [...]. Namesakes assert a full transfusion of essence from father to son; Jrs. stake the persistence of

---

[89] John Clute, „Van Warts and All," *The Times Literary Supplement* (26.8.1988), 927.

individuals to the persistence of a lineage."[90] Die apokalyptische Geschichtsinterpretation ist hingegen in Boyles Roman der einzig mögliche Fluchtpunkt im Denken der gesellschaftlichen Underdogs: „Apokalyptische Glaubensinhalte [...] sind tendenziell am attraktivsten für [...] Menschen am Rande der Gesellschaft [...]."[91] Wo der Pikaro an der Vaterlosigkeit zugrundegeht, setzt der erbreiche Geschichtsklitterer auf traditionsstiftende Kontinuität. Zwar ist es nicht ganz einfach zu entscheiden, wer letztlich das Opfer des auktorialen Spottes ist, Jeremy Mohonk oder Depeyster Van Wart. Für Boyles Roman gilt: „Geschichte läuft nicht als Tragödie, um sich dann als Farce zu wiederholen – *World's End* zeigt, daß stets beides zusammen stattfindet."[92] Wer aber Vaterschaft sozial und nicht primär biologisch definiert und soziales Verhalten primär durch Umwelteinflüsse und nicht durch Vererbung determiniert sieht, kann nicht umhin, die folgende Einschätzung des Romanschlusses durch Thomas Klingenmaier zu teilen: „ein neckischer Schlenker, kein Sieg."[93] Es besteht wenig Anlaß, „ein klammheimliches Eindringen in den genetischen Pool der Unterdrücker-Dynastie" als „List der Geschichte"[94] zu feiern, wie Wolfgang Steuhl dies tut, wenn der allwissende, offensichtlich auch künftiger Entwicklungen kundige Erzähler Depeyster für die Zukunft keinerlei Veranlassung für „unsettling thoughts" (p. 456) verheißt.

Systematisch spielt der Roman vordergründig mit der Möglichkeit konkurrierender Lesarten: Truman Van Brunt beschreibt geschichtliche Abläufe gemäß eines linear-teleologischen, apokalyptischen Interpretationsrasters, aber seine Stimme ist nur sehr eingeschränkt glaubwürdig; das Geschlecht der Van Brunts bleibt kinderlos, und doch – die grünen Augen des Neugeborenen signalisieren es – auch wieder nicht; der Romantitel beschwört das Ende eines Zyklus, als Bezeichnung für einen Landstrich aber steht er auch

---

[90] Hillel Schwartz, *The Culture of the Copy: Striking Likenesses, Unreasonable Facsimiles* (New York: Zone Books, 1996), p. 339.
[91] Damian Thompson, *Das Ende der Zeiten: Apokalyptik und Jahrtausendwende* (Hildesheim: Claassen, 1997), p. 267.
[92] Mathias Bröckers, 42.
[93] Thomas Klingenmaier, 24.
[94] Wolfgang Steuhl, L17.

wieder geradezu beispielhaft für Kontinuität; Depeyster hat am Schluß alles, was er sich jemals ersehnt hat, vergrößerten Landbesitz, die reufertige Treue Joannas und einen männlichen Erben, und doch steht er auch als ein wahrhaft gehörnter Betrogener da; die winterliche Jahreszeit, zu der das Schlußgeschehen des Romans spielt, spielt auf das Ende einer Entwicklung an, und doch steht gerade die Jahreszeiten-Symbolik insgesamt für Erneuerung, Wiederaufnahme und Regeneration.

Am Ende von *World's End* ist letztlich, wie immer im pikaresken Roman, wie in *Quinn's Book* und *Moon Palace*, vieles offen: Rombout Van Wart, Jr., kann ein neuer familien- und heimatloser, selbstzerstörerisch vatersuchender Pikaro oder gemäß der Familientradition der Van Warts ein vorbildlicher Ausbeuter und Unterdrücker werden. Ein Zyklus geht zu Ende; Zyklen haben die Eigenheit, von vorne wieder einzusetzen. Was Christiaan L. Hart Nibbrig über den Erzähler in Peter Handkes *Wunschloses Unglück* schreibt, läßt sich ohne Mühen auf den auktorialen Erzähler in *World's End* übertragen: „Weil der Erzähler [...] sich weigert, den Tod als sinnvolles Ende eines sinnlos gewordenen Lebens zu akzeptieren, kann er nicht enden und muß immer wieder neu anfangen [...]."[95]

Es sind die Konventionen des pikaresken Romans, die sich letzten Endes bei der Bewertung und Deutung des Romanendes aufdrängen. Die strukturbedingte Unabschließbarkeit pikaresker Erzählwerke führt im Falle von *World's End* zu einer Subsumierung linear-apokalyptischer Strukturen unter das additive Erzählprinzip. Denn selbst wer die Vererbungshypothesen des Romans ernst nimmt, eine Kurzrezension im *SPIEGEL* identifiziert „die apokalyptischen Reiter, diverse Vererbungstheoretiker und [...] Friedrich Nietzsche" als „Boyles heimliche Weggefährten"[96], muß konzedieren, daß es vom literaturgeschichtlichen Standpunkt aus das Pikaro-Gen ist, das sich im Kuckucksei des scheinbar sicheren Familiennestes der Van Warts befindet. Norbert Schachtsiek-Freitag findet, ohne seine Auffassung näher zu erläutern, in *World's End* „das Ahab-Schicksal aus Herman

---

[95] Christiaan L. Hart Nibbrig, *Ästhetik der letzten Dinge* (Frankfurt: Suhrkamp, 1989), p. 78.
[96] „Hippie am Ende," *DER SPIEGEL* (5.2.1990), 235.

Melvilles *Moby Dick* [...] sogar in multiplen Ausführungen wieder."[97] Doch Boyles Roman varriiert viel offensichtlicher das Schicksal Ishmaels: heimatloses, zielloses und endloses Getriebenwerden.

Die Antwort auf die Unmoral der Geschichte: Der Moralismus eines Geschichtenerzählers

Die Welt, die Boyles Roman entwirft, ist, wie die Frauenfiguren des Romans wissen, aller männlich-apokalyptischer Deutungswut zum Trotz, ein beispielhaft pikaresker Mikrokosmos. Im Zentrum des Romans stehen die einmal lauteren und einmal leiseren Männerfiguren und deren unermüdliche Rangeleien um Macht und Thronfolge, deren Anbiederungen und Verratshandlungen, schuldhafte Verfehlungen und bußfertige Selbstbestrafungen. Die Frauenfiguren des Romans aber, obgleich ihnen nur Nebenrollen zukommen, sind es, die Tugenden wie Mut und tapfere Selbstbehauptung illustrieren, die geheimes Wissen verwalten und eine realistische Sicht auf die Ordnung der Welt verbürgen. Von Walters Großmutter heißt es, sie habe die Welt akkurater, „more keenly", wahrgenommen „than philosophers and presidents, pharmacists and ad men. She'd seen through the veil of Maya – seen the world for what it was – a haunted place, where anything could happen and nothing was as it seemed" (p. 78); kurz: als eine Welt, in der die unzuverlässige Fortuna die Geschicke von Spielern und Gegenspielern lenkt. Auch Neeltje, die spätere Frau von Jeremias, weiß schon in jungen Jahren: „the world's a harsh place" (p. 104), und Wahwahtaysee, die indianische Frau von Sachoes und Urahnin von Jeremy Mohonk, weiß, als sie den Leichnam ihres Sohnes birgt, um die Hinterhältigkeit und Falschheit der pikaresken Welt der Weißen: „That was the way of the people of the wolf. Betrayal. Deceit. The open smile and the stab in the back" (p. 247). Nur eine Figur des Romans trägt explizit den Vornamen Wolf, der Schwede Wolf Nysen, der, nachdem er seine Frau und seine beiden Töchter abgeschlachtet hat, mit gieriger Rastlosigkeit die Wälder durchstreift, aber Ulrich Horstmann hat

---

[97] Norbert Schachtsiek-Freitag, B10.

ganz sicher recht, wenn er über das gesamte Personal an (exklusiv männlichen) Hauptfiguren des Romans lapidar befindet: „wölfisch sind sie alle."[98]

Am Beispiel der Figur des Wolf Nysen läßt sich augenfällig und exemplarisch nachweisen, wie Boyle zunächst eine Multiperspektivik etabliert, um sie sodann zugunsten einer Akzentuierung pikaresker Zyklik zurückzunehmen. Boyle interpretiert nationale oder individualbiographische Geschichte nicht, er erzählt sie; wenn er Deutungen vornimmt, so bietet er fast immer auch zugleich eine Vielzahl von Versionen an. Wolf Nysen wird im 17. Jahrhundert zu einer lokalen Schreckensgestalt der Peterskill-Gegend mit halb-mythischem Status: „before he went mad, [he] butchered his family and took to the hills. He'd cut their throats as they lay sleeping – sister, wife and two teenaged daughters – and left them to rot" (p. 50). Um den verrückten Schweden ranken sich Legenden: „People said that the Swede was still up somewhere, living like a red Indian, swathing himself in skins and killing rabbits with his bare hands" (ibid.). Jeremias Van Brunt begegnet dem ruhelosen Wanderer einmal, und zwar zu einem Zeitpunkt, da er, nach seiner Eheschließung mit Neeltje, erstmals so etwas wie Zufriedenheit mit seinem Los entwickelt hat: „Gone was the wild-eyed glare of the rebel, the underdog, the unsoothable beast, and in its place was a look that could only be described as one of contentment" (p. 243). Gnadenlos wird sein Pächterdasein durch den rebellischen Unruhegeist verspottet: „'And what are you, then – a man to forge his own destiny or somebody's nigger slave?'" (p. 150). Der Schlag sitzt gut und verfehlt seine Wirkung nicht: „Just as Jeremias had [...] accepted the imprimatur of the patroon, here came this renegade to mock him and inflame all his old hate and rancor" (p. 200). Nysen wird im Volksglauben der Pächter zu einer sagenhaften Gestalt, zu einem unberechenbaren Vernichter und Zerstörer von Mensch und Tier: „In the days and weeks following Wolf Nysen's visit, wildlife became increasingly scarce, almost as if the madmen, like some insatiable Pied Piper, had taken the beasts and birds with him" (p. 201).

---

[98] Ulrich Horstmann, L8.

Auf einer volksmythologischen Ebene wird Wolf Nysen, „– bogey, renegade, scapegoat, the monster who'd taken on all the sins of the community" (p. 379) –, zu einem prototypischen Sündenbock, dem sämtliche große und kleine Unglücksfälle im Alltag eines Pächterdaseins in die Schuhe geschoben werden können. In der Charaktertypologie der Kitchawanken wird er zu einem paradigmatischen Vertreter des Stammes der Wölfe, „those who are false and bloodthirsty, like the wolf" (p. 180), auf einer pathologischen Ebene verkörpert er den Verräter am Wohlergehen der eigenen Familie, politisch steht er für eine reine Inkarnation des rebellischen Prinzips, und gemäß eines christlichen Interpretationstableaus stellt er einen satanischen Verführer dar. Vor allem aber ist Wolf selbst eine Repetitionsfigur: seine „Freßanfälle" wiederholen nur den früheren kannibalistischen Akt an Minewa. Boyle bietet verschiedene Deutungsmöglichkeiten der Figur an, stellt sie aber nicht gleichberechtigt nebeneinander: Statt dessen nimmt sein Erzähler eine Hierarchisierung hinsichtlich ihrer Relevanz vor.

So symbolisiert Wolf Nysen in erster Linie mustergültig die Unberechenbarkeit der pikaresken Welt. Sein jeweils urplötzliches Auftauchen, sein nicht minder plötzliches Verschwinden und seine unvorhersehbaren Interventionen folgen keinen Regeln, keiner Gesetzmäßigkeit, keinem ermittelbaren Kausalitätsprinzip. Seine Handlungen exemplifizieren somit auf eine eingängige Weise repetitive Zirkularität und ironische Willkür. Die von den Mitgliedern der Peterskill-Gemeinschaft gefürchtete Omnipräsenz der Figur verweist letztlich auf die Dominanz der pikaresken Welterfahrung, selbst wenn einzelne, in ihrem Erkenntnisvermögen beschränkte Figuren den Schweden zum Anlaß nehmen, apokalyptische Ängste vor einem kommunalen Niedergang zu artikulieren. Das dominante pikareske Welterklärungsmuster des Textes widerlegt ausnahmslos und nachdrücklich – auf der makro- wie auf der mikrostrukturellen Ebene – die apokalyptischen Deutungsmuster einzelner Protagonisten. Eine weitere Differenzierung, die Boyle in *World's End* vornimmt, macht diesen Sachverhalt in besonderem Maße anschaulich. So führt der im Roman gestaltete Kontrast zwischen dem unterschiedlichen Leistungsvermögen schriftlicher und mündlicher

Geschichtsüberlieferung letztlich zu einer Problematisierung der Prinzipien männlich-schriftlicher Geschichtsinterpretation.

Die mündliche Weitergabe von Geschichte und Geschichten, die der Roman referiert, steht in einem auffälligen Gegensatz zu der Schriftlichkeit der historischen Nachforschungen Truman Van Brunts, der letztlich eine Historiographie aus der Perspektive der Sieger und zum Zwecke der Legitimation des eigenen Handelns betreibt. Das Erbe der mündlich-narrativen Weitergabe von Erfahrung wird hingegen von den Besiegten oder Marginalisierten gepflegt: von Indianern (Jeremys Vater, Jeremy Mohonk selbst), von Frauen (Walters Großmutter, Lola Solovay). Die in ritueller Form weitergegebenen Mythen sammeln das Kollektivbewußtsein und die Wahrheiten des einfachen Volkes und sind eine Methode der Selbstdefinition. Boyle wird in einem Interview explizit: „In *Water Music* and *World's End*, as well as in my short stories that are historically based, I like to use history as part of the myth that informs what we are now, rather than producing factually what might have happened."[99] Nur wer das Vergangene verleugnet oder retuschiert, wird von ihm auf eine unheimliche und selbstzerstörerische Art „in Attacken" heimgesucht. Die mündliche Erzählkraft der starken und lebensklugen Mütter und Großmütter unterscheidet sich heilsam von den endzeitlichen Katastrophenszenarien, die sich die Männer der Van Brunts ersinnen, die zwar nicht das Ende der Welt, sehr wohl aber in der Funktionsweise einer *self-fulfilling prophecy* familiäre Desintegrationsprozesse initiieren und ihr eigenes individualbiographisches Ende willfährig herbeiführen. Die mündlichen Erzählungen der Frauen und Indianer liefern hierzu eine gegenteilige Geschichtsversion, die auf Kontinuität, gespeist aus dem Erfahrungsschatz des Alltags, setzt: Erinnerung wird eine Form der Tapferkeit, Erinnern zu einer Schlüsselhandlung des Romans: „Boyle bietet alle Medien der Erinnerung auf, die Psychologie und Literatur kennen: Geruch und Geräusch, Drogen und Gliederbewußtsein, ja so absurde wie Ahnendreck, den sich der letzte Van Wart wie Kokain aufs Zahnfleisch massiert."[100]

---

[99] William Brisick, 72.
[100] Klaus Modick, 5.

Geschichte hat in *World's End* keinen ihr inhärenten Sinn und keine ihr eigene Entwicklungsrichtung. Beides muß ihr erst durch einen interpretativen Akt gegeben werden. Aber der Roman polemisiert gegen jegliche Arten von Selbstgerechtigkeit und Missionarismus, polemisiert gegen Patrioten und Marxisten, Fortschrittsgurus und eskapistische 68er gleichermaßen. „Dieser Autor liebt das Entzaubern: Sozialisten scheinen nicht sozialistisch, Indianer nicht indianisch, Studenten nicht studentisch."[101] Man kann Boyles Texte kritisieren, weil in ihnen die Satire mitunter zum Selbstzweck wird; ein Vorwurf an seine Texte aber geht ganz gewiß ins Leere: der des Amoralismus. *World's End* ist sicherlich ein düsteres, trauriges, vielleicht sogar ein nihilistisches Buch, aber ebenso auch ein zutiefst von moralischen Grundimpulsen gespeister Roman. Wie jeder Satiriker und (fast) jeder pikareske Romancier ist auch Boyle im Kern ein unverbesserlicher Moralist; hinter den scheinbar zynisch-abgeklärten Attacken seines Erzählers steht immer „the moralistic implied author shrieking hate at the world's and men's chaos."[102] Es ist unverständlich, wieso sich Michael Walker ausgerechnet auf T.C. Boyle beruft, um seine These von „the failure of moral nerve that has become a commonplace in contemporary fiction"[103] zu illustrieren. Walkers Anliegen liegen ehrbare Motive zugrunde:

> We need to realize that we are suddenly living in an age of fictional parody, in much the same way that the neoclassical age believed itself to be an age of satire, but we live without the basis of moral standard. We need to realize that when postmodernism preens itself on intertextuality, we must remind ourselves of its far more important quality of moral withdrawal.[104]

„Moral withdrawal" kann aber keinem amerikanisch-pikaresken Roman der 80er Jahre zum Vorwurf gemacht werden, und schon gar

---

[101] Herbert Lodron, „Dunkle Attacken der Vergangenheit: Boyles amerikanisches Geschichtsepos," *Die Presse* (7./8. 10. 1989), 9.
[102] Stuart Miller, p. 72.
[103] Michael Walker, „Boyle's 'Greasy Lake' and the Moral Failure of Postmodernism," *Studies in Short Fiction*, 31 (1994), 247.
[104] Michael Walker, 254.

nicht einem – insofern politischen – Text, in dessen Zentrum die Thematisierung von Verrat und Überläufertum steht und der die historischen Fehler der amerikanischen Linken unbarmherzig zur Darstellung bringt. T.C. Boyle wird – wie Paul Auster – oft leichtfertig und vorschnell als ein Autor der literarischen Postmoderne identifiziert, tatsächlich aber stehen seine Texte, „torn between the conventions of the mock-epic and the realist chronicle"[105], in der Tradition eines satirischen Realismus, der von Boyle vorsichtig um einige wenige postmoderne Darstellungstechniken ergänzt wird. Niemals huldigen seine Texte einem verspielt-unpolitischen Ästhetizismus, schon gar nicht *World's End*, nach William Brisick „the most political of Boyle's works thus far [i.e. 1987]."[106]

Zur politischen Literatur wird Boyles Pikareske vor allem dadurch, daß sie den Leidensweg und die Selbstauslieferung verschiedener pikarischer Gestalten nachzeichnet, die sich mit einem Herrschaftssystem konfrontiert sehen, das auf absolute Unterwerfung und Kontrolle setzt. Nach Richard Bjornson definiert die Notwendigkeit, eine Entscheidung zwischen konformistischer Unterordnung und rebellischer Prinzipientreue treffen zu müssen, den inhaltlichen Kern pikaresker Erzählwerke:

> During their respective journeys, picaresque heroes continually come into contact with a constantly changing reality outside the self. In situations exacerbated by rootlessness and poverty, they may or may not become delinquents, but they are invariably confronted by a choice between social conformity (which is necessary for survival) and adherence to what they have learned to consider true or virtuous.[107]

Vor die Entscheidung gestellt zwischen Rebellentum und sozialer Anpassung, gehen alle männlichen Van Brunts den vermeintlich leichteren Weg; tatsächlich aber führt Konformität zur Selbstauslöschung. Wie in Twains *Huckleberry Finn* wird auch in *World's*

---

[105] Cynthia Cotts, 3.
[106] William Brisick, 71.
[107] Richard Bjornson, p. 11.

End das Gewissen zu einem „mysterious instrument which rendered man helpless in the presence of corrupting institutions."[108]

Nach dem triumphalen Wahlerfolg der Republikaner bei den Kongreßwahlen 1994 setzte der neue Mehrheitsführer Newt Gingrich, dem *TIME Magazine* 1995 den begehrten und renommierten Titel „Man of the Year"[109] verlieh, in einem Interview mit der *New York Times* zu einer fundamentalen Attacke auf die Gegenkultur der zweiten Hälfte der 60er Jahre an: „'Until the mid-1960's, there was an explicitly long-term commitment to creating character,' he [Gingrich] said. 'It was honesty, right and wrong. It was not harming others. It was being vigilant in the defense of liberty.'" Gingrich, nach George Lakoff „a demon-of-all-demons for liberals"[110], nutzt seine Anklagen zur Artikulation einer geschichtspädagogischen Forderung: von Schulen und Universitäten verlangt er einen patriotisch engagierten Geschichtsunterricht. Sein Ideal: „teaching the truth about the Founding Fathers and how this country came to be the most extraordinary civilization in history."[111] Right or wrong, my country? Ohne Zweifel: Reagans Kinder rüsten zu einer Geschichtsrevision und zu einem Kulturkampf. Mephisto in der Hexenküche: „Den Bösen sind sie los, die Bösen sind geblieben."[112] Pikareske Romanciers wie Boyle konservieren und formulieren in ihren Romanen Gegenerinnerungen, die sich den uniformen Geschichtsinterpretationen der Neuen Rechten widersetzen. Die pikaresken Romane der 80er Jahre verweigern sich sowohl der Absicht, die 60er Jahre zu dämonisieren, als auch dem Vorhaben, die Kolonialgeschichte Nordamerikas zu nobilitieren.

---

[108] Roger B. Salomon, *Twain and the Image of History* (New Haven: Yale University Press, 1961), p. 142.
[109] Cf. die Doppelnummer des *TIME Magazine* vom 25.12.95/1.1.96, die fast ausschließlich Newt Gingrich gewidmet ist.
[110] George Lakoff, *Moral Politics: What Conservatives Know That Liberals Don't* (Chicago und London: University of Chicago Press, 1996), p. 174.
[111] Maureen Dowd, „G.O.P.'s Rising Star Pledges To Right the Wrongs of the Left," *New York Times* (10.11.1994), B3.
[112] [Johann Wolfgang von] Goethe, *Faust: Der Tragödie erster und zweiter Teil, Urfaust*, hg. von Erich Trunz, 14., durchgesehene Auflage (München: Beck, 1989), p. 81.

6. Epigonale Imitation am Ende einer pikaresken Karriere: John Irving, *The Cider House Rules* (1985)

Alan Shapiro, „Perfect Son" (1983)

Your father stands with you there, his face clouded
to untouchable indifference above the dark suit,
mere life in his eyes. Old age tenders him
to you, it holds his arm around your waist,
the large hand you fear now more than ever
gently to your hip. It is his weakness
comes to love you (your arm circling his shoulder),
that seems to hold you up. Yet smiling eagerly,
anxious for the shutter to close on this one
gift, so much your own it makes you fear
he'll take it back, you look as though,
tense with too much privilege, you could see
his rightful son ready to step into the frame.

You can say your father loved you now
and so forget how long you had to labor
to believe this, how long before you learned to love
your fear of him. At home, in the slaughterhouse,
the knife of his devouring „Thou Shalt Not"
cut and shaped you on the block of need,
his second son who never would come first.
When you knew the rage he showed you was your own
unworthiness, you wanted to be nothing
but your father's son. And seeing this,
he could pull out that blade, sheer law,
and know you happily would cling to it.

You would like to think this picture heals you,
sitting before it on these nights we sleep,
– fathering now, aloof and unappeasable –
refuses you. But he will not say
again what you have done, how you offended.
Even now, he gives you only your sharp need
to please him, never to disappoint him, his death
your final punishment. Like a small boy
up past his bedtime, you must hear downstairs
everything your denial has awakened,
the wide strap slapping his palm as he mounts the stairs
and calls you in your own voice now, angry,
your perfect father calling for his perfect son.

Quelle: Alan Shapiro, *The Courtesy* (Chicago und London: University of Chicago Press, 1983), pp. 28-29.

„A book with a polemic"

Ganz offensichtlich gehen die Marketingstrategen amerikanischer wie deutscher Verlagshäuser davon aus, daß einem pikaresken Roman eine besondere Form von Authentizität zukommt, wenn die jeweilige Biographie eines Verfassers in besonderem Maße Varianz, Abwechslungsreichtum und *bottom dog*-Erfahrungen verbürgt. Daß Paul Auster eine Zeitlang als Handelsmatrose zur See fuhr, daß T. Coraghessan Boyle einmal ein Junkie war und sich vor seinem schriftstellerischen Debüt als Rockmusiker versuchte, darauf verweisen Verlagsprospekte und Klappentexte. Der pikareske Romancier, so die nimmermüde Botschaft, verifiziert die Außenseiterperspektivik eines Pikaro durch Elemente der eigenen Biographie.

Nirgendwo wird dies augenfälliger als in Werbestrategien für die Romane John Irvings. Die Rückseite einer Paperback-Ausgabe des Longsellers *The World According to Garp* (1978) offeriert beispielsweise ein ganzes Potpourri früherer und gegenwärtiger Berufe Irvings: „bartender, wrestling coach, movie star, and college professor, as well as [...] writer."[1] Spätestens seit dem überraschenden Erfolg des *Garp*-Romans, der Irving den renommierten *American Book Award* einbrachte und dessen Verkaufszahlen durch eine erfolgreiche Verfilmung zusätzlich in die Höhe schnellten, ist John Irving eine feste Größe im Medienverbund der populären Kultur Amerikas. Im August 1981 widmet ihm das Nachrichtenmagazin *TIME* seine Titelgeschichte, in der R.Z. Sheppard, Bezug nehmend auf „a choice of paperbacks in six delicious cover colors and T shirts reading I BELIEVE IN GARP", den Neologismus „Garpomania"[2] kreiiert. 1982 kürt die Frauenzeitschrift *Ms.* John Irving zu einen von 25 frauenfreundlichen Männer-Helden und nimmt ihn als einzigen Schriftsteller in eine Liste auf, die u.a. auch die Namen Phil Donahue und John Lennon enthält. Ellen Sweet begründet die Auszeichnung,

---

[1] John Irving, *The World According to Garp* (New York: Pocket Books, 1979), book jacket; zu Irvings Image innerhalb der populären Kulturindustrie der U.S.A. cf. auch Carol C. Harter und James R. Thompson, *John Irving* (Boston: Twayne, 1986), pp. 1-3, 5-9.
[2] R. Z. Sheppard, „Life into Art: Garp Creator John Irving Strikes Again," *TIME* (31.8.1981), 46.

versteht sie als Lohn „for integrating feminism as a major philosophical theme; for writing about rape with its true terror and brutality; for creating male characters who care about kids; and for understanding that feminist excesses are funny."[3] Nur einen Monat später jedoch reitet in der Folgenummer der Zeitschrift die feministisch engagierte Romanschriftstellerin Marilyn French eine scharfzüngige Attacke gegen Irving und seine Werke, in deren Verlauf sie Irving als frauenfeindlich[4] und seine Romane als unappetitliche Zeugnisse einer „frenzy of obscene violence"[5] denunziert.

John Irvings Romane sind offensichtlich in besonderem Maße geeignet, die Leser(innen)schaft zu polarisieren, und Irving selbst pflegt mit Hingabe ein öffentliches Image, das von Widersprüchen lebt. So bezeichnet er sich als einen männlichen Feministen, preist aber gleichzeitig in fast all seinen Roman vor allem den Wert echter Männerfreundschaften. In Interviews präsentiert er sich gleichermaßen als passionierter Hobby-Ringer und als depressiver Melancholiker. Er artikuliert sich als ein vehementer Befürworter des Rechts auf Abtreibung, leistet in seinen Texten aber auch der nostalgischen Verklärung heiler Familienwelten Vorschub. Nicht weniger als Irvings öffentliches Image leben auch seine literarischen Werke vom Widerstreit. So beruft sich Irving häufig und nachdrücklich auf die Tradition der großen Sozialromane des 19. Jahrhunderts, gleichzeitig attackiert er aber in seiner literarischen Praxis nachhaltig gängige Konventionen des literarischen Realismus. Nicht minder ungewöhnlich und widersprüchlich ist die Tatsache, daß Irving in seinen Texten sein explizit thematisiertes Leiden an der radikalen Instabilität der Welt in kunstvoll konstruierte (stabile) Handlungs- und Erzählmuster integriert. Und schließlich verbindet Irving primär moralistische Erzählanliegen mit einer Vorliebe für Grotesk-Absurdes.

Entschiedener als die meisten pikaresken Romanciers der zeitgenössischen Literatur Amerikas – der französische Amerikanist

---

[3] Ellen Sweet, „Men Who've Taken Chances and Made a Difference," *Ms.* (July/August 1982), 104.
[4] Cf. Marilyn French, „The 'Garp' Phenomenon," *Ms.* (September 1982), 14: „he seems to believe that feminism is a violent response to male sexuality."
[5] Marilyn French, 14.

Didier Vidal bezeichnet ihn als einen der herausragenden Vertreter der „picaresque contemporain"[6] – mischt sich Irving in das tagespolitische Geschäft ein. Seine Bücher propagieren das Recht auf Abtreibung und Geschlechtsumwandlung, denunzieren staatlichen und individualistischen Terrorismus, stellen herkömmliche Geschlechterrollen und Ehekonzeptionen in Frage. Seine Romane *The Cider House Rules* und *A Prayer for Owen Meany* schließlich attackieren offen und scharf soziale Mißstände im Amerika Ronald Reagans und tragende Elemente des rechtskonservativen Menschen- und Gesellschaftsbilds.

Irvings Identifikationsbereitschaft mit gesellschaftlichen Außenseitern und Opfern läßt das Genre der Pikareske für ihn zu einem idealen Medium für seine gesellschaftskritischen Anliegen werden: „most of Irving's novels", schreibt der Feuilletonist Allan Mayer, handeln von „people who are victims – orphans, migrant workers, unwed mothers; people who don't belong, who are not wanted, who lack the opportunity to make any kind of real choices in their lives."[7] In Irvings Erzählwerken ist die Welt ein grausam-gewalttätiger Ort, voller pikaresker Unberechenbarkeit und lebensbedrohlicher Gefahren: „In his universe, castration, mutilation, and disembowelment – not to mention rape and murder – are everyday events."[8] Irvings Helden werden, in Konformität mit der pikaresken Erzähltradition, in Konfrontation mit dem launisch-böswilligen Treiben der Schicksalsgöttin zu primär passiven Charakteren; für seine Romane gilt, was Judith Wilt für die Romane von Charles Dickens, eines der großen literarischen Vorbilder Irvings, konstatiert: „violence and malevolence are displaced external to 'the hero': the world acts – beats him, exiles and imprisons him, enchants and betrays him – and he reacts."[9] Verletzbarkeit und Überlebenswillen, Durchhaltevermögen und Sensibilität definieren Irvings Pikaros. Der Autor selbst bestimmt in einem literaturtheoretischen Essay das von ihm

---

[6] Didier Vidal, „Mythe du picaro et mythe picaresque," *Caliban*, 22 (1983), 108.
[7] Allan Mayer, „John Irving, Happy at Last," *VOGUE* (June 1985), 122.
[8] Allan Mayer, 124.
[9] Judith Wilt, *Abortion, Choice, and Contemporary Fiction: The Armageddon of the Maternal Instinct* (Chicago und London: University of Chicago Press, 1990), p. 121f.

bevorzugte Personal seiner Romane als „people who seem vulnerable enough to have big things happen to them, yet sturdy enough to withstand the bad news ahead."[10]

In *The Cider House Rules*, dem sechsten von bislang neun umfangreichen Irving-Romanen, lassen sich drei Tendenzen des Irvingschen Versuchs, pikareske Erzählkonventionen zu aktualisieren, ermitteln: die „Nobilitisierung" der Pikaro-Figur, die Überbrückung der Distanz zwischen Kunst und Populärkultur und die Instrumentalisierung pikaresker Figurenpsychologie und Handlungsmuster für die Belange eines sozialen Thesen-Romans. Indem der Roman *The Cider House Rules* die Abtreibungsdebatte zu einem seiner zentralen Gegenstände macht, gewinnt der Roman, so Benjamin DeMott in einer Rezension, „a public dimension."[11] „'I honestly believe that this book is very different from anything I've ever written. It is a book with a polemic,'"[12] formuliert Irving als Interpret seines eigenen Werkes; „[t]his is an outspoken, pro-choice polemic"[13], ergänzen Harter und Thompson in ihrer Irving-Monographie. Unstrittig ist, daß Irving mit *The Cider House Rules* eine neuartige thematische und politische Militanz in sein Oeuvre einführt: „'I didn't set out to write a novel about quote-unquote abortion. [...] But if this book could contribute anything to what I consider the correct political vision on that issue, all the better,' says Irving."[14]

Der Roman, in elf Langkapitel gegliedert, spielt vornehmlich an zwei ausgewählten Orten im US-Bundesstaat Maine: in St. Cloud's, wo der Gynäkologe Wilbur Larch ein Waisenhaus leitet, und auf Ocean View, einer Apfelplantage an der Küste des Nordoststaates. Zeitlich

---

[10] John Irving, „The Narrative Voice," in: Allen Wier und Don Hendrie, Jr. (eds.), *Voicelust: Eight Contemporary Fiction Writers on Style* (Lincoln: University of Nebraska Press, 1985), p. 89.
[11] Benjamin DeMott, „Guilt and Compassion," *The New York Times Book Review* (26.5.1985), 1.
[12] Richard David Story, „Wild novels, extravagant success," *U.S.A. Today* (23.5.1985), 1D.
[13] Carol C. Harter und James R. Thompson, p. 134.
[14] Richard David Story, 2D.

spannt der Roman *The Cider House Rules* mit epischer Breite einen Bogen von den 20er bis zu den 60er Jahren des 20. Jahrhunderts. Der Erzählverlauf ist zumeist linear, wird aber gelegentlich von historischen Exkursen und anderen Digressionen des auktorialen Erzählers unterbrochen.

Im Zentrum der Handlung steht der Lebensweg des Waisenkindes Homer Wells, der sich, nachdem mehrere Adoptionsversuche fehlgeschlagen sind, in Wilbur Larch einen Ersatzvater sucht. Larch akzeptiert mit der Zeit Homer als seinen inoffiziellen Adoptivsohn, lehrt ihn pragmatisch-puritanisches Nützlichkeitsdenken, gibt ihm sein gynäkologisches Wissen weiter und bildet ihn zu einem befähigten Assistenten aus. Larch, der sich nach einer traumatischen sexuellen Erfahrung mit einer Prostituierten für eine asketisch-zölibatäre Lebensweise entschieden hat, nimmt in seiner dem Waisenheim angegliederten Arztpraxis eigenmächtig, je nach dem Wunsch seiner Patientinnen und dem Fortschrittsgrad einer jeweiligen Schwangerschaft, Abtreibungen bzw. Geburten vor und artikuliert sich als ein sozial engagierter Kritiker des gesetzlichen Abtreibungsverbots. Zu dieser weltanschaulichen Festlegung Larchs formuliert Homer allmählich eine aus der Perspektive persönlicher Betroffenheit gewonnene (und nicht minder dogmatische) Gegenposition und weigert sich schließlich, zum Unverständnis seines Ziehvaters, bei Abtreibungen zu assistieren.

Zu Beginn der 40er Jahre stattet das Liebespaar Wally Worthington/Candy Kendall (und mit ihm die Gegenwelt der behüteten Kinder der Reichen und Wohlhabenden) dem Waisenhaus einen unerwarteten Besuch ab, und zwar nicht um eine Adoption einzuleiten, wie die neidvollen Waisenhausinsassen fehlinterpretieren, sondern um eine als ungelegen empfundene Schwangerschaft abbrechen zu lassen. Homer kümmert sich um die beiden Sonnenkinder, gewinnt mit pikarischem Charme ihre Sympathie und erreicht mit pikarischer Chuzpe, daß die beiden ihn mitnehmen zu der Apfelplantage von Wallys Eltern, wo Homer als Ferienarbeiter angestellt werden soll. Aus dem geplanten Kurzaufenthalt wird eine 15-jährige Dauerpräsenz Homers. Auf Ocean View wird er initiiert in die Gepflogenheiten und sozialen Regeln der Wohlhabenden und in jene der einfachen Arbeiterinnen und Arbeiter, aber auch in eine

Welt der Lüge und des Treuebruchs. Während Wally als Kampfflieger am Zweiten Weltkrieg teilnimmt und nach einem Abschuß durch feindliche Kräfte über Burma abstürzt und vermißt wird, gewinnt Homer Candy zu seiner heimlichen Geliebten (und Bettgefährtin). Die Beziehung zwischen beiden bleibt nicht folgenlos: eine (erneut ungeplante) Schwangerschaft trägt Candy diskret in St. Cloud's aus.

Doch nur wenige Tage nach der Geburt des gemeinsamen Sohnes Angel erreicht Candy und Homer ein Telegramm, das sie über die erfolgreiche Rettung des monatelang vermißten Wally informiert. Candy willigt in die Heirat mit Wally, der gelähmt und zeugungsunfähig aus dem Krieg heimkehrt, ein; Homer gibt auf Ocean View den Säugling Angel als ein von ihm adoptiertes Kind aus. Eineinhalb Jahrzehnte trägt diese Lebenslüge, die durch gelegentliche Liebestreffs zwischen Homer und Candy zusätzlich an Perfidität gewinnt, ehe das Arrangement durch verschiedene Ereignisse zum Einsturz gebracht wird. Denn Homer Wells bleibt auch in der scheinbar gepflegt-beschaulichen Welt von Ocean View ein (Heim-)Gesuchter. Heimgesucht wird er von Schuldgefühlen und Gewissensqualen; gesucht wird er gleich von zwei „Personen": von Melony, einer Freundin aus Heimtagen, an der er wortbrüchig geworden ist, indem er sie allein in St. Cloud's zurückließ, und von Fuzzy Stone, einer fingierten Identität, die Wilbur Larch für seinen Zögling zurechtgeschneidert hat, damit Homer eines Tages seine Nachfolge als Waisenheimleiter antreten kann: „He [Homer] did not know that Fuzzy Stone, like Melony, was looking for him" (p. 341).[15]

Nach 15 Jahren, in denen sich die Rebellin Melony zu einer patriarchatskritischen bekennenden Lesbierin entwickelt hat, wird Homer schließlich von der Geliebten aus frühen Jugendtagen aufgespürt und, da Melony instinktiv das Lügenarrangement zwischen Homer und Candy durchschaut, einer moralischen Standpauke

---

[15] John Irving, *The Cider House Rules* (London u.a.: Black Swan, 1986), pp. 55, 30; alle weiteren Zitate aus dem Primärtext beziehen sich auf diese Ausgabe. Ich habe mich für die britische Ausgabe des Romans als Textgrundlage dieses Kapitels entschieden, da diese wesentlich lesefreundlicher gedruckt ist. Die (auch orthographische) Übereinstimmung mit der amerikanischen Erstausgabe des Jahres 1985 habe ich durch Stichproben überprüft.

unterzogen. Homer beschließt, dem Lügenspiel ein Ende zu machen, wird aber, nachdem sich Candy – von Homer gedrängt – Wally gegenüber offenbart hat, auf Ocean View nicht mehr länger geduldet. So nimmt Homer den Tod des greisen – 95-jährigen – Larch zum Anlaß, unter der angenommenen Identität Dr. Fuzzy Stone als Nachfolger seines Ziehvaters nach St. Cloud's zurückzukehren.

Doch noch eine weitere Erfahrung muß Homer machen, ehe er nicht nur die berufliche Stellung, sondern auch die weltanschaulichen Prämissen Larchs zur Abtreibungsfrage übernimmt. Sein Sohn Angel verliebt sich in die Tochter des Anführers der schwarzen Saisonarbeiter auf Ocean View, Rose Rose, die sich aber von ihrem jugendlichen Verehrer Hilfe in eigener Sache erbittet: „'[...] Just plain help me [...]. Just get me an abortion,' Rose Rose said" (p. 683). Homer Wells nimmt sich der Schwangerschaft von Rose, der Folge eines durch ihren Vater erzwungenen Inzests, an und nimmt die Abtreibung vor. Für Homer ist Roses Schicksal ein Schlüsselerlebnis: er wandelt sich fortan zu einem glühenden Verfechter des Rechts auf Schwangerschaftsunterbrechung und wird künftig als Dr. Stone (wie Larch) in St. Cloud's unentgeltlich Abtreibungen vornehmen. Die „Entwicklung" Homers zu einer wesens- und verhaltensgleichen Kopie seines Pflegevaters ist abgeschlossen.

Homer Wells und Wilbur Larch: Das Abhängigkeitsverhältnis zwischen einem verwaisten Pikaro und seinem gottähnlichen Ersatzvater

Homer Wells ist Irvings Pikaro in *The Cider House Rules*, sein Name wird im Roman beinahe zu einem Eponym für Waisentum: „a Homer Wells – a true orphan" (p. 40). Im Kontext von Irvings Gesamtwerk ist er „Irving's first true orphan who does not know who his father or mother is."[16] Zwar verfügt Homer im Vergleich zu anderen pikarischen Gestalten der amerikanischen Literatur der 80er Jahre nur über eine verhältnismäßig geringe Mobilität, verkörpert

---

[16] Edward C. Reilly, *Understanding John Irving* (Columbia: University of South Carolina Press, 1991), p.104.

dafür aber deutlicher als jene die Waisenkind-Mentalität auf eine beispielhafte Art und Weise. Seit seiner Geburt war er Insasse eines Waisenhauses; sein Hauptbegehren ist es, denen zu gefallen, die die Institution leiten; sein Ziel ist es, sich nützlich zu machen: „Of *use*, he felt, was all that an orphan was born to be" (p. 55). Nur in St. Cloud's hat er das Gefühl, „full of *usefulness*" (p. 30) zu sein; sämtliche (insgesamt vier) Adoptionsversuche scheitern. Sie konfrontieren das Kind mit einem pikaresken Querschnitt der amerikanischen Gesellschaft: er lernt die bigott-verlogene Scheinheiligkeit eines akademischen Haushaltes, „the implicit (and explicit) and self-congratulatory dogooderism, or the heartiness with which life was tediously over-simplified" (p. 29), ebenso kennen wie die alltägliche Praxis der Kindesmißhandlung in den unteren Klassen[17] und die eskapistische Abenteuersucht von „Maine's very small money class" (p. 45). Am Ende erweist sich Homer als nicht adoptierbar: „Homer Wells *belonged to* St. Cloud's. The determined boy was not put up for adoption anymore" (p. 15).

Mit seinem endgültigen Verbleib im Waisenhaus endet freilich keineswegs Homers Suche nach einem Familienersatz; das Waisenhaus repetiert und imitiert vielmehr familiäre Strukturen bis zur Perfektion: „Unadoptable, Homer is unofficially adopted by Larch, his surrogate father."[18] Das Waisenheim in St. Cloud's ist somit ein ideales Setting für Irvings sozial- und amerikakritische Darstellungsanliegen, erlaubt es doch die gleichzeitige Thematisierung gesellschaftlicher Mißstände und des uramerikanischen Ideologems der zweiten Chance, des zukunftsgewissen Glaubens an die Möglichkeit eines vergangenheitsverleugnenden Neubeginns. Das von Wilbur Larch ersonnene allabendliche Einschlafritual beinhaltet die Sätze:

---

[17] Cf. den Umgang einer Familie aus Three Mile Falls mit dem Säugling Homer, p. 23: „Homer's silence was such a disappointment to them that they took it as a kind of affront and challenged each other to discover who among them could make the baby cry first; after first they progressed to loudest, after loudest came longest. / They first made him cry by not feeding him, but they made him cry loudest by hurting him; this usually meant pinching him or punching him, but there was ample evidence that the baby had been bitten, too. They made him cry longest by frightening him [...]."
[18] Edward C. Reilly, p. 105.

„'Let us be thankful that we've got options, that we've got second chances'" (p. 30). Wilbur Larch rechtfertigt diese rituelle Formel mit einer theoretischen Überlegung: „But how does it help anyone to look forward to the past? How are orphans served by having their past to look ahead to? Orphans, especially, must look ahead to their futures" (p. 127). Was die Waisenkinder in St. Cloud's kennzeichnet, ist ihr grenzenloses Bedürfnis nach Zugehörigkeit, nach Routine, Konstanz und Statik. Die Tagesabläufe sind in höchstem Maße ritualisiert. Wilbur Larch führt sein Regime so, daß er zwei für die amerikanische Mentalitätsgeschichte bedeutsame Traditionen *in praxi* umsetzen und reaktualisieren kann: puritanisches Arbeitsethos und die aufklärerische Prämisse von der prinzipiellen Perfektibilität des Menschen. Irvings Schilderungen des Alltagslebens im Waisenhaus haben so nicht mehr viel gemein mit den literarischen Vorbildern des 19. Jahrhunderts; keine geheime Stätte der physischen und psychischen Folter entwirft er, sondern eine Institution und eine Hierarchie, die von den Prinzipien der internalisierten Folgsamkeit und der freiwilligen Unterordnung unter unanfechtbare, über jeglichen Zweifel erhabene Autoritätsfiguren getragen werden. Solcherlei Strukturen jedoch lassen den mikrosozialen Kosmos von St. Cloud's auch zu einem politisch relevanten Modellfall werden.

Obgleich Wilbur Larch als ein beispielhafter liberaler Philanthrop und aufklärerischer Sozialkritiker, als, wie Mitglieder des staatlichen Betreuungskomitees glauben, „'the one hopelessly naive Democrat and liberal'" (p. 19), in den Roman eingeführt wird, leitet er das ihm unterstellte Waisenhaus eher wie ein absolutistischer Monarch: „Larch orders his own world."[19] Seine Autorität als Arzt ist unangefochten, als Anstaltsleiter legt er selbstherrlich „Gesetze" fest („Wilbur Larch was the only historian and the only law at St. Cloud's", p. 127), als Amateurhistoriker und Chronist revidiert und manipuliert er eigenmächtig die Geschichte der Region und die Biographien seiner Zöglinge. In seiner Lebensweise asketisch und spartanisch, umgeben von zölibatären Krankenschwestern, wirkt er auf seine Umwelt wie ein entrückter Heiliger.[20] „Larch assumes", wie

---

[19] Carol C. Harter und James R. Thompson, p. 140.
[20] Cf. p. 20: „*Saint* Larch,' they called him – and why not?"

Edward C. Reilly zu Recht befindet, „a saintly, if not godlike stature, and is often referred to as St. Larch."[21] Ein kritischeres Resümee ziehen Harter und Thompson in ihrer Irving-Monographie: „Larch creates the St. Cloud's orphanage. He actually wills it into existence for, though his nickname will be St. Larch, he is really a god." Und: „he creates and destroys in ways appropriate only to God, or the artist."[22] Larch verweigert seinen Waisenkindern den Zugriff auf deren Vergangenheit, vernichtet ebenso konsequent wie selbstgerecht alle Dokumente, die Aufschluß über die biologischen Eltern der ihm Anvertrauten hätten geben können: „It is for his or her future, for example, that I destroy any record of the identity of his or her natural mother" (p. 126). Larch provoziert so beispielsweise den Zorn der muttersuchenden Melony: „'What he means is, he's playing God – he gives you your history, or he takes it away! If that's not playing God, what is?'" (p. 130).

Aber der Gott von St. Cloud's hat auch markante Schwächen, die ihn gleichzeitig humanisieren und pathologisieren. Er predigt, nachdem er sich als Folge seiner ersten und einzigen sexuellen Erfahrung (mit einer Prostituierten) eine Geschlechtskrankheit eingehandelt hat, die sexuelle Askese und bleibt als Folge seiner Selbsttherapie zeitlebens äthersüchtig. Larch betreibt seither „Surgery" statt Sex. Noch die Besessenheit, mit der er unbeirrbar auf der Beschneidung sämtlicher Knaben des Waisenheims besteht, verrät Spuren seiner eigenen komplexbeladenen Biographie[23], Spuren einer neurotischen Sexualmoral und eines übersteigerten Reinlichkeitswahns. Bereits der erste Satz des Romans verweist auf die Wunden, die ein solcher-

---

[21] Edward C. Reilly, p. 104.
[22] Carol C. Harter und James R. Thompson, p. 140. Cf. auch Doris Grumbach, die in ihrer Radio-Besprechung des Irving-Romans von Larch als „God the Father" spricht; National Public Radio Interview, zit. nach Harter/Thompson, pp. 141, 153.
[23] Cf. auch Larchs Gewaltphantasie, p. 26, wo er das panikerfüllte Angstschreien des Kindes Homer Wells näher zu charakterisieren versucht: „'As if he were being circumcised,' Dr. Larch wrote in his journal. 'As if somone were snipping his little penis – over and over again, just snipping it and snipping it.'" Eines macht diese Textstelle unzweideutig klar: daß Larch Beschneidungen mit einer Extremform des Schmerzes assoziiert.

maßen für- und vorsorglicher Vater bei seinen sozialen „Söhnen" hinterläßt: „In the hospital of the orphanage – the boys' division at St. Cloud's, Maine – two nurses were in charge of naming the new babies and checking that their little penises were healing from the obligatory circumcision" (p. 13).

Ersatzvaterschaft in der Rolle eines Waisenheimleiters impliziert für Larch die Pflicht, sich den ihm anvertrauten Kindern gegenüber emotional distanziert zu verhalten.[24] In seinem Verhältnis zu dem unadoptierbaren Homer Wells jedoch macht er eine Ausnahme und leistet sich erstmals genuine Vatergefühle: „he was suffering from the natural feelings of a father" (p. 114). Wilbur Larch kennt den Preis, den er zu zahlen hat: „How I resent fatherhood! The feelings it gives one: they completely ruin one's objectivity, they wreck one's sense of fair play" (p. 147). Irvings Romane *The World According to Garp* und *A Prayer for Owen Meany* loten das emotionale Terrain von engen Mutter-Sohn-Beziehungen aus, der Roman *The Cider House Rules* hingegen rückt eine (mutterlose) Vater-Sohn-Beziehung in das Zentrum des Interesses. Das Verhältnis zwischen Wilbur Larch und Homer Wells dient Irving als eine Mikrozelle – ja mehr noch: als eine Parabel – verschiedenartiger Abhängigkeitsverhältnisse (zwischen einem Sohn und einem Vater, einem Lehrling und einem Meister, einem Schöpfer und seinem Geschöpf). Zu einem ersten (oberflächlichen) Konflikt zwischen beiden kommt es, wenn sie in der Frage nach dem Recht auf Abtreibung unterschiedlichen Positionen Ausdruck geben.

Irving inkorporiert in seinen Roman eine kurze Geschichte der legalen Regelung von Schwangerschaftsabbrüchen in den U.S.A. von der Mitte des 19. bis zur Mitte des 20. Jahrhunderts. Im Kern seiner historischen Synopse steht die allmähliche Dämonisierung und Illegalisierung eines einstmals legalen Eingriffs durch die (männlich-)medizinische Zunft. Wilbur Larch ficht mit missionarischem Sendungsbewußtsein für das Recht auf Abtreibung; seine Argumente verweisen auf die sozialen Folgen, die sich einstellen, wenn Gesetze

---

[24] Cf. p. 39, wo Larch resümiert: „at an orphanage – perhaps we are obliged to withhold love; if you fail to withhold love at an orphanage, you will create an orphanage that no orphan will willingly leave."

Frauen zur Austragung ungewollter Schwangerschaften zwingen wollen: Kurpfuscherei, soziales Elend, reale soziale Ungleichheit, finanzielle Ausbeutung durch Engelmacher und Zuhälter. Aus seinen Lebenserfahrungen zieht Larch eine zielbewußte Konsequenz:

> He was an obstetrician; he delivered babies into the world. His colleagues called this 'the Lord's work.' And he was an abortionist; he delivered mothers, too. His colleagues called this 'the Devil's work,' but it was *all* the Lord's work to Wilbur Larch.[25] (p. 93)

In Briefen an die Roosevelts preist Larch Wahlfreiheit, CHOICE, als eine originär amerikanische Tugend und geißelt zugleich den (seiner Ansicht nach unamerikanischen) moralischen Rigorismus der klerikalen, medizinischen oder juristischen Abtreibungsgegner: „freedom of choice was obviously democratic – was obviously American!" (p. 488). Menschliches Leben, Be-„seel"-ung, setzen, so Larchs säkulare Weltsicht, erst nach der Geburt eines Menschen ein.

Zu der nüchtern-rationalistischen Sicht seines Ziehvaters lernt Homer Wells allmählich eine Gegenposition einzunehmen. Mit nicht weniger Kompromißlosigkeit als sein älterer und lebenserfahrener Gegenspieler wertet er bereits eine embryonale Existenz als beseeltes, menschliches Leben und verweigert künftig jegliche Assistenz bei Abtreibungsprozeduren. Homer wird von einer Ahnung heimgesucht: „whatever you call it, it's alive" (p. 217). Der auktoriale Erzähler kommentiert distanziert: „But no one encounters the presence of a soul so casually that one can permit the accompanying sense of mission to pass without remarking upon it" (p. 219). Als Waisenkind argumentiert Homer natürlich aus der Perspektive persönlicher Betroffenheit; gleichzeitig aber initiert seine Gegenposition zu Larch auch einen Abnabelungs- bzw. Ablösungsprozeß von dem idealisierten väterlichen Vorbild. Zurück bleiben auf beiden Seiten verletzte Gefühle, verhinderte Entschuldigungen, mangelnde Selbstkontrolle und egozentrische Selbstgerechtigkeit. Es kommt zu einem proto-

---

[25] Diese Textpassage gab der deutschen Übersetzung des Romans den Titel: *Gottes Werk und Teufels Beitrag*; ebenso betitelt die französische Übersetzung den Roman mit *L'Oeuvre de Dieu, la part du diable*.

typischen Vater-Sohn-Konflikt, der vom auktorialen Erzähler des Romans zumeist aus der filialen Perspektive Homers geschildert wird. Der Vater will sich ein Ebenbild formen, der Sohn fürchtet die Auslöschung seiner Subjektivität und leistet Gegenwehr: „Irving enacts the son's fantasy of anxiety over the father's attempts to inscribe his identity"[26], schreibt Debra Shostak in ihrer Interpretation des Romans. Auf dem Höhepunkt der intellektuell-moralischen Auseinandersetzung zwischen Vater und Sohn ist es die Welt außerhalb der engen Ordnung von St. Cloud's, die der dunklen Welt des Waisenheims einen Besuch abstattet und so dem Sohn eine Fluchtperspektive eröffnet.

Wally Worthington und Candy Kendall, nach Harter/Thompson „a golden couple"[27], gemäß den zynischeren Worten Melonys ein Paar „too perfect to fuck" (p. 237), brechen in Larchs Heim mit der Insensibilität der Ungeladenen ein. Insbesondere Wally inszeniert seine Ankunft in der Abtreibungsklinik mit den gönnerhaften Gesten eines Geschenkonkels. Er gebärdet sich wie ein narzißtischer Weihnachtsmann: „In the trunk of Senior Worthington's cadillac, Wally had three apple crates full of goodies for the orphans. [...] He imagined arriving for this abortion like Santa Claus" (p. 225). Schon allein das Gefährt des Traumpaares verrät soziale Instinktlosigkeit, „[t]he apple enameled on the Cadillac's door – and monogrammed in gold – was of special interest" (p. 255). Das Auftreten des Paares insgesamt läßt bei einem der Waisenkinder den bezeichnenden Eindruck entstehen: „'They're sort of *shopping* [...]'" (p. 245). Wallys Phantasien hinsichtlich des bevorstehenden medizinischen Eingriffs sind weltfremd und selbstgerecht: „He was already (in his mind) through the abortion; Candy was recovering nicely; the doctor was telling jokes; all the nurses were laughing" (ibid.). Sein großzügiges Verteilen von Care-Paketen nimmt er als Anlaß, sich selbst und seiner Freundin die Absolution zu erteilen. Sowohl Candy als auch den Heimbewohnern gegenüber reagiert er mit wenig einfühlsamer Redseligkeit: „Oh shut up, Wally, Candy was thinking, although she

---

[26] Debra Shostak, „The Family Romances Of [sic!] John Irving," *Essays in Literature*, 21 (1994), 139.
[27] Carol C. Harter und James R. Thompson, p. 127.

understood why he couldn't stop babbling. He was unused to an environment he couldn't instantly brighten; he was unused to a place so despairing that it insisted on silence" (p. 248). Wilbur Larch reagiert instinktiv mit Ressentiments auf Wallys Angebot, dem Heim eine eigene Apfelplantage zu schenken, ein Vorschlag, der es Wally erlaubt, seine Generosität unter Beweis zu stellen, ohne seine soziale Exklusivität oder den Prozeß der Exklusion selbst in Zweifel zu ziehen: „They [the kids] don't need things to *do*, thought Dr. Larch. They need places to *go!*" (p. 247).

Mit dem Charme eines sozial ambitionierten Pikaros schmeichelt sich Homer bei dem Bilderbuchpaar ein; mit Erfolg, denn Wally bietet ihm eine Ferienarbeit auf der väterlichen Apfelplantage an. Damit beginnt Homers pikaresker Aufstieg in die besseren Gesellschaftskreise; schon nach kurzer Zeit gilt er, der darin geübt ist, sich nützlich zu machen, auf Ocean View als unentbehrlich. So wechselt er von einer Welt des Mangels über in eine Gesellschaft des Überflusses. Irving bezeugt in seinen Romanwerken eine besondere Vorliebe für das Stilmittel des kontrastiven Vergleichs zweier Settings. In *The World According to Garp* und *The Hotel New Hampshire* kontrastiert er die Vereinigten Staaten mit Europa, speziell Österreich, in *A Prayer for Owen Meany* vergleicht er die U.S.-Gesellschaft mit der Kanadas, und sein Epos von 1995, *A Son of the Circus*, bezieht seine Lebendigkeit aus dem kontrastiven Vergleich zwischen Kanada und Indien. In *The Cider House Rules* fällt Irvings Technik der Gegenüberstellung geographisch weniger extensiv, dafür aber in sozialer Hinsicht besonders intensiv aus. Schon die Licht-/Dunkel-Metaphorik des Romans legt eine scharfe Unterscheidung zwischen St. Cloud's und Ocean View nahe. Während Larchs Reich vornehmlich mit dunkel-düsteren Farben assoziiert wird und für unterbrochenes Wachstum steht, ist Ocean View mit Licht, Sonnenschein und Helligkeit, mit natürlichem Wachstum und natürlicher Reifung gekoppelt[28]: „At St. Cloud's, growth was unwanted even when it was

---

[28] Cf. Edward C. Reilly, p. 103: „Irving [...] establishes landscapes with dark and light images." Harter und Thompson, p. 128, sprechen gar von „Hawthornesque symbolism": „Irving transports Homer from the continually overcast and gloomy inland valley of St. Cloud's where even the cigar smoke and the sawdust of long

delivered – and the process of birth was often interrupted. Now he was engaged in the business of growing things. What he loved about the life at Ocean view was how everything was of use and that everything was wanted" (p. 306f.). Carol C. Harter und James R. Thompson kontextualisieren den Handlungsort anhand von Irvings Gesamtoeuvre: „The Worthington farm is one more in a long list of Irving's idyllic New England retreats [...]."[29]

Die pikarische Wandelbarkeit und Charakterlosigkeit erlauben es Homer, sich auf der Plantage alsbald allgemeiner Beliebtheit zu erfreuen: ohne Ecken und Kanten bietet er eine perfekte Projektionsfläche für die philanthropischen Selbstbeweihräucherungen der Worthingtons, die sich stolz um „'the hard-luck case from St. Cloud's'" (p. 303) kümmern, der ihnen ins Nest gelegt wurde. Aufstiegsbegierig läßt sich Homer bereitwillig von der Großgrundbesitzerfamilie „adoptieren."[30] Daß es sich bei Homers Wegzug nach Ocean View um eine verdeckte Form der Adoption handelt, erkennt z.B. der vorlaute Waisenknabe Curly Day intuitiv: „'They're taking *you*!' said Curly Day; his face looked so stricken, Homer had to turn away" (p. 263).

Mit der Beschreibung des sozialen Mikrokosmos von Ocean View ergänzt Irving seine im ersten Romandrittel geleistete Schilderung von Geschlechtergegensätzen im zweiten Drittel um die Thematisierung von Klassengegensätzen. Homer Wells lernt mit Ocean View einen nach kapitalistischen Prinzipien organisierten Familienbetrieb kennen, in dem eine scharfe Trennung vollzogen wird zwischen jenen, die das Land besitzen, und jenen, die auf ihm arbeiten. Weiteres lernt er: Schwimmen und Autofahren, Homer ist erstaunt, „what a sense of freedom the car itself gave him" (p. 293), soziale Verhaltensregeln und Umgangsformen, auch Heuchelei und Unaufrichtigkeit: „This mannerism of what he'd seen of society struck Homer Wells quite forcefully; people, even nice people – because

---

departed loggers still hang in the air (there literal and figurative darkness broods over all) to Ocean View, a farm blessed with sunlight and moving air."
[29] Carol C. Harter und James R. Thompson, p. 142.
[30] Selbst die einfachen Arbeiterinnen und Arbeiter auf Ocean View betrachten Homer als „ihren" Pflegefall, cf. p. 455: „the workers at Ocean View not only forgave Homer for not enlisting, they even began to take care of him."

surely, Wally was nice – would say a host of critical things about someone to whom they would then be perfectly pleasant" (p. 318). Auf Ocean View schlägt Homer nicht, wie sein Ziehvater hofft, den Weg der moralischen Verantwortung, sondern den der sozialen Anpassung ein. Mit Bereitwilligkeit läßt er sich in eine Welt der moralischen Feigheit und der Doppelmoral initiieren. Nachdem Wally, der sich anschickte, sich im Zweiten Weltkrieg als Kampfflieger Heldenlorbeer zu verdienen, als vermißt gemeldet wird, ersetzt er den Freund innerhalb kürzester Zeit bei Wallys Mutter als Sohn und bei Wallys Freundin als Bettgefährte. Homer „entwickelt" sich zu einem wenig skrupulösen Auf- und Eindringling. In der Mittelphase seines Lebens kennt er, geschult in der Kunst des zwischenmenschlichen Kompromisses, weder Loyalität noch Rücksichtnahme. Gemäß seiner Waisenphilosophie weiß er: „'A chance is enough, [...] [a] chance is all we get, right? In the air, or underwater, or right here, from the minute we're born [...]'" (p. 451).

Feuilletonistische und literaturwissenschaftliche Aufsätze zu Irvings Werken haben wiederholt darauf hingewiesen, in welch großem Ausmaß diese der britischen Erzählliteratur des 19. Jahrhunderts verpflichtet sind. Dabei wurde aber weithin übersehen, daß Irvings Romane nicht minder fest in der amerikanisch-pikaresken Erzähltradition verwurzelt sind. Ein Exkurs zu Charles Brockden Browns *Arthur Mervyn* soll deutlich machen, daß die Pikaro-Figur, wie sie in *The Cider House Rules* reaktualisiert wird, bereits in der US-amerikanischen Literatur des späten 18. Jahrhunderts eine traditionsbildende Prägung erfahren hat.

Der Pikaro als sozialer Aufsteiger: Exkurs zu Charles Brockden Browns *Arthur Mervyn* (1799/1800)

Der Aufstieg von Homer Wells ähnelt in vielen Aspekten der Karriere der ersten prominenten Pikaro-Figur der US-amerikanischen Literatur. Browns Arthur Mervyn und Homer Wells finden am Beginn ihrer jeweiligen Lebenswege eine vergleichbare Ausgangssituation vor: beide sind von niederer Herkunft, beide sind auf der Suche nach materieller Sicherheit und emotionaler Geborgenheit im Schoße einer Ersatzfamilie. 1793 verläßt das

Halbwaisenkind Arthur 18-jährig das Elternhaus, nachdem er von seinem Vater verstoßen wurde, weil er sich nicht gewillt gezeigt hatte, sich mit seiner Stiefmutter, die Arthur als „rude, ignorant, and licentious"[31] beschreibt, zu vertragen. Arthur, „bereft of the affectionate regards of parents and kinsmen" (*AM*, p. 7), macht sich mit vertrauensseliger Naivität auf den Weg nach Philadelphia, wo er sein Glück zu finden hofft. Ohne Wohnstatt, ohne Freunde, ohne Geld oder Besitz durchstreift er in pikaresker Manier orientierungslos die Straßen der Metropole. In der pikaresken Welt des ausgehenden 18. Jahrhunderts muß er nicht lange darauf warten, mit „scenes of folly, depravity, and cunning" (*AM*, p. 280) konfrontiert zu werden; wiederholt wird er zum arglosen Opfer böser Streiche.

In dieser Welt der frühen Republik ist fast nichts so, wie es scheint; selbst eine Erzählung über eine gefälschte Banknote entpuppt sich als falsch. Das Philadelphia des Jahres 1793 bietet dem Neuankömmling „a theatre of disasters" (*AM*, p. 132). Es ist eine Stadt, die von einer gefährlichen Fleckfieberepidemie heimgesucht ist. In düsteren Bildern erzählt Arthur von den Schrecknissen der Hospitäler und der Massenbestattungen, von nacktem Lebenshunger, der alle familiäre oder freundschaftliche Solidarität aufkündigt. Grimmig protokolliert er: „Terror had exterminated all the sentiments of nature. Wives were deserted by husbands, and children by parents" (*AM*, p. 122). Arthur muß sich auf seine Bauernschläue, seine Flexibilität und auf sein Glück verlassen, um in einer solchen Welt zu reüssieren: „Life is dependent on a thousand contingencies, not to be computed or foreseen" (*AM*, p. 128). Die Stadt selbst wird zu einem Symbol der Unbeständigkeit und des Wandels; Bewegung wird für Arthur, wie er mit Hartnäckigkeit betont, zu einem Selbstzweck, zu einem Modus des (Über-)Lebens: „I had lost all distinct notions of my way. My motions were at random" (*AM*, p.105); „I moved forward, mechanically and at random" (*AM*, p. 111); „I proceeded, in a considerable degree, at random" (*AM*, p. 134).

Doch nur in einem geographischen und nicht in einem sozialen Sinne ist Arthur zunächst ziellos. Schon früh, noch vor seiner Ankunft in Philadelphia, beschließt er: „I must build a name and a fortune for myself" (*AM*, p. 22). Er idealisiert die pikareske Erfahrung als einen sicheren Weg zum gesellschaftlichen Erfolg, rühmt „those who have tried all scenes; who have

---

[31] Charles Brockden Brown, *Arthur Mervyn Or Memoirs of the Year 1793* (New York: Holt, Rinehart and Winston), 1962, p. 18. Alle folgenden Zitate beziehen sich auf diese Ausgabe; die jeweilige Seitenzahl nenne ich im fortlaufenden Text hinter dem Kürzel *AM*.

mixed with all classes and ranks; who have partaken of all conditions; and who have visited different hemispheres and climates and nations" (*AM*, p. 280). Arthur Mervyn gelingt ein Kunststück, das in den Folgejahrhunderten noch weiteren amerikanischen Pikaros, unter ihnen Homer Wells, gelingen wird, nämlich die erfolgreiche Synthese von pikaresken und puritanischen Weltdeutungs- und Welterklärungsmustern. Seine Benjamin Franklin abgeschauten Lebensweisheiten umfassen Aphorismen wie: „My books had taught me the dignity and safety of the middle path" (*AM*, p. 44); „I saw the emptiness of fame and luxury when put in the balance against the recompense of virtue" (*AM*, p. 66); und schließlich: „I knew the danger of reasoning loosely on the subject of property" (*AM*, p. 113). Arthur Mervyn exemplifiziert den Pikaro als Tugendwicht, der einem individualisierten amerikanischen Traum vom gesellschaftlichen Aufstieg nachhängt (*AM*, p. 379: „I was destined to be *something* in this scene of existence") und der bereitwillig seine soziale Abkunft verdrängt, um als ein *self-made man* reüssieren zu können: „The past was without remedy; but the future was, in some degree, within our power to create and to fashion" (p. 254).

Arthur Mervyn glaubt uneingeschränkt an seine heroischen und uneigennützigen Qualitäten; etliche Male betont er seine aufrichtige Benevolenz und die hehren Absichten[32], die aus seiner Sicht all seine Transaktionen lenken und leiten. Arthur Mervyn antizipiert eine Romanfigur wie Homer Wells, wenn er seine Absicht, „to be useful to others" (*AM*, p. 342), als sein höchstes Ansinnen definiert. Arthur, so David M. Larson, „thirsts to right wrongs and runs off in all directions to do good"[33]; doch Browns Titelheld selbst argumentiert wesentlich differenzierter, wenn er aufgrund seiner Erfahrungen mit der amerikanischen Welt des 18. Jahrhunderts zu der Schlußfolgerung gelangt: „interest and duty were blended in every act of generosity" (*AM*, p. 30). Larson irrt, wenn er Arthur Mervyn uneingeschränkt die Charaktereigenschaften eines „intrepid, altruistic benevolist"[34] bescheinigt. Statt dessen ist Arthur primär ein wenig glaubwürdiger

---

[32] Cf. etwa, einige wenige Beispiele unter sehr vielen, *AM*, p. 156: „my motives were benevolent", p. 258: „Honest purposes, though they may not bestow happiness on others, will, at least, secure it to him who fosters them", p. 309: „My behaviour, I well know, was ambiguous and hazardous, and perhaps wanting in discretion, but my motives were unquestionably pure."
[33] David M. Larson, „*Arthur Mervyn, Edgar Huntly* and the Critics," *Essays in Literature*, 15 (1988), 216.
[34] David M. Larson, 209.

Erzähler seiner eigenen Geschichte, der manchmal großsprecherisch und manchmal heuchlerisch versucht, seine diversen – in der Regel eigennützigen – Handlungen in das jeweils günstigste Licht zu rücken. Bezeichnenderweise spricht Arthur nicht, wie etwa der Lazarillo von Tormes, von eigenen Fehlern und Schwächen, sondern zumeist von „my ignorance and my simplicity" (*AM*, p. 46). Norman S. Grabo faßt den Charakter von Browns Titelheld mit unverblümter Eindringlichkeit und polemischer Verve zusammen und paraphrasiert so zugleich wesentliche Eigenschaften der karrieresüchtigen und aufstiegsbegierigen Variante des amerikanischen Pikaro:

> What is Arthur Mervyn? [...] – a double-dealing, smug, lying, self-serving, smiling villain. A sanctimonious sly manipulator; a cunning and shrewd con man, sadistic torturer, arrogant voyeur! A sponging, main-chance-minding, boorish lout! A self-dramatizing, mischievous, meddling slickster who will sell you a Bible while he picks your pocket (and your mind) and then give you twenty good reasons why he did it. A one-man plague, who needs a Mark Twain, a Rabelais, a Joyce, a Mencken, a D.H. Lawrence to do him justice. A god-awful moralizing prig, a Benjamin Franklin with only his cynicism left, a moral fop! An impolite, insensitive, presumptuous, calculating, and heartless Satan with „an honest front and a straight story." A sharpster whose pretence is innocence and honesty, an altruist who always profits personally, a man whose chief disguise is his openness, his willingness to tell all.[35]

Nach seinem Rauswurf aus dem Vaterhaus grämt Arthur am meisten das verlorene Erbe; an dem Tod des Vaters, den Arthur – „on a disinterested and dispassionate view" – als „not unfortunate" (*AM*, p. 377) empfindet, macht ihn allein der finanzielle Aspekt betroffen: „My inheritance was nothing" (ibid.). Arthur freundet sich auf seiner Odyssee mit einem einfachen Landmädchen, Eliza Hadwin, an, hofft wiederum auf ein Erbteil (*AM*, p. 118) und wird abermals enttäuscht. Urplötzlich bemerkt Arthur, nachdem er sich Elizas Armut vergegenwärtigt hat, an der einstmals Verehrten „rustic simplicity and mental imperfections" (*AM*, p. 280); urplötzlich degradiert er das Mädchen, um für eine lukrativere Heirat frei zu sein, kurzerhand von einer Verlobten zu einer (Wahl-)„Schwester." Im An-

---

[35] Norman S. Grabo, *The Coincidental Art of Charles Brockden Brown* (Chapel Hill: University of North Carolina Press, 1981), p. 85.

schluß an eine erste Begegnung mit Achsa Fielding, die er am Ende des Romans ehelichen wird, drängen sich Arthur selbstentlarvend vor allem zwei Fragen auf: „Has she property? Is she rich?" (*AM*, p. 346).

Es ist kein leichtes Unterfangen, die pikareske Welterfahrung in eine puritanische Weltsicht zu integrieren, schließt doch der Glaube an göttliche Vorherbestimmung Zufälligkeiten und Glücksumschwünge geradezu aus. Puritanische und pikareske Weltdeutungsmuster differieren erheblich in bezug auf die Erklärbarkeit von Glück und Unglück. Allein: die Welt, in die sich Arthur Mervyn gestellt sieht, ist zweifelsohne eine, die den undurchschaubaren Gesetzen der Glücksgöttin Fortuna gehorcht. Wieder und wieder reagiert Arthur mit Verwunderung auf plötzliche Peripetien bzw., wie er es nennt, auf plötzliche „revolutions" (cf. *AM*, pp. 180, 268, 280, 300, 317), sein Wort für, so Robert S. Levine, „turns of the wheel that are unforeseen, disorienting, and never-ending."[36] Wie jeder Pikaro, so ist auch Arthur Mervyn auf der Suche nach Schutz vor der Launenhaftigkeit der Welt, sucht er nach einer Ersatzfamilie, die allein, so meint er, Geborgenheit und Sicherheit zu bieten vermag. Mit Zielstrebigkeit und Sorgfalt sucht sich Arthur eine neue Familie zusammen und findet so eine neue Schwester (Eliza), einen neuen Vater (Dr. Stevens) und auch eine neue Mutter, die um 6 Jahre ältere Achsa Fielding: „I was fond", bekennt Arthur freimütig, „of calling her '*mamma* [...]'" (*AM*, p. 380).

Arthur Mervyn gelingt die Synthese zwischen pikaresker Welterfahrung und puritanischer Weltsicht, indem er zunächst eine Unterscheidung zwischen einer äußeren und einer inneren Welt trifft und danach die Strukturen der äußeren Welt reinterpretiert: aus Zufall wird Schicksal, aus Glück das Glück des Tüchtigen. Der erste Denkschritt wird transparent, wenn Arthur während einer seiner moralisierenden Reflexionen eine Unterscheidung zwischen innerem und äußerem Reichtum trifft: „I was conscious that my happiness depended not on the revolutions of nature or the caprice of man. All without was, indeed, vicissitude and uncertainty; but within my bosom was a centre not to be shaken or removed" (*AM*, p. 298). Daß aber gesellschaftlicher Aufstieg, soziales Prestige und materieller Wohlstand durchaus gewichtige Größen in Arthurs Zukunftsplänen darstellen, zeigt sich an der wenig skrupulösen Leichtigkeit, mit der er Eliza den Laufpaß gibt, sobald sich ihm die realistische Chance auf eine Ehe mit der reichen Witwe Achsa Fielding eröffnet: „my happier lot has cast me among women so far above Eliza Hadwin; so far above, and so widely

---

[36] Robert S. Levine, „Arthur Mervyn's Revolutions," *Studies in American Fiction*, 12 (1984), 145.

different from any thing which time is likely to make her" (*AM*, p. 388). Um sich Reichtum und Wohlstand zu sichern, wird der Bauernbursche zum Kosmopoliten; großzügig ist er bereit, über „the vain distinctions of property and nation and rank" (*AM*, p. 417) hinwegzusehen. Arthur registriert zwar durchaus Defizite an Attraktivität bei Achsa (sie ist eine Jüdin, deren äußere Gestalt von Arthurs Ersatzvater Dr. Stevens mit einem geschmacklos-rassistischen Vokabular beschrieben wird: „she is unsightly as a *night-hag*, tawney as a moor, the eye of a gypsy, contemptibly diminutive," *AM*, p. 416). Aber ein ambitionierter Pikaro greift zu, wenn sich ihm die gleichzeitige Chance auf Reichtum und Familie bietet, und zwar erst recht, wenn dadurch auch dem leiblichen Vater eine Entmystifizierung und Deklassierung widerfährt: „Arthur, by marrying his 'mamma,' at last dethrones his own father."[37] Der amerikanische Pikaro des ausgehenden 18. Jahrhunderts greift zu, wenn er dadurch eine höhere Sprosse der sozialen Leiter erklimmen kann, selbst wenn ihn ein solcher Schritt die eigene Mündigkeit kosten sollte, die Arthur, wie er während seines Heiratsantrages deutlich macht, aufzugeben bereit ist: „You will accept me as your own in every thing. Direct me: prescribe to me" (*AM*, p. 413). Am Ende des Romans tauscht Arthur seinen Schreibtisch gegen das Ehebett ein; symbolträchtig verpackt er seinen „pen" in ein „leathern case" (*AM*, p. 430).

Ocean View: Ein System sozialer Regeln, „ordinary middle-class shit"

„The novel tells a story of social regulation"[38]: diese These von Shirley Samuels zu Browns *Arthur Mervyn* läßt sich auch mühelos auf John Irvings *The Cider House Rules* anwenden. Die Ambitionen und die psychischen Defizite der karrieresüchtigen Variante des amerikanischen Pikaro sind sich über die Jahrhunderte gleichgeblieben. Indem Homer Wells eine Beziehung mit Candy eingeht, dringt er, so hofft er, weiter in Richtung auf das gesellschaftliche Zentrum vor. Nach der ersten sexuellen Begegnung mit der Kronprinzessin von

---

[37] Alan Axelrod, *Charles Brockden Brown: An American Tale* (Austin: University of Texas Press, 1983), p. 141.
[38] Shirley Samuels, „Plague and Politics in 1793: *Arthur Mervyn*," *Criticism*, 27 (1985), 226.

Ocean View wähnt er sich am Ziel, – „Homer Wells, with his face pressed into Candy's hair, lay dreaming that he was only now arriving at the white cadillac's original destination" (p. 498) –, fast jedenfalls, denn es fehlt (ihm) noch die Sanktionierung der Beziehung durch Candys Vater und Wallys Mutter, es fehlt noch die öffentliche Anerkennung seiner Stellvertreterrolle: „They [Olive Worthington und Homer Wells] sipped their hot chocolate – like mother and son, both of them were thinking; and, at the same time, *not* like mother and son, they both thought" (p. 445); es fehlt noch der Segen des betrogenen Dritten: „Homer wanted Wally's blessing. Wouldn't any other way be compromising to them all?" (p. 479). Indem Candy und Homer ihre Elternschaft am gemeinsamen Kind Angel – der Name darf als Irvings Tribut an Hawthornes *The Scarlet Letter* gedeutet werden – verheimlichen und das neugeborene Kind statt dessen als ein adoptiertes Waisenkind ausgeben, laden beide Schuld auf sich. Die „edenic landscape of apple orchards and cider houses"[39], die Judith Wilt in Ocean View zu erkennen glaubt, trügt somit. Spätestens mit der Geburt des Knaben Angel ist Ocean View eine Welt nach dem Sündenfall; in der Gegenwart von Olive wird Homer – nicht unverständlich – von Scham- und Schuldgefühlen geplagt, „a new guilt surrounded him" (p. 545). Homer versucht sein Verhalten vor dem eigenen Gewissen zu rechtfertigen, „I am not really betraying Mrs. Worthington; she never said she was my mother" (p. 510), doch bleiben seine Rationalisierungsversuche weitgehend erfolglos.

Aus der geplanten Kurzzeitlüge, „'We'll say the baby is adopted, [...] [t]hat's lying for a while [...]'" (p. 505), wird nach der Bergung des vermißten (und verkrüppelten) Wally und nach der Eheschließung zwischen Wally und Candy eine Langzeit-Lebenslüge. An Angel vor allem wird Homer schuldig, wenn er, der um die seelischen Nöte von Waisenkindern weiß, dem Sohn das Wissen um seine biologische Vaterschaft vorenthält. Was dem Arrangement zwischen Candy und Homer einen zusätzlichen tragisch-bitteren Beigeschmack verleiht, ist die Tatsache, daß ganz offensichtlich sämtliche Personen des unmittelbaren familiären Umfeldes die Wahrheit wissen bzw. zu-

---

[39] Judith Wilt, p. 121.

mindest erahnen: Candys Vater, Wallys Mutter, Wally selbst.[40] Sogar Debra Pettigrew, Homers einstige Pettingpartnerin aus Drive-in-Movie-Tagen, scheint die Wahrheit über Angels Abstammung zu kennen, wenn sie süffisant formuliert: „she was sure the baby was going to look just like Homer. 'Only more aristocratic,' she guessed" (p. 546).

Auf Ocean View wird Homer Wells in die Welt der sozialen Verhaltensregeln initiiert. Die Welt als Regelsystem: dieses Thema gibt dem Roman den Titel und seine zentrale Metaphorik: „That Irving intends the cider-house rules to provide not only the book's title but also its major metaphor, becomes clear as one moves into the novel."[41] Die „Cider House Rules" selbst, die Verhaltensregeln bei der Ciderherstellung, die Olive Worthington alljährlich in den Quartieren der schwarzen Wanderarbeiter aushängt, sind von vergleichsweise trivialem Inhalt; die ersten drei von insgesamt neun Regeln etwa lauten:

> 1. Please don't operate the grinder or the press if you've been drinking.
> 2. Please don't smoke in bed or use candles.
> 3. Please don't go up on the roof if you've been drinking – especially at night. (p. 353)

Homer bemerkt jedoch schon bald, daß kaum jemand diese schriftlich fixierten Verhaltensmaßregeln zu beachten gedenkt. Die echten und relevanten Regeln, so lernt er, sind die ungeschriebenen: die Regeln, nach denen Wilbur Larch den Waisenhausbetrieb organisiert; die Regeln Candys[42]; die Regeln der um ihre Reputation besorgten weißen Oberschicht; die Regeln, die den Kodex des Sexualverhaltens in den 40er Jahren definieren, z.B. die erstaunlich starren Verhaltens-

---

[40] Cf. etwa p. 584: „Most days, for fifteen years, Candy and Homer thought that Wally knew everything, that he accepted everything, but that he resented not being told."
[41] Carol C. Harter und James R. Thompson, p. 138.
[42] Cf. p. 562: „Fifteen years ago, they had made their own rules – or, really, Candy had made them (before Wally came home)."

vorgaben für den Besuch einer Autokinovorstellung, deren Grenzen Homer mühsam ausloten muß:

> He cautiously kissed Debra on her dry little mouth. She kissed him back. He settled more comfortably beside her, and she put her head on his shoulder, one hand on his chest. *He* put one hand on *her* chest, but she pushed it away. He knew he was still missing something, but he proceeded, tentatively, to discover the rules. [...] He was beginning to see that it was a yes-no set of rules he had encountered; he was permitted to rub her tummy, but not to touch her breasts. The hand on her hips was allowed to remain there; the hand on her thigh, in her lap, was moved on. (p. 323)

Die strenge Befolgung solch fester Regeln ist es, die dem sozial orientierungslosen Waisenkind Halt verleiht. Sein konformistisches Verhalten läßt Homer reüssieren, verhindert aber auch die Ausprägung einer authentischen Identität. „'Some rules are good rules, kiddo [...]. But some rules are just rules. You just got to break them carefully [...]'" (p. 575), weiß Wally dem jugendlichen Angel mitzuteilen. Da Homer aber die gesamte Romanhandlung über sich von anderen sagen läßt, welche Regeln zu befolgen und welche zu brechen sind, bleibt er stets ein Spielball und ein manipulierbares Instrument derjenigen, die die Norm und die Regel vorgeben: Wilbur Larch, Candy, die Worthingtons.

15 Jahre lang läßt sich Homer auf Candys Spielregeln der Täuschung und Verheimlichung ein: er verheimlicht seine sexuelle Beziehung zu der Frau Wallys, er verheimlicht seine Identität als Vater Angels. Und nach Ablauf der 15 Jahre ist es Melony und nicht eine frei getroffene Entscheidung Homers, die das Lügengebäude zum Einsturz bringt. Nach Wallys Lähmung mausert sich Homer zum eigentlichen Chef des Ciderbetriebs: „The workers knew that Homer Wells ran Ocean View" (p. 580). Irving leitet die entscheidenden Charaktereigenschaften seines pikarischen Helden – sein hartnäckiges Festhalten an routinierten Verhaltensabläufen und einmal getroffenen Arrangements, seine Habsucht, seine Neigung zur Heimlichkeit und Introvertiertheit – aus dessen Waisenhauserfahrungen, aus dessen Waisenkindmentalität ab:

> An orphan is a child, forever; an orphan detests change; an orphan hates to move; an orphan loves routine. (p. 563)
>
> 'Don't you forget how needy an orphan is. He'll take everything. He's come from having nothing – when he sees what he can have, he'll take everything he sees [...].' (p. 572)
>
> 'An orphan is a meat-eater, an orphan is always hungry,' wrote Wilbur Larch. (p. 628)
>
> An orphan learns to keep things to himself; an orphan holds things in. What comes out of orphans comes out of them slowly. (p. 686)[43]

Während Homer auf der gesellschaftlichen Rangleiter nach oben drängt, setzt im Reich seines Übervaters allmählich eine Entwicklung des Niedergangs ein; resigniert muß der mächtige Wilbur Larch feststellen: „The problem is that I have to *last*, he thought. He could rewrite history but he couldn't touch time" (p. 386). St. Cloud's, Waisenhaus und illegale Abtreibungsklinik in einem, gerät gleichzeitig unter inneren (das fortschreitende Lebensalter des Dienstherrn) und äußeren Druck (die umtriebigen Aktivitäten einer mißtrauischen Überwachungskommission): „There was an aura of something pending, some form of inevitable change" (p. 418). Larch zieht sich auf sein puritanisches Nützlichkeitsdenken zurück: „From now on, he was thinking, let everything I do be for a reason. Let me make no wasted moves" (p. 425). Doch noch während er mit fein gesponnenen Fäden seine Nachfolge plant, entwickelt er sich in seinen ätherischen Trancezuständen auch zu einem entrückten, hartnäckigen Sozialkritiker, schreibt er (real und in Gedanken) Dutzende von Briefen an die Mächtigen dieser Welt. Die Romanleser der 80er Jahre mußten Larch-Formulierungen wie die folgende dabei zwangsläufig als eine implizite, aber offensive Kritik an der Präsidentschaft Reagans, als eine Kritik an der sozialen Kälte der Reagan-Dekade, begreifen:

---

[43] Cf. auch, fast formulierungsgleich, p. 694: „an orphan learns how to hold back, how to keep things in."

'You have done so much good already,' Wilbur Larch wrote to Franklin D. Roosevelt. 'And your voice on the radio gives me hope. As a member of the medical profession, I am aware of the insidiousness of the disease you have personally triumphed over. After you, anyone who holds your office will be ashamed if he fails to serve the poor and the neglected – or *should* be ashamed ...' (p. 494)

John Irving versteht die Waisenkindthematik literarisch als „rich territory"[44]; entsprechend dient ihm das Waisenheim als ein in mehrfacher Hinsicht exemplarischer und symbolischer Ort. Es steht beispielhaft für frühe traumatische Enteignungs- und Trennungserfahrungen (jede neue Adoption konfrontiert die Zurückgebliebenen mit einem „kleinen Tod", mit einem unwiederbringlichen Verlust; jede Adoption beschert dem Adoptierten einen neuen Namen, eine erst noch zu erringende Identität), es exemplifiziert *par excellence* soziale Marginalität[45]; und es steht in einem noch allgemeineren Sinne für die transzendentale Unbehaustheit des Menschen der Moderne, der seine eigenverantwortlich getroffenen Entscheidungen nicht mehr ungebrochen als Folgsamkeit gegenüber den Geboten Gottes interpretieren kann. Selbst der gottähnlich waltende Wilbur Larch verspürt gelegentlich die Einsamkeit des selbstverantwortlich Handelnden: „he felt himself wishing that someone would adopt *him* – would just take him away" (p. 243). Der Beduine, den Homer Wells auf der Leinwand des Drive-In-Kinos sieht, wird zu einem repräsentativen Gleichnis: „*Home*, thought Homer Wells. He knew that for the Bedouin – come from nowhere, going nowhere – there was no home" (p. 325).

Irvings Roman *The Cider House Rules* setzt sich somit explizit mit der sozialen Wirklichkeit seiner Entstehungszeit auseinander, wenn er den moralischen Dogmatismus der Abtreibungsgegner und das soziale Elend der Zukurzgekommenen thematisiert; und er setzt sich implizit mit den 80er Jahren auseinander, wenn er eine alternative Familienkonzeption, ein alternatives Frauenbild und einen alterna-

---

[44] In: Esther B. Fein, „Costly Pleasures," *New York Times Book Review* (26.5.1985), 25.
[45] Cf. p. 295: „'Lobsters and sea gulls,' Candy said, 'they take what's left over.' / Wilbur Larch might have observed that they were given the orphan's share."

tiven Umgang mit sozialen Minderheiten postuliert. Homer Wells, alleinerziehender Vater innerhalb einer familienähnlichen Viererfiguration (Homer, Candy, Wally, Angel)[46], steht für ein alternatives männliches Rollenmodell.[47] Und auch Melonys Leben exemplifiziert eine Alternativkonzeption zu konventionellen weiblichen Rollenfestschreibungen.

Wo Homer Wells die fast unbegrenzte Flexibilität und Adaptabilität der Waisenkindmentalität exemplifiziert, dort steht Melony für die Aggressivität und den Zorn der Alleingelassenen, Chancenlosen und Marginalisierten; mit Melony gelingt Irving nach Judith Wilt eine „memorable figure of female rage [...].“[48] Wie Homer erweist sich Melony als unadoptierbar, aber ungleich Homer artikuliert sie lautstark ihren Zorn über die Ungerechtigkeit der Waisenhaus- und letztlich der Weltenordnung: „'Goddamn you!,' she screamed at Dr. Larch, at her mother, at St. Cloud's, at the world" (p. 131). Melony mag sich nicht in vorherbestimmte Regelsysteme einfügen, noch ihr ungewöhnlicher Vorname ist das Ergebnis eines „typographical error" (p. 49).[49] Nicht Homer, sondern Melony wird damit zum eigentlichen Gegenspieler und Kritiker des selbstherrlich agierenden Waisenhausdirektors Wilbur Larch. Ihr Hadern mit der Schöpfungsordnung nimmt mitunter gar mythische Züge an; Harter und Thompson sehen in ihr z.B. „a perverse and violent Eve [...]."[50] So entwickelt sich Melony während ihrer Zeit in St. Cloud's zu einer

---

[46] Cf. p. 571: „Candy had been like a mother to him [Angel], and Wally was a second father – or the favorite, eccentric uncle."

[47] Zu Alternativmodellen zur kleinbürgerlichen Kernfamilie im Werk Irvings, besonders in *The World According to Garp*, cf. Desmond Fergus McCarthy, „Reconstructing the Family: Alternatives to the Nuclear Family in Contemporary American Fiction," *DAI*, 53,5 (1992), 1518A; cf. dort die Schlußfolgerung: „Garp's world is a 'new' family."

[48] Judith Wilt, p. 120.

[49] Cf. ibid.: „Melony's name had been, officially, Melody – but the girls' division secretary was a terrible typist." „Schöne Melodien" wird die Rebellin Melody zeit ihres Lebens nicht singen. Zur Bedeutung der Eigennamen im Werk Irvings, besonders im Roman *The Cider House Rules*, cf. Jack D. Wages, „Disappearing Letters and Breaking Rules: John Irving as a Namer," *Literary Onomastic Studies*, 15 (1988), 63-65.

[50] Carol C. Harter und James R. Thompson, p. 141.

starken Rebellin gegenüber patriarchalischen Macht-, Kontroll- und Ordnungskonzeptionen. Die servile Hörigkeit eines Homer ist ihr fremd: Widerstand und nicht Unterordnung ist ihre Verhaltensmaxime. Beispielhaft ist Melonys Gegenwehr, als zwei Farmarbeiter den Versuch unternehmen, sie zu vergewaltigen; beiden erteilt sie eine schmerzhafte Lektion:

> To Charley's surprise, Melony stopped and turned to face him. She caught her breath fairly quickly, then she ran *at* Charley – she moved low to the ground, a kind of animal whine in her throat, and the man called Charley did not have time to stop and catch his breath before she flung herself upon him. They fell together – when she felt her knee against his throat, she jounced on him. He made a choking sound and rolled on his side. Melony jumped up to her feet; she stamped twice on his face, and when Charley managed to turn over, on all fours, she jumped up as high as she could and landed with both feet in the small of his back. He was already unconscious when she pinned his arms behind him and bit his ear; she felt her teeth meet. She let him go and knelt beside him; she caught her breath again; then she spit on him. (p. 345)

> When the man bent over to grab his legs, she swiped the belt buckle across the side of his face. He sat down suddenly and put his hand to his cheek, where he discovered a gouge the approximate length and thickness of a cigarette. He hadn't the time to contemplate this wound before the belt buckle smacked him squarely across the bridge of his nose – the force of the blow, and his pain, temporarily blinded him. He tried to cover his head with one arm while he groped for Melony with the other, but she found it easy to hit him everywhere [...]. The buckle raked and nicked his spine for a while; then she stopped using the buckle end to him – she just strapped him with the flat end of the belt across the backs of his legs and his ass. It seemed she would never stop. (p. 346)

Die Suche Melonys nach ihrer Mutter („'[t]o kill her,'" p. 129) wird von Larch vereitelt. Aber da Melony, eine alternative Pikara-Figur, Suche zu ihrem Lebensinhalt macht, begibt sie sich auf eine Ersatzsuche nach Homer Wells, dem Liebhaber aus den Waisenhaustagen, der an Melony wortbrüchig geworden ist, als er ein einstmals ihm abverlangtes Versprechen ('Promise me you'll stay as long as I stay, Sunshine,' she said. / 'Right,' said Homer Wells. She bit him. 'I *promise*,' Homer said", p. 133) in den Wind schlug und mit Wally und Candy das Heim verließ, um so seine bürgerliche Aufstiegskarriere in Angriff zu nehmen. Homer wird fortan (unwissentlich) zu einem Gejagten. Der Verrat eines Pikaro initiiert so seinerseits eine pikareske Suche, deren Ziel allerdings offen bleibt: „She [...] sets out after Homer, whether to kiss or kill him she hardly knows herself."[51]

Irving leistet sich allerdings bei seiner Konzeption der Melony-Figur erhebliche Inkonsistenzen. Denn so unstrittig Melony im ersten Romandrittel als eine negativ-böse, unheimlich-bedrohliche Rächerinnen-Figur entworfen wird, die dem eigentlichen Romanhelden zu Leibe rücken will – „Melony was out. She was loose in the world" (p. 290)[52] –, so unstrittig wandelt sie sich auch – vergleichsweise unvorbereitet – gegen Romanende zu einer unanfechtbaren, Wahrhaftigkeit einklagenden moralischen Instanz und Autorität: „Melony had truly educated him [i.e. Homer Wells], she had shown him the light" (p. 718). Sie verkörpert gleichzeitig ein androgynes Ideal, wie ihm Irving in seinem *Garp*-Roman mit einer Figur wie dem/der Transsexuellen Roberta Muldoon einflußreich Ausdruck verliehen hat, und eine unbelehrbare *angry young woman*, „born angry, [...] always [...] angry" (p. 630). Als einzige Frauenfigur aber, die dauerhaft das Interesse des auktorialen Erzählers genießt, unterscheidet sie sich deutlich und wohltuend von den vielen gesichtslosen, wehrlosen und schuldbeladenen „verhinderten Müttern" des Romans:

> And she [Melony]'d been able to observe the two women walking up the hill from the train station in the predawn glow. [...] The women walked head down. [...] With what they were giving up, Melony thought, one might expect their returning steps lighter; and, after all, they were heading downhill. But every time, the women walked more heavily down the hill than they had walked up it – it

---

[51] Judith Wilt, p. 121.
[52] Cf. auch p. 441: „Melony [...] was trying to pick up a scent, the way a dog guesses in the air for the history of intrusions upon its territory."

appeared they'd been given something to carry away with them. (p. 212f.)

Zu solch abschreckenden Modellen eines Opferschicksals in einer patriarchalischen Welt setzt sich Melony bewußt in Kontrast, wenn sie den Lebensweg einer bekennenden Lesbierin einschlägt. Melony ist eine Pikara, die sich bewußt für den Verbleib an den gesellschaftlichen Rändern entscheidet. Sie bleibt somit zwar immer heimatlos, zieht von einem Job zum nächsten, aber sie gewinnt mit dieser Lebensweise auch eine entscheidende objektivierende Distanz zu dem Zentralitätsbegehren ihres einstigen Liebhabers. Wenn sie Homer nach 15-jähriger Trennung endlich auf Ocean View aufspürt, so katalysiert sie die innere Krise des einstmals Verehrten, wenn sie, die die Wahrheit instinktiv erkennt, da ihr „a quality that can never be bullshitted" (p. 606) eigen ist, Homer zornig-enttäuscht seine moralischen Verfehlungen vorrechnet: „'I somehow thought you'd end up doin' somethin' better than ballin' a poor cripple's wife and pretendin' your own child ain't your own,' Melony said to Homer Wells. 'You of all people – you, an orphan,' she reminded him.' [...] ‚It's ordinary middle-class shit – bein' unfaithful and lyin' to the kids. You of all the people!'" (p. 612). Die Standpauke verfehlt ihre Wirkung auf Homer nicht: „One hundred seventy-five pounds of truth had struck him in the face" (p. 613). Melonys Anklage ist einer von drei Faktoren, die Homer Wells auf dessen Endentscheidung zutreiben, die Nachfolge von Wilbur Larch anzutreten.

Die Schlußlösung des Romans: Das Protokoll einer Kapitulation

Doch bevor Homer Wells seine Haltung zu der Frage nach dem Recht auf Abtreibung endgültig revidiert, muß er erst eine weitere Erfahrung aus der Perspektive der persönlichen Betroffenheit und der unmittelbaren Involviertheit sammeln.

John Irving versucht sich in *The Cider House Rules* an zwei ehrgeizigen metaphorischen Expansionen der pikaresken Waisenkindmotivik. Unbehaust, unsicher und unerwünscht wie die Waisenhausinsassen selbst sind, so macht der auktoriale Erzähler klar, zwei weitere soziale Großgruppen der amerikanischen Gesellschaft: die Frauen[53] und die Schwarzen. In beiden Fällen appelliert der Roman implizit an das Verantwortlichkeitsgefühl des weißen, männlichen Zentrums.

Die schwarz-amerikanische Bevölkerung, im Roman repräsentiert durch die schwarzen Saison- und Wanderarbeiter auf Ocean View, wird wie die Waisenkinder in St. Cloud's zum Opfer von sozialer Ausgrenzung, Vorurteilen und Bevormundung und zudem noch zum Zielpunkt rassistischer Denkmodelle der – armen wie reichen – Weißen. Wie die Waisenkinder werden Schwarze von den Bewohnern von Ocean View vornehmlich als Abweichungen vom Standard der weißen Mittelklasse wahrgenommen. Über „those darkies" wissen die Frauen der Apfelplantage zu berichten:

> 'All the pickin' crews we've ever had are just children,' said Florence Hyde.
> 'If Olive didn't go shoppin' for them every day, they'd starve.'
> 'They never get themselves organized,' Irene Titcomb said. (p. 354)

Wie das Sozialgefüge in St. Cloud's, so ist auch das der Wanderarbeiter totalitär-repressiv strukturiert und auf eine Führerfigur an der Spitze zugeschnitten: dort auf Wilbur Larch, hier auf den Crew-Boss Arthur Rose, „a smooth, slender, hardworking, utterly self-confident Carolina black man who controls the pickers, and thus the Cider House, with quiet grace."[54] Olive Worthington weiß Mr. Rose gegenüber Homer in höchsten Tönen zu preisen: „'Mister Rose is a real worker. If the rest of them were like him, they could improve themselves.'" Doch Homer nimmt auch mit der identifikatorischen Einfühlungsbereitschaft des Waisenkindes instinktiv „in her voice the ice" wahr, „that encases a long-ago and immovable point of view" (p. 390). Es ist Homer selbst, der den Vergleich zwischen seinem eigenen Schicksal und dem der Schwarzen explizit macht: „He was eager for

---

[53] Cf. p. 38: „It seemed to Nurse Angela that this pregnant woman was just another orphan who belonged (like Homer Wells) exactly where she was."
[54] Judith Wilt, p. 125.

the harvest to start; he was curious about meeting the migrants, about seeing the Negroes. He didn't know why. Were they like orphans? Did they not quite belong? Were they not quite of sufficient *use*?" (p. 374). Und es ist wiederum Homer, der Mr. Rose intuitiv in enge Nachbarschaft zu seinem Ersatzvater Larch stellt. Da der Führer der schwarzen Saisonarbeiter es meisterhaft versteht, mit dem Messer zu hantieren, schlußfolgert Homer: „Given certain advantages of education, [...] Mr. Rose might have made an excellent surgeon" (p. 520f.).

Wie Wilbur Larch, so ist auch Mr. Rose „in control – the conductor of both the men and the machinery and operating them both" (p. 402); beider Herrschaft, beider Despotismus basiert auf der jeweiligen Angst der Untergebenen. Wie der philanthropische Arzt von St. Cloud's, so präsentiert sich auch Arthur Rose als ein selbstgefälliger Verwalter von Wissen, der Informationen, die seine uneingeschränkte Regentschaft gefährden könnten, nicht an die ihm Unterstellten weiterzugeben bereit ist. Als Homer den Schwarzen den Mechanismus und die Funktion eines Ferris Wheel, dessen ferner Lichtschein in den Abendstunden von den Wanderarbeitern bewundert wird, erklären will, interveniert der Crewführer: „'You all so uneducated – Homer's havin' a little fun with you. [...] Homer was the world's first storyteller!'" (p. 405).

Wilbur Larch, Homer Wells und Arthur Rose werden durch eine gemeinsame Konstante in ihrem jeweiligen Verhalten geeint: alle drei verstoßen gegen gängige Normen ihres gesellschaftlichen Umfelds. Homer Wells verführt Candy zum Ehebruch, Wilbur Larch nimmt gesetzlich untersagte Schwangerschaftsabbrüche vor, Arthur Rose unterhält zu seiner Tochter Rose eine inzestuöse Beziehung. Der Crewführer, nachdem er Homer und Candy bei einem gemeinsamen Schäferstündchen überrascht und als Beweisstück eine abgebrannte Kerze in seinen Besitz gebracht hat, macht Homer auf die Parallelität im jeweiligen Regelverstoß aufmerksam: „Mr Rose reached into his pocket and very gently placed in Homer's hand [...] the burned-down nub of a candle. [...] 'That 'gainst the rules, ain't it?'" (p. 676). Doch auch die Gemeinschaft der Tabubrecher kennt Hierarchien. Angel verliebt sich in Rose Rose, diese gesteht ihm ihre Schwangerschaft, das Ergebnis der erzwungenen inzestuösen Vereinigung. „The Father is the Father": Die Konfrontation mit inzestuöser Gewalt zwingt Homer Wells, einen Lernprozeß seines Ziehvaters zu wiederholen. Wilbur Larch hat sich seine liberale theoretische Position, aus der er seine praktischen Handlangerdienste bei Abtreibungen ableitet, mühsam angeeignet. Eines seiner Schlüsselerlebnisse: der Besuch in einer Kurpfuscherpraxis, in der symbolträchtig Gustav Mahlers „Kindertotenlieder" die musikalische Hintergrunduntermalung darstellen. Von der geschäftstüchtigen Betreiberin des illegalen Unternehmens wird Larch über die Vorgeschichte einer jugendlichen Patientin aufgeklärt:

> She put her hand on Dr. Larch's arm. „Ask her who the father is," Mrs. Santa Claus said.
> [...]
> „My husband," the woman murmured, and then she added – as if it weren't clear – „her father."
> „Her father is the father," Mrs. Santa Claus said to Dr. Larch. „Got it?" [...]
> „Maybe a third of the young ones are like her," Mrs. Santa Claus told Larch nastily; she treated him as if *he* were the father. „About a third of them get it from their fathers, or their brothers. Rape," Mrs. Santa Claus said. „Incest, you understand?" (p. 81)

Mrs. Santa Claus stellt ebenso wie der auktoriale Erzähler des Romans rhetorisches Geschick unter Beweis, wenn sie mit eindringlichen stilistischen Mitteln (Monotonie des Beschreibungsvokabulars, Substantivierungen) Larch, den sie als einen selbstgerechten Vertreter der medizinischen Zunft wahrnimmt, mit den tabuisierten Schattenseiten kleinfamiliärer Strukturen konfrontiert. Wilbur Larch braucht solchen Nachhilfeunterricht, ehe er zu einem glühenden, eifrig-missionarischen Verfechter des Rechtes auf Abtreibung wird.

Homer Wells durchläuft einen Lernprozeß, der bis ins Detail identisch ist. Auch Homer wird mit den Früchten der inzestuösen Gewalt eines Vaters konfrontiert, wenn er – auf Wunsch seines Sohnes – eine Abtreibung an Rose Rose vornehmen soll. Homer wählt zunächst den bequemen Weg, bittet Larch um die Abwicklung des ihm unerwünschten Geschäfts. Larch indessen ist zwischenzeitlich verstorben: „'There's no more Lord's work in Saint Cloud's. If you know someone who needs it, you'll have to do it yourself [...]'" (p. 687), wird ihm von einer der Krankenschwestern mitgeteilt. Der allzeit hilfsbereite Übervater ist nicht mehr. Homer muß seine eigene medizinische Kunstfertigkeit reaktivieren, um Rose Rose von der unerwünschten Schwangerschaft zu erlösen. Zwar meldet er anfangs noch dezente moralische Bedenken an: „'I am a little nervous,' Homer admitted to Candy. 'It's certainly not a matter of technique, and I've got everything I need – I know I can do it. It's just that, to me, it is a living human being [...]'" (p. 694). Doch Candy nimmt ihm eilends die letzten Zweifel an der sittlichen Legitimation des Aborts: "'It may help you to know who the father is,' she said. 'It's Mister Rose. Her father is the father – if that makes it any easier [...]'" (ibid.).

Mit Candys Argument fällt jedoch die Rechtfertigung von Homers Handlungsweise sehr speziell aus; ganz gewiß kann allein das Schicksal von Rose Rose Homers plötzliche und prinzipielle weltanschauliche Wandlung zunächst kaum plausibel machen. Allerdings ist in Irvings Romanwelt inzestuöse Gewalt kein Ausnahme-, sondern ein Regelfall. Jenseits von Askese und Vergewaltigung schildert der Roman kein drittes Modell männlichen Sexualverhaltens: „Among natural fathers, nothing seems to exist between impotence and rapaciousness"[55], resümiert Debra Shostak die Vaterbilder des Romans.

Drei Ereignisse begründen so Homers Entschluß, die Nachfolge von Wilbur Larch anzutreten und damit hilfesuchenden Frauen weiterhin in St. Cloud's Abtreibungen zu ermöglichen: die vernichtende Kritik Melonys an seinen Täuschungsmanövern und Lügengebäuden, die Schwangerschaft der Tochter von Mr. Rose und der Tod von Wilbur Larch. Homer kann sich deshalb mühelos unter einer neuen Identität der Auswahlkommission als Larchs Nachfolger empfehlen, weil der greise Arzt zu seinen Lebzeiten seinem Ziehsohn eine zweite Identität aufgebaut hat. Er manipuliert die Akte von Fuzzy Stone, einem früh verstorbenen Waisenkind, fingiert ein

---

[55] Debra Shostak, 138.

gynäkologisches Studium und einen weltanschaulich engstirnigen Standpunkt hinsichtlich der Abtreibungsfrage. Die Mitglieder der Berufungskommission sind entzückt über den moralischen Rigorismus, den Homer während des Bewerbungsgespräches mimt. Tatsächlich aber wird Homer Wells alias Doctor Stone in jeglicher Hinsicht ein Duplikat des verstorbenen Wilbur Larch: „Sometimes, when he was especially tired, he dreamed that abortions were legal – that they were safe and available, and therefore he could stop performing them (because someone else would do them)" (p. 716).

Mit einem derart gestalteten Romanende scheint Irving eine These vergessen zu haben, die er 1978 während eines Interviews formuliert hatte: „There are no happy endings [...]."[56] Aber nicht allein das vorbildliche Happy-End macht den Romanschluß problematisch, sondern ebenso der Konflikt zwischen weltanschaulichen Inhalten und generischen Strukturen, zwischen Inhalt und Form.

Explizit-auktoriale Erzählerkommentare feiern die Konversion Homers als den Weg eines Helden zur sensiblen Wahrnehmung von sozialer Verantwortung; strukturell aber wird Homer zu einem blutleeren Imitat seines Ziehvaters, durchläuft er einen Prozess der Anpassung und der Selbstversklavung.[57] Indem Wilbur Larch noch posthum seinen Willen erhält und den Lebensweg seines „Sohnes" bis hin zur Namensgebung prägt, siegt er auf allen Ebenen. Am Ende ist Homer Wells weit davon entfernt, es dem Helden seines Lieblingsromans, David Copperfield, gleichzutun und zum Helden seines eigenen Lebens zu werden. Viel eher tritt er in die Fußstapfen, lebt er das Leben eines anderen: „At the end, Fuzzy/Homer takes up Dr. Larch's position as law-abiding but private rule-making head of St.

---

[56] Thomas Williams, „Talk with John Irving," *New York Times Book Review* (April 23, 1978), 6. Edward C. Reilly, p. 13, verweist darauf, daß „[t]hese words also become the Berry family's maxims in Chapter Six of *Hotel New Hampshire*."

[57] Wie auf Walter Van Brunt trifft auch auf Homer Wells Claudio Guilléns Analyse der pikaresken Mentalität mustergültig zu: „the protagonist gradually vanishes as an individual and dissolves into a role, a social status, a mask." *Literature as System: Essays Toward the Theory of Literary History* (Princeton: Princeton University Press, 1971), p. 88.

Cloud's Orphanage, secret 'deliverer' of its babies and its mothers, and womanless father, in his turn, to its orphans."[58]

Die süßlich-schmalzigen Töne, die der auktoriale Erzähler des Romans am Ende anstimmt – „these were Wilbur's last words: 'There is absolutely nothing wrong with Homer's heart.' Except for the ether, Homer Wells knew there had been very little wrong with the heart of Wilbur Larch" (p. 718)[59] – können nicht darüber hinwegtäuschen, daß der Romanschluß eine Identitätsauflösung in Szene setzt: „[Homer] will perform abortions, surrender Candy to Wally, and move back to St. Cloud's, all in opposition to his desire [...]."[60]

Dieser Selbstverzicht trägt die Kennzeichen einer extremen Instrumentalisierung. Es ist das Vaterprinzip, das am Ende den Sieg davonträgt und das Homers Leben Form verleiht.[61] Homer erkennt: „St. Cloud's had the only legitimate claim to him. In his forties, a man should know where he belongs" (p. 626).[62] Judith Wilt resümiert die Erzählstruktur des Romans trefflich, wenn sie schreibt: „the narrative drive is finally toward affirming the father's legitimate claims over the son's identity."[63] Mit unmißverständlicher Deutlichkeit unterstreicht Larch in einem Brief an Homer: „Women are victims, and so are you" (p. 637). Und Larch fährt selbstbekennend fort: „'You are my work of art [...]'" (ibid.). Die Schöpfungsmeta-

---

[58] Judith Wilt, p. 129.
[59] Cf. auch den rührseligen Schlußsatz des Romans, die Quintessenz aus 700 Seiten erzählter Handlung um Larch und Homer: „To Nurse Edna, who was in love, and to Nurse Angela, who wasn't (but who had in her wisdom named both Homer Wells and Fuzzy Stone), there was no fault to be found in the hearts of either Dr. Stone or Dr. Larch, who were – if there ever were – Princes of Maine, Kings of New England" (p. 719).
[60] Carol C. Harter und James R. Thompson, p. 139.
[61] Cf. auch die Kommentare von Janice Doane und Devon Hedges in ihrem Kapitel zu Irvings *The World According to Garp*: „the figure of the father [...] guarantees form, namely narrative sequence, coherence, integrity." *Nostalgia and Sexual Difference: The Resistance to Contemporary Feminism* (New York und London: Methuen, 1987), p. 70.
[62] Cf. auch p. 697: „'It's the old story,' Wally said to Angel. 'You can get Homer out of Saint Cloud's, but you can't get Saint Cloud's out of Homer. [...].'"
[63] Debra Shostak, 140.

phorik freilich taugt nicht dazu, primär und originär eine Beziehung zwischen Gleichberechtigten zu indizieren.

Homer wird zu einem Gefangenen in den Fallstricken der Geschichte, die Larch für ihn geschrieben hat. Irvings Erzähler greift auf symbolische Konfigurationen zurück, um das ganze Ausmaß von Homers Unfreiheit zu verdeutlichen. Ein Luchs, den Homer während einer Nacht in St. Cloud's beobachtet, erregt seine besondere Aufmerksamkeit; er antizipiert Homers eigenen Werdegang:

> It traveled closer to the orphanage than it would ever have chosen to come, its ferocious death smell clashing with the freezing cold. The lynx's helplessness on the ice had rendered its expression both terrified and resigned; both madness and fatalism were caught in the cat's fierce, yellow eyes [...]. The panicked animal tried to dash up the hill; it was less than halfway up when it began to slide down again, drawn toward the orphanage against its will. (p. 522)

Am Ende ist auch Homer jenes in die Ecke gedrängte Tier, als das er auf Melony wirkt: „Hardest for Melony was to recognize that there was no love for her in his eyes; he looked like a trapped animal" (p. 608).

Homer Wells' Geschichte ist die eines pikaresken Underdogs. Sein Lebensweg beschreibt keine Entwicklung, sondern einen Ausverkauf. „What was the life of the embryo but a history of development?" (p. 215), fragt sich Homer, nachdem er sich erstmals mit einem abgetriebenen Fötus konfrontiert sah. Aber wie Larch – aus welch ehrbaren Motiven auch immer – die Entwicklung embryonaler Existenzen unterbindet, so unterbindet er auch die Heranreifung einer genuinen Opposition zu seinen eigenen Standpunkten. Homer mag mit ihm übereinstimmen oder nicht, ein Entkommen aus den Klauen seines Ziehvaters gibt es für ihn nicht. Homer muß, wie noch fast jeder Pikaro der amerikanischen Literatur des 20. Jahrhunderts, lernen, den ihm zugedachten Platz gefügig einzunehmen.

Gegen seinen Lebensrivalen Wally, gegen einen Angehörigen der Erbreichen, bleibt er ohnehin letztlich chancenlos. Er kann nur mit den Bewohnern des Ortes resigniert konstatieren: „Wally had everything: money, looks, goodness, the girl of his dreams" (p. 450); er kann nur resigniert befinden: „Wally took everything for granted – not in a selfish or spoiled way, but like a Prince of Maine, like a King of New England" (p. 361). Den entscheidenden Kampf um Candy gewinnt er nicht, kann er nicht gewinnen. Homer braucht Nachhilfeunterricht, um die Spielregeln der Reichen von Maine verstehen zu lernen. Nachdem er Candy von der Notwendigkeit überzeugt hat, Wally und Angel von den Konsequenzen ihrer gemeinsamen Affäre zu unterrichten bzw. die beiden Betrogenen über Angels wahre genetische Abstammung aufzuklären und so der 15-jährigen Lüge ein Ende zu setzen, antwortet diese sachlich:

'Where will you go?' [...]
'Will I have to go anywhere?' he asked her.
'I imagine so,' Candy said. (p. 624)

Homer wird zu einem Vertriebenen, zu einer *persona non grata*. Allein das Beschreiten des Weges, den Larch für ihn vorgezeichnet hat, bleibt ihm als Fluchtweg offen. Er muß nicht nur lernen, sich unterzuordnen; er muß auch lernen, dies gerne, von ganzem Herzen, zu tun.

Bereits früher im Roman hat Irving am Beispiel von Mary Agnes Cork unkritische Gehorsamkeit und Autoritätsgläubigkeit als spezifische Merkmale einer Waisenkindmentalität herausgestellt. Als Mary Agnes während einer Kinovorstellung nach Jahren Melony zufällig wiedertrifft, „her old brutalizer, the ex-queen and former hit-woman of the girls' division" (p. 439), läuft sie willenlos auf ihre Peinigerin aus früheren Tagen zu, „as if a dream led her feet – as if she were captured in the old, violent trance of Melony's authority" (p. 440). Mit nicht geringerer traumwandlerischer Sicherheit schlüpft auch Homer in die ihm vorgezeichnete Rolle der Unterwürfigkeit. Daß der sich ganz und gar imitatorisch Gebärdende in der Abtreibungsfrage zum Rebell gegen eine demütigende Rechtspraxis hochstilisiert wird, legt das Fundament für eine charakteristische Inkonsistenz in der Plot-Struktur des Romans *The Cider House Rules*.

Inhaltlich leistet der Roman eine Glorifizierung von Vaterfiguren, – Edward C. Reilly hat zweifelsohne Recht, wenn er sowohl Homer als auch Wilbur als Vätern edle Charaktereigenschaften attestiert[64] –, strukturell jedoch stellt der Text eben diese Idealisierung in Frage. Dieser Widerspruch wird freilich erklärbar, sobald man sich auf eine interpretatorische Spekulation einläßt, sobald nämlich der auktoriale Erzähler des Romans seine Gesichtslosigkeit verliert. Über den weiteren Werdegang von Angel Wells, Homers Sohn, erfahren wir nur wenig. Einen Sachverhalt jedoch stellt der Erzähler eigens heraus: „And Angel Wells, whom Rose Rose had introduced to love and to imagination, would one day be a novelist" (p. 715). Sobald man – hypothetisch – eine Identität zwischen Angel und dem auktorialen Erzähler des Romans annimmt, wird urplötzlich eine der entscheidenden Inkonsistenzen des Romans erklärbar. Als eine Person, die sich während ihrer ersten 15 Lebensjahre als Waisenkind empfunden hat, teilt Angel mit seinem Vater das Bedürfnis nach einer Verklärung von Vatersurrogaten und Autoritätsfiguren. Gleichzeitig idealisiert der Romanautor mit dem epischen Monument, das er seinem biologischen Vater und seinem sozialen Großvater Larch setzt, seine eigene soziale Herkunft, indem er die im Grunde unrealistischen sozialen Synthesen Homers plausibilisiert. Oberflächlich ist der Roman eine Liebeserklärung an den Weißkittelpatriarchen mit liberaler Gesinnung Larch und an den sozial ambitionierten Pikaro Homer. Hintergründig aber werden beide Figuren mit sehr ambivalenten Gefühlen gezeichnet; weder der Despotismus Larchs noch das imitative Verhalten Homers lassen sich letztlich positiv bewerten. Wäre Angel der Erzähler des Romans, so wäre das Erzählwerk und mit ihm das erbarmungslose Protokoll einer Identitätsauflösung auch die hintersinnige Rache eines Sohnes, dem der Vater 15 Jahre lang das Wissen um die Identität seiner biologischen Eltern vorenthalten hatte. Eine solche spekulative Konstruktion verlängert zwar die Waisenkindmentalität in die Folgegeneration und schränkt die Glorifizierung von Vater-Vorbildern nicht entscheidend ein, sie bietet aber auch eine Grundlage für eine psychosoziale Funktionalisierung und Herleitung der romantypischen Ambivalenz gegenüber Vaterfiguren.[65]

---

[64] Cf. Edward C. Reilly, p. 115: „Both Larch and Homer typify noble qualities."
[65] Die Hypothese von der Identität zwischen dem auktorialen Erzähler des Romans und Angel Wells läßt sich zusätzlich durch eine autorenbiographische

Diese Ambivalenz manifestiert sich gleichfalls in der Nachahmung erzählliterarischer Modelle des 19. Jahrhunderts, wie sie von Charles Dickens und Jane Austen entwickelt wurden. Irving rückt seine zeitgenössischen Erzählwerke bewußt in die Tradition der großen Sozialromane des 19. Jahrhunderts. In einem literaturtheoretischen Essay konstatiert er: „the great novels of the nineteenth century are still the models of the form for me."[66] Damit wird „Stil" aber, seiner historisch-psychologischen Kennzeichnungskraft entledigt, in der Extremform zu einer beliebig verfügbaren Ware im Geschäft des literarischen Entertainments. So wie Homer Wells zu einer Imitation wird, so wird auch der Roman *The Cider House Rules* zu einem Experiment in der – und zu einem Zeugnis für die – Technik des imitativen Erzählens.

Ein (partiell) gescheitertes Experiment mit dem Modell des pikaresken Romans

Der Roman *The Cider House Rules* exemplifiziert damit erzähltechnisch, was er inhaltlich thematisiert; er ist ein Musterbeispiel für ambivalentes, imitatives und abortives Erzählen. Zur Ambivalenz: Das widersprüchliche Verhältnis der Erzählinstanz zu den von ihr porträtierten Vaterfiguren findet eine Entsprechung im ambivalenten Umgang mit dem literarischen Erbe des Realismus. Zu den abortiven Aspekten der Erzähltechnik: Obgleich das Romangeschehen mit stringenter Linearität entfaltet wird, erlaubt sich Irving zunächst unverständlicher- (und nach Harter/Thompson unverzeihlicher-)weise entscheidende Aussparungen: „two obligatory scenes are unaccountably missing (Homer's long-delayed explanation of Angel's parentage to the boy and Candy's similarly postponed confession to Wally)."[67] Diesen Omissionen stehen problematische Längen im

---

Deutungsoption fundieren: Immerhin hat Irving eigene Erfahrungen mit seinem Halbwaisentum in den Roman integriert. Wie Wally, so wurde auch Irvings Vater in seinem Kampfflugzeug über Burma abgeschossen.
[66] John Irving, „The Narrative Voice," p. 89.
[67] Carol C. Harter und James R. Thompson, p. 142.

Erzähltempo gegenüber: eher unwichtige Nebenaspekte, wie etwa spezielle Techniken des Apfelanbaus und Fachbuchexzerpte zur Geschichte der Abtreibungsproblematik in den U.S.A., werden breit ausgewalzt. Ganz offensichtlich verstößt der Roman gegen eine Vielzahl tradierter Regeln der Erzählökonomie. „Breaking the Rules", der Titel des letzten von insgesamt elf Kapiteln, hat auch eine selbstreferentielle Bedeutung.

Nach dem Empfinden vieler Rezensenten ist Irvings erzähltechnisches Experiment gescheitert. Entscheidender aber ist, daß Irving letztlich auch an seinem selbstgesetzten Thema, der Darstellungen der gerade für Frauen demütigenden gesetzlichen Abtreibungsregelung, scheitert. *The Cider House Rules* erzählt eine Geschichte und propagiert eine politische These. Es ist ganz einfach falsch, wenn Franz Link meint, daß „die Kritiker sich nicht einig sind, ob die im Roman behandelte Frage nach der Berechtigung der Abtreibung positiv oder negativ beantwortet wird"[68]; noch kein anderer Rezensent hat bislang irgendwelche Zweifel hinsichtlich der Eindeutigkeit von Irvings Position zu dieser Fragestellung geäußert. Allerdings gilt, daß der Roman letztlich den Anspruch, eine überzeugende Kampfschrift der 80er Jahre zum Recht auf Abtreibung zu sein, nur mangelhaft erfüllt. Vornehmlich vier Argumente lassen sich heranziehen, um eine solche Schlußfolgerung zu rechtfertigen.

So ist es erstens problematisch, das prinzipielle Recht auf Schwangerschaftsunterbrechungen ausschließlich anhand von Beispielen inzestuöser Gewalt zu begründen. Selbst ideologisch konservative und rechtslastige Republikaner (und mit ihnen z.B. Ronald Reagan) vertreten das Recht auf Abtreibung im Falle von Vergewaltigung und Inzest. Homers Konversion erfolgt sehr plötzlich, und seine argumentativen Ausweitungen können keinen Anspruch auf intersubjektive Plausibilität erheben: „if he could operate on Rose Rose, how could he refuse to help a stranger? How could he refuse anyone?" (p. 696). Und Homers eigener Standpunkt zur Frage nach dem Recht auf Abtreibung kann kaum als repräsentativ gelten für theologisch begründete Positionen: „[Candy:] 'You think it's

---

[68] Franz Link, *Amerikanische Erzähler seit 1950: Themen, Inhalte, Formen* (Paderborn u. a.: Ferdinand Schöningh, 1993), p. 505.

wrong, yet you think it should be legal – right?' / 'Right,' said Homer Wells" (p. 520). Tatsächlich scheinen die Erzählhandlungen des Romans Irvings prinzipielle und übergreifende These eher zu konterkarieren als sie zu stützen: Candys und Wallys Entscheidung für einen Schwangerschaftsabbruch erfolgt in erster Linie aus Bequemlichkeit und nicht aus einer psychischen Notlage heraus[69]; mit Wallys Kriegsverletzung und der aus ihr resultierenden Impotenz straft das weitere Erzählgeschehen die Leichtfertigkeit des Entschlusses auch konsequenterweise ab.

Zum zweiten bleibt problematisch, daß der missionarische Eifer, mit dem Wilbur Larch das Recht auf Abtreibung verficht, psychologisch mit der sexualitätsfeindlichen Lebenseinstellung der Figur gekoppelt wird, Larchs Abtreibungen also auch als Äußerungen einer prinzipiellen Sexualitätsverdrängung gedeutet werden können. Zudem bleibt bei Larch die medizinische Prozedur des Aborts eine Praxis der Demütigung: entgegen den Bitten der betroffenen Frauen besteht Larch z.B. unbeirrbar auf dem (unter Umständen entlarvenden) Ritual der Schamhaarrasur.

Drittens stellt die Figurenkonstellation des Romans Dr. Larch in eine enge und verdächtige Nachbarschaft zu dem schwarzen Crewführer Mister Rose. Larchs Abtreibungen werden somit aber in die Nähe zu inzestuösem „Aufschlitzen", zu Manifestationen männlicher Gewalt-Sexualität gebracht; Wilbur Larch und Arthur Rose begründen beide ihre Autorität durch ihre Kunstfertigkeit in „the knife business" (p. 659). Dieser Sachverhalt dient Judith Wilt als Anlaß zu weiterführenden Spekulationen: „The doctor's speculum and curettes function to undo (or is it to redo?) the incestuous violence of male sexuality [...]."[70]

Und viertens schließlich leistet sich der Roman, im Kontrast zu der ihn tragenden politischen These, eine problematische Kopplung von Abtreibungsvorgängen mit einer Metaphorik des Todes und des

---

[69] Cf. Candys Begründung ihrer Entscheidung für eine Abtreibung auf p. 235: '[...] It's not time for us to have a baby.'" Cf. auch die Bewertung dieser Entscheidung durch Harter/Thompson auf p. 134, wo diese von „Candy's almost irrevelant and certainly trivial motive" sprechen.
[70] Judith Wilt, p. 119f.

Tötens: „The disturbed river" z.B., der an St. Cloud's vorbeifließt, „smelled like death" (p. 204). Und selbst Homer Wells' neue Identität, Dr. Fuzzy Stone, ist in dieser Hinsicht bemerkenswert aufschlußreich. Denn auch der reale Fuzzy Stone, ein früh verstorbenes, asthmatisches Waisenheimkind, steht im Roman für das Urbild eines dem Tod Geweihten: „Fuzzy has been linked to [...] the key images of victimization in the novel."[71]

Mit dem Roman *The Cider House Rules* bezieht Irving zu einem Thema Position, das wie kaum ein zweites die amerikanische Nation in zwei feindliche Lager spaltet. Seit der Jahrhundertentscheidung des Supreme Court im Fall „Roe vs. Wade" vom Januar 1973, „one of the court's most controversial cases ever"[72], die gesetzlich geschütztes Leben erst mit der Geburt seinen Anfang nehmen läßt, kommt das Land nicht mehr zur Ruhe: „Politicians are judged by their standing on the issue, while pro-choicers and antiabortionists clash over the issue."[73] Die moralisierende politische Argumentation der Reagan-Administration hat den Boden bereitet für „Kreuzzüge gegen die moralische Verwesung" Amerikas. Dem Kampf für eine gesetzliche Einschränkung des Rechtes auf Abtreibung kam hierbei eine besonders prominente Funktion zu, erlaubte er doch an einem konkreten Thema die Reaktualisierung tradierter Feindbilder (Schwule, Lesbierinnen, Kommunisten, Liberale). Die Militanz der politischen Rhetorik Reagans steht in einem unmittelbaren Zusammenhang mit der Eskalation gewalttätiger Aktionen der radikalen Abtreibungsgegner, die in der Ermordung des Gynäkologen David Gunn in Pensacola, Florida, im März 1993 ihren vorläufigen Höhepunkt fand.

Mit deutlichem Bezug auf die „Kreuzzüge" Reagans gegen die angebliche sittliche Verrohung des Landes und auf die selbstgerechte Frömmelei religiöser Fundamentalisten stellt Irving seinem Roman ein Zitat von Charlotte Bronte als Motto voran: „Conventionality is not morality. Self-righteousness is not religion. To attack the first is

---

[71] Judith Wilt, p. 128.
[72] Robert C. Baron und Samuel Scinta, „1972: *Roe v. Wade*," *20th Century America: Key Events in History* (Golden: Fulcrum, 1996), p. 96.
[73] Robert C. Baron und Samuel Scinta, p. 98.

not to assail the last." Irving ergänzt außerdem die öffentliche Debatte um eine historische Perspektive, wenn er auf die liberale Abtreibungsregelung während der ersten 75 Jahre der US-amerikanischen Geschichte verweist.[74] Er führt darüber hinaus eine soziale (Klassen-)Perspektive ein, wenn er reale Ungleichheiten – die Verfügbarkeit von sicheren Abtreibungspraktiken für Frauen aus wohlhabenden Gesellschaftsschichten, die oft skandalöse Kurpfuscherei, der sich die Armen ausgeliefert sahen – scharf akzentuiert. Eine der generisch-politischen Vorgaben des pikaresken Romans, die – zumindest tendenzielle – Identifikation mit der Opferperspektive, erlaubt es Irving, die Ausgestaltung der Abtreibungsthematik bruchlos in pikareske Strukturen zu integrieren. Seine unkritische Übernahme anderer pikaresker Konventionen (pikarisches Karrierestreben, das Motiv der Vatersuche, zyklische Grundstruktur) aber führt dazu, daß ihm mit *The Cider House Rules* letztlich weder ein politisch noch ein literarisch überzeugender Reaktualisierungsversuch pikaresker Konventionen gelingt.

Die politische Stimmung in den U.S.A. während des ersten Drittels der 80er Jahre wurde entscheidend geprägt von dem Scheitern der Bemühungen um eine verfassungsrechtliche Gleichheitsgarantie für Frauen. Das *Equal Rights Amendment*, bereits 1923 in die politische Debatte eingeführt, scheiterte endgültig im Juli 1982, nachdem nur 35 statt der von der Verfassung geforderten 38 Einzelstaaten den Verfassungszusatz ratifizierten. Eine der Einsichten, die ERA-Aktivistinnen aus dem Debakel gewannen, bezog sich auf die Konsequenzen, die sich aus der männlichen Übermacht im Rechts- und Parlamentssystem ergeben: „In 1972 the legislatures in the fifty states had membership [sic!] of more than 7,000 men but only 340 women. Many women felt that they needed political power to achieve their social and personal objectives."[75] Doch wie in der

---

[74] Cf. Robert C. Baron und Samuel Scinta, p. 97: „In the first seventy-five years of American history, abortions were legal up to the point of 'quickening,' the time when a mother could first sense her fetus." Zur amerikanischen Rechtsgeschichte in bezug auf die Abtreibungsregelung cf. Eva Rubin, *Abortion, Politics and the Courts* (Westport: Greenwood, 1987).
[75] Robert C. Baron und Samuel Scinta, „1982: Equal Rights Amendment Fails to be Ratified," *20th Century America: Key Events in History*, p. 111; cf. zu den

Politik, so ist auch in der Literatur die Überwindung einer männlich-sexistischen Perspektivik nicht schon allein durch Absichtserklärungen gewährleistet. Speziell für die Form des pikaresken Romans heißt das, daß eine Überwindung geschlechtspolitischer Prämissen des Genres erst dort gelingen kann, wo – wie in einzelnen pikaresken Werken Kathy Ackers oder Thomas Pynchons – nicht nur herkömmliche Erzählinhalte, sondern auch konventionelle Erzählstrukturen eine Überprüfung und Modifikationen erfahren.

Vielleicht hat Irving selbst geahnt, daß er mit *The Cider House Rules* die Möglichkeiten einer argumentatorisch stringenten Politisierung und Reaktualisierung pikaresker Erzählmuster nur unzureichend ausgeschöpft hatte. Tatsache ist jedenfalls, daß der Folgeroman von 1989 erneut auf zentrale pikareske Themen und Strukturen zurückgreift. Nicht *The Cider House Rules*, sehr wohl aber *A Prayer for Owen Meany* darf als eine inhaltlich gelungene – und auch künstlerisch überzeugende – Abrechnung Irvings mit den sozialen, politischen und kulturellen Mißständen der Reagan-Dekade gelten.

Ursachen des Scheiterns der Bemühungen um den Verfassungszusatz auch Jane Mansbridge, *Why We Lost the ERA* (Chicago: University of Chicago Press, 1986).

7. Der Weg des pikarischen Christen zum Heil der Selbstverblendung: John Irving, *A Prayer for Owen Meany* (1989)

> David Ignatow, „This is the solution: to be happy with slaughter" (1991)
>
> This is the solution: to be happy with slaughter;
> to be confident in theft; to be warm and loving
> in deception; to be aesthetically pleased
> with unhappiness and, in agreement,
> to lie down in the blood of our innocence.
>
> Quelle: David Ignatow, *Shadowing the Ground* (Hanover und London: University Press of New England, 1991), p. 9.

Eine Rekonfiguration des Twain-Modells: Huck Finn und Tom Sawyer mit vertauschten Rollen

In *A Prayer for Owen Meany* variiert John Irving sein in Romanen wie *The World According to Garp*, *The Hotel New Hampshire* und *The Cider House Rules* bezeugtes Interesse an pikaresken Erzählstrukturen, indem er, so das Ergebnis eines direkten Vergleichs mit dem Vorläufer-Roman, nicht eine Vater-Sohn-, sondern eine Freundschaftsbeziehung, und nicht die Suche nach einem Ersatzvater, sondern die Suche nach einem realen Vater in den Mittelpunkt rückt. Der deutlichste Unterschied zwischen der Irving-Pikareske des Jahres 1989 und der des Jahres 1984 besteht freilich darin, daß in *A Prayer for Owen Meany* eine Ich-Erzählsituation vorliegt und sich viele der Inkonsistenzen, die sich in *The Cider House Rules* aus der auktorialen Erzählsituation ergeben, somit gar nicht erst einstellen können. Gleichzeitig spitzt *A Prayer for Owen Meany* viele Elemente, die im Vorgänger-Roman eher rudimentär entwickelt und implizit enthalten waren, zu und macht sie explizit: die Kritik am politischen Wirken Ronald Reagans, den Zusammenhang zwischen der Suche nach einem Vater und derjenigen nach einem Gottvater, die pikareske Außenseiterperspektivik: John Wheelwright, Irvings Ich-Erzähler, „becomes Irving's only protagonist who abandons his ancestral home for a self-imposed isolation in a foreign country."[1] Wie schon der Roman *The Cider House Rules* belegt auch *A Prayer for Owen Meany*, daß Gabriel Millers These zu den Romanen Irvings aus dem Jahr 1982 als überholt gelten muß: „The 'real world,' in the form of actual historical or sociological events, does not intrude. Irving does not make reference to the events of his time to give his works background or to ground them in a precise historical framework [...]."[2] Für den Irving-Roman des Jahres 1989 gilt statt dessen, daß die historische Einbettung präziser kaum sein könnte, ja daß das gesamte Handlungsgeschehen ohne seine historisch-soziologische Kontextualisierung undenkbar wäre.

Der Roman, umfangreich wie alle Irving-Pikaresken, basiert auf dem Kontrast zwischen verschiedenen *settings* und verschiedenen Zeiten. John Wheelwright, jüngster Sprößling einer reichen neuenglischen *WASP*-Familie, erinnert sich 1987 in elf Großkapiteln an seine gemeinsame Kinder- und Jugendzeit mit dem einem ärmlichen Elternhaus entstammenden Owen Meany bis zu dessen Tod im Jahre 1968. Die Freundschaft zwischen beiden hat eine harte Bewährungsprobe zu überstehen: 1953 wird Johns Mutter durch einen von Owen geschlagenen Baseball tödlich an der Schläfe verletzt. Owen, kleinwüchsig, intellektuell hochbegabt und mit einer sonderbaren Stimme versehen, begreift sich fortan als Vollstrecker göttlichen Willens. Die Freunde besuchen gemeinsam die erlesene Gravesend-Schule und die (etwas weniger renommierte) Universität zu Durham, New Hampshire. Ein Schülerstreich bringt Owen um ein Stipendium an einer der Elite-Universitäten des Landes; statt dessen sieht er sich gezwungen, auf Kosten der Armee zu studieren und sich damit gleichzeitig

---

[1] Edward C. Reilly, *Understanding John Irving* (Columbia: University of South Carolina Press, 1991), p. 122. In *A Son of the Circus* (1994) stellt Irving erneut das Schicksal eines *expatriate* ins Zentrum eines literarischen Werkes.
[2] Gabriel Miller, *John Irving* (New York: Frederick Ungar, 1982), p. 18. Millers These scheint mir im übrigen auch recht untauglich zu sein zur Charakterisierung von Irving-Romanen, die vor 1982 veröffentlicht wurden.

zu einer vierjährigen Dienstzeit nach Abschluß des Studiums zu verpflichten. In der US-Armee avanciert Owen zu einem „body escort"; während einer der ihm übertragenen Leichenrückführungen aus Vietnam macht er Bekanntschaft mit der auf der untersten Stufe der sozialen Leiter angesiedelten Jarvits-Familie. Der jüngere Bruder des gefallenen Soldaten, den Owen rückführt, wirft am Flughafen von Phoenix haßerfüllt eine Handgranate auf vietnamesische Flüchtlingskinder.[3] Gemeinsam mit dem an den Ort des Handlungsgeschehens zitierten John rettet Owen die Kinder, büßt aber im Verlauf der Rettungsaktion sein Leben ein. Owen hat, wie seine Tagebucheintragungen belegen, dieses Schicksal vorausgesehen, kannte gar das genaue Datum seines Todes. John begreift Owens prophetische Gaben, das Leben des Freundes insgesamt, als ein Wunder, als eine göttliche Offenbarung. Im Anschluß an den Tod des Freundes geht er ins kanadische Exil, wo er an einer Mädchenschule Literaturunterricht erteilt und zu einem aktiven Mitglied der anglikanischen Kirche wird. Mit seinem Geburtsland bleibt John Wheelwright unversöhnt, wie seine zahlreichen, in die Romanerzählung eingeschobenen Attacken gegen die amerikanische Politik der 80er Jahre und insbesondere gegen den Präsidenten Reagan und dessen Administration belegen.

Diese knappe Handlungsskizze vermag kaum zu verdeutlichen, wie sehr John Irving in dem Roman *A Prayer for Owen Meany* auf pikareske Genrekonventionen setzt und vertraut. Mit krudem, manchmal auch derbem Humor (und bisweilen auch mit Sarkasmus) offeriert Irvings Erzähler z.B. eine Porträtgalerie der Einwohner Gravesends, einen satirischen Querschnitt durch die amerikanische Gesellschaft der 50er und 60er Jahre, ein pikareskes Sittengemälde *par excellence*: ein militaristischer Priester der Episkopalkirche, „to the rector, every

---

[3] Irvings Auswahl des Ortes, an dem Owen Meany zu Tode kommt, ist hintergründig: just im Juli 1968, Owens Sterbemonat, beginnt die US-Armee das sogenannte „Phoenix Program" umzusetzen, mit dessen Hilfe die Militärs glaubten, die Vietcongtruppen besiegen zu können; cf. Harry G. Summers, Jr., *Historical Atlas of the Vietnam War* (Boston und New York: Houghton Mifflin Co., 1995), p. 148. Zudem läßt der Handlungsort Phoenix selbstverständlich auch vage Assoziationen an Resurrektion und Wiedergeburt zu.

Bible story was – if properly understood – threatening" (p. 114), erfährt eine ebenso satirische Darstellung wie dessen Ehefrau Barb [!], eine bigott-promiskuitive Ex-Stewardeß. In seinen Memoiren polemisiert John Wheelwright ohne Unterschied gegen Reaktionäre und reformistische Weltverbesserer, wie etwa gegen das Ehepaar Brinker-Smith: „A well-liked teacher, of liberal methods not universally favored by the stodgier Gravesend faculty, Mr. Brinker-Smith enjoyed all opportunities to bring 'life,' as he called it, into the classroom. This included the eye-opening spectacle of Ginger Brink-Smith nursing the twins" (p. 154). Besonders heftig attackiert John Amanda Dowling, eine frühe, humorlose Vertreterin feministischer *political correctness*, „a pioneer in challenging sexual stereotypes" (p. 239):

> Among the methods she preferred for changing the world, banning books was high on her list. Sexual stereotypes did not fall, she liked to say, from the clear blue sky; books were the major influences upon children – and books that had boys being boys, and girls being girls, were among the *worst* offenders! *Tom Sawyer* and *Huckleberry Finn*, for example; they were an education in condescension to women – all by themselves, they *created* sexual stereotypes! (p. 240)

Pikareske Konventionen (z.B. satirisch-karikaturistische Verzerrungen) und eine nostalgisch-elegische Grundhaltung der Erzählinstanz gehen in *A Prayer for Owen Meany* eine merkwürdige, ausgefallene Verbindung ein. Die Synthese zwischen eigentlich Unverträglichem leistet eine originelle Erzählinstanz. Von interpretatorisch weitreichender Konsequenz ist somit besonders die Erzählsituation des Romans, das Erzählinteresse von John Wheelwright, und zwar das explizit bekundete wie das implizit erkennbare. Mit John Wheelwright erinnert ein Exilierter zwanzig Jahre seines Lebens (die Zeit von 1948 bis 1968) aus der Retrospektive, mit einem Abstand von wiederum beinahe zwei Jahrzehnten (die Niederschrift erfolgt 1987). Erinnert-erzähltes und erinnernd-erzählendes Ich werden deutlich voneinander geschieden; bereits einer der ersten Sätze des Romans stellt eine Konversionsgeschichte in Aussicht: „What faith I have I owe to Owen Meany. It is Owen who made me a believer."[4] Mit der Niederschrift seiner Lebenserinnerungen will John so Trauerarbeit leisten, sucht explizit Trost, implizit aber auch Distanz zu und Befreiung von der erdrückenden Last des Erinnerten. Da aber John nicht sich selbst, sondern den verstorbenen Freund Owen ins Zentrum seiner Memoiren rückt, schreibt er auch eine Art moderner Heiligenerzählung, versucht er sich an der Niederschrift eines modernen Evangeliums, erfüllt er eine apostolische Funktion. In allen seinen Werken wählt Irving für seine zentralen Heldinnen und Helden interpretationsfähige Namen[5]; nicht zufällig also teilt sein Ich-Erzähler seinen Vornamen mit einem Evangelisten, und nicht zufällig ist zudem, daß Owen auf den neutestamentarisch vorbelasteten Vornamen „Paul" getauft wurde.

Seinen Vornamen freilich teilt der Erzähler auch mit seinem Erfinder. Weitere Indizien bestärken die Vermutung, daß Irving in der Figur des Romanerzählers auch teilweise ein auktoriales Selbstporträt im Sinn hatte: das Geburtsjahr (1942) und die jeweiligen Wohnorte sind identisch. Als Modell für Gravesend, New Hampshire, hat ganz unzweideutig Irvings Heimatort Exeter gedient[6], und wie John Wheelwright lebt auch der Autor seit der Mitte der 80er Jahre im kanadischen „Exil", allerdings in halbjährlichem Wechsel mit einem Zweitdomizil in Vermont. Freilich: vorschnelle und unsorgfältige Gleichsetzungen zwischen dem Romancier und seiner Erzählerfigur,

---

[4] Meine Textgrundlage ist die amerikanische Erstausgabe des Romans in Paperback-Form: John Irving, *A Prayer for Owen Meany* (New York: Ballantine Books, 1989), hier: p. 2. Alle weiteren Zitate dieses Kapitels erfolgen direkt im Haupttext; die Seitenzahlen beziehen sich alle auf diese Textausgabe. Gelegentlich werde ich in diesem Kapitel für den Romantitel das Kürzel *Owen Meany* verwenden. Die Hardcover-Erstausgabe ist 1989 in New York bei William Morrow and Co. verlegt worden.
[5] Cf. hierzu Jack D. Wages, „Disappearing Letters and Breaking Rules: John Irving as Namer," *Literary Onomastic Studies*, 15 (1988), 63-65.
[6] Cf. etwa den Anfang der dem Roman vorangestellten „Acknowledgments": „The author acknowledges his debt to Charles H. Bell's *History of the Town of Exeter* (Boston: J.E. Farwell & Co., 1888), and to Mr. Bell's *Phillips Exeter Academy in New Hampshire: A Historical Sketch* (Exeter, N.H.: William B. Morrill, News-Letter Press, 1883); all references in my novel to [der fiktiven Monographie] 'Wall's *History of Gravesend, N.H.*' are from these sources."

wie sie vor allem im amerikanischen wie deutschen Feuilleton häufig zu finden sind, verbieten sich. Bereits 1989, „as his new book [...] climbs the best-seller charts", sieht sich Irving zu der Klarstellung gezwungen: „'I am not John Wheelwright.' [...] [D]espite the similarities of name and geography, the creator of the fictional John calls him 'a permanent crank' who lives 'a kind of champagne cork disgruntlement at every political activity of the United States.' Mr Irving dismisses assumptions that the character is his own polemical mouthpiece."[7]

Um seine Figur mit einem glaubwürdigen Stammbaum zu versehen, hat Irving umfangreich und gewissenhaft recherchiert: John Wheelwright ist jüngster (und, wie das Romangeschehen entfalten wird, letzter) Sproß einer traditionsreichen Familie, deren Wurzeln bis zu der ersten weißen Einwanderungsgeneration zurückreichen, der der Gründungsväter Neuenglands: „The town where I was born was purchased from an Indian sagamore in 1638 by the Rev. John Wheelwright, after whom I was named" (p. 7).[8] Diese soziale Herkunft, seine Zugehörigkeit zu einer „aristokratischen" Familie der upper class, „my grandmother [...] was [...] the closest that the Gravesend community came to royalty" (p. 117), prädestiniert John zunächst nicht dazu, eine spezifisch pikareske Mentalität auszuprägen. Allerdings hat auch Johns Stammbaum, wie der eines jeden literarischen Pikaro, einen Makel: wer sein biologischer Vater ist, darüber wird er von seiner Mutter Tabby ebenso im unklaren gelassen wie die matriarchalisch herrschende Großmutter Harriet[9] oder sein freundschaftlicher Adoptivvater Dan Needham. Nicht Johns soziale,

---

[7] Richard Bernstein, „John Irving: 19th-Century Novelist for These Times," *New York Times* (25.4.1989), C13.

[8] Die Geschichte des John Wheelwright des 17. Jahrhunderts, die Irving seinen Erzähler referieren läßt, ist historisch verbürgt: ein John Wheelwright gilt als der Gründer Exeters. Cf. James Savage, *A Genealogical Dictionary of the First Settlers of New England, Showing Three Generations of Those Who Came Before May, 1692, on the Basis of Farmer's Register*, IV [S - Z] (Boston: Little, Brown and Co., 1862), pp. 502-504; cf. p. 503: „he rem. to Exeter, of wh. he is justly call. the founder [...]."

[9] Cf. p. 6: „We were a matriarchal family because my grandfather died when he was a young man and left my grandmother to carry on, which she managed rather grandly."

sondern seine psychobiographischen Voraussetzungen sind es somit, die in ihm eine pikareske Mentalität gedeihen lassen, ihn autoritätssüchtig und -gläubig machen. Johns Sehnsucht nach einer väterlichen Autoritätsfigur, der er sich bedingungslos unterordnen und ausliefern kann, bleibt freilich verdeckt, da er sich in Owen keinen Angehörigen der Vorläufergeneration, sondern einen Gleichaltrigen wählt, dessen Welterklärungen er unüberprüft als verbindlich übernimmt. Von der Figurenkonstellation her thematisiert *A Prayer for Owen Meany* nach den Worten von Debra Shostak somit „the friend-as-surrogate-father configuration": „Their friendship rarely seems a relation between equals, as they grow up from boys to young men, it increasingly resembles a father-son relationship."[10] Obgleich jung an Jahren, gewinnt Owen eine vaterähnliche Position, weil er es ist, der in der Meany-Familie das Regiment führt. Teils mit Bewunderung, teils mit Neid registriert John: „At an age when most of our peers were enduring how much their parents bossed them around, Owen was always telling his father what to do" (p. 205). Und er resümiert: „It had been amply demonstrated to me – who bossed whom, in that family. I should have known, from the start, that Owen was in charge" (p. 435).

Auch über John führt Owen das Kommando. Die Beziehung zwischen den beiden Freunden John Wheelwright und Owen Meany ist deutlich dem Verhältnis zwischen Huckleberry Finn und Tom Sawyer nachempfunden, mit dem bedeutsamen Unterschied allerdings, daß es im Irving-Roman – ungleich der literarischen Vorlage – der Erbreiche und nicht der sozial Unterprivilegierte ist, der zum Opfer der Manipulationen des „Freundes" wird. Johns Verhältnis zu Owen ist zudem weit mehr von ambivalenten Spannungen geprägt, als es viele Interpreten und Rezensenten des Romans wahrhaben wollen. Bereits der erste Satz der Lebensniederschrift bezeugt primär keineswegs, was John alles „seinem Freund Owen Meany *verdankt* [meine Hervorhebung]"[11], wie Rainulf A. Stelzmann meint, sondern

---

[10] Debra Shostak, „The Family Romances Of John Irving," *Essays in Literature*, 21 (1994), 140.
[11] Rainulf A. Stelzmann, „Glauben im Chaos: John Irvings 'A Prayer for Owen Meany,'" *Stimmen der Zeit*, 208 (1.1.1990), 59.

vielmehr ein eigentümliches Oszillieren zwischen Ironie und Identifikation, zwischen Dankbarkeit und dem widerstreitenden Gefühl, heimgesucht worden zu sein:

> I am doomed to remember a boy with a wrecked voice – not because of his voice, or because he was the smallest person I ever knew, or even because he was the instrument of my mother's death, but because he is the reason I believe in God; I am a Christian because of Owen Meany. (p. 1)

Mit dem Freundespaar John-Owen rekonfiguriert John Irving das Twain-Modell eines pikaresken Zweiergespanns und verteilt somit die Merkmale der pikaresken Disposition auf zwei Figuren: John verkörpert mentale Marginalität und psycho-politisches Außenseitertum, Owen hingegen exemplifiziert soziale Ambition und Aufstiegsbegehren. Beide Figuren werden zudem durch eine Art Waisenkind-Mentalität gekennzeichnet, beide Figuren machen charakterprägende Initiationserfahrungen, aber wo John für das Bedürfnis nach Exklusion steht, dort verkörpert Owen die Sehnsucht nach Inklusion. Allein die Initialien Owen Meanys haben einen – im Kontext der Geschichte deutschsprachiger Pikaresken – kaum zu übersehenden Verweischarakter: mit der Figur des Owen Meany zollt Irving auch Tribut an seinen „Lehrmeister" Günter Grass.[12] R. Z. Sheppard hat natürlich recht, wenn er – mit dem Sarkasmus des professionellen Rezensenten – Heerscharen von Graduate Students voraussagt, die sich um den Nachweis bemühen, daß Owen Meany weit mehr als nur „initials with Oskar Matzerath"[13] teilt. Behindertes Körper-

---

[12] Cf. John Irvings Essay über „Günter Grass: King of the Toy Merchants," in: *Trying to Save Piggy Sneed* (New York: Arcade, 1996), 397-432; eine erste Veröffentlichung einer kürzeren Version dieses Essays erfolgte im März 1982 in der Zeitung *Saturday Review* (dort: 57-60). Cf. auch die sicherlich überzogene These von Volker Neuhaus in seinem „Nachwort" zum Grass-Roman *Die Blechtrommel*, nachgedruckt in: ders. (ed.), *Günter Grass: Die Blechtrommel: Erläuterungen und Dokumente* (Stuttgart: Reclam, 1997), p. 162: „*A Prayer for Owen Meany* ist nahezu ausschließlich aus Grass-Motiven, vor allem aus der *Blechtrommel*, geformt [...]."

[13] R.Z. Sheppard, „The Message Is the Message," *TIME* (3.4.1989), 80.

wachstum¹⁴, lausbubenfreche Gesellschaftskritik, Selbstgerechtigkeit des Urteils, Boshaftigkeit im zwischenmenschlichen Verhalten, Chuzpe und potentiell identitätsgefährdende Unsicherheit bezüglich der genetischen Abstammung: dies alles teilt Owen Meany mit dem literarischen Ahnen.

Als Erzähler gibt sich John Wheelwright alle Mühe, die positiven Charaktereigenschaften des Freundes herauszustellen, ihn gar mit einer Gloriole vorbildlicher Tugendhaftigkeit zu versehen. Schon als Kind gelingt es Owen, mit seiner charismatischen Erscheinung Johns wild-gewalttätige Cousins zu zähmen. Auf der exklusiven Gravesend-Schule avanciert er als Chefredakteur und Leitartikler der Schülerzeitung *The Grave* zu einem *primus inter pares*, zu einem Helden seines Jahrgangs, bekannt als „The Voice", dem *Nom de guerre*, mit dem er seine publizistischen Produkte zeichnet. John resümiert: „The voice was *our* voice; he championed our causes; he made us proud of ourselves in an atmosphere that belittled and intimitated us" (p. 290). Besonders hebt John hervor, daß Owen, wiewohl dieser ein hochbegabter, brillanter Schüler ist, sich dazu entschließt, gemeinsam mit John, dessen magere Schulleistungen eine Versetzung nicht zulassen, die neunte Klassenstufe zu wiederholen.

Freilich: hinter Owens Ziel, die enge Verbindung mit John aufrechtzuerhalten, stecken auch eigennützige Motive. Allein die Freundschaft zu John garantiert die finanziellen Voraussetzungen für den Besuch der exklusiven Privatschule (die Schulkleidung wird von Johns Großmutter bezahlt, in deren Vertrauen sich Owen u.a. damit eingeschlichen hat, daß er deren Werturteile über die Qualität bestimmter Fernsehshows stets beflissen bestätigte). John erinnert sich 1987 an die enge Umklammerung durch den Freund durchaus mit ambivalenten Gefühlen: „Dan and my grandmother were quite touched by Owen's loyalty to me; [...] naturally, I loved him, and I

---

[14] Owen Meanys Kleinwüchsigkeit fällt etwas weniger drastisch aus als diejenige Matzeraths, der sein Körperwachstum mit drei Jahren einstellt. Immerhin: zur Grundschulzeit hat Owen die Größe eines 4-, als Erwachsener die Körpergröße eines 12-jährigen. J. Wesley Childers widmet in seinem Motivindex zur pikaresken Literatur *Tales From Spanish Picaresque Tales: A Motif-Index* (Albany: State University of New York Press, 1977) „Ogres" eine eigene Großkategorie (nach Childers' Systematik die Einträge G10 bis G599, pp. 25-27).

thanked him for his sacrifice – but in my heart I resented his power over me" (p. 267). Ohne Zweifel: Owen Meany kann „sowohl als Christus als auch als Mephisto verstanden werden [...]."[15]

„Jesus has always struck me as the perfect victim": Owen Meany – ein neuzeitlicher Messias?

Owen braucht das enge Bündnis mit John zur Erfüllung seiner sozialen Ambitionen; er sucht sich in den Wheelwrights eine Ersatzfamilie, um die Handicaps seiner niederen, für Harriet Wheelwright anrüchigen, sozialen Herkunft auszugleichen. Das Freundespaar John-Owen exemplifiziert paradigmatisch eine Verbrüderung zwischen einem Sprößling der Oberschicht und einem Arbeiterkind: „The Meanys, in my grandmother's lexicon, were not *Mayflower* stock. They were not descended from the founding fathers; you could not trace a Meany back to John Adams. They were descended from later immigrants; they were Boston Irish" (p. 19). Mit Charme und Raffinesse gelingt es Owen, von den Wheelwrights nichtsdestoweniger *de facto* adoptiert zu werden. Seinen eigenen Eltern gegenüber verhält er sich schroff und distanziert. In letzter Konsequenz erfindet er sich sogar ein Familienmärchen, das ihn pointiert und sinnträchtig von seinen biologischen Wurzeln trennt: er sei, so schreibt er in sein Tagebuch, das Produkt einer unbefleckten Empfängnis.

Eben dieses Tagebuch, in dessen Besitz John nach dem Tod des Freundes gelangt, weist Owen auch als einen engstirnig-moralistischen Kritiker an der US-Gesellschaft aus; eine der Schlußfolgerungen seiner Diarium-Reflexionen lautet: „THIS COUNTRY IS MORALLY EXHAUSTED" (p. 558). Owens Sicht auf die Welt basiert auf einem starren System[16] von konservativen, protestantisch

---

[15] Franz Link, *Amerikanische Erzähler seit 1950: Themen, Inhalte, Formen* (Paderborn u.a.: Ferdinand Schöningh, 1993), p. 505.
[16] Schon früh erweist sich Owen auch in anderen Bereichen als ein fanatischer Anhänger starrer Ordnungssysteme. Über Owens Baseballkartensammlung schreibt John beispielsweise: „the cards were organized under an *extreme* system; they were alphabetized by the names of the players, but the hitters, I mean the *big* hitters, were alphabetized in a group of their own; and your golden-glove-type

orthodoxen Dogmen und Positionen. Er polemisiert gegen die Verfilmung biblischer Epen, gegen politisch engagierte Kirchenvertreter[17], gegen Sexualität[18] und Katholizismus, insistiert auf wörtlich-orthodoxer Bibelauslegung – „there was no such thing as 'too literal' for Owen Meany, who grasped orthodoxy wherever it could be found" (p. 167) – und huldigt einer unbarmherzig strengen Prädestinationslehre: „on the subject of predestination, Owen Meany would accuse Calvin of bad faith" (p. 102). Das behaviorelle Ergebnis solcher Grundüberzeugungen ist ein rigider Missionsfanatismus, humorlos, verklemmt und intolerant.

Owen, nach John „a natural in the belief business" (p. 112), versteht sich, so wird evident, als „a Chosen One", als „one of God's Appointed" (p. 87). Johns Sympathie für ihn bleibt davon unberührt, ja zum Zeitpunkt der Niederschrift seiner Erinnerungen hat John diese Selbstdeutungen Owens weitgehend übernommen. Johns Parteilichkeit gegenüber dem toten Freund ist groß; sie geht sogar so weit, daß er noch nicht eimal bemerkt, daß der Freund selbst ein perfekter Vertreter jener pharisäischen „boudoir morality" (p. 306) war, die John 1987 – dem Jahr, in dem Gary Hart sich aufgrund diverser Liebesaffären als Präsidentschaftskandidat der Demokraten disqualifizierte – mit Leidenschaftlichkeit attackiert:

> What *do* Americans know about morality? They don't want their presidents to have penises but they don't mind if their presidents covertly arrange to support the Nicaraguan rebel forces after Congress has restricted such aid; they don't want their presidents to deceive their wives but they don't mind if their presidents deceive Congress – lie to the people and violate the *people's* constitution. What Mr. Hart should have said was that nothing *unusually* immoral had occurred, or that what happened was only *typically* im-

---

fielders, they had a category all to themselves, too; and the pitchers were all together. There even seemed to be some subindexing related to the age of the players" (p. 81f.).
[17] Cf. p. 23: „WHAT DOES THE STUPID *SERMON* HAVE TO DO WITH GOD? WHO KNOWS WHAT GOD THINKS OF CURRENT EVENTS? WHO CARES?"
[18] Cf. p. 193: „'SEX MAKES PEOPLE CRAZY.'"

moral; or that he was testing his abilities to deceive the American people by deceiving his wife first – and that he hoped the people would see by this example that he was immoral *enough* to be good presidential material! (p. 299f.)

Auch Owen Meany trifft keine kategoriale Unterscheidung zwischen „public and private morality" (p. 369); von dem von ihm anfangs vergötterten Präsidenten Kennedy – er deutet ihn zunächst als „A KIND OF SAVIOR" (p. 335) – wendet er sich angewidert ab, sobald er von dessen Liebesverhältnis mit Marilyn Monroe erfährt: „'IF KENNEDY CAN *RATIONALIZE* ADULTERY, WHAT *ELSE* CAN HE RATIONALIZE?'" (p. 369). Über Owens engstirniges Sittenwächtertum in Angelegenheiten der öffentlichen Moral sieht John Wheelwright allerdings mit freundschaftlicher Benevolenz hinweg; er leistet sich eine aufschlußreiche Fehleinschätzung, wenn er in seinen Lebenserinnerungen mit wenig fundierter Entschiedenheit befindet: „our future would lead us [...] to leaders who bear little resemblance to Owen Meany" (p. 375). Johns dezidierte Absicht ist, Owen ein ausdrucksstarkes, literarisches Denkmal zu setzen; zu diesem Zweck versieht er den Freund in seiner Porträtzeichnung mit einem fragwürdigen Glorienschein: „wherever Owen Meany went, some kind of light always attended him" (p. 584). Schon in der späten Kinder- bzw. frühen Jugendzeit (als 11-jährigen) erinnert John Owen als eine in Licht getauchte Gestalt: „he looked like a descending angel – a tiny but fiery god, sent to adjudicate the errors of our ways" (p. 69). Seit mehr als drei Jahrzehnten treibt John eine bestimmte Fragestellung um: „from that moment of his introduction to my cousins, I would frequently consider the issue of exactly how human Owen Meany was" (ibid.).

In John Wheelwrights Erinnerungsschrift wandelt sich Owen Meany von einem vorbildlichen Christen gar zu einem veritablen zweiten Christus. Die Parallelen zwischen Owen Meany und Jesus Christus erscheinen Edward C. Reilly zwar vage[19], sind aber frappant. Wie der christliche Gottessohn predigt Owen – in der

---

[19] Cf. Edward C. Reilly, p. 128: „In terms of the novel's religious theme, [...] loose parallels exist between Christ and Owen Meany."

Schülerzeitung *The Grave* – gegen Heuchelei und Philistertum und nutzt dabei jede Gelegenheit, neutestamentarisch überlieferte Jesus-Worte zu zitieren; in einem Krippenspiel sichert sich Owen die Rolle des Jesuskindes; die Kommission, die ihn der Schule verweist, „kreuzigt" ihn. Vor allem aber durchleidet Owen wie Christus ein echtes Martyrium und kennt mit Gewißheit den Zeitpunkt des eigenen Todes. Während eines Gespräches mit Phyllis Robinson wird Irving explizit: „The part of Jesus that most impresses Irving, 'the biggest miracle of them all,' is that Christ knows what is going to happen to him. 'That is truly a heroic burden to carry.'"[20] Als krönender Schlußpunkt der Modellierung Owens am Vorbild des christlichen Messias dient die (schon zitierte) Andeutung, bei Owens Geburt könnte es sich um eine Jungfrauengeburt gehandelt haben.

Ganz offensichtlich also läßt John Irving seiner Faszination am Schicksal des christlichen Heilands bei der Niederschrift von *Owen Meany* freien Lauf. In einem Gespräch mit Michael Anderson stellt er heraus: „'Jesus has always struck me as the perfect victim and perfect hero,' said John Irving, explaining the genesis of his seventh novel."[21] Irvings schwierige handwerkliche Aufgabe bei der Niederschrift des Romans bestand darin, eine Balance zwischen den pikaresken und den christlichen Aspekten des Titelhelden zu halten, d.h. der Version eines „pikaresken Heiligen"[22] gleichzeitig Glaubwürdigkeit und plausible Substanz zu verleihen, ohne distanzierte Sichtweisen auf Owens Ansichten und Handlungen auszuschließen. Irving löst diese Aufgabe bravourös durch die Wahl eines extrem parteilichen, interessegeleiteten und zugleich rührend-naiven Ich-Erzählers.

---

[20] Phyllis Robinson, „A Talk with John Irving," *Book-of-the-Month-Club News* (April 1989), 3.
[21] Michael Anderson, „Casting Doubt on Atheism," *New York Times Book Review* (12.3.1989), 30; cf. auch Irvings Äußerung gegenüber R. Z. Sheppard: „'the Christ story impresses me in heroic, not religious, terms.'" "Doing Things His Way," *TIME* (3.4.1989), 80.
[22] Zum Begriff cf. R.W.B. Lewis, *The Picaresque Saint: Representative Figures in Contemporary Fiction* (Philadelphia: Lippincott, 1959). Auszüge aus dem Werk, die die wichtigsten Thesen enthalten, druckt Helmut Heidenreich in seinem Sammelband *Pikarische Welt: Schriften zum europäischen Schelmenroman* (Darmstadt: Wiss. Buchgesellschaft, 1969) nach.

Johns Sanktifizierung der Titelfigur wird allerdings mit fortschreitender Romanhandlung zunehmend problematisch, z.B. wenn dem Engelswesen Owen Meany die Kraft zu Interaktionen aus dem Jenseits unterstellt wird: „Owen Meany let me hear from him – *after he was gone*. [...] And I know: I will hear from him – from time to time – again" (p. 542). Johns Perspektive ist aber nur eine unter mehreren möglichen. Alfred Kazin hält fest: „the little saint [...] is unrecognized by all in the school town except his straight man and adoring disciple, the narrator John Wheelwright."[23] Verschiedene Figuren des Romans wie der Schulpsychologe Dolderer oder Johns Adoptivvater Dan bieten alternative Sichtweisen an, wenn sie Owen und seine weltanschaulichen Auffassungen psychologisieren bzw. soziologisieren.

Um die eigentümlich-bizarre Qualität von Owens „wrecked voice" (p. 1) nachvollziehbar zu machen, sucht John Wheelwright immer aufs neue nach treffenden metaphorischen Vergleichen. Ein Beispiel:

„You've seen the mice caught in the moustraps?" she [Grandmother] asked me. „I mean *caught* – their little necks *broken* – I mean absolutely *dead*," Grandmother said. „Well, that boy's voice," my grandmother told me, „that boy's voice could bring those mice back to life!"

And it occurs to me now that Owen's voice *was* the voice of all those murdered mice, coming back to life – with a vengeance. (p. 17)

Außer einer sprachlichen (und auch orthographischen) Herausforderung ist Owens Stimme aber auch ein weiteres gutes Beispiel dafür, wie sich hinsichtlich der Titelfigur verschiedene Sichtweisen, teils komplementär und teils kompetitiv, anbieten. Für Owen selbst ist die ungewöhnliche Lautqualität seiner Stimme Teil eines erst noch zu ergründenden göttlichen Plans; sein Lebensende stützt eine solche Deutung: seine Stimme (ebenso wie seine geringe Körpergröße) wirkt auf die vietnamesischen Flüchtlingskinder vertrauensauslösend, sie

---

[23] Alfred Kazin, „God's Own Little Squirt," *New York Times Book Review* (12.3.1989), 30.

gehorchen seinem Befehl, sich auf die Erde niederzuwerfen und bleiben so unversehrt. Indem John Wheelwright in seiner Erinnerungsschrift Owen-Zitate immer in Großbuchstaben wiedergibt, findet er ein geeignetes Mittel, um die lautliche Besonderheit der Stimme niemals in Vergessenheit geraten zu lassen. Owen selbst veröffentlicht als Chefredakteur der Schülerzeitung der Gravesend School all seine Artikel ausnahmslos in Großbuchstaben gesetzt, eine Eigenart, die er auch als Diarist beibehalten wird.

Diese allein schon durch drucktechnische Mittel bewerkstelligte Hervorhebung von Owen-Äußerungen rückt die Figur aber auch erneut in die Nähe zu Jesus Christus: „As for putting Owen Meany's dialogues in upper case? Irving got the idea from editions of the New Testament in which Jesus' utterances appear in red letters."[24] Auch als Leitartikler der Schülerzeitung läßt Owen all seine Essays in Großbuchstaben drucken. Diese Entscheidung belegt zwar eindringlich Owens Selbstgewißheit, stets Bedeutsames zu sagen zu haben – „'I'M ALWAYS GOING TO BE PUBLISHED IN CAPITALS,' Owen explained to Dan and me, „BECAUSE IT WILL INSTANTLY GRAB THE READER'S ATTENTION [...]'" (p. 289) –, bezeugt gleichzeitig aber auch etwas unangenehm Aufdringliches und Wichtigtuerisches, eben Großsprecherei und Großmannssucht. Für John ist Owens Stimme „not entirely of this world" (p. 5), für Germaine, ein einfach gestricktes Dienstmädchen im Wheelwright-Haushalt, kommt sie vom Teufel höchstpersönlich. Großmutter Harriet bietet eine bodenständigere Erklärung an: „'Nonsense to it coming from God – *or* from the Devil! It comes from *granite*, that's what it comes from. He breathed in all that *dirt* when he was a baby! It made his voice queer and it stunted his growth!'" (p. 191).[25]

Es gehört zu den gängigen Denkstrategien Owens, persönliche Defekte und Mißgeschicke in Zeichen besonderer göttlicher Wertschätzung umzudeuten. Der von ihm verursachte tragische Unfalltod

---

[24] R.Z. Sheppard, „Doing Things His Way," 80.
[25] Auch eine medizinische Erklärung für Owens absonderliche Stimme bietet der Roman an; ein Gesangslehrer aus Boston analysiert: „'You've got a permanently fixed larynx, [...] – your Adam's apple sits up there in the position of a *permanent scream* [...]'" (p. 353).

von Johns Mutter löscht in dem 11-jährigen letzte Restzweifel an der eigenen Auserwähltheit. Doch allen Ausführungen Johns zum Trotz, die eine solche Deutung zu stützen trachten, erscheint Owen im Roman weniger als ein Heilsbringer denn als ein Todesbote. Tod und Verderben bringt er Johns Mutter Tabitha: Owen ist es, der den für sie tödlichen Baseball schlägt; er ist es auch, der ihr in Antizipation ihres frühen Todes zur Hochzeit mit Dan einen Grabstein schenkt: „As it was, in my opinion – and in Dan's – Owen *did* give her a gravestone. It [...] may have had her wedding date on it, but it was a miniature gravestone" (p. 122). Owen betreibt das Geschäft des Todes, sogar in einem wörtlichen Sinne: er arbeitet im väterlichen Grabstein-Geschäft. Als Armeeoffizier ist es sodann seine Aufgabe, die Leichen gefallener Vietnam-Soldaten in die Heimat zu eskortieren und den jeweiligen Familien zu übergeben. Andere Details bekräftigen den Eindruck, daß der Roman Owen Meany auch als eine Art Todesengel konfiguriert: *The Grave* lautet der Name der Schülerzeitung, die Owen herausgibt, „Gravesend" ist der Name seines Geburtsortes. Hinzu kommt, daß Owen schon früh eine eigentümliche Faszination für Amputationen und Verstümmelungen jeglicher Art an den Tag legt. Mit einer solchen „Acrotomophilie" bzw. – interpretatorisch vorsichtiger – „Amelotasis"[26] ahnt Owen zwar primär sein eigenes Lebensende voraus, sie prädisponiert ihn aber auch dazu, die Besitztümer anderer zu beschädigen und sie sich sodann anzueignen und seiner privaten Reliquiensammlung einzuverleiben: „Owen's habit of collecting objects that *he* made (in his own way) RELIGIOUS was well known" (p. 270).

Zwei – von Irving symbolisch ausgedeutete – Gegenstände sind es vor allem, die für die beiden Jungen Owen und John zu Objekten der Begierde werden: ein ausgestopftes Gürteltier und eine (armlose)

---

[26] Cf. Brenda Loves Eintrag zu „Acrotomophilia" in ihrem Nachschlagwerk *The Encyclopedia of Unusual Sexual Practices* (Fort Lee: Barricade Books, 1992), p. 2: „ACROTOMOPHILIA (Amelotasis – attraction to the absence of a limb) An acrotomophile is a person who is aroused by the thought of having sex with an amputee or by fantasizing about it."

Kleiderpuppe der Mutter.[27] Beide bringt Owen hinterlistig in seinen Besitz. In direktem Anschluß an den Tod Tabbys inszenieren die beiden Buben untereinander ein merkwürdig-sonderbares Tauschgeschäft, „some necessary ritual" (p. 81): Owen gibt John seine Baseballkartensammlung, John dem Freund das Gürteltier, ein Geschenk Dans an den damals 6-jährigen späteren Adoptivsohn. Von dem Gürteltier waren Owen und John seit jeher fasziniert: „I loved the armadillo, of course, and Owen Meany also loved it" (p. 49), „Owen grew almost as attached to the little animal – and to Dan – as I was" (p. 62); „its insane, violent face" (p. 49) lehrt die Kinder behagliches Gruseln. Wenn Owen, was häufiger vorkommt, im Wheelwright-Haus in einem Zweitbett in Johns Zimmer nächtigt, wendet er das Tier jedesmal so, daß es auf ihn blickt: „I always noticed that the armadillo had been moved", erinnert sich John, „its face was turned more toward Owen than to me; its profile was no longer perfect. And once when I woke up, I saw that Owen was already awake; he was staring back at the armadillo, and he was smiling" (ibid.). Angeblich aus Sorge um die Unversehrtheit der Attrappe sichert sich Owen mit argumentatorischer Behendigkeit ein zeitweiliges Sorge- und Pflegerecht und bringt sie damit zeitweise in seinen Besitz:

> „YOU BETTER LET ME TAKE IT HOME. I CAN LOOK AFTER IT WHILE YOU'RE AWAY. IF IT'S ALL ALONE HERE, ONE OF THE MAIDS MIGHT DO SOMETHING STUPID – OR THERE COULD BE A FIRE," he said.
> „I never thought of that," I said.
> „WELL, IT WOULD BE VERY SAFE WITH ME," Owen said. Of course, I agreed. „AND I'VE BEEN THINKING," he added. „OVER NEXT THANKSGIVING, WHEN YOUR COUSINS ARE HERE, YOU BETTER LET ME TAKE THE ARMADILLO HOME WITH ME THEN, TOO. IT SOUNDS TO ME LIKE THEY'D BE TOO VIOLENT WITH IT. IT HAS A VERY DELICATE NOSE – AND THE TAIL CAN BREAK, TOO [...]." (p. 62f.)

---

[27] Die Schneiderpuppe bildet insofern einen Sonderfall, als daß Owen sie nicht erst beschädigen muß, um sie attraktiv finden zu können: als ein Torso erscheint sie auch ohne zusätzliche Verunstaltung defizitär und „amputiert."

Um die Unversehrtheit des Spielzeugs allerdings erweist sich Owen als alles andere als besorgt, wenn er das Tauschritual zum Anlaß nimmt, das Gürteltier zu verstümmeln, indem er ihm die Krallen ausreißt. John ist entsetzt: „missing from the armadillo were the little animal's front claws – the most useful and impressive part of its curious body. Owen had returned the armadillo, but he'd kept the claws! [...]. The thing had been crippled; it was rendered an invalid" (p. 85f.). Dan Needham leistet interpretatorische Assistenz: „Dan informed me that this was precisely what Owen *felt* he had done to me, and to himself: that we were both maimed and mutilated by what had happened to us" (p. 85).

Das Gürteltier kann, wie Dan es nahelegt, konventionell als Symbol für ein dem Menschen feindliches, unbarmherziges und undurchschaubares Schicksal, als stets präsente existentielle Bedrohung gedeutet werden, in der Funktion vergleichbar mit der „Undertow"-Symbolik in *The World According to Garp*. Es steht aber auch für Johns Hilflosigkeit angesichts der intellektuellen Überlegenheit des Freundes, für seine Angst, in der Beziehung zu Owen verschlungen zu werden: „It [the armadillo] looked at least willing, if not able, to eat *me*" (p. 49). Auch mit der Schneiderpuppe sichert sich Owen ein von John heißgeliebtes Andenken: „Sometimes I would think the dummy was my mother [...]. The point is, it was my mother's body – exactly" (p. 96). Wieder setzt Owen Hinterlist ein, um den Freund zu enteignen: „'DAN SHOULDN'T BE ALONE WITH THAT DUMMY [...]'" (p. 140); und: „'I'LL KEEP THE DUMMY WITH ME,' he said. „YOUR GRANDMOTHER SHOULDN'T HAVE THIS AROUND TO LOOK AT, EITHER – NOT TO MENTION, YOU,' he added" (p. 141). John bleibt allein die resignierte Feststellung: „And, like my armadillo's claws, he'd taken what he wanted – in this case, my mother's double" (p. 142). Obgleich der 45-jährige John Wheelwright – für seine Gedenkschrift programmatisch – verkündet: „God knows, Owen gave me more than he ever took from me – even when you consider that he took my mother" (p. 93), so bleibt doch der Sachverhalt bestehen, daß der Freund ihm sehr, sehr viel nimmt. Nicht nur eher triviale Gegenstände wie Gürteltier und Schneiderpuppe, nicht nur Mutter und rechten Zeigefinger, sondern auch die Möglichkeit eines generationendefinierten Zugehörigkeitsgefühls und die Freude an einem Sexualleben. John ist, so macht der Roman entgegen den Selbstbeteuerungen seines Erzählers deutlich, mindestens ebensosehr das Opfer Owens wie auch Huckleberry Finn zum Opfer der Manipulationen Tom Sawyers wird.

Noch bevor Owen durch den unglücklichen Baseballschlag John die Mutter nimmt, baut er sich in der Wheelwright-Familie in Konkurrenz zu John als eine Art zweiter Sohn des Hauses auf. Über Owens Verhältnis zu Tabitha Wheelwright schreibt John: „Owen had reason to identify her as more *his* mother than his own mother was" (p. 30). Owen, und nicht etwa der leibliche Sohn John, darf im Bett Tabitha Wheelwrights nächtigen, zum Mißfallen der Großmutter Harriet: „'I think it is most strange and improper that you should allow that little devil to sleep in your bed [...]'" (p. 104). Und auch an dem Verhalten seines Pflegevaters Dan registriert John selbst mit einer Spur von Eifersucht: „Dan's manifestations of physical affection for Owen exceeded, even, his fondness for me" (p. 206). Da die Großmutter Harriet ein Versprechen der Mutter Tabby einlöst, – „[e]verything you need [if you go to Gravesend Academy], Owen,' my mother said. 'It will be taken care of [...]'" (p. 25) – , ist seine äußere Erscheinung sogar gepflegter, eleganter als die Johns: „My clothes all came from Gravesend, but Grandmother took Owen shopping in Boston [...]. For our first day of classes, Owen showed up looking like a small Harvard lawyer" (p. 287). Wieder einmal hat John allen Grund, sich zurückgesetzt zu fühlen. Und: im Gegensatz zu John wirkt Owen – für den Freund unerklärlicherweise[28] – auf das andere Geschlecht höchst attraktiv; zu Schulzeiten schon erwirbt er sich die Spitznamen „Ladies' Man Meany" und „Older-Woman Master" (p. 299). Seine Attraktivität nutzt Owen, indem er mit Johns Cousine Hester eine Beziehung eingeht und damit den Freund, der selbst von „[a] sinful longing for unnatural acts with Hester" (p. 135) heimgesucht wird, zum Statisten und impotenten Beobachter degradiert. Zwar läßt John seine Leser im unklaren darüber, welches

---

[28] Cf. p. 285: „I noticed that Owen was attractive to women – not only to my mother. / It is difficult to say how he was attractive, or why; [...]."

Ausmaß an Intimität die Beziehung zwischen Hester und Owen angenommen hat, doch besteht wenig Anlaß, an der folgenden Vermutung Edward C. Reillys zu zweifeln: „Hester [...] is attracted to Owen and sexually initiates him [...]."[29] John spricht, sicherlich nicht ohne Grund, von „my crushing envy of Owen" (p. 294).

Bis 1987 wird John eine zölibatäre Lebensweise praktizieren. Freimütig bekennt er in seinem Lebensrückblick:

> After so many humiliating years of trying to lose my virginity, which no one but myself appeared even slightly interested in - hardly anyone has wanted to take it from me - I decided that, in the long run, my virginity was valuable only if I kept it. I don't think I'm a „nonpracticing homosexual," whatever that means. What has happened to me has simply *neutered* me. I just don't feel like „practicing." (p. 512)

Wenn Owen 1967 Johns rechten Zeigefinger amputiert, um dem Freund eine Einberufung zum Miltärdienst zu ersparen, so vollzieht er damit auch einen Akt der symbolischen Kastration.[30] Was Owens „Freundschaftsdienst" - „'JUST THINK OF THIS AS MY LITTLE GIFT TO YOU,'" (p. 509) - einen zusätzlich bitteren Beigeschmack verleiht, ist die Sinnlosigkeit von Johns Opfer: allein seine Flucht nach Kanada hätte ihn vor einer Einberufung nach Vietnam geschützt. Eines aber erreicht Owen mit seiner Tat: John ist fortan unfähig, sich als ein Teil seiner Generation zu empfinden; nicht nur körperlich, auch sozial wird John zu einem gewaltsam Losgetrennten, „Amputierten." Während einer Protestkundgebung gegen das militärische Eingreifen Amerikas in Vietnam erkennt er: „I tried

---

[29] Edward C. Reilly, p. 130. Reilly präsentiert allerdings seine - plausible - Vermutung als ein Faktum, wofür es jedoch in *Owen Meany* keinen sicheren Beleg gibt; cf. p. 342: „At nineteen, I was a virgin. [...] Owen, I imagined, was *not* a virgin; how *could* he have remained a virgin with Hester?"

[30] Owen selbst ist es, der das „diamond wheel", mit dem er Johns Finger amputiert, zuvor als ein wirksames Mittel zur Kastration identifiziert; cf. p. 438f.: „At least I could appreciate what Owen Meany meant, when he said of Randy White: 'I'D LIKE TO GET HIM UNDER THE DIAMOND WHEEL - ALL I'D NEED IS JUST A FEW SECONDS. I'D LIKE TO PUT HIS *DOINK* UNDER THE DIAMOND WHEEL,' Owen said."

to feel I was part of the demonstration; sadly, I *didn't* feel I was a part of it – I didn't feel I was part of anything. [...]. By the simple act of removing the first two joints of my right index finger, Owen Meany had enabled me to feel completely detached from my generation" (p. 532).

Diese Distanz zur eigenen Generation vereitelt letztlich auch Johns (laut Owen) aussichtsreichste Chance, sexuelle Erfahrung zu sammeln: „'YOU OUGHT TO THINK ABOUT JOINING THE 'PEACE MOVEMENT,' OLD BOY, [...] AS I UNDERSTAND IT, IT'S A GOOD WAY TO GET LAID [...]'" (p. 501). Aber John bleibt politisch und privat bindungsunfähig. Owen Meany nimmt John (mit Hester) nicht nur den erträumten Liebespartner, sondern die Fähigkeit eines genußvollen und schuldfreien Auslebens sexueller Triebe überhaupt. Er erreicht dies, indem er – ein strenger Sittenwächter über das Verhalten anderer – in Johns Denken eine unauflösbare Kopplung von Sexualität und Schuld verankert. John fragt sich, wer wohl sein biologischer Vater sei:

> Owen had prepared a small sermon on the subject of lust, a feeling he would later describe as A TRUTHFUL PREMONITION THAT DAMNATION IS FOR REAL. [...]. Lust, he would later say, was God's way of helping me identify who my father was; in lust had I been conceived, in lust would I discover my father. (p. 253)

Der therapeutische Nutzen von Owens Assistenz bei Johns Vatersuche ist fragwürdig: in erster Linie erreicht Owen, daß in John Wollust mit defizitärem Sozialverhalten und schuldhafter Verheimlichung gekoppelt wird.

> THE LUST CONNECTION, as Owen called it, [...] contributed to our ongoing enthusiasm for THE FATHER HUNT – as Owen called our overall enterprise.
> „EVERY TIME YOU GET A BONER, TRY TO THINK IF YOU REMIND YOURSELF OF ANYONE YOU KNOW" – that was Owen's interesting advice on the matter of my lust being my most traceable connection to my missing father. (p. 275)

John leidet, Owen diagnostiziert; John begehrt, Owen vereitelt; Owen deutet, John pflichtet bei; Owen befiehlt, John befolgt. Owens Freundschaftsdienste sind von interessegeleiteten Ausbeutungsmanövern nur schwer unterscheidbar. Mit allem Charisma des Propheten und aller Manipulation des rhetorisch Überlegenen zieht er sich in John einen Handlanger und Zuarbeiter heran, einen Erfüllungsgehilfen und einen Leibeigenen, seinen eigenen Apostel und Biographen: „John Wheelwright is passive by design. His role is to record the actions of others and canonize his childhood friend."[31] Im wörtlichen Sinne zu seinem Handlanger wird John während einer auf Owens Geheiß hin immer wieder trainierten Korbballübung, „the shot": Owen wirft John den Ball zu, dieser gibt ihn zurück an Owen und hebt dann den Freund in die Luft, damit dieser den Ball im Korb „versenken" kann. John ist der Assistent, Owen der Held der Übung. Es fällt angesichts einer solch ungleichen Rollen- und Lastenverteilung schwer, in dem Freundschaftsbund zwischen John und Owen eine ideale Freundschaftsbeziehung zu erkennen; gewiß ist einer These Donald J. Greiners zu widersprechen, die die Auffassung vertritt: „Wheelwright and Owen are Natty and Chingachcook [...]."[32]

Owen ist vielmehr in Johns Leben Hauptdarsteller und Regisseur zugleich. In den Roman integriert sind Jugenderinnerungen Johns an zwei Laientheateraufführungen, an ein Weihnachtskrippenspiel der Episkopalkirche und an eine Aufführung von Charles Dickens' *A Christmas Carol* durch eine Amateurschauspieltruppe unter der Leitung von Dan Needham. In beiden Fällen reißt Owen Meany die Inszenierung an sich. Die Rollen, die er in dem Krippenspiel seinem Freund John und sich selbst zuweist, erhalten einen definitorischen Charakter für das jeweilige Selbstverständnis und einen antizipatorischen Charakter für das jeweilige künftige Schicksal: Owen reserviert für sich die Starrolle des Jesuskindes, John darf Joseph, den stummen Zeugen und Statisten spielen. Weihnachten 1953 ist John noch untröstlich über diese Rollenzuweisung: „For what an uninspiring role it is; to be Joseph – that hapless follower, that stand-in, that guy

---

[31] R.Z. Sheppard, „The Message is the Message," 80.
[32] Donald J. Greiner, *Women Enter the Wilderness: Male Bonding and the American Novel of the 1980s* (Columbia: University of South Carolina Press, 1991), p. 69.

along for the ride" (p. 160). Doch schon bald übernimmt John die ursprüngliche Fremddefinition, „I was just Joseph; I felt that Owen Meany had already chosen me for the only part I could play" (p. 207); 1987 hat er sie endgültig als für sich verbindlich anerkannt: „I was Joseph then, and I'm just a Joseph now" (p. 439). Es spricht sogar Selbststolz und nicht Resignation aus Johns Worten, wenn er resümiert: „in later years, I would think I had been chosen by the Chosen One" (p. 160).

In Joseph findet John Wheelwright neben dem Evangelisten Johannes ein zweites neutestamentarisches Vorbild und Lebens- und Verhaltensmodell, aus dem er seine sexuelle Askese, sein Befehlsempfängertum und seine Pflicht, als Glaubenszeuge zu dienen, ableitet: „if someone were to put my doink under the wheel, I considered that it would be no great loss. / I was twenty-one and I was still a Joseph" (p. 439); „what is Joseph if not a man who does what he's told?" (p. 220); „I, Joseph – I did nothing, I was just the witness" (p. 172). Sogar Johns spätere Verstümmelung wird durch die Josephsfigur der holzgeschnitzten Weihnachtskrippe der Meany-Familie antizipiert: „there *was* a crib. Joseph had lost a hand" (p. 182). Die verstümmelte Krippenspielfigur und Johns eigene Fingeramputation sind weitere Indizien für Owens Amelotasis. Die beiden Amateurtheaterinszenierungen in ihrer Gesamtheit exemplifizieren tragende Charaktereigenschaften der Titelfigur, die keineswegs Zeugnis von beispielhafter christlicher Mildtätigkeit und Barmherzigkeit ablegen.

„'Owen's in charge of the whole thing – he's the star *and* the director [...]'" (p. 184), meint Freund John schwärmerisch und voller Hochachtung. Tatsächlich nutzt aber Owen das Krippenspiel, um sich schamlos in den Mittelpunkt des Interesses zu rücken, um sich bewundern und anbeten zu lassen: „the choir [...] sang 'Away in a Manger' while we shamelessly worshiped and adored Owen Meany" (p. 169). „Maria" (Mary Beth Baird) möchte das neugeborene Kind küssen und liebkosen; Owen aber verbittet sich jegliche körperliche Berührung. Sein Alternativvorschlag? „'TRY BOWING,' Owen suggested" (p. 172). Er übt sich bei jeder Gelegenheit in messianischen Gesten: „Owen raised his hand over her, to bless her" (ibid.). Als Owens Eltern zur Uraufführung erscheinen, verweist sie ein erzürntes Jesuskind kurzerhand der Kirche; ein grotesker Auszug in Kälte und Schnee, begleitet von den Klängen zu „'Glo-ry to the new-born King!'" (p. 200), schließt sich an. Zwar souffliert Owen während der Aufführung dem Weihnachtsengel, der nach den Worten „Be not afraid!" ins Stottern gerät, „'FOR BEHOLD, I BRING YOU GOOD NEWS OF A GREAT JOY WHICH WILL COME TO ALL THE PEOPLE,'" (p. 217), aber Owens remodelliertes Weihnachtsspiel ist vor allem anderen ein furchtauslösendes Gruselstück; die Jesusrolle, wie Owen sie spielt, zeigt „Lord Jesus as a born victim, born raw, born bandaged, born angry and accusing" (p. 226). In Owens egozentrischen Inszenierungen kommt ihm selbst alle Befehlsgewalt und uneingeschränkte Autorität zu; seinen Mitspielern stiehlt er bedenkenlos die Schau, unterwirft sie seinen Regeln, macht sie zu einem Teil seines Publikums.[33] John lobpreist: „here was a stage presence that could overcome not only amateurism [...]; Owen had overcome error and bad acting *and* deviation from the script" (p. 219). Ein Nachbar, des Originaltextes unkundig, meint bewundernd: „'[...] I mean, you get the idea right away, that this is no ordinary baby. You know, he's the *Lord*! Jesus – from Day One. I mean, he's *born* giving orders, telling' *everyone* what to do. [...] I had no idea it was so ... *primitive* a ritual, so violent, so *barbaric*. [...]'" (p. 229). Allein Dan relativiert lakonisch: „'It's not quite what the ... author ... intended,' [...]" (p. 229).

Auch an die Dickens-Vorlage hält sich Owen nur wenig:

> Dan was sure that Dickens would have disapproved.
> „Something's not right," Dan said. „Small children burst into tears ' they have to be removed from the audience before they get to the happy ending. We've started warning mothers with small children at the door. It's not quite the *family* entertainment it's supposed to be. Kids leave the theater looking like they've seen *Dracula*!" (p. 202)

---

[33] Cf. p. 195f.: „we were all unconscious of how very much we had become his [Owen's] audience."

Wie im Weihnachtsspiel reduziert Owen, der sich die Rolle des „Ghost of the Future" sichert, auch bei seiner Interpretation der Dickens-Weihnachtsgeschichte die Fabel der Vorlage auf reinen Schrecken, auf deren „fearful qualities" (p. 243). Als Owen während einer Aufführung laut aufheult, weil er in einer Vision sein eigenes Grab (samt Sterbedatum) zu sehen meint, generiert „the sheer terror in Owen's cry [...] a corresponding terror in the audience" (p. 244). Abermals marginalisiert Owen durch sein exzentrisch-egozentrisches Auftreten gewissenlos seine Mitakteure: „The silent Ghost of Christmas Yet to Come had stolen the penultimate scene from Scrooge" (p. 201).[34]

Um das egozentrische Verhalten Owen Meanys in ein Exempel christlichen Betragens und in rühmenswertes Heldentum umzudeuten, bedarf es einer immensen interpretatorischen Anstrengung, bedarf es der bedingungslosen Gefolgs-, Unterordnungs- und Opferbereitschaft eines John Wheelwright. John Wheelwright, 1987: „a churchgoer and a schoolteacher", ein Statist, ein Joseph, ein Mann, der – unversöhnt – in der Vergangenheit lebt, eine einsame, bemitleidenswerte Schattenexistenz: „my life has been determinedly unexciting; my life is a reading list" (p. 570). Er empfindet die Schuluniformen des Mädchenpensionats als eine voyeuristische Augenweide, „I've grown rather fond of them" (p. 279), stellt aber klar: „I didn't have a girlfriend when I started teaching all those BSS girls – and I never once looked at one of them in that way; not once, not even at the ones who had their schoolgirl crushes on me" (p. 458). John fügt sich ein in seine Statistenrolle, ist noch 45-jährig ein Mann ohne gelebte Sexualität und ohne Authentizität. Selbst seine Assimilation an die kanadischen Verhältnisse ist – all seiner Anpassungswut zum Trotz – gescheitert. Vom Rektor seiner Schule muß er sich – zu Recht – vorhalten lassen: „'Surely you know how much this community respects you John [...]. But don't you see how your ... *opinions* can be disturbing? It's very *American* – to have opinions as ... strong as your opinions. It's very Canadian to distrust strong opinions [...]'" (p. 224). Noch nicht einmal die Entscheidung, welches

---

[34] Cf. auch den Kommentar eines Theaterkritikers, den John zitiert: „[...] the miniature Meany simply dwarfs the other performers [...]'" (p. 202).

Land ihm als Exil dienen soll, hat John selbst getroffen. Es war Owen, der ihm Kanada als ein Gelobtes Land anpries: „I'M SURE IT'S A NICE COUNTRY TO LIVE IN [...]" (p. 491). John folgt immer jeglichem Fingerzeig Owens. Der Preis: Er ist einsam, nirgendwo zugehörig, sitzt zwischen den Stühlen, kritisiert mit gleichbleibender Heftigkeit rechtskonservative und linksalternative Gesellschaftsentwürfe.

A Prayer for Owen Meany als politischer Thesenroman: „I doubt that President Reagan could be converted to democracy"

Durch John Wheelrights Kommentare von 1987 zur zeitgenössischen amerikanischen Politik wird die Pikareske *A Prayer for Owen Meany* gleichzeitig zu einem politischen Thesenroman. Die Zielpunkte der Kritik sind leicht zu erkennen: Johns „heiliger Zorn" richtet sich gleichermaßen gegen die Reagan-Präsidentschaft und gegen die 68er-Generation. Nicht weniger bitter und unnachgiebig als T. Coraghessan Boyle in *World's End* rechnet auch Irving in seinem 89er-Roman mittels seiner Erzählerfigur mit den Mythenbildungen über die radikalen Sixties ab. Das letzte Kapitel des Romans wird mit den Worten eingeleitet: „Whenever I hear someone generalizing favorably about the 'sixties,' [...] I feel like throwing up" (p. 510). Er erinnert sich mit Unbehagen an „the aggressiveness of the so-called flower children" (ibid.), kritisiert die Eigeninteressen der Anti-Vietnam-Demonstranten, übernimmt schließlich Owens Diskreditierung der Friedensbewegung als einer eigennützigen Drückebergerbewegung: „'WHAT 'PEACE MOVEMENT'? – OR DO YOU MEAN THE *DON'T-GET-DRAFTED* MOVEMENT? THAT'S THE ONLY 'MOVEMENT' I SEE,'" (p. 500) belehrt Owen Hester und John.[35] 1987 fühlt sich John angeekelt von den Selbstbeweih-

---

[35] Cf. auch p. 431: „Owen used to say that the most disturbing thing about the antiwar movement – against the Vietnam War – was that he suspected self-interest motivated many of the protesters; he thought that if the issue of many of the protesters being drafted was removed from the issue of the war, there would be very little protest at all."

räucherungen der Protestgeneration; eine kriegsverlängernde und keineswegs kriegsverkürzende Wirkung schreibt er ihren damaligen Aktionen zu:

> What I saw in Washington that October [1967] were a lot of Americans who were genuinely dismayed by what their country was doing in Vietnam; I also saw a lot of other Americans who were self-righteously attracted to a most childish notion of heroism – namely, their own. They thought that to force a confrontation with soldiers and policemen would not only elevate themselves to the status of heroes; this confrontation, they deluded themselves, would expose the corruption of the political and social system they loftily thought they opposed. These would be the same people who, in later years, would credit the antiwar „movement" with eventually getting the U.S. armed forces out of Vietnam. That was not what I saw. I saw that the righteousness of many of these demonstrators simply helped to harden the attitudes of those poor fools who *supported* the war. That is what makes what Ronald Reagan would say – two years later, in 1969 – so ludicrous: that the Vietnam protests were giving „aid and comfort to the enemy." What I saw was that the protests did worse than that; they gave aid and comfort to the idiots who endorsed the war – they made that war last *longer*. That's what *I* saw. (p. 532f.)

John Wheelwright differenziert zugleich aber durchaus. Als ein typischer Vertreter einer pikaresken Mentalität kann er sich zwar bei keiner politischen Richtung heimisch fühlen; frei von Sympathien ist er aber keineswegs: „Typical of me, I felt unsure: I thought the protesters made more sense than anyone who remotely subscribed to 'U.S. policy'; but I also thought that Hester and most of her friends were losers and jerks. Hester was already beginning to call herself a 'socialist [...]'" (p. 465).[36]

---

[36] Der letzte Satz des Zitats gibt übrigens einen unmißverständlichen Hinweis auf eine Diskrepanz zwischen den politischen Ansichten des Romanciers Irving und jenen der Kunstfigur Wheelwright; cf. Irvings sympathisierende Haltung gegenüber sozialistischem Gedankengut in *The Hotel New Hampshire* und *The Cider House Rules*. Homer Wells konvertiert z.B. in seiner Zeit als Dr. Stone zum Sozialismus: „And after a while, he would write to Candy and say that he had become

Ronald Reagan wird für John zu einem prominenten Exponenten, ja zu einem Paradebeispiel für die Verfehlungen der amerikanischen Politik in der zweiten Hälfte des 20. Jahrhunderts; er verkörpert außenpolitische Insensibilität und die willfährige Wahrnehmung der Rolle eines *agent provocateur*[37], innenpolitisch steht er für Korruption sowie Verfassungs- und Gesetzesbruch: „The White House, that whole criminal mob, those arrogant goons who see themselves as *justified* to operate above the law – they disgrace democracy by claiming that what they do they do *for* democracy! They should be in jail! They should be in *Hollywood*!" (p. 321). Es sind vor allem die rhetorischen Ablenkungsmanöver der Reagans und ihrer Administration, Heuchelei, Lüge und Dummheit, die den Erzähler mit einer derart heftigen Abscheu reagieren lassen, daß ihm die innere Balance geraubt wird. Mit Sarkasmus befindet er: „Someone should tell Mrs. Reagan that young people – even young people on drugs – are *not* the ones responsible for the major problems besetting the world!" (p. 364). John Wheelwright ist sicherlich kein scharfsichtiger Analytiker politischer Strukturen; unverblümt bekennt er sich zu seinen Defiziten: „my grasp of American misadventures – even in Vietnam, not to mention Nicaragua – *is* shallow and superficial. [...] I'm sure I have no in-depth comprehension of American villainy [...]" (p. 452). Seine Kritik an der Politik Reagans formuliert er aus dem Bauch heraus, sie wird emotional, moralisierend und nicht immer zielgerichtet vorgetragen. Es sind originär amerikanische Tugenden, die John vermißt, wenn er seinen Blick auf die politische Rhetorik und Praxis des amerikanischen Präsidenten der 80er Jahre lenkt.

Wie Wilbur Larch leistet auch John Wheelwright Amerikakritik, indem er sich auf seiner Meinung nach tradierte amerikanische Werte beruft: Aufrichtigkeit, soziale Gerechtigkeit, (Basis-)Demokratie, Kontrolle der Legislative. Die Reagan-Dekade hingegen kennzeichnet, so John, allenfalls ein heuchlerisches Bekenntnis zur Demo-

---

a socialist; or, at least, that he'd become sympathetic to socialist views." *The Cider House Rules* (London u.a.: Black Swan, 1986), p. 716.

[37] Cf. p. 223: "'The Soviets said they wouldn't test any weapons until the U.S. tested first,' I told the canon. 'Don't you see how deliberately provocative this is? How *arrogant*! How unconcerned with *any* arms agreement – of *any* kind! [...].'"

kratie: „Why aren't Americans as disgusted by themselves – as fed up with themselves – as everyone else is? All their lip service to democracy, all their blatantly undemocratic behavior!" (p. 439f.). Perfekte Verkörperung scheindemokratischer Maske und Rhetorik ist für John *die* antidemokratische Unperson *per se*, Ronald Reagan: „I doubt that President Reagan could be converted to democracy" (p. 382).

John Wheelwright macht sich bei seiner Polemik gegen Reagan Einsichten einer Nachbarin aus seiner Jugendzeit, Mrs. Hoyt, zu eigen[38]:

> Mrs. Hoyt was the first person I remember who said that to criticize a specific American president was *not* anti-American; that to criticize a specific American policy was *not* antipatriotic; and that to disapprove of our involvement in a particular war against the communists was *not* the same as taking the communists' side. But these distinctions were lost on most of the citizens of Gravesend; they are lost on many of my former fellow Americans today. (p. 128)

Johns Kritik am Präsidenten weitet sich somit schließlich zu einer Kritik an der amerikanischen Wahlbevölkerung aus: „According to the *New York Times*, a new poll has revealed that most Americans believe that President Reagan is lying; what they should be asked is, *Do they care?*" (p. 371). Er nimmt eine Schlagzeile derselben Zeitung („Reagan Declares / Firmness on Gulf; / Plans Are Unclear") zum Anlaß, um polemisch zu formulieren: „Isn't that a classic? I don't mean the semicolon; I mean, isn't that just what the world needs? Unclear firmness!" (p. 357). Wenige Seiten später erzählt er von einer Begegnung mit US-amerikanischen Kanada-Touristen, die sich bei

---

[38] Daß der Erzähler in den 80er Jahren die Unterscheidungen von Mrs. Hoyt ohne Einschränkungen übernommen hat, belegt eine Textstelle auf p. 381f.: „they [the senators and representatives who are running for office again] point out to him [Lt. Col. Oliver North] that patriotism is not necessarily defined as blind devotion to a president's particular agenda – and that to dispute a presidential policy is not necessarily anti-American. They might add that God is not a *proven* right-winger!"

einem Ausflug verfahren hatten: „They drove off [...]; they went the wrong way, of course. Their plans were certainly unclear, but they exhibited an exemplary American firmness" (p. 363). Es wird deutlich: aus Johns Perspektive bilden Regent und Regierte eine Einheit. Dem US-Präsidenten und seinen Untertanen mangelt es, so John, gleichermaßen insbesondere an zwei Fähigkeiten: sie sind unfähig dazu, eine Außenperspektive ihrem Land gegenüber einzunehmen, und sie sind unfähig zur Erinnerung. Der US-amerikanischen Bevölkerung fehlt es an etwas, über das eine pikareske Existenz wie John Wheelwright notgedrungen verfügt: Weltoffenheit und Geschichtsbewußtsein.[39] Er wird in seinen Forderungen folglich rigoros: „Every American should be forced to live outside the United States for a year or two. Americans should be forced to see how *ridiculous* they appear to the rest of the world! They should listen to someone else's version of themselves – to *anyone else's* version!" (p. 223). Provinzialität, so Johns Argumentation, gebiert Engstirnigkeit und – in letzter Konsequenz – einen Präsidenten wie Ronald Reagan, geschichtsunkundig und dennoch forsch-dreist in seinen Urteilen, versteckt rassistisch und offen reaktionär, in der politischen Praxis ohne jegliche Sensibilität für tatsächliche demokratische Tugenden und Ideale.

Politisches Erzählen im Roman: Randy White und die Vietnam-Dekade

„Politisches Erzählen" heißt für John Irving allerdings zweierlei: digressiver Kommentar und Narration, die explizite Formulierung politischer Ansichten durch Erzählerkommentare – Donald J. Greiner spricht von „political asides in *A Prayer for Owen Meany*"[40] – und die Integration einer exemplarischen Darstellung politischer

---

[39] Cf. John Wheelwrights gleich zu Beginn seiner Lebensrückschau formulierte These auf p. 7: „Americans are not great historians [...]."
[40] Donald J. Greiner, p. 74.

Verhaltensweisen in die erzählte Handlung.⁴¹ Mit der Figur des Schulrektors Randy White führt John Irving auf der Ebene der erzählten Handlung ein Pendant zu dem präsidialen Bewohner des Weißen (!) Hauses der 80er Jahre in das Romangeschehen ein. Randolph White, „[h]is wife called him 'Randy'; he called her 'Sam' – from Samantha" (p. 317), macht seinem Namen alle Ehre: er gehört der exklusiv weißen, protestantischen Oberschicht an, hat zudem in eine schwerreiche Familie eingeheiratet: „She came from a 'meat money' family in the Chicago area; his was a 'meat family' background, too – although there was said to be more money in the meat she came from. One of the less-than-kind Chicago newspapers described their wedding as a 'meat marriage [...]'" (ibid). Wie keine zweite Figur des Romans verkörpert White den (heimlichen) Rassismus der gesellschaftlichen Elite Amerikas. Er ist die einzige Figur des Romans, die es erreicht, daß es selbst einem Owen Meany – Personifikation penetranter Wortgewalt und nicht minder penetranter Kommentierungssucht – die Sprache verschlägt. Als Bewerber für das Rektorenamt lehnt es White ab, mit dem Schülerzeitungschefredakteur Owen ein Gespräch zu führen: „'Request denied, Owen,' said Randolph White, finally shaking Owen's small hand. [...] 'Student opinion isn't a department, is it?'" (p. 317). John ist Zeuge einer für Owen einmaligen Reaktion: „The Voice was left speechless" (p. 318).

Owen jedoch hebt den Fehdehandschuh auf, sobald er wieder Worte findet. Er nutzt seine Leitartikel-Kolumne zu (naheliegender) Polemik:

„WHAT GRAVESEND *NEEDS* IS A HEADMASTER WITH A STRONG EDUCATIONAL BACKGROUND; MR. WHITE'S BACKGROUND IS *MEAT*." There was more, and it was worse. Owen suggested that someone check into admissions policy at the

---

⁴¹ Weil John Irving inhaltliche Parallelen zwischen der politischen Kritik Johns 1987 und figuralen Verhaltensweisen auf der Ebene der erzählten Handlung aufbaut, geht meines Erachtens die Einschätzung von Barbara Hoffert ins Leere, die Passagen zur amerikanischen Gegenwartspolitik seien nicht „actively integrated into the book." Barbara Hoffert, *Library Journal* (10.4.1989), 54.

small private day school in Lake Forest [Illinois]; were there any Jews and blacks in Mr. White's school? (p. 318)

Owen läßt besorgte Eltern recherchieren, und die Antworten und Reaktionen aus Lake Forest fallen in ihrer Widersprüchlichkeit enthüllend aus: „the parents were told that the school had 'no specific admissions policy'; they were also told that the school had no blacks or Jews" (p. 319). Ausgerechnet Randy White wirft Owen Meany Antisemitismus vor und läßt in diesem Zusammenhang nur sein eigenes antisemitisches Denken zum Vorschein kommen: „Owen, Dan Needham pointed out, hadn't even *known* that the Lishes were Jewish. / 'How could he not *know*?' Headmaster White cried" (p. 379).[42]

Als Rektor gefällt sich White in der Vorstellung, ein Reformer, ein „change-maker within a great tradition" (p. 317) zu sein. Allein: die Reformen, die er einführt, haben allesamt einen antidemokratischen Zug, schaffen Schülermitbestimmung und das Selbstverwaltungsrecht des Lehrkörpers faktisch ab. Wieder kontert Owen mit der Macht seiner vielbeachteten Kolumne:

„THE HEADMASTER HAS CHANGED A DEMOCRACY TO AN OLIGARCHY [...]."
„LOOK UP 'OLIGARCHY' IN THE DICTIONARY IF YOU DON'T KNOW WHAT I MEAN: 'A FORM OF GOVERNMENT IN WHICH THE POWER IS VESTED IN A FEW PERSONS OR IN A DOMINANT CLASS OR CLIQUE; GOVERNMENT BY THE FEW.'" (p. 330f.)

---

[42] Zum latenten Antisemitismus von Ronald Reagan cf. Paul D. Erickson, *Reagan Speaks: The Making of an American Myth* (New York und London: New York University Press, 1985), p. 75f: „When Reagan speaks of the Jewish faith in America, he does so in a manner seemingly suggestive that Judaism is a superfluous and perhaps even a false faith in America. Apart from speeches to specifically Jewish organizations (which he makes rarely), Reagan mentions exclusively Judaic beliefs only in the context of Christianity. [...] when the President spoke 'for all Americans' to the Jews, seemingly as though they comprised a distinct community, he articulated a Christian point of view."

Es sind Passagen wie diese, die Owens Analyse des White-Regiments mit Johns Beschreibungen der Reagan-Präsidentschaft deckungsgleich werden lassen. Als Owen im Präsidentschaftswahlkampf zwischen Kennedy und Nixon für den späteren Sieger Partei ergreift, erläßt der Rektor allerlei Zensurregelungen: „'I'm a Republican,' Randy White told us" (p. 332). Owen nimmt den Kampf mit dem reaktionären Rektor auf, aber er gewinnt ihn nicht. Gemäß dem neutestamentarischen Interpretationsraster Johns spielt White seinen Herodes-Part bei der Kreuzigung Owens. Voll persönlicher Rachsucht schreibt er alle jene Elite-Universitäten an, die dem Spitzenschüler eine Immatrikulation zugesagt hatten, und warnt vor Owens (von White erfundenem) Antisemitismus und vor dessen (tatsächlichem) Antikatholizismus. So zwingt er Owen dazu, sich zur Finanzierung seines Studiums in das ROTC-Programm (Reserve Officers Training Corps) der US-Armee einzuschreiben. John erläutert:

> You went to college at the expense of the U.S. Army, and while you were in college, you took a few courses that the U.S.Army offered – Military History and Small Unit Tactics; stuff like that, not terribly taxing. The summer following your junior year, you would be required to take a little Basic Training – the standard six-week course. And upon your graduation you would receive your commission; you would graduate a second lieutenant in the United States Army – and you would owe your country four years of active duty, plus two years in the Army Reserve. (p. 411)

Aber schon 1961 wirft der Vietnamkrieg seine Schatten voraus. Die 60er Jahre sind in *A Prayer for Owen Meany* die Vietnam-Dekade, „the decade that would defeat us" (p. 315). In seiner Mißbilligung der offiziellen amerikanischen Vietnampolitik und der (durch sie bedingten) Eskalation des Krieges bringt Irvings Ich-Erzähler seine Amerikakritik auf den Punkt. Die erbarmungslos-scharfe Kritik, die er auch noch nach 20-jähriger Distanz voller Leidenschaft vorträgt, bezeugt tiefe, unmittelbare Betroffenheit: in einem gewissen Sinn werden alle Menschen, die ihn prägen, Owen, Hester, und auch er selbst zu Opfern des Vietnamkriegs. Phyllis Robinson trifft den Nerv des Romans, wenn sie konstatiert, daß *Owen Meany* von der These getragen wird, „that the Vietnam War made victim of us all, not just those who were killed or who left their country."[43]

Hester – der Name zollt Tribut an die bedeutendste und vielleicht einflußreichste Grenzgängerin Amerikas, Hester Prynne in Hawthornes *The Scarlet Letter* (1850) – wird in *A Prayer for Owen Meany* zum sozialrevolutionären Gewissen der durch den Vietnamkrieg gespaltenen Nation. Hester Eastham steht außerdem ohne Zweifel in einer geistigen Schwesternschaft zu der Melony-Figur aus *The Cider House Rules*. Wie diese ist auch Hester eine immer zornige Rebellin, unerbittlich in ihrer Kritik, unversöhnlich gegenüber den Fehlleistungen des Patriarchats. In den 80er Jahren reüssiert sie als Rocksängerin, aber die Machart ihrer Videoclips belegt, daß die Erinnerungen an die Sixties nicht nur ihren Musikstil, sondern darüber hinaus ihre bittere und unversöhnliche Weltsicht prägen.

> Hester's videos are truly ugly. [...] the *visual* accompaniment is a mystifying blend of contemporary, carnal encounters with unidentified young boys intercut with black-and-white, documentary footage from the Vietnam War. Napalm victims, mothers cradling their murdered children, helicopters landing and taking off and crashing in the midst of perilous ground fire, emergency surgeries in the field, countless GI's with their heads in their hands [...]. (p. 512)

Hesters Karriere im Bereich der Populärmusik[44] ist natürlich ein parodistischer Kommentar zu der geschmacklos-reißerischen Koppelung von Sex and Gewalt, durch die sich die Unterhaltungsbranche der 80er Jahre Umsatzsteigerungen erhoffte. Der kulturelle Niedergang der Vereinigten Staaten, der, so Johns nicht gerade originelle These, zum Prozeß der politischen Degeneration parallel läuft, steht

---

[43] Phyllis Robinson, 3.

[44] In letzter Konsequenz zeichnet Owen auch für Hesters Karriere als Sängerin verantwortlich; Leben und Sterben des Freundes geben die Themen ihrer Liederfolge vor. Die Titel ihrer Hits, aufgelistet auf p. 513, haben samt und sonders einen Bezug zu Owen: „'Drivin' with No Hands'; 'Gone to Arizona'; 'No Church, No Country, No More'; 'Just Another Dead Hero'; 'I Don't Believe in No Soul'; 'You Won't See Me at His Funeral'; 'Life After You'; 'Why the Boys Want Me'; 'Your Voice Convinces Me'; 'There's No Forgettin' Nineteen Sixty-eight.'"

für den Erzähler in einem unmittelbaren Zusammenhang mit dem Siegeszug des Fernsehers. Auch hier liegen die Wurzeln der Dekadenz laut John in den 60er Jahren: „The summer of '68 suffered from what would become the society's blend of the murderous and the trivial" (p. 534). Und: „What we witnessed with the death of Kennedy was the triumph of television; what we saw with his assassination, and with his funeral, was the beginning of television's dominance of our culture" (p. 442).

Das tragische Schicksal Kennedys scheint das Ende von Owen Meany zu präfigurieren. So wie Owen zumindest bis zu dem Zeitpunkt, da er von der ehebrecherischen Beziehung des US-Präsidenten zu Marilyn Monroe erfährt, Kennedy als eine Art Erlöser empfindet, „'I BELIEVE HE'S A KIND OF SAVIOR,' Owen wrote in his diary" (p. 335), so schickt sich auch John Wheelwright an, Owen als einen neuen Messias zu porträtieren. Wie Kennedy wird Owen das Opfer eines heimtückischen Attentäters, der seinerseits kurzerhand erschossen wird. Ein Gespräch zwischen Johns Großmutter und Owen im Anschluß an die TV-Berichterstattung zur Ermordung Kennedys macht die Parallelität explizit: „'Wouldn't *you* rather be murdered by a maniac?' she asked him. / 'IF IT WOULD DO ANY GOOD – YES, I WOULD,' said Owen Meany" (p. 443). Die gewalttätige Explosivität der amerikanischen 60er Jahre fordert im Roman vielerlei Opfer, unabhängig vom Ausmaß ihrer Prominenz. Es sind zuallererst die Armen des Landes, die die kriegerische Auseinandersetzung in Vietnam mit dem Leben bezahlen müssen. John bilanziert und zitiert sarkastisch:

> Of the first 240,000 taken into the military between 1966 and 1968, 40 percent read below sixth-grade level, 41 percent were black, 75 percent came from low-income families, 80 percent had dropped out of high school. „The poor of America have not had the opportunity to earn their fair share of this nation's abundance," secretary McNamara said, „but they can be given an opportunity to serve in their country's defense." (p. 370)

Owen Meany kommentiert ebenso bissig: "'WHAT HE'S *SAYING* IS, YOU DON'T HAVE TO BE WHITE – OR A GOOD

READER – TO *DIE*! [...]'," (ibid.). Während der Leichenrückführungen, die Owen leitet, kommt er immer wieder in Kontakt mit den Familien der Unterschicht, und Dick Jarvits, der irregeleitete Junge, der Owens Tod verschuldet, stammt aus der alleruntersten Schicht der Gesellschaft. Owen spricht im Zusammenhang mit der Jarvits-Familie von einem „tribe" (p. 595), Edward C. Reilly betont: „Of all the family images in Irving's novels, the Jarvits provide the most negative image."[45] Die Mutter ist eine keifend-promiskuitive Schlampe, die auf Owen mit dem ihr vertrauten Verhaltensrepertoire reagiert: „she appeared contradictively stimulated to flirt with him and to kill him" (p. 589); ihr Gatte, „the man's doughy countenance wavered between brute stupidity and contempt" (ibid.), ist ein parasitärer Säufer; die Schwangerschaft der ältesten Tochter der Familie deutet auf einen sexuellen Mißbrauch hin (Major Rawls erläutert, p. 590: „I can't tell you who knocked her up, but I've got a feeling it was a family affair. [...] Maybe *both* brothers were banging her"); Dick, der jüngere Bruder des toten Vietnamsoldaten, kleidet sich mit Kampfanzügen, sammelt Waffen und Vietnam-Memorabilia, träumt „without cease of butchering the Viet Cong" (p. 598). Owen kommentiert scharfsinnig: „'WHAT'S WRONG WITH THIS COUNTRY? [...] WE SHOULD ALL BE AT HOME, LOOKING AFTER PEOPLE LIKE THIS. INSTEAD, WE'RE SENDING PEOPLE LIKE THIS TO VIETNAM!'" (p. 601).

„Unclear Firmness": Die eingeschränkte Glaubwürdigkeit des Hagiographen John Wheelwright

Owen Meany stirbt am 8. Juli 1968. Eine Zeitchronik notiert zu diesem Tag: „U.S. forces fight three sharp engagements near Saigon"; zum Vortag vermerkt sie: „Pres. Johnson signs a bill making it a federal crime to desecrate the U.S. flag."[46] Mit Owen Meany und John Wheelwright wollte Irving nach eigenem Bekunden „two

---

[45] Edward C. Reilly, p. 137.
[46] Thomas Parker und Douglas Nelson, *Day by Day: The Sixties*, Vol. II (New York: Facts On File, 1983), p. 864f.

victims of the Vietnam period in our history"[47] porträtieren. Johns Verstümmelung, sein kanadisches Exil, die Umstände von Owens Sterben sind mittelbare Folgen des Vietnamkriegs. Als Dick Jarvits am Morgen des 8. Juli 1968 am Flughafen von Phoenix vietnamesische Flüchtlingskinder sieht, betreut – im Rahmen einer katholischen Hilfsaktion – von Nonnen, läuft er Amok. Eine der Schwestern bittet Owen, die kleinen Jungen zur Männertoilette zu begleiten. Dort dringt Dick ein, überrascht John, Owen und die Kinder, wirft eine Handgranate in den engen Raum. Owen befiehlt den Kindern, sich auf den Boden zu werfen. Alles weitere läuft mit trainierter Mechanik ab. John fängt die Granate auf, gibt sie weiter an Owen, der sie – mit der Technik der bis zum Exzeß geübten Korbballübung – auf die hohe Bank des einzigen Fensters transportiert und sich bis zu ihrer Explosion über sie beugt. Die Kinder bleiben ebenso unverletzt wie John. Owen aber hat beide Unterarme verloren, stirbt im Schoß einer der Nonnen, die ihm die letzte Segnung erteilt. Wie so viele von Irvings Romanfiguren, T.S. Garp etwa oder dessen Mutter Jenny, wird auch Owen das Opfer roher, explosiver Gewalt.

Fast alle Erzählfäden des Romans laufen mit planvoller Zielstrebigkeit auf diese Szene zu. Die Umstände von Owen Meanys Sterben bestätigen, was Christa Wolfs Kassandra prägnant formuliert: „Der nahe Tod mobilisiert nochmal das ganze Leben."[48] Rainulf A. Stelzmann übernimmt die christlichen Deutungen des Erzählers und die prädeterministischen Selbstdeutungen Owens, wenn er resümiert:

> Alles, was bedrückend und unverständlich in seinem Leben war, scheint so im Tod gelöst zu sein und einen Sinn zu bekommen: Owen war ein Werkzeug in der Hand Gottes, um unschuldige Kinder zu retten und uns damit ein Zeichen der Liebe zu setzen. Seine Mißgestalt, seine unnatürliche Stimme, sein Militärdienst, ja selbst die eigenartige Korbballübung, waren Mittel zu diesem Zweck. Sie

---

[47] Richard Bernstein, C13.
[48] Christa Wolf, *Kassandra: Erzählung* (Darmstadt und Neuwied: Luchterhand, 1983), p. 75.

alle dienten der Erfüllung des Willens eines uns selbst im Chaos der Sünde liebenden Gottes.[49]

Weiteres kann Stelzmanns Aufzählung hinzugefügt werden. Auch Owens phobische Reaktion auf Nonnen, unter der er zeitlebens leidet, – „'IT'S THE IDEA OF NUNS – IN GENERAL [...]'", bekennt er an einer Stelle der Handlung, „'[...] THAT GIVES ME THE SHIVERS,'" (p. 266)[50], sein eigenartiges Bandagenkostüm 1953, als er die Rolle des Jesuskindes spielte, seine Lieblingstextstelle in Shakespeares *Julius Caesar*[51] und seine lebenslange Faszination an amputierten Gliedmaßen erhalten vor dem Hintergrund der Umstände seines Sterbens einen erklärenden und antizipatorischen Charakter. Selbst die außergewöhnliche Architektur des Flughafenurinals, ein Schlauchzimmer, „– like a coffin standing upright on one end –" (p. 611), scheint Owen schon als Kind während eines Spiels in der Dachstube des Wheelwright-Hauses vorausgeahnt zu haben. Einer von Johns Cousins erläutert die damaligen Spielregeln: „That's the game! We got to find Hester [in the dark] before she pulls our *doinks*" (p. 72); der Verlauf des Spiels: „Owen was crawling on all fours, because he most feared – and expected – an attack from one of the large, overhead shelves" (p. 74).

Freilich: zunächst einmal ist es nicht Gott, sondern ein Erzähler, John Wheelwright, der viele Handlungsfäden in einer Zentralstelle seines Textes kunstvoll zusammenführt und ihnen somit eine strukturierende Funktion zukommen läßt. Zunächst einmal stehen nicht göttliche Allmacht oder Vorherbestimmung, sondern das teleologische Darstellungsinteresse eines Überlebenden auf dem Prüfstand, eines Überlebenden, dessen erklärtes Ziel es ist, vielen Einzelelementen aus dem Leben eines Verstorbenen posthum Sinn zu verleihen. Der Name „Owen Meany" selbst ist suggestiv, er suggeriert die

---

[49] Rainulf A. Stelzmann, 64f. Eine weitere christlich-orthodoxe Interpretation des Romans findet sich in der Rezension James M. Walls: „Owen Meany and the Presence of God," *The Christian Century* (22./29.3.1989), 299-300.
[50] Cf. auch p. 271: „Owen was afraid of nuns. / 'THEY'RE UNNATURAL,' he said [...]."
[51] Cf. p. 284; Owen zitiert: „Cowards die many times before their deaths; / The valiant never taste of death but once."

Bedeutung „I owe [him] meaning."[52] Owens Tod hat John nach eigenem Bekenntnis zu einem überzeugten Christen werden lassen. Seine Erinnerungen sind die Aufzeichnungen eines Trauernden, eines existentiell Erschütterten. Sie enthalten Rationalisierungen und retrospektive Deutungen, die vor allem dem interessegeleiteten Erzähler selbst helfen (sollen), einen Zustand universeller Enttäuschung zu überwinden. John bändigt so die radikale Instabilität einer Welt, die ihm konsekutiv alle Menschen nimmt, die er liebt, durch Interpretation, durch sein Vertrauen auf tradierte und stabile Handlungs- und Erzählmuster. John versucht sich an der Konstruktion von Ordnung und Sinn, will Stimmigkeit erzwingen, Chaotisches und Akzidentielles ausschließen. Aber was Stuart Miller generell als Kennzeichen pikaresker Erzählwerke identifiziert, gilt auch für *Owen Meany*: „They merely tease us with the hope of finding structure in the picaresque world."[53]

Ganz in diesem Sinne vermag John Dewey zu resümieren: „Owen Meany is an artifact, the product of Wheelwright's observation. [...] Wheelwright [...] finds the world of pure contingency too hazardous and thus retreats to the private shrine of Owen Meany [...]."[54] John legt primär nicht Zeugnis ab vom Leben eines Heiligen, sondern personifiziert das Bedürfnis nach der Konstruktion von Heiligen.[55] Erst wenn der Skandal des Todes Teil göttlicher Planung ist, wird er für ihn gebändigt. Nur wer alle Deutungen der Erzählinstanz ungeprüft übernimmt, ohne ihre Interessen und psychobiographischen Voraussetzungen selbst zum Gegenstand des analyti-

---

[52] Cf. p. 2: „What faith I have I owe to Owen Meany, a boy I grew up with."
[53] Stuart Miller, *The Picaresque Novel* (Cleveland: The Press Case of Case Western Reserve University, 1967), p. 13.
[54] Joseph Dewey, *Novels from Reagan's America: A New Realism* (Gainesville u.a.: University of Florida Press, 1999), pp. 67 und 77.
[55] Cf. Richard W.B. Lewis, „Der pikareske Heilige," in: Helmut Heidenreich (ed.), *Pikarische Welt: Schriften zum europäischen Schelmenroman* (Darmstadt: Wiss. Buchgesellschaft, 1969), p. 315: „Mehr vielleicht als durch irgendein anderes Element wird gerade durch diese Gestalt [die des pikaresken Heiligen] – diese seltsame, immer wieder auftauchende, manchmal halb verborgene, manchmal deutlich sichtbare, manchmal groteske [...] Verkörperung der Heiligkeit – der Sinn des Daseins [...] letztlich ausgesprochen."

schen Interesses zu machen, kann zu dem Ergebnis gelangen, *A Prayer for Owen Meany* beschreibe „mit [...] Klarheit und Einsicht, ohne Abweichungen in psychologische, soziologische oder andere Erklärungen, den Weg des Christen zum Heil [...]."[56] Denn Irvings Roman liefert zahlreiche Hinweise, die es erlauben, ja nahelegen, die Verbindlichkeit der Interpretationen des Ich-Erzählers zu relativieren bzw. in Zweifel zu ziehen. John Wheelwright formuliert sicherlich keine „confession of a liar"[57], wohl aber „'lies of a confessionalist [...].'"[58] Auch für den Irving-Roman des Jahres 1989 gilt, was Matthias Bauer als die dem Leser zugedachte Aufgabe bei der Lektüre pikaresker Romane bestimmt hat: „Der bloße Nachvollzug dessen, was schwarz auf weiß dasteht, genügt nicht, um in die Grauzone des Erzählten vorzudringen. Was der Leser zwischen den Zeilen entdecken kann und im Verlauf seiner Konjektur erschließen kann, wird im Text bestenfalls angedeutet."[59] Das Fazit, das Meinhard Winkgens zu *David Copperfield* (1849/50) zieht, kann ebenso für Irvings siebtes Langerzählwerk Geltung beanspruchen: Auch *A Prayer for Owen Meany* „erweist sich [...] als ideales Beispiel dafür, daß ein sich zu einer Hermeneutik des Verdachts bekennendes Interpretationsverfahren nicht den Text verfälschen muß, sondern sich im Gegenteil auf zahlreiche Anhaltspunkte stützen kann, die, als latenten Sinn auszuwerten und gegen die offizielle moralische Botschaft des manifesten Gehalts zu kehren, der Roman selbst nahelegt."[60]

---

[56] Rainulf A. Stelzmann, 66.
[57] Claudio Guillén, *Literature as System: Essays Toward the Theory of Literary History* (Princeton: Princeton University Press, 1971), p. 92.
[58] Randolph D. Pope, „The Picaresque and Autobiography," in: Carmen Benito-Vessels und Michael Zappala (eds.), *The Picaresque: A Symposium on the Rogue's Tale* (Newark: University of Delaware Press, 1994), p. 74. Zur Tradition des konfessionalen Erzählens in den U.S.A. cf. ferner Wesley A. Kort, *Modern Fiction and Human Time: A Study in Narrative and Belief* (Tampa: University of South Florida Press, 1985), besonders pp. 1-21.
[59] Matthias Bauer, *Der Schelmenroman* (Stuttgart: Metzler, 1994), p. 29.
[60] Meinhard Winkgens, „Natur als Palimpsest: Der eingeschriebene Subtext in Charles Dickens' *David Copperfield*," in: Konrad Groß et al. (eds.), *Das Natur/Kultur-Paradigma in der englischsprachigen Erzählliteratur des 19. und 20. Jahrhunderts: Festschrift zum 60. Geburtstag von Paul Goetsch* (Tübingen: Narr, 1994), p. 57.

Es sind vor allem erhebliche psychologische, aber auch symbolische Defizite, die die Vertrauens- und Glaubwürdigkeit von John Wheelwright unterhöhlen. In *A Prayer for Owen Meany* liegt eine klassisch-pikareske Erzählsituation vor, von der William Riggan konstatiert: „almost invariably it produces a situation of narrative unreliability."[61] Die Wirksamkeit und Kompetenz der Kritik einer Person, die mit Vorliebe als ein sittlicher Ankläger auftritt, wird – symbolisch – durch das Fehlen eines Zeigefingers ganz beträchtlich eingeschränkt. Bis zu dem Tod Owens war John wiederholt das Opfer der intellektuellen Überlegenheit, der Ambitionen und Machtdemonstrationen des Freundes. John kompensiert seine Niederlagen, indem er denjenigen vergöttert, der ihm Familie, Bindungsfähigkeit und körperliche Unversehrtheit geraubt hat. John neigt dazu, eigene Defizite zu moralisch hochwertigen Tugenden umzudeuten: seine sexuelle Askese, eigentlich ein Indiz für eine grundlegende Bindungsangst, begreift er als sozial wertvolle Verhaltenspraxis, die Verstümmelung seines Fingers deutet er als ein Geschenk: „he created for me a perfect teaching tool, he gave me a terrific attention-getter for whenever the class is lagging behind" (p. 531). 20 Jahre nach Owens Tod ist John zu einem devoten Jünger des früh Verstorbenen geworden; mit Verzweiflung ringt er darum, eigene Konturen zu gewinnen. Der von John mit einem Heiligenschein versehene Owen hatte freilich das Jüngerdasein mit nur wenig schmeichelhaften Worten bedacht: „[...] THE DISCIPLES ARE STUPID – THEY NEVER UNDERSTAND WHAT JESUS MEANS, THEY'RE A BUNCH OF BUNGLERS, THEY DON'T BELIEVE IN GOD AS MUCH AS THEY *WANT* TO BELIEVE [...]" (p. 310).

John sieht in seiner Glaubensstärke, die ihn seiner Meinung nach zum Zeitpunkt der Niederschrift seiner Erinnerungen auszeichnet, ein bleibendes Geschenk Owens. Wenig schmeichelhaft aber ist, daß John zu einem rechthaberischen Pharisäer geworden ist. „Joining the priesthood", das war der idiomatische Euphemismus von Johns Großmutter für „some insupportable foolishness, some self-created difficulty, some action as inhuman as it was bizarre" (p. 108). Der

---

[61] William Riggan, *Pícaros, Madmen, Naïfs, and Clowns: The Unreliable First-Person Narrator* (Norman: University of Oklahoma Press, 1981), p. 76.

Dogmatimus Johns im Jahr 1987 aber läßt wenig Zweifel daran, daß er einer Art von Priesterschaft beigetreten ist, wie sie Harriet Wheelwright definiert. Die Parallelhandlung um den Pastor der Kongregationskirche Lewis Merrill legt zugleich jedoch nahe, daß auch Johns Glaubensfestigkeit auf ziemlich wackligen Füßen steht. John findet in Merrill – durch eine Intervention Owens aus dem Jenseits, wie John unbeirrbar meint – endlich den lang gesuchten leiblichen Vater. Enttäuscht und zornig darüber, daß Merrill sich weigert, Owens Leben und Tod als einen Beweis für das wundersame Wirken Gottes zu werten, –"I have never been angrier" (p. 547), bekennt John 1987 –, schreitet der spät anerkannte Sohn zur Rache. Als John die in den Umrissen seiner Mutter ähnliche Kleiderpuppe im Halbdunkel vor Merrills Kapelle aufstellt, glaubt sich der Geistliche mit einer Totenerscheinung konfrontiert. Er glaubt an ein Wunder, findet seinen verlorenen Glauben wieder und zeichnet sich künftig durch besondere Glaubensfestigkeit aus. Selbst sein für ihn charakteristisches Stottern gehört fortan der Vergangenheit an: „There was something newly powerful and confident in his voice [...]; he had found his lost faith – he spoke with absolute belief in every word he uttered; therefore he never stuttered" (p. 563).

Doch Lewis Merrill, der an dem Tag seinen Glauben verlor, an dem Owens Baseball Johns Mutter Tabby tödlich niederstreckte, findet ihn 15 Jahre später nicht durch ein Wunder, sondern durch „ein von seinem Sohn boshaft inszeniertes Scheinwunder"[62] wieder. John Wheelwright ist bei seiner Analyse der Frömmigkeit des Vaters von kühler Nüchternheit: „he had met the miracle of Owen Meany, face to face, and still hadn't believed in him – and now he believed *everything*, not because of Owen Meany but because I had tricked him" (p. 568). John gönnt sich die unchristlichen Triumphgefühle eines ödipal konstituierten Sohnes: „What a *wimp* he was, Pastor Merrill; but how proud I felt of my mother – that she'd had the good sense to shrug him off" (p. 546). Er erinnert sich ohne Reue an die Heftigkeit seines Racheinstinkts: „I confess: I was slightly disappointed that the shock of my mother appearing before him hadn't killed him" (p. 555). John bilanziert: „This is what a self-centered

---

[62] Rainulf A. Stelzmann, 65.

religion does to us: it allows us to use it to further our own ends" (p. 544).

Die Parallelkonstruktionen im Roman sind somit Nährboden des Zweifels. *Doubt* ist eines der Schlüsselwörter des Romans. Es ist zugleich das Schlüsselwort eines Zitats von Frederick Buechner, das Irving seinem Roman als Motto vorangestellt hat: „Without somehow destroying me in the process, how could God reveal himself in a way that would leave no room for doubt? If there were no room for doubt, there would be no room for me." Die Glaubensfestigkeit Merrills ist das Ergebnis einer gezielten Täuschung, einer Selbstverblendung. John F. Kennedy wird im Roman zunächst als eine Erlöserfigur aufgebaut und dann als ein falscher Messias verworfen. Somit können sich auch Zweifel an dem Erlöserstatus eines Owen Meany einstellen. Irvings Roman entwirft in diesem Sinne weniger veritable Erlöserfiguren, als daß er das amerikanisch-apokalyptische Bedürfnis nach Erlösern thematisiert; Originalton Owen Meany aus Anlaß des Selbstmordes von Marilyn Monroe: „THE COUNTRY WANTS A SAVIOR" (p. 430).

Die Kritik an pseudoreligiöser Selbstgewißheit und an missionarischer Überheblichkeit in *A Prayer for Owen Meany* hat dabei einen doppelten Zeitbezug; sie attackiert die rhetorische Praxis zeitgenössischer TV-Evangelisten[63] ebenso wie die einer Figur wie Lewis Merrill, die eines Ronald Reagan ebenso wie die eines Reverend Wiggins. Wenn John Wheelwright die fragwürdigen Grundlagen der Religiosität Merrills einer Analyse unterzieht, leistet er damit auch unbewußt eine Form der Selbstanalyse. Es ist eine der tragenden Ironien des Romans[64], daß dem Erzähler die auffälligen Ähnlichkeiten zwischen seinem biologischen Vater und ihm selbst weitgehend verborgen bleiben. Sogar die letzten Worte Merrills, die John

---

[63] Cf. Owens Tirade gegen TV-Evangelisten auf p. 603: „'THAT IS WHERE THIS COUNTRY IS HEADED – IT IS HEADED TOWARD OVERSIMPLIFICATION. YOU WANT TO SEE A PRESIDENT OF THE FUTURE? TURN ON ANY TELEVISION ON ANY SUNDAY MORNING – FIND ONE OF THOSE HOLY ROLLERS: THAT'S HIM, THAT'S THE NEW MISTER PRESIDENT."
[64] Alfred Kazin irrt meines Erachtens, wenn er dem Roman keine Ironie attestiert; cf. „God's Own Little Squirt," 30.

im Roman zitiert, sind mit den letzten Worten Johns im Roman in der Formulierung fast und im Sinngehalt vollkommen identisch. Merrill hat seinen Schlußauftritt im Roman während der Totenfeier für Owen Meany. Er predigt:

> „[...] I would like to ask God to give us *back* Owen Meany," Mr. Merrill said; when he spread his arms wide, the fingers of his right hand were dancing again in the beam of light. „O God – give him back, give him back to us!" Pastor Merrill asked. [...] „Please give us back Owen Meany," Mr. Merrill said. When nothing happened, my father said: „O God – I shall keep asking You!" (p. 566)

John Wheelwright selbst beschließt sein Erinnerungswerk mit den gebetsähnlichen Worten: „O God – please give him back! I shall keep asking You" (p. 617).[65] Solcherlei augenfällige Korrespondenzen bleiben von dem Erzähler John Wheelwright indessen zumeist unbemerkt. Ungleich Owen hat John keinen Blick für Ähnlichkeiten; er sammelt Fakten, kann sie aber nicht in einen übergreifenden Zusammenhang integrieren. Kombinationsgabe zählt nicht zu seinen intellektuellen Stärken. Bezeichnend ist eine seiner Feststellungen über seine Tonträgersammlung: „Hester the Molester! I have all her albums, but I don't have a record player; I have all her tapes, but I don't own a tape deck" (p. 512).

Wie Homer Wells, Irvings Held in *The Cider House Rules*, bleibt auch John Wheelwright letztlich ein wenig authentisches Duplikat, und zwar in einem doppelten Sinne: er ist ein ohnmächtiges und wenig eigenständiges Sprachrohr der Ansichten Owens und ein epigonales Abbild seines biologischen Vaters. Letzteres erkennt John gelegentlich in seinen lichteren, selbstanalytischen Momenten. Während einer Unterrichtssituation 1987 wird ihm plötzlich klar: „I felt like *my* father – I am my sorry father's sorry son" (p. 549). Und was die Unerschütterlichkeit der Fundamente seiner christlichen Über-

---

[65] Beide – Lewis Merrill und John Wheelwright – zitieren mit ihrer Bitte um eine Wiederkehr des Verstorbenen, so meint Rainulf A. Stelzmann, den Ausgang des neutestamentarischen Offenbarungsbuches des Johannes. Cf. *Revelation*, 22, 20: „Amen. Come, Lord Jesus!" *The Holy Bible* [...]: *New Revised Standard Version* (Glasgow u.a.: Collins, 1989), p. 251.

zeugungen angeht, bekennt er: „As for my faith: I've become my father's son – that is, I've become the kind of believer that Pastor Merrill *used* to be. Doubt one minute, faith the next – sometimes inspired, sometimes in despair" (p. 571). Glaubensgewißheit und Verzweiflung sind so in Johns Lebensrückblick ineinander verwoben. Letztlich demonstriert der Erzähler eine Haltung, gegen die er selbst heftig polemisiert und die er als eine exemplarisch amerikanische identifiziert: „Unclear firmness!" (p. 357).[66]

Am Ende der Romanlektüre drängt sich keineswegs vorrangig das Bild eines Erzählers auf, der mit sich selbst, seiner Vergangenheit oder tragenden Glaubenssätzen des Christentums im reinen ist. Eine vage Doppelgänger-Motivik durchzieht vielmehr den Roman, aber die jeweiligen Duplikate bzw. Imitate suggerieren wiederholt Bilder einer defizitären, uneigentlichen, inauthentischen, identitätslosen Surrogat-Existenz. Die Hausdienerin Lydia: eine lächerliche Karikatur ihrer Arbeitgeberin, der Großmutter Harriet. Die Kleiderpuppe, „[s]ometimes I would think the dummy was my mother" (p. 96): ein leb- und seelenloser, ein obskurer Ersatz für die entbehrte Mutter. Die Mutter selbst: eine unglückliche Existenz, die in Boston eine Schattenexistenz als Nachtlokalsängerin führt. Lewis Merril: ein neuzeitlicher Dimmesdale, zu schwach, um treu zu sein; zu feige, um sich zu seinem Doppelleben, seinem Ehebruch und damit zu seinem unehelichen Kind zu bekennen. John Wheelwright: letztlich ein fragwürdiger Jünger der Glaubenslehren eines anderen, ein Mann mit einer „geborgten" Identität.

Mit der Niederschrift seiner Erinnerungen will John den toten Freund vor aller Welt sanktifizieren; doch „sein" Owen Meany ist eine interessegeleitete Konstruktion, eine Jungfrauengeburt in der Tat, nämlich eine Schöpfung des virginalen John Wheelwright. Gleichzeitig ist aber Johns Lebensbeichte auch ein nur halb bewußter autotherapeutischer Versuch des Erzählers, sich seiner Erinnerung zu stellen und sich damit aus den Fesseln des übermächtigen Vorbildes

---

[66] Alfred Kazin leistet eine ungerechtfertigte Gleichsetzung zwischen dem Autor Irving und seiner Figur, wenn er Irving – und nicht, wie es angemessen wäre, John Wheelwright – „American superficiality, shoddiness, frivolty" bescheinigt; „God's Own Little Squirt," 31.

zu befreien, ein „Prayer with a vengeance." Durch den Vorgang des Schreibens wird John zwar zu einem Evangelisten, aber auch zu einem wortmächtigen Autor, zu einem zweiten Hauptdarsteller und Mitregisseur des Welttheaters um Owen Meany. Autor-Sein bietet John auch (erstmals) die Chance, nicht Joseph bleiben zu müssen. Irving hat die Beziehung zwischen John und Owen derart gestaltet, daß sie sich zusätzlich als eine Parabel über das Verhältnis zwischen einem Autor und einem Leser, zwischen literarischer Produktion und literarischer Rezeption lesen läßt. John sieht sich als einen prototypischen Leser: „I've always been pretty slow; I'm the perfect reader!" (p. 506). Zwar modelliert John die Grundzüge seiner neuzeitlichen Hagiographie an den neutestamentarisch-apostolischen Überlieferungen zum Leben Jesu Christi, an der *master narrative* der abendländischen Kultur überhaupt, aber er setzt auch eigene Akzente, übernimmt beispielsweise als ein ausgewiesener Thomas-Hardy-Kenner[67] literarische Markenzeichen des Vorbilds, vor allem dessen „fondness for foreshadowing" (p. 307).[68] „I have learned", resümiert John seine spezifische Weltsicht, „to view the present with a forward-looking eye" (p. 407).

---

[67] John Wheelwrights B.A.-Abschlußarbeit an der University of New Hampshire in Durham hat Thomas Hardy zum Gegenstand; als Englischlehrer zählen die Romane Hardys zu Johns bevorzugten Unterrichtsgegenständen.
[68] So wie Owens Sterben durch eine Vielzahl von Ereignissen im Roman antizipiert wird, so werden auch verschiedene Ereignisse im Leben anderer Figuren im Roman präfiguriert, die Amputation von Johns Finger etwa in der armamputierten Josephsfigur in der Weihnachtskrippe der Meany-Familie. Sogar der von Owen verursachte Tod Tabbys wird durch ein Hagelgewitter am Tag ihrer Hochzeit mit Dan Needham antizipiert: „a hailstone ricocheted off the roof of the car and smacked her right between the eyes" (p. 125). In seinen Erinnerungen an dieses Vorkommnis zieht John explizit eine Verbindung zu den Umständen des späteren Todes der Mutter: „I was surprised by the hailstones' coldness – as if they had traveled to earth from another, much icier universe. Squeezing a hailstone the size of a marble in my hand, feeling it melt in my palm, I was also surprised by its hardness; it was as hard as a baseball" (p. 126).

Christliche und pikareske Deutungsmuster in *A Prayer for Owen Meany*

Obgleich John in Anlehnung an ähnlich lautende Thesen Owens programmatisch verkündet: „any fool can feel like a Christian at Christmas. But Easter is the main event; if you don't believe in the resurrection, you're not a believer" (p. 278), obgleich er seinen Glauben an ein Weiterleben nach dem Tode als sichere Erkenntnis darbietet, indem er von zwei schutzengelhaften Eingriffen Owens in sein eigenes Leben berichtet, bleibt John am Ende unversöhnt und ungetröstet: „I don't feel 'comforted;' not yet" (p. 143). John mag mit der Niederschrift seiner Erinnerungen autotherapeutische Zwecke verfolgt haben, gleichwohl wird aber deutlich, daß er mit einer solchen Zielsetzung gescheitert ist: „Er sucht den Abstand, aber er verstrickt sich nur weiter in der Erinnerung."[69] Seine Religion selbst samt ihrer Grundlage, dem Wunder Owen Meany, ist in ihrem Kern keine, die Trost, sondern eine, die primär Angst vermittelt: „How could Owen Meany have known what he 'knew'? It's no answer, of course, to believe in accidents, or in coincidences; but is God *really* a better answer? If God had a hand in what Owen 'knew', what a horrible question *that* poses!" (p. 571f.). Die Ergebnisse von Johns Versuchen, transhistorische anthropologische Konstanten zu ermitteln, die Strukturen göttlichen Handelns, die John wahrnimmt, führen nicht zu der Konstruktion eines Gottesbildes, das Barmherzigkeit und Mildtätigkeit impliziert: „every study of gods, of everyone's gods, is a revelation of vengence toward the innocent" (p. 7). In John Wheelwrights puritanischem Denken – „Puritanism had never entirely relinquished its hold on us Wheelwrights" (p. 21) – wird die Vorstellung eines vorausplanenden und -lenkenden Gottes zum Kern einer paranoiden Weltkonzeption, einer kosmischen Verschwörungstheorie; John leistet sich das, was M.H. Abrams als „a conspiracy-view of history"[70] bezeichnet. Johns Gott ist der eines

---

[69] Rüdiger Gröner, „Granate," *Frankfurter Allgemeine Zeitung* (22.9.1990), L5.
[70] M. H. Abrams, „Apocalypse: Theme and Variations," in: C.A. Patrides und Joseph Wittreich (eds.), *The Apocalypse in English Renaissance Thought and Litera-*

John(!)athan Edwards, ein Gott, den die Lyrikerin Phyillis McGinley mit prägnanten Worten charakterisiert:

> Abraham's God, the Wrathful One,
>   Intolerant of error –
> Not God the Father or the Son
> But God the Holy Terror.[71]

Johns Beschreibung des Lebensweges eines neuzeitlichen Gottessohns birgt in sich freilich auch viele Kennzeichnen der Parodie[72] und rekurriert überdies auf exemplarische Erzähltechniken und -inhalte der Postmoderne[73]: massive Anspielungen auf frühere literarische Werke, groteske Kombination von Tragik und Komik, selbstreflexive Elemente und Merkmale enzyklopädischen Erzählens lassen sich vielfach in *A Prayer for Owen Meany* finden. In der Welt des späten 20. Jahrhunderts sind es nicht die Priester oder Theologen, die Stabilität und Stimmigkeit in ihren Weltdeutungen garantieren, sondern es sind die Romanciers, die sich anschicken, in ihren Fiktionen Stabilität und Stimmigkeit zu vermitteln bzw. zu simulieren. Die Parodie wird zur einzig denkbaren Form der Wahrhaftigkeit, aber es ist dies eine Parodie, die sich nicht auf satirische Intentionen beschränkt, es ist eine Parodie, die jenseits aller karikaturistischen

---

ture: *Patterns, Antecedents and Repercussions* (Ithaca: Cornell University Press, 1984), p. 346.

[71] Phyllis McGinley, „The Theology of Johnathan Edwards," in: *Times Three: Selected Verse From Three Decades With Seventy New Poems* (New York: Viking, 1960), p. 19.

[72] So ist der letzte gemeinsame Abend Johns mit Owen unschwer als eine Parodie auf das biblische „letzte Abendmahl" auszumachen: „So we took a six-pack of beer and a bucket of ice back to our room; we watched *The Late Show*, and then *The Late, Late Show* – while we tried to remember all the movies we'd ever seen. I was so drunk I don't remember what movies we saw in Phoenix that night. Owen Meany was so drunk that he fell asleep in the bathtub" (p. 606). Auch das gelegentliche Zitieren von letzten Jesus-Worten durch Owen (cf. pp. 151, 381) erfolgt mit einer deutlich nachvollziehbaren parodistischen Absicht.

[73] Zu postmodernen Merkmalen in den Romanen Irvings, besonders in *The World According to Garp*, cf. Raymond J. Wilson, III, „The Postmodern Novel: The Example of John Irving's *The World According to Garp*," *Critique*, 34 (1992), 49-62.

Absichten ernst genommen sein will, es ist eine Form der Parodie, die Religiosität und Literarizität synthetisiert: „The techniques of parody Irving employs enable him both to echo and to reshape the material he treats, thereby affording him a perspective which not only satirizes but also embraces issues of culture which [...] are essentially theological."[74] Nicht Gott, sondern John Wheelwright ordnet die Ereignisse im Leben von Owen Meany derart, daß sich Kohärenz einstellt; dem literarischen Erzähler fällt eine priester-, ja gottähnliche Funktion zu.[75] Allein: der stimmige Sinn ist in *Owen Meany* fast immer das Resultat mehr oder weniger offensichtlicher, aber stets nachweisbarer Manipulationen. John Wheelwrights (post)moderne Heiligenerzählung exemplifiziert, wie das Bedürfnis nach Teleologie zu einem Bedürfnis nach Theologie mutiert.

So kommt es in *A Prayer for Owen Meany* zu einem Konflikt zwischen zwei unterschiedlichen Genrekonventionen. Pikareske und Heilsgeschichte scheinen auf den ersten Blick nur schwer miteinander vereinbar zu sein, da sie von deutlich unterschiedenen Zeit- und Geschichtskonzeptionen getragen werden. Wo die Pikareske auf Repetition und zyklische Zirkularität setzt, impliziert die jüdisch-christliche Weltsicht zielgerichtete Linearität. In *A Prayer for Owen Meany* existieren beide Zeitkonzeptionen – die lineare und die zyklische – nebeneinander: Es kommt zu einer Divergenz zwischen der Weltsicht des Erzählers und dem (pikaresken) Geschichtserklärungsmuster des Romans.[76]

---

[74] Barbara Wall Coe, „The Power of Vision: Parody as Theological Perspective in the Fiction of John Irving," *DAI*, 48,11 (1988), 2873A.
[75] Cf. zu dieser Thematik den ersten Teil („The Author as God") der Monographie von John Kuehl, *Alternate Worlds: A Study of Postmodern Antirealistic American Fiction* (New York und London: New York University Press, 1989), pp. 59-117.
[76] Tatsächlich unternimmt Brenda Deen Schildgen in ihrem Aufsatz zu „The Gospel of Mark as Picaresque Novella" den Versuch, das Markus-Evangelium als eine pikareske Novelle zu lesen. So fragt sie: „What does gospel have in common with picaresque?" Ihre Antwort: „they share a comparable social atmosphere, engage in social criticism, focus on low-life characters, and are written in the ‚low' style [...]." Bereits dieser dürftige Befund verweist auf die Hauptschwächen von Schildgens interessanter Spekulation: Rekurs auf Oberflächen-Befunde, krude Anachronismen und forcierte Textdeutungen; cf. *Genre*, 29 (1996), 299.

Christliche und pikareske Deutungsmuster ergänzen und kommentieren einander und legen den Finger auf die Defizite der jeweils konträren Geschichts- und Welterklärung. So entlarvt die pikareske Gesamtstruktur des Romans die Religiosität des Erzählers als ein interessegeleitetes Konstrukt, das aufgrund spezifischer psychosozialer Bedingungen Defizite (die Herkunft aus einer dysfunktionalen Familie, Einsamkeit, Bindungsunfähigkeit) zu Tugenden verklärt und die kritiklose Unterordnung unter patriarchalische Gebote unangemessen idealisiert. Gleichzeitig läßt das Beharren des Erzählers auf Kausalität, Finalität und Teleologie die ganze Trostlosigkeit der pikaresken Sicht auf eine gottlose Welt offenbar werden. Wo nicht Schicksal, sondern Willkür herrscht, wo simple Additionen zufälliger und gleichrangiger Einzelerfahrungen und nicht die Entfaltung eines geheimen Lebenssinns autobiographische Selbstdeutungen leiten, dort bleibt der Mensch tatsächlich ein Spielball von interpretatorisch unzugänglichen Mächten, ein Ausgelieferter ohne Aussicht auf Trost oder Hoffnung. Erst wenn der Pikaro zum Christen wird, wird die pikareske Welt berechenbar, wird Zufall zu göttlicher Vorherbestimmung, ist der Ausgang, ist die Zukunft nicht mehr offen, zumindest nicht mehr aus der Perspektive des Konvertiten.

Pikareske und christliche Zeitkonzeption und Weltsicht stehen in *A Prayer for Owen Meany* freilich nicht gleichberechtigt nebeneinander. Letztlich gilt, daß die pikareske Gestalt der Romanwelt ebenso wie die figurentypologischen Parallelen und strukturellen Ironien die Verbindlichkeit christlicher Denkmuster einschränken, beschädigen und schließlich sogar falsifizieren. Wenn John beispielsweise unbewußt die Verhaltensmuster seines Vaters repetiert, ist er vor allem ein Glied in einer zyklischen Kette von Generationen. Und selbst die Einzigartigkeit Owens wird relativiert, wenn wichtige Elemente seines Lebens („Owen had been used as cruelly by ignorance as he had been used by any design", p. 537) im Kern frühere Leidensgeschichten reinszenieren: das Sterben Kennedys, die Leidensgeschichte einer Marilyn Monroe („THEY WERE JUST USING HER", p. 430), die Leidensgeschichte Christi („'HE WAS *USED*,' said Owen Meany", p. 212), die Leidensgeschichte des Indianerhäuptlings Watahantowet. Watahantowets merkwürdiges Totem, „an armless man" (p. 8), bietet John Anlaß, verschiedene Spekulationen über dessen Bedeutung zu referieren:

> Some said it was how it made the sagamore feel to give up all that land – to have his arms cut off – and others pointed out that earlier „marks" made by Watahantowet revealed that the figure, although armless, held a feather in his mouth; this was said to indicate the sagamore's frustration at being unable to write. But in several other versions of the totem ascribed to Watahantowet, the figure has a tomahawk in his mouth and looks completely crazy – or else, he is making a gesture toward peace: no arms, tomahawk in mouth; together, perhaps, they are meant to signify that Watahantowet does not fight. (p. 8)

Zwei der drei Deutungen haben einen vagen Bezug zu Owens eigenem Schicksal[77], vor allem aber antizipiert das Totem die spezifischen Umstände von Owens Sterben („arms cut off").[78] In typisch postmoderner Manier[79] mischt Irving Höhenkammliterarisches und Populärkulturelles, zitiert er biblische Heilsgeschichte, Trivia aus dem Leben der Politik- und Showbusiness-Prominenz und amerikanisch-indianische Mythen, um deutlich zu machen, daß auch Owen

---

[77] Edward C. Reilly, p. 140, vertritt die These, daß alle drei Deutungen einen Bezug zu „Owen Meany's ultimate fate" hätten, allerdings ohne zu erläutern, warum die Bedeutung „his frustration about not being able to write" für Owen Gültigkeit haben soll (es sei denn in dem banalen Sinne, daß Tote nicht mehr schreiben können).

[78] Cf. auch Johns Erinnerung an Owens äußere Erscheinung während eines Kinderspiels in den frühen 50er Jahren: „With his hands clasped behind his back, he looked as armless as Watahantowet" (p. 69).

[79] Cf. Gerhard Hoffmann et al., „'Modern', 'Postmodern' und 'Contemporary': Zur Klassifizierung der amerikanischen Erzählliteratur des 20. Jahrhunderts," in: Gerhard Hoffmann (ed.), *Der zeitgenössische amerikanische Roman: Von der Moderne zur Postmoderne: Band 1: Elemente und Perspektiven* (München: Fink, 1988), p. 28: „Die Mehrzahl der Autoren, die bei der jüngeren Generation hohes Ansehen genießen [...], beabsichtigt, durch Parodie, groteske Imitation und auch durch das Einbringen von pop-Formen [sic!], die Unterschiede zwischen High und Mass Art [...] zu beseitigen." Hoffmann, Hornung und Kunow referieren an dieser Stelle ihres Aufsatzes Thesen, die erstmals Leslie Fiedler in dem Aufsatz „Cross the Border – Close that Gap" (1975) vertreten hat.

in einer historischen Kontinuität steht, daß Geschichte mitunter zyklisch verläuft.[80]

Johns pikarisches Bedürfnis nach Unterordnung: „From the father to the Father"

Der Gott, den sich Owen Meany und, in dessen Nachfolge, John Wheelwright konstruieren, ist keiner, der die Freiheit des Willens zuläßt, sondern einer der Knechtschaft und der Repression. Pikarische Mentalität und calvinistische Gottesvorstellungen bilden in *A Prayer for Owen Meany* keinen Gegensatz, sondern ergänzen einander in idealer Form. Wie bei Paul Auster und T.C. Boyle ist auch bei John Irving der Pikaro eine höchst neurotische, autoritätssuchende Person. Nur Irving aber variiert das Thema der pikaresken Vatersuche auf eine Art, daß die Suche nach dem biologischen durch die Suche nach einem Gott-Vater ersetzt wird: „John's family romance is [...] displaced from paternal authority into what he interprets as representing divine authority – from the father to the Father."[81] Ebenso umfassend wie Johns Selbstversklavung an Owen während der Lebenszeit des Freundes war, ist auch Johns Selbstauslieferung an einen Unterordnung gebietenden Herrschergott in den 80er Jahren. Johns Erinnerungen erzählen keine Geschichte einer Befreiung oder auch nur einer Befreiungsphantasie, sondern die Geschichte einer Identitätsdiffusion. Ewig Kind kann John nur dann bleiben, wenn er

---

[80] Nur in einem einzigen – sehr beschränkten – Sinne stehen John und Owen im Roman auch für Diskontinuität: da beide kinderlos bleiben (der Roman bietet wenig Anlaß zu der Vermutung, John werde irgendwann seine sexuell asketische Lebensweise aufgeben), sind die Familien Meany und Wheelwright zum Aussterben verdammt. Reilly liest den Roman nicht mit hinreichender Aufmerksamkeit, wenn er in seiner Irving-Monographie, p. 138, folgende Auffassung vertritt: „Along with the Wheelwrights' name, the Meany and Jarvits family names will die out [...]." Da es jedoch höchstwahrscheinlich ist, daß die Tochter der Jarvits-Familie von einem ihrer Stiefbrüder (Dick oder Frank) geschwängert wurde, gibt es kaum Anlaß für die Vermutung, der Familienname der Jarvits würde aussterben.
[81] Debra Shostak, 137f.

sich eine metaphysische Überfamilie konstruiert. So gelangt er in den Schlußparagraphen seiner Memoiren zu zwei ebenso gewagten wie seine pikareske Disposition kennzeichnenden Schlußthesen: „We were only children – we *are* only children" (p. 616); und: „We did not realize that there were forces beyond our play" (p. 616f.).

Was John Wheelwright am Ende seiner Hagiographie formuliert, ist so die Quintessenz einer pikarischen Mentalität. Unbewußt bilanziert der Erzähler seine emotionale und intellektuelle Selbstauslieferung. Der Kleingehaltene rationalisiert die eigene Unmündigkeit als eine unvermeidliche *conditio humana*. Nicht Owen, sondern John ist der eigentliche Märtyrer des Romans. Er ist es, der in letzter Konsequenz das Opfer einer beispiellosen Instrumentalisierung wird: „John has relinquished himself to the 'father' in Owen, just as he relinquishes his own story to narrate Owen's."[82] John rekonfiguriert den „Vater" als eine allmächtige, transzendente Autorität, die die Gesetze vorgibt, nach denen es zu leben und die es zu befolgen gilt. Debra Shostak faßt zusammen: „John 'finds' the Father. But it is an ambiguous discovery, since John is left drifting in the human world, emotionally sterile and sexually neutered."[83]

Wie *Moon Palace* protokolliert auch *A Prayer for Owen Meany* vorrangig Verluste; nicht weniger als Marco Stanley Fogg ist auch John Wheelwright am Ende wurzel- und heimatlos. Er läßt hinter sich, „I left the Congregationalists and the Episcopalians – and my country once and for all" (p. 2), aber er bewältigt nicht. Er sucht Harmonie, aber er bleibt friedlos, sucht Trost, bleibt aber ungetröstet. John wird wohl bis an sein Lebensende einsam bleiben. Der Glaube, den er gefunden zu haben meint, kann nur sehr notdürftig für Verluste, Einsamkeit und Bindungslosigkeit entschädigen, auch wenn John beschwörend feststellt: „Rituals are comforting; rituals combat loneliness" (p. 280). Selbst eine Konversion zum Christentum, so lernt John, vermag weder die pikarische Einsamkeit noch die ironische Komplexität der pikaresken Welt entscheidend zu relativieren. Letztlich werden die Wurzellosigkeit und die Unentschiedenheit des Erzählers zu repräsentativen Symptomen einer

---

[82] Debra Shostak, 140.
[83] Debra Shostak, 143.

Gesellschaft, die zwar die Sehnsucht nach einer teleologischen Geschichtsdeutung konserviert, gleichwohl aber das Zutrauen in ihre interpretatorische Kompetenz verloren hat, aus punktuellen Ereignissen historische Gesetzmäßigkeiten ermitteln zu können.

Irving findet somit in der Pikareske eine nukleare Erzählform, die es ihm erlaubt, politische Kritik und Mentalitätsanalyse miteinander zu verbinden. Im letzten Viertel seines Roman läßt er zwar John Wheelwright gegen eine Kollegin, Eleanor Pribst, polemisieren, die dem Traditionalisten John mit Hochmut gegenübertritt: „Ms. Pribst [...] is writing her doctorate at the University of Toronto on something related to 'politics in fiction.' Wasn't it *Hardy* I had written about? she asked – implying 'merely' Hardy!" (p. 531). Mit *A Prayer for Owen Meany* aber legt Irving selbst einen gewichtigen Beitrag zur politischen Literatur der 80er Jahre vor. Seine Reaktualisierung der pikarischen Konversionsgeschichte darf zugleich ein hohes Maß an Originalität für sich beanspruchen.[84] Durch die Wahl der Ich-Erzählsituation beschädigen gelegentliche Inkonsistenzen nicht, wie in (dem auktorial erzählten Roman) *The Cider House Rules*, die Einheitlichkeit des Werkes, sondern leisten statt dessen einen relevanten Beitrag zur Charakterisierung der Erzählerfigur. Unentschlossenheit, Widersprüchlichkeit und fehlende Argumentationsstringenz mögen die Wirkung von Propheten und Politikern beschädigen, nicht aber eine pikarische Gestalt, die sich *per definitionem* durch Wandelbarkeit und Anpassungsfähigkeit auszeichnet. Wie so viele literarische Pikaros vor ihm durchläuft auch John einen „process of self-righteous 'dehumanization' [...]."[85] Spezifischer: John Wheelwright exemplifiziert die Neurosen *und* die moralische Entrüstung einer Generation, die sich in den 80er Jahren als besiegt empfindet.

Johns Metaphorisierung der Angehörigen seiner eigenen Generation als fremdgesteuerte Kinderexistenzen macht ihn zu dem

---

[84] Bruce Allen irrt, wenn er befindet: „*A Prayer for Owen Meany* cribs shamelessly from Robertson Davies' celebrated novel *Fifth Business* in explaining the title character's paradoxically blessed state." „Wrestling with John Iving: Trying to Save Piggy Sneed," *Portfolio*, 1 (April 1996), 5.

[85] Claudio Guillén, *Literature as System*, p. 84. Einen solchen Prozeß selbstgerechter Enthumanisierung sieht Guillén, zu Recht, wie ich meine, beispielsweise in den Romanen *Lazarillo de Tormes* und *Die Blechtrommel* thematisiert.

exemplarischen Vertreter einer Gesellschaft, die der Lyriker und Kulturkritiker Robert Bly in einer Publikation von 1996 als *The Sibling Society* bezeichnet: „we'll use the word *sibling* as a metaphor. We'll try to make the phrase *sibling society* into a lens, bringing into focus certain tendencies, habits, and griefs we have all noticed. Adults regress toward adolescence; and adolescents – seeing that – have no desire to become adults."[86] Am Ende des Romans ist John Wheelwright – nicht untypisch für eine pikaresk-heimatlose Existenz – völlig bindungslos, hat weder Eltern – seine beiden Väter erkennt er nicht an – noch Kinder, ist ohne einen lebendigen Kontakt zur Vergangenheit oder Zukunft. Wurzel- und orientierungslos sucht John sein Heil im Glauben, versucht „to return to literalness, [a] strong father, and patriarchal, fundamentalist form."[87] Seine Bekehrungsgeschichte enthält auch eine endgültige Absage an die Befreiungsphantasien seiner Generation, eine Absage, der nach Bly eine repräsentative Relevanz zukommt: „something went wrong. How did we move from the optimistic, companionable, food-passing youngsters gathered on that field at Woodstock to the self-doubting, dark-hearted, turned-in, death-praising, indifferent, wised-up [...] audience [...]?"[88]

Ob John Wheelwright es will oder nicht, er exemplifiziert damit zweierlei auf repräsentative Weise: die freiwillige Unterordnung unter ein patriarchalisch-autoritäres Modell im Zuge der Reintegration einer einstmals rebellischen Generation in die nationale Familie und die Angleichung der Denkmuster einstiger Rebellen an jene der politischen Machthaber der 80er Jahre. John Wheelwright wie Ronald Reagan kultivieren und ritualisieren das potentiell redemptive Konzept des Opfertodes; Wheelwright wie Reagan transformieren „accidental deaths into redemptive sacrifices."[89] Während einer Erinnerungsfeier Ende Januar 1986 interpretiert Reagan bei-

---

[86] Robert Bly, *The Sibling Society* (Reading u.a.: Addison-Wesley Publishing Co., 1996), p. viii.
[87] Robert Bly, p. 86.
[88] Robert Bly, p. 7.
[89] David Chidester, „Saving The Children by Killing Them: Redemptive Sacrifice in the Ideologies of Jim Jones and Ronald Reagan," *Religion and American Culture*, 1 (1991), 183.

spielsweise den Unfalltod der sieben Challenger-Astronauten als „heroism and noble sacrifice."[90] Reagans Opferrhetorik hat allerdings zumeist ein spezifisches Kennzeichen: sie kreist um die Vorstellung des Opfertodes der Angehörigen der Kindergeneration: „At the center of the sacrifical discourse of [...] Ronald Reagan stood the *figura* of the child."[91] Während einer Rede vor der *National Association of Evangelicals* am 8. März 1983 erzählt Reagan eine Anekdote, die ein erhellendes Licht auf die ihn prägende Wertehierarchie wirft:

> A number of years ago, I heard a young father, a very prominent young man in the entertainment world, addressing a tremendous gathering in California. It was during the time of the cold war, and communism and our own way of life were very much on people's minds. And he was speaking to that subject. And suddenly, though, I heard him saying, „I love my little girls more than anything –" And I said to myself, „Oh, no don't. You can't – don't say that." But I had underestimated him. He went on: „I would rather see my little girls die now, still believing in God, than have them grow up under communism and one day die no longer believing in God."
> There were thousands of young people in that audience. They came to their feet with shouts of joy. They had instantly recognized the profound truth in what he said, with regard to the physical and the soul and what was truly important.[92]

Gemäß den Denkstrukturen Reagans ist nicht das eigene Leben, sondern das Leben der Kinder das höchste aller Güter, das Kinderopfer somit, so David Chidester, „the highest, the greatest, the

---

[90] Ronald Reagan, *The Quest for Peace, the Cause of Freedom: Selected Speeches on the United States and the World* (Washington: United States Informaton Agency, 1988), p. 71. Eine Analyse der Rhetorik in Reagans *Challenger*-Rede leistet J. Lule, „The Political Use of Victims: The Shaping of the *Challenger* Disaster," *Political Communication and Persuasion*, 7 (1990), 115-28.

[91] David Chidester, 186.

[92] Ronald Reagan, „National Association of Evangelicals; Remarks at the Annual Convention in Orlando, Florida, March 8, 1983," in: Paul D. Erickson, *Reagan Speaks: The Making of an American Myth* (New York und London: New York University Press, 1985), p. 163.

supreme, the last, the final, the ultimate act [...]."[93] Es ist die Rolle des Opfers, die John Wheelwright letztlich freiwillig einnimmt; es ist die Idee des Erlösungsopfers, die Johns christlicher Glaube des Jahres 1987 glorifiziert. Da er in den 60er Jahren niemals wirklich der Studentenbewegung angehört und deren Utopien übernommen hat, verfügt er nicht über einen diesseitigen Gegenentwurf zur zeitgenössischen amerikanischen Wirklichkeit. Es sind somit die pikarischen Gestalten einer Kathy Acker oder eines Thomas Pynchon, nicht die eines John Irving, die in der amerikanischen Erzählliteratur der 80er Jahre sozialrevolutionäre Züge annehmen.

---

[93] David Chidester, 188.

8. Pornographische Pikareske, pikarischer Masochismus: Kathy Acker, *Don Quixote* (1986)

Heather McHugh, „I Knew I'd Sing" (1987)

A few sashay, a few finagle.
Some make whoopee, some
make good. But most make
diddly-squat. I tell you this

is what I love about
America – the words it puts
in my mouth, the mouth where once
my mother rubbed

a word away with soap. The word
was *cunt*. She stuck that bar
of family-size in there
until there was no hole to speak of,

so she hoped. But still
I'm full of it – the cunt,
the prick, short u, short i,
the words that stood

for her and him. I loved the thing
they must have done, the love they must
have made, to make
an example of me. After my lunch of Ivory I said

vagina for a day or two, but knew
from that day forth which word
struck home like sex itself. I knew
when I was big, I'd sing

a song in praise of cunt – I'd want
to keep my word, the one with teeth in it.
Forevermore (and even after I was raised) I swore

nothing – but nothing – would be beneath me.

Quelle: Heather McHugh, *Hinge & Sign: Poems 1968-1993* (Hanover und London: University Press of New England, 1994), p. 163.

Die feministische Pikareske der 70er Jahre: Erica Jongs *Fear of Flying* und Rita Mae Browns *Rubyfruit Jungle*

Feministisch-pikareske Romanliteratur der 70er und 80er Jahre stellt fast ausschließlich eine weibliche Romanfigur ins Zentrum des Handlungsgeschehens. Die Pikara wird in einem doppelten Sinne als Opfer wahrgenommen: als Mittellose wird sie zum Opfer der ökonomischen Zweiklassengesellschaft, als Frau zum Opfer patriarchalischer Gesellschaftsstrukturen. Die Pikara wird also gleich zweifach zu einer Ausgegrenzten: „Both men and women may experience exclusion as members of an oppressed minority group, for example, but men may be dominant in their relationship with women in a minority culture."[1] Zur literaturgeschichtlichen Tradition der Pikara-Figur schreibt Frederick Monteser 1975:

> The picara, inevitably a whore, may exhibit an earthy pleasure in sex, but the story must show that her moral situation is the result of social helplessness, not promiscuity. Along with her male counterpart, she is just trying to survive, and would much rather use legitimate means if they were available to her.[2]

Es ist offensichtlich, daß eine solche Bestimmung die literarischen Produkte der feministischen und postfeministischen Ära nicht mehr angemessen fassen kann. Seit den 70er Jahren greifen Schriftstellerinnen, die sich im weitesten Sinne als Feministinnen empfinden, auf die pikareske Romanform zurück; Daniel Wayne Schmidt konstatiert 1994 mit Berechtigung „the growing interest women writers show in picaresque-oriented narratives."[3] Kennzeichnend für die allermeisten Pikara-Gestalten der amerikanischen Gegenwartsliteratur ist dabei ein sexuell wie politisch rebellisches Selbst-

---

[1] David Sibley, *Geographies of Exclusion: Society and Difference in the West* (London und New York: Routledge, 1995), p. x.
[2] Frederick Monteser, *The Picaresque Element in Western Literature* (University: University of Alabama Press, 1975), p. 18.
[3] Daniel Wayne Schmidt, „Rewriting the American Picaresque: Patterns of Movement in the Novels of Erica Jong, Toni Morrison, and Marilynne Robinson," *DAI*, 54, 8 (1994), 3035A.

bewußtsein. Die Werke der bedeutendsten weiblichen pikaresken Romanciers der letzten drei Jahrzehnte leisten immer eine signifikante Kopplung von Literatur- und Gesellschaftskritik. Niemand trägt eine solche Kritik in den 80er Jahren radikaler und entschiedener vor als Kathy Acker, doch können Ackers radikale Revisionen pikaresker Konventionen erst dann angemessen kontextualisiert werden, wenn zuvor die Experimente mit pikaresken Erzählformen durch Erica Jong und Rita Mae Brown – zumindest in knapper Form – skizziert werden.

Als Erica Jong 1974 die pikareske Literatur der U.S.A. um ihren Roman *Fear of Flying* bereicherte, gelang ihr ein beispielloser *succès de scandale*, der allenfalls mit früheren Reaktionen auf entsprechende Werke von D.H. Lawrence, Henry Miller, Philip Roth oder William S. Burroughs verglichen werden kann.[4] Mit Jongs Protagonistin Isadora Wing betritt eine mit neuartigem Selbstbewußtsein – noch ein Rezensent aus dem Jahr 1985 empfindet es als „recht aggressiv feministisch"[5] – ausgestattete Pikara-Figur die literarische Bühne. Mit Leidenschaft versucht Isadora anzuschreiben gegen „the whole package of lies that passes in the world as femininity."[6] Über die fiktive Autobiographie ihrer Heldin erschließt Jong thematisch und stilistisch neues Terrain: in einer unverblümt-frechen Sprache – „chutzpah is all" (*FoF*, p. 75) – kommen sexuelle Ausschweifungen und Phantasien ebenso zur Sprache wie eine degoutante Fäkalolfaktorik: „German toilets have the strongest shit smell of any toilets anywhere. (I say this as a seasoned world traveler)" (*FoF*, p. 22).

Eine höchste Form von Mobilität definiert das Freiheitsempfinden der beflügelten Heldin; das Fliegen – unter anderem auch eine euphemistische Umschreibung des Beischlafs – ist die zentrale Metapher des Romans, die auf nicht-teleologische Bewegung und offene Grenzen, auf Emanzipation

---

[4] Zur Rezeptions- und Rezensionsgeschichte der Erzählwerke von Erica Jong liegt eine sorgfältig recherchierte, umfangreiche Studie vor: Charlotte Templin, *Feminism and the Politics of Literary Reputation: The Example of Erica Jong* (Lawrence: University Press of Kansas, 1995).

[5] Heinz Förster, „Eric Jongs 'Angst vorm Fliegen': Versuch einer differenzierenden Wertung des Romanschaffens einer amerikanischen Erfolgsautorin," *Wiemarer Beiträge*, 31 (1985), 433.

[6] Erica Jong, *Fear of Flying: A Novel* (New York u.a.: Signet, 1995), p. 127. Weitere Zitate aus diesem Werk erfolgen ohne weiteren Quellennachweis im Haupttext und nennen die jeweilige Seitenzahl hinter dem Kürzel *FoF*.

von patriarchalischen Rollenvorstellungen anspielt: „No scared housewife, I. I was flying" (*FoF*, p. 171). Robert J. Butler kommt 1987 in seiner Analyse des Romans zu dem Schluß:

> The most complete celebration of open motion in recent women's fiction is Erica Jong's *Fear of Flying*, a novel which is in the main tradition of American picaresque fiction because it so strongly endorses both its heroine's suspicion of anything which would fix her in time and place and her quest for a life „flying" into new forms of open space which liberate the self.[7]

Isadora Wings sexualpolitischer Fundamentalismus – „[w]hat doesn't come to fucking in the end?" (*FoF*, p. 30) – und ihre Rebellion gegen kleinbürgerliche Vorstellungen von Anstand, Moral und gesittetem Betragen wurzeln freilich in bedeutsamen emotionalen Ambivalenzen. Wie bei vielen pikarischen Figuren der Literaturgeschichte verraten auch im Falle Isadoras die oberflächlichen Gesten der rebellischen Auflehnung ein tiefersitzendes Bedürfnis nach Unterwerfung und Selbstauslieferung, wie Jongs Heldin nach der letztlich unbefriedigenden Ehebrucherfahrung mit dem Psychoanalytiker Adrian mit selbstanalytischer Klarsicht zu erkennen gezwungen ist: „All my high-falutin' rebelliousness is only a reaction to my deep-down servility" (*FoF*, p. 178). Isadoras (pikareske) mentale Disposition läßt sie miteinander Unvereinbares ersehnen: „How I longed to come back home to Daddy! But how I also longed to be free" (*FoF*, p. 165). Und: „Whenever I was home, I wanted to get away, and whenever I got away I wanted to go home again" (*FoF*, p. 235). Das im Kontext pikaresker Erzählkonventionen zu erwartetende Resultat eines solchen Widerstreits der Gefühle führt zu einer nüchtern-düsteren Bestandsaufnahme: „I have no freedom, no independence, no identity at all" (*FoF*, p. 153). Isadora Wing wird zu einer Person, deren seelische Stabilität bedroht ist, zu einer Frau „living on the edge" (*FoF*, p. 179). Sie überlebt, weil es ihr gelingt, ihre

---

[7] Robert J. Butler, „The Woman Writer as American Picaro: Open Journeying in Erica Jong's *Fear of Flying*," *Centennial Review*, 31 (1987), 312. Jongs Erzählerin selbst thematisiert die pikaresken Strukturen, die ihrer Flucht mit Adrian zugrunde liegen, wenn sie den Geliebten mit der Bemerkung zitiert (*FoF*, p.132): „'That's just the point. No plans. We just take off. It'll be like *The Grapes of Wrath*. We'll be migrants.'"

explorative Neugier von dem Bereich der Sexualität[8] auf den der Literatur umzuleiten: „I learned to keep myself alive by writing" (FoF, p. 114).

Isadora Wing antizipiert Paul Austers Marco Stanley Fogg, wenn sie mit der Niederschrift eines pikaresken Lebensweges autotherapeutische Absichten verknüpft. Ungleich dem Austerschen Helden, aber wie Ackers Heldin Don Quixote, erotisiert sie den Vorgang literarischer Produktion, begreift sie den Schreibprozeß als eine Sonderform der Verführung: „In a certain sense, you do write to seduce the world, but then when it happens, you begin to feel like a whore" (FoF, p. 139). Sexualität und Literatur werden unauflösbar miteinander verwoben. Butler resümiert:

> Isadora, like all American *picaros*, lights out for new frontiers which promise ceaseless motion, endless personal development.
> The first frontier she explores is her own sexuality which she sees as a complete release from conventional limits and social roles that inhibit her development. [...]
> The second frontier she experiences is the consciousness which she nurtures through her own artistic activity. [...] As a child she employs books as a simple escape from the disturbing shenanigans of her family but as an adult she uses her own reading and writing as a way of opening up the self as a frontier.[9]

Erica Jong erzählt in einem Vorwort zu einer Neuauflage von *Fear of Flying* von einem Gespräch mit ihrer Tochter, in dessen Verlauf sie ein Selbstporträt von sich zeichnet als eine jener „Women who push boundaries [...]."[10] In den 80er Jahren sind es vor allem die Werke Kathy Ackers, die entschieden die Freiräume ausfüllen, die das Vorläuferjahrzehnt erschlossen hat, und die diese Freiräume erneut auszuweiten versuchen. Mit einer eigenen Publikation, dem parodistischen Werk *Hello, I'm Erica Jong* (1982), erweist Kathy Acker ihre Reverenz an eine der – rezeptionsgeschichtlich – bedeutendsten feministischen Erneuerinnen der pikaresken Romanform.[11] Und in Ackers Roman *Blood and Guts in High School* (1978) meldet sich

---

[8] Cf. *FoF*, p. 88: „Adrian was like a new country."
[9] Robert J. Butler, 316f.
[10] Erica Jong, „Fear of Flying Turns Twenty-One," in: *Fear of Flying* (New York u.a.: Signet, 1995), p. xvi.
[11] New York: Contact II, 1982.

mehrfach eine Erzählerin namens Erica Jong zu Wort und wird zu einer prototypischen Romanfigur Ackers: sexuell besessen, amerikakritisch, an der Grenze zwischen Normalität und Wahn angesiedelt.[12] Acker erkennt in Jong und deren Romanheldinnen ein kulturelles Stereotyp wieder, das beide – Acker wie Jong – fasziniert und das Acker in *Blood and Guts in High School* wie folgt paraphrasiert: „The woman who lives her life according to nonmaterialistic ideals is the wild antisocial monster; the more openly she does so, the more everyone hates her."[13]

Die Identität von Pikara und Künstlerin, die offensive Erschließung tabuisierter sexueller Gegenstandsbereiche, die Thematisierung der Dialektik von Rebellion und Servilität (mit besonderem Akzent auf masochistischen Persönlichkeitsstrukturen[14]) und die Relevanz utopischen Denkens auf dem Gebiet der Sexualpolitik[15] übernimmt Kathy Acker von der literaturgeschichtlichen Vorläuferin als eigene Darstellungsanliegen. Ackers Feminismus freilich setzt mehr als derjenige Jongs auf frechen Tabubruch und amerikakritische Positionen. Ellen G. Friedman befindet vergleichend: „Feminist narratives such as Margaret Atwood's *The Handmaiden's*

---

[12] Zur Amerikakritik der Kunstfigur Erica Jong cf. etwa Kathy Acker, *Blood and Guts in High School* (New York: Grove Weidenfeld, 1989), p. 125: „HELLO; I'M ERICA JONG. I'M A REAL NOVELIST. I WRITE BOOKS THAT TALK TO YOU ABOUT THE AGONIES OF AMERICAN LIFE, HOW WE ALL SUFFER, THE GROWING PAIN THAT MORE AND MORE OF US ARE GOING TO FEEL." Zu den sexuellen Obsessionen und den psychischen Grenzzuständen der Figur cf. p. 126: „PAIN AT THIS POINT IS GOOD. ME ERICA JONG WHEE WOO WOO I AM ERICA JONG I AM ERICA JONG I FUCK ME YOU CREEP WHO'S GOING TO AUSTRALIA YOU'RE LEAVING ME ALL ALONE YOU'RE LEAVING ME WITHOUT SEX I'VE GOTTEN HOOKED ON SEX AND NOW I'M / 'MY NAME IS ERICA JONG. IF THERE IS GOD, GOD IS DISJUNCTION AND MADNESS."
[13] Kathy Acker, *Blood and Guts in High School*, p. 66.
[14] Cf. Adrians Charakterisierung Isadoras in *FoF*, p. 134: „I know your type. Bloody Jewish masochist."
[15] In *FoF*, p. 127f., formuliert Isadora Wing ihr sexualpolitisch utopisches Programm wie folgt: „Neither dominating nor being dominated. Neither bitchiness nor servility. Both were traps."

Tale and even such a feminist classic as Erica Jong's *Fear of Flying* seem mild in comparison with Acker's terroristic cultural assaults."[16]

Ein weiterer feministisch-pikaresker Roman der 70er Jahre ist in Rechnung zu stellen, bevor Kathy Ackers Weiterentwicklung der Genrekonventionen angemessen kontextualisiert werden kann: Rita Mae Browns *Rubyfruit Jungle*. An Erfolg, Einfluß und Auflagenhöhe steht Browns Pikareske der Jongs in nichts nach; nachdem Bantam die Paperback-Rechte des erstmals 1973 publizierten Romans erworben hatte, ging der Roman gegen Ende der 70er Jahre millionenfach über die Ladentische.[17] *Fear of Flying* erzählt die Befreiungsgeschichte einer Aussteigerin, *Rubyfruit Jungle* hingegen die Aufstiegsgeschichte einer Außenseiterin. Patriarchatskritik leisten beide Texte, doch begreift sich der Brown-Roman auch in einem engeren Sinne als ein „politischer", wenn er – bisweilen dogmatisch – danach trachtet, lesbenpolitische Thesen mit den Mitteln einer Romanerzählung zu illustrieren und zu plausibilisieren.

Browns Romanheldin Molly Bolt, gemäß einer figuralen Selbstcharakterisierung „a full-blooded, bona fide lesbian" bzw. „a devil-may-care lesbian"[18], wurde von der einheimischen Literaturkritik zumeist als „a feminist version of Huck Finn"[19] gelesen und interpretiert. *Rubyfruit Jungle* beschreibt den pikaresken Lebensweg Mollys von der frühen Kindheit über Jugend- und Collegezeit bis zu dem erfolgreichen Abschluß eines Studiums an einer New Yorker Filmhochschule, wobei der Roman den Akzent auf

---

[16] Ellen G. Friedman, „'Now Eat Your Mind': An Introduction to the Works of Kathy Acker," *The Review of Contemporary Fiction*, 9, 3 (1989), 41.

[17] Cf. Sharon D. Boyle, „Rita Mae Brown (1944–   )," in: Sandra Pollack und Denise D. Knight (eds.), *Contemporary Lesbian Writers of the United States: A Bio-Bibliographical Sourcebook* (Westport: Greenwood, 1993), p. 95: „After its 1977 reissue by Bantam, *Rubyfruit Jungle* climbed to the top of the best-seller list, and more than a million paperback copies were sold."

[18] Rita Mae Brown, *Rubyfruit Jungle* (New York u.a.: Bantam, 1988), pp. 194, 220. Weitere Zitate aus dem Roman beziehen sich auf diese – mit der Paperback-Erstausgabe seitenidentische – Ausgabe und erfolgen unter direktem Verweis auf die jeweilige Seitenzahl hinter dem Kürzel *RJ*.

[19] Carol M. Ward, *Rita Mae Brown* (New York u.a: Twayne, 1993), p. 42. Cf. u. a. auch Marilyn Webb, die in einer der frühesten Rezensionen des Buches den Roman als „bravado adventure story of a female Huck Finn" bezeichnet; „Daughters, Inc.: A Publishing House Is Born," *Ms.* (Juni 1974), 37. Mollys Vorname freilich legt es ebenfalls nahe, auch Defoes Moll Flanders als eine der literarischen Urahninnen zu identifizieren.

die allmähliche Heranreifung einer bekennenden Lesbierin und die mannigfaltigen hetero- und homosexuellen Erfahrungen der Heldin legt. Erzählaufbau, Erzählinteresse und Erzählperspektive, Figurenkonstellation und -psychologie folgen den Konventionen der klassischen Pikareske: Molly, ein von einer Pflegefamilie beherbergtes Waisenkind von dunkler Abstammung, erzählt in der Ich-Form, wie sie von der untersten Sprosse der gesellschaftlichen Leiter, „from – the gutter" (*RJ*, p. 8), ihren Weg an die soziale Spitze gesucht hat. Sie vertraut auf diesem Weg nicht nur auf ihre intellektuelle und soziale Kompetenz, sondern auch auf das ihr günstig gesonnene Wirken der Schicksalsgöttin: „Without money and status, she, like the picaro hero, must rely on luck and good fortune."[20] Molly wird gleich in mehrfacher Hinsicht als sozial benachteiligte Außenseiterin definiert: durch ihre soziale und geographische (Südstaaten-)Herkunft, durch ihre Geschlechtszugehörigkeit, durch ihr Sexualverhalten und durch ihre (polygame) Sexualmoral. James Mandrell resümiert: „it is hard to conceive of anyone more marginal, more removed from access to power and authority, than a Southern lesbian from a poor, working-class family."[21]

Rita Mae Brown liegt viel daran, ihre Heldin mit rebellischen und autoritätsverachtenden Zügen auszustatten, Martha Chew identifiziert Molly in ihrer Schau auf das Gesamtoeuvre Browns von 1983 als „the most openly rebellious of Brown's heroes."[22] Selbst auf Hester Prynne wird als literarische Ahnfrau der Figur rekurriert, wenn Molly engstirniges Schubladendenken anklagt: „So now I wear this label 'Queer' emblazoned across my chest. Or I could always carve a scarlet 'L' on my forehead" (*RJ*, p. 107). Mollys Stiefmutter Carrie bringt in verbalen Auseinandersetzungen mit der ungeliebten Pflegetochter ihre Kritik an einer der hervorstechendsten Charaktereigenschaften des Waisenkindes wiederholt auf den Punkt: „You got no sense of respect. [...] You're wild, some wild animal" (*RJ*, p. 32). Und: „You never obeyed nobody's rules – mine, the school's, and now you go defying God's rules" (*RJ*, p. 135). Mollys rebellisches Wesen, zu dem diese sich als Erzählerin selbstgefällig gratuliert, bleibt aber merkwürdig inaktiv, sobald es um Zielsetzungen geht, die die individuellegozentrischen Interessen der Figur nicht tangieren. Was die Einheitlichkeit der Figurenkonzeption des Romans dauerhaft gefährdet, ist die

---

[20] Carol M. Ward, p. 60.
[21] James Mandrell, „Questions of Genre and Gender: Contemporary American Versions of the Feminine Picaresque," *Novel*, 20 (1987), 152.
[22] Martha Chew, „Rita Mae Brown: Feminist Theorist and Southern Novelist," *The Southern Quarterly*, 22 (1983), 79.

Tatsache, daß gegen Ende des Textes ausgerechnet Molly, die bisher mit leidenschaftlichem Einsatz – für eine Pikara-Figur nicht untypisch – immer nur eigene Zielsetzungen verfolgt und individuelle Karriereträume umzusetzen versucht hat, zu einer dekadentypischen Repräsentantin der Protestgeneration der Sixties hochstilisiert wird: „My bitterness was reflected in the news, full of stories about people my own age raging down the streets in protest" (*RJ*, p. 246). So kommt es in Browns Roman zu einem Konflikt zwischen den genrespezifischen Erzählstrukturen der Pikareske und den expliziten auktorialen Darstellungsanliegen einer lesbenpolitisch engagierten Autorin.

Carole Horn mag die Figur der Molly Brown als „too good [...] to be believed"[23] empfinden, Gerhard Kirchner mag in dem „Prototyp der guten, lesbischen Emanze [...] unter anderem auch eine schönfärberische Selbstdarstellung Rita Mae Browns"[24] vermuten, Tatsache bleibt, daß Gutherzigkeit, Uneigennützigkeit oder Selbstlosigkeit keineswegs zu den herausragenden Eigenschaften der Figur zählen. Molly Bolt ist eine exemplarische Aufsteigerin; und Leroy, der leibliche Sohn der Bolts, erkennt schon früh ihre sozial-opportunistische Kompetenz: „'[...] You're different than I am. You make good grades and know how to act with different kinds of people who aren't like us [...]'" (*RJ*, p. 64). Schon früh übt sich Molly darin, sich in den Mittelpunkt zu stellen, Macht auszuüben, andere zu beherrschen. Während eines Kinderspiels erklärt sie selbstgewiß: „I wan't gonna be no nurse. If I was gonna be something I was gonna be the doctor and give orders" (*RJ*, p. 31). Als Schulsprecherin, ein Amt, das sie sich durch sanfte Erpressung ergaunert hat, genießt sie ihren herausgehobenen Status: „The power was overwhelming" (*RJ*, p. 75). Den gesamten Roman über ist Molly Bolt eine ebenso habgierige wie kompromißlose Karrieristin, „a go-getter" (*RJ*, p. 127), wie eine ihrer College-Professorinnen zutreffend konstatiert. Molly zeigt mitunter wenig Skrupel, ihre jeweiligen sexuellen Liebschaften für ihr Aufstiegsstreben zu instrumentalisieren, von ihrer einem reichen Elternhaus entstammenden Zimmergenossin der Collegezeit läßt sie sich aushalten[25], in New York läßt

---

[23] Carole Horn, „Out of the Closet and the Plain Brown Wrapper," *Washington Post* (14.2.1974), D6.
[24] Gerhard Kirchner, „Lieber Rollschuhe als einen Ferrari: Romane der amerikanischen Frauenbewegung," *Frankfurter Allgemeine* (17.10.1978), L8.
[25] Cf. *RJ*, p. 113: „Faye was the spirit of generosity maybe because she didn't know what money was worth, but I loved her for it whatever the motive."

sie sich von ihrer Geliebten Holly in die „élite lesbian culture"[26] der Metropole einführen. Erst als dort eine alternde Mäzenatin sie in ein Konkubinatsverhältnis locken will, „I nearly lost my restraint when she hinted she'd pay my way through film school, if only" (RJ, p. 167), zeigt sie erste Bedenken und verweigert sich der Offerte. Diese – im Roman einmalige – Verweigerung relativiert jedoch keineswegs die Gültigkeit der Thesen von Carol M. Ward: „Molly's teenaged sexual adventures [...] seem to have as much to do with her social climbing as with her sexual self-definition." Und: „Molly is clearly attracted to women of higher social status [...]."[27]

Vor dem Hintergrund der Traditionen des pikaresken Erzählens in den U.S.A. vermag Mollys materialistisches Aufstiegsbegehren kaum zu verwundern. Als Mittellose verinnerlicht sie schon früh, nachdem sie sich erstes Geld durch die Zurschaustellung des Genitalbereichs eines Mitschülers verdient hat, einen wichtigen Lehrsatz der Gesellschaftsordnung, in der sie aufwächst: „Money was power" (RJ, p. 5). Und als Studentin an der Filmhochschule räsonniert sie: „I mean, if I had money I wouldn't be at the mercy of chance, peanut intellects, and amputated emotions so much. With money you can protect yourself" (RJ, p. 212). Bezeichnend ist, zu welchen Rationalisierungen sie fähig ist, wenn sie ernsthaft die Möglichkeit prüft, in ein bezahltes Liebschaftsverhältnis mit der Mäzenatin Chryssa einzuwilligen: „Her old man got rich off the backs of the poor anyway. Part of the money is my inheritance. Retribution. I should take the Goddamned stuff" (RJ, p. 167). Molly entkleidet hier einen vom Ansatz her revolutionär-klassenkämpferischen Gedanken seiner sämtlichen sozialen Sprengkraft, indem sie ihn in eine Rechtfertigung eines Handelns wendet, das ihre individuell-egozentrischen Aufstiegsträume zu realisieren vermag. Es ist nachvollziehbar, daß Mollys Verhalten und Reflexionen Leslie Fishbein zu einer wenig schmeichelhaften Schlußwertung reizen: „The novel is completely narcisstic and selfish. It is an utterly individualistic tale that has no social consciousness or sense of commitment to a lesbian community. [...] Rubyfruit Jungle becomes the perfect document of the ME generation: it takes the new selfishness and makes it both gay and good."[28]

Carol M. Ward sieht eine der entscheidenden Leistungen des Romans darin, daß Brown genuin amerikanische Mythologeme für ihre feministischen Belange nutzt und umfunktionalisiert: „Brown revolutionizes the

---

[26] Carol M. Ward, p. 52.
[27] Carol M. Ward, pp. 50, 53.
[28] Leslie Fishbein, „Rubyfruit Jungle: Lesbianism, Feminism, and Narcissism," International Journal of Women's Studies, 7 (1984), 158f.

Horatio Alger myth of American success by portraying woman as the true inheritor of the dream."[29] Ohne finanzielle Mittel und ohne Geschichte, „[n]o one remembers her beginnings" (*RJ*, p. 3) lautet der erste Satz der fiktiven Autobiographie, sucht Molly ihren Weg des gesellschaftlichen Aufstiegs, träumt ihren privaten amerikanischen Traum von Selbsterfüllung und Selbstverwirklichung. „I'm me. That's all I am and all I want to be" (*RJ*, p. 107), erklärt sie einer Schulfreundin; noch der Schluß des Romans formuliert eine gesellschaftspolitisch wenig bedeutsame Privatutopie: „Damn, I wish the world would let me be myself" (*RJ*, p. 246). Mollys Reaktualisierung des amerikanischen Traums verzichtet auf egalitäre oder gar revolutionäre Komponenten. Molly will von, nicht mit ihrer Klasse aufsteigen; ihre Beschränkung auf individuelle Selbstverwirklichung fügt sich nahtlos in jene politisch konservative Ideologien ein, die in den 80er Jahren den Zeitgeist prägen werden.

Selbstsucht zeichnet so Mollys ökonomische Ambitionen und auch ihr Verhalten in Liebesbeziehungen aus. Für *Rubyfruit Jungle* gilt: „Sex and capitalism are [...] intimately related."[30] In ihren diversen Liebschaftsverhältnissen bleibt Molly letztlich eine bindungsunfähige Person; allein körperliche Aspekte sind es, die ihre jeweiligen Sexualpartner für sie attraktiv machen.[31] Sexualkontakte bleiben für Molly eine zwar lustbezogene, aber rein egozentrische Angelegenheit, zu deren Beschreibung sie eine bombastisch-vage Metaphorik bemüht: „women making love together is dynamite" (*RJ*, p. 201). Den Unterschied zwischen hetero- und homosexuellen Liebesabenteuern faßt sie mit den Worten: „it's the difference between a pair of roller skates and a Ferrari" (*RJ*, p. 199). Der Liebesakt beschränkt sich für Molly auf reine Körperlichkeit; auf die geschlechtsüberschreitenden verbalerotischen Sexualphantasien Polinas reagiert sie mit Intoleranz. Ihre eigene sexuelle Imaginationskraft, eher unterentwickelt, gibt dem Roman seinen Titel: „'When I make love to women I think of their genitals as a, as a ruby fruit jungle [...]'" (*RJ*, p. 203). Ruby freilich ist auch der Vorname ihrer nie gekannten leiblichen Mutter; Molly ist, wie die Stiefmutter Carrie dem Pflegekind schon früh genüßlich mitteilt, „Ruby Drollinger's bastard" (*RJ*, p. 7). Die Suche nach sexueller Erfüllung wird so auf raffinierte Weise mit dem pikaresken Thema der Elternsuche

---

[29] Carol M. Ward, p. 57.
[30] Carol M. Ward, p. 52.
[31] Cf. Carol M. Ward, p. 50: „Molly's [...] attraction to Carolyn, as to Leota, is purely physical."

verknüpft.[32] Die aus den Entbehrungen der frühen Kindheit gespeiste pikarische Mentalität vermag die grundlegende Bindungsunfähigkeit und Beziehungsangst von Browns Pikara-Variation zu erklären. Am Ende des Romans befindet sich Molly in einem Zustand der Isolation, der Vereinsamung und der Selbstentfremdung: „the novel ends on a note of failure, with the isolation and alienation of the protagonist typical of the picaresque program."[33]

Es kommt, wie bereits konstatiert, in Rita Mae Browns Erstlingsroman zu einem Konflikt zwischen den weltanschaulichen Positionen der Autorin und genreimpliziten Handlungs- und figuralen Entwicklungsvorgaben. *Rubyfruit Jungle* liegt daran, eine These zu illustrieren, mitunter setzt der Roman auf Polemik und plakative Schwarzweißmalerei.[34] Nach Carol M. Ward liegt das Erfolgsgeheimnis des Romans in der konsequenten Instrumentalisierung tradierter – es ließe sich präzisieren: pikaresker – Erzählkonventionen begründet: „Despite the novel's overtly gay and feminist polemics, mainstream success was made possible by the book's humor, its daring heroine, and its reliance on traditional popular culture narrative formulae."[35] Diese Erzählformeln drängen aber häufig in eine Richtung, in die die Autorin selbst nicht will. Und auch umgekehrt gilt: Die ideologischen Prämissen Browns verlangen mitunter nach einem Handlungsverlauf, der nicht mit den Konventionen des pikaresken Erzählens harmonisiert.

Rita Mae Browns feministischer Reaktualisierungsversuch pikaresker Erzählmuster wirkt deshalb problematisch und nur in einem eingeschränkten Sinne erfolgreich, weil der Roman darauf verzichtet, die ideologischen Implikationen von Handlungsstrukturen und Erzählperspektiven

---

[32] Eine Funktionalisierung von Mollys Sexualphantasie als Äußerung eines latenten Vereinigungswunsches mit der Mutter leistet Louise Kawada, „Liberating Laughter: Comedic Form in Some Lesbian Novels," in: Susan J. Wolfe und Julia Penelope (eds.), *Sexual Practice, Textual Theory: Lesbian Cultural Criticism* (Cambridge und Oxford: Blackwell, 1993), p. 256.

[33] James Mandrell, 162.

[34] Männliches Sexualverhalten wird beispielsweise immer in Bildern gefaßt, die Abscheulich-Widerwärtiges suggerieren, heterosexuelle Ehen führen immer zu psychischer Verelendung der Frau, Mutterschaft wird ausschließlich mit negativen Assoziationen besetzt. Cf. hierzu auch Leslie Fishbein, 158: „Clearly, homosexuality is portrayed as the only viable sexual choice. Everyone in a heterosexual marriage – Leota, Leroy, Carl, Carrie – is miserable; and heterosexual intercourse is comparatively dull. Motherhood is portrayed almost as if it were a disease."

[35] Carol M. Ward, p. 41.

zur Kenntnis zu nehmen, geschweige denn zu thematisieren oder zu problematisieren. Mollys eigene Rolle als Erzählerin, die Inauthentizität ihres Stils, die Auswirkung ihrer sprachlich-sozialen Assimilation an die Normen der kulturellen Oberschicht hinterlassen in der fiktiven Autobiographie zwar ihre Spuren, werden aber zu keinem Zeitpunkt hinterfragt. Molly erfüllt, wie James Mandrell kritisch anmerkt, „an unproblematically normative role as the narrator."[36]

Kathy Acker: „part Burroughs, part lovesick girl, part low culture queen"?

Der Missionarismus und die Selbstgerechtigkeit der politischen Lesbenfraktion des amerikanischen Feminismus der frühen 70er Jahre finden sich in den Werken von Kathy Acker mitunter parodiert[37]; mit Leidenschaft polemisiert Acker gegen irgendwelche Vorgaben zur politisch korrekten Partnerwahl. In einem Interview mit Larry McCaffery stellt Acker 1991 klar: „I know there are some feminists who think you can chose your sexuality, and that you should be politically correct in your choice of sexuality. But I don't agree at all. That's one of the rare theoretical opinions that I have."[38] Acker betrachtet das, was sie als „lesbian separatism" identifiziert, als eine Folgeerscheinung der für sie gescheiterten Gesellschaftsexperimente der 60er Jahre, von denen sie sich abgrenzt und die sie einer kritischen Revision unterzieht[39]; für Kathy Acker gibt es „kein richtiges Leben im falschen."[40] In *Don Quixote* ridikülisiert sie die gutgläubigen Annahmen ihrer Romanfigur Villebranche, die ihre Entscheidung für das Lesbentum mit fragwürdiger Naivität be-

---

[36] James Mandrell, 158.
[37] Cf. zu diesem Aspekt auch Penelope J. Engelbrecht, „Re/viewing Kathy Acker," *Trivia*, 21 (1993), 34-36.
[38] Larry McCaffery, „An Interview with Kathy Acker," *Mississippi Review*, 20 (1991), 95.
[39] Cf. Larry McCaffery, „An Interview with Kathy Acker," 96: „I didn't think the '60s generally worked. And basically I see lesbian separatism as being part of the '60s."
[40] Theodor W. Adorno, *Minima Moralia: Reflexionen aus dem beschädigten Leben* (Frankfurt: Suhrkamp, 1978), p. 42.

gründet: „'Since women when they make love to each other're both controlling, there's no question of control or power between them.'"[41]

Rita Mae Browns zumindest partielles Scheitern bei dem (rezeptionsgeschichtlich einflußreichen) Versuch, pikareske Erzählmuster für feministische Belange zu nutzen, mag zum Teil dafür verantwortlich sein, daß Kathy Acker bei ihren Experimenten mit der pikaresken Erzählform eine erzähltechnisch ungleich radikalere Herangehensweise gewählt hat. In Ackers *Don Quixote* finden herkömmliche geschlechtsspezifische Rollenzuschreibungen, konventionelle Handlungsmuster und der Drang zum gesellschaftlichen Aufstieg keinen Platz mehr: Ackers Don Quixote bekennt sich selbstbewußt zur Marginalität. Wie Isadora Wing und Molly Bolt ist auch Ackers Pikara eine Künstlerinnenfigur. Bei Jong wird die Künstlerin zu einer Kritikerin patriarchalischer Familienstrukturen, bei Brown zu einer (verhinderten) Karrieristin, bei Kathy Acker aber (gegen Ende des Romans) zu einer sozialrevolutionären Visionärin. *Rubyfruit Jungle* suggeriert, wie James Mandrell nachweist, wiederholt die These, daß jegliche Form des Erzählens in erster Linie anrüchig und suspekt bleibt.[42] Die Überschrift eines Unterkapitels des Acker-Romans hingegen lautet: „Proof That All Story-Telling Is Revolution" (p. 147). Revolutionär kann aber nach Acker Erzählen erst dann (wieder) werden, wenn Konventionalität problematisiert und revidiert wird, wenn die Andersartigkeit weiblich-feministischer Erzählversuche sich auch in einem variierten Handlungsaufbau, in einer variierten Erzählweise, Figurenkonstellation, Syntax, Semantik und Orthographie niederschlägt.

Kathy Ackers Reputation als ambitionierte Gegenwartsautorin ist umstritten. Walter Klier faßt zwei unterschiedliche Reaktionsweisen auf Ackers Werke zusammen, wenn er spekuliert: „Manche Leser werden Ackers Bücher als unzusammenhängend, plagierend zusammengeschustert, im Dreck wühlend, ja abartig empfinden, andere

---

[41] Kathy Acker, *Don Quixote which was a dream* (New York: Grove, 1986); die weiteren Zitate aus *Don Quixote* beziehen sich auf diese Erstausgabe des Romans und erfolgen im Haupttext unter direktem Verweis auf die jeweilige Seitenzahl.
[42] James Mandrell, 157.

aber im Gegenteil als witzig, pointiert, drastisch, diesseitig und sehr, sehr gescheit."[43] Einerseits sind Ackers Romane oft unzugänglich und geradezu opak – nach Greg Lewis Peters beinhalten sie „some of the most stylistically difficult writing of recent times."[44] Andererseits erzielen sie aber auch unter dem Etikett „punk fiction", „a genre marked by rejection of literary conventions and assault on bourgeois mores"[45], beispiellose Skandal- und Bestsellererfolge. Der Rückklappentext der amerikanischen Erstausgabe des *Don Quixote* beispielsweise annonciert Acker geschäftstüchtig als „part Burroughs, part lovesick girl, and part low culture queen." Ackers stilistische und erzähltechnische Experimente sichern ihr aber auch die Wertschätzung einer professionell-akademischen Leserschaft; Larry McCaffery etwa führt sie 1991 mit den Worten ein: „During the somnolent, repressive 1980's decade of Reagan/Bush/Helms/Bennett, Kathy Acker established herself as one of postmodernism's boldest and most original fiction innovators (and one of its most controversial as well)."[46] Acker selbst hingegen bleibt ihre Einordnung unter die Rubrik „experimental author" suspekt. In einem Interview mit Ellen G. Friedman spekuliert sie: „I think that sometimes the word 'experimental' has been used to hide the political radicalness of some writers. Oh, they're 'experimental,' that means they're not really important."[47]

Was Ackers Romane zu einer „schwierigen" Lektüre werden läßt, sind ihre neuartigen Erzähl- und Charakterisierungstechniken. Erzählerfiguren mutieren urplötzlich zu Tieren, ändern ihr Geschlecht oder ihre Biographie; herkömmliche Konzeptionen von Raum und Zeit werden problematisiert, Erzählinstanzen fragmentiert und mit

---

[43] Walter Klier, „Eine Kannibalin aus Amerika: Über Kathy Acker und ihre provokatorische Romanwelt," *DIE ZEIT* (24.11.1989), 80.

[44] Greg Lewis Peters, „Dominance and Subversion: The Horizontal Sublime and Erotic Empowerment in the Works of Kathy Acker," in: Nicholas Ruddick (ed.), *State of the Fantastic: Studies in the Theory and Practice of Fantastic Literature and Film* (Westport: Greenwood, 1992), 149.

[45] *Contemporary Literary Criticism*, 45 (Detroit: Gale, 1987), p. 13.

[46] Larry McCaffery, „An Interview with Kathy Acker," 83.

[47] Ellen G. Friedman, „A Conversation with Kathy Acker," *The Review of Contemporary Fiction*, 9, 3 (1989), 21.

surrealen Bildern und unrealistischen Ereignissen konfrontiert. Das Ergebnis ist eine nicht-lineare Form des Erzählens, keine Erzählung, sondern eine Ent-zählung, „a kind of 'de-narrative'"[48], wie Acker ihr erzähltechnisches Verfahren nennt. Kathy Acker, so Terry Brown, „disrupts the traditional [...] narrative by playing with its conventions: the single figure of the hero is fractured into several identities [...]."[49] Ackers erzähltechnische Experimente begründen den Anspruch und definieren das Niveau ihrer Romane. Ackers Verkaufserfolge hingegen basieren auf der Wahl ihrer Themen: „sex, language, and violence"[50] identifiziert Acker gleich in zwei Interviews als die wichtigsten Gegenstände ihres Schreibens. Walter Klier hierarchisiert: „Das Sexuelle scheint als totale Obsession herauszuragen."[51]

Kathy Ackers Romane kennen kaum Tabus oder Geschmacksgrenzen. In *Don Quixote* kommen Spezifika von Nixons „shrivelled red quivering cock" (p. 111) ebenso zur Darstellung wie allerlei sadomasochistische Praktiken oder Rollenspiele: eine Domina sucht sich, „dressed as a Nazi captain" (p. 131), ihre Sklaven, Väter vergewaltigen und ermorden ihre Töchter, die Lehrerin einer Schule für höhere Töchter, „desperate to be fucked", schwelgt in einem einsilbigen Lustrausch: „I'll kill Laure. I'll kill one of you. Hit me. Flay me. Oh shit. Oh, oh yes. Oh shit. Yes" (p. 172). Vor allem Ackers relativ standardisiertes Figurenpersonal – sadistisch-feige Väter und devot-masochistische Töchter – und ihre Mitarbeit bei FACT (Feminist Anti-Censorship Task Force), einer Gegeninitiative zu Andrea Dworkins PorNO-Kampagne, haben der Autorin die Verachtung eines Teils der feministischen Literaturkritik eingebracht.[52] Auch offizielle Stellen taten sich mitunter schwer mit Ackers freizügigen Fiktionen: 1986 wurde der Roman *Blood and Guts in High*

---

[48] Larry McCaffery, „An Interview with Kathy Acker," 89.
[49] Terry Brown, „Longing to Long: Kathy Acker and the Politics of Pain," *LIT: Literature Interpretation Theory*, 2 (1991), 173.
[50] Ellen G. Friedman, „A Conversation with Kathy Acker," 20; ebenso Larry McCaffery, „An Interview with Kathy Acker," 87.
[51] Walter Klier, 80.
[52] Cf. etwa Judith Briggs Coker, die Ackers Dickens-Parodie *Great Expectations* als einen „reactionary text" abqualifiziert; „Sexuality in Discourse: Feminine Models in Recent Fiction by American Women," *DAI*, 47,4 (1986), 1321A.

School (deutscher Titel: *Harte Mädchen weinen nicht*) nicht nur in Südafrika, sondern auch in der Bundesrepublik verboten bzw. auf den Index für jugendgefährdende Schriften gesetzt.[53] Eine solche Entscheidung ist nur schwer nachvollziehbar, denn einerseits bietet der indizierte Roman eine ambitioniert-gekonnte Reaktualisierung von Hawthornes Roman *The Scarlet Letter*, und andererseits verspricht die Art und Weise, wie Acker „sex and violence" zur Darstellung bringt, allenfalls sporadisch lustvoll-erotischen Lesegenuß. Eines allerdings bleibt an der Entscheidung der Bundesprüfstelle symptomatisch: „Im deutschsprachigen Raum", schreibt Peter Zimmermann, „hat die Kritik nie so recht gewußt, was sie mit Kathy Acker anfangen soll."[54] So bieten Ackers Romane so manchem deutschen Feuilletonisten Anlaß zu ratlosen Selbstbekenntnissen; Paul Stänner etwa gesteht: „ich habe nicht begriffen, um was es da ging, und auch keine Ebene gefunden, auf der ich – statt wie gewöhnlich mit dem Kopf – diese Bücher hätte verstehen können."[55] Ackers Romane provozieren alle: feministische Aktivistinnen ebenso wie das konservative Establishment, Traditionalisten und Progressive beiderlei Geschlechts.

Es liegt folglich auch auf der Hand, daß Kathy Ackers Texte nicht auf eine herkömmliche Weise nacherzählbar sind. Der Roman *Don Quixote* etwa arbeitet mit einem äußerst umfangreichen Figureninventar, das unter anderem sprechende Hunde, Piraten, den Engel des Todes, Richard Nixon und den lieben Gott persönlich beinhaltet. In *Don Quixote* wird nicht linear erzählt; der Roman zentriert sich nicht um Ereignisse, sondern um Positionen. Doch trotz aller

---

[53] Walter Klier zitiert aus der Begründung der Bundesprüfstelle („das Buch enthalte 'infantiles Geschwätz' und 'primitives Vokabular', es verwende die 'banale Sprache der Gosse', der Leser könne 'teilweise sehr schlecht erkennen, ob es sich um Phantasien oder tatsächliche Geschehnisse der Protagonisten' handle") und kann sich den folgenden sarkastischen Kommentar nicht verkneifen: „Wie schon oft, hat damit ein Zensor ein Stück harter literaturkritischer Arbeit geleistet und wichtige Punkte klargestellt" (80).

[54] Peter Zimmermann, „Lust und Frust auf Haiti: Obsessives Frühwerk von Kathy Acker," *Die Presse* (11./12.5.1991), spectrum 9.

[55] Paul Stänner, „Heißes Haiti: Kathy Ackers Liebesabenteuer," *Der Tagesspiegel* (18.8.1991), 10.

Unüberschaubarkeit ist auch einiges klar: Eine Frau läßt an sich einen Schwangerschaftsabbruch vornehmen und leitet aus dieser Erfahrung die Entscheidung ab, künftig unter dem angenommenen Namen Don Quixote als Ritterin der Nacht, als „night-knight" (p. 10), durch die Welt zu ziehen. Sie wird begleitet von einer Art Sancho Pansa, der wechselweise als Saint Simeon, als Villebranche oder als Hund in Erscheinung tritt; ihre geographischen Wanderschaften führen sie unter anderem in das New York der 80er Jahre und ihre intellektuellen Ausflüge zu einer Beschäftigung mit der amerikanischen Geschichte und den Gründungsmythen Amerikas. Was darüber hinaus eine inhaltliche Synopse schwierig macht, ist die Tatsache, daß Don Quixote im Verlauf der Romanhandlung in sehr vielen Rollen, Masken und literarischen Doppelgängerfiguren auftritt, als Tomasi di Lampedusas Prinz etwa oder als Wedekinds Lulu und de Sades Juliette. Don Quixote wird schließlich zur Anführerin einer hündisch-menschlichen Meute, zur Anführerin derjenigen, die an der gesellschaftlichen Peripherie leben. Sie sagt den „evil enchanters of this world such as the editors of *TLS* or Ronald Reagan" (p. 101) den Kampf an, will das etablierte Amerika besiegen und vernichten, träumt von einer neuen amerikanischen – anarchistischen – Revolution. Auf der Schlußseite des Romans konfrontiert Don Quixote schließlich den patriarchalischen Herrschergott selbst, ist von ihm angewidert, „and then, drunk, awoke to the world which lay before me" (p. 207).

Die Eingangspassagen des Romans, die Schilderung der Gemütslage einer Frau unmittelbar bevor sie an sich eine Abtreibung vornehmen läßt, liefern den Schlüssel zum Verständnis und zur Herleitung seiner zentralen Motive und Themen. Mit der Abtreibung verweigert sich Don Quixote erstmals im Roman der sozialen Kontrolle und Normierung. Die Erfahrungen in der Abtreibungsklinik führen Ackers Heldin an den Rand des Irrsinns, sie setzen in ihr den Wunsch nach ritterlichem Gewappnetsein (p. 9: „she wore pale or puke green paper. This was her armor") und masochistische Empfindungen frei (p. 13: „she thanked them for her pain and for what they had done for her"), sie initiieren die Nachtsymbolik des Romans (p. 12: „she handed over the money and prayed to the moon"). Sibylle Cramer attestiert der Abtreibungsszene eine „hochmetaphorische Bewandtnis"[56]; welche, verschweigt sie. Wie in Irvings *The Cider House Rules*, so werden auch in *Don Quixote* die emotionalen Demütigungen, die eine Frau im Vorfeld einer Schwangerschaftsunterbrechung zu durchleiden hat, zu einer Metapher für patriarchalische Gewalt und Unterdrückung. Doch im Gegensatz zu Irving glaubt Acker, daß sich eine genuine Patriarchatskritik nicht mit herkömmlichen erzählerischen Mitteln glaubwürdig leisten läßt.

Die Welt der pornographischen Pikareske: „Love was rape or rejection"

In *Don Quixote* synthetisiert Kathy Acker so z.B. pikareske und pornographische Erzählmuster. Sie leistet damit eine Kombination, die keineswegs so fern liegt, wie es vielleicht zunächst den Anschein haben mag, denn pornographisches und pikareskes Erzählen teilen bestimmte strukturelle Gemeinsamkeiten: die Konzentration auf Einzelepisoden, offene Form, beliebige Fortsetzbarkeit. Für Pornographie wie Pikareske (etwa für *Quinn's Book*, *Moon Palace*, *World's End* oder *The Cider House Rules*) gilt: „the story ends when its indefinite possibility for repetition is established [...]."[57]

In *Don Quixote* greift sich Kathy Acker Einzelelemente der pikaresken Romanform heraus und radikalisiert sie, spitzt sie zu: die masochistische Grundtendenz in der Persönlichkeitsstruktur einer Pikaro- bzw. PikaraFigur, die Marginalität gesellschaftlicher Grenzgänger, die – zumeist undurchschaubaren – Machtstrukturen einer pikaresk konstituierten Welt, die Ziellosigkeit der Wanderschaft, fragmentierende Episodik. Ackers literarisches Markenzeichen ist es, traditionelle Genres für ihre Zwecke zu nutzen[58] und durch gewagte

---

[56] Sibylle Cramer, „Rutschpartien der Perversion: Kathy Ackers Bemühungen um den erzählerischen Skandal," *Süddeutsche Zeitung* (24./25.2.1990), 14.
[57] Peter Benson, „Between Women: Lesbianism in Pornography," *Textual Practice*, 7, 3 (1993), 421.
[58] Cf. Ackers Selbstanalyse in dem Interview mit Larry McCaffery, 87f.: „By the time I was working on *Empire* [gemeint ist der Roman *Empire of the Senseless*, Erstveröffentlichung 1988] I had already worked through several different genres,

Synthetisierungen in bezug auf ihre gegenwärtige Leistungsfähigkeit auszutesten. So schreibt Robert Siegle zu Ackers Roman *The Adult Life of Toulouse Lautrec*: „Much of the fun as well as the effect of the novel is the interplay among [...] genres and the full range of assumptions which they introduce into the narrative."[59] Insbesondere die pikaresken Romanciers Mark Twain und Henry Fielding ragen innerhalb der literarischen Ahnengalerie, auf die Acker sich beruft, heraus.[60] Der Sinn einzelner Episoden, die Acker erzählt und die durchaus auch surreale Traumsequenzen und auktoriale Digressionen umfassen können, ergibt sich erst durch interpretatorische und mitunter assoziative Analogieschlüsse. So beklagt sich Anne Haverty in ihrer Rezension des *Don Quixote* über „the relentless recounting of haphazard events"[61]; gerade diese aber machen den Kern pikaresker Erzählformen aus. Durch die Übernahme des pikaresken Strukturprinzips der episodischen Reihung erreicht Acker ein Höchstmaß an narrativer Dynamik jenseits traditioneller Erzählökonomie oder Erzählteleologie. Das Ergebnis ist bisweilen, in den Worten von Arthur F. Redding, „naturally enough, a shamble, a mess: brash, shrill, petulant, and incoherent; [...] dreary and repetitive"[62]; das Ergebnis ist im Falle des *Don Quixote* die Beschwörung einer exemplarischen pikaresken Welt, in der Habgier, Gesetzlosigkeit und Zufall regieren. Ackers pikareske Welt ist zudem eine dezidiert kapitalistische, in der Betrug und Verstellung an der Tagesordnung sind: „Since in this world those who didn't own had to pretend to own in order to stay alive, those who owned pretended not to" (p. 136).

---

and I was wanting to move into present genres – and expand my muscles in a way."

[59] Robert Siegle, „On the Subject of Walter Abish and Kathy Acker," *Literature and Psychology*, 33, 3-4 (1987), 46.

[60] In dem Interview mit Ellen G. Friedman bezeichnet Acker *Huckleberry Finn* als „one of the primary American texts about freedom and about how you live free in a society that isn't" (17). Ihren *Toulouse Lautrec*-Roman eröffnet Acker mit den Worten: „'Make sense,' Fielding said. 'Tell the real story of your life. You alone can tell the truth!' / 'I don't want to make any sense,' I replied."

[61] Anne Haverty, „In the (K)Night Time," *The Times Literary Supplement* (23.5.1986), 554.

[62] Arthur F. Redding, „Bruises, Roses: Masochism and the Writing of Kathy Acker," *Contemporary Literature*, 35 (1994), 301.

„'Fortune's guiding our affairs [...]'" (p. 23), erkennt Ackers Romanheldin Don Quixote, und zwar in einer Welt, in der pures Glück und nicht Verdienste, Tugend oder Tüchtigkeit das Überleben garantieren. Ackers Roman zeigt Außenseiter wie Schigold: „He looks even poorer and more down-and-out than death. He looks as if he's living in urban USA" (p. 84), er entwirft Figuren, deren Erfahrungen mit der sozialen Herzlosigkeit der Welt zu verzweifelten Thesen Anlaß geben: „This World is a piece of shit" (p. 89) und: „This is a world of madness" (p. 90). Kathy Acker identifiziert „poverty, alienation, fear, inability to act on desire, inability to feel" (p. 190), an anderer Stelle (unter Mißachtung herkömmlicher Interpunktionsregeln) „poverty other forms of human degradation all forms of human brutality and undue suffering" (p. 203), als die sozialen bzw. sozialpsychologischen Grundübel einer amerikanischen Gegenwart, die empfindsame Wesen grundlegend richtungs- und heimatlos werden läßt. Eine existenzerschütternde Heimatlosigkeit schimmert beispielsweise in der Lebensrückschau einer der Tochterfiguren des Romans durch, die das Ausgeliefertsein und die Wurzellosigkeit ihrer Zeit in New York rückerinnert:

> „'New York is hell. [...]. In the city, in order to stay alive, I sucked cocks while their owners held guns to my head. At the same time, I was scared. All the time I was so frightened of men I didn't want anything to do with them, after men who didn't want me. Love was rape or rejection. If I wasn't loved, I couldn't fit into this marketplace or world of total devaluation. (p. 115)

An dem Textauszug wird deutlich, wie sehr für Ackers Figuren Erfahrungen mit den grausamen Geschicken der Welt primär Erfahrungen mit Sexualität, Gewalt und materiellen Besitzverhältnissen sind; noch Geschlechtsteile werden als Eigentum und Besitz gewertet. In *Don Quixote* wird die pikareske Erfahrung mit beinahe allegorischer Eindringlichkeit sexualisiert und die pikareske Romanform erotisiert: „Despair and Terror fuck. Hell whispers" (p. 109). Unverklemmt gelebte Sexualität wird, wenn schon nicht zu einer Methode der Erlösung, so doch zu einem Mittel, das psychisches und materielles Überleben garantiert. Die Darstellung auch abnormer sexueller

Praktiken erfüllt in Ackers Romanen niemals einen Selbstzweck, sondern dient der Widerspiegelung und Individualisierung gesamtgesellschaftlicher Herrschaftsstrukturen; „remembering fucking Eddie" heißt für eine der Figuren in *Don Quixote* immer auch: „I'm remembering situations of power" (p. 55). Der Kontext, in dem Ackers Figuren ihre sexuellen Gelüste befriedigen, ist stets einer der Herrschaft bzw. der Unterwerfung, der Dominanz bzw. der Viktimisierung.

In einer Welt, die auch Privatbeziehungen den Gesetzen der „economy of possession and retention"[63] unterwirft, wird für Ackers Heldinnen auf diese Weise emotionaler und sexueller Masochismus zu einer Überlebensstrategie und zu einer außersprachlichen Form einer authentischen Urkommunikation. Ackers verschiedene Varianten der Pikara-Figur subvertieren die hergebrachte pikareske Formel, indem ihre Körper auf schmerzhaftem Leiden insistieren. Die Protagonistinnen in *Don Quixote* versuchen so zumeist nicht, das Leiden in und an der Welt zu reduzieren bzw. gegen es zu rebellieren, sondern ertragen ihre Demütigungen mit stolzen Triumphgebärden. In der masochistischen Beziehung findet Acker eine Nuklearform für die launenhafte Unberechenbarkeit der pikaresken Welt; für die pikareske Welt gilt, was Arthur F. Redding als ein wesentliches Motiv masochistischer Selbstauslieferung identifiziert: „Privilege here is only a lucky roll of the dice and has nothing to do with selection or merit."[64]

Ackers masochistische Heldinnen sind nicht nur gesellschaftliche Grenzgängerinnen, auch in ihren Körpererfahrungen trachten sie nach Grenzüberschreitungen: „Masochism is [...] an effort to see for oneself what lies on the far side of humiliation."[65] Sexuelle und soziale Marginalität wird in *Don Quixote* zu einer Tugend umgedeutet. Die pikarischen Gestalten der spanischen Literatur des Goldenen Zeitalters, in endlosen Kreisbewegungen auf der Wanderschaft an der gesellschaftlichen Peripherie (und nicht die zumeist zentralitäts- und karrieresüchtigen Pikaros der US-amerikanischen

---

[63] Robert Siegle, 52.
[64] Arthur F. Redding, 283.
[65] Arthur F. Redding, 289.

Literatur), dienen Acker als Modell für die Mentalität ihrer Figuren. Deren Reisen durch Raum und Zeit bleiben auf eine demonstrativ-aggressive Weise ziellos; die Bewegung selbst wird zum Ziel einer um Authentizität bemühten Existenz. Ackers Don Quixote formuliert programmatisch: „All being is timelessly wild and pathless, its own knight, free" (p. 28). Was für den Don/die Donna an individueller Zielsetzung übrigbleibt, ist die vage Hoffnung, während künftiger Wanderschaften auf weitere soziale Grenzgänger zu treffen, die vage Hoffnung auf künftige Solidarisierungsprozesse zwischen denen, die ihre Identität aus ihrem Status des Ausgegrenztseins ableiten. „Now I am going to travel", beschließt Ackers Lulu, ein *alter ego* der Don Quixote, am Ende des zweiten Teils des Romans. Und: „Now I must find others who are, like me, pirates journeying from place to place, who knowing only change and the true responsibilities that come from such knowing sing to and with each other" (p. 97).

Ackers Titelheldin ist, wie C. Carr schreibt, „picaresquing in a male, thus alien land."[66] In *Don Quixote* modernisiert, sexualisiert, feminisiert und politisiert Kathy Acker traditionelle pikareske Erzählmuster. Da Acker davon ausgeht, daß unüberprüft übernommene konventionelle Formen politisch radikale Inhalte zwangsläufig relativieren, leistet sie in ihrem elften von insgeamt fünfzehn Romanen eine zersetzend-subversive Analyse des pikaresken Genres, indem sie dessen Einzelelemente zunächst isoliert und sodann übersteigert. Eine ihrer bedeutendsten Innovationen ergibt sich aus ihren figurenpsychologischen Experimenten mit der klassischen Pikaro-Figur, deren Merkmale sie zum Teil übernimmt und teilweise abändert.

Die Don Quixote Kathy Ackers vereint in sich viele wesentliche Elemente der klassischen Pikaro-Figur: Marginalität und Passivität, Einsamkeit und masochistische Grunddisposition, Ruhelosigkeit und Identitätsprobleme. Was Acker – nicht als einzige, aber unter den wenigen am entschiedensten – dem tradierten Merkmalskatalog hinzufügt, sind freiwillige subkulturell-anarchistische Selbstabgrenzung, emanzipatorisch definierter Irrsinn, sexueller Masochismus und

---

[66] C. Carr, „Text and Violence: Kathy Acker Strikes Again," *VLS*, (March 1987), 9.

visionär-sozialrevolutionäre Programmatik. Wovon sich Ackers Pikareske deutlich distanziert, das sind die Aufstiegsambitionen so vieler amerikanisch-pikaresker Gestalten. Acker polemisiert in all ihren Romanen gegen „the insipid and reactionary ideology of 'success.'"[67] In *Don Quixote* z. B. hat sie nur Häme, Spott und Verachtung für amerikanische Traumkarrieren übrig, die mit Vereinzelung und Liebesunfähigkeit bezahlt werden müssen: „The American dogs didn't want to live dogs' lives. They wanted to make their own lives and they succeeded. The self-made American dog has only itself and it must make success, that is, survive" (p. 112). Eine der widerlichsten Figuren des Romans, der sadistisch-feige Schön, hat eine prototypische Aufsteigerbiographie durchlebt: „How does a working-class boy become a hero in this world? By his own two hands: by fraud and bribery" (p. 81).

Die Empathie der Titelheldin des Romans gehört nicht den bürgerlichen Karrieristen, „normalcy [...] is the capitulation to social control" (p. 18), sondern den Randgruppen, denjenigen, die sich verweigern: „'The only characteristic freaks share is our knowledge that we don't fit in. It is for you, freaks my loves, I am writing and it is about you. Since humans enjoy moralizing, over and over again they attack us" (p. 202). Für die Armen, die Verfolgten, für jene, die „down-and-out [...] in urban USA" (p. 84) leben, ergreift Don Quixote Partei. Pathetisch fast, mit rhythmischer Eindringlichkeit, formuliert sie:

> I have started to cry and I cannot stop crying,
> for those who, having nothing, homeless,
> would flee,
> but there is nowhere to flee;
> so we travel like pirates
> on shifting mixtures of something and nothing. (p. 187)

An der gesellschaftlichen Peripherie treffen sich freilich Pikaro und Pikara mit anderen, die „the stance of cultural outlaw"[68] tragen, mit

---

[67] Arthur F. Redding, 301.
[68] Ellen G. Friedman, „'Now Eat Your Mind': An Introduction to the Works of Kathy Acker," 46.

Künstlern und Revolutionären, mit Verrückten und Abnormen, mit all jenen, die Grenzen und Verbote durchbrechen: „you can't see properly unless you have gone over the limit"[69], weiß Acker in einem Interview 1991 zu konstatieren. Eine Zeile aus Adrienne Richs Gedicht „Yom Kippur 1984", im selben Jahr wie *Don Quixote* veröffentlicht, eignet sich vorzüglich dazu, das Weltbild von Ackers Roman auf den Punkt zu bringen: „Close to the center, safety; toward the edges, danger."[70] Bei Rich wie Acker wird „safety" ironisch mit negativen, „danger" hingegen mit positiven Konnotationen versehen. Freilich: alle Grenzgänger nehmen Erhebliches in Kauf, nämlich, nach den Worten von Douglas Shields Dix: „the dangerous aspect of any line of flight: on one side rests the danger of being overcome by the state apparatus, and on the other side there is the possibility of 'falling off the edge,' where the schizo (nomad) runs the risk of losing control of her becomings, and consequently yields herself up to [...] the control of others (by going 'insane') [...]."[71] Die heimatlose, nomadisch-pikarische Existenz bedarf bei Acker (wie bei Erica Jong, wie bei Rita Mae Brown) der permanenten räumlichen Bewegung, weil Stillstand Kontrollverlust und, in letzter Konsequenz, gemäß der Logik des pikarischen Denkens, Tod zur Folge hätte. Mobilität, Mobilität ohne (selbst- oder fremdgesetzte) Ziele und Grenzen: das ist der Wunschtraum, das ist die Phantasie der Kinder und der Revolutionäre; schon Rita Mae Brown läßt in *Rubyfruit Jungle* Molly Bolt schreiben: „Kids don't like to stay where they was raised" bzw.: „Kids [...] move on" (*RJ*, p. 89). Mobilität ist für Ackers Don Quixote eines der entscheidenden Kriterien, das für sie die Attraktivität der spanischen Anarchosyndikalisten des ersten Drittels des 20. Jahrhunderts ausmacht und die Basis für ihre Idealisierung der Anarchie und ihrer Aktivisten liefert: „abstemious wanderers, proud to possess little and to be under-dogs, though

---

[69] Larry McCaffery, „An Interview with Kathy Acker," 93.
[70] Adrienne Rich, „Yom Kippur 1984," in: *Adrienne Rich's Poetry and Prose: Poems Prose Reviews and Criticism* (New York und London: W.W. Norton, 1993), pp. 124-127; hier: p. 126.
[71] Douglas Shields Dix, „Kathy Acker's *Don Quixote*: Nomad Writing," *The Review of Contemporary Fiction*, 9, 3 (1989), 60.

physically not developed accustomed to the most strenuous physical battles and physically demanding situations" (p. 204).

„Masochism is now rebellion"

Ackers Rezeption des Anarchismus der spanischen Vorbürgerkriegszeit exemplifiziert, wie gemäß den weltanschaulichen Prämissen der Autorin politischer Idealismus und politischer Masochismus ineinander übergehen. Die vielfältigen Beispiele für sexuellen Masochismus, die *Don Quixote* vorführt, dienen vorrangig als Parabeln für emotional-politischen Masochismus. Daß die meisten Charaktere in dem Roman die an ihnen begangenen Mißhandlungen, ihre Demütigungen und Entwürdigungen zu genießen vermögen, hat den Text dem Unverständnis eines Teils der Literaturkritik ausgesetzt und wirft eine grundsätzliche Frage auf, die einer der hündischen Begleiter der Titelheldin des Romans selbst thematisiert: „I can't understand why any human should feel pain" (p. 159). Doch schon kurz danach räsonniert der Begleiter selbstanalytisch: „Since I'm a mess or have no control over any of my emotions, these emotions take me over. These emotions're so fierce, I must be controlled. This's why love's control for me" (p. 159).[72] Sodann formuliert er eine seiner ersten Lebensweisheiten: „Having learned this first truth – identity –, I say what I have to say to the girl so that she'll love me: 'Yes. I need punishment [...]'" (p. 159).

Wieder und wieder schildert der Roman Momentaufnahmen aus Prozessen, die Menschen zu Masochisten erziehen; Arthur F. Redding befindet treffend in einer Gesamtschau auf das Oeuvre der Autorin: „Acker [...] has explored masochistic processes with an almost obsessive deliberation."[73] Allein in *Don Quixote* erreicht die Anzahl möglicher Belege für diese These beinahe ein dreistelliges Ausmaß. Aus einer Vielzahl möglicher Beispiele sollen einige wenige, markante aufgelistet werden:

---

[72] Der Textauszug exemplifiziert übrigens eine der auffälligsten sprachlich-stilistischen Innovationen Ackers: unidiomatische Abbreviationen.
[73] Arthur F. Redding, 283f.

1. Saint Simeon, in Ackers Roman Don Quixotes Sancha Pansa, erzählt von seiner Schulausbildung an einer „prestigious Irish gentry Catholic boarding school [...]." Die dortigen Erziehungspraktiken prägen ihn zeitlebens: „'A teacher at night told us to go downstairs. There he flogged us hard. The sound of flogging is now love to me" (p. 13).
2. Don Quixote erzählt Saint Simeon die Geschichte von „Amadia of Gaul", „[t]he first woman recorded by human history" (p. 29). Deren Reaktion auf die Gefangennahme, Peiniging und Folterung durch Arcalaus: „'Please love me.' / 'Why should I love you?' / ,Hit me.'" Das Ergebnis der anschließenden brutalen Mißhandlung: Amadia fällt in eine ekstatische Trance, „in a trance in which every one of her moments was coming" (p. 30).
3. Don Quixote belehrt Saint Simeon: „Human love occurs only when a human suffers for no reason at all" (p. 34).
4. Acker parodiert Lampedusas *Il Gattopardo*: „It was the year 1860. [...] The women look up to the men as if they want to be raped" (p. 60).
5. In Ackers Wedekind-Parodie bringt Lulu ihre Begehren auf den Punkt: „Daddy, I am yours" (p. 82), „[j]ustly punish me. Strip me!" (p. 88), „Lulu, bending to floor: Kill me. Take away my life. This is the only way I can get affection" (ibid.).
6. De Franville analysiert Villebranche, um eine eigene erfolgreiche Verführungsstrategie zu deduzieren: „Fear and inordinate pride were her [Villefranche's] main motivations. Especially inordinate sexual pride. So that, while I couldn't directly approach her or rape her, I would have to make her fear, for only when she feared could she love" (p. 131).
7. Don Quixotes hündischer Begleiter erzählt seiner Herrin von einer seiner Sexualphantasien: er wagt sich in einen S&M-Club. „An older but handsome man, who's with his wife, picks me. While I'm hanging suspended from the black leather bands I saw at ----'s house, he's whipping me lightly enough so I can feel he likes me" (p. 145).
8. Die umfangreichste Studie über die Erziehung zur Herausbildung einer masochistischen Persönlichkeitsstruktur im Roman ist die Juliette-Episode, partiell eine Parodie Ackers auf de Sades *Histoire de Juliette ou Les prospérités du vice* (1790). Juliette lernt zunächst die

Unbeherrschbarkeit ihrer körperlichen Reaktionen auf sexuelle Stimulationen kennen und schätzen: „I was so over-the-top excited, I came. The main thing for me was my body's uncontrolled reactions" (p. 168). Sie erhält sodann von ihrer Lehrmeisterin präzise Anweisungen zur Erkundung des eigenen Körpers: „'My teacher told me it wasn't enough for me to know that my body (me) reacted this way. I had to know more precisely all my complex reactions. Did I feel or react more strongly in my asshole or in my cunt?" (p. 168). Sie begreift so die Leitthese ihrer Zuchtmeisterin: „the body is the first ground of knowledge" (p. 167). Sie lernt schließlich: „physical sensation's stronger [...] when pain's involved" (p. 171).

Es wird deutlich, daß das Juliette-Unterkapitel – wie alle anderen sadomasochistischen Episoden des Romans – vorrangig das Darstellungsziel verfolgt, im Zuge einer Kritik am rationalistischen Menschenbild der Aufklärung eine körperbezogene Gegenwahrheit zu artikulieren, das Menschenbild einer Gegenaufklärung zu konstituieren. Obgleich Acker auch (vor allem durch das Stilmittel der Wiederholung) die traumatische Qualität der Erfahrungen Juliettes mit schmerzhaften sexuell-körperlichen Grenzsituationen unterstreicht, propagiert der Roman doch letztlich deren katalytische, kathartische und emanzipatorische Funktion. David Brande erkennt in den – oft assoziativen – Argumentationsstrukturen des Romans „a positive resistance to the dualism of mind-body or soul-body; the body becomes a vehicle of knowledge, rescued from its position as a deferred second term."[74] Der Roman verdeutlicht, so Brande, wie „the careful and sympathetic application of pain [...] moments of radical otherness" generiert bzw. provoziert, eine Form von Andersartigkeit, die gleichzeitig identitätsauflösend und authentizitätsstiftend wirkt. In ihrer Rolle als Domina lehrt Villebranche durch ihre Peitschenhiebe ihr Opfer De Franville die letztlich befreiende Wirkung ihrer körperlichen Mißhandlungen: „my whip strokes have become hard enough to make her(him) realize that the pain isn't pretense that pain is only pain and eradicates all pretense and stupid thinking" (p. 139f.).

---

[74] David Brande, „Making Yourself a Body Without Organs: The Cartography of Pain in Kathy Acker's *Don Quixote*," *Genre*, 24 (1991), 206.

Der Roman läuft freilich auch Gefahr, auf einen unauflösbaren Widerspruch in seinem Darstellungsanliegen zuzusteuern, wenn ausgerechnet sadomasochistische Rollen- und Beziehungsspiele, wenn ausgerechnet die Dialektik zwischen Herr und Knecht, zwischen Peiniger und Sklave, jene, so C. Carr, „all-purpose metaphor for a society dependent on unequal power relations"[75], eine grundlegende individualbiographisch wie politisch relevante Befreiungserfahrung einlösen bzw. gewährleisten soll. Es ist eine Sache, wenn Acker offen ihr Interesse an „sex and power, and how they join and reinforce each other"[76] bekundet, und es ist eine andere, wenn sie in *Don Quixote* eine ihrer Protagonistinnen programmatisch verkünden läßt: „'Masochism is now rebellion" (p. 158). Fast unvermeidlich drängt sich die Frage nach der argumentatorischen Konsistenz des Romans auf, eine Frage, die David Brande wie folgt prägnant zuspitzt: „In short, the question is, What is the political and 'ethical' value of Acker's portrayals of masochistic eroticism in *Don Quixote*?"[77] Eine erste Antwort deutet sich an, wenn nicht primär die Ambivalenzen in der Herr-Sklaven-Beziehung, sondern diejenigen der Eltern-Kind-Beziehung in den Vordergrund des Interesses gerückt werden.

Die Gesetze der Väter werden in *Don Quixote* auf eine beinahe schon parodistische Weise explizit gemacht. Schön beispielsweise, sich an Lulu richtend, formuliert: „If you do not what I tell you to, you will be guilty" (p. 79). Indem nun allerdings der Masochist seine Rolle als Opfer und Befehlsempfänger offen genießt und mit Triumphgesten feiert, unterhöhlt er auch patriarchalische Konzepte von angemessenem Betragen: „When he [the masochist] compounds this crime against the Fathers by delightedly embracing the victim's role, he would seem to place himself outside the pale, happily free to undermine society's standards."[78] „I will not be a male like my father" (p. 132), mit diesen Worten grenzt sich in Ackers Roman der männliche Masochist De Franville mit Selbstbewußtsein von der

---

[75] C. Carr, 10.
[76] Larry McCaffery, „An Interview with Kathy Acker," 95.
[77] David Brande, 192.
[78] Carol Siegel, „Postmodern Women Novelists Review Victorian Male Masochism," *Genders*, 11 (1991), 2.

Vater-Tradition ab. Masochistisches Verhalten befolgt die Spielregeln des Patriarchats auf eine Art, die oberflächlich Gehorsamkeit suggeriert, hintergründig aber auf Widerstand setzt, indem es eben diese Regeln subvertiert, indem es etwas leistet, was Greg Lewis Peters als „simultaneous assimilation, capitulation, and destruction"[79] beschreibt. Indem Acker so Selbstauslieferung als einen Akt des Widerstands interpretiert, gibt sie ihrer These „Masochism is now rebellion" ein argumentatives Fundament. Das Ergebnis von Ackers interpretatorischer Volte ist verblüffend: Ostentative Anpassung und vordergründige Imitation werden in *Don Quixote* zu Gesten der Originalität und der Differenz.

Sado-masochistische Strukturen sieht Ackers Don Quixote auch im Verlauf der amerikanischen Geschichte am Werke; amerikanische Freiheitsvorstellungen etwa definiert sie als „the individual embracement of nonsexual masochism" (p. 118). Wie schon Nathaniel Hawthorne dient auch Kathy Acker die Geschichte der Quäkerverfolgungen als ein Sinnbild für die Ausprägung eines gespaltenen nationalen Erbes, einer sado-masochistischen nationalen Mentalität. Die amerikanische Erfahrung ist für Don Quixote seit Anbeginn der weißen Besiedlung des Kontinents eine profiliert grausame: „Winters in northern America are cold. Twice a week the boys got whipped. They were whipped fifteen times the first time. Each time thereafter the lash number increased by three" (p. 118). Nicht aber die Kindergeneration der Puritaner, sondern erst die Mentalität der verfolgten Quäker begründet für Don Quixote das gleichermaßen progressiv-pazifistische wie auch masochistische Erbe im amerikanischen Nationalcharakter: „the Quakers embraced and ran after martyrdom; they 'as joyfully entered prisons as palaces, and in the prison-house, (I) sang praises to (my) God and esteemed the bolts and locks upon me jewels.' They elected Reagan" (p. 119).

Masochistische Grundtendenzen lassen sich im Sinne dieser Analyse bei allen Pikaro-Gestalten der Reagan-Dekade nachweisen; Daniel Quinn, Marco Stanley Fogg und Homer Wells sowie – deutlicher noch – Walter Van Brunt, John Wheelwright und (aus Pynchons noch zu erörterndem Roman *Vineland*) die Figuren

---

[79] Greg Lewis Peters, p. 149.

Frenesi und Zoyd Wheeler folgen in ihrem jeweiligen Verhalten zumindest zeitweise einem masochistischen Bedürfnis nach Selbstkasteiung. Bei Kathy Acker aber wird der Masochismus zu *dem* entscheidenden Verhaltensmuster gesellschaftlicher Grenzgänger.[80] Ackers Ziel ist es, eine gesamte Kultur der latenten Grausamkeit durch die literarische Darstellung exemplarischer Sozialisationsprozesse transparent zu machen. Das Konzept der Vernunft steht in Ackers Romanen immer im Dienst der politischen und ökonomischen Macht; das „unvernünftige" Bekenntnis zum Leiden-Wollen hat, so Acker, eine potentiell subversive Dimension. Die Provokation, auf die Ackers Texte abzielen, ergibt sich nicht primär aus der Wahl des Erzählthemas, sondern aus der Ästhetisierung des Erzählgegenstandes. Ackers Texte leisten, so Arthur F. Redding, „the transformation of bodily violence into an object of beauty [...]."[81] „Carved into roses": so lautet der Schlußsatz des ersten Teils des Romans *Empire of the Senseless*[82]; „every howl of pain is a howl of defiance / every howl of pain is a howl of romance": so lyrisiert Acker in *Blood and Guts in High School*.[83] Und in *Don Quixote* (p. 195) versinnbildlicht das nächtliche Geheul der Straßenhunde New Yorks für die Titelheldin das kreative Potential masochistischer Erfahrungen: „'All singing must now be howling.'" Die Artikulation von Schmerz, Leid und Entbehrung wird hier als eine embryonale

---

[80] Es muß als ein Mangel an einer differenzierenden Sicht auf den Masochismus angesehen werden, daß im Roman keine kategoriale Unterscheidung getroffen wird zwischen freiwillig gesuchten und unfreiwilligen, erzwungenen masochistischen Erfahrungen. Ebensowenig wird ein Unterschied gemacht zwischen dem Masochismus gesellschaftlicher Grenzgänger und der Suche nach masochistischen Dienstleistungen durch die Angehörigen der gesellschaftlichen Elite. Masochistische Praktiken stehen schließlich auch im Warenangebot eines Gewerbes, das keineswegs an revolutionären sozialen Umwälzungen interessiert ist. Mit Recht stellt also Arthur F. Redding in seinem Aufsatz zu „Bruises, Roses: Masochism and the Writing of Kathy Acker," 297, die Frage: „What does the behavior of a wealthy man who pays a prostitute to whip him, for instance, have in common with consensual lesbian S & M?"
[81] Arthur F. Redding, 285.
[82] Kathy Acker, *Empire of the Senseless* (New York: Grove Weidenfeld, 1988), p. 86.
[83] Kathy Acker, *Blood and Guts in High School*, p. 112.

Form des Widerstands gedeutet, als eine Keimzelle des Ungehorsams und der Solidarität:

> The dogs began to howl out of hunger.
> This was the first sign of their having language. (p. 196)

„Masochismus als Rebellion" heißt somit in *Don Quixote* dreierlei: Rebellion gegen konventionell-patriarchalische Verhaltensmuster, Rebellion gegen literarische und historiographische Geschichtsklitterungen und schließlich auch Rebellion gegen das Konzept einer einheitlichen Identität eines Individuums.

„All being is timelessly wild and pathless": Identitätsverweigerung als politisches Programm

Ackers Don Quixote nimmt viele Masken und Rollen ein (Seherin, politische Anarchistin, Irrsinnige, Visionärin, sexuelle Masochistin), so viele, daß eine einheitliche Identität nicht mehr zu ermitteln ist. So bemängelt Anne Haverty „the lack of a centre in the mutant character of Don Quixote"[84], und Terry Brown stellt in diesem Sinne fest: „Don Quixote's quest repeatedly leads her to the realization that she has no true 'self.'" Wie Haverty, so konstatiert auch Brown „[a] lack of a centered identity."[85] Tatsächlich wird Don Quixote zu einer repräsentativen pikarischen Gestalt der Postmoderne, die, so Regine Rosenthal, „immer auch die Gefahr der völligen Identitätsdiffusion in sich trägt"[86] und deren erfolglose Suche nach einer authentischen Identität „the uncertainty and mutability of the constituents of identity – gender, memory, familial and cultural history, language"[87] betont. In *Don Quixote* deutet Kathy Acker eines der herausragenden charakterlichen Defizite jeglicher Pikaro-Gestalt – die willfährige Bereitschaft, vielerlei Rollen zu übernehmen, die Identität skrupellos

---

[84] Anne Haverty, 554.
[85] Terry Brown, 172 und 174.
[86] Regine Rosenthal, *Die Erben des Lazarillo: Identitätsfrage und Schlußlösung im pikarischen Roman* (Frankfurt und Bern: Peter Lang, 1983), p. 150.
[87] Terry Brown, 172.

zu wechseln und Dienerin vieler Herren zu sein, – zu einer Tugend um; „to be without identity" wird in dem Roman zu einem Synonym für „freedom" (p. 108). Die banale Spruchweisheit der Sprechstundenhilfe der Abtreibungsklinik, die Don Quixote aufsucht, – „You must know that nothing's free [...]'„ (p. 12) – , erhält so eine doppelte Bedeutung: niemand sein, eine feste Identität verweigern bedeutet unbegrenzte Freiheit. Der Roman setzt ein mit der Suche der Titelheldin nach einem neuen Namen (und damit nach einem neuen Leben): „she ought to have a name (identity). She had to name herself" (p. 9). Eine feste Identität aber, so lernt Don Quixote, begrenzt des Menschen Freiheit. „Complete lack of definition", so paraphrasiert Naomi Jacobs eine der Zentralthesen des Romans, „is nothingness; but it is also perfect potentiality, complete freedom to redefine, to experiment, to live in what Cixous has called 'permanent escapade.'"[88] Nur das fixierte Selbst ist nach Acker (und Don Quixote) anfällig für Kontrolle und politische Unterwerfung. „You can only be what you're taught and shown to be" (p. 22), erklärt Acker in der ersten auktorialen Digression des Romans. Erst Phantasie[89] und extreme Körpererfahrung bieten die Vision eines Auf- und Ausbruchs aus fremdbestimmten Verhaltensmustern, die Option „to break through our opinions or false education" (p. 166). Vieles, was an Ackers Erzähltechnik zunächst verwirrt, plötzliche Brüche, Digressionen, perspektivische Wechsel, dient dem Zweck, tradierte Konzeptionen von Identität zu problematisieren bzw. neue figurenpsychologische Freiräume zu erschließen.

Noch nicht einmal die geschlechtliche Bestimmung der Figuren bleibt in Ackers Roman stabil. Die Titelheldin strebt an, „a female-male" (p. 10) zu werden; eine lange Episode schildert, wie sich während der sexuellen (sadomasochistischen) Begegnung zwischen Villebranche und De Franville, – die Namen deuten bereits darauf hin, daß beide als gegenseitige Spiegelbilder konzipiert wurden –,

---

[88] Naomi Jacobs, „Kathy Acker and the Plagiarized Self," *The Review of Contemporary Literature*, 9, 3 (1989), 52; das Zitat von Hélène Cixous ist der Seite 387 des Aufsatzes „The Character of 'Character,'" *New Literary History*, 5 (1974) entnommen.
[89] Cf. p. 53: „Fantasy is or makes possibilities."

herkömmliche Geschlechtsgrenzen auflösen, was Acker mit innovativen stilistisch-grammatischen Mitteln zu illustrieren versucht:

> 'She(He) did whatever she(he) wanted and didn't do whatever she(he) didn't want to do. All she(he) wanted to do was hug and kiss me. Her(his) need for love must have been tremendous, for the only way she(he) could touch was to grab violently. Since she(he) didn't want or know anything else, her(his) communication was through violence only. She(He) wanted nothing to do with her(his), or anyone else's, sexuality. [...]
> 'The young girl(boy), being a young girl(boy), was too unsure of herself(himself) to utter a word. (p. 136)

Ackers Technik, gleichzeitig männliche und weibliche Pronomina zu verwenden, vermittelt einerseits den Eindruck einer „mutual gender confusion"[90], veranschaulicht aber andererseits auch „the characters' masquerade"[91]; vor allem aber soll sie den Figuren neue Erfahrungs- und Verhaltensmöglichkeiten eröffnen. Die sexuelle Lust erfährt durch den Reiz der Grenzüberschreitung eine Steigerung: „The thrill of transvestism is the thrill of trespass, whether keeping it secret or defiantly camping it up."[92] Indem Acker zeigt, wie Villebranche und De Franville sich im Spiel, im sexuellen Rollenspiel ihres wahren Menschseins vergewissern wollen, macht sie sich einen Satz des deutschen Idealismus zu eigen: „Denn, um es endlich auf einmal herauszusagen, der Mensch spielt nur, wo er in voller Bedeutung des Worts Mensch ist, und *er ist nur da ganz Mensch, wo er spielt.*"[93] „Seeing is almost reality itself"[94], erklärt Acker während eines Interviews; Verstellung kann Vorstellung, Vorstellung Tatsächlichkeit werden. Kathy Acker übernimmt mit einer solchen These jüngste Forschungsergebnisse aus dem Bereich der *Gender Studies*, die nach

---

[90] Richard Walsh, 160.
[91] David Brande, 203.
[92] Hillel Schwartz, *The Culture of the Copy: Striking Likenesses, Unreasonable Facsimiles* (New York: Zone Books, 1996), p. 349.
[93] Friedrich Schiller, „Über die ästhetische Erziehung des Menschen in einer Reihe von Briefen," in: *Werke in drei Bänden: Band II* (München: Carl Hanser, 1981), p. 481.
[94] Larry McCaffery, „An Interview with Kathy Acker," 93.

Teresa de Lauretis von einer prinzipiellen Austauschbarkeit geschlechtlicher Fixierungen ausgehen, von einer „interchangeability where both gender and sex are understood as discursive constructions that are neither natural nor fixed for each individual, but can be performatively redefined or even surgically reassigned."[95]

Geschlecht, Identität, Zeit (ein in den Roman integriertes Gedicht trägt den Titel „Time Is Made By Humans", ein weiteres wird von Acker „Time Is Identity" betitelt) und Individualgeschichte (cf. p. 30: „History's a fiction and, as such, propaganda") sind für Don Quixote fiktive, anthropozentrische und freiheitsbegrenzende Konstrukte, die die Realisierung von Lust und Glückseligkeit verhindern; „desire" (im Sinne von Lust und Begehren) wird im Roman zu einem Antonym für Identität. Juliettes Erzieherin faßt das Programm ihrer Erziehung zur Auflösung von Ich-Grenzen in prägnante Worte: „What we do in this room is be happy. With our bodies" (p. 165). Don Quixote konstatiert schon früh im Roman: „the only thing's to be happy. Since the sole reason she ever went out of her house was to fuck, she decided that to be happy's to fuck" (p. 23). Und auch Ackers „Erica Jong" in *Blood and Guts in High School* verliert durch ihre sexuelle Besessenheit ihre Identität: „I'VE GOTTEN HOOKED ON SEX AND NOW I'M   "[96]; kein Satzzeichen setzt ihrer identitätslosen Freiheit ein Ende.

Écriture féminine américaine?

Selbstverständlich lassen sich viele der thematischen Obsessionen und sprachlich-stilistischen Auffälligkeiten in *Don Quixote* auch vor dem Hintergrund der Theorie und Praxis zeitgenössischer *écriture féminine* gewinnbringend explizieren. Gerade Elaine Showalters prä-

---

[95] Teresa de Lauretis, „American Freud," *Amerikastudien*, 41 (1996), 172; cf. auch Carol Watts, „Releasing Possibility into Form: Cultural Choice and the Woman Writer," in: Isobel Armstrong (ed.), *New Feminist Discourses: Critical Essays on Theories and Texts* (London und New York: Routledge, 1992), p. 83: „gender identity is not simply a matter of cultural constructon but also, significantly, [...] a matter of choice."

[96] Kathy Acker, *Blood and Guts in High School*, p. 126.

gnante Kurzcharakterisierung dieser spezifisch französischen Variante feministischer Literaturtheorie schafft einen an Suggestivität reichen Kontext zur methodischen Positionierung von Kathy Ackers Erzählwerken:

> [T]he most radical French feminist theorists [...] believe that *écriture féminine* is connected to the rhythms of the female body and to sexual pleasure (*jouissance*), and that women have an advantage in producing this radically disruptive and subversive kind of writing. They urge the woman writer to ally herself with everything in the culture which is muted, silenced, or unrepresented, in order to subvert the existing systems that repress feminine difference. For Julia Kristeva, female discourse that breaks with tradition is a political act of dissidence, a form of feminist action. For Hélène Cixous, the best-known and most widely translated theorist of *l'écriture féminine*, women's writing has genuinely revolutionary force.[97]

Ganz unstrittig fügen sich Ackers Techniken des intertextuellen, nicht-linearen, dezentralen, unabgeschlossenen Erzählens ebenso wie die syntagmatischen und grammatikalischen Brüche in ihrem Darstellungsstil vorzüglich ein in kontemporär-dekonstruktivistische Überlegungen zu den besonderen Kennzeichen subversiv-weiblichen Schreibens. Wie Cixous experimentiert Acker mit den Möglichkeiten und Voraussetzungen eines somatische Schreibens (als „ein ‚Schreiben mit dem Körper' und ein ‚Schreiben des Körpers'"[98]), wie Luce Irigaray dienen Acker Sexualität und Begehren als Impulse zur Herausbildung einer das patriarchalische System destabilisierenden Praxis des *parler femme*, und wie Kristeva akzentuiert sie die disruptive Kraft lyrisierter Sprache und postuliert damit die Unauflösbarkeit von politischer und poetischer Rede. Gleichwohl führt

---

[97] Elaine Showalter, „The Feminist Critical Revolution," in: dies. (ed.), *The New Feminist Criticism: Essays on Women, Literature, and Theory* (New York: Pantheon Books, 1985), p. 9.
[98] Doris Feldmann und Sabine Schülting, „Cixous, Hélène," in: Nünning, Ansgar (ed.), *Metzler Lexikon Literatur- und Kulturtheorie: Ansätze – Personen – Grundbegriffe* (Stuttgart und Weimar: Metzler, 1998), p. 68.

eine stringente Deutung von Ackers *Don Quixote* einzig anhand der Prämissen und Kategorien französisch-feministischer Theoriebildungen freilich auch zu einer inadäquaten perspektivischen Verengung.

So unternimmt Acker z.B. – im Gegensatz zu den prominenten Repräsentantinnen der *écriture féminine* – keine kategoriale Trennung zwischen präödipaler Lust (*jouissance*) und postödipalem Begehren (*désir* bzw. *desire*). Und ebenso im Kontrast zu den französischen Theoretikerinnen findet sich in ihren Texten nirgendwo der Versuch, den mütterlichen Körper zu idealisieren oder gar die präödipale „Mutter-Kind-Dyade"[99] utopisch auszudeuten. Im Gegenteil: in ihren Romanwerken bindet Acker weibliches Sprechen und Schreiben gerade *nicht* an einen mütterlichen Körper, an eine präödipal-mütterliche Stimme oder an das Paradigma der nichtnarzißtische Mutterliebe. Statt dessen wird das Mütterliche bei ihr zu einem Synonym für Deprivation, Kollaboration, Repression und Monstrosität. Gerade in *Don Quixote* verweigert Acker explizit ihre Mitarbeit an feministischen Kreativitätsmythen bzw. an der kollektiven Konstruktion einer feministischen *Family Romance*.[100] Und im Gegensatz zu Cixous' Konstruktion einer idealtypischen weiblichen (Text-)Ökonomie der ‚Gabe' bzw. der Verausgabung basieren die Erzähltexte Ackers dezidiert auf einer Poetik der Metonymie, des Mangels und der Wiederholung. Darüber hinaus unterscheiden sich die konkreten politisch-sozialen Kontextualisierungen ihrer Romanhandlungen (in *Don Quixote* z.B. im Amerika der 80er Jahre) nicht

---

[99] Doris Feldmann und Sabine Schülting, „Écriture féminine," in: Nünning, Ansgar (ed.), *Metzler Lexikon Literatur- und Kulturtheorie: Ansätze – Personen – Grundbegriffe* (Stuttgart und Weimar: Metzler, 1998), p. 107.

[100] Cf. Linda R. Williams' Analyse der „Feminist Family Romances" in, „Happy Families? Feminist Reproduction and Matrilineal Thought," in: Isobel Armstrong (ed.), *New Feminist Discourses: Critical Essays on Theories and Texts* (London und New York: Routledge, 1992), pp. 52-55; hier p. 52: „Mother/daughterhood is then one of the most persistent ways that feminism has articulated women's alternative networks of communication. [...] From the premiss that women have access to purity of sublime or semiotic communication comes the notion that authentic female communication takes place through matriarchal and matrilineal networks, networks which are purified from the distortions of the symbolic."

nur drastisch von dem bisweilen hermetischen und nicht selten gar ahistorischen Abstraktionsniveau zeitgenössisch-feministischer Literaturtheorie, sondern führen zudem auch zentral zu einer Bestätigung (und keineswegs zu einer Auflösung) binärer Oppositionen.

Dennoch lenkt ein kontrastiver Vergleich zwischen europäischen Redefinitionen von weiblichem Schreiben und Kathy Ackers literarischer Praxis den Blick mit Nachdruck auf die poststrukturalistsch-dekonstruktivistischen Komponenten von Ackers (postmoderner) Identitätskonzeption. In Übereinstimmung mit aktuellen theoretischen Darlegungen zum Prozeßcharakter jeglicher Identitätskonstitution (cf. Kristevas Konzept des *sujet en procès*) betont auch Acker die ideologischen Implikationen kulturell tradierter Identitätskonstrukte. Um diese freilich hinreichend transparent werden zu lassen, bedarf es auch der reflektiert-selbstkritischen Auseinandersetzung mit der literarischen Tradition. So schließt beispielsweise Ann Rosalind Jones' Sicht auf die literaturwissenschaftlichen Beiträge der *écriture féminine* zugleich mit einer Warnung und einem Postulat:

> Women's writing will be more accessible to writers and readers alike if we recognize it as a conscious response to socioliterary realities, rather than accept it as an overflow of one woman's unmediated communication with her body. [...] But [...] [l]ike the French, we need to examine the words, the syntax, the genres, the archaic and elitist attitudes toward language and representation that have limited women's self-knowledge and expression during the long centuries of patriarchy.[101]

Appliziert man diese Forderung auf den genregeschichtlichen Kontext, in den Acker ihren *Don-Quixote*-Roman stellt, so ergibt sich ein doppelter (und durchaus ambivalenter) Befund. Denn einerseits gestattet gerade die Figurenpsychologie der Pikareske (leichter jedenfalls als die Konventionen des Entwicklungs- und Bildungsromans) die plausible erzählerische Integration von Prozessen der Identitätsauflösung und -verweigerung. Andererseits freilich mündet die von

---

[101] Ann Rosalind Jones, „Writing the Body: Towards an Understanding of *l'Écriture féminine*," in: Elaine Showalter (ed.), *The New Feminist Criticism: Essays on Women, Literature, and Theory* (New York: Pantheon Books, 1985), p. 374f.

Acker konstatierte Prägung dominanter Identitätskonzepte durch repressive kulturelle Diskurse[102] auch in einem paradoxen Sachverhalt: Gerade eine subkulturell-subversiv definierte Gesellschaftskritik mit moralisch-emanzipatorischem Geltungsanspruch, die Identitätsverweigerung als eine politische Geste begreift, kann nämlich letztlich nicht umhin, mit dem Konzept der Identität normativ zu argumentieren und zu operieren. Daraus folgt, daß Ackers „Identitätspolitik"[103] in *Don Quixote* immer auf zweierlei abzielt: individualpsychologisch auf die Dissolution von Rollenfixierungen, kollektivpsychologisch aber auf die Konstitution einer nach außen destabilisierenden, nach innen jedoch gemeinschaftsstiftenden (und keineswegs nur auf Frauen beschränkten) Gruppen-Identität der subkulturellen Peripherie. Um diese Identität der Marginalisierten und Ausgegrenzten – zumindest annäherungsweise – auszuformulieren, rekurriert Acker primär auf die semantischen Wortfelder des Träumens und Begehrens.

„To subdue the worldwide spread of right-wing American policies": Die Pikara als aufklärungskritische, sozialrevolutionäre Seherin

Don Quixote erträumt sich und anderen ein libidinöses Paradies – „I am a mass of dream desires" (p. 194)[104] – und attestiert der Art und den Inhalten ihres Träumens auch eine kreativ-ästhetische Relevanz: „Human desire creates a story" (p. 61). Don Quixotes Begehren „träumen an" gegen eine zweite Form von „desire", die nur scheinbar semantisch mit Wollust deckungsgleich ist und in Ackers Roman

---

[102] Acker steht mit dieser kulturanalytischen Position freilich der Identitätstheorie Judith Butlers wesentlich näher als jener der *écriture féminine*.
[103] Zum Begriff cf. Laura Marcus, „Feminist Aesthetics and the New Realism," in: Isobel Armstrong (ed.), *New Feminist Discourses: Critical Essays on Theories and Texts* (London und New York: Routledge, 1992), p. 20.
[104] Eine enge Kopplung zwischen „dream" und „desire" leistet auch Kathy Ackers früher Roman *Kathy Goes to Haiti* (Erstveröffentlichung 1978); cf. etwa p. 92 in der HarperCollins-Ausgabe (London: Flamingo, 1993): „Desire takes over. Dream ideas ... everything awakens."

einer Kritik unterzogen wird, nämlich gegen eine gesellschaftlich sanktionierte Form der Begierde, die am Anfang der (weißen) amerikanischen Geschichte steht:

> 'First,' Don Quixote asked, 'how did America begin? What are the myths of the beginning of America?
>
> Answer: The desire for religious intolerance made America or Freedom. (p. 117)

Die Gier und die Begierden der Mächtigen präsentieren sich im Verlauf der amerikanischen Geschichte in vielerlei Facetten; als gemeinsamen Nenner ermittelt Don Quixote Habgier[105], allegorisiert durch eine Hyänen-Figur: „Hyena the Laughter [...] did his best to force out of himself all his evil love of money and greed" (p. 182). *Don Quixote* schildert mit den Mitteln der Parabel einen Kampf zwischen diesen „desires" derjenigen, die die kapitalistischen Prinzipien der Profitmaximierung und Machtakkumulation internalisiert haben, und jenen „desires" derer, die sich als Ausgegrenzte und Entrechtete erfahren und die aus einer freien Entscheidung heraus gesellschaftliche Grenzgänger sein wollen. Don Quixote, *per definitionem* eine Grenzüberschreiterin, „a female-male" (p. 10), entwickelt sich im Roman zu einer Anwältin der Ausgestoßenen, zu einer Propagandistin der Wollust – sie apostrophiert sich selbst als „[t]he most marvelous fuck in the world" (p. 26) – und zu einer Stimme der Anarchie. Als ihre Gegner macht sie „the straights, the compromisers, the mealy-mouths, the reality-deniers, the laughter-killers" (p. 193), vor allem aber „the evil enchanters" Amerikas aus:

> Evil enchanters such as Ronald Reagan and certain feminists, like Andrea Dworkin, who control the nexuses of government and culture, 're persecuting and will continue to persecute us until they have buried and downed, drowned us in our human forgetfulness. (p. 102)

---

[105] Cf. p. 104: „The USA government is run by greed."

Don Quixote, „weibliche[r] Ritter und Heiland der nächtlichen Liebe"[106], ruft im wahrsten Sinne zu einer Donquichotterie, zu einem Kreuzzug gegen „Civilization and culture", gegen „the rulers of males' greeds" (p. 69), auf: „I will now lead you in a fight to death or to life against the religious white men and against all the alienation that their religious image-making or control brings to humans" (p. 178). Don Quixote träumt den klassisch-anarchistischen Traum von einer emanzipierten, herrschaftsfreien und libertären Gesellschaft.[107] Ihr Ziel ist nicht unbescheiden: „to destroy America" (p. 105), „to save the world" (p. 10), „[to] right every manner of political, social, and individual wrong" (p. 9). Ein solch allumfassender Welterlösungsanspruch verleiht freilich der Figur surreale Züge[108], sie wird zu einer utopischen Gestalt, zur Prophetin einer künftigen Gesellschaftsordnung.

Don Quixote wird zur Anführerin der sie bei ihren Wanderschaften begleitenden hündischen Meute. Don Quixotes Hunde: das sind die „Underdogs" der US-amerikanischen Gegenwartsgesellschaft. Behutsam bereitet Acker ihre Literalisierung einer konventionellen Metapher vor. Ist zunächst nur von „the barkings of junkies" (p. 18) und von „packs of roaming wild dogs [which] now indicate a decaying urban area" (p. 20) die Rede, so wird das Bellen doch schon bald auch zu einer Metapher für Auflehnung und Widerstand: „Americans don't even bother to bark anymore" (p. 109), denn: „[t]he self-made American dog" (p. 112) hat durch seine Internalisierung amerikanischer Erfolgsmythen das Bellen verlernt. Der rebellische Protest wird zum Privileg jener, die die gesellschaftlichen Ränder besiedeln und als deren Sprachrohr sich Don Quixote gegen Ende des Romans begreift: „Language is community. Dogs, I'm now

---

[106] Sibylle Cramer, 14.
[107] Zu diesen gemeinsamen Zielen aller anarchistischen Bewegungen des 19. und 20. Jahrhunderts cf. Hans Diefenbacher, „Anarchismus – die verlorene Utopie? Eine Einführung," in: ders. (ed.), *Anarchismus: Zur Geschichte und Idee der herrschaftsfreien Gesellschaft* (Darmstadt: Wiss. Buchgesellschaft, 1996), pp. 7-23, besonders pp. 9-12.
[108] Einen surrealen Anstrich erhält die Figur auch schon unmittelbar zu Beginn des Roman, wenn Don Quixote – mit 66 Jahren – eine Abtreibung an sich vornehmen läßt.

inventing a community for you and me" (p. 191). Mit Don Quixotes Hilfe zur Sprache gekommen, stimmen die Hunde einen düsterdunklen, auf Familienmetaphorik rekurrierenden apokalyptischen (Rache-)Gesang an:

> 'It is you, rotten world. It is all my memories, the world: now ending.
> 'It is you mother and father who didn't want a child. Father, you left my mother when she was three months pregnant with me. Mother, you were too scared to get an abortion so you just hated me throughout my life because I was the reason your lover had left you. It is you who never should have procreated. (p. 197)

Die hündischen Outcasts sind die Opfer einer sozialdarwinistischen Gesellschaftsphilosophie: „The condition of a dog is a condition of war, of everyone against everyone, even to another dog's body" (p. 114). Und ironisch fügt Don Quixote hinzu: „This is freedom" (ibid.). Prominentester Advokat einer solch verzerrten Definition von Freiheit, promininentester Vertreter unter den bösen Magiern, die das einstmals revolutionär-egalitäre Projekt Amerika bis zur Unkenntlichkeit verzaubert haben, ist für Don Quixote Ronald Reagan: „In *Don Quixote* [...], Acker transforms Miguel de Cervantes's protagonist into a contemporary radical feminist who attempts to subdue the worldwide spread of right-wing American policies."[109] Reagan repräsentiert für Don Quixote die Kontinuität des vor-revolutionären, puritanisch-merkantilistischen amerikanischen Erbes: „The United States is exactly as it was started: religiously intolerant, militaristic, greedy" (p. 124). Er ist für Don Quixote der paradigmatische Vertreter des amerikanischen „hatred of nonma[s]terialism", dessen Zielsetzungen „large export markets and unrestricted access to key materials" (p. 72f.) sind. Er ist somit der Repräsentant einer zynischen In-Version der Aufklärung: „Being a rational man, [...] I'll kill the Vietnamese and the Nicaraguans and I'll fall in love with whomever I please. Rationality has made me a totally free man and my country a democracy" (p. 66).

---

[109] „Kathy Acker 1948–," *Contemporary Literary Criticism*, 45 (1987), 13.

Kathy Acker attackiert Reagan in *Don Quixote* am heftigsten mit den indirekten Methoden der Satirikerin: in einem „authorial aside" empfiehlt sie der amerikanischen Öffentlichkeit den Pop-Rock-Sänger Prince als einen idealen Präsidenten des Staatenbundes: im Jahr 1986 eine beißende Kritik an der Reagan-Präsidentschaft und eine Parodie auf Reagans politische Vermarktungsstrategien: „I think Prince should be President of the United States. [...] Prince, unlike all our other images or fakes or Presidents, stands for values" (p. 21).

> President Reagan doesn't believe this crap he's handing out or down about happy families and happy black lynchings and happy ignorance. Worse: he might. Whereas The Prince believes in feeling, fucking, and fame. [...]
> The Prince wouldn't die for anyone, whereas Our President will always die for everybody while he's garnering in their cash. (p. 21)

Reagans Botschaft an Amerika, so Acker, lautet: „Reagan barks commerce's thriving in this country. Free trade, freedom: what're they? In peace as now: freedom is starvation" (p. 108). Wenn Don Quixote den ideologischen Gehalt amerikanischer Gründungsmythen und deren instrumentelle Funktion zur Rechtfertigung totalitärkapitalistischer Praktiken analysiert, so leistet sie damit nicht nur „demystifications of America's myths of freedom"[110], sondern enttarnt durch ihre ideologiekritische Analyse auch die Substanzlosigkeit jener heroisierenden Geschichtsklitterungen, die für die politische Rhetorik Ronald Reagans konstitutiv waren.[111]

Don Quixote beschränkt sich bei ihrer Dekonstruktion amerikanischer Geschichtsmythen jedoch keineswegs auf die mystifizierenden Beiträge eines Ronald Reagan; auch die ideologischen Konstrukte Richard Nixons werden beispielsweise zitiert und kritisch beleuchtet: „'While America is not the world's policeman, let us at least act as the world's conscience in this matter of life and death for millions ...': Nixon about Biafra during its [sic!] 1968 presidential campaign" (p.

---

[110] Richard Walsh, „The Quest for Love and the Writing of Female Desire in Kathy Acker's *Don Quixote*," *Critique*, 32 (1991), 155.
[111] Cf. hierzu William F. Lewis, „Telling America's Story: Narrative Form and the Reagan Presidency," *The Quarterly Journal of Speech*, 73 (1987), 280-302.

106). Denn Don Quixote geht es primär um die Ermittlung repräsentativer politischer Strukturen, nicht um die Kritik an singulären historischen Fehlleistungen einzelner Präsidenten: „Acker focuses with particular intensity upon the larger socio-political structures which affect the subject [...]."[112] Die Opposition Don Quixotes zu dem für sie seelenlosen Materialismus einer kapitalistischen Gesellschaftsordnung, „exchange value has come to dominate society; all qualities have been and are reduced to quantitative equivalences" (p. 72), versetzt Ackers Pikara „in a state of perpetual rebellion."[113] Darüber hinaus wird – einmalig in der amerikanisch-pikaresken Romanliteratur der 80er Jahre – Ackers pikarische Zentralgestalt zu einer sozialen Revolutionärin, die sich durch die Fähigkeit zu utopischem Denken auszeichnet. In der Utopie, in der Beschwörung von alternativen Gegenwelten, liegt für Acker „the deep political significance that art has"[114] begründet.

Don Quixotes Utopie ist zunächst eine sexualpolitische; sie politisiert das Sexuelle und sie sexualisiert das Politische: „Aufbegehren ist immer auch Begehren, setzt es voraus."[115] Obgleich sich Acker in Interviews wiederholt vom Zeitgeist der Sixties abgegrenzt hat, rekurriert sie doch wohl auf das weltanschauliche Erbe der 60er Jahre, wenn sie politische mit sexueller Freiheit gleichsetzt. Der Kampf für sexuelle Libertinage ist bei Acker nicht nur eine Komponente einer umfassenden politischen Kampfansage, es kommt ihm in einem gewissen Sinne sogar Priorität zu, da sexuelle Normen, so meint sie, schneller und leichter zu verändern sind als ökonomische oder politische: „For her [Acker], sexual emancipation cannot wait upon political emancipation."[116] Don Quixote erträumt einen utopischen Zustand unmittelbarer Lust- und Triebbefriedigung, einen ahistorischen Zustand letztlich, der es erlaubt, zeit-, geschichts- und damit

---

[112] Robert Siegle, 46.
[113] Richard Walsh, 153.
[114] Ellen G. Friedman, „A Conversation with Kathy Acker," 21.
[115] Ulrich Halfmann, „'With clenched fist ...': Beobachtungen zu einem rekurrierenden Motiv in Dramen O'Neills," in: ders. (ed.), *Eugene O'Neill 1988: Deutsche Beiträge zum 100. Geburtstag des amerikanischen Dramatikers* (Tübingen: Narr, 1990), p. 199.
[116] Richard Walsh, 159.

identitätslos zu sein. Doch die Nachtritterin ahnt, daß ihr Traum von der Errichtung eines libidinösen Reiches der permanenten Lusterfüllung utopisch ist im engeren Sinne des Wortes: es gibt dafür keinen Ort. Auch Ackers Don Quixote kämpft gegen Windmühlen: „there's no possibility for human love in this world. I loved" (p. 17). Die paradoxe Formulierung legt sowohl die romantischen als auch die anarchistischen Wurzeln der Figur offen. „Die romantische Geste des heroischen Scheiterns" identifiziert Horst Stowasser als eine exemplarisch anarchistische: „Recht gehabt zu haben und auf verlorenem Posten unterzugehen, scheint für viele [Anarchisten] die typische anarchistische Tugend zu sein."[117] C. Carr stellt in diesem Sinne fest: „There is a pervasive sadness and longing in Acker's books."[118] Don Quixote fühlt sich in der Welt, die sie vorfindet, fehl am Platz: „I'm doomed to be in a world to which I don't belong" (p. 22). Sie muß sich folglich andere, freiere Gegenwelten erträumen.

In den Reden Don Quixotes mischt sich Bekenntnishaftes mit Verzweiflung, pikarischer Trotz mit romantischer Klage. Ein gleichermaßen pikareskes wie romantisches Grundmotiv zitiert die Figur beispielsweise, wenn sie (in Frageform) der Klage um eine verlorene Heimat und der Sehnsucht nach der Wiederkehr paradiesischer Zustände Ausdruck verleiht. Don Quixotes utopische Sehnsucht trägt letztlich unverkennbar rückwärtsgewandt-nostalgische Züge: „Are my memories, whose sources might be unknown, actual glimpses of possible paradise?" (p. 206). Auf der onto- und auf der phylogenetischen Ebene will Don Quixote einen ursprünglichen Zustand der Harmonie wiedergewinnen: „Once upon a time," so weiß sie zu erzählen, „there were no evil men" (p. 24). Acker weiß: individuelle Befreiungsgeschichten (einer Molly Bolt) oder -phantasien (einer Isadora Wing) sind nur begrenzt von gesellschaftspolitischer Relevanz. Deshalb braucht sie für ihre Heldin – und sei es auch nur in der Form des Märchens – einen menschheitsgeschichtlichen Bezugspunkt, damit deren Utopie die Grenzen einer Privatphantasie sprengen kann. Und sie braucht historische Modelle, wenn

---

[117] Horst Stowasser, *Freiheit pur: Die Idee der Anarchie: Geschichte und Zukunft* (Frankfurt: Eichborn, 1995), p. 369.
[118] C. Carr, 10.

sie den Vorwurf der „adamant naiveté of adolescence"[119] mit Erfolg von sich weisen will. Don Quixote wird bei der Suche nach einem solchen Modell fündig: „The Spain of the Spanish Republic of 1931 is my dream or model" (p. 204). Heinrich Jaenecke erläutert den historischen Hintergrund:

> Bei den ersten Wahlen 1931 hatte die Linke die Mehrheit in den cortes, dem Madrider Parlament, gewonnen. Die neue Verfassung trug ihre Handschrift. Sie verwandelte Spanien in eine 'demokratische Republik der Arbeitenden aller Klassen' – so die Präambel. Staat und Kirche wurden getrennt, die Ehescheidung und das Frauenwahlrecht eingeführt. Basken und Katalanen erhielten das langersehnte Recht zur Autonomie mit eigenen Parlamenten und Regionalregierungen. Für ganz Spanien wurde eine Agrarreform beschlossen. Sie sah die stufenweise Enteignung des Großgrundbesitzes vor.[120]

Doch nicht der parlamentarisch organisierten Linken des Jahres 1931 gelten Don Quixotes politische Sympathien, sondern, wie sie explizit klar macht und wie bereits in einem anderen Zusammenhang zitiert wurde, den „anarchist leaders [...]: abstemious wanderers, proud to possess little and to be under-dogs" (p. 204). Wie die historischen Vorbilder, so erklärt auch Don Quixote stolz: „I don't own anything" (p. 104). Nicht so sehr das Spanien des Jahres 1931 als vielmehr das des Sommers 1936 – nach einer Publikation von Hans Magnus Enzensberger *Der kurze Sommer der Anarchie* (1972) – trifft den politischen Kern von Don Quixotes sozialer Utopie. Heinrich Jaenecke zu den politischen Entwicklungen im Sommer 1936: „Es gab keine Polizei, keine Justiz, keine Bürgermeister mehr. Der alte Traum der Anarchisten war erfüllt – der Staat hatte sich aufgelöst. Es gab nur noch die Macht der 'Komitees'. Für einen kurzen historischen Augenblick war Spanien eine Räterepublik, die einzige echte der modernen Geschichte."[121] Ein Exzerpt aus den Erinnerungen des Schriftstellers Gustav Regler an jene Tage vermag anzudeuten, wieso

---

[119] Richard Walsh, 153.
[120] Heinrich Jaenecke, *Es lebe der Tod* (Hamburg: Gruner + Jahr, 1980), p. 15f.
[121] Heinrich Jaenecke, p. 28.

sich Ackers Don Quixote, eine erklärte Advokatin der Freiheit, der Lust, des Irrsinns und der Anarchie, von dem gesellschaftlichen Klima der Frühzeit des Spanischen Bürgerkrieges fasziniert zeigen muß: „Es war etwas Trunkenes in den Menschen, ein heiterer Irrsinn im Spiel, ein Fanatismus für eine Freiheit, die nie zu einem geordneten Staatsgebilde der alten Vorbilder führen konnte. In ihrem äußeren Gebaren wirkten die Milizionäre, als hätte die Französische Revolution sie auf die Straße geschleust."[122]

Don Quixote wünscht Amerika nicht nur spanisch-anarchistische Verhältnisse, sie findet auch Parallelen zwischen dem Spanien der 30er Jahre und den U.S.A. der Reagan-Dekade; in den Anfangsjahren des jeweiligen Jahrzehnts: „a severe economic depression occurring throughout the western world" (p. 202); die Analyse zu den Mitteljahren: „[i]f a progressive 'second revolution' [...] does not take place [...], then a conservative counter-revolution will" (p. 137), das bittere Fazit am Ende der Dekade: „[t]he Fascists have taken over" (p. 45).[123]

Marginalität, Utopie und Traum begegnen einander im Oeuvre Kathy Ackers, werden sogar, so scheint es, mitunter deckungsgleich:

> There's going to be a world where the imagination is created by joy not suffering, a man and a woman can love each other again they can kiss and fuck again (a woman's going to come along and make this world for me even though I'm not alive anymore).
> for the criminals, the agony of being rejected
> and yet I will keep on being rejected, because I
> will live only by my dreams
> for those who being dreamers in this
> fucked-up society must be unhappy criminals [...].[124]

Traum, Utopie und gesellschaftliche oder psychische Peripherie erfüllen kulturell eine identische Funktion, die Richard Walsh wie folgt

---

[122] Gustav Regler, *Das Ohr des Malchus: Eine Lebensgeschichte* (Köln und Berlin: Kiepenheuer & Witsch, 1958), p. 365f.
[123] Das zweite der drei Zitate bezieht sich im Roman eigentlich auf die Verhältnisse in England; eine Übertragung auf den amerikanischen Kontext läßt sich aber mühelos in Don Quixotes Analysen der US-Gegenwartsgesellschaft integrieren.
[124] Kathy Acker, *Blood and Guts in High School*, p. 100.

faßt: „exposing lost or suppressed selves that have been obscured by the framework of assimilation to a socialized condition [...]."[125] In *Don Quixote* werden die Träumerin, die Irrsinnige, die Pikara, die Nymphomanin, die Revolutionärin (allesamt Rollen, die Don Quixote im Verlauf des Romans wechselweise einnimmt) dadurch geeint, daß sie alle der gesellschaftlichen Schatten- und Nachtseite zugerechnet werden; der Romanuntertitel *A dream* lädt Acker zu einer elaborierten Gestaltung der Tag-/Nacht-Metaphorik ein. Die Präferenzen der Ritterin sind eindeutig: „Night orgasmed" (p. 18). Frank Kermode schreibt schon 1967: „Somewhere [...] the *avantgarde* language must always rejoin the vernacular."[126]

Indem sich Don Quixote als der Nachtseite zugehörig definiert, stellt sie sich – metaphorisch und inhaltlich – in Opposition zu dem Menschenbild der Aufklärung. Ackers Roman thematisiert die zwei Gesichter der Aufklärung: das uneingelöste Versprechen einer freien Gesellschaft und eine Form von instrumenteller Vernunft, die zu perfektionierter Unterdrückung führt: „reason, on the one hand, signifies the idea of a free, human, social life. On the other hand reason is the court of judgement of calculation, the instrument of domination, and the means for the greatest exploitation of nature" (p. 72). Don Quixote versteht sich als die Stimme jener Bereiche, die von der Vernunft zum Schweigen gebracht, unterworfen oder diszipliniert worden sind: Natur und Instinkt, Wahnsinn und Wollust. Kathy Acker will mit ihren Texten gegen die Fesseln der Vernunft anschreiben. In *Empire of the Senseless* definiert sie den Punkt, an dem ihre Art der Literatur „zuschlägt": „Reason is always in the service of the political and economic masters. It is here that literature strikes, at this base, where the concepts and actings of order impose themselves. Literature is that which denounces and slashes apart the repressing machine at the level of the signified."[127] Acker sucht daher nach literaturgeschichtlichen Vorbildern und findet sie in

---

[125] Richard Walsh, 153f.
[126] Frank Kermode, *The Sense of an Ending: Studies in the Theory of Fiction* (London u.a.: Oxford University Press, 1967), p. 118.
[127] Kathy Acker, *Empire of the Senseless*, p. 12.

den Autoren der deutschen Romantik.¹²⁸ Ihr thematisches Interesse an psychischen Grenzzuständen und an den Möglichkeiten der Imagination, aber auch die Integration von literarischen Formen wie Märchen und Lied in ihre Texte und literarische Techniken wie Fragmentierung und Symbolisierung bezeugen, wie sehr sich Acker den Traditionen der Romantik verpflichtet weiß. Mit *Don Quixote* versucht sie sich an dem Experiment, eine neoromantische Pikareske zu schreiben, in der die Pikara-Figur zum vernunftkritischen Seher und Sänger wird: „It is necessary to be mad, that is to sing, because it's not possible for a knight, or for anyone, to foray successfully against the owners of this world" (p. 193).

Singen und Irrsinnig-Sein werden im Sprachgebrauch Don Quixotes zu Synonymen, ebenso wie Traum- und Irrsinnsmotivik, beide gestützt durch die Nachtsymbolik des Romans, ineinander verwoben werden: „All of this happened to Don Quixote in her madness which was a dream" (p. 34). Es ist jedoch ein selbstbewußter Irrsinn, der sich durch Don Quixote artikuliert, ein Wahnsinn, der Einblicke in Gegenwirklichkeiten und damit Gegenwahrheiten verheißt, indem er mit Worten „on the edges of meanings" (p. 191) tabuisierte und verdrängte Aspekte der menschlichen Existenz thematisiert. In der Sprache des Wahns findet Don Quixote *in nuce* ihre anarchistische Utopie verwirklicht, denn es ist eine Sprache „that breaks down all the orders, without replacing them with new orders."¹²⁹ Don Quixotes gesellschaftliche Entfremdung manifestiert sich in ihrer sprachlichen Entfremdung; ihre Suche nach politischer Umwälzung wird somit zu einer Suche nach Sprache und eine eigene Sprache zur Voraussetzung einer autonomen Existenz: „'I wanted to find a meaning or myth or language that was mine, rather than those which try to control me" (p. 194), „[w]ithout love or language, I do not exist" (p. 202). Zur Sprache-Kommen ist im Roman aber auch eine Ersatzhandlung, eine traumatische Erfahrung, die den Zustand

---

¹²⁸ Cf. *Empire of the Senseless*, p. 12: „the German Romantics sung brazenly brassily in brass of spending and waste. They cut through conservative narcissism with bloody razor blades. They tore the subject away from her subjugation to her self, the proper; dislocated you the puppet; cut the threads of meaning; spit at all mirrors which control."
¹²⁹ Douglas Shields Dix, 61.

des Mangels besiegelt. Ackers Juliette erfährt, daß Lusterfüllung und Sprache einander nicht bedingen:

> 'Delbène: „Shut the fuck up. What are you: women? Do women always wail? [...] Do women take no responsibility for their own actions and therefore have no speech of their own, no real or meaningful speech?"
> '„No," I managed to reply. „I'm coming." Those were my words.' (p. 175)

Richard Walsh interpretiert: „Juliette can have no language but the affirmation of sexuality."[130]

Sprechen, so muß Don Quixote lernen, ist eine Handlung, die nach Gemeinschaft verlangt – „Language is community" (p. 191), „Language presupposes community. Therefore without you, nothing I say has any meaning" (p. 202). Deshalb ist Sprechen (Singen) auch ein kommunaler und ein politischer Akt: „'Language being a form of communication is a political occurrence" (p. 204). Don Quixotes formuliert ihr utopisches Ziel vorsichtig und indirekt in der Form einer Frage: „where and when have people gotten along together and allowed each other to dream publicly? That is, to do art?" (p. 202).

„I've worked by [...] attacking any central voice": Die Piraterien der pikarischen Künstlerin

In der Künstlerin findet Don Quixote die letzte und höchste ihrer vielen Rollen an der Peripherie der Gesellschaft, nachdem sie die Entwicklungsstadien Pikara – Lustbesessene – Irrsinnige durchlaufen hat. Regelverstoß und Grenzüberschreitung definieren für Don Quixote den Reiz der Künstlerinnenrolle und machen diese zu einem vierten positiv besetzten Verhaltensmodell: „Why do you give a damn about social rules? Why not become an artist?" (p. 45). Don Quixote ergänzt ihr soziales Außenseitertum durch eine Selbst-

---

[130] Richard Walsh, 167.

definition als „cultural outlaw"[131], der in der Kunst den prärationalen libidinösen Bereich wiederherzustellen oder zu simulieren versucht. Die Kunst, spezifischer die Wortkunst, wird in *Don Quixote* zur Schwester der Revolution. Es ist der hündische Begleiter und Liebhaber der Titelheldin, der eine der zentralen Thesen des Romans zur Funktion erzählender Literatur aufstellt:

> 'All stories or narratives,' the dog barked, 'being stories of revolt, are revolt.
> 'These stories or revolt are especially revolts against parents. Why? Because parents have control, not only over children, but also – to the extent that adults're products of their childhood – over everyone. (p. 146)

Was Kathy Acker hier ihre Tier-Mensch-Figur formulieren läßt, trifft den Kern tradierter und reaktualisierter pikaresker Erzählmuster. Die pikarischen Figuren im amerikanischen Roman der 80er Jahre versuchen, Rache zu nehmen an den entbehrten Eltern oder dem entbehrten Elternteil; zumindest besiegen, wenn nicht gar vernichten wollen sie diejenigen, denen sie die Verantwortung für persönliches Versagen und die ungerechten Geschicke der Welt zuschreiben. Nachtragende Feindseligkeit gegenüber ihren leiblichen Vätern empfinden John Wheelwright und Walter Van Brunt, ödipale Spannungen im Verhältnis zu ihren Ziehvätern kennzeichnen die Gemütslage eines Daniel Quinn, Marco Stanley Fogg und Homer Wells. Freilich inszenieren die pikaresken Gegenwartsromane Irvings und Boyles und bis zu einem gewissen Grad auch diejenigen Austers und Kennedys in letzter Konsequenz das Scheitern der Kinderfiguren im Kampf um Autonomie und Emanzipation. Nur bei Acker und Pynchon gelingt es den pikarischen Figuren, ihre Befreiungsphantasien zu erhalten und Befreiungsgeschichten zu leben. *Don Quixote* und *Vineland* erschließen somit dem pikaresken Erzählmodell eine neue Dimension: die der revolutionären Utopie.

---

[131] Ellen G. Friedman, „'Now Eat Your Mind': An Introduction to the Works of Kathy Acker," 46.

Don Quixotes hündischer Weggefährte versucht sich im Anschluß an seine These vom revolutionären Gehalt jeglichen Erzählens an einer Beweisführung. Um seine These zu plausibilisieren, rekurriert er auf Freuds Rezeption der Ödipus-Geschichte und auf die hieraus abgeleiteten Modellbildungen zum Ödipuskomplex:

> 'A child's only desire,' the dog told Don Quixote, 'was to kill his parents. Since the parents didn't want to die and since they were unable to kill their child, they did their best to kill their child without actually killing it by treating it as badly as possible. Then they left the kid somewhere so the kid would be an orphan.' [...]
> 'Some people, as if they're still people left in nuclear society, find the kid and bring it up. To the kid, all parents're fake; childhood is fake; fakeness or falsity is good cause fake parents, unlike real parents, love you. This's the definition of childhood.
> As the kid becomes older, he wants to know who he is. Because if the only parents and childhood he can remember or bear to remember're fake, he might not exist. Does he have any control over his own life? How can he become existent and control his own life? [...]
> 'In order to find out his identity and to be real, (for knowledge is the same as power), the child must murder his real father. Then the child murders his real father. The child is now terrible and violent. Being evil, the young rebel breaks down chaos or meaninglessness. (p. 147)

Dieses exzentrisch-assoziative Referat von Komponenten der psychoanalytischen Theorie leistet, wiewohl zentraler Teil eines „Proof That All Story-Telling Is Revolution" (p. 147) betitelten Kapitels in Ackers Roman, natürlich keineswegs eine logisch schlüssige oder auch nur in Ansätzen plausible Beweisführung.[132] Aber es beschreibt – mit den Mitteln der Erzählung, nicht mit denen der wissenschaftlichen Analyse – Grundkonstanten einer pikaresken Waisenkind-Mentalität. Erzählen wird für den Pikaro zu einem Akt der Rebel-

---

[132] *Don Quixote* enthält übrigens auch ein Unterkapitel, pp. 148-150, das sich mit „The Female Side Of The Oedipal Myth" beschäftigt. Im Zentrum dieser – wiederum höchst assoziativ verknüpften – Abschnitte steht das Verhältnis von Töchtern zu ihrer Mutter (bei Acker ein lieb- und seelenloses, asexuelles Mutter-Monster).

lion, weil es „the figurative slaying of authority"¹³³ zur Darstellung bringt und Befreiungsphantasien thematisiert. Vaterschaft ist in *Don Quixote* Symbol absolutistischer Befehlsgewalt, Familie Synonym für soziale und körperliche Unterwerfung, das Waisentum hingegen Sinnbild für die Grundbefindlichkeit des modernen Menschen: „Everyone [...] is one kind of orphan or another" (p. 157). Bei Acker werden Pikaro und Pikara zu exemplarischen Figuren der zeitgenössischen westlichen Welt. Verschiedene Protagonistinnen des Romans werden – nicht untypisch für eine pikareske Gemütsdisposition – von einer tiefsitzenden Sehnsucht nach familiärer Zugehörigkeit geleitet. Juliette erklärt: „'What I want most of all is a family. [...] Closeness that will last" (p. 163). Eine Tochterfigur des Romans flieht von den von ihr als höllisch erfahrenen Schrecknissen New Yorks¹³⁴ in die vermeintliche Geborgenheit ihrer Familie; ihre Mutter belehrt sie: „'This is where you belong; you've never belonged anywhere else. The family is the only refuge any of us has" (p. 116); ihr Vater sekundiert unter Rückgriff auf das Vokabular neokonservativer Familienrhetorik: „Nowadays, only the family stands against hatred and filth. On a political level, hatred is revolution. On a social level, it's chaos. On a personal level, self-destruction. You existed in revolution, chaos, and self-destruction" (ibid.). Doch die Heimkehr der verlorenen Tochter setzt in den Eltern sadistisch-mörderische Impulse frei, die die Hoffnung auf familiäre Sicherheit und Geborgenheit als trügerisch entlarven: „They strapped me. They left the room. On a TV set in its [sic!] bedroom, my father watched me be electrocuted" (p. 117).

In Ackers Romanen stellen Väter ihren Töchtern auf heimtückisch-bestialische Art und Weise nach, Lulus Vater Schigold etwa bringt sein inzestuöses Begehren mit drastisch-infantilen Worten auf den Punkt: „I'd like to fuck the shit out of you. I'd like to stick my thingy-dingy in your witchy-washy. I'll rub and dub you until you

---

¹³³ Terry Brown, 172.

¹³⁴ Die Darstellung New Yorks als ein infernalischer Ort der sinnlosen Gewalt kann schon fast als ein Standardthema amerikanisch-pikaresker Romanliteratur bezeichnet werden; in *Rubyfriut Jungle* und in *Invisible Man* wird beispielsweise (aus südstaatlicher Perspektive) New York als eine Art Vorhölle erfahren.

scream for help" (p. 88). Kathy Acker lenkt den Blick auf die pathologische Auffälligkeit einer Kultur, in der Verletzen als eine Form des Liebens gilt. Villebranche verspürt, konfrontiert mit Erzählungen über parentale Gewalt, den Zorn der Gerechten: „We should hurt those people those parents [...] so goddamn hard that they will suffer irreparably: worms will swim inside their lower legs and their fingers'll crawl. For when a human dies, her guts actually become a giant worm" (p. 160).

Villebranche sehnt eine Zukunft herbei, die ihre Rachephantasien einlöst. Doch in *Don Quixote* ist das Futurische immer auch das Irreal-Jenseitige, wird utopisches Denken gespeist von einer apokalyptischen Bildlichkeit; Ansätze einer No-Future-Mentalität finden sich wiederholt im Roman. Eine der Erzählerinnenfiguren des Romans schreibt resigniert: „the only certainty I can have in common time is [...] the end of time" (p. 50), und so malt der Roman auch das Ende aller Zeiten passagenweise breit aus, findet ausdrucksstarke – surreale – Bilder zur Beschwörung des Weltuntergangs: „One of the humans who's fat and female bears a stick, her banner, over her left shoulder. Dead babies hang from her stick or banner. Likewise, the earth is dead: The soil is barren. The hills behind are barren. The sky is barren. The sky is always nighttime" (p. 76). Und doch ist die Apokalypse in *Don Quixote* nicht primär Katastrophe, sondern Offenbarung: „after the end of the world, feminism will be viable" (p. 81). Es bedarf des Untergangs einer Welt, der patriarchalischen Welt, um ihre geschlechtsspezifischen Rollenzuschreibungen zu überwinden. Don Quixote empfindet sich in dieser bürgerlichen Männerwelt in fünffacher Hinsicht als eine geächtete Außenseiterin: sie ist als Anarchistin politisch marginalisiert, Künstlerin, sexuell obsessiv, irrsinnig und – weiblich. Will sie sich nicht mit der ihr zugedachten Sklavinnen-Rolle begnügen, braucht sie ein alternatives Verhaltensmodell und findet es in dem Bild des Piratentums: „Are women pirates or slaves? According to whom?" (p. 93). Don Quixote alias Lulu interpretiert am Ende des zweiten Teils des Romans ihre Heimatlosigkeit nicht mehr als eine Erfahrung des Mangels, sondern als eine positive Voraussetzung für selbstsicher-aufrührerische Piraterie.

Die Piratenmetaphorik taugt auch dazu, Kathy Ackers eigene literarische Praxis angemessen zu beschreiben. Die literarischen Anspielungen, die sie in ihre Romane einarbeitet, erreichen ein Ausmaß wie in den Texten Austers oder Pynchons und führen im Falle des *Don Quixote* zu Bewertungen wie: „The novel is eccentrically learned [...]."[135]. Was Acker jedoch von diesen (und anderen zeitgenössischen bzw. postmodernen) pikaresken Romanciers unterscheidet, ist ihr forsch-offenes Bekenntnis zum Plagiat, zur literarischen Technik des Plagiierens. Sie gilt als Ackers literarisches Marken- und Erkennungszeichen[136] und wird von Acker selbstbewußt verteidigt: „I've worked by juxtaposing other people's texts, representing our cultural inheritance, attacking any central, moral voice. So plagiarism became a strategy of originality."[137] Ackers Texte sind in diesem Sinne repräsentativ für eine der dominanten Kunstauffassungen der 80er Jahre. Hillel Schwartz resümiert: „Creation and imitation, invention and repetition may become as indistinct as knowing is from copying. A number of artists in the 1980s contended that copying *is* assimilation, reenactment *is* appropriation, appropriation *is* creation."[138]

In *Don Quixote* besteht der gesamte Mittelteil aus insgesamt fünf Plagiaten.[139] Der barocke Titel dieser Sektion gibt Hinweise auf Ackers Darstellungsanliegen: „The Second Part of Don Quixote: Other Texts: BEING DEAD, DON QUIXOTE COULD NO LONGER SPEAK. BEING BORN INTO AND PART OF A MALE WORLD, SHE HAD NO SPEECH OF HER OWN. ALL

---

[135] Tom LeClair, „The Lord of La Mancha and Her Abortion," *New York Times Book Review* (30.11.1986), 10.

[136] Cf. Rod Phillips, „Purloined Letters: *The Scarlet Letter* in Kathy Acker's *Blood and Guts in High School*," *Critique*, 35 (1994), 173: „plagiarism – the negation of another writer's trademark – has become one of the most distinctive trademarks of Acker's own fiction."

[137] Tony Dunn, „A Radical American Abroad," [Interview] *Drama*, 160 (1986), 17.

[138] Hillel Schwartz, p. 246.

[139] Acker parodiert bzw. plagiiert im einzelnen: Andrej Belyjs *Petersburg*, Tomasi di Lampedusas *Il Gattopardo*, Wedekinds *Der Erdgeist* und *Die Büchse der Pandora* sowie das Science-Fiction-Untergenre des Weltkatastrophenromans.

SHE COULD DO WAS READ MALE TEXTS WHICH WEREN'T HERS" (p. 39). Acker zitiert, parodiert und plagiiert vergangene Texte, um sie auf ihre aktuelle Relevanz hin auszuloten und leistet so für ihren eigenen Text gleichermaßen eine Anbindung an die literaturgeschichtliche Tradition und eine Distanzierung von dem historischen Erbe.[140] „Are women pirates or slaves?": Ackers literarische Praxis macht diese Frage zu einer rhetorischen. Weibliches Schreiben, jegliches literarische Schreiben ist notgedrungen immer beides: Aneigung und Veränderung von tradierten Konventionen. So gelangt auch Greg Lewis Peters, in Anlehnung an Thesen wie sie Harold Bloom in *The Anxiety of Influence* entwickelt hat, während seiner Interpretation von Ackers *Don Quixote* zu der These: „any 'new' 'written' 'creation' must be read as an un/conscious recombination/interpretation of, and capitulation to, previous texts."[141]

Peters' Kommentar zu den literarischen Prämissen Ackers ist darüber hinaus auch von einer allgemeineren Relevanz, was die geschichtliche Weiterentwicklung literarischer Genres anlangt; er reformuliert im Kern eine Leitthese der neueren genretheoretischen Forschung. Kathy Acker beispielsweise greift in *Don Quixote* entschlossen auf frühere literarische Modelle einschließlich pikaresker Erzählformen zurück. Sie entwickelt die Form des pikaresken Romans dabei zugleich weiter, indem sie einige seiner wesentlichen Elemente – das Außenseitertum, die ungefestigte Identität des pikarischen Helden, räumliche Expansivität – für ihren dezidiert beabsichtigten und literaturtheoretisch begründeten „fight against centralization"[142] – auf der Ebene der Politik, der Psychologie und der Romanerzählkunst – nutzt: „in *Don Quixote*", so Acker in einem

---

[140] Larry McCaffery beschreibt die Absichten Ackers bei ihrer Anwendung der Technik des Plagiierens wie folgt: „profaning, mocking, and otherwise decontextualizing sacred texts [...] into blasphemous metatexts"; „The Artists of Hell: Kathy Acker and 'Punk Aesthetics,'" in: Ellen G. Friedman und Miriam Fuchs (eds.), *Breaking the Sequence: Women's Experimental Fiction* (Princeton: Princeton University Press, 1989), p. 221.
[141] Greg Lewis Peters, 150.
[142] Rebecca Deaton, „Kathy Acker interviewed by Rebecca Deaton," *Textual Practice*, 6 (1992), 275.

Interview mit Ellen G. Friedman, „I worked with theories of decentralization."[143]

„Someday, there'll have to be a new world": Die Schlußproblematik in *Don Quixote*

Ein weiteres Merkmal, das Acker an pikaresken Romanwerken fasziniert und das ihr bei ihrer Suche nach progressiv-dezentralistischen Erzähltechniken zustatten kommt, ist das Strukturprinzip der episodischen Reihung: „My novels are episodic as ... *Tom Jones* hardly holds together at all if you analyse it ... it might seem so, but it doesn't really."[144] Die Episodik erlaubt Acker die Integration einer fast unüberschaubaren Vielzahl von Unter- und Nebenerzählungen und – unabhängig von statischen oder dynamischen Konzepten auf dem Gebiet der Figurenpsychologie – die Konzentration auf thematische Belange. Es entsteht, was Klaus Poenicke zu Recht als ein bedeutsames Kennzeichen pikaresker Romanwerke wahrnimmt: „a frighteningly repetitive pattern of private and public dishonesty, greed, brutality, downright sadism."[145] Zudem kommt die zyklische Grundstruktur der Pikareske Ackers Anspruch entgegen, dezentralistische Texte zu schreiben. *Don Quixote* setzt in ausgeprägtem Maße auf die Symbolik von Tag und Nacht, um den Eindruck zyklischer Abläufe entstehen zu lassen, bisweilen unterstützen paradoxe Formulierungen die Auflösung herkömmlicher zeitlicher Abfolgen. Zyklik nähert sich der Simultanität an: „The receptionist extended her arms. 'All night our nurses'll watch over you, and in the morning,' to Don Quixote, 'you'll be a night [...]'" (p. 11). Darüber hinaus aber setzt der Roman mehrere Verwirrspiele in Szene, die allesamt eine auf Gestaltschließung (*closure*) ausgerichtete Rezeptionshaltung verspotten und seine zyklische und damit offene Struktur unter-

---

[143] Ellen G. Friedman, „A Conversation with Kathy Acker," 16.
[144] „Kathy Acker interviewed by Rebecca Deaton," 278.
[145] Klaus Poenicke, „Fortune's Wheel and Revolution: On the Picaresque View of History," in: Winfried Fluck et al. (eds.), *Form and Functions of History in American Literature: Essays in Honor of Ursula Brumm* (Berlin: Erich Schmidt, 1981), p. 121.

streichen: das vorletzte Unterkapitel des Schlußteils trägt z. B. den Titel „THE LAST ADVENTURE: UNTIL THIS BOOK WILL BEGIN AGAIN" (p. 175). Richard Walsh faßt zusammen: „The cyclical nature of the narrative episodes is affirmed [...] by repetition and reiteration throughout the book and by the series of false endings, last visions, and deaths of Don Quixote."[146] Und endlich trägt auch die den Text kennzeichnende Makrostruktur des Traumes dazu bei, die Unentrinnbarkeit zyklischer Geschehnisabfolgen zu akzentuieren; es entsteht der Eindruck einer „nightmare condition of arrested or cyclical time."[147]

Doch auch *Don Quixote* muß – wie jeder pikareske Roman, aller prinzipiellen Unabschließbarkeit zum Trotz, – zu einem Ende kommen. Kathy Acker reagiert auf diese erzähltechnische Herausforderung, indem sie letztmals die Grenzen realistischer Erzählkonventionen hinter sich läßt und eine Konfrontation zwischen ihrer Titelheldin und dem patriarchalischen Schöpfergott beschreibt. Kathy Acker spitzt damit zu, was – nach Klaus Poenicke – in pikaresken Erzählwerken der zweiten Hälfte des 20. Jahrhunderts immer schon angelegt war: „what is questioned now is the rationality, the justice, finally even the existence of the divine father himself."[148] Gott, dessen Existenz für Ackers Pikara unbestritten ist (cf. p. 181: „'Someone has to be making all this up"), ist für Don Quixote, wie sie in einer vorangegangenen Szene einem „political theorist dog" erläutert, „the real criminal" und „a thief" (p. 181), ein Bösewicht von kosmischem Ausmaß. Der himmlische Vater, den Don Quixote am Ende des Romans trifft, hat allerdings eine fatale Ähnlichkeit mit den schwach-feigen sadistischen Vaterfiguren der vorangegangenen Romanhandlung. Freimütig zollt dieser Männergott seinem Widersacher Satan Anerkennung: „He's a real man whereas I'm a mealy-mouth hypocrite, dishonest" (p. 207). Mit blasphemischer Lust an Spott und Häme läßt Acker die Gottesfigur ihres Romans noch hinzufügen: „I God, don't do anything directly. I promote morality while I lap at my Mother's cunt" (ibid.). Gott gesteht im Verlauf der

---

[146] Richard Walsh, 152.
[147] Richard Walsh, 153.
[148] Klaus Poenicke, p. 121.

weiteren Unterredung seine eigene Unvollkommenheit ein und erteilt der Nachtritterin zum Abschied letzte „göttliche" Ratschläge: „'Since I am no more, forget Me. Forget morality. Forget about saving the world. Make Me up.'" Angewidert von einem solchen Himmelsherrscher, von „God the Monstrous Liar and Monster-Wonder", wartet Don Quixote den Tagesanbruch ab.

> 'The night fell.
> 'As I walked along beside Rocinante, I thought about God for one minute and forgot it. I closed my eyes, head drooping, like a person drunk for so long she no longer knows she's drunk, and then, drunk, awoke to the world which lay before me.' (p. 207)

Dieses Romanende verheißt nicht, wie Douglas Shields Dix meint, „an affirmative acceptance of the night, of the irrationality and horror that go along with the joy and happiness of the day"[149], und es deckt auch nicht die Deutung Sibylle Cramers, daß der „alte Bund mit dem Leben im Tageslicht der Vernunft endet."[150] Vielmehr bietet es etwas an, das Richard Walsh, sehr vorsichtig, als „a limited revision of [...] [the] nihilistic vision"[151] bezeichnet. Der Romanschluß synthetisiert letztmalig ausgewählte Motive des Gesamtromans – Nacht („night fell"), Wanderschaft („I walked"), Sinnesrausch und Geistesverwirrung („like a person drunk") –, um letztlich mit einer affirmativ-lebensbejahenden Vision auszuklingen. Don Quixotes Erwachen in einer vermutlich neuen, vielleicht unschuldigen, ganz sicher aber veränderten Welt erinnert an ein seit langem tradiertes pikareskes Motiv – das Erwachen des Schelms – und an einen spezifisch im amerikanisch-pikaresken Roman der 80er Jahre immer wieder anzutreffenden Topos: die Sehnsucht nach dem *locus amoenus*, nach einer erneuten Entdeckung Amerikas, nach dem Blick auf eine noch unbesiedelte und unerschlossene Welt.

Moon Palace thematisiert an einer zentralen Textstelle „an American idyll, the world the Indians had inhabited before the white men

---

[149] Douglas Shields Dix, 60.
[150] Sibylle Cramer, 14.
[151] Richard Walsh, 161.

came to destroy it", und schließt damit, daß Marco Stanley Fogg in einem geographischen Sinn das Ende einer Welt erreicht und in einem biographischen Sinn den Beginn einer neuen Welt antizipiert: „I had come to the end of the world, and beyond it there was nothing but air and waves, an emptiness that went clear to the shores of China. This is where I start, I said to myself, this is where my life begins."[152] Und auch John Irving läßt seinen Helden John Wheelwright in *A Prayer for Owen Meany* eine amerikanische Idylle beschwören: „I can imagine that here, on Georgian Bay, I have found what was once called The New World [...]. For in Georgian Bay it is possible to imagine North America as it was – before the United States began the murderous deceptions and the unthinking carelessness that have all but *spoiled* it!"[153] Mit der Bildlichkeit der Neuen Welt versucht auch Kathy Acker eine Aussöhnung mit amerikanischen Mythologemen und mit dem nationalspezifischen Kollektivgedächtnis.

Am Ende des Romans ist Don Quixote auch mental und nicht nur geographisch in Amerika angekommen, an dem Ort, der möglicherweise jene „neue Frau" hervorbringen wird, von der Kathy Acker schon in ihrem Frühwerk *Kathy Goes to Haiti* (1978) träumt und die sie in der Figur der Don Quixote antizipiert: „Someday there'll have to be a new world. A new kind of woman. [...] In that future time a woman will be a strong warrior: free, stern, proud, able to control her own destiny, able to kick anyone in the guts [...]."[154] Am Ende des Träumens, erwacht, träumt auch Don Quixote ihren amerikanischen Traum. Es ist keiner, der individuelle Karriere- und Aufstiegschancen zum Inhalt hat, aber er birgt dennoch ein „promise": die Verheißung einer künftigen egalitären Gesellschaftsordnung. Am Ende des Romans beginnt Don Quixote, repräsentativ für die Ausgegrenzten und Exilierten im eigenen Land, die Möglichkeit eines harmonischen, vielleicht paradiesischen Zustands zu

---

[152] Paul Auster, *Moon Palace* (New York: Viking, 1989), pp. 139, 306.
[153] John Irving, *A Prayer for Owen Meany* (New York: Ballantine, 1990), p. 424.
[154] Kathy Acker, *Kathy Goes to Haiti*, p. 77.

imaginieren.[155] Kathy Acker transferiert die Hoffnungen der Marginalisierten von der Sehnsucht nach einer gerechtigkeitsstiftenden göttlichen Intervention auf die Sehnsucht nach irdischer Gerechtigkeit durch das kollektive Handeln jener, denen in den messianischen Visionen der Künstlerin und Seherin Gegenwelten transparent werden.

Der Romantitel: „chosen by random"?

Mit *Don Quixote* bereichert damit Kathy Acker die amerikanische Literatur nicht nur um einen Text, dessen Titel gemeinhin mit dem vermutlich bedeutsamsten Beitrag Spaniens zur Weltliteratur assoziiert wird, sie ergänzt auch den amerikanischen Traum um eine anarchistische Komponente, die sie aus der jüngeren Geschichte Spaniens ableitet. Eine zweite amerikanische Revolution sollte sich, so Don Quixote, auf die Erkenntnisse der (gescheiterten) spanisch-anarchistischen berufen. Kathy Acker hat in verschiedenen Interviews beharrlich erklärt, daß die Wahl ihres Romantitels ein Zufallsprodukt, eine paradigmatische Umsetzung des postmodernen Verfahrens der Aleatorik gewesen sei: „KA: [...] *Don Quixote* was chosen by random. That was the book I had taken with me to the hospital when I was about to have an abortion. In fact, the first scene in *Don Quixote* is exactly what I wrote prior to the abortion. I couldn't think while I was waiting, so I just started copying *Don Quixote*."[156]

Fast alle bisherigen Interpreten des Romans, die seinem Titel Beachtung geschenkt haben, erschien diese subjektiv-assoziative Begründung der Titelwahl einleuchtend; Richard Walsh folgt ihr, wenn er befindet: „Acker's *Quixote* owes little to Cervantes' original

---

[155] Cf. den Schluß des bereits zitierten Gedichts „Yom Kippur 1984" von Adrienne Rich, p. 127: „when center and edges are crushed together, [...] tell our stories of solitude spent in multitude / in that world as it may be, newborn and haunted, what will solitude mean?"

[156] Larry McCaffery, „An Interview with Kathy Acker," 91; ähnlich äußert sich Acker in: Ellen G. Friedman, „A Conversation with Kathy Acker," 13, und in: Lori Miller, „In the Tradition of Cervantes, Sort of," [Interview] *New York Times Book Review* (30.11.1986), 10.

[...]."[157] Dem ist entschieden zu widersprechen. Die Ermittlung der Einzelheiten von Ackers produktiver Aneignung des spanischen Klassikers muß einer gesonderten komparatistischen Analyse überlassen bleiben, aber so viel ist klar: mit dem Original des Miguel de Cervantes teilt Ackers Roman den satirischen Impuls, die empathische Darstellung ruhelos-idealistischen Handelns, Intertextualität und parodistische Imitation als kreative literarische Techniken, die Darstellung der Verlorenheit des Träumers inmitten einer materialistisch orientierten Welt, die Thematisierung des Widerspruchs zwischen Verstand und Gefühl und das Interesse an der Instrumentalisierung einer närrischen Wandererfigur zum Zwecke nationaler Selbstdeutung.[158] Insbesondere aber ist Ackers *Don Quixote* den Traditionen der pikaresken Erzählkunst verpflichtet. Außenseitertum, die Mechanismen gesellschaftlicher Marginalisierung, Vatersuche, Initiationserfahrungen, geographische Mobilität, zyklische Wiederholungsstrukturen, „dirty realism" und episodische Reihung: all diese klassischen Merkmale der Pikareske finden sich auch in *Don Quixote*.

Charakteristische Kennzeichen der Erzähltechnik Ackers (Fragmentierung, additive Episodik, figurenpsychologische Experimente) konfrontieren solche Textdeutungen, die auf Synthetisierung abzielen, mit einer schwierigen Aufgabenstellung: sie müssen Heterogenes miteinander verknüpfen, ohne die Heterogenität des Erzählten in Abrede zu stellen. Wird freilich *Don Quixote* primär in die Tradition des pikaresken Erzählens eingerückt, dann lassen sich viele Einzelelemente des Textes (die gesellschaftliche Marginalität der Heldin, ihre masochistische Grunddisposition, die Darstellung von Identitätsauflösungen, die repressiven Strukturen der Romanwelt, dezentrierende Erzähltechniken) als Komponenten eines übergeordneten Interesses der Autorin am Experiment mit der Form des pikaresken Romans zum Zwecke der Repolitisierung des Tradierten bestimmen. Als bedeutendste innovatorische Leistungen Ackers

---

[157] Richard Walsh, 149.
[158] Catrin Gersdorf findet in ihrer Deutung des Acker-Romans noch zusätzliche Gemeinsamkeiten, nämlich „die Verrücktheit, die Suche nach dem Heiligen Gral der Liebe, der Wille zur Errettung einer ideallos, lieblos gewordenen Welt, die traurige Gestalt." Cf. „Postmodern Aventiure: *Don Quijote* in America," *Zeitschrift für Anglistik und Amerikanistik*, 46 (1998), 151.

ergeben sich somit inhaltlich die sozialrevolutionäre Ausdeutung der pikarischen Heldin und formal die konsequente Infragestellung der Prämissen traditionell-männlicher Erzählmuster. Der frühe Tod der Autorin im November 1997 hat somit auch einem der interessantesten Experimente zur Repolitisierung populärkultureller Themen und Strukturen ein vorzeitiges Ende gesetzt.

Am Ende des *Don Quixote* behauptet sich die Sehnsucht nach einem befreienden Lachen, behauptet sich das Gelächter der Randständigen, vermischt mit plagiatorischer Frechheit, mit pikarischer Chuzpe, mit utopischem Denken und einem Hauch von Irrsinn: „Kathy Acker at least leaves us with humor that comes from excruciating self-consciousness, although laughter in her novels always reverbates with the nervousness of madness."[159] Allerdings: Kathy Acker verfügt, nach eigenem Bekunden, über „a very black sense of humour."[160] Sie schreibt mit sehr viel Hintersinn. So wie sich in *Don Quixote* die Grenzen zwischen Original und Plagiat auflösen, so lösen sich auch die Grenzen zwischen Parodie und ernst gemeintem Darstellungsanliegen auf. Bei der Analyse von Pynchons *Vineland* wird dieses Phänomen, die Aufhebung des Gegensatzes zwischen parodistischem und authentischem Darstellungsanliegen, die aus der Perspektive der literarischen Rezeption zunächst verunsichernd wirken muß, wiederkehren. Bei Acker wie Pynchon wird die Parodie zu einer (semi-)authentischen Form der Selbstbehauptung. Darüber hinaus lassen sich weitere Berührungspunkte zwischen *Don Quixote* und *Vineland* ausfindig machen: beide Romane thematisieren sexuellen und politischen Masochismus, beide üben eine scharf-beißende Kritik am Amerika der Reagan-Dekade, beide ergänzen pikareske Erzählmuster um eine utopische Komponente. Im Gegensatz zu derjenigen Ackers ist Pynchons Pikareske allerdings präzise historisch eingebettet, und deutlicher als Acker leitet Pynchon seine Opposition zur zeitgenössisch-politischen Wirklichkeit der Eighties aus den Werten der Gegenkultur der 60er Jahre ab.

---

[159] Terry Brown, 177.
[160] Kathy Acker, „Kathy Acker interviewed by Rebecca Deaton," 281.

9. Die Wiedergeburt der Pikareske aus dem Geist der Gegenkultur der 60er Jahre: Thomas Pynchon, *Vineland* (1990)

Michael Blumenthal, „Stones" (1984)

There are men and women who have thrown stones
and who can blame them? –
*What else is a poet to do
in a world with so little use for him?*

But I have always hated stones
and loved the words,
and held to the deep illusion
that words could wound and heal
as no stones can, that one day
there will be a revolution of words
in which the angels will come
to sing with the vipers,
and even the dark flames of greed
will be doused by the right syllables
spoken in the right place.

But now I can see
that the thieves have broken in here too
and have stolen our words
and are trying to use them against us
in the name of greed
and in the name of power
and in the name of lust.

Yet I am still a man
in love with words
and does not want to throw stones.

So I merely go on,
hurling my beautiful words
against the warehouses and windows
of darkness and domination,
hoping some less timid soul than I am
will pick them up
and turn them into stones.

Quelle: Cynthia Dubin Edelberg (ed.), *Scars: American Poetry in the Face of Violence* (Tuscaloosa und London: University of Alabama Press, 1995), p. 137f.

Vineland: „a lighthearted interlude"?

Als im Januar 1990 Thomas Pynchons Roman *Vineland* erstmals veröffentlicht wurde, konnte er sich auf Anhieb in den amerikanischen Bestsellerlisten plazieren und sich beispielsweise auf jener der *New York Times* 13 Wochen lang halten. Ein Teil des nur schwer faßbaren Faszinosums „Thomas Pynchon" besteht darin, daß seine Werke als im höchsten Maße schwierig und unzugänglich gelten, dessenungeachtet aber in einem kommerziellen Sinne ungemein erfolgreich sind. Thomas Pynchon gilt als der extrem öffentlichkeitsscheue, große Unbekannte der amerikanischen Gegenwartsliteratur; die letzte autorisierte Photoaufnahme seiner Person ist fast ein halbes Jahrhundert alt und entstammt einem High-School-Jahrbuch von 1953.[1] Der Name Pynchon steht metonymisch für das Oeuvre und weckt allein schon Neugier, Interesse und auch akademische Hochschätzung. Außer zu Faulkner ist zu keinem anderen amerikanischen Schriftsteller des 20. Jahrhunderts in den vergangenen 15 Jahren quantitativ mehr publiziert worden; die Zahl der Dissertationen, die sich ganz oder teilweise mit den Werken Pynchons befassen, ist dreistellig. Pynchon gilt für viele Amerikanisten, beispielsweise für Edward Mendelson, als „the greatest living writer in the English-speaking world"[2]; James McManus bezeichnet ihn als „the most significant novelist writing in English since James Joyce"[3]; Tony Tanner konzediert: „No contemporary writer has achieved such fame and such anonymity at the same time, and arguably no other contemporary writer has done so much to create – or bring to birth –

---

[1] Am 14.6.1997 veröffentlichte allerdings das Londoner *Times Sunday Magazine* ein nicht autorisiertes (Paparazzi-)Photo des Schriftstellers. Da Pynchon in Reaktion auf diese Publikation über seinen New Yorker Verlag eine Klage auf Unterlassung und Herausgabe der Negative eingereicht hat, spricht einiges für die Authentizität des Bilddokuments. Es wurde übrigens in Manhattan aufgenommen und in Deutschland von dem Nachrichtenmagazin *FOCUS* am Anfang des Artikels von Denis Scheck, „Halali am Hudson," (23.6.1997), 98-100, nachgedruckt.
[2] Edward Mendelson, „Introduction," [zu] ders. (ed.), *Pynchon: A Collection of Critical Essays* (Garden City: Prentice-Hall, 1978), p. 15.
[3] James McManus, „Pynchon's Return," *Chicago Tribune – Books* (14.1.1990), 3.

a new kind of reader who must do 'quite half the labour'"[4] Immer wieder wird Pynchons Name mit einer möglichen Verleihung des Literaturnobelpreises in Verbindung gebracht, zuletzt 1992, zwei Jahre bevor die Ehrung Toni Morrison zuerkannt wurde.[5]

Auch im Falle von *Vineland*, dem vierten von bislang fünf Romanen, sichert die Autorschaft Pynchons feuilletonistische Betriebsamkeit und fachwissenschaftliche Beachtung: eine Bibliographie zu *Vineland* umfaßt im Berichtszeitraum 1990 bis Sommer 1993 197 Einträge.[6] Substrahiert man von dieser Zahl feuilletonistische Rezensionen, ergibt sich die noch immer erstaunlich hohe Zahl von 38 gewichtigen Textdeutungen innerhalb eines Zeitraums von nur 3 1/2 Jahren. Die Reaktionen auf den Roman waren allerdings mehrheitlich solche der Ernüchterung und der Enttäuschung; Susan Strehle spricht euphemistisch von „some frustration and bafflement"[7], die sich in der Mehrzahl der Rezensionen des Jahres 1990 nachweisen lassen. Offensichtlich war *Vineland* für viele nicht ganz der Roman, auf den sie 17 Jahre lang – seit der Publikation von *Gravity's Rainbow* – gewartet hatten. Mindestens vier der Interpreten des Romans spekulieren, daß *Vineland* nur ein zweitrangiges Neben- bzw. „Abfallprodukt", „a lighthearted interlude", sei und der Autor in den vergangenen zwei Jahrzehnten höchstwahrscheinlich hauptsächlich noch an einem anderen, substanzvolleren Werk gearbeitet habe.[8]

---

[4] Tony Tanner, *Thomas Pynchon* (London und New York: Methuen, 1982), p. 12.
[5] Cf. eine entsprechende dpa-Meldung, die sich z.B. im *General-Anzeiger* vom 17.9.1992, p. 14, und in der Tageszeitung *Die Welt* desselben Tages, p. 8, zitiert findet.
[6] Clifford Mead, „A *Vineland* Bibliography," in: Geoffrey Green et al. (eds.), *The Vineland Papers: Critical Takes on Pynchon's Novel* (Norman: Dalkey Archive Press, 1994), pp. 179-88.
[7] Susan Strehle, „Pynchon's 'Elaborate Game of Doubles' in *Vineland*," in: Geoffrey Green et al. (eds.), *The Vineland Papers: Critical Takes on Pynchon's Novel* (Norman: Dalkey Archive Press, 1994), p. 101.
[8] Die vier Interpreten sind James McManus, Brad Leithauser, David Cowart und Joseph Tabbi. Cf. James McManus, 3: „It is [...] the case that Thomas Pynchon can do even better than *Vineland*, and that he probably already has"; Brad Leithauser, „Any Place You Want," *New York Review of Books* (15.3.1990), 10: „I have trouble believing that during the last seventeen years he [Pynchon] has devoted himself exclusively to *Vineland*. My guess – and my hope – is that time will reveal

Was an *Vineland* als erstes überrascht und im Kontext des Gesamtoeuvres Pynchons einzigartig wirkt, ist die außergewöhnliche Zugänglichkeit des Romans; Douglas Keesey kommt in einer Rezeptionsstudie zu dem Schluß: „By far the most common comment made by mainstream critics concerned Pynchon's new status as truly 'popular' author [...]."[9] So bezeichnet Salman Rushdie den Roman als „maybe the most readily accessible piece of writing the old Invisible Man ever came up with."[10] Dieser Eindruck entsteht nicht zuletzt dadurch, daß der Roman deutlicher als frühere Pynchon-Werke auf traditionelle Erzählmuster rekurriert. David Cowart befindet jedoch zu Recht: „In a consideration of this novel's traditional and contemporary features, one encounters an evolutionary text, an experiment in literary hybridization."[11] In *Vineland* parodiert, imitiert und reaktualisiert Pynchon die Konventionen einer unüberschaubaren Vielzahl von literarischen Genres. Für Martin Klepper besteht der Text z.B. „aus einer ganzen

---

this book to have been a lighthearted interlude, one completed while its author was intent on a more substantial, if not necessarily more voluminous, work"; David Cowart, „Attenuated Postmoderism: Pynchon's *Vineland*," *Critique*, 32 (1990), 75: „One doubts that he [Pynchon] spent the seventeen years after *Gravity's Rainbow* on *Vineland* alone. Who knows what post-postmodern extravaganza may follow in its wake?"; Joseph Tabbi, „Pynchon's Groundward Art," in: Geoffrey Green et al. (eds.), *The Vineland Papers: Critical Takes on Pynchon's Novel* (Norman: Dalkey Archive Press, 1994), p. 99: „For the moment, the best we can do is to [...] hope that *Vineland* turns out to be only an outrider for a harder, more resilient fiction." Im Frühjahr 1997 erschien mit Pynchons fünftem Roman *Mason & Dixon* (New York: Henry Holt, 1997) möglicherweise jenes voluminöse Werk, auf das so viele Kritiker gewartet haben. Im Unterschied zu *Vineland* finden sich im jüngsten Roman kaum Rückgriffe auf pikareske Erzählkonventionen und – da er im 17. Jahrhundert spielt – überhaupt keine expliziten Kommentare zur Politik oder sozialen Alltagswirklichkeit der US-amerikanischen Gegenwart.
[9] Douglas Keesey, „*Vineland* in the Mainstream Press: A Reception Study," *Pynchon Notes*, 26-27 (1990), 107.
[10] Salman Rushdie, „Still Crazy After All These Years," *New York Times Book Review* (14.1.1990), 1.
[11] David Cowart, 67.

Ansammlung von Gattungen."¹² *Vineland* reaktualisiert nicht nur Konventionen der Familienromanze, der *Historical Romance*¹³ und der TV-Seifenoper¹⁴, sondern greift auf ganz prominente Weise auch auf pikareske Erzähltraditionen und -strukturen zurück. Neben vielem anderen ist der Roman in signifikanter Weise auch ein „opulente[s] Schelmenstück [...]."¹⁵

Die Feststellung, daß Pynchon nicht erst in *Vineland*, sondern schon in seinen früheren Werken, besonders augenfällig in *V.* und *Gravity's Rainbow*, eine besondere Affinität zu pikaresken Erzählmodellen zeigt, vermag Kenner seines Oeuvres kaum zu überraschen; um so erstaunlicher ist es, daß mit Ausnahme von Regine Rosenthal noch niemand eine explizite Interpretation eines Pynchon-Romans als literarische Pikareske vorgelegt hat.¹⁶ Pynchon hat seit jeher in seinen Büchern ein besonderes Interesse an Vertriebenen und Enteigneten, an heimatlosen Außenseiterfiguren und Underdogs bekundet; alle seine Romane bezeugen eine „ironisch-nostalgische[...] Sympathie für gesellschaftliche Randfiguren [...]."¹⁷ Terrence Raffety resümiert: „his [Pynchon's] sympathies are always, unambiguously,

---

¹² Martin Klepper, *Pynchon, Auster, DeLillo: Die amerikanische Postmoderne zwischen Spiel und Rekonstruktion* (Frankfurt und New York: Campus, 1996), p. 219.
¹³ Cf. Hannah Möckel-Rieke, „Media and Memory in Thomas Pynchon's *Vineland*," *American Studies*, 43 (1998), 73f.
¹⁴ Cf. Deborah L. Madsen, *The Postmodernist Allegories of Thomas Pynchon* (New York: St. Martin's, 1991), p. 132: „*Vineland* imitates the form of a television programme."
¹⁵ „Seifenoper: Thomas Pynchon: *Vineland*," *Weltwoche* (7.10.1993), 89.
¹⁶ Die Ausnahme ist Regine Rosenthal, „*Gravity's Rainbow* and the Postmodern Picaro," *Revue Française d'Etudes Américaines*, 14 (1989), 407-26; bei dem Aufsatz handelt es sich um eine Übersetzung des Pynchon-Kapitels aus Rosenthals Monographie über *Die Erben des Lazarillo: Identitätsfrage und Schlußlösung im pikarischen Roman* (Frankfurt und Bern: Lang, 1983).
¹⁷ Paul Ingendaay, „Rakete, Slapstick, Paranoia: Über die Romanlabyrinthe Thomas Pynchons," *Frankfurter Allgemeine* (19.1.1991), 28. Cf. auch J. Bakker, der zu *Gravity's Rainbow* schreibt: „If there is any [hope], it lies in [...] the abandoned, the rejected"; „*Nineteen Eighty-Four* and *Gravity's Rainbow*: Two Anti-Utopias Compared," in: Courtney T. Wemyss und Alexej Ugrinsky (eds.), *George Orwell* (Westport: Greenwood, 1987), p. 89.

with the plotted-against: the schlemiels and human yo-yos [...]."[18] Pynchons entschieden unheroische Schlemihl-Figuren (wie Benny Profane oder Tyrone Slothrop) sind genuine, ja paradigmatische pikarische Existenzen; viele der Zentralgestalten Pynchons sind wie Zoyd Wheeler, die pikarische Schlemihl-Figur in *Vineland*, Waisenkinder, Einzelgänger, Eigenbrötler. Im Falle Wheelers macht zudem der Nachname die Traditionslinie zur pikaresken Romanliteratur explizit, indem er Assoziationen mit der Göttin Fortuna und ihrem sich immerfort drehenden Glücksrad weckt, ja aufdrängt.[19]

Ist der Bezug des Romans zu den Erzählmustern der Pikareske erst einmal erkannt, werden zugleich einige der Vorwürfe, die gegen den Text erhoben wurden, substanzlos: seichte Psychologie der Nebenfiguren[20], hektisches Erzähltempo[21], wenig plausible Handlungsfortführungen[22], additives und nicht-hierarchisiertes Figurenarsenal.[23] Paul Gray moniert: „Pynchon writes about people who

---

[18] Terrence Rafferty, „Long Lost," *The New Yorker* (19.2.1990), 109.

[19] Cf. Judith Chambers, *Thomas Pynchon* (New York: Twayne, 1992), p. 191: „His [Wheeler's] surname suggests his relationship to the goddess of fortune and her ever-turning wheel [...]."

[20] Cf. etwa – ein Beispiel für viele ähnlich lautende Befunde – Thomas E. Schmidt, „Am Ende der utopischen Parabeln: Die Schuld der US-Gesellschaft und die Urszenen des Verrats – Thomas Pynchons Zeit-Roman *Vineland*," *Frankfurter Rundschau* (10.4.1993), ZB4: „Pynchon [...] führt [...] keine Charaktere mit 'echter' Psychologie vor." Die Kritik – sofern sie auch Hauptpersonen einschließt – ist im übrigen nicht zutreffend: die Figur der Frenesi etwa wird mit einem komplexen Satz psychologischer Charakteristika ausgestattet.

[21] Cf. Alan Wilde, „Love and Death in and around Vineland, U.S.A.," *boundary 2*, 18 (1991), 173: „*Vineland* is more hectic than persuasive [...]."

[22] David Porush identifiziert „the narrative of the remotely plausible" als eine von zwei „rather distinct narrative techniques" des Romans *Vineland*; „'Purring into Transcendence': Pynchon's Puncutron Machine," *Critique*, 32 (1990), 98.

[23] Cf. James R. Thompson, „Thomas Pynchon's *Vineland* and the New Social Novel, or, Who's Afraid of Tom Wolfe," in: Walter Grünzweig et al. (eds.), *Constructing the Eighties: Versions of an American Decade* (Tübingen: Narr, 1992), p. 205: „Pynchon's texts may cause difficulty because of their complexity, for example from his habit of constantly expanding the plot through the continuous addition of new characters and events not seen as clearly related to the initial action."

would not be able to read the books in which they appear"[24], doch ein solcher Vorwurf läßt sich gegen viele Romane der Weltliteratur und beinahe jedes pikareske Romanwerk erheben.

Pynchons Roman greift freilich auf neuere erzähltechnische Errungenschaften zurück. Wie schon in den Fiktionen Paul Austers oder Kathy Ackers bilden zudem in *Vineland* postmoderne und pikareske Erzählweisen keinen Gegensatz, sondern weisen (auf den ersten Blick erstaunliche) strukturelle Gemeinsamkeiten auf. Beide präferieren eine Darstellungstechnik, die auf Expansivität und aktionsreiches Handlungsgeschehen setzt, beide räumen einem überbordenden Handlungsgeschehen den Vorrang ein vor den Geboten der figurenpsychologischen Konsistenz, beide tendieren zu einer zyklischen Struktur, die in ihrer Extremform zu einer Fragmentisierung in Einzelepisoden führt. Pynchons *Vineland* ist ein Paradeexempel dafür, wie in einem Gegenwartstext, in den Worten von Heinz Ickstadt, „Realismus und Postmoderne auf[hören], radikale Gegensätze zu sein."[25]

Postmodernes Erzählen, wie es von Acker, Auster oder Pynchon umgesetzt wird, ist niemals pure, selbstbezogene Spielerei, sondern „immer das *engagierte* Spiel."[26] „In der Postmoderne [...] beginnt [...] die Legitimation des Wahren und Gerechten auszubleiben"[27], besagt eine These des Philosophen Jean-François Lyotard. Für die Beschreibung der Romanwerke der genannten drei Autoren der amerikanisch-literarischen Postmoderne freilich erweist sich eine solche Behauptung als unzulänglich. Pynchon entwickelt durch die kreative Kombination und Ineinanderblendung von postmodernen und pikaresken Erzählverfahren einen möglicherweise zukunftsweisenden Schreibstil, den Joseph Tabbi beispielsweise als „new realism"[28] feiert. Doch leistet die Synthetisierung von Pikareskem und Postmodernem

---

[24] Paul Gray, „The Spores of Paranoia," *TIME* (15.1.1990), 70.
[25] Heinz Ickstadt, „Die unstabile Postmoderne oder: Wie postmodern ist der zeitgenössische amerikanische Roman?" in: Klaus W. Hempfer (ed.), *Poststrukturalismus – Dekonstruktion – Postmoderne* (Stuttgart: Steiner, 1992), p. 51.
[26] Martin Klepper, p. 224.
[27] „Jean-François Lyotard [Interview von Christian Deschamps]," in: Peter Engelmann (ed.), *Philosophien* [...] (Graz und Wien: Edition Passagen, 1985), p. 116.
[28] Joseph Tabbi, p. 98.

in *Vineland* noch Zusätzliches: sie (re-)politisiert beide Erzählstrategien, formal wie inhaltlich. *Vineland* ist, nach Molly Hite, „Pynchon's most irreducibly political novel", und: „*Vineland* is Pynchon's first novel to name current political names."[29] So erlaubt es der Rückgriff auf pikareske Themen und Motive Pynchon auch, den postmodernen Roman für moralisch-zeitdiagnostische Anliegen zu nutzen. Deutlicher als in den drei früheren Romanen und in völliger Übereinstimmung mit klassisch-pikaresken Erzähltraditionen ist Pynchon in *Vineland* Moralist.[30]

Ein fiktiver Landstrich im Norden Kaliforniens, wo sich der größte Teil des Handlungsgeschehens abspielt, gibt dem Roman seinen Titel. Die Handlungszeit ist der Sommer 1984. In 15 Kapiteln erzählt Pynchon primär von einer Suche, von der Suche nach Frenesi Gates, die, nachdem sie als Folge der Haushaltskürzungen Reagans von der Liste staatlich bezahlter Untergrundspitzel gestrichen worden ist, vermißt wird. Der faschistoide Bundesstaatsanwalt, der in Frenesi zugleich seine ehemalige Geliebte sucht, läßt das Haus von Frenesis Ex-Gatten Zoyd Wheeler okkupieren. Zoyd und die gemeinsame Tochter Prairie, 14-jährig, müssen fliehen; ihre Flucht wird zu einer Suche. Heimatlos und obdachlos geworden, sucht Zoyd nach seiner von ihm geschiedenen Frau, vor allem aber Prairie nach der entbehrten Mutter. Prairies Muttersuche wird dabei zu einer Zeitreise in die späten 60er Jahren des 20. Jahrhunderts. Denn Prairie muß von DL (Darryl Louise Chastain), einer ehemaligen Freundin und Kampfgefährtin Frenesis, erfahren, daß ihre Mutter, ehemals der führende Kopf des linksradikalen Filmkollektivs 24fps, in der Vergangenheit schuldig geworden ist: sie war Ende der 60er Jahre zu der staatspolizeilichen Seite übergelaufen, hatte sich auf ein Verhältnis mit dem reaktionären Brock Vond eingelassen und den Tod eines Anführers der rebellierenden Studentenschaft mitverursacht. In einem abnorm langen Schlußkapitel, das allein beinahe ein Fünftel

---

[29] Molly Hite, „Feminist Theory and the Politics of *Vineland*," in: Geoffrey Green et al. (eds.), *The Vineland Papers: Critical Takes on Pynchon's Novel* (Norman: Dalkey Archive Press, 1994), pp. 136 und 153.
[30] Alan Wilde, 169f., vertritt sogar die (überzogene) These, Pynchon sei „not only a moralist but an insistent, urgent, and sometimes [...] a heavy-handed one."

des Gesamtumfangs des Romans ausmacht, kommt es in *Vineland* während eines altlinken Festes des Becker-Traverse-Familienclans, von dem Frenesis Mutter Sasha abstammt, zu der von vielen Seiten ersehnten Zusammenführung der Wheeler-Familie. Der Hauptfeind Brock Vond wird unschädlich gemacht und in einer düsterapokalyptischen Szene in das Reich der Toten verbannt. Der Roman schließt damit, daß Prairie urplötzlich ein sexuelles Begehren nach dem Liebhaber ihrer Mutter empfindet, auf offenem Feld einschläft und am darauffolgenden Morgen von dem Familienhund Desmond, der seit der Besetzung des Wheeler-Hauses vermißt wurde und sich nun heimgekehrt wähnt, geweckt wird.

Reaganland in *Vineland*: Pynchons Sicht auf die 80er Jahre

Bereits der erste Satz des Romans, „[d]ates really matter in this book"[31], betont die Handlungszeit – Sommer 1984 –; ihr kommt ein schillernder Verweischarakter zu, politisch, populärkulturell und intertextuell. 1984 ist das Jahr, in dem Reagan, auf dem Höhepunkt seiner Macht, mit einem Erdrutschsieg über Walter Mondale wiedergewählt wurde[32]; es ist das Jahr der Olympischen Spiele in Los Angeles, die durch den Boykott der Ostblockstaaten zu einer Jubelfeier des amerikanischen Chauvinismus gerieten; es ist das Orwell-Jahr. Pynchons 1984 ist eine Schöne Neue Welt, die Elemente der Dystopien Orwells und Huxleys in sich vereinigt. Der Einfluß Orwells wird spürbar, wenn Pynchon das zeitgenössische Amerika als „some Republican version of the thousand-year Reich"[33] entwirft, wenn Schlägertrupps und Bürgerwehren die Restvertreter der Gegenkultur tyrannisieren, wenn letzte Widerstandszellen heimgesucht werden von „spasms of a national security state adrift, bereft of an

---

[31] Salman Rushdie, 36.
[32] Reagan konnte 1984 525 Wahlmänner für sich gewinnen, Walter Mondale nur 13; cf. *The World Almanac and Book of Facts 1996* (Mahwah: World Almanac Books, 1995), p. 478.
[33] David Cowart, 75.

enemy [...]."³⁴ Gleichzeitig ist Reagans Amerika aber auch ein Land der Simulation, „ein gigantomanisches, kriminelles Disneyland"³⁵, das mittels omnipräsenter TV-Programme, „*Vineland*, as every reader will attest, is TV-saturated"³⁶, die Bevölkerung narkotisiert, infantilisiert, stupidisiert und yuppifiziert: „Pynchon's America of 1984 is a conformist nation of zombies"³⁷, „everything seems irrefragably reduced to commodity and surface [...]."³⁸ Fast keine der Figuren des Romans liest, aber alle sehen fern. Doch schon der Autor des Romans *V.* (1963) weiß, daß die Träume des Voyeurs niemals authentisch, niemals seine eigenen sein können. Wo die Welt der Illusion und der Simulation die Überhand zu gewinnen droht, dort findet der pikareske Romancier seine Stoffe: „A picaresque novel is a seriocomic form that tends to appear at times when the literary imagination is unusually threatened by catastrophe: that is, at times when the very idea of existence commingles with the world of illusion."³⁹

Vineland ist zuallererst eine furiose, pestschwarze und bitterböse Attacke auf die Reagan-Dekade, auf ihre Habgier und Intoleranz, auf ihre Scheinheiligkeit und Oberflächlichkeit: „in *Vineland*, [...] a historical situation (the United States in 1984) has itself become self-

---

³⁴ Sanford S. Ames, „Coming Home: Pynchon's Morning in America," *Pynchon Notes*, 26-27 (1990), 122.
³⁵ Fritz J. Raddatz, „Der Maschinengott," *DIE ZEIT* (2.4.1993), L11.
³⁶ Brian McHale, *Constructing Postmodernism* (London und New York: Routledge, 1992), p. 116.
³⁷ M. Keith Booker, „*Vineland* and Dystopian Fiction," *Pynchon Notes*, 30-31 (1992), 15.
³⁸ Judith Chambers, p. 184. Indem Pynchon in *Vineland* den Einfluß der kommerzialisierten Unterhaltungsindustrie auf das amerikanische Bewußtsein thematisiert, wählt er ein Motiv, das sich in der zeitgenössischen Erzählliteratur einer großen Beliebtheit erfreut; cf. Constance Pierce, „Contemporary Fiction and Popular Culture," in: Nicholas Delbanco und Laurence Goldstein (eds.), *Writers and their Craft: Short Stories & Essays on the Narrative* (Detroit: Wayne State University Press, 1991), p. 392: „It is not just the obvious imposition of popular-commercial culture on our lives that some of our most interesting fiction now explores, but rather that imposition's invisible or near-invisible aspects."
³⁹ Alexander Blackburn, *The Myth of the Picaro: Continuity and Transformation of the Picaresque Novel 1554 - 1954* (Chapel Hill: University of North Carolina Press, 1979), p. 14.

satirizing."[40] Das Amerika, das sich Reagan herbeisehnt, wird im Roman mit bissig-resignativen Worten beschrieben, und zwar als „imagined future of zero-tolerance drug-free Americans all pulling their weight and all locked in to the official economy, inoffensive music, endless family specials on the Tube, church all week long, and, on special days, for extra-good behavior, maybe a cookie."[41] Pynchon findet im Amerika Reagans einen eklatanten Widerspruch zwischen dessen rhetorischer Schönfärberei und der sozialen Wirklichkeit. Die Handlungen Reagans, im Roman eine Art amerikanischer Ceaucescu[42], und seiner schäumenden Diener[43], die *Vineland* zur Darstellung bringt, strafen deren scheinheilige Rede Lügen: „diese Bewahrer der Familie zerschlagen hier Familien, diese Heroen der Freiheit richten Lager ein, diese Retter der Werte nutzen das Fernsehen zur Zersetzung jeden Wertebewußtseins [...]."[44] *Vineland* benennt die wahren Ziele und Wirkungen von Reagans Politik mit polemisch-eindringlicher Deutlichkeit: „dismantle the New Deal, reverse the effects of World War II, restore fascism at home and around the world" (p. 265). *Vineland* stellt eine Frage aus Pynchons Roman *The Crying of Lot 49* (1966) erneut und mit aktualisierter Dringlichkeit: „How had it ever happened here [in America], with the chances once so good for diversity?"[45]

---

[40] William E. Grim, „'Good-bye, Columbus': Postmodernist Satire in *Vineland*," in: Geoffrey Green et al. (eds), *The Vineland Papers: Critical Takes on Pynchon's Novel* (Norman: Dalkey Archive Press, 1994), p. 154.
[41] Thomas Pynchon, *Vineland* (Boston u.a.: Little, Brown and Co., 1990), p. 221f.; alle weiteren Zitate aus dem Primärtext beziehen sich auf diese Erstausgabe und erfolgen unter unmittelbarer Angabe der jeweiligen Seitenzahl ohne zusätzlichen Quellennachweis.
[42] Cf. Brad Leithauser, 9, für den der Roman suggeriert, „that Reagan and his cronies were only a step or two removed from committing Ceaucescu-like pogroms against their own people."
[43] Ein solcher ist auch ein Überlebender aus *Gravity's Rainbow*, „the notorious Karl Bopp, former Nazi *Luftwaffe* officer and subsequently useful American citizen" (p. 221).
[44] Thomas Klingenmaier, „Zerlegt und zersägt im Dickichtland: Thomas Pynchons Roman über die Reagan-Ära," *Stuttgarter Zeitung* (6.8.1993), 24.
[45] Thomas Pynchon, *The Crying of Lot 49* (Philadelphia: Lippincott, 1966), p. 181.

Ronald Reagan wird damit in Pynchons Roman zu einem historischen Bezugspunkt, der Geschichte strukturiert und sittlich-kulturellen Verfall transparent macht. Pynchon erzählt von den Niederlagen derer, die für ein alternatives, freieres Amerika gekämpft haben und von den für diese Niederlagen Verantwortlichen. Er erzählt von dem antikommunistischen Kesseltreiben der McCarthy-Zeit, von der brutalen staatspolizeilichen Niederschlagung studentischer Revolten gegen Ende der 60er Jahre. Und er erzählt von den sozialen Krisen und kulturellen Degenerationserscheinungen der medial verwalteten und medial ausgedeuteten Welt der 80er Jahre. Immer dabei, als Handlanger, Hetzer oder Täter, war Ronald Reagan: als Vorsitzender der *Screen Actors Guild* und williger Informant vor dem *House Committee on Un-American Activities*[46], als Gouverneur von Kalifornien, der sich u.a. zum Ziel setzte, radikalen Studentenprotesten ein Ende zu bereiten, als US-Präsident, der, z.B. mittels seiner Anti-Drogen-Kampagne oder seiner nachträglichen, geschichtsrevisionistischen Heroisierung des Vietnamkriegs, die letzten Erinnerungen an die Gegenkultur der 60er Jahre restlos tilgen und aus dem nationalen Gedächtnis streichen wollte. Lakonisch konstatiert Gert Raeithel in seiner Kulturgeschichte Nordamerikas: „Am Ende der Amtszeit Reagans war es politisch wieder wichtig, in Vietnam gedient zu haben."[47] Für Pynchons Reagan impliziert der Kampf um die geschichtliche Überlieferung die kompromißlose Vernichtung von Nonkonformismus und Abweichlertum. Er wird so, in den Augen Pynchons, zu einem realen Vollstrecker der finsteren Pläne der fiktiven Monstergöttin V.. Es macht Sinn, daß Pynchons literarische Abrechnung mit Ronald Reagan Kalifornien als primären Handlungsschauplatz wählt. Kalifornien ist der Staat, der Reagans künstlerische und politische Karriere begründete, es ist der Staat, der am treffendsten Reagans neues Yuppie-Amerika samt der Verbindung

---

[46] Ronald Reagan wurde am 23. Oktober 1947 von dem Komitee verhört; Hartmut Keil zählt Reagan zu den „'freundlichen' Zeugen", die den Absichten des Ausschusses wohlgesonnen waren; cf. Hartmut Keil (ed.), *Sind oder waren Sie Mitglied? Verhörprotokolle über unamerikanische Aktivitäten 1947 bis 1956* (Reinbek: Rowohlt, 1979), p. 133.

[47] Gert Raeithel, *Geschichte der nordamerikanischen Kultur: Band 3: Vom New Deal bis zur Gegenwart 1930-1988* (Weinheim und Berlin: Quadriga, 1989), p. 389.

zwischen Esoterik und Kommerz symbolisiert, und es ist der Staat, in dem am sichtbarsten individuelle Widerstandszellen überlebten: „California [...] [is] the state where the strange is the norm, [...] California is the new America [...].".[48]

In diesem neuen Amerika der 80er Jahre war aber die Indoktrination der Bevölkerung dermaßen erfolgreich, daß staatliche Überwachung und Spitzeldienste überflüssig werden. Im Namen der gemäß den Prinzipien der Reaganomics gebotenen Budgetkürzungen werden ganze Heerscharen von Untergrundspitzeln, deren Aufgabenbereich es war „to [...] be infiltrated, often again and again, into college campuses, radical organizations, and other foci of domestic unrest" (p. 268), aus den bundesstaatlichen Diensten entlassen und von den staatlichen Gehaltslisten gestrichen. Die ehemaligen Under-Cover-Agenten sind plötzlich mittellos, leiden unter materieller Not.

Das Amerika des Romans wird so eine genuine pikareske Welt, die alle Figuren der unberechenbaren Launenhaftigkeit des Schicksals aussetzt. Pynchon reaktualisiert die lang tradierte Fortuna-Vorstellung in einem zeitgenössischen Gewand, wenn er Elmhurst, Zoyds Anwalt, formulieren läßt: „[L]ife is Vegas" (p. 360).[49] Pynchons Amerika von 1984 ist eine pikareske Welt, in der Undenkbares jäh Wirklichkeit wird, in der Außenseiter wie Zoyd Wheeler einen schier aussichtslosen Kampf um Selbstbehauptung führen, in der resignative Verzweiflung und spöttisches Gelächter, „helpless despair and hopeless cynicism"[50], eine eigenartige Verbindung eingehen, in der Verstellung und Heuchelei an der Tagesordnung sind. So erinnern denn die Vorgänge in *Vineland* den Rezensenten Walter Vogel „auch an das Deutschland der neunziger Jahre: Es wimmelt von ehemaligen informellen Mitarbeitern, jede und jeder hat zumindest einmal die Seite gewechselt."[51]

---

[48] Judith Chambers, p. 190.
[49] Eine weitere Reaktualisierung der Fortuna-Vorstellung findet sich auf p. 12, wenn Zoyd Wheeler sich so fühlt, als sei er ein Kandidat in der Spielshow „Wheel of Fortune."
[50] James R. Thompson, p. 201.
[51] Walter Vogel, „Jesus auf der Harley Davidson: Psychedelischer Spätbarock aus Kalifornien," *Die Presse* (3.4.1993), spectrum 5. Die Thematisierung des inneren Zwiespalts von informellen Mitarbeiterinnen und Mitarbeitern mag auch zum

Zoyd Wheeler: Der Pikaro als Schlemihl

Vogels Lektüre jedoch ist nicht ganz korrekt; mindestens zwei Hauptpersonen des Romans haben niemals die Seiten gewechselt: Zoyd Wheeler und Darryl Louise Chastain. Zoyds charakterliche Disposition wird im Gegenteil schon früh im Roman explizit mit den Schlüsselbegriffen „virginity" (definiert als Unbestechlichkeit) und „innocence" (definiert als Integrität) gefaßt: „Zoyd had hung on to his virginity" (p. 12). „Zoyd, the big idealist" (p. 29), repräsentiert in *Vineland* den Typus des unkorrumpierbaren Althippies, auch wenn der Auftakt des Romans zunächst eine andere Einschätzung nahelegt. Er tritt nämlich anfangs, so Sven Boedecker, auf als „Dummer August und Irrer: So hat der Staat die Blumenkinder immer gern gesehen."[52] Pynchon wählt zur Eröffnung seines Romans ein grandioses Bild, das gleich eine ungeheure Vielzahl von Bedeutungsmöglichkeiten in sich bündelt: Zoyd, ein Freigänger aus Vinelands Nervenheilanstalt, führt, in Frauenkleider gehüllt, seinen alljährlichen Fenstersprung vor[53], ein lokales Medienereignis ersten Ranges, und ein notwendiges Ritual, das ihm die monatlichen Fürsorgezahlungen sichert. Bei dem Ereignis handelt es sich im doppelten Sinne um eine Simulation: Zoyd simuliert nicht nur eine „transfenestrative" (p. 15) Persönlichkeitsstruktur, die im Roman streng geschieden wird von der defenestrativen Verhaltensstruktur potentieller Selbstmörder, auch das vermeintliche Fensterglas ist in Wirklichkeit klare Zuckerwatte, die Klirrgeräusche zerbrechenden Glases sind das Resultat von „dubbed-in sounds [...] of real glass breaking" (p. 15).

Daß Zoyd sein Spektakel in völliger Komplizenschaft mit staatlichen Behörden und lokalen Mediensendern inszeniert, scheint

---

Teil erklären, warum – tendenziell – deutschsprachige Rezensionen des Romans positiver ausgefallen sind als amerikanische.
[52] Sven Boedecker, „Ein Wirbel von Phantasie: Thomas Pynchon meldet sich mit seinem Roman *Vineland* zurück," *Berliner Zeitung* (27.5.1993), 35.
[53] Pynchon zitiert mit dem Eröffnungsszenario von *Vineland* auf eine raffinierte Weise seinen Erstlingsroman *V.*, wo bereits auf der zweiten Seite von „one potential berserk studying the best technique for jumping through a plate glass window" die Rede ist; cf. *V.* (Philadelphia: Lippincott, 1963), p. 2.

zunächst nicht ein Beleg für seine Unkorrumpierbarkeit zu sein. Erst 300 Seiten später im Roman wird deutlich, daß Zoyds Fensterstürze nicht Symptome eines irren Betragens, sondern ein Liebesopfer sind, Erfüllung eines Arrangements, das ihm „sein intimer Erzfeind [Brock Vond] aufgezwungen hat: zugleich als sadistische Versicherung, daß Zoyd die Ereignisse, die vor dreizehn Jahren stattfanden und zum Verschwinden seiner Frau Frenesi geführt haben, niemals vergessen wird; und als Kontrollmechanismus, der garantiert, daß Zoyd niemals aktiv versuchen wird, die Rechnung mit der Vergangenheit zu begleichen."[54] Da erst die grotesk-bizarren Fenstersprünge ihm das Sorgerecht für seine Tochter Prairie sichern, ist Zoyds abstruse und demütigende Clownerie im Kern ein Akt selbstloser Liebe: Simulation reproduziert Authentizität, Authentizität erzeugt Identität. Sogar Zoyds transvestite Kostümierung erhält vor dem Hintergrund dieser verdeckten Liebesgeschichte zwischen Vater und Tochter einen neuen, zusätzlichen Sinn: „der Liebende [...]," so Roland Barthes, „ist immer auch gleichzeitig und stillschweigend feminisiert."[55]

Eine Figur, von der es zunächst scheint, als sei sie als eine dezidiert unheroische konzipiert worden, gewinnt damit noble Züge, die sie über den Status eines Schlemihls hinauswachsen lassen. Da Zoyd den Lesern, die, so Elaine B. Safer, notgedrungen „blind to all signposts"[56] sein müssen, zunächst als eine zutiefst lächerliche Figur vorgestellt wird, wirkt dieser Umschlag in der Bewertung seines Verhaltens im besonderen Maße sympathiefördernd. Zoyd findet in der Tochter Prairie Familie und emotionale Geborgenheit: „Frenesi might be gone, but there would always be his love for Prairie, burning like a night-light, always nearby, cool and low, but all night long ..." (p.42); als seine Lebensaufgabe definiert er, „to [...] do anything to keep this dear small life from harm" (p. 321). Durch

---

[54] Martin Klepper, p. 217.
[55] Roland Barthes, *Fragmente einer Sprache der Liebe* (Frankfurt: Suhrkamp, 1988), p. 128; cf. auch p. 28: ein Mann, „der da wartet und darunter leidet, ist auf wundersame Weise feminisiert. Ein Mann ist nicht deshalb feminisiert, weil er invertiert ist, sondern weil er liebt."
[56] Elaine B. Safer, „Pynchon's World and Its Legendary Past: Humor and the Absurd in a Twentieth-Century Vineland," *Critique*, 32 (1990), 120.

seine Fähigkeit zu selbstloser Vaterliebe gewinnt Zoyd gleichermaßen an Verletzbarkeit und an Statur; das heißt aber auch: durch seine Liebe für Prairie wird er gleichermaßen kontrollier- und unberechenbar. Wie viel revolutionäres Potential die Figur des Zoyd Wheeler in sich birgt, darüber herrscht ein Streit unter den *Vineland*-Interpreten. Für James R. Thompson gehört Wheeler zu „Pynchon's lotos eaters; far from being a threat to Reagan's new cold war, they are more like some gentle species threatened with extinction – perhaps by him."[57] Nach der Lesart von David Thoreen jedoch gilt: „The only true revolutionary, the only really dangerous insurgent, in the consumption economy is the non-participant. From this perspective, Zoyd is the hero in *Vineland*."[58] Beide Thesen vereinfachen unzulässig, weil sie dem Verhalten und den Ansichten der Figur unzutreffend Statik und Konstanz unterstellen.

Statisch bleibt Zoyd allein für die Agenten des Regierungsapparates, die die „Zoyd Wheelers" Amerikas konstant als „subclass of easy-doping lay-abouts" definieren, als „meriting not merely contempt but brutal repression and, perhaps, extermination."[59] Zwar fühlt sich Zoyd den gesamten Roman über als ein Fremdling, als ein Exilierter im eigenen Land, als ein „fringe element" (p. 40), zwar beschränkt sich bis zu Beginn des Sommers 1984 Zoyds Gesellschaftsprotest auf verbale Anklagen und Marihuanakonsum, doch gegen Ende des Romans, „out here at the periphery, in motion, out on one of the roads that had taken him away from his home" (p. 374), überwindet er seine ihn zuvor kennzeichnende Passivität zumindest auf der Ebene der Imagination. Zoyd fängt an, eine apokalyptische Befreiungsphantasie mit potentiell kathartischer Wirkung zu träumen: „But every other night lately he was visited by the dream of the burning house. Each time it became clearer to him that his house, after twelve years together from scratch, was asking him to torch it, as the only way left to release it from its captivity" (ibid.).

---

[57] James R. Thompson, p. 198.
[58] David Thoreen, „The Economy of Consumption: The Entropy of Leisure in Pynchon's *Vineland*," *Pynchon Notes*, 30-31 (1992), 60.
[59] Brad Leithauser, 7.

Der Anfang des Romans – Zoyds Transfenestration – verweist damit bereits auf viele wesentliche Motive und Themen des Gesamttextes: er problematisiert die Authentizität individueller Widerstandsgesten und führt die Themen der Simulation, der sozialen Kontrolle und des pikarischen Überlebenskampfes ein. Zudem impliziert die Romaneröffnung eine poetologische – produktions- wie rezeptionsästhetische – Metapher: Wie Zoyd Fensterglas zertrümmert, so zertrümmert auch Pynchon herkömmliche Erzählverfahren und Genretraditionen, um so Splitter zu gewinnen, aus denen sich neuartige Kombinationen bauen lassen. Aus Splittern müssen folglich die Leser die Geschehnisse während der späten 60er Jahre rekonstruieren und reevaluieren.

Frenesi Gates: Die Pikara als masochistische Verräterin

Auf beiden Zeitebenen steht Zoyds Ex-Frau Frenesi im Zentrum des Interesses und der Neugier der Leser wie der Figuren: „at one point or another most of the [...] characters seem to be on the trail of a missing woman."[60] Zumindest die Handlungen, die im Jahr 1984 erfolgen, leben von dem Geheimnis der abwesenden Mutter (für Prairie), Frau (für Zoyd), Geliebten (für Brock Vond) und Freundin (für DL). Die zum Teil desperate Suche nach Frenesi akzentuiert so beharrlich die Omnipräsenz einer Absenz, die Allgegenwart einer Verlusterfahrung. Wie bei der Charakterisierung Zoyd Wheelers wendet Pynchon auch bei der Entwicklung seiner Frenesi-Figur eine erzähltechnische List an, die Edward Mendelson in seiner Analyse des Romans auf den Punkt bringt: „Virtually everyone in the book spends most of his time passively adoring her [Frenesi] or actively seeking her. [...] A reader can scarcely avoid getting caught up in the universal mood of admiration, a mood that persists long after it becomes clear that Frenesi's only redeeming virtues are a pair of legs that look arresting in a miniskirt [...] [and] her 'notorious blue eyes' [...]."[61] Wieder treibt Pynchon ein Spiel mit der Sympathiesteuerung,

---

[60] Brad Leithauser, ibid.
[61] Edward Mendelson, „Levity's Rainbow," *New Republic* (9./16.7.1990), 44.

und zwar mit dem Ergebnis, daß sich selbst bei der Bewertung einer weiblichen Judas-Figur, wie Frenesi sie darstellt, „understanding of or empathy for conventionally inconceivable acts"[62] einstellen.

Eine vielversprechende Methode zur spannungsreich-unterhaltsamen Erneuerung traditionell-pikaresker Erzählverfahren ist die Verteilung bzw. Aufsplitterung wesentlicher Merkmale einer Pikaro-Figur auf mehrere Figuren, die Multiplikation pikaresker Figuren und die Konstrastierung verschiedener pikaresker Entwicklungsmöglichkeiten. Bereits William Kennedy, Paul Auster, T.C. Boyle, John Irving und Kathy Acker machen von dieser Technik der Diversifizierung und Kontrastierung Gebrauch. Auch Pynchons *Vineland* greift auf sie zurück: Zoyd Wheeler, Frenesi Gates, Darryl Louise Chastain und Prairie Wheeler bilden im Roman ein pikareskes Vierergespann, in dem jede der Einzelfiguren unterschiedliche Kennzeichen der pikaresken Persönlichkeitsdisposition unterstreicht. Wo z.B. Zoyd Wheeler die Unkorrumpierbarkeit des pikarischen Helden exemplifiziert, steht Frenesi, in gewisser Weise eine spiegelverkehrte Variante Wheelers, für amoralisches Handeln und masochistisches Begehren. Mit der Figur der Frenesi versucht sich Pynchon an einer literarischen Darstellung der Anatomie des Verrats und rückt damit *Vineland* in eine enge Nachbarschaft zu der Boyle-Pikareske *World's End*. Wie in *World's End* treibt auch in *Vineland* die Hypothese von der Existenz eines Verräter-Gens ihr Unwesen, doch wie bei Boyle überzeugt auch im Pynchon-Roman die genetische Herleitung verräterischer Handlungen allein die betroffenen und um die Rationalisierung ihres Verhaltens bemühten Übeltäter.

Gleichwohl sind auch die Unterschiede zwischen den beiden Romanen markant. Frenesi Gates ist keine weibliche Version eines Walter Van Brunt; dieser war stets nur ein willensschwacher und autoritätsfixierter Mitläufer gewesen, wohingegen jene sich zur Zeit der Studentenrevolte als Speerspitze einer künstlerisch-politischen Avantgarde und einer umstürzlerischen Aufbruchsbewegung defi-

---

[62] Molly Hite, p. 140. Die These Martin Kleppers, p. 221, Frenesi werde im Roman zu einem „Objekt des Begehrens und des Hasses seitens praktisch aller Beteiligten", läßt sich nur partiell bestätigen; keine Figur (noch nicht einmal Frenesis „Opfer" Weed Atman) hegt Frenesi gegenüber aktive Haßgefühle.

niert hatte. Und: Walters verräterische Handlungen werden primär durch das Bedürfnis motiviert, den entbehrten Vater zu exkulpieren bzw. Konstanten im gemeinsamen Verhalten entdecken zu wollen; Frenesis Überlaufen zur Seite der staatstragenden Patrioten hingegen ergibt sich nicht vorrangig aus einer psychischen Notlage, es ist vielmehr, in den Worten von Judith Chambers, „her easy privileging of her own desires over ideology that leads her into Vond's bed, with full knowledge that he is the enemy."[63] Die eigentlichen Motive Frenesis für ihren Wechsel vom Rebellentum ins Spitzelfach bleiben merkwürdig vage und bieten Raum für Mutmaßungen: „we get only glimpses of what those motives might be [...]."[64] Der Roman enthält eine einzige explizite – wenn auch nur sehr eingeschränkt plausible – Spekulation von Sasha Gates, der Mutter Frenesis, die immerhin über eine klassenkämpferische Biographie ohne offensichtliche Brüche verfügt, hinsichtlich möglicher (genetischer) Ursachen des Handelns ihrer Tochter:

> Sasha believed her daughter had „gotten" this uniform fetish from her. It was a strange idea even coming from Sasha, but since her very first Rose Parade up till the present she'd felt in herself a fatality, a helpless turn toward images of authority, especially uniformed men, whether they were athletes live or on the Tube, actors in movies of war through the ages, or maître d's in restaurants, not to mention waiters and busboys, and she further believed that it could be passed on, as if some Cosmic Fascist had spliced in a DNA sequence requiring this form of seduction and initiation into the dark joys of social control. Long before any friend or enemy had needed to point it out to her, Sasha on her own had arrived at, and been obliged to face, the dismal possibility that all her oppositions, however just and good, to forms of power were really acts of denying that dangerous swoon that came creeping at the edges of her optic lobes every time the troops came marching by, that wetness of attention and perhaps ancestral curse. (p. 83)

---

[63] Judith Chambers, p. 197.
[64] N. Katherine Hayles, „'Who Was Saved?' Families, Snitches, and Recuperation in Pynchon's Vineland," Critique, 32 (1990), p. 82.

Frenesi reagiert, nachdem sie von der abstrusen Theorie ihrer Mutter erfahren hat, zunächst mit Zorn und Verachtung, „[j]ust for its political incorrectness alone" (ibid.). Doch sie übernimmt Sashas Hypothese als eine plausible Erklärung, nachdem sie selbst ihre eigene Initiation „into the dark joys of social control" hinter sich gebracht hat. Sexuelle Hörigkeit führt sie als Entschuldigung für ihre Liaison mit Brock Vond an. Gegenüber DL macht sie deutlich, daß politische Grundüberzeugungen für sie keinen Bestand mehr haben, „when my pussy's runnin' the show" (p. 260); Vonds „erect penis had become the joystick with which, hurtling into the future, she would keep trying to steer among the hazards and obstacles [...] of each game she would come, year by year, to stand before" (p. 292f.).

Frenesi wird, was ihre Eltern, Opfer der antikommunistischen Hexenjagden der McCarthy-Ära, am meisten verabscheuen: „a Cooperative Person" (p. 280). In ihrer Beziehung zu Vond lernt Frenesi, eine masochistische Persönlichkeitsstruktur in sich heranreifen zu lassen. Die Frenesi-Figur wird so zu einer erzählliterarischen Umsetzung des berühmt-berüchtigten Sylvia-Plath-Diktums: „Every woman adores a Fascist / The boot in the face [...]."[65] Pynchon macht in *Vineland* die außergewöhnliche Flexibilität pikarischer Figuren transparent: Zoyd Wheeler überwindet seine anfängliche Passivität zugunsten aktiver Bemühungen, seine Tochter Prairie zu schützen; Frenesi tauscht ihre aktive Rolle als Rädelsführerin ein gegen die passiven sexuellen Gratifikationen, die sie aus ihrer masochistischen Unterwerfung gewinnt. Sie berichtet DL von ihren Erfahrungen in einem staatlichen Umerziehungslager, einem Züchtigungslager der besonderen Art, und gesteht dabei freimütig: „I wanted them to come and hold me down, stick needles in me, push things up my ass. Wanted that ritual" (p. 261). Zu alledem begreift Frenesi ihre Form der Unterordnung, ihre Bereitschaft, jeglicher Loyalität abzuschwören (wie die masochistischen Heldinnen Kathy Ackers) als einen Weg zur Erlangung wirklicher persönlicher Freiheit, als ein Freigesetztwerden von dem belastenden Erbe

---

[65] Sylvia Plath, „Daddy," in: *Ariel* (London und Boston: Faber and Faber, 1968), p. 55. Auf die erste Zeile dieses Plath-Zitats verweist auch der Aufsatz Molly Hites zu *Vineland*, p. 140.

der Geschichte und von den unbarmherzigen Gesetzen des zeitlichen Verfalls: „she understood her particular servitude as the freedom, granted to a few, to act outside warrants and charters, to ignore history and the dead, to imagine no future, no yet-to-be-born, to be able simply to go on defining moments only, purely, by the action that filled them" (p. 71f.).

Frenesi träumt damit (wie Huck Finn, Isadora Wing und Don Quixote) einen amerikanisch-pikaresken Traum, den Traum, jeglicher starren Fixierung entfliehen zu können. Ihre Spitzeldienste sind für sie der Passierschein in ein dunkles Reich jenseits der üblichen Zwänge eines fixierten Lebens, in eine paradiesische Alternativwelt, die die herkömmlichen Gesetze der zeitlichen Abfolge außer Kraft setzt; Frenesi träumt von einer Existenz in einer anderen Zeit, „no longer the time the world observed but game time, underground time, time that could take her nowhere outside its own tight and falsely deathless perimeter" (p. 293). Dieser Traum von der Unsterblichkeit fußt auf einem Konzept, das Ludwig Wittgenstein im *Tractatus logico-philosophicus* (1921) wie folgt definiert: „Wenn man unter Ewigkeit nicht unendliche Zeitdauer, sondern Unzeitlichkeit versteht, dann lebt der ewig, der in der Gegenwart lebt."[66] Doch Frenesi zahlt für ihre Schattenexistenz, die selbst zudem potentiell fesselt und einschränkt, einen hohen Preis, „gibt es doch" – so Waltraud Fritsch-Rößler – „im Paradies weder (Selbst-)Erkenntnis noch Erinnerung [...]."[67] Frenesi führt somit eine dezidert heimat- und bindungslose, letztlich insuläre Existenz, sie ist „more zombie than human being [...]."[68] Sie ist eine Täter- und eine Opferfigur in einem. Das bedingungslose Ausleben instinktiver Fluchtreflexe führt zu einem Leben der Unstetigkeit und Identitätslosigkeit. Frenesi durchläuft somit, wie viele pikarische Gestalten der amerikanischen Gegenwartsliteratur, eine Entwicklung hin zu „more and more

---

[66] Ludwig Wittgenstein, *Tractatus logico-philosophicus: Logisch-philosophische Abhandlung* (Frankfurt: Suhrkamp, 1963), p. 113; es handelt sich bei dem Zitat um einen Auszug aus dem Satz 6.4311.
[67] Waltraud Fritsch-Rößler, *Finis Amoris: Ende, Gefährdung und Wandel von Liebe im hochmittelalterlichen deutschen Roman* (Tübingen: Narr, 1999), p. 177.
[68] Elaine B. Safer, 114.

fragmentation and impurity"⁶⁹, ihr Leben präsentiert sich den Lesern des Romans als „endless variations on betrayal, dislocation, disguise [...]."⁷⁰

Frenesi exemplifiziert darüber hinaus in *Vineland* „den Untergang vieler Linker in ihren unheimlichen Verschwisterungen und Verbrüderungen mit dem Staat [...]."⁷¹ Es läßt sich darüber streiten, welche der vielen Verratshandlungen Frenesis die verabscheuungswürdigste und ruchloseste ist: die von ihr mitinitiierte Ermordung Weed Atmans, die Art, wie sie Zoyd verlassen hat – ohne ein Wort der Erklärung, die Art, wie sie DL ihre Freundschaft aufgekündigt hat, oder ihre Tätigkeit als Informantin, die letztlich zur Zerschlagung der „People's Republic of Rock'n Roll" führt. Frenesi selbst allerdings ist sich sicher, worin ihr niederträchtigstes Vergehen besteht: „pretending to be Prairie's mom [was] the worst lie, the basest betrayal" (p. 292). Frenesi entscheidet sich nach ihrem Verrat an den Idealen der Gegenkultur für die Ehe mit Zoyd und für die Mutterschaft, weil sie nach einer bequemen Tarnung sucht: „The baby was perfect cover, it made her something else, a mom, that was all, just another mom in the nation of moms" (ibid.). Doch Frenesi wird zum Opfer ihrer eigenen Naivität. Ihr pikarisches Mißtrauen gegenüber Fixierungen jeglicher Art verhindert, daß sie zu dem Neugeborenen eine Beziehung aufbauen kann; statt dessen empfindet sie „hatred for the tiny life, raw, parasitic, using her body through the wearying months and now [i.e. ca. 1971] still looking to control her" (p. 286), träumt sie davon, durch Brock Vond von ihrer Mutterrolle erlöst zu werden, hofft, „that sooner or later he would come and get her" (p. 282).

---

⁶⁹ Hanjo Berressem, *Pynchon's Poetics: Interfacing Theory and Text* (Urbana und Chicago: University of Illinois Press, 1993), p. 203.
⁷⁰ Rhoda Koenig, „Worth Its Wait," *New York Magazine* (29.1.1990), 66.
⁷¹ Utz Riese, „Thomas Pynchon: *Vineland*," *Weimarer Beiträge*, 36 (1990), 1641.

Brock Vond und „the secret wishes of the radical 1960s"

So wie Walter Van Brunts Verrat ohne die intriganten Machenschaften Depeyster Van Warts undenkbar gewesen wäre, so kann auch der Frontenwechsel Frenesis nicht ohne den Verweis auf die ausgetüftelten Umpolungsmanöver Brock Vonds hinreichend verstanden werden. Brock Vond wandelt sich in *Vineland* von einem „cartoon bad guy"[72] zunächst zu einer „Art faschistische[m] James Bond"[73] und dann zu einer Herodes-Figur[74], um schließlich – zumindest aus der Perspektive seines Opfers Weed Atman – zu einem Bösewicht von beinahe satanischem Ausmaß zu werden. Während eines Gesprächs mit Prairie formuliert Atman: „Used to think I was climbing, step by step, right? toward a resolution – first Rex, above him your mother, then Brock Vond, then – but that's when it begins to go dark, and that door at the top I thought I saw isn't there anymore, because the light behind it just went off too" (p. 366). Vond, „criminal fascist" (p. 58) und, nach Thomas E. Schmidt, das „smarte Arschloch aus dem Bilderbuch der reaktionären Fieslinge"[75], kennt nach dem Urteil der durch ihn Verfolgten „no rules, no codes of behavior" (p. 265). Er ist der Erzfeind DLs[76] und aller anderen Angehörigen der Gegenkultur: „Ain't just that he's a monomaniac and a killer, but there's *nothing holding him back*" (p. 266). Brock Vond ist damit der Todfeind der pikaresken Heiligen des Romans. Die Integrität eines Zoyd Wheeler oder einer DL verabscheut,

---

[72] Joseph Tabbi, p. 96.
[73] Annette Brockhoff, „'Take it to the limit': Zu neuen Romanen von Thomas Pynchon und Robert Coover," *Schreibheft: Zeitschrift für Literatur*, 43 (1994), 204; Brockhoff zitiert in ihrem Aufsatz – ohne ihre Quelle zu nennen – Elizabeth Jane Wall Hinds, „Visible Tracks: Historical Method and Thomas Pynchon's Vineland," *College Literature*, 19 (1992), 94: „Brock Vond, United States federal agent and evil incarnation of James Bond."
[74] Cf. Martin Klepper, p. 244.
[75] Thomas E. Schmidt, ZB 4. Cf. auch Paul Neubauer, der in seinem Aufsatz zu „The Presence of the Tube in Thomas Pynchon's *Vineland*," *Zeitschrift für Anglistik und Amerikanistik*, 45 (1997), 316, Vond als „the novel's megacreep" identifiziert.
[76] Cf. DLs Eigencharakterisierung, p. 130: „I wanted to kill him [Brock Vond] – one way or another he'd taken away the lives of people I loved [...]."

demütigt und attackiert er; die Ideale der 60er Jahren sind ihm abgrundtief verhaßt. Weil er einen scharfen Blick für deren Schwächen hat, wird er zu einem fast allmächtigen Gegenspieler der psychedelisch-politischen Aufbruchsbewegung. Seine Thesen zum Scheitern der „sixties left" werden zu einem wichtigen, zu dem wichtigsten Erklärungsansatz des Gesamtromans[77]; nach der Auffassung fast aller Interpreten von *Vineland* sind sie mit denen Thomas Pynchons identisch. In einer Schlüsselstelle des Romans werden sie mit deutlich erkennbarer auktorialer Zustimmung referiert:

> Brock Vond's genius was to have seen in the activities of the sixties left not threats to order but unacknowledged desires for it. While the Tube was proclaiming youth revolution against parents of all kinds and most viewers were accepting this story, Brock saw the deep – if he'd allowed himself to feel it, the sometimes touching – need only to stay children forever, safe inside some extended national Family. The hunch he was betting on was that these kid rebels, being halfway there already, would be easy to turn and cheap to develop. They'd only been listening to the wrong music, breathing the wrong smoke, admiring the wrong personalities. They needed some reconditioning. (p. 269)

Pynchon läßt Brock Vond hier nicht nur eine Theorie zur Erklärung des Scheiterns der radikalen Aktivisten der Sixties vortragen, er legt ihm auch eine brillante Analyse der pikarischen Mentalität in den Mund: Pikaros sehnen sich insgeheim nach Unmündigkeit und Gefangenschaft, nach Ausbeutung und Verrat, nach Vaterersatz und Vaterlandsliebe, nach Konversion und Treuebruch. Für Brock Vond sind die radikalen Aktivisten der späten 60er Jahre nichts anderes als „mild herd creatures who belonged, who'd feel, let's face it, much more comfortable, behind fences. Children longing for discipline" (p. 269). Pikarische Figuren neigen dazu, eine Art von Sicherheit zu begehren, wie sie Unterordnung und Selbstauslieferung zu garantieren scheinen. Die Umerziehungslager des von Vond ersonnenen

---

[77] Manche Rezensenten des Romans bewerten diese These als „waghalsig"; z. B. Wolf Scheller in: „Ein Hohelied auf ein burleskes Amerika, das es so nie gegeben hat," *Handelsblatt* (30.4.1993), G6.

PREP-Programms, ein Akronym für „Political Re-Education Program"[78], propagieren konsequenterweise ein autoritär-patriarchalisches Familienmodell, um sich die einstmals radikalen Rebellen gefügig zu machen, ein Modell, das nach Brock Vond rein edukatorischen Zwecken dient; er selbst jedoch glaubt zu keinem Zeitpunkt tatsächlich an die kleinbürgerliche Idylle, wittert in ihr sogar unkalkulierbare Gefahren. Während einer Unterredung mit Zoyd polemisiert er mit Abscheu gegen „the basic triangle, the holy family, all together, heartwarming" (p. 301). *En passant* decouvriert *Vineland* damit auch, so M. Keith Booker, „the motivation of the family rhetoric of the Reagan-Bush administration [...]."[79] Vond muß seine ganze Macht daran setzen, um Frenesi von ihrer Tochter Prairie zu trennen, denn Frenesis Mutterschaft gefährdet den Fortbestand seiner sadistischen Beziehung zu der Überläuferin: „In fact, the idea of a mother is diametrically opposed to the image of woman in the sadomasochist structure. A child endangers its economy because it would force Frenesi to grow up, [...] to stop being a child herself."[80]

Vond begehrt Frenesi mit der leidenschaftlichen Penetranz des Sadisten. Schon seine erste Begegnung mit ihr stimuliert ihn zu einem Tagtraum über einen erzwungen Akt der Fellatio: „One day he would order her down on her knees in front of all these cryptically staring children, put a pistol to her head, and give her something to do with her smart mouth. Each time he daydreamed about this, the pistol would reappear, as an essential term" (p. 273). Mit seinen pathologischen sadistischen Sexualphantasien und -praktiken überspielt er, wie *Vineland* in der Folge explizit macht, gleich dreierlei: tiefsitzende Inferioritätsgefühle, Sexualangst und latente homosexuelle Neigungen.

Brock Vonds Psyche wird destabilisiert durch eine „never quite trustworthy companion personality, feminine, underdeveloped" (p.

---

[78] „Prep" ist natürlich auch ein im Amerikanischen geläufiges Wort zur Bezeichnung von Schülern. *Vineland* verwendet häufig witzig-skurrile Akronyme zu parodistisch-satirischen Zwecken; cf. zum Stilmittel des Akronyms in den Romanen Pynchons: Manfred Pütz, „The Art of the Acronym in Thomas Pynchon," *Studies in the Novel*, 23 (1991), 371-82.
[79] M. Keith Booker, „*Vineland* and Dystopian Fiction," 32.
[80] Hanjo Berressem, p. 231.

274); Vond wird von Träumen heimgesucht und beunruhigt, in denen er sich als Frau refiguriert. Seine Beziehung zu Weed Atman macht seine homosexuellen Gelüste explizit: der Bundesanwalt begreift Frenesi, die sowohl zu ihm als auch zu Atman eine körperliche Beziehung unterhält, als „the medium Weed and I use to communicate" (p. 214). Er ergötzt sich daran, sich den Oralverkehr zwischen Atman und Frenesi vorzustellen: „You were coming in his face and he was tasting me all the time" (ibid.). Eine film- und kulturkritische Glosse von Theodor W. Adorno, die bereits aus dem Jahr 1944 stammt, ist auch bei der Ausleuchtung der psychischen Konstitution einer Figur wie Brock Vond hilfreich:

> Die Freuden solcher Männer, oder vielmehr ihrer Modelle, denen kaum je ein Lebendiger gleicht, denn die Menschen sind immer noch besser als ihre Kultur, haben allesamt etwas von latenter Gewalttat. Dem Anschein nach droht die den anderen, deren so einer, in seinem Sessel hingeräkelt, längst nicht mehr bedarf. In Wahrheit ist es vergangene Gewalt gegen sich selber. Wenn alle Lust frühere Unlust in sich aufhebt, dann ist hier die Unlust, als Stolz sie zu ertragen, unvermittelt, unverwandelt, stereotyp zur Lust erhoben: anders als beim Wein, läßt jedem Glas Whiskey, jedem Zug an der Zigarette der Widerwille noch sich nachfühlen, den es den Organismus gekostet hat, auf so kräftige Reize anzusprechen, und das allein wird als die Lust registriert. Die He-Männer wären also ihrer eigenen Verfassung nach, als was sie die Filmhandlung meist präsentiert, Masochisten. Die Lüge steckt in ihrem Sadismus, und als Lügner erst werden sie wahrhaft zu Sadisten, Agenten der Repression. Jene Lüge aber ist keine andere, als daß verdrängte Homosexualität als einzig approbierte Gestalt des Heterosexuellen auftritt. [...] Am Ende sind die tough guys die eigentlich Effeminierten, die der Weichlinge als ihrer Opfer bedürfen, um nicht zuzugestehen, daß sie ihnen gleichen. Totalität und Homosexualität gehören zusammen. Während

das Subjekt zugrunde geht, negiert es alles, was nicht seiner eigenen Art ist.[81]

Die Tatsache, daß Vond schließlich Frenesi dazu überredet, Atman im Rahmen eines linken Femegerichtes erschießen zu lassen, veranlaßt letztere zur Ausformulierung einer griffig-simplen These:

„It's why you kill each other, isn't it?"
„Who?"
„Men. Because you can't love each other."
He shook his head slowly. „Missed the point again – you never get beyond that hippie shit, do you."
„Point I didn't miss," she finished the thought, „is you prefer to do it by forcing things into each other's bodies." (p. 214)

Gemäß einer für Christopher Lehmann-Haupt ärgerlich-simplistischen Symbolik[82], deren Drastik und mangelnde Subtilität es nahelegen, parodistische Absichten zu vermuten, setzt Pynchon im Roman den Phallus mit einer Schußwaffe gleich. Phallische Potenz ist für Vond immer nur ein Instrument, um den Tod zu erzwingen, niemals eines, dem eine lebensstiftende Kraft zukommt. Sexualität weckt in Vond Todesängste: „though he enjoyed and even got obsessed about sex, he was also – imagine – scared to death of it" (p. 276). Bezeichnend ist der Kontrast zwischen Vond und Zoyd, der in den unterschiedlichen Reaktionen der beiden Männer auf die Geburt Prairies zum Ausdruck kommt. Zoyd durchlebt einen Zustand der Epiphanie, fühlt, „gazing mindblown at the newborn Prairie," „something cosmic that might tell him he wouldn't die" (p. 285); für ihn beinhaltet die Geburt eines Kindes primär die Möglichkeit, Teile der eigenen Existenz in die Zukunft zu verlängern. Für Vond hingegen besiegelt die Geburt eines Kindes die eigene Sterblichkeit, für ihn steht fest, „that each child [...], each birth, would be only another

---

[81] Theodor W. Adorno, *Minima Moralia: Reflexionen aus dem beschädigten Leben* (Frankfurt: Suhrkamp, 1978), p. 51f.
[82] Christopher Lehmann-Haupt, „*Vineland*: Pynchon's First Novel in 17 Years," *New York Times* (26.12.1989), C21: „At other times, it [the novel] can be annoyingly simplistic, especially when guns are likened to phalluses."

death for him" (p. 277). Todesangst ist es, die Vond für Prairie zu einer lebensgefährlichen Bedrohung, die ihn zu einem modernen Nachfahren des neutestamentarischen Kindermörders Herodes werden läßt.

Brock Vond erscheint den von ihm Verfolgten zumeist als allmächtig. Allein: er ist es nicht: „'having' the phallus does not mean to 'be' the phallus [...]."[83] Vond ist der verlängerte, bisweilen auch mit illegalen Methoden operierende Arm des Gesetzes; legislative Macht kommt ihm nicht zu. Er weiß, daß die „Real Ones", sein Kürzel für diejenigen, die die höchsten Schaltstellen der Macht bedienen, ihn niemals zu den ihren rechnen werden, „that no matter how much money he made, how many political offices or course credits from charm school might come his way, no one of those among whom he wished to belong would ever regard him as other than a thug whose services had been hired" (p. 276). Vonds Schwäche für Frenesi, seine Affäre mit einer ehemaligen Bilderbuch-Radikalen, trägt ein weiteres dazu bei, ihn in höchsten Kreisen suspekt zu machen: „When Frenesi came into the picture, interest perked up. Here was entertainment – a federal prosecutor carrying the torch for some third-generaton lefty who'd likely've bombed the Statue of Liberty if she could" (p. 279).

Die Beziehung, die Brock zu Frenesi aufbaut, ist jedoch keineswegs das Ergebnis einer perfiden Ausbeutungs- und Instrumentalisierungsstrategie, sondern das Resultat einer beidseitig empfundenen Attraktion, eines beidseitigen Einander-Verfallen-Seins. Der Bilderbuch-Reaktionär und die Vorzeige-Radikale, sie ziehen einander auf eine beinahe hypnotische Art und Weise an. Frenesi erscheint dabei weniger als Brocks Opfer denn als sein Spiegelbild, sie steht zu dem Peiniger der Linken nicht in einem Oppositions-, sondern in einem Komplementärverhältnis. Die gelungene sadomasochistische Beziehung zwischen beiden hat einen exemplarischen Verweischarakter: auf einer politischen Ebene brauchen die Radikalen und die Reaktionäre einander, auf einer psychosexuellen Ebene begehren sie einander, teils selbstbewußt und teils verschämt.[84] Pynchons *Vine-*

---

[83] Hanjo Berressem, p. 217.
[84] Dies gilt nach M. Keith Booker auch für die Drogenpolitik der Reagan-Administration: „U.S. drug-enforcement procedures are intended not to eliminate drug

land beschreibt das Verhältnis zwischen politischer *Mainstream-Kultur* und radikalpolitischer Subkultur nicht als eines der Opposition, sondern als eines der Kollaboration. Der Roman zeigt, so N. Katherine Hayles, „that 'They' may be only another version of us."[85]

Auch Frenesis Wandel von der radikalen Dokumentarfilmerin zur beflissenen Informantin der bundesstaatlichen Behörden ist nicht zwangsläufig ein Bruch in ihrer bisherigen künstlerischen und politischen Biographie; er erfolgt weniger plötzlich, als es zunächst den Anschein haben mag. Bereits als führender Kopf des Filmkollektivs 24fps (24 frames per second) huldigt Frenesi einem Wunschtraum, der an die Ästhetik einer Leni Riefenstahl erinnert: „Frenesi dreamed of a mysterious people's oneness, drawing together toward the best chances of light" (p. 117). Frenesi träumt von einer transzendentalen Einheitlichkeit und definiert diese als ästhetische Harmonie, als „absence of oppositionality [...]."[86] Das politische und ästhetische Programm der Auslöschung der Gegensätze aber ist ein tragender Bestandteil faschistischer Manifeste.

Und noch in einem weiteren Punkt bewegen sich die ästhetischen Vorstellungen des linksradikalen Filmkollektivs der späten 60er Jahre in verdächtige Nähe zu dem rassistischen Schubladendenken Brock Vonds. Die Mitglieder der 24fps-Gruppe glauben an die inhärente Aufrichtigkeit ihrer filmischen Bilder, sie betreiben einen Kult, der um die wahrheitsvermittelnde Ausdrucksstärke des menschlichen Gesichts kreist:

> They went looking for trouble, they found it, they filmed it, and then quickly got the record of their witness someplace safe. They particularly believed in the ability of close-ups to reveal and devastate. When power corrupts, it keeps a log of its progress, written into that most sensitive memory device, the human face. Who could withstand the light? What viewer could believe in the war, the system, the countless lies about American freedom, looking into these mug shots of the bought and sold? (p. 195)

---

use but merely to circumscribe drug users as an official Other against whom to exercise official power"; „*Vineland* and Dystopian Fiction," 33.
[85] N. Katherine Hayles, 78.
[86] Hanjo Berressem, p. 218.

Aber auch der Gegenspieler des Kollektivs, Brock Vond, glaubt an seine Fähigkeit, aus den Zügen des menschlichen Gesichts allgemeine Charaktereigenschaften ableiten zu können. Als „a devotee of the thinking of pioneer criminologist Cesare Lombroso (1836-1909)" (p. 272) teilt er beispielsweise wie dieser revolutionäre Aktivisten in fünf Kategorien ein: „geniuses, enthusiasts, fools, rogues, and followers" (p. 273). Wer in welche Kategorie gehört, läßt sich, so Vond, bereits aus der Gesichtsform erschließen. Kein Zweifel also: „The credo of 24 fps [...] reflects and inverts Brock's belief in criminal physiognomy."[87] Und der Glaubenssatz, daß die close-ups der Kamera nicht lügen, eint die radikalen Filmemacher darüber hinaus mit ihrem Widersacher Ronald Reagan. 1968 formulierte dieser als Gouverneur von Kaliforniern in Erinnerung seiner Hollywood-Jahre: „you cant lie to the camera. When it rolls in for that bigger-than-life closeup, you'd better mean what you say, for insincerity will show up like a putty nose."[88] Als „movie sincerity" (p. 244) bezeichnet Pynchon in *Vineland* polemisch diese Art von Authentizität, an die Frenesi Gates, Brock Vond und Ronald Reagan glauben. Frenesis Nähe zu faschistischer Ästhetik und zu dem faschistoiden Brock Vond hat auch Auswirkungen auf eine der zentralen Metaphern des Romans, das Licht. Licht in *Vineland*, das ist immer auch das künstliche Folterlicht der staatlichen Umerziehungslager. Als postmoderner Autor weiß Pynchon um das Janusgesicht der Aufklärung; Licht steht in *Vineland* niemals naiv für Erkenntnis, sondern primär für Blendung, Zerstörung, Tod. Nachdem der von Frenesi gefilmte Fememord an Weed Atman vollzogen ist, heißt es im Roman lapidar: „That's when Frenesi killed the light, that's how the shot ended" (p. 247).

Die Mitglieder des Filmkollektivs 24fps glauben mit revolutionärer Hingabe an die klassenkämpferische Bedeutung ihrer Arbeit[89]; in

---

[87] N. Katherine Hayles, 83.
[88] Ronald Reagan, *The Creative Society* (New York: Devin-Adair, 1968), p. 131; das Zitat verwendet auch Barbara L. Pittman in dem Aufsatz: „'Dangerously Absent Dreamers': Genealogy, History and the Political Left in *Vineland*," *Pynchon Notes*, 30-31 (1992), 48.
[89] Die Arbeit des Kollektivs und auch der Ton des Manifests greifen auf die Tradition des sozial engagierten Dokumentarfilms der 30er Jahre zurück; cf. Stacey

ihrem Manifest formulieren sie griffig-kämpferische Thesen: „A camera is a gun. An image taken is a death performed. Images put together are the substructure of an afterlife and a Judgment. We will be the architects of a just Hell for the fascist pig" (p. 197). Die naiv-romantische Vorstellung, daß das Kamera-Auge unmittelbar in das Wesen der Dinge und Menschen vordringen könne, teilt Pynchons Erzähler nicht, sehr wohl aber die These von der Kamera als Waffe. Die Hölle auf Erden freilich bereiten die Mitglieder des Kollektivs primär sich selbst, nicht dem Klassenfeind, indem sie, späte Nachkommen des Puritanismus, sich für paranoide Denkstrukturen anfällig erweisen und in Atman einen Kollaborateur wittern. Die filmische Dokumentation des Mordes an Weed Atman macht unzweideutig deutlich, daß die Kamera nicht nur lügen, sondern daß das „Schießen" von Bildern auch töten kann:

> What she [Frenesi] would then have to bear with all her life, what she would only succeed in denying or disguising for brief insomniac minutes here and there, was not only the look on his [Weed Atman's] face [...] but the way that what he was slowly understanding spread to his body, a long, stunned cringe, a loss of spirit that could almost be seen on the film [...] ... some silvery effluent, vacating his image, the real moment of his passing. (p. 245f.)

Während eines Gesprächs mit Frenesi hatte Vond die These aufgestellt, die Welt der Politik und die Welt der Kunst seien getrennt, überschnitten sich nicht: „Can't you see, the two seperate worlds – one always includes a camera somewhere, and the other always includes a gun, one is make-believe, one is real?" (p. 241). Die oben zitierte Szene jedoch widerlegt ihn; sie macht mit qualvoller Detailverliebtheit deutlich, daß Atman zweimal getötet wird, durch die Kamera und durch die Waffe. In der Welt von *Vineland* hat der folgende Aphorismus von Christiaan L. Hart Nibbrig keine Gültigkeit

---

Olster, „When You're a (Nin)jette, You're a (Nin)jette All the Way – or Are You? Female Filmmaking in *Vineland*," in: Geoffrey Green et al. (eds.), *The Vineland Papers: Critical Takes on Pynchon's Novel* (Norman: Dalkey Archive Press, 1994), p. 120: „the Workers Film and Photo League of the 1930s, for example, incorporated the notion of film as 'weapon' into its founding statement [...]."

mehr: „Abbildung tötet nicht, auch wenn sie das Töten abbildet."[90] Prairie und mit ihr die Leserschaft des Romans sehen einen Filmstreifen, und sie sehen, wie er reißt. Der Filmausschnitt präsentiert *in nuce* und *en miniature* „the record of the death of the sixties."[91]

Frenesi übernimmt nach ihrer Tat die Thesen Vonds, greift auf die Film-Metaphorik zurück, um ihr Überläufertum zu rationalisieren und um ihre revolutionäre Vergangenheit als Filmemacherin adoleszenter Unreife zuzuschreiben. Gegenüber DL erklärt sie: „Feel like we were running around like little kids with toy weapons, like the camera really was some kind of gun, gave us that kind of power. Shit. How could we loose track like that, about what was real? [...] The minute the guns came out, all the art-of-cinema handjob was over" (p. 259). Tatsächlich aber, so macht der Roman deutlich, stimmt die einstmals aus revolutionärem Idealismus vorgetragene Gleichung zwischen der Kamera und dem Gewehr: „In *Vineland*, what is seen is often as important as – or more so than – what is said."[92] In der filmischen Dokumentation der Hinrichtung Weed Atmans ist nicht nur die durch Rex abgefeuerte tödliche Kugel, sondern auch Frenesis Scheinwerferblick ein Schuß: „her camera, her shot" (p. 246). Es bestand und besteht – so macht Pynchons Rückblick auf die 60er Jahre deutlich – eine Komplizenschaft zwischen den gutgläubigen Vorgehensweisen der pseudo-revolutionären Utopisten und den wenig skrupulösen Methoden der staatstragenden Zyniker, wie sie durch Vond exemplifiziert werden. Die Filmemacher in *Vineland* sind – im Spielbergschen Sinne – Revolverhelden der dritten Art: „The point Pynchon makes in *Vineland* [...] is that [...] cutting is shooting [...]."[93] Für Frenesi ist der Augenblick des Überlebens ein Augenblick des absoluten Machtgefühls. Prairie sieht, was Elias Canetti in seiner Studie *Masse und Macht* (1960) wie folgt beschreibt: „Der Augenblick des *Überlebens* ist der Augenblick der Macht. Der Schrecken über den Anblick des Todes löst sich in

---

[90] Christiaan L. Hart Nibbrig, *Ästhetik der letzten Dinge* (Frankfurt: Suhrkamp, 1989), p. 350.
[91] Terrence Rafferty, 110.
[92] Oscar De Los Santos, „The Concealed Dialectic: Existentialism and (Inter)Subjectivity in the Postmodern Novel," *DAI*, 54,5 (1993), 1802A.
[93] Stacey Olster, p. 124.

Befriedigung auf, denn man ist nicht selbst der Tote. Dieser liegt, der Überlebende steht."[94] Prairie sieht: „Her mom, in front of her own eyes, had stood with a 1,000-watt Mickey-Mole spot on the dead body of a man who had loved her" (p. 261).

Der Affinität zwischen Frenesi und Vond kommt eine symbolische Qualität zu; die unerträgliche Leichtigkeit, mit der sich die beiden Extrempole des politischen Wirkens aufeinander einlassen, symbolisiert die Seichtigkeit, mit der eine ehedem rebellische – und auch selbstgerechte – Generation sich bequem einrichten konnte in einer Welt, die allem widersprach, woran sie einstmals glaubte. *Vineland* ist neben vielem anderen auch „an allegory of the willing transformation of the rebellious self-righteous 1960s into the sullen acquisitive decades that followed."[95] Die Liebesbeziehung zwischen Frenesi und Vond suggeriert, so Edward Mendelson, Ungeheuerliches: „the repressive 1970s and 1980s" präsentieren sich im Roman als „a fulfillment of the secret wishes of the radical 1960s."[96]

Das Porträt der Sixties im Roman haben verschiedene Rezensenten zum Anlaß genommen, Pynchon eine nostalgisch-revolutionsromantische Verklärung der Hippie-Revolte vorzuwerfen. Frank Kermode etwa bemängelt Pynchons „almost sentimental rhetoric"[97], und David Porush attestiert dem Roman mangelnde Originalität: „Pynchon sings a popular line: *In between* [the 30s/50s and the 70s/80s] *were the sixties, which still held, however naively, to the possibility of redemption.*"[98] Tatsächlich aber versucht Pynchons Erinnerungsroman an Amerikas (zweite) radikale Dekade im Sinne einer produktiven Doppelperspektivik etwas anderes, wesentlich Differenzierteres: er legt den Finger auf die Schwächen und Verfehlungen der gegenkulturellen Protestbewegung, ohne deren Ideale und utopischen Zielsetzungen zu diskreditieren. In *Vineland* ist der Blick auf die späten 60er Jahre ein zugleich satirischer und nostalgischer. Eine rein nostalgische Sehnsucht nach der Unbeschwertheit

---

[94] Elias Canetti, *Masse und Macht* (Frankfurt: Fischer Taschenbuch, 1980), p. 249.
[95] Edward Mendelson, „Levity's Rainbow," 41.
[96] Edward Mendelson, „Levity's Rainbow," ibid.
[97] Frank Kermode, „That Was Another Planet," *London Review of Books* (8.2.1990), 3.
[98] David Porush, 98; die kursivschriftliche Hervorhebung findet sich im Original.

der „Happy Sixties" kann sich schwerlich einstellen, wo ein Handlungsgeschehen um Intrige und Verrat, um Naivität und Selbstauslieferung kreist. *Vineland* zitiert nostalgische Idealisierungen der 60er Jahre, generiert sie aber nicht. So rekonstruiert zwar Zoyd Wheeler in Rückerinnerung an seinen Hochzeitstag eine friedliche pastorale Idylle, aber die Idealisierungsleistung ist figurenperspektivisch eingebunden: sie charakterisiert Wheelers, nicht Pynchons Sicht auf die Sixties:

> „Frenesi Margaret, Zoyd Herbert, will you, for real, in trouble or in trippiness, promise to remain always on the groovy high known as Love," and so forth, it may have taken hours or been over in half a minute, there were few if any timepieces among those assembled, and nobody seemed restless, this after all being the Mellow Sixties, a slower-moving time, predigital, not yet so cut into pieces, not even by television. It would be easy to remember the day as a soft-focus shot, the kind to be seen on „sensitivity" greeting cards in another few years. Everything in nature, every living being on the hillside that day, strange as it sounded later whenever Zoyd tried to tell about it, was gentle, at piece – the visible world was a sunlit sheep farm. War in Vietnam, murder as an instrument of American politics, black neighborhoods torched to ashes and death, all must have been off on some other planet. (p. 38)

Zoyds nostalgischer Rückblick wird vom Erzähler mit unübersehbar ironischer Distanz referiert. Zudem drängt sich, zumal angesichts der Theorien Vonds zum Scheitern der Hippie-Rebellen, der Verdacht auf, daß auch Zoyds Sehnsucht nach der Idylle primär durch ein Bedürfnis nach Übersichtlichkeit, d.h. Ordnung und Simplifikation, gespeist wird.

Molly Hite stellt somit in ihrer Interpretation des Pynchon-Romans zu Recht klar: „Brian McHale calls *Vineland* a sixties novel, perhaps even the definitive sixties novel, but in important respects it is a novel that could only have been written looking back, from a certain perspective on the sixties." Und: „*Vineland* is Pynchon's most irreducibly political novel because of its vision of the sixties, but this vision, ironic and critical as well as celebratory, is less a source of nostalgia than a basis for reference and comparison."⁹⁹ Die Sixties liefern Pynchon die Grundlage für eine umfassende politische Kritik an den Eighties, einer Dekade, der – so Pynchon – bedeutsame Utopien wie direkte Demokratie und gesellschaftliche Gerechtigkeit abhanden gekommen sind. Salman Rushdie bilanziert zu *Vineland*: „What is interesting is to have before us, at the end of the Greed Decade, that rarest of birds: a major political novel about what America has been doing to itself, to its children, all these many years."¹⁰⁰

Auf der Suche nach einem alternativen Amerika findet Pynchon Antizipationen der Befreiungsgeschichten der 60er Jahre in den 30er Jahren: „*Vineland* is seamed with thirties references, echoes, even set pieces that serve to qualify the later decades."¹⁰¹ Pynchon nimmt den Sixties die Aura der Einzigartigkeit und der Anomalität, indem er sie historisiert. Dabei stößt er, so Eric Solomon, auf sich wiederholende Zyklen: „Eighties betray sixties just as fifties betrayed thirties."¹⁰² Die Hypothese von einem zyklischen Geschichtsverlauf impliziert aber auch, daß sich keine gegenwärtige oder künftige Generation notgedrungen als eine verlorene definieren muß, daß der Kampf für und die Suche nach einer gerechteren und egalitären Gesellschaftsordnung auch künftig eine die politische Kultur Amerikas tragende und prägende Rolle spielen kann. Prairie etwa, eine Repräsentantin der „video generation"¹⁰³, wird während ihrer Recherchen zu der Vergangenheit ihrer Mutter durch das von ihr ausgewertete Filmmaterial atmosphärisch infiziert. Sie erkennt instinktiv die utopische Verheißung der Jugendrevolte: „Prairie could feel the liberation in the place that night, the faith that anything was possible, that nothing could stand in the way of such joyous certainty" (p. 210), findet

---

[99] Molly Hite, pp. 136 und 148f.; die Äußerung McHales, auf die sich Hite in dem ersten Zitat bezieht, findet sich in: Brian McHale, „Publishing Events and Unfinished Business," *American Book Review*, 12,3 (July/August 1990), 8.
[100] Salman Rushdie, 37.
[101] Eric Solomon, "Argument by Anachronism: The Presence of the 1930s in *Vineland*," in: Geoffrey Green et al. (eds.), *The Vineland Papers: Critical Takes on Pynchon's Novel* (Norman: Dalkey Archive Press, 1994), p. 161.
[102] Eric Solomon, p. 164.
[103] David Thoreen, 61.

während ihrer Recherchen „a world sprung new, not even defined yet" (p. 117). Sicher: *Vineland* ist „ein später, bitterer Abgesang auf die selige Zeit der Kirschen"[104], aber der Roman ist auch ein Lobgesang auf die verändernde Kraft gesellschaftlicher Utopien. Er beschwört „the spirit of a powerful utopianism."[105] *Vineland* ist somit, den – aus Pynchons Perspektive – dunklen Jahren der Reagan-Zeit zum Trotz, kein düster-kulturpessimistisches Buch geworden. Es kennt die Hoffnung auf bessere Zeiten und beschwört den Widerstand gegen gegenwärtige Übel. Die wichtigsten Hoffnungsträger des Romans sind dabei bezeichnenderweise (oder interessanterweise) weiblichen Geschlechts: Darryl Louise Chastain und Prairie Wheeler.[106]

DL: Die Pikara als sozialrevolutionäre Heilige

Darryl Louise ist eine genuine Pikara-Figur, immer mobil[107] (sie unterhält sogar, witzige Glosse am Rande und verstecktes Zitat aus *V.*, eine Art Liebesbeziehung mit einem Auto, *dem* Mobilitätssymbol der amerikanischen Gesellschaft), immer – aus der Sicht des Establishments – an der gesellschaftlichen Peripherie angesiedelt, immer im Einsatz für die Interessen der Marginalisierten. Wie Kathy Ackers Don Quixote vereint sie in sich selbstbewußte Patriarchatskritik und sozialrevolutionäre Aggressivität und ist damit vielleicht der beste Beleg für Edward Mendelsons These, Pynchons Buch sei

---

[104] Martin Halter, „Die Schlange im alternativen Paradies: Spinner, Ausgeflippte und Gelöschte: Thomas Pynchons Roman *Vineland*," *Badische Zeitung* (10.7.1993), 4.

[105] Paul Maltby, *Dissident Postmodernists: Barthelme, Coover, Pynchon* (Philadelphia: University of Pennylvania Press, 1991), p. 181.

[106] Schon in *Gravity's Rainbow* personifizieren vorrangig Frauenfiguren solidarisches Handeln; cf. Joseph C. Schöpp, *Ausbruch aus der Mimesis: Der amerikanische Roman im Zeichen der Postmoderne* (München: Fink, 1990), p. 134: „Bezeichnend ist, daß sich zu dieser Brüderlichkeit [unmittelbarer Beziehungen der Einzelnen zueinander] vor allem die weiblichen Romanfiguren bekennen, während die weitgehend der Arbeitsethik und Askese verpflichtete Männerwelt sich ihr gegenüber eher skeptisch, wenn nicht gar völlig ablehnend verhält [...]."

[107] So ist etwa auf p. 139 von DLs „lifetime of running away" die Rede.

„overtly feminist [....]."[108] Zwar befindet Judith Chambers in ihrer Interpretation des Pynchon-Romans: „no character is saintly"[109], doch Darryl Louise kommt dem Idealtypus einer Heiligen sehr nahe. Frenesi z.B. versucht an einer Stelle des Textes vergebens, ihrer Freundin „that saintlike control" (p. 260) zu rauben, die Darryl Louise den gesamten Roman hindurch auszeichnet. Sogar ihr Name verweist auf ihre innere Harmonie, auf ihr Potential zur Synthetisierung von Gegensätzen. Bis auf ganz wenige Ausnahmen wird Darryl Louise immer mit dem Namenskürzel „DL" bezeichnet, eine Abbreviatur, die zu Spekulationen einlädt. Zwar schreibt Pynchon, „Frenesi's realm was light, DL's was the dark" (p. 250), doch lassen die Initialen auch den Schluß zu, daß DL beide Bereiche in sich vereinigt.[110]

Mit DL parodiert und subvertiert Thomas Pynchon zugleich populärliterarische Geschlechterrollenmodelle. DL ist eine Ninja-Kämpferin, „eine feministische Killerin mit der sanften Seele einer Nonne."[111] Während seiner Analyse der trivialliterarischen Ninja-Romane von Eric Lustbader bringt Stacey Olster die gängigen Frauenbilder des Subgenres auf den Punkt: „Women [...] have only two options open to them. Good women, characterized as scared children in women's bodies or little girls who miss their daddies, look to strong men to take them in hand. [...] Bad women seek to challenge the male's right to dominate by virtue of his sexual superiority."[112] Die Figur der DL spricht solchen Stereotypisierungen Hohn: DL ist zugleich eine intelligente, einfühlsame und körperlich starke Person, die geradewegs aus Ernest Callenbachs einflußreicher literarischen Utopie *Ecotopia* (1975) entsprungen sein könnte.

---

[108] Edward Mendelson, „Levity's Rainbow," 42.
[109] Judith Chambers, p. 198.
[110] Für Rosita Becke und Dirk Vanderbeke, „Chants of Dispossession and Exile: Anmerkungen zum Motiv der Yuroks in Thomas Pynchons *Vineland*," *Zeitschrift für Anglistik und Amerikanistik*, 40 (1992), 219, stehen die Initialen für „death/life" und „death/love"; für Alan Wilde, 176, symbolisieren sie die Veränderungen in DLs Beziehung zu Takeshi: „from death inflicted [...] to life restored [...]."
[111] Thomas Schmidt, ZB 4.
[112] Stacey Olster, p. 128.

Männer schauen zu ihr auf und vertrauen sich ihrem weisen Ratschlag an. Während ihrer Ausbildungszeit zur Ninjette muß DL zunächst lernen, ein authentisches Körpergefühl zu entwickeln: „she spoke of her time with Inoshiro Sensei as returning to herself, reclaiming her body, 'Which they always like to brainwash you about, like they know it better, trying to keep you as spaced away from it as they can. Maybe they think people are easier to control that way [...]'" (p. 128). Aber DL revoltiert gegen Simulationen und Fremddefinitionen jeglicher Art; in ihrer biographischen Entwicklung bildet das Zurückfordern der Rechte am eigenen Körper nur einen Zwischenschritt auf dem Weg zur Rückeroberung des politischen Körpers, des politischen Terrains. DL ist somit dazu prädestiniert, in dem Avantgardekollektiv 24fps für die Sicherheit der Gruppe zuständig zu sein; sie ist ein unersetzbares und unkorrumpierbares Mitglied der linksidealistischen Gemeinschaft, „the steady-beating heart of the collective" (p. 260).

Ihre (auch körperliche) Selbstkontrolle macht DL damit zu einer Gegenfigur zu Frenesi Gates, zu einer Folie, vor deren Hintergrund Frenesis Verratshandlungen um so schändlicher und abstoßender wirken. Obgleich DL im Roman vielerlei Masken annimmt, ist sie letztlich diejenige unter Pynchons Figuren, die sich und ihren Idealen am beständigsten treu bleibt. Susan Strehle gelangt in ihrer Deutung des Romans zu dem Ergebnis, „that DL *could* have made the same deal with Brock"[113], doch der Text liefert für eine solche These keine Grundlage; er formuliert im Gegenteil explizit: „DL [...] could never have made the deal with Brock that Frenesi had" (p. 260). Wo Frenesi für Verrat und Labilität steht, dort verkörpert DL Loyalität, Integrität und Verantwortungsbewußtsein. Nachdem sie – als Frenesi verkleidet und aufgrund von ungewohnten Farbglas-Kontaktlinsen ihrer klaren Sicht beraubt – Takeshi Fujimota irrtümlich für Brock Vond gehalten und an ihm eine „assassination technique with a built-in time delay!" (p. 257) angewendet hat, zeigt sie sich reumütig und bußfertig. Sie akzeptiert den Urteilsspruch Sister Rochelles, der sie dazu verurteilt, als Sühne für ihr Versehen (und als einzig mögliche Genesungschance für Takeshi) auf unbestimmte Zeit „this fool's

---

[113] Susan Strehle, p. 108.

[Takeshi's] devoted little" (p. 163) zu sein.¹¹⁴ Sie zeigt so, im Gegensatz zu Frenesi, „[an] awareness of time, death, and consequences [...]."¹¹⁵ Nicht Frenesi und auch nicht Zoyd Wheeler, sehr wohl aber DL widerlegt mit ihrem Verhalten die These Brock Vonds, daß sich das Betragen aller radikalen Aktivisten der späten 60er Jahre auf den Wunsch zurückführen lasse, ewig Kind bleiben zu wollen. Sie hat sich zwar kindliche Züge bewahrt, dennoch aber auch einen Prozeß der inneren Reifung durchlaufen. Zwar urteilt Hanjo Berressem:

> *Vineland's* [sic!] ultimate tragedy is that whereas growing up entails the loss of innocence from *within*, staying a child entails the loss of innocence from *without*, because as a child one is inevitably co-opted by the dominant culture. *Vineland* constantly thematizes this fateful complicity of innocence with power, which is contained in the double aspect of innocence as both 'childlike' (positive) and 'childish' (negative).¹¹⁶

Doch mit der Figur der DL gelingt Pynchon eine Synthetisierung beider hier genannter Pole, eine – im Hegelschen Sinne – Aufhebung der Gegensätze: DL ist gleichzeitig Kind geblieben und erwachsen geworden. Sie hat sich gegenüber den Verführungsversuchen der staatlichen Macht als immun erwiesen und doch auch gleichzeitig Einsicht in eigene Schuld und Verstrickung gewonnen. „*If there is hope,* [...] *it lies in the proles*"¹¹⁷, formulierte 1949 Orwells Winston Smith. Pynchons Reaktualisierung des Orwell-Stoffes 1990 hingegen suggeriert die These: „If there is hope, it lies in the kids."¹¹⁸ Nachdem der Leser Zeuge der Verfehlungen und Schwächen der 68er-Generation geworden ist, richtet sich sein Interesse damit auf die 14-jährige

---

[114] Allerdings muß DL nicht alle Wünsche Takeshis widerspruchslos erfüllen, da die unter der Aufsicht von Sister Rochelle getroffene Vereinbarung eine „No-Sex"-Klausel enthält.
[115] Susan Strehle, p. 110.
[116] Hanjo Berressem, p. 230.
[117] George Orwell, *Nineteen Eighty-Four: A Novel* (Harmondsworth: Penguin, 1972), p. 59.
[118] Rosita Becke und Dirk Vanderbeke, 224.

Prairie: „Pynchon's gesture toward renewal lies [...] especially [in] Prairie."[119]

Pynchons Prairie Wheeler und Robinsons Ruth Fisher: Ein kontrastiver Vergleich

Prairie Wheeler, "[a] descendant of all of Pynchon's anti-heroic searchers"[120], ist im Roman „a teenage charismatic" (p. 111), „eine[...] Art 'wise child' [...]."[121] Ihr Name bereits kombiniert räumliche Weite mit dem unvorhersehbaren Walten der Fortuna. Für Bénédicte Chorier verkörpert sie „la prairie mythique de l'Amérique"[122], für Mark D. Hawthorne „the unlimited expanse of the earthy prairie and the vehicle that can traverse it [...]."[123] Prairie selbst singt im Roman selbstbewußt einen Song, der ihr pikarisches Vagabundendasein und ihr Lebensgefühl auf den Punkt bringt:

> We are the daughters of the road,
> And we've got some miles to cover,
> 'Fore we've finally shot our load –
> If you see us in your mirror,
> Better clear a couple lanes,
> 'Cause we're the daughters of the freeway,
> And speedin's in our veins.... (p. 331)[124]

---

[119] Judith Chambers, p. 203.
[120] David Porush, 101.
[121] Rosita Becke und Dirk Vanderbeke, 222.
[122] Bénédicte Chorier, „Le yoyo de l'histoire: *Vineland* de Pynchon," *Revue Françaises d'Etudes Américaines*, 62 (1994), 358. Cf. auch p. 329 des Pynchon-Romans, wo Ché ihre Freundin Prairie mit den Worten „my little Prairie flower" anredet.
[123] Mark D. Hawthorne, „Imaginary Locales in Pynchon's *Vineland*," *Pynchon Notes*, 30-31 (1992), 77.
[124] Prairie spätere Heimatlosigkeit deutet sich schon früh an, bereits dem Kind empfiehlt der Vater eine nomadische Existenz als Rollenmodell. So singt der Vater Zoyd z.B. dem Kleinkind den Song „Lawrence of Arabia" als eine Art modernes Wiegenlied vor; es enthält die Zeilen: „He's out there with his camel, / In the day or night, / Cruisin' in the desert" (p. 309).

Mit (parodistischen) Anklängen an Whitman (und Frost ?) faßt Pynchon so auch die Heimatlosigkeit zusammen, die Prairie durchleidet, nachdem sie durch die Rachsucht Brock Vonds zu einer Gejagten und Verfolgten geworden ist. Darüber hinaus aber artikulieren die Zeilen vor allem den Trotz und den Selbstbehauptungswillen, mit denen Prairie ihrem Schicksal entgegentritt.

Pairie Wheeler findet in der pikaresken Romanliteratur des Jahrzehnts ein publikationsgeschichtlich früheres Pendant in der Erzählerin Ruth Fisher aus Marilynne Robinsons *Housekeeping* (1981). Ein Vergleich zwischen beiden kann den Blick frei machen für signifikante Veränderungen in der Konzeption einer zeittypischen literarischen Pikara-Figur während der 80er Jahre. Damit eine solche Kontrastpaaranalyse überzeugend geleistet werden kann, ist es zunächst notwendig, Inhalte und Struktur der Robinson-Pikareske des Jahres 1981 zu referieren.

In *Housekeeping* erzählt die Drifterexistenz Ruth retrospektiv von ihrer Kindheit und Jugend in Fingerbone, Washington, einer Kleinstadt im Westen der U.S.A. Ruth wächst gemeinsam mit ihrer Schwester Lucille bei ihrer Großmutter auf, nachdem die Mutter Helen sich in einem selbstmörderischen Akt mit ihrem Auto in einen an den Ort angrenzenden See gestürzt hatte. Helen suchte so eine metaphysische Wiedervereinigung mit dem Vater, der in einer desaströs-apokalyptischen Szene zwei Jahrzehnte zuvor den Tod gefunden hatte, indem er mit einem Zug von der Eisenbahnbrücke gestürzt und gemeinsam mit allen Mitpassagieren in demselben See begraben worden war. Nach dem Tod der Großmutter zieht die Tante der Kinder, Sylvie Fisher, in das Elternhaus und übernimmt – auf eine sehr erratische Art – die Betreuung der beiden Mädchen.

Der Roman *Housekeeping* setzt die Feuerphantasien, die Zoyd Wheeler am Ende von Pynchons Roman artikuliert, in die Realität um. Anatole Broyard notiert: „Marilynne Robinson's *Housekeeping* is not about housekeeping at all, but transience."[125] Die Großmutter Harriet erteilt vor ihrem Tod den Kindern noch den Rat: „'Sell the orchards, [...] but keep the house. So long as you look after your health, and own the roof above your head, you're safe as anyone can be [.]"[126] Doch mit dem Einzug der Tante Sylvie und dem Auszug der aufstiegsbegierigen Schwester Lucille empfindet Ruth

---

[125] Anatole Broyard, „*Housekeeping*," *Books of the Times* 4,3 (1981), 132.
[126] Marilynne Robinson, *Housekeeping* (New York u.a.: Bantam, 1982), p. 82; alle weiteren Zitate beziehen sich auf diese Paperback-Erstausgabe und erfolgen im fortlaufenden Text hinter der Abkürzung *HK*.

das Haus zunehmend als etwas Fremdes und Bedrohliches, das Freiheitsräume begrenzt, ohne wirklich emotionale Sicherheit und Stabiltät zu bieten: „The house stood out beyond the orchard with every one of its windows lighted. It looked large, and foreign, and contained, like a moored ship – a fantastic thing to find in a garden. I could not imagine going into it" (*HK*, p. 203). Auf den letzten Seiten des Romans brennen Ruth und Sylvie mit pyromaner Lust das Haus nieder; Häuslichkeit ist im Roman keine Option für die freiheitssüchtige weiblich-pikarische Existenz. Da das Haus im Roman auch ein normiertes Rollenmodell symbolisiert, antizipiert die Entscheidung der beiden Frauen für Heimat- und Obdachlosigkeit auch eine Entwicklung hin zur Freiheit der Peripherie, eine Entwicklung, wie sie fünf Jahre später Kathy Ackers Don Quixote im feministisch-pikaresken Roman der U.S.A. argumentatorisch begründen wird.

Ebenfalls an die spezifische Ausprägung der Pikara-Figur in den Erzählwerken Kathy Ackers erinnert in *Housekeeping* Ruths Ideal des geographisch mobilen Lebens an der gesellschaftlichen Peripherie. Nach erfolgreicher Inbrandsetzung des Hauses kommentiert Ruth euphorisch, in Befreiungsphantasien schwelgend: „Now truly we were cast out to wander, and there was an end to housekeeping" (*HK*, p. 209). Programmatisch verkündet sie: „We are drifters" (*HK*, p. 213). Schon im unmittelbaren Anschluß an den Brandanschlag weiß Sylvie der Adoptivtochter zu prognostizieren: „'It's not the worst thing, Ruthie, drifting. You'll see. You'll see [...]'" (*HK*, p. 210). Die Drifterexistenz, die die beiden fortan führen, ist auf eine beinahe aggressive Weise nicht-teleologisch. Sylvie und Ruth definieren für sich weder soziale Ziele noch räumliche Zielpunkte: „we had no particular reason to go to one town rather than another, and no particular reason to stay anywhere, or to leave" (*HK*, p. 216). Die Ziellosigkeit der Bewegung im Raum exemplifiziert ein prominentes Kennzeichen der Pikara-Figur in der Literatur des 20. Jahrhunderts: die Reisen der Pikara thematisieren in erster Linie „departure", nicht „arrival."[127] Sylvie und Ruth werden somit zu nachgeborenen weiblichen Ishmaels: zielloses Drifting kennzeichnet das letzte Bild in *Moby-Dick*.[128]

---

[127] Bonnie Frederick und Virginia Hyde, „Introduction," [zu:] Bonnie Frederick und Susan H. McLeod (eds.), *Women and the Journey: The Female Travel Experience* (Pullman: Washington State University Press, 1993), p. xix.

[128] Cf. auch Thomas Schaub, „An Interview with Marilynne Robinson," *Contemporary Literature*, 35 (1994), 234f., wo Robinson erklärt: „the book I admire most in the world is *Moby-Dick*, after the bible of course [...]. I think I have some

Doch die triumphale Geste, mit der Ruth und Sylvie nach dem Abfackeln des (groß)elterlichen Hauses in einer dunkel-stürmischen Nacht die lebensgefährliche Überquerung des Sees wagen, wirkt deplaziert: Flucht ist noch nicht Freiheit, Obdachlosigkeit noch nicht Gegenutopie, Herostrat noch kein Revolutionär. Die Freiheit der an den gesellschaftlichen Rand Gedrängten, die Freiheit der Vogelfreien, ist, wie Ruth sehr wohl weiß, lediglich ein Synonym für „tales of disaster and disgrace and bitter sorrow" (*HK*, p. 179). Zudem ist eine solche Freiheit auch immer bedroht, niemals gesichert: „we both knew they could always get you for increasingly erratic behavior" (*HK*, p. 213). Und schließlich wird die Befreiungsphantasie zusätzlich dadurch relativiert, daß die Erzählerin sich letztendlich dazu entschließt, zu einer exakten und wesensgleichen Kopie ihrer Tante und Ersatzmutter Sylvie zu werden.

Die Präsenz ihrer Tante eröffnet Ruth eine zweite Chance auf Rückgewinnung mütterlicher Empathie: „I thought, We are the same. She could as well be my mother. I crouched and slept in her very shape like an unborn child" (*HK*, p. 145). Die Schwester Lucille bekämpft das Trauma der durch den Selbstmord der Mutter Zurückgelassenen, indem sie die Familie verläßt und sich eine heile Ersatzfamilie sucht: „In effect, she [i.e. Miss Royce, the Home Economics teacher] adopted her, and I had no sister after that night" (*HK*, p. 140). Ruth hingegen überwindet ihre Gefühle der Verlassenheit, indem sie sich mit der stets Flüchtenden solidarisiert und eine fragwürdige Identität zwischen sich und der Ersatzmutter konstruiert: „I feared and suspected that Sylvie and I were of a kind, and waited for her to claim me" (*HK*, p. 106). Bereitwillig läßt sie sich von der Tante in asketischer Lebensführung unterrichten, lernt, „all sensation to the discomforts of cold and haste and hunger" (*HK*, p. 144) zu mißachten. Wie Frenesi Gates, so lebt auch Sylvie Fisher in einer Gegenzeit bzw. Un-Zeit der permanenten Gegenwart: „Sylvie had no awareness of time" (*HK*, p. 165); Ruth wird von ihr durch einen eigenartigen Sprechgesang getröstet: „That was the song she rocked me to [...]. She crooned, 'Another time, another time [...]'„ (*HK*, p. 161). In der Nacht, in der die beiden das Elternhaus in Brand setzen, kommt es aus der Sicht Ruths beinahe zu einer vollständigen Deckungsgleichheit zwischen Zögling und Erzieherin: „I think that night we were almost a single person" (*HK*, p. 209). Die Gemeinsamkeit zwischen Tante und Nichte aber besteht primär in einer potenzierten Einsamkeit. Beide Figuren verkörpern eine pikareske Grunddisposition, sie sind

---

claim on *Moby-Dick* at this point [i.e. mit der Publikation des Romans *Housekeeping*] [...]."

„people who have not managed to connect with a place, a purpose, a routine or another person."[129] Ruth identifiziert das Abseitige als das wichtigste Erkennungszeichen ihrer Familie: „Then, too, for whatever reasons, our whole family was standoffish. This was the fairest description of our best qualities, and the kindest description of our worst faults" (*HK*, p. 74). Das Haus der Mutter bzw. Großmutter wird für die beiden zu einer Fessel; es symbolisiert die pikareske Dialektik zwischen den einander gegenläufigen Begehren nach Inklusion und nach Exklusion: „When one looks from the darkness into the light, however, one sees all the difference between here and there, this and that" (*HK*, p. 158).

Marilynne Robinson läßt ihre Erzählerin gegen Ende des Romans über einen zentralen Mythos der literarischen Pikareske, über die Vertreibung aus dem Paradies reflektieren: „the first event is known to have been an expulsion, the last is hoped to be a reconciliation and return" (*HK*, p. 192). Der alttestamentarische Kain wird für Ruth zu einem Archetyp der pikarischen Existenz, zu einem Schöpfer und Begründer von Zyklen: „Cain became his children and their children and theirs, through a thousand generations, and all of them transients, and wherever they went everyone remembered that there had been a second creation, that the earth ran with blood and sang with sorrow" (*HK*, p. 193). Mit ihrer Entscheidung für das Leben einer Drifterin reiht auch Ruth sich bewußt ein in einen Kreislauf ewiger Wiederholung und Bewegung.[130] Die Hoffnung auf eine Erlösung gibt sie mit diesem Entschluß aber nicht auf. Nicht in einem geographischen, sehr wohl aber in einem psychologischen und in einem mythischen Sinne ist Ruths *drifting* zielgerichtet: „The force behind the movement of time is a mourning that will not be comforted" (*HK*, p. 192). Ihre Wanderschaft versteht Ruth als eine Geste der Hoffnung, der Hoffnung „that memory will fulfill itself, and become flesh, and that the wanderers will find a way home, and the perished, whose lack we always feel, will step through the door finally and stroke our hair with dreaming, habitual fondness, not having meant to keep us waiting long" (*HK*, p. 195).

---

[129] Anatole Broyard, 132.

[130] Das Ergebnis der Textdeutung von Phyllis Lassner bleibt (mir) unverständlich: „*Housekeeping* writes the end of origins and generation. It is not a narrative of exposure and continuity"; „Escaping the Mirror of Sameness: Marilynne Robinson's *Housekeeping*," in: Mickey Pearlman (ed.), *Mother Puzzles: Daughters and Mothers in Contemporary American Literature* (New York u.a.: Greenwood, 1989), p. 52.

Für Rosemary Booth schildert Robinsons Roman „a journey to self-consciousness or maturity"[131], Don Greiner sieht in ihm ein Paradebeispiel für die Darstellung eines erfolgreichen *female bonding* im amerikanischen Gegenwartsroman[132], und Sheila Ruzycki O'Brien meint, daß die Beziehung zwischen Ruth und Sylvie ein Reich jenseits patriarchalischer Herrschaftsstrukturen erschließe: „The assumed rightness of the societal structure that kept them apart – the dominant/submissive, vengeful mother/sinful daughter relationship – disintegrates."[133] Wer aber die pikaresken Strukturen in *Housekeeping* entsprechend gewichtet, für den entsteht keineswegs das Bild einer interesselosen Freundschaft zwischen Ruth und Sylvie. Wie bei Walter Van Brunt und Homer Wells führt auch bei Ruth eine ausgeprägte pikarische Sehnsucht nach familiärer Zugehörigkeit zu der Entscheidung, einen Weg in die Unmündigkeit und in die Unselbständigkeit zu beschreiten. Es ist dies eine Gefahr, die jeglicher pikarischen Figur droht. Eine solche Gefahr verleiht auch der weiteren Entwicklung von Prairie Wheeler in *Vineland* ihre Spannung.

Es sind aber weniger vage Gemeinsamkeiten als vielmehr markante Unterschiede zwischen den beiden Figuren, die ins Auge fallen. Zwar bewegen sich sowohl Ruth als auch Prairie an der gesellschaftlichen Peripherie, aber Ruths Marginalexistenz ist das Ergebnis einer freiwillig getroffenen Entscheidung, diejenige Prairies hingegen eine aufgrund der äußeren politisch-zeitgeschichtlichen Umstände erzwungene. Beide Figuren unternehmen zwar eine Muttersuche, während aber diejenige Ruths in einer Identitätsauflösung mündet, führt Prairies Suche nach Frenesi zu einer offen-kritischen, potentiell identitätsbildenden Auseinandersetzung mit ihrem familiären Erbe. Ruths herausragendste Charaktereigenschaft ist eine eigentümliche

---

[131] Rosemary Booth,"Three Insiders, One Outsider: *Housekeeping*," *Commonweal* (22.5.1981), 307.
[132] Cf. Donald J. Greiner, *Women Without Men: Female Bonding and the American Novel of the 1980s* (Columbia: University of South Carolina Press, 1993), pp. 66-81.
[133] Sheila Ruzycki O'Brien, „*Housekeeping* in the Western Tradition: Remodeling Tales of Western Travelers," in: Bonnie Frederick und Susan H. McLeod, *Women and the Journey: The Female Travel Experience* (Pullman: Washington State University Press, 1993), p. 225.

Art von Passivität, die letztlich dazu führt, daß sie einen Weg in die Unmündigkeit beschreitet. Prairie hingegen betreibt eine aktive Recherche, die in ihrem Fall zur Voraussetzung einer erfolgreichen Initiation wird. Wo Robinson die Pikareske mit mythischen Deutungsmustern koppelt und somit tendenziell entpolitisiert, dort repolitisiert Pynchon das Genre durch explizite Kommentare zur Zeitgeschichte und zur politisch-sozialen Wirklichkeit. So ist es beispielsweise bemerkenswert, daß zwar sowohl Sylvie als auch Ruth auf der Suche nach idyllischen Enklaven sind, erstere jedoch darunter ein mythisch-transhistorisches Reich der Freiheit versteht, letztere hingegen einen Heimatort für linksalternative gesellschaftspolitische Utopien im Sinn hat.

Darüber hinaus enthüllt ein direkter Vergleich zwischen beiden Texten, daß die pikareske Familienmetaphorik in Robinsons Roman keine offensichtlichen politischen Implikationen hat, während sie in der Pynchon-Pikareske im Zentrum einer politischen Mentalitätsanalyse steht. Zwar thematisieren beide Romane das Gegenkulturelle, definieren dieses aber auf eine signifikante Weise unterschiedlich, nämlich einmal als „Natürlichkeit" (in *Housekeeping*) und einmal als das gesellschaftlich Ausgegrenzte (in *Vineland*). In beiden Texten ist die pikareske Welt eine patriarchalische, doch nur bei Pynchon zugleich auch eine repressiv-kapitalistische. Am Beginn des Jahrzehnts steht also, noch unbeeinflußt von der sozialen Wirklichkeit der 80er Jahre, eine Pikareske, von der die Verfasserin in einem Interview offensiv behauptet, „that the political reading [...] is a misunderstanding [...]."[134] Am Ende des Reagan-Jahrzehnts hingegen werden bei Pynchon pikaresker Roman und politischer Roman deckungsgleich.

Ungleich Ruth muß Prairie, um den Ursachen der in ihrem Fall unerwarteten Heimatlosigkeit auf die Spur zu kommen, historische Quellenstudien betreiben, muß sich mit der Geschichte ihrer Mutter Frenesi auseinandersetzen: ihre Flucht wird zu einer Telemachiade, zu einer Suche. Wie alle pikarischen Waisenkinder, so ist auch Prairie, die sich gelegentlich als eine Halbperson empfindet, auf der Suche nach den unbekannten Teilen ihrer Identität, aber in *Vineland*

---

[134] Thomas Schaub, 244.

wandelt Pynchon, wie schon Robinson in *Housekeeping*, das langtradierte Motiv der Vatersuche in das der Muttersuche ab. Gegenüber ihrem Vater Zoyd benennt Prairie die Essenz ihres Halbwaisentums: „'I love you, Dad. But it's incomplete [...]'" (p. 539).[135] Durch ihre historischen Recherchen verliert Prairie ihre ursprüngliche Unschuld[136]; die Figur wird zu einer Reaktualisierung von Herbert Stencil, dem Hauptprotagonisten in Pynchons Erstlingswerk *V.*. Wie für Stencil gerät auch für Prairie die Muttersuche zu einer Zeitreise, zu einem analytischen Bemühen um das Verstehen der Vergangenheit. Und wie in *V.* wächst sich auch in *Vineland* die Mutter zu einer bedrohlichen, angstauslösenden Gestalt aus, wie Prairie in einer plötzlichen Konfrontation mit der geschichtlichen Wahrheit erfahren muß: „'My mom *killed* a guy?' She was shivering, almost with excitement, but mostly with fear" (p. 188). Prairie ist auf der Suche nach „her mother's real face" (p. 262); sie unternimmt „eine karmische Verarbeitungstour zurück zu einem gescheiterten revolutionären Traum."[137] Sie kann sich dabei der empathischen Begleitung durch die LeserInnen des Romans sicher sein, rekonfiguriert sie doch eine traumatische Urerfahrung, eine, so Tom LeClair, „primal experience": „a child away from home too late at night."[138]

Gleichwohl gilt aber auch, daß Prairie, als eine prototypische Vertreterin der 80er Jahre, über bemerkenswerte Defizite verfügt. Sie ist z.B. immer auch die durch die Omnipräsenz der ideologisch fragwürdigen (wenn nicht anrüchigen) TV-Programme erfolgreich Indoktrinierte. So sehr auch Prairie die entscheidende Hoffnungsträgerin des Romans ist, die Botschaften seichter Familienserien saugt sie kritiklos in sich auf, erweist sich als geradezu mesmerisiert von den Glückseligkeitsversprechungen der Unterhaltungsindustrie. Entlarvend etwa sind so ihre Phantasien von einer intakten Familien-

---

[135] Zu Prairies authentischen Liebesgefühlen für ihren Vater cf. p. 40: „she felt some unaccustomed bloom of tenderness for this scroungy, usually slow-witted fringe element she'd been assigned, on this planet, for a father."
[136] Cf. p. 102, wo Prairies Augen (aus der Perspektive DLs) als „filled with innocence" beschrieben werden.
[137] Martin Klepper, p. 229.
[138] Tom LeClair, *The Art of Excess: Mastery in Contemporary American Fiction* (Urbana: University of Illinois Press, 1989), p. 57.

struktur; sie träumt von einer nie erfahrenen Komplettheit, will Bestandteil einer intakten „family in a family car" sein, „with no problems that couldn't be solved in half an hour of wisecracks and commercials, on their way to a fun weekend at some beach" (p. 191). Prairie verzehrt sich geradezu in der Sehnsucht, eins zu werden mit den Wonne ausstrahlenden Familien der Werbespots:

> On the Tube she saw them all the time, these junior-high gymnasts in leotards, teenagers in sitcoms, girls in commercials learning from their moms about how to cook and dress and deal with their dads, all these remote and well-off little cookies going „Mm! this rilly *is* good!" or the ever-reliable „Thanks, Mom," Prairie feeling each time this mixture of annoyance and familiarity, knowing like exiled royalty that that's who she was supposed to be [...]. (p. 327)

Prairies harmoniesüchtigen Familienphantasien reproduzieren somit letztlich nur, was M. Keith Booker als „the officially packaged American dream"[139] bezeichnet.

Pynchons Vineland: „a sacred place"?

Pynchons pikarische Figuren in Vineland sind keine begnadeten Wortkünstler wie Daniel Quinn oder Marco Stanley Fogg; sie sind Durchschnittsmenschen, durchschnittlich auch in ihrer sprachlichen Kompetenz. Im Gegensatz zu *V.*, *The Crying of Lot 49* und *Gravity's Rainbow* verzichtet der Roman beinahe vollständig auf Anspielungen auf kanonisierte Werke der Weltliteratur, d.h. auf ein Stilmittel, das entscheidend dazu beigetragen hat, Pynchons Reputation als „amerikanischer James Joyce" mitzubegründen. Statt dessen spielt Vineland aufdringlich und monoton auf Kinofilme und Fernsehserien von minderer Qualität an. David Cowart befindet: „the density of reference to the ephemera of popular culture is almost numbing."[140] Entsprechend beschreibt Judith Chambers das sprachliche Ausdrucksvermögen der Figuren als „flat, fallen, and painfully

---

[139] M. Keith Booker, „*Vineland* and Dystopian Fiction," 31.
[140] David Cowart, 71.

diminished"[141], beschränkt auf das, was Bernd Klähn „den kommerzverseuchten Alltagsjargon der Amerikaner"[142] nennt. In einem mimetischen, nahezu minimalistischen[143] Stil imitiert Pynchon in *Vineland* bewußt die banale Oberflächlichkeit, den Hyperprimitivismus des amerikanischen Massengeschmacks der 80er Jahre. Auch bei Prairie Wheeler beschränkt sich die kulturelle Kompetenz auf eine intime Kenntnis der Produkte der Fernsehwelt. Die Welt der Soap Operas und Werbespots definiert und begrenzt ihren Humor, ihre moralischen Vorstellungen, ihr bildliches Vorstellungsvermögen und ihre analytischen Fähigkeiten. Pynchon erreicht durch die zahlreichen Anspielungen auf die Zeugnisse der Unterhaltungsindustrie den Effekt eines kalkulierten Overkills; das Fernsehen erscheint als eine „colonizing force, annexing territorial, domestic, and, ultimately, mental space."[144]

Mit dem Thema des Fernsehens als eines Instruments der Indoktrination und der Überwachung rekurriert Pynchon abermals auf Orwells *1984*. Eine der Nebenfiguren des Romans, Hector Zuniga, macht den Bezug explizit: „Could it be that some silly-ass nationalemergency exercise was finally coming true? As if the Tube were suddenly to stop showing pictures and instead announce, 'from now on, I'm watching you [...]'" (p. 340). Der Roman enthält zum Teil bizarr-absonderliche Dialoge über die „Natur" des Fernsehens: „Is the Tube human? Semihuman? [...] Are TV sets brought alive by broadcast signals, like the clay bodies of men and women animated by the spirit of God's love?" (p. 348). Omnipräsent und omnipotent wie Gott setzt das Fernsehen, in der Wahrnehmung der nach ihm Süchtigen, herkömmliche Gesetze des zeitlichen Nacheinanders außer Kraft, ebnet es diachrone Abfolgen synchron ein.

Diese künstlich vermittelte, simulierte Zeitlosigkeit der Fernsehwelt freilich steht im Kontrast zu der während der 60er Jahre als authentisch empfundenen Zeitlosigkeit der „high-riding days of

---

[141] Judith Chambers, p. 186.
[142] Bernd Klähn, „Chaotische Kryptolalie: Über Physik, Literatur und fraktale Erzählformen bei Pynchon und bei Glynn," *Schreibheft: Zeitschrift für Literatur*, 35 (Mai 1990), 111.
[143] Cf. Judith Chambers, p. 185.
[144] Paul Maltby, p. 177.

eternal youth" (p. 309). Die Nebenfigur Mucho Maas stellt im Roman einen expliziten Bezug zwischen diesem Empfinden der Zeitlosigkeit und der Artikulation von politischem Protest her:

> They [Zoyd and Mucho] had a look. „Uh-huh, me too. [I knew then] That you were never going to die. Ha! No wonder the State panicked. How are they supposed to control a population that knows it'll never die? When that was always their last big chip, when they thought they had the power of life and death. But acid gave us the X-ray vision to see through that one, so of course they had to take it away from us."
> „Yeah, but they can't take what happened, what we found out."
> „Easy. They just let us forget. Give us too much to process, fill up every minute, keep us distracted, it's what the Tube is for, and though it kills me to say it, it's what rock and roll is becoming – just another way to claim our attention, so that beautiful certainty we had starts to fade, and after a while they have us convinced all over again that we are really going to die. And they've got us again." (p. 314)

Die gesellschaftssprengende Kraft der Drogen der Gegenkultur wird durch die Unsterblichkeitsphantasien definiert, die sie zu vermitteln vermögen; der Zusammenhang zwischen Drogen- und Protestkultur ist in *Vineland* evident. Reagans Kreuzzug gegen Drogenmißbrauch, der mit Erfolg zu einem innenpolitischen Thema von höchster Priorität lanciert wurde, wollte auch politische Widerstandszellen der US-Gesellschaft treffen und besiegen; *Vineland* wird in diesem Sinne, so Paul Maltby, zu einem Beispiel für „endo-colonization", für „'Vietnam here.'"[145] David Cowart äußert sich verwundert über „Pynchon's somewhat disturbing refusal to depict drugs in a negative light [...]."[146] Tatsächlich aber gehören Drogen in Pynchons Roman, wie Joseph W. Slade klarstellt, in das „symbolic baggage of the outlaw", sie sind „badges of difference in an establishment dominated by yuppies, nonsmokers, Republicans, and other control fetishists."[147]

---

[145] Paul Maltby, p. 175.
[146] David Cowart, 74.
[147] Joseph W. Slade, „Communication, Group Theory, and Perception in *Vineland*," *Critique*, 32 (1990), 135.

Pynchon allerdings besteht mit Nachdruck auf der während der 60er Jahre üblichen Differenzierung zwischen systemstabilisierenden Suchtmitteln, zu denen Pynchons Erzähler auch das Fernsehen zählt, und systemdestabilisierenden Rauschmitteln wie Marihuana und LSD: „Die Assoziation mit den Kulturpraktiken unterdrückter Völker – 'Indianern', Mexikanern, Asiaten – verlieh den *counterculture*-Drogen eine zusätzliche, antihegemoniale Aura [...]."[148] Eine durch Drogenkonsum beeinflußte Wirklichkeitssicht kann freilich verschiedene Ausformungen annehmen. Sie kann (wie im Falle Zoyd Wheelers) zu Unsterblichkeitsphantasien führen und somit Zyklik und Kontinuität akzentuieren. Sie kann aber auch (wie im Falle einzelner Nebenfiguren) eine paranoid-apokalyptische Weltdeutung befördern.

Wie in *World's End* und *Don Quixote*, verborgener auch in *Quinn's Book* und in *A Prayer for Owen Meany*, kommt es in gleicher Weise in *Vineland* vordergründig zu einem Konflikt zwischen zwei verschiedenen Zeitmodellen, zwischen einer apokalyptischen und einer zyklischen Geschichtsdeutung. Das Geschichtsbild in *Gravity's Rainbow* ist ganz unstrittig ein entropisch-apokalyptisches[149]; und auch in dem Nachfolgeroman finden sich Spuren einer entropisch-apokalyptischen Bewertung historischer Abläufe. Die älteren Mitglieder des Traverse-Becker-Clans „could be heard arguing the perennial question of whether the United States still lingered in a prefascist twilight, or whether that darkness had fallen long stupefied years ago" (p. 371), und sogar die Mitglieder der rebellischen 68er-Generation werden von Weltuntergangsstimmungen heimgesucht. Nach dem Zusammenbruch der „People's Republic of Rock and Roll" vermerkt der Erzähler: „To the 24fps crew it felt like the day after

---

[148] Ingrid Kerkhoff, „Das Ethos der *Sixties* rekonstruieren .....," *Gulliver*, 21 (1987), 9.

[149] Doch sogar für *Gravity's Rainbow* gilt, daß das entropische Geschichtsmodell nicht gänzlich unrelativiert bleibt; cf. Joseph C. Schöpp, „Thomas Pynchons *Die Enden der Parabel* oder: Von der Dichtung als Aufschub des Endes (1973)," in: Gunter E. Grimm et al. (eds.), *Apokalypse: Weltuntergangsvisionen in der Literatur des 20. Jahrhunderts* (Frankfurt: Suhrkamp, 1986), p. 140: ‚'die Brüderlichkeit unmittelbarer Beziehungen' wird in *Gravity's Rainbow* zu einem nicht zu unterschätzenden anti-entropischen Faktor [...]."

the end of the world" (p. 247). Und nicht von ungefähr kommt es, daß verschiedene Figuren des Romans, darunter DL, ihre Angst vor „the last roundup" artikulieren: „The day they'd come and break into your house and put everybody in prison camps" (p. 264).

Die Geschichte kam aber nicht zum Stillstand, auch nicht die Geschichte des subversiven Widerstands, auch nicht zu einer Zeit, da ein Präsident die Vereinigten Staaten regierte, der seine geschichtliche Mission in der radikalen Vernichtung alles Abweichlerischen, alles „Un-Amerikanischen" gesehen hatte. *Vineland* argumentiert daher nicht für ein apokalyptisches, sondern für ein zyklisches Geschichts- und Weltdeutungsmuster. Der Roman entwirft zwar, wie *V.* und *Gravity's Rainbow*, „ein höchst eigenwilliges, oft häßliches großes Welttheater ohne Weltenrichter"[150], aber Christopher Lehmann-Haupt hat recht, wenn er befindet: „the apocalyptic horror of *V*[.] and *Gravity's Rainbow* is missing from *Vineland*."[151] Die zum Teil apokalyptischen und zum Teil paranoiden Weltdeutungsmuster einzelner Figuren werden in *Vineland* letztlich durch die übergreifende pikareske Gesamtstruktur des Romans falsifiziert.

Zwar ist die Liste der bösen Anti-Mächte der Geschichte, die die älteren Mitglieder der Becker-Traverse-Familie erstellen, beeindruckend lang – „Hitler, Roosevelt, Kennedy, Nixon, Hoover, Mafia, CIA, Reagan, Kissinger" (p. 372) –, aber die Tatsache, daß sie gegenwärtige Fehlentwicklungen primär als Wiederkehr des Vergangenen interpretieren, hat auch tröstliche Implikationen. Zugegeben: die amerikanische Linke wurde und wird immer wieder durch einen „misoneistic backlash" (p. 273) leidgeprüft (Brock Vond, p. 273, definiert, unter Berufung auf Lombroso, „misoneism" als „hatred of anything new"), doch ebenso hartnäckig ist die Sehnsucht nach einem anderen, alternativen Amerika nicht totzukriegen. „[B]etrayal, destructiveness, cowardice, and lying" (p. 81) kennzeichnen die McCarthy-Ära ebenso wie die Ägiden Nixons oder Reagans, doch die zyklische Wiederkehr, ein wichtiges Merkmal pikaresker Geschichtskonzeption, schafft auch immer wieder die Voraussetzungen für Bewältigung und Bewährung. Für *Gravity's*

---

[150] Joseph C. Schöpp, „Thomas Pynchons *Die Enden der Parabel* [...]," p. 145.
[151] Christopher Lehmann-Haupt, C21.

Rainbow gilt, daß „die Sozialutopie in eine gesellschaftliche Entropie umkippt"[152]. *Vineland* aber beschreibt eine gegenteilige Entwicklung: die Entropie kippt um in eine Sozialutopie.

Den Endpunkt einer solchen Entwicklung, die ohne Einschränkungen idealisierte Idylle, erreicht der Roman jedoch zu keinem Zeitpunkt der Handlung. Pynchon stattet „sein" Vineland zwar zunächst mit den Attributen einer einer außerentropischen, arkadischen, mythisch-utopischen Enklave aus, um es danach allerdings um so nachdrücklicher als eine fragwürdige, ja infizierte Idylle zu demaskieren. Bevor die Techniken dieser Demontage einer Analyse unterzogen werden können, steht aber zunächst an, das Augenmerk darauf zu richten, mit welchen Mitteln es Pynchon gelingt, Vineland in den ersten beiden Romandritteln als eine alternative, realutopische Region zu entwerfen.

Obgleich Pynchons Version von *1984* Zeit als eine zentrale Metapher wählt, ist *Vineland* jedoch vor allem ein Roman des Raums. In *Vineland* wird die zeitgenössische Pikareske zu einem Raumroman. Merkwürdiges passiert in *Vineland*: ganz plötzlich stellt der Leser fest, daß fast alle Menschen unterwegs sind, daß aber eigentlich keine der (pikarischen) Zentralgestalten des Romans – Zoyd, Prairie, DL, Frenesi – über einen geographisch fixierbaren Ausgangspunkt verfügt bzw. irgendeine lokalisierbare Form von Heimat kennt. Der geographische Raum, die Straße insbesondere, wird zum Zufluchtsort der notgedrungen hypermobilen (weil verfolgten) Existenzen. Authentisches „ver-ortetes" Leben ist im Amerika der Reagan-Zeit für die Protagonistinnen und Protagonisten des Romans kaum zu führen. Aber es gibt einen Fluchtpunkt ihrer hektisch-nervösen Bewegungen im Raum: Vineland.

Für Zoyd Wheeler ist Vineland die einzig denkbare Zufluchtsstätte, die wahre Herberge bietet, für Zoyd und Prairie ist der Landstrich an der nördlichen kalifornischen Küste, was er seit jeher gewesen ist: ‚'A Harbor of Refuge,' as the 1851 survey map called it" (p. 316). Voll sentimentaler Zuversicht fährt Zoyd nach Vineland, einem „sanctuary for folks on the run" (p. 306), ein. Zoyds Ziel macht der Erzähler explizit: „to harbor in Vineland, Vineland the

---

[152] Joseph C. Schöpp, „Thomas Pynchons *Die Enden der Parabel* [...]," p. 135.

Good" (p. 322). Wie schon die früheren Romane Pynchons, so thematisiert auch *Vineland* (bereits schon im Titel) die „Suche nach einem gegen- oder außerentropischen Ort [...]."[153] Die Wheelers hoffen einen solchen Ort in Vineland, Kalifornien, „the New World's newest New World"[154], zu finden. Dieses „Land", eine „fiktive Enklave für den jeweils aktuellen Ausstoß an unliebsamen Elementen und gegenkulturellen Gruppenbildungen"[155], ist eine hintersinnige Erdichtung Pynchons. Zwar gibt es in den U.S.A. drei Orte namens Vineland; einer davon ist an der Ostküste des Landes im Staate New Jersey gelegen.[156] Pynchon jedoch ersinnt, auf identischem Breitengrad, eine an der Westküste lokalisierte alternative Region, die wahrhaft den Heimatlosen und Entrechteten Schutz bietet[157], eine Heimstatt für alle Pikaros und Pikaras, für alle sozialen und politischen Rand- und Grenzgänger der Neuen Welt. Das von keiner Kartographie erfaßte Gebiet, ein *„locus amoenus* der Gegenkultur"[158], beschwört anfangs eine Parallelwelt, in der verwirklicht wurde, was einstmals den Kern dessen ausgemacht hat, was sich die fortschrittlichen Intellektuellen der Alten Welt von dem soziokulturellen Projekt Amerika versprochen hatten: die Utopie einer gerechteren, egalitären Gesellschaft. In einer kongenialen Interpretation des Titels bzw. des Haupthandlungsschauplatzes des Romans schreibt Edward Mendelson:

> *Vineland*'s sacramental geography is a vision of a sacred place [...]. The visionary Vineland occupies the real geography of the

---

[153] Winfried Fluck, „Literarische Postmoderne und Poststrukturalismus: Thomas Pynchon," in: Klaus W. Hempfer (ed.), *Poststrukturalismus – Dekonstruktion – Postmoderne* (Stuttgart: Steiner, 1992), p. 38.
[154] Elaine B. Safer, 110.
[155] Annette Brockhoff, 203.
[156] Die beiden anderen befinden sich in den Bundesstaaten Florida und Michigan.
[157] Cf. die Schlußzeilen des auf der Freiheitsstatue, „Mother of Exiles", eingravierten Gedichts von Emma Lazarus:"'Give me your tired, your poor, / Your huddled masses yearning to breathe free, / The wretched refuse of your teeming shore. / Send these, the homeless, the tempest-tost to me, / I lift my lamp beside the golden door!'" Cf. *The World Almanac and Book of Facts 1996*, p. 529.
[158] Paul Ingendaay, „Der Hippie wird sich selbst zum Rätsel: Thomas Pynchons Roman *Vineland*," *Frankfurter Allgemeine Zeitung* (30.3.1993), L5.

California coast from Crescent City to Eureka and the redwood forests nearby. But its name hints that it is an epiphany of that thousand-year-old alternate America founded by Norse sailors, who, unlike the sailors who founded the America we live in never conquered the land or usurped its indigenous people.[159]

Pynchon wählt damit zum Titel seines Erzählwerks, wovon sich auch die anderen pikaresken Romanciers der Dekade, Kennedy, Auster, Boyle, Irving und Acker, fasziniert zeigen, nämlich die unbelastete und unverbrauchte Utopie einer anderen Neuen Welt, in der nicht Habsucht und Imperialismus, sondern Sanftmut und Harmoniestreben zu Hause sind. Die Landschaft zitiert ein verlorenes Eden: „the primary sea coast, forest, riverbanks and bay were still not much different from what early visitors in Spanish and Russian ships had seen" (p. 317). Die Region der Redwoodwälder nördlich von San Francisco vermittelt im Roman den Eindruck, ein Arkadien vor dem Sündenfall zu sein; ihr kommt eine archetypische Bedeutung zu.

Was Wilhelm Voßkamp zu dem Staatsroman *Utopia* von Thomas Morus festhält, hat nicht minder Gültigkeit für Pyncons Vineland. In beiden Texten geht es nämlich (zunächst) um „das Durchbrechen topografischer Erwartungen und die Möglichkeit, den „Nicht-Ort" (Utopia) auch als „Glücksort" (Eutopia) zu interpretieren […]."[160] Vineland ist die literarische Umsetzung des linksalternativen Traums der späten 60er Jahre, der gleichzeitig Zukunft verspricht und Erinnerung konserviert. Andrew Gordon ruft die gemeinsame Studienzeit mit Pynchon an der University of California in Berkeley ins Gedächtnis: „Berkeley was our Vineland, a dream of a perfect new world. The time was ripe, America was ours, and we were going to change the world: Paradise Now or Apocalypse Now."[161] In

---

[159] Edward Mendelson, „Levity's Rainbow," 44.
[160] Wilhelm Voßkamp, „Literaturgeschichte als Funktionsgeschichte der Literatur: (Am Beispiel der frühneuzeitlichen Utopie)," in: Thomas Cramer (ed.), *Literatur und Sprache im historischen Prozeß: Vorträge des Deutschen Germanistentages Aachen 1982: Band 1: Literatur* (Tübingen: Niemeyer, 1983), p. 37.
[161] Andrew Gordon, "Smoking Dope with Thomas Pynchon: A Sixties Memoir," in: Geoffrey Green et al. (eds.), *The Vineland Papers: Critical Takes on Pynchon's Novel* (Norman: Dalkey Archive Press, 1994), p. 167.

Gravity's Rainbow imaginiert Pynchon die Apokalypse, in *Vineland* phantasiert er sich ein Paradies, einen halbmythischen Raum jenseits der staatlichen Kontrolle und der persönlichkeitsbedrohenden Manipulation. „Amerika" kann und darf eine solche Utopie angesichts realgeschichtlicher Fehlentwicklungen nicht mehr heißen; zynisch spricht Pynchons Erzähler von dem „State law-enforcement apparatus, which was calling itself 'America,' although somebody must have known better" (p. 354). So wird auch im Roman bewußt mit der Doppelbedeutung des Eigennamens „Columbus" als gleichzeitiger Bezeichnung eines geographischen Ortes und einer historischen Persönlichkeit gespielt, wenn es heißt: „Columbus must have promised a life that some residual self, somewhere in the stifling dark, had wanted always" (p. 133). Aber als DL sich nach der Auflösung des Filmkollektivs 24fps nach Columbus, Ohio, zurückzieht, findet sie dort nicht die Verheißungen eines Gelobten Landes, sondern eine verbrauchte, hinfällige, seelenlose Stadt vor.

Indem Pynchon Vineland zunächst mit paradiesischen Zügen versieht, erhält der Erzählstrang um Frenesi und Brock Vond zugleich eine zusätzliche, eine allegorische Dimension. Vond erscheint als ein mephistophelischer satanischer Verführer, Frenesi wird zu einer Reinkarnation der amerikanischen Eva: Frenesi „falls in love with the Prince of Darkness."[162] So wie gelegentlich Pikaro-Figuren der amerikanischen Literatur durch „adamische" Züge gekennzeichnet sein können (Arthur Mervyn, Huckleberry Finn, Holden Caulfield), so kann auch eine Pikara-Figur zur Nacherzählung des Scheiterns des amerikanischen Traums von nationaler Unschuld und Neubeginn genutzt werden. *Vineland* offeriert in diesem Sinne, so Terrence Rafferty, „a new version of the oldest story in the world – the original sin and the exile from Paradise."[163] Frenesi, in ihrem Namen entdeckt Salman Rushdie eine anagrammatische Verbindung von „free" und „sin"[164], wird zu einer Figur von mythischer Dimension, wenn sie sich für Sexualität und für das Wissen um die Funktions-

---

[162] Terrence Rafferty, 109.
[163] Terrence Rafferty, ibid.
[164] Salman Rushdie, 36. Der Name ist freilich auch lautlich suggestiv und könnte als eine orthographisch originelle Repräsentation des Slogans „Free 'n' easy" gedeutet werden.

mechanismen der Macht entscheidet. Als eine Erkenntnis verheißende Lichtgestalt wächst die Figur allerdings auch ins Monströse, wie Prairie während ihrer Rezeption des Filmmaterials zu dem Mord an Weed Atman feststellen muß:

> Her mom, in front of her own eyes, had stood with a 1,000-watt Mickey-Mole spot on the dead body of a man who had loved her, and the man who'd just killed him, and the gun she'd brought him to do it with. Stood there like the Statue of Liberty, bringer of light, as if it were part of some contract to illuminate, instead of conceal, the deed. With all the footage of Frenesi she'd seen, all the other shots that had come by way of her eye and body, this hard frightening light, this white outpouring, had shown the girl most accurately, lest mercifully, her mother's real face. (p. 261f.)

Nach Rosita Becke und Dirk Vanderbeke ist „der Sündenfall Frenesis [...] sicherlich auch der immer wieder neu vollzogene Sündenfall Amerikas, bei dem die ursprünglichen Ideale zugunsten fragwürdiger Formen von Gesetz und Ordnung verraten werden."[165] Frenesi zahlt ihn mit Ruhelosigkeit und innerem Unfrieden: „the past was on her case forever, the zombie at her back, the enemy no one wanted to see, a mouth wide and dark as the grave" (p. 71).

Das letzte Viertel des Romans thematisiert die Frage, ob es eine Rückkehr in den edenischen Garten geben kann, ob sich, nach dem Sturz in den Stand der Erfahrung, eine höhere Form der Unschuld gewinnen läßt. Definitive Antworten auf mythische Urfragen können pikareske Erzählformen aufgrund der ihnen eigenen thematischen und strukturellen Offenheit allerdings nicht anbieten. Sich seinem Ende nähernd, verbreitet *Vineland* nichtsdestoweniger vordergründig auf eine doppelte Weise eine optimistische Grundstimmung: durch die Schilderung des Familienfestes des Traverse-Becker-Clans und durch das Schlußtableau, mit dem der letzte Absatz des Romans endet.

---

[165] Rosita Becke und Dirk Vanderbeke, 223.

„This time *we* win"? Die Schlußproblematik in *Vineland*

Das Fest der altlinken Familien der Beckers und Traverses findet auch 1984 – wie in jedem Jahr – in der symbolträchtigen Naturlandschaft von Vineland statt: „Pynchon's setting is a representation of the American land; and he refuses to surrender the myth of American promise, which he seems to construe in terms of some continuing, provisional validity of a leftist political alternative to contemporaneous conservatism."[166] Pynchon faßt im Bild des Familienfestes die lange Tradition der amerikanischen Gegenkultur in einem Privatidyll zusammen und beschwört so eine generationenübergreifende Schicksals-, Solidar- und Widerstands-Gemeinschaft, von der zunächst hoffnungsvolle Signale einer gegenentropischen Kraft ausgehen.[167] Auch für *Vineland* gilt, was Peter Freese als ein Kennzeichen vieler vermeintlich kulturpessimistisch-apokalyptischer Romane der amerikanischen Gegenwartsliteratur ausmacht: „hope can be wrested from despair [...]."[168] So wie DL an einem Punkt ihrer Biographie die Besitztumsrechte an ihrem Körper zurückfordert, so klagt der Becker-Traverse-Clan am Ende des Romans die Verfügungsrechte am politischen Körper der Nation ein. In der Form eines alljährlichen Rituals wird im Verlauf des Festes auf die literarisch-philosophische Tradition der Vereinigten Staaten rekurriert, werden Emerson und William James rezitiert. In *Vineland* sind, gemäß der Formulierung eines Bonmots Adornos, die „kulturell Enterbten [...] die eigentlichen Erben der Kultur."[169]

Im letzten Romanviertel verschiebt so Pynchon den Akzent des Erzählinteresses von der nationalen Familie, einem ideologischen Konstrukt der politischen Rechten, auf die Darstellung einer privaten Kernfamilie. Diese Akzentverschiebung kommt keineswegs völlig

---

[166] David Cowart, 73.
[167] Die Festszenen des Romans lassen sich auch als eine Parodie auf die neutestamentarische Abendmahlsszene lesen: genau 12 Männer (p. 368: „a dozen of them [Traverse and Becker men]") übernehmen während des Festes die Grilltätigkeiten.
[168] Peter Freese, „Surviving the End: Apocalypse, Evolution, and Entropy in Bernard Malamud, Kurt Vonnegut, and Thomas Pynchon," *Critique*, 34 (1995), 175.
[169] Theodor W. Adorno, p. 195.

überraschend: schon das vorausgegangene Handlungsgeschehen um Sasha, Zoyd und Prairie entwirft, so N. Katherine Hayles, „networks of family and friends that connect generations and overcome isolation"[170], und auch Pynchons Widmung seines Romans, „*For my mother and father*", gibt bereits einen Hinweis auf die verbindende und sinnstiftende Kraft familiärer Zugehörigkeit. Indem Pynchon in *Vineland* die alternative Tradition Amerikas an Sasha Gates, geb. Becker, anbindet und damit primär als eine matriarchalische konzipiert, stellt er sein Familienmodell allerdings in Kontrast zu dem Konstrukt Brock Vonds, in dem Familie vorrangig autoritäre Herrschaft, Unterwerfung und patriarchalische Kontrolle symbolisiert.

Der Schutzumschlag der amerikanischen Hardcover-Ausgabe sowie die Titelseite der Paperback-Ausgabe des Romans zeigen ein Bild der Verwüstung, nämlich die Schwarz-Weiß-Photographie einer in ihrer Kargheit unheimlichen, zerstörten kalifornischen Waldlandschaft. Rauch steigt über den wenigen noch heilen Bäumen auf. Die Photographie zitiert eine apokalyptische Grundstimmung und löst Gefühle der Beklemmung aus. Judith Chambers interpretiert: „This image of devastation, which cannot help but recall the announcement in *Gravity's Rainbow* that 'it is too late' [...], suggests that this latest novel could itself be [...] yet another powerful warning, three parts apocalypse, one part hope."[171] Für den Roman *V.* von 1963 gilt eine Analyse Tonny Tanners: „Apocalypse does not *guarantee* Pentecost, and the 'revelations' of an apocalypse may be more horrifying than anything yet seen."[172]

In *Vineland* aber werden auf eine offenkundige Weise die Gesetzmäßigkeiten eines linear-apokalyptischen Geschichtsverlaufs außer Kraft gesetzt. Der böse Zauber, der sich über das Land gelegt hatte, böse Magier wie Brock Vond oder Ronald Reagan, scheinen besiegt oder zumindest besiegbar; Terrence Rafferty findet in dem Romanschluß die Botschaft, „that the pitiless reactionary winter that has been our weather for the last decade and a half might be nearing

---

[170] N. Katherine Hayles, 78.
[171] Judith Chambers, p. 184.
[172] Tony Tanner, p. 54.

its end."¹⁷³ Das Romanende vermittelt auf den ersten Blick, der freilich, wie noch zu zeigen sein wird, nach genauerer Lektüre einer Revision bedarf, nicht nur bescheiden den Eindruck, daß „der Gegenkultur eine Verschnaufpause"¹⁷⁴ vergönnt wird, sondern sogar so etwas wie Siegeszuversicht: „this time *we* win."¹⁷⁵ Selbst das Wüten der Besatzungsarmeen von Brock Vond ist DL Anlaß für eine letztlich zukunftszuversichtliche Interpretation des Handelns und der Motive der bundesstaatlichen Organe: „they know they've already lost, why, they'll just go try and destroy as much as they can anyway, till it's over" (p. 265). Mit dem Familienfest der Beckers und Traverses, mit einem Lobpreis auf Kontinuität, Solidarität und geographische wie spirituelle Heimat, setzt der Roman erzähltechnisch um, was The Mammas and the Pappas Ende der 60er Jahre musikalisch beschworen hatten: „California Dreamin'."¹⁷⁶

Vineland artikuliert die Suche und die Sehnsucht nach einer idyllischen Enklave, keineswegs aber schildert der Roman die faktische Existenz eines gegenentropischen Ortes. Denn eine genaue Lektüre offenbart, daß Pynchons Pikareske mitnichten bar jeglicher Ambivalenz eine konkrete Utopie zur Darstellung bringt, sondern eine infizierte Idylle. So lassen sich z.B. Zweifel an der Ernsthaftigkeit und an der Plausibilität der vordergründig optimistisch-beschwingten Stimmung des Schlußteils kaum unterdrücken. Der Traverse-Becker-Clan z.B. ist, wie nicht nur Sashas und Frenesis Uniformfetischismus deutlich machen, unverkennbar „ein Stammeszusammenhang, der selbst wieder neurotische Züge trägt [...]."¹⁷⁷ Strukturell, in der Konsequenz des breit ausgestalteten Motivs der Muttersuche etwa, verlangt der Roman nach einem harmonischen Ende, nach Wiederbegegnungsszenen der Aussöhnung und der Konfliktlösung. Tatsächlich aber bietet die Begegnungsszene zwischen Frenesi und Prairie während der Familienfeierlichkeiten eine kalkulierte Antiklimax. Prairie zeigt sich, am Ziel ihrer Suche angelangt, enttäuscht: „Outside the trailer with Sasha was a woman about forty,

---

[173] Terrence Rafferty, 108.
[174] Rosita Becke und Dirk Vanderbeke, 225.
[175] Terrence Rafferty, 110.
[176] Cf. James R. Thompson, p. 198: *Vineland* „ends up 'California Dreamin.'"
[177] Rosita Becke und Dirk Vanderbeke, 223.

who had been a girl in a movie, and behind its cameras and lights, heavier than Prairie expected, sun damage in her face here and there, hair much shorter and to the cognizant eye drastically in need of styling mousse" (p. 367).

Es kommt zwar zu einer Wiederbegnung mit der Mutter, Tochter und ehemaligen Gattin, aber diese Begegnungen fallen dermaßen tangential, akzidentiell, oberflächlich und mitunter auch banal aus, daß sie zwangsläufig einen schalen Beigeschmack hinterlassen. Prairie, „wandering around gaga" (p. 362), singt zur Begrüßung, dem nervösen Drängeln der Großmutter nachgebend, die Erkennungsmelodie aus der TV-Serie „Gilligan's Island"; Sasha nutzt das erste Treffen nach eineinhalb Jahrzehnten zu einem Tanz – „they jitterbugged" (p. 362) – mit der Tochter Frenesi[178]; Zoyd gelingt es eher, einen Kontakt mit Frenesis zweitem Ehemann Flash als mit Frenesi herzustellen. Und selbst als es zu einem Gespräch zwischen Prairie und Frenesi kommt, aus dem dem Leser noch nicht einmal kleinste Dialogfetzen mitgeteilt werden, bewertet der Erzähler die Anstrengungen Prairies vieldeutig: „The girl followed them [Sasha and Frenesi] to a beer and soda cooler beneath an oak tree, where they would sit and hang on for hours, spinning and catching strands of memory, perilously reconnecting" (p. 368).

Prairies gefährliches Wiederanknüpfen an das mütterliche und großmütterliche Erbe zeitigt zudem Folgen. In einem letzten Versuch, doch noch den Sieg davonzutragen, versucht Brock Vond, Prairie zu kidnappen. Er seilt sich aus einem Hubschrauber herab und erklärt der von ihm Verfolgten, die ihm mit einem Hirschmesser Gegenwehr androht: „'But Prairie, I'm your father. Not Wheeler – me. Your real Dad [...]'" (p. 376). Prairie schenkt dem Verführer keinen Glauben und wird in der unmittelbaren Folge durch einen die Gesetze der Plausibilität verspottenden Bühnentrick gerettet. In einer

---

[178] Joseph W. Slade findet in dieser Szene keinerlei Hinweise auf eine parodistische, auktoriale Distanzierung; nach Slade, 131, ist in *Vineland* „music and dance [...] for Pynchon [...] the sovereign form of communication for radicals [...]." Nach Stuart Miller zählt das „dance pattern" zu einem prominenten und über Jahrhunderte hinweg konstanten Strukturierungsmittel von pikaresken Erzählwerken; cf. *The Picaresque Novel* (Cleveland: The Press of Case Western Reserve University, 1967), 15f.

grotesk-bizarren Szene wird Vond gegen seinen Willen in den Hubschrauber zurückgezogen: im Zuge der Haushaltskürzungen 1984 hatte Reagan die Gelder für die Aktion „REX 84" gestrichen und seine Einsatztruppen abrupt zurückbeordert, „including Brock, his authorizations withdrawn, now being winched back up, protesting all the way, bearings and brake pads loudly shrieking, trying to use his remote but overriden by Roscoe at the main controls" (p. 376).

Es entbehrt vielleicht der textinternen Plausibilität, ganz sicher aber nicht des Witzes, daß so ausgerechnet Reagan in *Vineland* unfreiwillig das Überleben der Gegenkultur garantiert, daß Prairie errettet wird, weil Vond von seinen eigenen Leuten „überwältigt" wird. Im Grunde ridikülisiert und invertiert Pynchon mit dem plötzlichen „Rückzug" Vonds die klassische *deus ex machina*-Lösungsstrategie: der Konflikt wird bereinigt, indem der Bösewicht in die Maschine zurückgeholt wird. Doch die neu gewonnene äußere Harmonie ist darüber hinaus für Prairie die Keimzelle eines inneren Konflikts: im direkten Anschluß an die gescheiterte Kindesraubszene wird der Status Prairies als Hoffnungsträgerin des Romans erneut unvermittelt, wenn auch nicht unvorbereitet, fragwürdig, ihre redemptive Funktion widerrufen. Prairie begehrt plötzlich mit unerwarteter (und unerwartbarer) Heftigkeit den Liebhaber ihrer Mutter. Ihre auf offenem Feld manifestierten Sehnsüchte artikulieren sich als unzweideutige sexuelle Begierde:

> [...] Brock Vond. He had left too suddenly. There should have been more. [...] „You can come back," she whispered, waves of cold sweeping over her, trying to gaze steadily into a night that now at any turn could prove unfaceable. „It's OK, rilly. Come on, come in. I don't care. Take me anyplace you want." (p. 384).

Prairie wird hier zu einer frühreifen Eva-Figur, der es nicht an Verführungsbereitschaft, sondern nur an einer Gelegenheit fehlt.[179] Am

---

[179] Eine Szene unmittelbar vor der Begegnung zwischen Prairie und Brock Vond läßt es zu, Brock als eine satanische Verführerfigur zu deuten, da die entsprechende Textpassage das Erscheinen eines Teufels ankündigt bzw. androht; cf. p. 371: „A Traverse grandmother somewhere was warning children against the October

Ende des Romans hat Prairie damit die Reinheit der Kindheit verloren; sie stürzt in eine Erwachsenenwelt masochistischer, tendenziell inzestuöser Sexualphantasien. Auch Prairie wird – gleich ihrer Mutter – möglicherweise zu einem Menschen, der sich nach Disziplinierung sehnt. Nach Brocks Rückzug empfindet Prairie eine merkwürdige innere Leere. Ohne Zweifel: Am Ende hat auch sie „Brock fantasies" (p. 384f.); sie ist an einem Punkt angelangt, an dem das Böse sie zu faszinieren beginnt[180], an dem sie möglicherweise zur Gefangenen eines fatalen Kreislaufes generationenübergreifender Wiederholung wird. Ganz im Sinne älterer und ältester Liebesliteratur, wie sie von Fritsch-Rößler analysiert wird, steht auch Prairies „Selbstbewußtwerdung in multiplem Zusammenhang zum Vergessen resp. Erinnern"; und ganz in der Tradition antiker Freundschafts- und Liebestheorie leistet auch Pynchons Romanende in *Vineland* „eine kausallogische Verknüpfung von Rede [...], Liebe, Sehnsucht und Erinnerung."[181] Wenige Zeilen vor dem Ende des Romans ist somit urplötzlich wieder vieles offen: „Vond does not return. One day, some version of him will."[182]

Es ist letztlich völlig ungeklärt, ob Prairie die Fehler ihrer Mutter wiederholen, ob ihr Leben zu einer Reduplikation der Biographie ihrer Mutter wird, oder ob sie – konfrontiert mit „dem Problem der Fremdbestimmtheit vs. Eigenbestimmtheit [...], welches gerade in der Liebe virulent wird"[183] – dem Kreislauf des Verrats zu entrinnen vermag. Ein internalisierter Brock Vond mag schwerer zu besiegen sein als ein äußerer Feind. Es bleibt unentschieden, ob sich Prairie Frenesi oder DL zu ihrem Vorbild wählen wird. In jedem Falle gilt, daß der neue Optimismus, den das kultische Familienfest zunächst atmosphärisch zu vermitteln trachtet, als ein vordergründiger enttarnt wird. Zudem bleibt der Verdacht, daß es sich bei dem

---

blackberries of this coast, 'They belong to the Devil, any that you eat are his property, and he don't like blackberry thieves – he'll come *after ya.*'"

[180] Für James R. Thompson, p. 202, symbolisiert Prairies sehnsüchtiges Verlangen nach Brock Vond „a death wish at the heart of America's lingering innocence and idealism."

[181] Waltraud Fritsch-Rößler, pp. 121 und 167.

[182] Judith Chambers, p. 204.

[183] Waltraud Fritsch-Rößler, p. 435.

Stammesverband der Beckers und Traverses nur um eine weitere insuläre Daseinsform handeln könnte. Ein unzweideutiges Happy-End leistet sich *Vineland* somit nicht. Viel eher präsentiert der Roman „a deeply problematic concluding note that suggests complicity may be as ingrained and inherent as mortality."[184] Die Offenheit des Romanschlusses fügt sich freilich mustergültig in das dominante Geschichtserklärungsmuster des Gesamtromans ein. Dieses ist nämlich ein paradigmatisch pikareskes: Es artikuliert Fortschrittsskepsis, ohne einsinnig geschichtspessimistische (entropische oder apokalyptische) Entwicklungsprognosen zu stützen.

Wie jeder pikareske Roman, so verweigert sich also auch *Vineland* den Versuchungen der strukturellen Gestaltschließung. Letztlich drängt „the novel's thematic open-endedness [...] its gesture of formal closure"[185] an den Rand. Eine nur oberflächliche Geschlossenheit und Symmetrie suggeriert auch der allerletzte Satz des Romans, der – wie Prairies plötzliches Liebeserwachen – Rätsel aufgibt und in einem ganz ursprünglichen Sinne zunächst provozierend und dann subversiv wirkt. Prairies Geisterbeschwörung bleibt folgenlos, am Morgen wird sie nicht von „'Mad Dog Vond'"[186], sondern von Desmond[187], dem Familienhund der Wheelers, der seit der Okkupation des Wheeler-Hauses durch die Einsatztruppen Brock Vonds vermißt wurde, auf- und heimgesucht. Die beiden letzten Sätze des Romans, zusammen 15 Zeilen lang, schildern die Heimkehr des verlorenen Hundes; der Roman schließt mit einem prekären Idyll:

> The small meadow shimmered in the starlight, and her [Prairie's] promises grew more extravagant as she drifted into the thin layer of waking dreaming, her flirting more obvious – then she'd wake, alert to some step in the woods, some brief bloom of light in the sky, back and forth for a while between Brock fantasies and the silent darkened silver images all around her, before settling down into sleep, sleeping then unvisited till around dawn, with fog still in the

---

[184] Molly Hite, p. 141.
[185] Alan Wilde, 177.
[186] Rosita Becke und Dirk Vanderbeke, 223.
[187] In *Vineland* tragen menschliche Figuren bisweilen Hundenamen (Rex, Hector, eventuell Prairie) und Hunde sehr menschlich klingende Namen.

hollows, deer and cows grazing together in the meadow, sun blinding in the cobwebs on the wet grass, a redtail hawk in an updraft soaring above the ridgeline, Sunday morning about to unfold, when Prairie woke to a warm and persistent tongue all over her face. It was Desmond, none other, the spit and image of his grandmother Chloe, roughened by the miles, face full of blue-jay feathers, smiling out of his eyes, wagging his tail, thinking he must be home. (p. 384f.)

Wie immer man den literaturgeschichtlichen Wert von *Vineland* auch bestimmen mag, es ist jedenfalls nicht in Abrede zu stellen, daß es Pynchon gelungen ist, den umstrittensten Romanschluß in der Romanliteratur der 80er Jahre konzipiert zu haben. Das, so Peter Kock, „'kindisch-verkitschte Tierfilm-Szenario' am Ende"[188] sendet unüberlesbar widersprüchliche Signale aus. Einerseits suggeriert die Sonntagmorgenszene Erneuerung und friedliche Idyllik, das friedfertige Grasen von Wild- neben Weidetieren evoziert paradiesische Assoziationen. Doch Vorsicht ist geboten: „the reader must not be lulled [...] by the fairy-tale conclusion [...]."[189] Denn andererseits halten auch Jagdtrieb und Tod Einzug in ein Landschaftsgemälde, das nur auf den ersten Blick arkadisch wirkt. Die zweite Seite des Romans schildert, wie Desmond – wie üblich – den Kampf mit den Eichelhähern, „bullying, scavenging [...] seagulls of the redwoods" (p. 323), um die Frühstücksflocken in seinem Futternapf verloren hat; der letzte Satz macht deutlich, daß er während seines Überlebenskampfes in den Wäldern Nordkaliforniens offensichtlich gelernt hat, sich zur Wehr zu setzen, indem er seine ihm abtrainierten mörderischen Jagdinstinkte reaktiviert hat. Bereits der erste Satz des Schlußkapitels spielt auf eine Transformation an, die im Schlußsatz als eine abgeschlossene präsentiert wird: Desmond hat eine Entwicklung von einem „house dog" zu einem „field dog" (p. 323) durchlaufen. Ob aber Desmonds Rückbesinnung auf die Ursprünge bzw. seine Rückentwicklung zu einem Mördertier positiv oder negativ zu werten ist, bleibt strittig. Pynchons Schlußzeilen beschwören gleichermaßen

---

[188] Peter Kock, „Einige Bemerkungen zu Thomas Pynchons *Vineland*," *Schreibheft – Zeitschrift für Literatur*, 36 (1993), 174.
[189] Barbara L. Pittman, 49.

eine paradiesische *und* eine gefallene Welt. Alan Wilde nennt zwei Klassiker der amerikanischen Populärkultur als mögliche Quellen für Pynchons Romanende: den Spielfilm *Lassie Come Home* (1943) und L. Frank Baums Kinderbuch *The Wonderful Wizard of Oz* von 1900 (berühmteste und einflußreichste Verfilmung: 1939). Doch jede oberflächliche Parallelisierung trügt: Lassie[190] und Toto, der Hund, der Dorothy bei ihren Abenteuern begleitet, treffen tatsächlich ein Gebäude an, das ihr Zuhause ist. Im Falle Desmonds sind die Gefühle der Heimkehr illusionär; Desmond ist *nicht* zu Hause. Das Wort „home", mit dem der Roman endet, birgt gleichwohl etwas in sich, was Paul Maltby als „a utopian charge, a *promesse de bonheur*"[191] bezeichnet. Als nicht zuletzt auch philosophiegeschichtlich vorbelastetes Wort erinnert es an die Schlußzeilen von Ernst Blochs monumentalem Großentwurf über *Das Prinzip Hoffnung*:

> *Die wirkliche Genesis ist nicht am Anfang, sondern am Ende*, und sie beginnt erst anzufangen, wenn Gesellschaft und Dasein radikal werden, das heißt sich an der Wurzel fassen. Die Wurzel der Geschichte aber ist der arbeitende, schaffende, die Gegebenheiten umbildende und überholende Mensch. Hat er sich erfaßt und das Seine ohne Entäußerung und Entfremdung in realer Demokratie begründet, so entsteht in der Welt etwas, das allen in die Kindheit scheint und worin noch niemand war: Heimat.[192]

Freilich: der sich täuschende Familienhund als ein Hoffnungsträger der Menschheit, oder auch nur als ein Nachfahre Huck Finns, der neue Freiheitsräume eröffnet, beide Vorstellungen bewegen sich am Rande des Grotesk-Abstrusen und formulieren aus einer literaturgeschichtlichen Perspektive heraus eher eine Antiklimax. M. Keith Booker kann kaum widersprochen werden, wenn er befindet: „There

---

[190] Auf Lassie spielt nicht erst das Romanende, sondern bereits ein Song gegen Ende der ersten Hälfte des Romans an, in dem sich die Zeile findet: „Well, Lassie's got Roddy McDowall" (p. 162).
[191] Paul Maltby, p. 184.
[192] Ernst Bloch, *Das Prinzip Hoffnung: Dritter Band* (Frankfurt: Suhrkamp, ³1976), p. 1628.

is, of course, a great deal of parody in this mock-romance ending [...]."[193]

„Repetition with difference": Zur Technik und Funktion der Parodie in *Vineland*

Da der Begriff der Parodie in der literaturwissenschaftlichen Praxis für vielerlei, zum Teil auch für Unterschiedliches stehen kann, muß er zunächst präzisiert werden, um sinnvoll für eine Deutung des Romanendes in *Vineland* herangezogen werden zu können.

Am ergiebigsten erweist sich Linda Hutcheons Definition der Parodie als „repetition with difference."[194] Hutcheon deutet das griechische Präfix „para" sowohl im Sinne eines Gegen- als auch im Sinne eines Nebeneinander. Parodie ist für sie eine Form der Imitation, der verschiedenartige Intentionen zugrunde liegen können; ihr Ziel kann satirische Demaskierung oder imitatorische Reverenzerweisung sein. Die Haltung gegenüber dem parodierten Text ist für Hutcheon nicht festgelegt; sie kann zwischen respektlosem Spott und respektvoller Huldigung variieren. So kann sie auch jene parodistischen Texte der literarischen Moderne, die gegenüber ihren Vorlagen keinerlei ridikülisierenden Absichten hegen, etwa die Werke T.S. Eliots, Ezra Pounds oder den *Ulysses*, unter ihre Definition subsumieren.

Da Parodien eine gebildete Leserschaft voraussetzen, tendieren sie dazu, aus dem Blickwinkel eines bildungsbürgerlich-elitären Denkens heraus zu argumentieren; Parodien können sich gelegentlich auszeichnen durch eine „complicity with high culture [...] which is merely a deceptively off-hand way of showing a profound respect for classical-national values."[195] Indem Pynchon aber am Ende von *Vineland* relativ offen Werke der Populärkultur (Comic-Strip-Literatur, Hollywoodfilme, Fernsehserien) *und* – versteckter – kanonisierte

---

[193] M. Keith Booker, „America and Its Discontents: The Failure of Leftist Politics in Pynchon's *Vineland*," *LIT: Literature Interpretation Theory*, 4 (1993), 98.
[194] Linda Hutcheon, *A Theory of Parody: The Teachings of Twentieth-Century Art Forms* (New York und London: Routledge, 1991), p. 32.
[195] Roland Barthes, *Critical Essays* (Evanston: Northwestern University Press, 1972), p. 119.

Werke der amerikanischen Literatur parodiert, überwindet er, wie viele Verfasser postmoderner Erzählwerke, die künstliche Trennung zwischen Höhenkamm- und Populärliteratur; Pynchons Roman „resists the hierarchization of culture."[196] So wie der Roman inhaltlich die politischen und sozialen Homogenitätsphantasien Ronald Reagans attackiert, so attackiert er auch repressive Forderungen nach kultureller Homogenität.

Nicht ausschließlich, aber doch ganz prominent ist es die Pikareske, die der Parodie auf höhenkammliterarische Werke in *Vineland* ihren historischen Bezugspunkt verleiht. Es ist z.B. bislang von der Pynchon-Forschung noch nicht zur Kenntnis genommen worden, daß der Romanschluß nicht nur das Ende von *Lassie Come Home* oder von *The Wizard of Oz*, sondern auch das Schlußbild von Saul Bellows einflußreichem pikaresken Roman *The Adventures of Augie March* parodiert, das Augie gemeinsam mit Jacqueline auf einem freien Feld in Belgien zeigt:

> Then she [Jacqueline] pointed. „*Vous voyez les chiens?*" The dogs of the farm had leaped a brook and were dashing for us on the brown coat of the turf, yelling and yapping. „Don't worry about them," she said, picking up a branch. „They know me well." Sure enough they did. They bounded into the air and licked her face.[197]

Bei Pynchon werden historisch-pikareske Formen der Wirklichkeitskonstitution nicht denunziert, sondern zitiert. Denn für *Vineland* gilt, daß die zeitgenössische Pikareske erst durch die Parodie (hier: auf Bellow) authentisch wird. Pynchon hat aber auch einen scharfen Blick für die populärkulturellen Deformationen pikaresker Erzählstrukturen in einer spätkapitalistischen Gesellschaft. Die TV-Serienerfolge der 80er Jahre stehen – strukturell, nicht thematisch – in verdächtiger Nähe zu pikaresken Strukturierungsmustern, wenn sie

---

[196] David Cowart, 70.
[197] Saul Bellow, *The Adventures of Augie March* (New York: Viking, 1960), p. 536. Zum Schluß des Romans cf. David D. Galloway, *The Absurd Hero in American Fiction: Updike, Styron, Bellow, Salinger* (Austin und London: University of Texas Press, 1966), p. 103: „It seems essential to the picaresque structure of *The Adventures of Augie March* that we leave the hero as we found him – a wanderer."

unablässig eine unabsehbare Vielzahl neuer Figuren in die Erzählhandlungen einführen und erst allmählich – und notgedrungen – mit einer Biographie versehen, die erwartungsgemäß schemenhaft, zweckgerichtet und deshalb auch diffus ausfällt.

Unter Pynchons fünf Romanen ist *Vineland* derjenige, der am offensivsten politisch argumentiert und auch derjenige, der am sichtbarsten auf pikareske Erzählmodelle zurückgreift. Er ist unter Pynchons Werken aber auch dasjenige, das am offenkundigsten von der Technik der parodistischen Überzeichnung lebt. *Vineland* synthetisiert Parodie, Politik und Pikareske. Der Roman exemplifiziert, was Utz Riese in einer Gesamtschau auf die amerikanische Erzählliteratur des 20. Jahrhunderts als eine durchgängige Entwicklungsrichtung ausmacht, nämlich die Bewegung „von der Form der Tragödie zu der der Satire [...]."[198] Spätestens im Schlußabschnitt findet in *Vineland* durch die Parodie eine Art von Implosion statt; die Erzählung, ihre Moral, ihre Konsistenz, ihre Wahrhaftigkeit fallen in sich selbst zusammen.

In *Vineland* verlagert Pynchon die pikareske Sehnsucht nach Authentizität und nach Freiheit von Fremdbestimmung auf das Gebiet literarischer Formen und Strukturen und macht damit Intertextualität zu einem für den Kontext des pikaresken Erzählens relevanten Thema. Bei Pynchon wird die Parodie zu einer potentiell befreienden Form, weil sie Geschichtlichkeit, Veränderbarkeit und Vorläufigkeit akzentuiert. In *Vineland* leistet die Parodie immer auch die Problematisierung der Dialektik von Freiheit und Unterwerfung; sie ist gerade nicht jenes selbstgenügsame, selbstverliebte Spiel, das Alan Wilde während seiner Lektüre des Romans glaubt ausfindig gemacht zu haben.[199] Pynchons Romane tragen aber sehr wohl der Tatsache Rechnung, daß sie Produkte einer Epoche sind, die ein besonderes Interesse an parodistischen Darstellungsverfahren an den Tag legt. In einem neueren philosophiegeschichtlichen Aufsatz zu

---

[198] Utz Riese, „Der amerikanische Roman zwischen Moderne und Postmoderne: 'Erzählung' zu einer Bilanz des 20. Jahrhunderts," *Weimarer Beiträge*, 38 (1992), 194.
[199] Cf. Alan Wilde, 180: „Pynchon at the last overreaches himself. Parody [...] comes across (in aesthetic terms) as self-indulgent play, and the effect is to vacate the book of the moral content [...]."

den Werken Umberto Ecos etwa wird „postmoderne Erzähltechnik" wie folgt paraphrasiert: „eine intertextuelle Collage aus Zitat, Historie und Fiktion, eine Maskerade aus Täuschungen und Verstellungen, ein mehrfach in sich verwickelter Knoten aus Ernst und Parodie."[200]

Die Vorliebe zeitgenössisch-postmoderner Autoren (wie Acker, Auster, Barth, Coover, DeLillo, Gaddis, Pynchon, Vonnegut) für parodistische Erzählformen erklärt sich freilich aus einem markanten Thema der zeitgenössischen Erzählliteratur: der Omnipräsenz und scheinbaren Omnipotenz der neuen Medien. Für viele amerikanische Literaten der letzten drei Jahrzehnte wurden Simulation und Parodie zu den einzig denkbaren Gesten von Authentizität in einer medial beherrschten, verwalteten, ausgeloteten und ausgedeuteten Welt. Schon 1956 kreierte der Nachkriegsphilosoph Günther Anders den Neologismus des „Wahrlügens", um die spezifische mediale Konstruktion von Wirklichkeit prägnant zu beschreiben; nach Anders ist es ein Kennzeichen medial vermittelter Wirklichkeit, daß „die Lüge sich wahrlügt, kurz: daß das Wirkliche zum Abbild seiner Bilder wird."[201] Wo aber Wirklichkeit und Inszenierung nicht mehr zu unterscheiden sind bzw. „ineinander über[springen] wie auf einem Vexierbild"[202], dort werden Nachahmung und parodistische Imitation zu (semi-)authentischen Techniken der Selbstbehauptung und der Selbstdefinition.

Parodie ist aber nicht nur ein Mittel zur Analyse einer medial vermittelten Gegenwart, sondern darüber hinaus eine Möglichkeit der Auseinandersetzung mit einer spezifischen kulturellen Vergangenheit und Tradition. Gelegentlich erscheint parodistische

---

[200] Ingeborg Breuer u.a., „Ariadne im Labyrinth der Zeichen: Semiotik und Literatur bei Umberto Eco," in: dies. (eds.), *Welten im Kopf: Profile der Gegenwartsphilosophie: Frankreich/Italien* (Darmstadt: Wiss. Buchgesellschaft, 1996), p. 102.

[201] Günther Anders, *Die Antiquiertheit des Menschen: Band 1: Über die Seele im Zeitalter der zweiten industriellen Revolution* (München: Beck, 1956), p. 179.

[202] Ingeborg Breuer u.a., „Der Triumph der Zeichen über das Reale: Jean Baudrillards nihilistische Kulturphilosophie," in: dies. (eds.), *Welten im Kopf: Profile der Gegenwartsphilosophie: Frankreich/Italien* (Darmstadt: Wiss. Buchgesellschaft, 1996), p. 35.

Imitation sogar als ein Mittel zur kulturellen Emanzipation, „even in the sense of exorcizing personal ghosts [...]."²⁰³ Die unerreichbaren Vorbilder verlieren einen Teil ihrer paralysierenden Macht, wenn sie redupliziert und rekontextualisiert werden. Parodieren zielt immer gleichzeitig auf Imitation und auf Differenzierung ab. Eine Parodie basiert auf einer „dialectical relationship between identification and distance which enlists the audience in contradictions"²⁰⁴; sie ist „normative in its identification with the Other", aber auch „contesting in its Oedipal need to distinguish itself from the prior Other."²⁰⁵

Die inneren Konflikte und Ambivalenzen, die dem parodistischen Darstellungsverfahren inhärent sind, finden in *Vineland* ihre figurenpsychologische Entsprechung in der Gemütslage, die Prairie nach der Konfrontation mit ihrer Mutter charakterisiert. Wie der Parodist, so sucht auch Prairie ein tragfähiges Arrangement mit dem Erbe der Vergangenheit; ihrer pubertätsbedingten emotionalen Instabilität begegnet sie mit dem Wunsch nach Kontinuität und Singularität in einem. Indem sie mit ihrer wollüstigen Sehnsucht nach Brock Vond das Verhalten ihrer Mutter imitiert (und begrenzt auch parodiert), artikuliert sie gleichzeitig das Bedürfnis nach Kapitulation und nach Emanzipation. Alan Wilde hat zwar recht, wenn er Pynchons Roman attestiert, „a gallimaufry of conflicting, equivocal messages"²⁰⁶ zu sein, doch übersieht er, daß eben jene Widersprüchlichkeiten eine genau bestimmbare Funktion erfüllen, daß sie eine präzise Widerspiegelung der emotionalen Instabilität von Hauptfiguren wie Prairie, Zoyd oder Frenesi sind. Prairies Imitation der sexuellen Begierden Frenesis exorziert und reproduziert, expandiert und relativiert das Verhaltensmuster des mütterlichen Vorbilds. Das Ziel Prairies ist identisch mit dem Ziel jeglicher Parodie: „to show difference, ironic difference, as much as similarity."²⁰⁷ Durch die Technik der Parodie reformuliert Pynchon in *Vineland* das pikareske

---

[203] Linda Hutcheon, p. 35.
[204] Catherine Belsey, *Critical Practice* (London und New York: Methuen, 1980), p. 97.
[205] Linda Hutcheon, p. 77.
[206] Alan Wilde, 180.
[207] Linda Hutcheon, p. 67.

Thema der Eltern- bzw. der Identitätssuche auch auf der intertextuell-literaturgeschichtlichen Meta-Ebene des Textes.

Gleichwohl hat der Schluß von *Vineland* eine eher desorientierende als eine orientierende Wirkung, denn das Tierfilmszenario hat zwar unbestreitbar einen karikaturistisch-ridikülisierenden Effekt, es deutet aber auch eine (un-)heimliche Komplizenschaft mit den ideologisch fragwürdigen Produkten der Unterhaltungsindustrie an. Letztlich bildet weniger die Struktur sentimentaler Tierfilmschnulzen als vielmehr das durch die Rezeption populärkultureller Werke geschulte Bedürfnis nach einer harmonisierenden Auflösung inhaltlicher Konflikte die Zielscheibe von Pynchons Spott. Die radikalen Träume der späten 60er Jahre sind auch aus inneren Gründen gescheitert, so eine der Thesen des Romans; sie sind gescheitert, weil die Vertreter der Gegenkultur von einer kindlichen Sehnsucht nach Reintegration und Ordnung gelenkt wurden. Das Schlußtableau des Romans aber befriedigt gerade ein solch gefährliches und konterrevolutionäres Bedürfnis nach Harmonie und Ordnung, wenn es auch einem pastoralen Traum von konfliktfreier Ordnung Ausdruck verleiht.

Parodieren ist eine Methode der Historisierung: „Parody historicizes by placing art within the history of art [...]."[208] Radikaler formuliert heißt das, daß die Parodie letztlich literarischen Wandel bewußt macht und in gewisser Weise sogar beschleunigt: „Perhaps parodists only hurry up what is a natural procedure: the changing of aesthetic forms through time."[209] Indem Pynchon in *Vineland* pikareske Erzählmuster und parodistische Erzähltechniken zusammenbringt, erneuert, reaktualisiert und politisiert er ein tradiertes literarisches Genre. Zu Pynchons Neuerungen zählen nicht zuletzt die Thematisierung der Assimilationsproblematik auch auf der Ebene der formalen Strukturen und die Freilegung der utopischen Dimension pikaresker Handlungsmuster.

---

[208] Linda Hutcheon, p. 109.
[209] Linda Hutcheon, p. 35.

„All these voices, forever": Zur therapeutischen Kraft des Erzählens in *Vineland*

In *Vineland* lassen sich karikaturistische Überzeichnungen finden, und es läßt sich auch eine parodistisch-satirische Sicht auf bestimmte Erzählinhalte nachweisen, aber niemals eine skeptisch-ironisierende Bewertung der Erzählvorgänge selbst; im Roman stellt sich das Erzählen selbst nicht parodistisch in Frage. Der Tätigkeit des Erzählens kommt in *Vineland* im Gegenteil eine heilsame, therapeutische Kraft zu. Nirgendwo wird dies deutlicher als am Beispiel einer speziellen subkulturellen Gruppe des Romans, den Thanatoiden. Was die Thanatoiden , „short for 'Thanatoid personality, [...] like death, only different'" (p. 170), für einen Wirklichkeitsstatus besitzen, bleibt im Roman gänzlich ungeklärt. Sie konstituieren eine interpretatorisch nur schwer zugängliche, ja fast opake Gemeinschaft; sie sind entweder Wiedergänger aus dem Reich der Toten oder aber – vermutlich plausibler – eine okkulte Sekte gesellschaftlicher Aussteiger, auf alle Fälle aber so etwas wie „the un-Grateful semi-Dead"[210], wie sie treffend John Leonard mit einer Anspielung auf die populärkulturelle Musikindustrie der späten 60er Jahre bezeichnet.

Der Wirklichkeitsstatus dieser besonderen Form einer Glaubensgemeinschaft ist jedoch weniger bedeutsam als ihre Funktion: den Thanatoiden fällt im Roman die prominente Aufgabe zu, die subkulturellen Erinnerungen an die Sixties zu konservieren. Nicht von ungefähr kommt es, daß die Population des Thanatoidendorfes gerade zur Zeit des Vietnamkrieges beständig wuchs. Die Thanatoiden zeichnen sich vor allem dadurch aus, daß sie hartnäckig „long, resentful tales of injustice" (p. 219) Gehör verschaffen, daß sie ritualartig „tales of dispossession and betrayal" (p. 172) vortragen. Sie sind diejenigen, die Gerechtigkeit einklagen zu einer Zeit – 1984 –, da sich die kulturellen Anstrengungen des regierenden Präsidenten darauf konzentrieren, die Erinnerungen an die 60er Jahre, an

---

[210] John Leonard, „The Styxties," *The Nation*, 250 (26.2.1990), 285. Die Thanatoiden werden dermaßen deutlich mit positiven Werten wie Gerechtigkeit, Erzählvermögen und Erinnerungsfähigkeit gekoppelt, daß sich ihre Funktionalisierung als einer „Metapher für die amerikanische Gesellschaft als ganze", wie es Martin Klepper, p. 236, vorschlägt, meines Erachtens verbietet.

Amerikas radikale Dekade, auszulöschen. Die Thanatoiden verkörpern das Leid- und Schuldgedächtnis einer gesamten Generation, artikulieren „voices, not chanting together but remembering, speculating, arguing, telling tales, uttering curses, singing songs, all the things voices do, but without ever allowing the briefest breath of silence" (p. 379). Der Erzähler faßt zusammen: „All these voices, forever" (ibid.).

Die Thanatoiden bilden in *Vineland* nicht den einzigen Beispielfall für die therapeutische Funktion des Erzählens. Auch die Art und Weise etwa, wie Hub Gates, Frenesis Vater, auf die depressiven Phasen seiner Tochter reagiert, exemplifiziert die heilende Kraft des Redens und Zuhörens: „Hub's idea of therapy, which he kept trying out on others, was just to sit down and start complaining about his own life. Though he had never known his daughter this defenseless, hurt, grimly he began with a pretty generic tale of woe, not expecting much, but as he went on, sure enough, he could feel her start to calm down" (p. 288). Und sogar Frenesi selbst bestimmt als den größten all ihrer (oft nur egozentrischen) Wünsche die Rückkehr zur vertrauensschaffenden Sicherheit, wie sie ihr in der Zeit vor ihren Verratshandlungen an Atman, DL, Zoyd und Prairie die genuine Kommunikation mit ihrer Mutter Sasha vermitteln konnte: „More than any man she had ever wanted for anything, more than a full pardon from some unnamed agency for what she'd done, [...] more than anything she'd ever wished for over a lifelong childhood of praying to a variety of Santas, Frenesi wanted, would have given up all the rest for, a chance to go back to when she and Sasha had talked hours, nights, with no restraints" (p. 292). Sowohl figurenperspektivisch eingebundene als auch auktoriale Kommentare akzentuieren folglich die heilsamen Funktionen einer narrativen Verarbeitung individueller und kollektiver Geschichte. Erst der Vorgang des Erzählens schafft in *Vineland* die Voraussetzungen für authentisches Mit-Leiden, emotionale Empörung und soziales Aufbegehren.

Die Hauptlast bei der narrativen Vermittlung von Geschichte und Geschichten trägt natürlich die auktoriale Erzählinstanz des Romans. Doch auch für sie gilt, daß sie an keiner Stelle des Textes zum Objekt eines parodistischen Spiels oder narrativer bzw. struktureller Ironie wird. Allein die Tatsache, daß niemand aus der dreistelligen Rezensentenschar auf die Idee gekommen ist, daß die parodistische Erzähltechnik in *Vineland* eine Relativierung der explizit vorgetragenen politischen Kritik an Reagan und seinem Amerika implizieren könnte, gibt schon einen ersten Hinweis darauf, daß Pynchons Roman nicht dazu einlädt, zwischen seinem auktorialen Erzähler und einem impliziten Autor zu differenzieren. Deutlich wertende, oppositionelle Kritik an „the heartless power of the scabland garrison state" (p. 314) Amerika und an fragwürdigen Versionen einer „government-defined history", die für den Erzähler „only another Reaganite dream on the cheap" (p. 354) konstituieren, wird immer mit dem Gestus der Aufrichtigkeit und ohne selbstironisierende Einschränkungen vorgetragen. Ganz offensichtlich ist das politische Credo des auktorialen Erzählers zwar gelegentlich das Sprachrohr, niemals aber das Objekt der parodistischen oder satirischen Intentionen des Textes. Der Moralismus derer, die in *Vineland* traurige Geschichten über konkretes Leiden zur Sprache bringen, wird niemals relativiert oder in Frage gestellt. Die Ethik, die den Roman trägt, läßt sich also keineswegs, wie in *World's End*, nur *ex negativo* ermitteln; sie ist im Gegenteil noch in kleinsten Reminiszenzen nachweisbar: „Three policemen, falling upon one unarmed student, were beating him with their riot sticks. Nobody was stopping them. The sound was clear and terrible" (p. 206f.). Es sind Miniaturgeschichten wie diese, die im Roman im kollektiven Gedächtnis der Thanatoiden-Sekte aufbewahrt werden.

Die teils traurigen, teils haßerfüllten Erzählungen der Thanatoiden exemplifizieren, daß es Zeit braucht, um ein Kompendium der zeitgenössischen Verstöße gegen das Gerechtigkeitsprinzip zu erstellen, sie exemplifizieren, „that the knowledge won't come down all at once in any big transcendent moment" (p. 112). Statt dessen muß historische Wahrheit aus einer Vielzahl von Fragmenten, aus „erzählerischen Glasscherben aus einem zertrümmerten Universum"[211] zusammengesetzt werden. Aus dem Zusammensetzen der Erzählsplitter entsteht nicht Brüchiges, sondern eine neue, höherwertige Form von Totalität, die ihre ideologischen Implikationen

---

[211] Hella Boschmann, „Das Literaturgenie unter der Tarnkappe," *Rheinischer Merkur* (23.3.1990), 19.

mitreflektiert. Was Pynchon mit *V.* und mit *Gravity's Rainbow* gelungen ist, das wiederholt er auch mit seinem vierten Beitrag zur amerikanischen Romanliteratur: auch *Vineland* leistet in einer anspruchsvollen, enzyklopädischen Form literarische Historiographie. Geschichte konstituiert sich bei Pynchon somit nicht nur durch Kampfhandlungen um Macht und Herrschaft, sondern auch durch Gefühle wie Leidenschaft, Sehnsucht und Begehren. Die Geschichte seines Landes nimmt Pynchon zum Anlaß für transhistorische Meditationen über Verrat und Komplizenschaft, über Kunst und Utopie, über Originalität und Imitation, über Gewalt, Erwachsenwerden und Sterblichkeit. Mit *Vineland* gelingt es Pynchon, Kritik an den teilweise naiven Fundamenten utopischen Denkens zu üben und gleichzeitig die utopische Sehnsucht nach einem alternativen Amerika neu zu formulieren.

In *Vineland* präsentiert sich der Erzähler Pynchon als ein „moralischer Desperado"[212], und zwar zu einer Zeit, da der Zeitgeist rechten und neokonservativen Idealen huldigt und die Prinzipien des kapitalistischen Denkens weitgehend unproblematisiert zu einem weltweiten Siegeszug angetreten sind. David Cowart paraphrasiert die historischen Entwicklungen, vor deren Hintergrund *Vineland* gelesen werden muß: „In a single generation – from the mid-sixties to the mid-eighties, America veered from a liberal to a conservative bias, from the New Frontier and the Great Society to 'Reaganomics,' from hordes of student demonstrators to whole undergraduate populations majoring in business, from Hippies to Yuppies."[213] Auf solche Entwicklungen reagiert Pynchon aber nicht mit kulturpessimistischer Resignation. Im Gegenteil: sowohl sein auktorialer Erzähler als auch seine Figuren argumentieren gegen politische Paralyse und Indifferenz. Sasha Gates etwa zieht mit ungewöhnlich drastischen Worten das folgende Resümee aus der Leidensgeschichte ihrer linksalternativen Familie: „Maybe we all had to submit to History, she figured, maybe not – but refusing to take shit from some named and specified source – well, it might be a different story" (p. 80).

---

[212] Martin Halter, 4.
[213] David Cowart, 75.

Für James R. Thompson präsentiert sich Pynchon in *Vineland* als „the one kind of novelist the decade most needed – the novelist as subversive."²¹⁴ Doch wie die zahlreichen pikaresken Romane der 80er Jahre belegen, ist das politische Engagement Pynchons keine Ausnahmeerscheinung in der Literatur der Dekade. David Porush spekuliert in seinem Aufsatz zu *Vineland* mit spöttischem Gestus über künftige Rezeptionen des Romans:

> Someone ought to write a short monograph about Pynchon's view in *Vineland* of motherhood as redemptive (sort of, some of the time, if you aren't Frenesi) and entitle it „a nation of moms" (292). I imagine a no-longer-naive graduate student finding a way out of Pynchon's black box to complete a retrospective dissertation on Pynchon's complete *oeuvre* by naming it „Watch the paranoia, please!", which is found in one of the most paranoia-inducing moments of *Vineland* (160). And there's bound to be a great dissertation about the deep sleep of our best writers during the Reagan-Bush years [...].²¹⁵

Die große Dissertation, von der Porush redet, muß nicht geschrieben werden. Amerikas Schriftstellerinnen und Schriftsteller sind erfreulicherweise nicht in tiefen Schlaf versunken, sondern haben sich in die Belange des Landes eingemischt, Widerstand, Skepsis und die Sehnsucht nach gesellschaftlichen Alternativen artikuliert. *Vineland* ist hierfür, wie meine Studie versucht hat nachzuweisen, nur ein Beleg unter vielen. Ein genregeschichtlicher und genreanalytischer Begriff wie der der Pikareske lenkt den Blick deutlicher auf die politischen Aspekte der zeitgenössischen Romanliteratur, als dies ein Terminus wie der der Postmoderne zu leisten vermag, ein Terminus, der in der literaturwissenschaftlichen Praxis zu einem Passepartoutbegriff geworden und der deshalb, so Heinz Ickstadt, „[u]ngenau, vieldeutig und so eigentlich unzugänglich"²¹⁶ ist. *Vineland* markiert

---

²¹⁴ James R. Thompson, p. 207.
²¹⁵ David Porush, 93.
²¹⁶ Heinz Ickstadt, p. 41; cf. auch Heinz-Günter Vester, „Moderne – Postmoderne und Retour: Vom Verschiebebahnhof zeitdiagnostischer Begriffe," in: [Evelyn Flögel und Joseph C. Schöpp (eds.)], *Die Postmoderne – Ende der Avantgarde oder*

einen neuen Realismus im Schaffen Pynchons. Der Roman exemplifiziert so eine generelle Tendenz in der Weiterentwicklung des amerikanischen Romans, zu der Malcolm Bradbury mit Klarsicht schreibt: „after the experimental excitements of the later Sixties, many western writers were turning towards forms of neo-realism, or towards means and themes that would allow them to approach the changing world of power and politics [...]."[217] Durch das Medium der literarischen Pikareske revitalisiert Pynchon die Tradition des politischen Erzählens; pikareske Literatur ist bei Pynchon, wie bei Acker, Irving, Boyle, Auster und Kennedy, eine reaktualisierte, zeitgenössische Form von Protest- und Dissidentenliteratur.

Neubeginn? Essays (Eggingen: Edition Isele, 1989), p. 20: „Zum Teil ist die Etikettierung 'postmodern' Ausdruck einer gewissen Unsicherheit in der Beschreibung der Dinge."
[217] Malcolm Bradbury, *The Modern American Novel: New Edition* (New York u.a.: Penguin USA, 1994), p. 264.

10. Pikareskes Erzählen in den 80er Jahren: Thesen und Synthesen

Howard Nemerov, „To A Scholar in the Stacks" (1967)

When you began your story all its words
Had long been written down, its elements
Already so cohered in such exact
Equations that there should have seemed to be
No place to go, no entrance to the maze.
A heart less bold would have refused to start,
A mind less ignorant would have stayed home.

For Pasiphae already had conceived
And borne her bully boy, and Daedalus
Responding had designed the darkness in
Its mystical divisions; Theseus,
Before you came, descended and returned,
By means of the thread, many and many a time.
What was there that had not been always done?

And still, when you began, only because
You did begin, the way opened before you.
The pictured walls made room, received your life;
Pasiphae frowned, the Sea King greeted you,
And sighing Ariadne gave the thread
As always; in that celebrated scene
You were alone in being alone and new.

And now? You have gone down, you have gone in,
You have become incredibly rich and wise
From wandering underground. And yet you weary
And disbelieve, daring the Minotaur
Who answers in the echoes of your voice,
Holding the thread that has no other end,
Speaking her name whom you abandoned long ago.

Then out of this what revelation comes?
Sometimes in darkness and in deep despair
You will remember, Theseus, that you were
The Minotaur, the Labyrinth, and the thread
Yourself; even if you were that ingener
That fled the maze and flew – so long ago –
Over the sunlit sea to Sicily.

Quelle: Howard Nemerov, *The Collected Poems of Howard Nemerov* (Chicago und London: University of Chicago Press, 1977), pp. 360-61.

Sechzehn Thesen

Am 5. November 1996 wurde William Jefferson Clinton als zweiter Nachkriegspräsident nach Reagan für eine zweite Amtszeit wiedergewählt, mit 379 gegen 179 Stimmen des *Electoral College*. Die Reagans, Bushs und Doles räumen in den 90er Jahren die politische Arena; Senat und Repräsentantenhaus aber sind in der Hand der Republikaner geblieben. Wie immer eine abgewogene historische Bewertung des letzten Jahrzehnts des 20. Jahrhunderts auch ausfallen mag, die Differenzqualität der Dekade zu den Eighties ist offensichtlich. Haynes Johnson, einer der einflußreichsten und profiliertesten Historiographen der 80er Jahre, bilanziert in seiner Studie zu den Nineties lapidar: „however Clinton's administration is judged in years ahead, he represents a departure."[1] Es gibt unter den amerikanischen Präsidenten des 20. Jahrhunderts solche, die die öffentliche Phantasie und literarische Kreativität mehr, und solche, die sie weniger angeregt haben. Drei ehemalige Amtsinhaber gehören unbestreitbar der erstgenannten Kategorie an: F. D. Roosevelt, Kennedy und Reagan. Der Reagan-Biograph Lou Cannon hat bereits 1982 prognostiziert: „Whatever the judgment of future historians, Reagan has made a difference. [...] He has not left the world the way he found it."[2] Auch in der Geschichte der amerikanischen Romanliteratur hat die Regentschaft Reagans ihre Spuren hinterlassen; sie hat u.a. die Renaissance pikaresker Erzählformen und damit eine Repolitisierung der Erzählliteratur zumindest begünstigt, wenn nicht sogar mitverursacht.

Welcher Kategorie Clinton zuzuordnen ist, kann noch nicht entschieden werden; es deuten aber viele Anzeichen darauf hin, daß seine Politik als weniger markant, weniger visionär-missionarisch und weniger dekadenprägend bewertet werden wird als die Ronald Reagans. Der Wahlkampf 1996 zeichnete sich durch besondere Langeweile aus: „You would have to go back to 1928 to find a presidential contest that was so little overshadowed by something

---

[1] Haynes Johnson, *Divided We Fall: Gambling with History in the Nineties* (New York und London: W.W. Norton and Co., 1994), p. 389.
[2] Lou Cannon, *Reagan* (New York: Perigee Book, 1982), p. 417.

that seemed to threaten the well-being of the nation."³ Opportunismus bzw., charmanter formuliert, Kompromißfähigkeit mag eine Tugend im politischen Alltagsgeschäft sein; ein markantes politisches Profil wird durch solcherlei Tugenden aber nicht konstituiert: „Above all, Clinton must decide what he wants to see in the mirror of history."⁴

In der „In-Conclusion" seiner Monographie zum *Quest*-Motiv in der zeitgenössischen amerikanischen Erzählliteratur formuliert Ihab Hassan: „Quests have no conclusion – that's the start of mine, which will repeat the book's argument only briefly, and try to take one small step beyond."⁵ Sowohl *Quest*-Romane als auch pikareske Romane haben kein „Ende" – anders als Monographien über sie. Dieses Schlußkapitel stellt sich – in Analogie zu dem Hassans – als Aufgabe, Zusammenfassung und Synthese anzubieten.

Die Ergebnisse der sieben textanalytischen Kapitel bestätigen die Ausgangshypothese dieser Studie: Die innen-, sozial- und kulturpolitischen Defizite der Reagan-Dekade haben eine offensive (Re-)Politisierung der amerikanischen Romanliteratur bewirkt, und ein Indiz für diese Repolitisierung ist die Renaissance pikaresker Erzähl- und Weltdeutungsmuster während der späteren 80er Jahre. Pikareskes Schreiben der Reagan-Dekade beinhaltet dabei sowohl eine Auseinandersetzung mit der aktuellen Gegenwart als auch eine Zurückweisung geschichtsklitternder Formen der Vergangenheitsverklärung. In den 80er Jahren entwickelt sich die amerikanische Gegenwartspikareske zu einer künstlerisch anspruchsvollen und ansprechenden Form des Romans, die ihre inneren Widersprüchlichkeiten nicht verleugnet, sondern thematisiert; sie wird zu einer Form, die ihr anachronistisches Gewand mit ironisierend-parodistischer Distanz zur Darstellung bringt. Selbstbewußte Imitation leistet zweierlei: sie bestätigt die Relevanz tradierter Erzählkonventionen, und sie unterzieht diese einer reaktualisierenden Veränderung.

---

³ Michael Elliott, „Will He Lead?" *Newsweek* (18.11.1996), 5.
⁴ Howard Fineman, „Hail ... and Farewell," *Newsweek* (18.11.1996), 11.
⁵ Ihab Hassan, *Selves At Risk: Patterns of Quest in Contemporary American Letters* (Madison und London: University of Wisconsin Press, 1990), p. 203.

Im Anschluß an den textanalytischen Teil dieser Studie lassen sich 16 Thesen zu innovatorischen Aspekten zeitgenössisch-pikaresken Erzählens der 80er Jahre (These 1 bis 11), zu einer Neudefinition des Politischen in amerikanischen Gegenwartstexten (These 12 und 13) und zur Exemplarität der Methodik des *Genre Criticism* (These 14 bis 16) entwickeln, die in der Folge vorgestellt, kommentiert und plausibilisiert werden sollen.

1. Das pikarische Leben an der sozialen Peripherie dient im pikaresken Roman der späteren 80er Jahre der selbstbewußten Abgrenzung vom gesellschaftlichen Zentrum und der subkulturellen Selbstdefinition.
2. Pikareske Romane der späteren 80er Jahre verschaffen dem Gegenkulturellen, Marginalisierten und Ausgegrenzten Gehör.
3. Pikareske Erzählmuster stellen in der Reagan-Dekade eine Struktur bereit, in der die Generation der in den 60er Jahren Herangewachsenen kollektive Erfahrungen, Befreiungsgeschichten und gescheiterte Befreiungsphantasien artikulieren kann.
4. Die Familienmetaphorik des pikaresken Romans hat politische Implikationen. Sie liefert den Rahmen für literarische Studien zu Masochismus, Autoritätssucht und Autoritätsgläubigkeit.
5. Figurenmultiplikation und Identitätsdiffusion sind die wichtigsten erzähltechnischen Mittel zur innovatorischen Weiterentwicklung der Pikareske im Bereich der Figurenpsychologie.
6. Die pikareske Welt im amerikanischen Roman der 80er Jahre ist gleichermaßen eine repressiv-kapitalistische und eine postmoderne.
7. Zeitgenössisch-pikareskes Erzählen ist in der Regel parodistisches Erzählen. Der pikarische Konflikt zwischen Anpassung und Verweigerung spiegelt sich so auch in den Darstellungstechniken des pikaresken Romans wider.
8. Das Geschichtsbild des pikaresken Romans bleibt auch in den 80er Jahren ein zyklisches. Die Pikareske leistet somit eine Geschichtsdeutung eigener Art, die quer liegt zu gängigen historiographischen Deutungsmustern: Sie ist fortschrittsskeptisch, ohne zwangsläufig kulturpessimistisch zu sein.
9. Im amerikanisch-pikaresken Roman der 80er Jahre kommt es zu einer bedeutsamen Differenzierung zwischen dem Geschichtsbild

einzelner pikarischer Figuren und dem übergreifenden Geschichtsdeutungsmuster der literarischen Form: ersteres kann apokalyptisch sein, letzteres nicht.

10. Das traditionelle pikareske Erzählmuster der additiven, episodischen Reihung bleibt in den 80er Jahren unverändert. Die Darstellungstechnik des *sideshadowing* legt den Akzent nicht auf Unveränderbarkeit, sondern auf die prinzipielle Möglichkeit gesellschaftlichen Wandels.

11. Die Raumkonzeption bleibt auch in der amerikanischen Pikareske der Eighties expansiv. Die Vorstellung von einem Grenzland erfüllt die Funktionen einer konkreten Utopie.

12. In pikaresken Erzählwerken der 80er Jahre realisiert sich das Politische durch explizite Bewertungen und Kommentare, durch den Einfluß des sozialen Kontextes auf die Konstitution der Romanwelt, durch die Repräsentativität der pikarischen Mentalität und durch die Einbindung erzähltechnischer Experimente in inhaltliche Argumentationsstrukturen.

13. Als ein Symbol der Eighties personifiziert Reagan das Objekt elementarer Ängste der pikaresken Romanciers der Dekade: Ängste vor einer Petrifizierung der Zweiklassengesellschaft, vor der Ausmerzung des Marginalisierten und Subkulturellen, vor einer Verflachung des politischen Diskurses durch seine Inszenierung als Entertainment.

14. Genre bleibt eine erkenntnisfördernde, unverzichtbare Kategorie der literaturwissenschaftlichen Interpretation und der literaturgeschichtlichen Einordnung von Gegenwartsliteratur.

15. Das Genre der Pikareske wird in den 80er Jahren revitalisiert durch den Einbezug von Konventionen anderer Genres und durch den Rückgriff auf Erzählmuster der populärkulturellen Literatur.

16. Genretypologisch und stilistisch markieren pikareske Schreibweisen eine Gegenbewegung sowohl zu naiv-realistischen als auch zu elaboriert-experimentellen Erzähltechniken.

Erste These: Das pikarische Leben an der sozialen Peripherie dient im pikaresken Roman der späteren 80er Jahre der selbstbewußten Abgrenzung vom gesellschaftlichen Zentrum und der subkulturellen Selbstdefinition.

Die pikarischen Figuren der Romanliteratur der 80er Jahre teilen mit dem literaturhistorischen Prototyp Wesensmerkmale wie Einsamkeit, Außenseitertum, Marginalität, Passivität und Ruhelosigkeit. Sie verfügen – wie ihre Vorläufer – über eine klar konturierte Mentalität. Ihr Handeln wird geleitet von einer panischen Angst vor Ablehnung. Sie sind, verjagt aus der Geborgenheit eines Familienschoßes, sehnsüchtig auf der Suche nach dem, was sie seit frühester Kindheit entbehren mußten; sie suchen nach einem Erzieher, einer Autorität, einem Elternersatz. Die amerikanischen Pikaresken der 80er Jahre sind darüber hinaus Fallstudien zu der Frage, wie es passieren kann, daß ein Staat zum Familienersatz wird. Sie zeigen die Bedingungen auf, unter denen ein Waisenkind zum Pikaro mutiert. Im pikaresken Roman der Gegenwartsliteratur treffen sich das Interesse am Psychologischen und am Politischen.

Die Problematik des Ausgestoßenseins bzw. des Sich-ausgestoßen-Fühlens zu thematisieren, ist selbstverständlich kein Privileg des pikaresken Erzählens. Märchen und Mythen, Initiationsgeschichten und Robinsonaden z.B. behandeln sie mit vergleichbarer Prominenz. In der Pikareske jedoch werden Außenseitertum und Marginalität nicht nur thematisiert, sondern auch historisiert und soziologisiert. Der Pikaro ist nicht Subjekt geschichtlicher Entwicklungen, exemplifiziert aber *par excellence*, bis zu welchem Ausmaß Zeitgeist sowie spezifische historische Bedingungen mentalitätsformend und -prägend wirken. Pikaresken Romanciers geht es nicht um die Darstellung individueller Entwicklungen, sondern um transindividuelle, allgemeine Voraussetzungen für psychisch-politische Mutationen und Regressionen.

Literaturgeschichtlich und figurentypologisch sind drei Varianten des pikarischen Helden verbürgt: Er ist ein Rebell, ein Eskapist oder ein Karrierist. US-amerikanische Pikaros neigen allerdings seit jeher dazu, sich durch Karrierestreben auszuzeichnen; sie suchen den gesellschaftlichen und ökonomischen Erfolg. Konzipiert man den

Aufbau der US-Gesellschaft in der Form einer Pyramide, so drängen sie zur gesellschaftlichen Spitze; wählt man ein Kreismodell zur Symbolisierung gesellschaftlicher Machtzentren, so bewegen sich amerikanische Pikaros zumeist von der Peripherie auf die gesellschaftliche Mitte zu. Schon in der Literatur des 18. Jahrhunderts eröffnet ein politisch-kulturelles Selbstverständnis, das soziale Mobilität und gesellschaftliche Expansion zu Zielpunkten staatlichen Wirkens erklärt, den (weißen, männlichen) Pikaros der Neuen Welt außergewöhnliche Optionen auf Aufstieg und Verbürgerlichung. Die Literatur der beiden Folgejahrhunderte hat diese Verheißung bzw. Versuchung schrittweise erweitert, indem sie auch Karrieren von pikarischen Figuren zur Darstellung bringt, die dem weiblichen Geschlecht oder einer ethnischen Minorität angehören.

Die amerikanische Pikareske gewinnt freilich eines ihrer bedeutsamsten Themen aus dem Konflikt zwischen dem Wunsch nach Konformität und Anpassung und dem gegenläufigen Begehren nach Originalität, Differenz und Rollenverweigerung. Abhängig davon, welcher Aspekt der pikarischen Psyche im Zentrum eines jeweiligen Erzählinteresses steht, lassen sich zwei Varianten zeitgenössisch-pikaresken Erzählens ermitteln. Eine erste Gruppe von Romanen akzentuiert die rebellisch-nonkonformistischen Züge des literarischen Prototyps. Von ihr wird jetzt und bei der argumentativen Erläuterung der zweiten These die Rede sein; nur für diese Unterform darf die These von der sozialrevolutionären Ausdeutung der Pikaro-Figur Gültigkeit beanspruchen. Eine zweite Variante des pikaresken Romans der Eighties stellt hingegen den pikarischen Opportunismus heraus, unterstreicht pikarisches Karrierestreben, Anpassungswut und Unterordnungsbedürfnis. Sie ist Gegenstand der 3. und 4. These dieses Schlußteils. Bedeutsam ist nun zum augenblicklichen Zeitpunkt meiner Synopse, daß sich in *Quinn's Book*, *Moon Palace*, *A Prayer for Owen Meany* und in *Don Quixote* die jeweiligen pikarischen Erzähler (mit graduellen Unterschieden) erhobenen Hauptes und mit Selbstsicherheit für ein Leben an der Peripherie entscheiden. Was nach Frederick Monteser für die pikareske Literatur des Goldenen

Zeitalters Gültigkeit hat, stimmt in den Literaturen des 20. Jahrhunderts nur noch partiell: „*picarismo* is never voluntary [...]."[6]

Für den amerikanisch-pikaresken Roman der 80er Jahre gilt sogar noch spezifischer, daß erstmalig in der Geschichte des Genres *picarismo* einer freiwillig und bewußt gesetzten subkulturellen Selbstabgrenzung und Selbstdefinition dient. Auster, Irving, Acker und Pynchon politisieren somit die gesellschaftliche Peripherie: Daniel Quinn, M.S. Fogg, John Wheelwright, DL sowie Prairie und Zoyd Wheeler sind keine Figuren, die aufgrund sozialer oder psychischer Defizite einen angestrebten Anschluß an die gesellschaftliche Mitte „verpassen." Statt dessen stehen sie beispielhaft für einen politisierten, ungezähmten Nonkonformismus. Bei Kennedy, Auster, Acker und Pynchon wird die Zugehörigkeit zu einem gesellschaftlichen Randbereich sogar zu einer unverzichtbaren Voraussetzung für Originalität und Authentizität. In dem Maße freilich, in dem sich der Pikaro der 80er Jahre exzentriert, gewinnt er auch an Exzentrik. Foggs krankhafter Rückzug in die Innerlichkeit, Don Quixotes Irrsinn, Zoyd Wheelers exaltierter Lebensstil als Althippie und DLs bizarre Selbstdefinition als altlinke Ninjette exemplifizieren, daß den zeitgenössischen pikaresken Romanciers keineswegs daran gelegen ist, die Vorzüge einer im Alltagsleben realisierbaren alternativ-unangepaßten Existenz zu propagieren. Es wäre ganz ohne Zweifel ein Mißverständnis zu meinen, den pikaresken Romanciers der 80er Jahre wäre primär an einem Appell zu einer exzentrischen Lebensweise gelegen. Ihr Ziel ist es vielmehr, ihre Figuren als literarisch-symbolische Repräsentanten oppositioneller Weltbilder und Wertesysteme auszudeuten.

---

[6] Frederick Monteser, *The Picaresque Element in Western Literature* (University: University of Alabama Press, 1975), p. 18.

Zweite These: Pikareske Romane der späteren 80er Jahre verschaffen dem Gegenkulturellen, Marginalisierten und Ausgegrenzten Gehör.

Es ist somit eine Funktion der pikaresken Romanliteratur der 80er Jahre, dem Anderen, Abweichenden, Randständigen eine Stimme zu verleihen. Ihre pikarischen Figuren sind klar als Widerspruch zum Tugendideal der Neokonservativen der Reagan-Dekade entworfen: Ehrlichkeit, puritanische Arbeitsethik und Respekt vor den Eigentumsrechten anderer sind ihnen fremd. Die neue Akzentsetzung auf Differenz, Dissens und Konflikt beeinflußt schließlich folgerichtig das romaninterne Wertsystem der Pikareske und wirkt sich sogar auf die mikrostrukturelle Gestaltung einzelner Motive aus, wie etwa auf die des Geldes und des Exzesses. Während die Pikaros von Charles Brockden Brown, John Dos Passos und sogar noch Rita Mae Browns Molly Bolt das Streben nach Wohlstand und Reichtum als ein essentielles Element individueller Selbstverwirklichung begreifen und den nüchternen Pragmatismus ihrer Weltsicht zu einer Erfolgsstrategie erheben, preist eine nennenswerte Zahl pikarischer Figuren des Reagan-Jahrzehnts (wie z.B. M.S. Fogg, Don Quixote und Zoyd Wheeler) materielle Askese und rauschhaften Exzeß.

Pikareske Romane der Reagan-Dekade reagieren sensibel auf aktuelle kulturelle Zeitströmungen: *Race* (bei Kennedy und Boyle), *Gender* (bei Irving, Acker und Pynchon) und *Class* (bei Kennedy, Boyle, Irving und Acker) werden zu wichtigen Themen und zu wichtigen Komponenten der pikarischen Selbstdefinition in zeitgenössischen Erzählwerken. In den 80er Jahren erfährt der amerikanische Pikaro der Tendenz nach einen ethnischen, feministischen und sozialrevolutionären Zuschnitt. 1899 schreibt Frank W. Chandler über den Pikaro: „he is neither the court fool nor the pirate, but he has actual and literary affiliations with both."[7] Knapp 100 Jahre, nachdem diese Feststellung getroffen wurde, können der US-amerikanische Pikaro bzw. die amerikanische Pikara auch zum Piraten

---

[7] Frank Wadleigh Chandler, *Romances of Roguery: An Episode in the History of the Novel: Part I: The Picaresque Novel in Spain* (New York: Columbia University Press, 1899), p. 46.

bzw. zur Piratin der Gegenkultur werden. Die subkulturelle Einfärbung der Pikaro-Figur führt dazu, daß tragende Glaubenssätze der konformistischen amerikanischen Mittelstandskultur kritisch hinterfragt und zurückgewiesen werden.

So gilt beispielsweise gemäß der Integrationsideologie der *mainstream culture* Amerika als ein Schmelztiegel, der ethnokulturelle Wurzeln und Gebräuche in einem als positiv bewerteten Prozeß einebnet und Einwanderer der unterschiedlichsten Herkunft „amerikanisiert." Auch im US-amerikanischen Roman wurde das Phänomen der Akkulturation lange Zeit als ein begehrenswertes individuelles Entwicklungsziel glorifiziert und und war gleichbedeutend mit der Verleugnung und Auslöschung einer früheren Identität. Die Sozialwissenschaft der 80er Jahre freilich verweist die Vorstellung vom amerikanischen Schmelztiegel zu Recht und mit Nachdruck „in das Reich der Folklore und Mythologie": „Jene Stereotype [sic!], die amerikanische Nation sei ein riesengroßer Schmelztiegel, in dem nationale, sprachliche, kulturelle und religiöse Unterschiede zwischen den Einwanderern eingeschmolzen würden, hält einer empirischen Untersuchung nicht stand."[8]

Im Einklang mit neueren Thesen aus dem Bereich der Geistes- und Sozialwissenschaften bekennt sich der amerikanische Pikaro der 80er Jahre erstmals in einer ganzen Reihe repräsentativer Texte offensiv zu seiner Normabweichung und Andersartigkeit; „sein" Amerika ist ein Patchwork ethnischer, sozialer und sexueller Minderheiten, ist eines der Diversifizierung, der Multiethnizität und der Multikulturalität. Der Pikareske kommt so die Funktion zu, Prozesse der kulturellen Anpassung mit Mißtrauen zur Darstellung zu bringen und Widerstand gegen Assimilierungszwänge auszuformulieren; sie wird zu einem Medium der Ideologie- und Gesellschaftskritik. Da sich die Helden oder Antihelden der Pikareske zumindest phasenweise in Opposition zu den politisch und wirtschaftlich Mächtigen ihrer Zeit definieren, entsteht eine Romankunst, die über den gesellschaftlichen Wandel hinweg zutiefst politisch inkorrekt ist, ja sein muß. Spezifischer gilt, daß sich in den späteren 80er Jahren die

---

[8] Peter Lösche, *Amerika in Perspektive: Politik und Gesellschaft der Vereinigten Staaten* (Darmstadt: Wiss. Buchgesellschaft, 1989), pp. 16 und 11.

Pikareske zu einer Form der Romankunst entwickelt, die das Andere (andere Kulturen und Subkulturen, andere Lebensstile und abweichendes sexuelles Verhalten, andersartige geographische Räume und Wirklichkeitssichten) nicht dämonisiert, sondern empathetisch zur Darstellung bringt. Der Kanon wertvoller Kunst und Literatur, den Amerikas Neue Rechte gegenwärtig zu erstellen im Begriff ist, grenzt aus; er hat kaum Raum für pikareske Erzählformen: „Conservatives [...] hate art that probes the dark side of American life and American history and forces us to confront the not-very-nice facts about our country, as well as art concerning deep conflicts within our culture."[9] Diese Negativliste referiert freilich gleichermaßen sowohl ein Kunst- und Literaturverständnis, von dem sich gesinnungspatriotische Kulturpolitiker abgrenzen wollen, als auch die spezifischen Leistungsmöglichkeiten des pikaresken Gegenwartsromans.

Dritte These: Pikareske Erzählmuster stellen in der Reagan-Dekade eine Struktur bereit, in der die Generation der in den 60er Jahren Herangewachsenen kollektive Erfahrungen, Befreiungsgeschichten und gescheiterte Befreiungsphantasien artikulieren kann.

Nur ein Teilbereich der amerikanisch-pikaresken Romanliteratur der 80er Jahre versieht die Pikaro-Figur mit sozialrevolutionären Zügen. Eine zweite Gruppe von Texten legt das Gewicht auf andere, zwielichtigere pikarische Charaktermerkmale wie Konformismus, Opportunismus oder Masochismus. Figuren wie Frenesi Gates, Homer Wells oder Walter Van Brunt, die sich auf die gesellschaftliche Mitte zubewegen, werden als Verräter an ihren einstigen Idealen konzipiert und zahlen für diese Entscheidung den Preis, ein inauthentisches Leben führen zu müssen. Die amerikanische Pikareske der Reagan-Dekade akzentuiert Befreiungsgeschichten und Befreiungsphantasien; wo diese scheitern, erzählt sie Fallstudien zu Phänomenen wie Treuebruch und Selbstversklavung. Die Erfahrungen mit den

---

[9] George Lakoff, *Moral Politics: What Conservatives Know That Liberals Don't* (Chicago und London: University of Chicago Press, 1996), p. 239.

gescheiterten Gesellschaftsutopien der 60er Jahre können auch die kulturpessimistische Grundstimmung erklären, die sich gelegentlich (bei Boyle, in *A Prayer for Owen Meany*, mit Einschränkungen auch in *Vineland*) in pikaresken Erzählwerken der Eighties Ausdruck verschafft.

1975 konnte Frederick Monteser im Rückblick auf die pikareske Romanliteratur der letzten vier Jahrhunderte mit Berechtigung die These aufstellen: „the picaro had a habit of winning his battle."[10] Für einen Teil der amerikanischen Beiträge aus den 80er Jahren zum Genre der Pikareske aber gilt, daß sich die pikarischen Sohnes- und Tochtergestalten nicht gegenüber einer repressiven Vaterwelt erfolgreich behaupten können. Die Beziehung eines Pikaros oder einer Pikara zu diversen Ersatzeltern hatte schon immer die Tendenz, zu einer masochistischen Unterordnung unter die Vater-Gesetze zu degenerieren. Die Literatur der 80er Jahre beschreibt aber mit insistenter Hartnäckigkeit die Kapitulationserfahrungen einer gesamten Generation, schildert, wie Elternfiguren eine Kindergeneration vernichten, die naiv an die gesellschaftsverändernde Kraft sporadisch-disruptiver Widerstandsgesten glaubt. Was als Elternsuche beginnt, mündet mitunter in unkritischem Patriotismus; der Vater wird substituiert durch das Vaterland. Uneingestandenes Assimilationsbegehren und Unterordnungsbedürfnis, unreflektierter und deshalb naiver Moralismus, Geschichtsunkundigkeit, hedonistische Konsumorientierung, sektiererischer Rigorismus: so lauten die Antworten der pikaresken Romanciers der 80er Jahre auf die Frage nach den Ursachen für das Scheitern der Protestbewegungen der Sixties.

Der amerikanisch-pikareske Roman der 80er Jahre bestätigt mit besonderer Dringlichkeit die Relevanz einer Fragestellung, die Ulrich Wicks 1989 wie folgt formuliert: „Is not the essential picaresque pattern a quest for 'home' – home in the sense of material and social success (*Lazarillo*), or in the spiritual sense of union with God (as in *Guzmán* and *Simplicissimus*), or even in the mythic sense of a return to Paradise?"[11] Alle drei Varianten werden in der pikaresken

---

[10] Frederick Monteser, p. 19.
[11] Ulrich Wicks, *Picaresque Narrative, Picaresque Fictions: A Theory and Research Guide* (New York u.a.: Greenwood, 1989), p. 48.

Romanliteratur der Reagan-Dekade verwirklicht: Aufstiegskarrieren (in *Quinn's Book*, *World's End* und in *The Cider House Rules*), explizite Konversion (in *A Prayer for Owen Meany* und in *Vineland*), utopische Sehnsucht (in *Moon Palace*, *Don Quixote* und *Vineland*). Alle prominenten pikaresken Romanciers der Eighties haben die 60er Jahre mit Sympathie und Engagement miterlebt und begleitet. Aus ihren biographisch verbürgten Erfahrungen leiten sie ein besonderes, sensibles Interesse an einem literarischen Prototyp ab, dem das Scheitern aufgrund äußerer Umstände und innerer Widersprüche prägnant eingeschrieben ist. Folgerichtig wird der Verrat in den Pikaresken von T.C. Boyle und Thomas Pynchon zu einem wichtigen Motiv, wenn nicht gar zu dem entscheidenden Schlüsselmotiv.

In *Vineland* verrät Frenesi, in *World's End* verraten gleich vier Figuren (Jeremias, Wouter, Truman, Walter) Familie und Freunde, weltanschauliche Prinzipien und bisherige politische Weggefährten. Die jeweiligen Beweggründe sind in allen fünf Fällen gleich: egozentrische Lebensgier, gekoppelt mit der masochistischen Lust an der Unterordnung und tiefsitzenden Gefühlen der Ohnmacht und der Inferiorität. Alle fünf Figuren exemplifizieren, wohin der Lebensweg solcher pikarischen Protagonisten führt, die sich einstmals als Rebellen definierten, sobald sie von dem Prinzip der Solidarität und dem Ideal der Egalität abrücken. In einer entsolidarisierten Gesellschaft verlieren sie an entscheidenden Wendepunkten ihrer Biographie den Mut, gegen den Strom zu schwimmen. So enden sie wider bessere Einsicht entweder als Gesinnungspatrioten oder als Erfüllungsgehilfen nationalistischer Interessen. Auch für die pikaresken Welten des amerikanischen Gegenwartsromans gilt, was Jameson in einer Interpretation zu Allessandro Manzonis *I Promessi Sposi* (1826) eindringlich konstatiert: „Here one does more than suffer evil, one is contaminated by it."[12]

---

[12] Fredric Jameson, *The Political Unconscious: Narrative as a Socially Symbolic Act* (London: Routledge, 1989), p. 131.

Vierte These: Die Familienmetaphorik des pikaresken Romans hat politische Implikationen. Sie liefert einen Rahmen für literarische Studien zu Masochismus, Autoritätssucht und Autoritätsgläubigkeit.

Das Muster, dem die Lebenswege Walters und Wouters in Boyles *World's End* folgen, ist symptomatisch für alle Pikaresken des Jahrzehnts: beide Figuren imitieren den jeweiligen biologischen Vater, um den erwählten Ersatzvätern zu gefallen. Wo die leiblichen Väter im pikaresken Roman der Eighties nicht bekannt sind, wie in den Fällen von Daniel Quinn, Marco Fogg, Homer Wells und John Wheelwright, bleibt den Pikaros nur noch der soziale Vater als Bezugsgröße. Mitleidlos, zielstrebig und entschlossen nutzen die jeweiligen Surrogatväter (Will Canady, Thomas Effing, Wilbur Larch, Owen Meany) die pikarische Unterordnungs- und Gefallsucht für ihre Zwecke. Der symbolische Vatermord gelingt allein M.S. Fogg und Don Quixote. Und in beiden Fällen ist das Ergebnis nicht die erhoffte Befreiung, sondern Orientierungslosigkeit.

Die Psychologik ausgewählter Pikara-Figuren des Jahrzehnts folgt nicht exakt dem Entwicklungsmuster ihrer männlichen Gegenstücke. Sowohl Maud Fallon (aus *Quinn's Book*) als auch Prairie Wheeler (aus *Vineland*) begehren zwar die Liebhaber ihrer leiblichen (Frenesi) bzw. ihrer Ersatzmutter (Magdalena Colón). Bei beiden Beispielen ist jedoch das Motiv nicht der Wunsch nach simpler Imitation des mütterlichen Verhaltens, sondern der nach Konfrontation. Maud und Prairie definieren zunächst ihre Mütter als Konkurrentinnen, um sie danach besiegen zu wollen. Das Ziel beider Heldinnen ist es, im Ersatzvater die Erinnerung an die Mutter zu tilgen. So sind es überraschenderweise nicht die psychischen Entwicklungen und Begehren pikarischer Sohnesfiguren, sondern vielmehr diejenigen der pikarischen Töchter, denen eine beispielhaft ödipale Struktur zugrundeliegt.

Indem die pikaresken Romanciers der Reagan-Dekade in ihren Texten die allgemeinpolitische Relevanz der Familienmetaphorik des pikaresken Romans pointert herausarbeiten, tragen sie entscheidend zu einer (Re-)Politisierung des Genres bei. In allen amerikanischen Pikaresken der späteren 80er Jahre und besonders offensichtlich in

Quinn's Book, *The Cider House Rules* und *Don Quixote* symbolisieren die Ersatzfamilien der Pikaros und Pikaras politisch-kulturellen Konformitäts- und Assimilationsdruck. Bei Acker und Pynchon schließlich wird „Familie" in einem noch spezifischeren Sinne explizit zu einer Metapher für staatliche Bevormundung und Repression. Die Familienmetaphorik der zeitgenössischen Pikareske hat somit auch politische Implikationen. Die Metapher vom Staat als einer Familie dürfte wohl keinem Gemeinwesen der Gegenwartswelt fremd sein. In der US-amerikanischen politischen Kultur der 80er und 90er Jahre kommt ihr aber eine besondere Relevanz zu. 1996 hat der auf dem Gebiet der Analyse von Alltagsmetaphern ausgewiesene Linguist George Lakoff eine Monographie zur Funktion der Familienmetaphorik in der zeitgenössischen politischen Rhetorik der Vereinigten Staaten vorgelegt, deren Ziel es ist, den Nachweis zu führen, „how moral reasoning in politics is ultimately based on models of the family."[13] Lakoff führt die unterschiedlichen Weltbilder und moralischen Werturteile konservativer und linksliberaler Politiker auf konträre Familienkonzeptionen und gegensätzliche Instrumentalisierungen der Familienmetaphorik zurück. Er trifft eine Unterscheidung zwischen einem konservativen Denkmuster, das er mit „the Strict Father model" überschreibt, und einer „linksliberalen"[14] Familienkonzeption, für die er den Begriff „the Nurturant Parent" prägt. Er definiert die beiden Weltbilder wie folgt:

> At the center of the conservative worldview is a Strict Father model:
> This model posits a traditional nuclear family, with the father having primary responsibility for supporting and protecting the

---

[13] George Lakoff, p. 17.
[14] Lakoff definiert als „liberals", p. 21, Staatsbürger, die u.a. folgende politischen Ziele verfolgen: „support for social programs; environmentalism; public education; equal rights for women, gays, and ethnic minorities; affirmative action; the pro-choice position on abortion [...]." Es wird deutlich, daß der Begriff nicht mit „Liberale" übersetzt werden darf; viel eher meint Lakoff mit dem Begriff ein politisches Milieu, das dem sozialdemokratisch-grünalternativen Lager nahesteht. Das Adjektiv „liberal" muß folglich mit linksliberal und das Substantiv „liberals" mit Linksliberale übersetzt werden.

> family as well as the authority to set overall policy, to set strict rules for the behavior of children, and to enforce the rules. The mother has the day-to-day responsibilty for the care of the house, raising the children, and upholding the father's authority. Children must respect and obey their parents; by doing so, they build character, that is, self-discipline and self-reliance. [...] Self-discipline, self-reliance, and respect for legitimate authority are the crucial things that children must learn.
> [...]
> The liberal worldview centers on a very different ideal of family life, the Nurturant Parent model:
>> Love, empathy, and nurturance are primary, and children become responsible, self-disciplined and self-reliant through being cared for, respected, and caring for others, both in their family and in their community. Support and protection are part of nurturance, and they require strength and courage on the part of parents. The obedience of children comes out of their love and respect for their parents and their community, not out of the fear of punishment. Good communication is crucial. If their authority is to be legitimate, parents must explain why their decisions serve the cause of protection and nurturance. [...]
>> [...] What children need to learn most is empathy for others, the capacity for nurturance, and the maintenance of social ties, which cannot be done without the strength, respect, self-discipline and self-reliance that comes through being cared for. Raising a child to be fulfilled also requires helping that child develop his or her potential for achievement and enjoyment. That requires respecting the child's own values and allowing the child to explore the range of ideas and options that the world offers.[15]

Lakoff selbst gesteht freimütig ein, daß es sich bei seinen beiden idealtypischen Konstruktionen um „culturally elaborated variants of traditional male and female models"[16] handelt. Für den Kontext des pikaresken Erzählens ist es bedeutsam, daß die Verfechter der jeweiligen Systeme von familiärer Ordnung unterschiedlich auf solche Formen des normabweichenden Verhaltens reagieren, wie sie durch pika-

---

[15] George Lakoff, p. 33f.
[16] George Lakoff, p. 155.

rische Figuren der kontemporären Erzählliteratur exemplifiziert werden. Diejenigen, die dem Weltbild des gestrengen Vaters anhängen, erfahren Normabweichungen als eine Bedrohung sowohl der eigenen Selbstsicherheit als auch der Gesundheit des „Volkskörpers", wie beispielsweise die panischen Reaktionen konservativer Kreise auf die Ausbreitung des mit homosexuellen Praktiken assoziierten AIDS-Virus während der 80er Jahre belegen. Von den Vertretern einer Pädagogik, die Fürsorgepflicht, soziale und kommunikative Kompetenz akzentuiert, werden hingegen die grenzüberschreitenden Erfahrungen gesellschaftlicher Abweichler positiv bewertet. Im ersten Modell verdient Normabweichung Bestrafung, im zweiten Protektion.

Die pikaresken Romane der 80er Jahre beschreiben pikareske Welten, die nach einem hartherzigen Vaterprinzip organisiert sind. Indem sie dieses einer Kritik unterziehen, klagen sie implizit das Mutterprinzip ein. Kennedys Empathie für die Armen und Obdachlosen, die sympathetische Darstellung der subkulturellen Gegenbewegung der 60er Jahre in den Werken Ackers, Austers und Pynchons, Boyles Kritik an dumpfpatriotischen Hexenjagden auf Andersdenkende, Irvings Kritik an der scheinheiligen Frömmigkeit der Gegner des Rechts auf Schwangerschaftsunterbrechung und seine Kritik an der apolitischen Herrschaftsgläubigkeit seiner Landsleute: dies alles fußt im Kern auf der Konzeption eines Anti-Reagan-Staates, der Meinungsfreiheit, Bürgerrechte, Gleichberechtigung der Geschlechter und Ethnien und soziale Gerechtigkeit als seine ureigenen Aufgaben begreift und wahrnimmt. Die Erfahrungen, die die pikarischen Figuren in amerikanischen Romanen der Reagan-Dekade mit der Vaterwelt und mit dem Vaterland machen, bewegen sich in aufschlußreicher Nähe zu den Erfahrungen, die gemäß den Handbüchern einer rechtskonservativen, christlich-dogmatischen Pädagogik einer Kindergeneration zukommen. Eine „Blütenlese"[17] aus neokonservativen Leitfäden zur pädagogischen Unterweisung vermag zu paraphrasieren, nach welchen Ordnungs- und Erziehungsprinzipien

---

[17] Eine solche – umfangreichere – Blütenlese findet sich auch in der Monographie von George Lakoff, pp. 340-348; die wortgleiche Übereinstimmung der Zitate Lakoffs mit den jeweilgen Originalen habe ich überprüft.

die Romanwelten der pikaresken Romanciers der 80er Jahre aufgebaut sind:

> In the command of obedience given to children, there is no mention made of any exception. It must be set forth and impressed on them without any exception. „But what if parents command something wrong?" This is precocious inquisitiveness.[18]

> *The spanking should be administered firmly.* It should be painful and it should last until the child's will is broken. It should last until the child is crying, not tears of anger, but tears of a broken will. As long as he is stiff, grits his teeth, holds on to his own will, the spanking should continue.

> *Require strict obedience.* The obedience should always be immediate, instant, without question or argument. What the father says to do, the son does. He does it well, he does it immediately, he does it without argument. The parents allow no exceptions to the rule. Hence, obedience is the law of the land and the child should not deem it necessary to have an explanation for orders he has received from his parents.

> Obedience is the most necessary ingredient to be required from the child. This is especially true for a girl, for she must be obedient all her life. The boy who is obedient to his mother and father will some day become the head of the home; not so for the girl. Whereas the boy is trained to be a leader, the girl is being trained to be a follower. Hence, obedience is far more important to her, for she must some day transfer it from her parents to her husband.[19]

> The use of the rod enables a controlled administration of pain to obtain submisson and future obedience. [...] The parent is the best judge of the correct number and intensity of strokes needed for a particular child. However, if the child repeatedly disobeys, the chastisement has not been painful enough. [...]

---

[18] Larry Christenson, *The Christian Family* (Minneapolis: Bethany House, 1970), p. 59.
[19] Alle drei Zitate aus: Jack Hyles, *How to Rear Children* (Hammond: Hyles-Anderson, 1972), pp. 99f., 144, 158.

> [...] The only issue in rebellion is will; in other words, who is going to rule, the parent or the child. The major objective of chastisement is forcing the child's obedience to the will of his parents.[20]

Es sind derlei Erziehungsmaximen, mit denen sich die pikaresken Romanciers der Reagan-Zeit während ihrer Jugend konfrontiert sahen. Das Beängstigende aber ist, daß eben solche Prinzipien, transferiert auf das nationale Selbstverständnis und auf die Politik gegenüber Abweichlern und Minderheiten, in den 80er Jahren in der politischen Rhetorik der Neokonservativen eine unheimliche Wiederauferstehung feiern und sich allgemeiner Beliebtheit und Zustimmung erfreuen. Die pikaresken Romanciers der Reagan-Ära definieren sich auch deshalb in Abgrenzung und Gegnerschaft zu dem populären Zeitgeist der Dekade, weil sie am eigenen Leibe, in der eigenen Biographie erfahren haben, was George Lakoff in prägnante Worte faßt:

> Strict Father morality is not just unhealthy for children. It is unhealthy for any society. It sets up good vs. evil, us vs. them dichotomies and recommends aggressive punitive action against „them." It divides society into groups that „deserve" reward and punishment, where the grounds on which „they" „deserve" to have pain inflicted on them are essentially subjective and ultimately untenable [...]. Strict Father morality thereby breeds a divisive culture of exclusion and blame. It appeals to the worst of human instincts, leading people to stereotype, demonize, and punish the Other – just for being the Other.[21]

---

[20] J. Richard Fugate, *What the Bible says about ... Child Training* (Tempe: Alpha Omega, 1980), p. 142f.
[21] George Lakoff, p. 383.

Fünfte These: Figurenmultiplikation und Identitätsdiffusion sind die wichtigsten erzähltechnischen Mittel zur innovatorischen Weiterentwicklung der Pikareske im Bereich der Figurenpsychologie.

World's End, *A Prayer for Owen Meany*, *Don Quixote* und *Vineland* verteilen die klassischen Merkmale eines Pikaros auf mehrere Figuren, führen mehrere pikarische Gestalten in ihre Fiktionen ein. Die Romane erreichen so eine spannende Interaktion zwischen verschiedenen literaturgeschichtlich vorgeprägten Ausdeutungen des pikarischen Protagonisten. Pynchon kontrastiert pikarische Unschuld (Zoyd, DL) mit pikarischem Opportunismus (Frenesi), Acker kontrastiert pikarisches Rebellentum (Don Quixote) mit pikarischem Masochismus (Villefranche), John Irving leistet eine Gegenüberstellung von pikarischen Aufstiegs- (Owen Meany) und Ausstiegsphantasien (John Wheelwright), T.C. Boyle kontrastiert pikarische Aufsässigkeit (Jeremy Mohonk) mit dem politisch-psychologischen Wunsch des Pikaro nach Unterwerfung (Jeremias, Walter Van Brunt). Die Pikareske bleibt zwar trotz dieser multiplikativ-kontrastiven Technik primär Figurenroman, adaptiert aber gleichwohl Kennzeichen postmodernen Erzählens, die Fragmentierung oder Verdoppelung von Figuren, für seine Zwecke.

Das „*Selbst* von Schelmen" war schon immer nur schwer „zu orten"[22]; außergewöhnlich aber ist es, daß beinahe in allen amerikanisch-pikaresken Romanen der 80er Jahre der pikarische Held bzw. die pikarische Heldin von Gefühlen der Identitätsdiffusion und der Selbstauflösung heimgesucht werden. Daniel Quinn, Marco Stanley Fogg, Walter Van Brunt, Homer Wells, John Wheelwright, Don Quixote, Frenesi Gates und Prairie Wheeler: sie alle finden eigentlich nicht zu einer authentischen, sondern allenfalls zu einer „geborgten" Identität. Die pikareske Identitätslosigkeit wird zum Indiz einer originär amerikanischen, repräsentativen Wunschphantasie, deren Inhalt Dana A. Heller wie folgt faßt: „identity as never fixed, never captured, [...] a self composed of many selves, alive in multiplicity,

---

[22] Johannes Roskothen, *Hermetische Pikareske: Beiträge zu einer Poetik des Schelmenromans* (Frankfurt u.a.: Lang, 1992), p. 34.

always in motion."²³ Die Problematik der Herausbildung einer originären und authentischen Identität war in der US-amerikanischen Romanliteratur seit jeher ein wichtiges Thema. Für die 80er Jahre aber gilt, was Franz Link mit Mißmut registriert: „In zunehmendem Maße wird aber auch auf eine eigene Identitätsfindung verzichtet, resignierend oder der angeblich durch den Verzicht gewonnenen Freiheit wegen."²⁴

Alastair Fowler mißt die Qualität eines zeitgenössischen Romans an dem Grad, in dem es ihm gelingt, „to bring integrated identity out of a chaos of possibilities."²⁵ Mit einer stabilen, gefestigten Identität können die pikarischen Helden der 80er Jahre allerdings nur selten aufwarten; statt dessen durchlaufen sie gelegentlich – besonders prominent bei Acker, Auster und Boyle – qualvolle Phasen der Selbstauflösung. Zwar unternehmen die pikaresken Romanciers der Dekade den Versuch, biographiezentriertes Erzählen zu reaktualisieren – bei drei der sieben Romane, denen in dieser Studie ein textanalytisches Kapitel gewidmet wurde, definiert noch ein Personenname den Titel –, aber letztlich liegt in allen Gegenwartspikaresken der Akzent bei der psychologischen Ausgestaltung der pikaresken Mentalität auf Flexibilität, Instabilität und Identitätsdissolution. Don Quixote, Frenesi und Marco Stanley Fogg sind ebensosehr Persönlichkeiten wie Nicht-Personen; Walter Van Brunt, Daniel Quinn, Homer Wells und John Wheelwright exemplifizieren eine Sicht auf die eigene Biographie, die auf dem Gefühl basiert, ein uneigentliches und inauthentisches Leben gelebt zu haben. „Does a kind [i.e. a literary genre] die upon dissolution of its parts?"²⁶, fragt Fowler 1982. Ganz sicherlich nicht, wie die parodistisch-fragmentarisierenden Experimente Ackers und Pynchons mit der pikaresken Romanform belegen.

---

²³ Dana A. Heller, *The Feminization of Quest-Romance: Radical Departures* (Austin: University of Texas Press, 1990), p. 94.
²⁴ Franz Link, *Amerikanische Erzähler seit 1950: Themen, Inhalte, Formen* (Paderborn u.a.: Ferdinand Schöningh, 1993), p. 509.
²⁵ Alastair Fowler, *Kinds of Literature: An Introduction to the Theory of Genres and Modes* (Oxford: Clarendon Press, 1982), p. 125.
²⁶ Alastair Fowler, p. 165.

So weitet sich in einigen Pikaresken des Jahrzehnts (am deutlichsten bei Kathy Acker, aber auch schon bei Kennedy und Auster) die inhaltliche Kritik am gesellschaftlichen Zentrum aus zu einer Kritik an dem populärpsychologischen Wunschkonstrukt von einem zentrierten, stabilen „Selbst." Nicht nur in einem engeren politischen Sinn, sondern auch individualpsychologisch richten sich die Sympathien zeitgenössischer amerikanischer Romanciers auf die Ränder, auf das Fließende, auf die noch nicht realisierte Potentialität. Es ist unstrittig, daß sich die Charakterisierungstechniken der Figurenmultiplikation und der Identitätsdiffusion auch schon vereinzelt in pikaresken Romanen der 50er, 60er, 70er und frühen 80er Jahre nachweisen lassen. Während der späteren 80er Jahre jedoch avancieren sie zum Standardrepertoire der pikaresken Erzähler Nordamerikas. Klassische Fragestellungen pikaresker Romanciers früherer Jahrzehnte und Jahrhunderte weichen neuen Interesseschwerpunkten. Amerikanische Gegenwartsschriftsteller fragen nicht mehr, wie noch Bellow und Ellison, nach den Bedingungen für die Entstehung von Identität, sondern nach den Voraussetzungen für Differenz. Nicht mehr dem stabilen Subjekt, sondern der Dezentrierung des Subjekts gilt ihr Hauptaugenmerk.

Sechste These: Die pikareske Welt im amerikanischen Roman der 80er Jahre ist gleichermaßen eine repressiv-kapitalistische und eine postmoderne.

Unabhängig von der Zugehörigkeit zu spezifischen Genres gilt der Tendenz nach für US-amerikanische Gegenwartsromane generell: „Nichts erscheint hier zwingend notwendig, wenig nur wahrscheinlich."[27] Ein solcher Befund darf insbesondere bei der Analyse pikaresker Romanwelten Geltung beanspruchen. Es gehört zu den Strukturprinzipien der pikaresken Welt, daß in ihr Undenkbares jäh Wirklichkeit wird, daß Kausalität, Finalität, schicksalhafte Notwendigkeit und Teleologie ersetzt werden durch Synchronizität,

---

[27] Joseph C. Schöpp, *Ausbruch aus der Mimesis: Der amerikanische Roman im Zeichen der Postmoderne* (München: Fink, 1990), p. 252.

Unberechenbarkeit und ironische Willkür. Jenseits des Zufallsprinzips sind in ihr einzig die Gesetzmäßigkeiten der Repetition und der zyklischen Zirkularität gültig. Für die Pikareske der 80er Jahre gilt allerdings ebenso, daß zwar die Gesichter derer, die gesellschaftliche Spitzenpositionen einnnehmen, mitunter wechseln, die Herrschaftsstrukturen selbst jedoch intakt bleiben: „Freilich dreht das Rad sich immer weiter, / Daß, was oben ist, nicht oben bleibt. / Aber für das Wasser unten heißt das leider / Nur: daß es das Rad halt ewig treibt."[28] Figuren wie John the Brawn, Depeyster Van Wart und die jeweiligen fiktionalen Versionen Reagans in den Romanen Irvings, Ackers oder Pynchons stehen für die Ideale der wirtschaftlichen Expansion und der Profitmaximierung, die (aus der Sicht der pikaresken Romanciers) dekadenübergreifend das Selbstverständnis des *Mainstream*-Amerika kennzeichnen. Selbst sexuelle Erfahrungen sind in der Welt der Gegenwartspikareske (in *Quinn's Book*, *World's End*, *The Cider House Rules* und *Don Quixote*) untrennbar und unvermeidlich eingebunden in allumfassende psychosoziale Ausbeutungsstrukturen, dienen einer zeitgenössischen Sonderform egozentrischer „Profitmaximierung." So wirft eine ökonomische Metaphorik bei der Darstellung der Grundlagen von Privatbeziehungen ein bezeichnendes Licht auf das Selbstverständnis pikarischer Figuren.

In diesem Zusammenhang ist es bereits jetzt, in Vorausschau auf die 9. These dieses Schlußteils, bedeutsam, darauf hinzuweisen, daß die Struktur einer spezifischen Romanwelt selbstverständlich nicht von jeder ihrer Figuren adäquat erkannt werden muß. Die pikareske Welt muß nicht mit der Sicht eines Pikaro auf diese Welt identisch sein. Bisweilen kann sogar ein Pikaro den (letztlich erfolglosen) Versuch unternehmen – das Beispiel eines John Wheelwright belegt dies –, die Instabilität seiner Welt unter Rückgriff auf stabile, rigide und mitunter dogmatische Interpretationsmuster zu bändigen. Und zudem ist es ebensowenig ausgeschlossen, daß sich eine pikarische Figur (wie z.B. Ackers Don Quixote) einem sozialrevolutionären Welterklärungsmodell verschreibt.

---

[28] Bertolt Brecht, *Gedichte 4: Gedichte und Lieder aus Stücken und Prosatexten* [...] (Frankfurt: Suhrkamp, 1976), p. 1176.

Der Pikaro mag mitunter von einer alternativen Gesellschaftsstruktur träumen, die Pikareske hingegen entwirft ausnahmslos und zwangsläufig eine totalitär-repressive Ordnung der Welt. Alles Abweichende, Fremde, Gegenkulturelle wird entweder bekehrt („[i]n such a world, the climactic event is [...] conversion"[29]) oder vernichtet. Repressiv wird eine solche Welt vor allem durch standardisierte Rituale der Ein- und Ausgrenzung. Den Wilden und Verrückten, den Transsexuellen und Armen billigt das weiße Kern-Amerika allenfalls den Status der Marginalität zu. Den Schriftstellern der 80er Jahre dient die pikareske Welt als ein Interpretationsgerüst zur Beschreibung der sozialen Spannungen und Ungleichheiten der Dekade. Spezifischer gilt, daß die pikareske Darstellung der Mechanismen der gesellschaftlichen Exklusion und Inklusion den Umgang der politischen und kulturellen Elite der Neuen Rechten mit sozialen, ethnischen oder politischen Minderheiten reflektiert.

Prozesse der Ein- und Ausgrenzung definieren in sozialer, kultureller und geographischer Hinsicht die Essenz des pikaresken Romangenres. Spätestens in den 80er Jahren läßt sich feststellen, wie diejenigen, die zu den oberen 10% der Einkommenspyramide und damit zur Geldelite der Vereinigten Staaten zählen und über 70% des Volksvermögens verfügen, von der Gründung exklusiver Zirkel übergehen zu einer Suche nach exklusiven geographischen Räumen. Nur wer Höchstpreise zahlen kann, erhält Zugang zu bestimmten Wohnvierteln, zu bestimmten kulturellen Ereignissen oder zu erstklassigen Bildungsinstitutionen. Die Reichen bleiben weitgehend unter sich, die Vereinigten Staaten entwickeln sich zu einer entsolidarisierten Gesellschaft: „the affluent [...] do what they can to avoid contact with the desperate and downward mobile. They abandon public services and public spaces – schools, parks, mass transit – which then deteriorate."[30] 1992 kündigte Bushs Vizepräsidentschaftskandidat Dan Quayle einen Wahlkampf an, in dem er sich offen für die Interessen der Reichsten des Landes einsetzen wollte. George Lakoff erinnert sich: „Dan Quayle, in his acceptance speech at the 1992 Republican

---

[29] Fredric Jameson, p. 132.
[30] Barbara Ehrenreich, *The Worst Years of Our Lives: Irreverent Note from a Decade of Greed* (New York: Pantheon Books, 1990), p. 204.

convention, attacked the idea of progressive taxation, in which the rich are taxed at a higher rate than the poor. His argument went like this: 'Why,' he asked, 'should the best people be punished?' The line brought thunderous applause."[31]

Die Pikareske der Gegenwartsliteratur steht der literarischen Postmoderne näher als der literarischen Moderne, die gerade das negiert, was dem pikaresken Roman seine Stoffe liefert: „Im Sinne einer linearen Vorstellung von Entwicklung tendiert die Moderne dahin, Gegenläufiges, Fremdartiges auszugrenzen, zu domestizieren oder zu verdrängen."[32] Wenn man die Auffassung von Heinz-Günter Vester teilt, daß „[e]in erstes Unterscheidungskriterium von Moderne und Postmoderne" durch die (vorhandene oder fehlende) „Zuversicht in die Ordnung von Welt"[33] definiert wird, so liegt es auf der Hand, daß sich die pikareske Welt, die sich durch die Macht des Zufalls und launenhafte Peripetien auszeichnet, der postmodernen annähert. Nach dem Ende der Metaphysik, nach dem Ende der Verbindlichkeit kultureller Metaerzählungen, nach dem Scheitern des Totalitätsanspruchs der Moderne wird die pikareske Welt im Roman der 80er Jahre abgründig und wahrheitslos. Wo keine Wahrheit mehr zu finden ist, dort gedeiht ein vielfältiges Geflecht von Hypothesen, Vermutungen und partikulären Bruchstücken. Für Postmoderne wie Gegenwartspikareske gilt, daß sie dort beginnen, „wo die Trauerarbeit über den Verlust der Totalität beendet [sic!] und der [...] Bejahung über die nun gewonnene Vielfalt Platz gemacht hat."[34] Vielfalt erreicht der zeitgenössische pikareske Roman u.a. dadurch, daß er die Lebensformen von mindestens zwei Ethnien zur Darstellung bringt.

---

[31] George Lakoff, p. 189.
[32] Heinz-Günter Vester, „Moderne – Postmoderne und Retour: Vom Verschiebebahnhof zeitdiagnostischer Begriffe," in: [Evelyn Flögel und Joseph C. Schöpp (eds.)], *Postmoderne – Ende der Avantgarde oder Neubeginn? Essays* (Eggingen: Edition Isele, 1989), p. 18.
[33] Heinz-Günter Vester, p. 16.
[34] Ingeborg Breuer u.a., „Nach dem Ende der großen Erzählungen: Jean-François Lyotards postmoderne Philosophie," in: dies. (eds.), *Welten im Kopf: Profile der Gegenwartsphilosophie: Frankreich/Italien* (Darmstadt: Wiss. Buchgesellschaft, 1996), p. 195.

Postmodern werden die pikaresken Welten des amerikanischen Gegenwartsromans aber nicht nur durch das Bekenntnis ihrer Verfasser zur Diversifizierung und Multikulturalität, sondern auch noch zusätzlich durch intertextuelle Anspielungen und parodistische Darstellungsverfahren. In postmodernen ebenso wie in zeitgenössisch-pikaresken Roman ist die Welt immer bereits eine vorinterpretierte und medial ausgedeutete. Joseph C. Schöpp konstatiert in diesem Sinne zum US-amerikanischen Gegenwartsroman: „Die Textur gibt eine 'Wirklichkeit' frei, die nichts mehr mit der naiv-realistischen von einst zu tun hat. Es ist eine immer schon vermittelte, aus vorgängigen Texten, aus vorgegebenen Diskursen oder vorliegenden Bildern artifiziell verschnittene Wirklichkeit."[35] In *Moon Palace* sind es beispielsweise Bücher, in *Vineland* populärkulturelle Fernseh- und Filmprodukte, in *World's End* und *Don Quixote* amerikanische Gründungsmythen und historiographische Metaerzählungen, die eine authentische, „naive" Erfahrung der Welt unmöglich machen. Folglich wird in der pikaresken Erzählliteratur der 80er Jahre Parodie zu einer Bedingung für (Semi-)Authentizität.

Siebte These: Zeitgenössisch-pikareskes Erzählen ist in der Regel parodistisches Erzählen. Der pikarische Konflikt zwischen Anpassung und Verweigerung spiegelt sich so auch in den Darstellungstechniken des pikaresken Romans wider.

Der auffällige Rückgriff auf parodistische Darstellungsverfahren ist ein markantes Kennzeichen der amerikanischen Pikareske der 80er Jahre. *Quinn's Book* parodiert filmische Techniken und sensationsjournalistische Stilrichtungen, *Moon Palace* populärliterarische Genres (Western, Science Fiction). *World's End* spielt mit den Konventionen des historischen und des apokalyptischen Romans, *The Cider House Rules* mit Erzählkonventionen des 18. (Brockden Brown) und 19. Jahrhunderts (Dickens). *A Prayer for Owen Meany* modelliert mit parodistischer Distanz den Lebensweg des Titelhelden nach dem Muster der neutestamentarisch überlieferten Leidensgeschichte Christi;

---

[35] Joseph C. Schöpp, *Ausbruch aus der Mimesis*, p. 253.

Don Quixote überzeichnet die Konventionen des subliterarischen Genres der Pornographie. *Vineland* schließlich parodiert gleichermaßen TV-Serien und Hollywood-Filme der Reagan-Dekade. Der Konflikt zwischen dem Wunsch nach Konformität und Anpassung und dem gegenläufigen Begehren nach Originalität, Differenz und Rollenverweigerung, der inhaltlich im Zentrum des pikaresken Romans steht, erfährt so eine Ausweitung auf den Bereich der Erzähltechnik. Pikarischen Helden wie pikaresken Romanciers gelingt erst dann eine historisch reflektierte Form von Originalität, wenn sie durch die Technik der Imitation die Last der Überlieferung und die Allmacht populärkultureller Welterklärungsmuster zur Kenntnis nehmen.

Erst parodistische Darstellungsverfahren verhindern nach Einschätzung der prominentesten pikaresken Schriftsteller des Jahrzehnts eine ebenso anachronistische wie illusionäre Restauration der Konventionen eines naiv definierten, mimetischen Realismus: „Zurückholen läßt sich so leicht nicht, was epistemologisch erschüttert und unterhöhlt ist."[36] Generell gilt, daß politische Erzählliteratur der zweiten Hälfte des 20. Jahrhunderts geprägt wird durch ein tiefes Mißtrauen gegenüber den Vereinnahmungsstrategien des herrschenden politisch-kulturellen Systems. Aus der Vertrautheit mit dem Einfluß, den die mediale Wirklichkeitsvermittlung der Bewußtseins- und Kulturindustrie auf dominante Menschen- und Gesellschaftsbilder nehmen kann, wuchs in Produzenten *und* Interpreten politischer Erzähltexte eine profunde Skepsis gegenüber den Möglichkeiten einer kulturellen Revolte. So hat es sich beispielsweise eine wichtige Teilgruppe der gegenwärtigen Literaturkritik zur Aufgabe gestellt, „to ‚unmask' even the works of an overtly oppositional or political stance as instruments ultimately programmed by the system itself."[37] Oppositionelle Gesten, die die Macht populärkultureller Formen der Wirklichkeitskonstitution ignorieren bzw. nicht reflektieren, setzen sich folglich dem Verdacht der (unbewußten, heimlichen oder verheimlichten) Komplizenschaft aus. Das selbstbewußte Bekenntnis zur Parodie wird demnach zu einem Ausweg, der gleichzeitig den Einfluß

---

[36] Joseph C. Schöpp, *Ausbruch aus der Mimesis*, p. 253.
[37] Fredric Jameson, p. 91.

medial vermittelter Weltdeutungen anerkennt, ohne ihm zu assistieren. Durch die Anwendung parodistischer Techniken rückt somit eine zentrale Funktion populärkultureller Produkte ins Zentrum des Erzählinteresses zeitgenössischer Romanciers. Bei Jameson z.B. findet sich diese Funktion wie folgt definiert: „the ideological function of mass culture is understood as a process whereby otherwise dangerous and protopolitical impulses are 'managed' and defused, rechanneled and offered spurious objects [...]."[38]

Es liegt auf der Hand, daß in einem Jahrzehnt, in dem sich spürbar die Grenzen zwischen Wirklichkeit und Inszenierung auflösten und in dem beispielsweise eine fragwürdige Hybridform wie „Reality-TV" erfunden wurde, die Frage nach der Scheidelinie zwischen Simulation und Authentizität mit ungewöhnlicher und besonderer Dringlichkeit neu gestellt wurde. In den pikaresken Romanen der Reagan-Dekade gerät die Grenze zwischen individualbiographisch verbürgter, gelebter Erfahrung einerseits und medial vermittelter, kollektiver (Ersatz-)Erfahrung andererseits ins Fließen. Dieses Merkmal teilt die Literatur mit einzelnen politisch-philosophischen Theoriebildungen des Jahrzehnts. So faßt Dirk Baecker beispielsweise eine wichtige moralphilosophische Komponente der Schriften Jean Baudrillards mit den Worten zusammen: „Nicht zu träumen, sondern das zu träumen, was andere träumen, nicht an sich zu glauben, sondern an das zu glauben, woran andere glauben, das sei heute die Verführung, der nachzugeben noch ermögliche, sich selbst und der Wiederholung Desselben zu entgehen."[39]

Im Kontext zeitgenössisch-pikaresken Erzählens ist das Ergebnis einer solchen Methodik paradox: figurenpsychologisch wie gattungsgeschichtlich gilt, daß erst vordergründige Konformität hintergründige Differenz erzeugt. Das pikarische Imitationsbegehren und die imitatorische Beschreibungstechnik der Pikareske wirken in diesem Sinne potentiell decouvrierend und authentizitätsfördernd. Im Extremfall, im Fall eines Zoyd Wheeler oder einer Don Quixote

---

[38] Fredric Jameson, p. 287.
[39] Dirk Baecker, „Baudrillard, Jean," [Lexikoneintrag] in: Bernhard Lutz (ed.), *Metzler Philosophen Lexikon: Von den Vorsokratikern bis zu den neuen Philosophen* (Stuttgart und Weimar: Metzler, ²1995), p. 89.

etwa, wird imitatorische Simulation sogar zu einer Voraussetzung für die offenherzige, freimütige Artikulation authentischer Gefühle.

Achte These: Das Geschichtsbild des pikaresken Romans bleibt auch in den 80er Jahren ein zyklisches. Die Pikareske leistet somit eine Geschichtsdeutung eigener Art, die quer liegt zu gängigen historiographischen Deutungsmustern: Sie ist fortschrittsskeptisch, ohne zwangsläufig kulturpessimistisch zu sein.

Die Erzählmuster der zeitgenössischen pikaresken Romane vermitteln, in Übereinstimmung mit der Tradition, ein dezidert zyklisches Geschichtsbild. Emphatische und missionarische Fortschrittsgläubigkeit, die einen wesentlichen Bestandteil US-amerikanischer Gründungsmythen ausmacht, wird durch die Ordnung der pikaresken Welt in Frage stellt. Pikareske Romane mißtrauen prinzipiell jeglichen Fortschrittsideologien. An die Stelle von Finalität und dynamischer Progression tritt einfache Abfolge, d.h. in diesem Zusammenhang die entzaubernde und prosaische Vorstellung bloßer Entwicklung ohne Kausalgesetz. Die Geschichtsdeutungsmuster der Pikareske verweigern sich den Interessen einer idealistischen, materialistischen oder evolutionistischen Historiographie. Zeit wird im pikaresken Roman gänzlich unpathetisch als eine Reihe aufeinander folgender Jetzt-Punkte konzipiert. Geschichte wird zu einem *Perpetuum mobile* ohne verborgenen Sinn oder inhärente Entwicklungslogik. Die Gegenwartspikareske erfüllt somit eine seismographische Funktion, registriert eine historische Rhythmik, die sich einer progressiv-dynamischen Geschichtsdeutung verschließt. Pikareske Literatur leistet auf diese Weise eine ihr eigene, alternative Historiographie, die mit Entschiedenheit darauf verzichtet, lineare Geschehnisabfolgen gemäß den Geboten von Notwendigkeit und Teleologie zu deuten und unter eine übergreifende historiographische Meta-Erzählung zu subsumieren. Das Resultat dieser Verweigerung ist zwar notgedrungen eine fortschrittsskeptische, keineswegs aber zwangsläufig eine geschichtspessimistische Perspektive.

Zyklische Geschichtsinterpretationen definieren (ebenso wie existentialistische Modelle) einen Raum, der jenseits einsinniger (pessimistischer oder optimistischer) Entwicklungsprognosen liegt. Die düstere Welt der Pikareske schließt Zukunftsbejahung und historischen Prospektivismus nicht aus; im pikaresken Roman ist eine Entwicklung zum Besseren weder zwangsläufig noch undenkbar. Ein zyklisches Geschichtsdeutungsmodell weiß um die Instabilität statisch erscheinender Verhältnisse und vermittelt darüber hinaus durch das Wissen um die Gesetzmäßigkeiten der Generationenabfolge und -ablösung etwas, das Robert Jay Lifton als „symbolic immortality" bezeichnet: „This sense of immortality is sought normatively in many ways: through living on in one's children, in one's works, in one's human influences, and in what most cultures symbolize as eternal nature."[40] „In the generative cycle," so Frank Kermode, „things affirm their own kind of eternity by the perpetuation of species in change."[41] Wenn pikareske Gegenwartsromane Katastrophen zur Darstellung bringen (wie z.B. *Quinn's Book*, *Moon Palace* oder *World's End*), dann dienen solche Schilderungen immer der Bestätigung und niemals der Zurücknahme oder Einschränkung der zyklischen Weltsicht. Das Ende eines Zyklus ist nicht gleichbedeutend mit dem Ende einer Welt.

In den 80er Jahren gewinnt allerdings die gattungsgeschichtlich konstante Geschichtsdeutung der Pikareske zusätzlich an Aktualität. Zyklische Geschichtsdeutung hat eine lange Tradition; sie gewinnt spätestens mit der ersten Herausbildung archaisch-agrarischer Gesellschaften an Prominenz. Sie ist ein zeituntypisches Relikt einer präkapitalistischen Gesellschaftsordnung. Im Reagan-Jahrzehnt freilich wird das Präkapitalistische zum Antikapitalistischen, wenn pikareske Romanciers in ihren Texten explizit und offen Zweifel an der Gültigkeit einer (dem Kapitalismus eigenen) dynamischen Geschichtskonzeption formulieren und darüber hinaus mehrheitlich (in *Quinn's Book*, *Moon Palace*, *World's End*, *The Cider House Rules*, *Don Quixote* und *Vineland*) implizit Kritik üben an den ideologischen Grundlagen

---

[40] Robert Jay Lifton, „The Image of 'The End of the World': A Psychohistorical View," in: Saul Friedländer et al. (eds.), *Visions of Apocalypse: End or Rebirth?* (New York und London: Holmes & Meier, 1985), p. 161.
[41] Frank Kermode, *The Sense of an Ending: Studies in the Theory of Fiction* (London u.a.: Oxford University Press, 1967), p. 79.

des kapitalistischen Gesellschafts- und Produktionsmodells. Pikareske Gegenwartsromane erfüllen somit eine kulturdiagnostische Funktion: Wenn der Zeitgeist einer Dekade den Glauben an eine Geschichtskonzeption verliert, die Wandel als sozialen Fortschritt deutet, formieren sich in der Literatur pikareske Welten und Welterklärungsmuster, die auf zyklische Abläufe rekurrieren. Gegen Ende des Romans *Moon Palace* wird Marco Stanley Fogg gleichermaßen und gleichzeitig zu einem Wanderer auf einer ebenso prä- wie postkapitalistischen Welt.

Das Geschichtsbild der amerikanischen Pikareske bleibt also auch in den 80er Jahren uneingeschränkt zyklisch. Es kommt allerdings während der Eighties gelegentlich zu einem Konflikt zwischen der strukturell vorgegebenen und invariablen Geschichtsdeutung der generischen Form der Pikareske und den Erklärungsmustern einzelner pikarischer Figuren. Der pikareske Roman der späteren 80er Jahre umfaßt Figuren, die eine dynamisch-progressive (John the Brawn, Maud Fellon, Homer Wells), kulturpessimistische (Thomas Effing, Wilbur Larch, Owen Meany), paranoide (John Wheelwright), revolutionäre (Don Quixote, Frenesi bis zum Zeitpunkt ihrer Konversion), apokalyptische (Truman Van Brunt, DL) oder zyklische Bewertung (Daniel Quinn, M. S. Fogg, Jeremy Mohonk, die auktorialen Erzähler in *World's End* und *Vineland*) geschichtlicher Entwicklungen vornehmen. Diese möglichen Varianten werden aber in das übergeordnete Geschichtsdeutungsmuster der literarischen Form integriert und in letzter Konsequenz durch dieses widerlegt. Am Beispiel der amerikanischen Pikareske der 80er Jahre zeigt sich exemplarisch, wie überlieferte narrative Formen und Konventionen die Weltsicht eines Genres – bisweilen im Konflikt mit explizit bekundeten auktorialen Darstellungsabsichten – definieren, indem sie entscheidend dazu beitragen, die Grenzen festzulegen, nach denen historische Prozesse gestaltet, plausibilisiert oder erklärt werden können.

Neunte These: Im amerikanisch-pikaresken Roman der 80er Jahre kommt es zu einer bedeutsamen Differenzierung zwischen dem Geschichtsbild einzelner pikarischer Figuren und dem übergreifenden Geschichsdeutungsmuster der literarischen Form: ersteres kann apokalyptisch sein, letzteres nicht.

In einem Essay zur Differenzierung zwischen dem literaturkritischen Begriff der Moderne und dem der Postmoderne identifiziert Heinz-Günter Vester, wie bereits im Boyle-Kapitel dieser Monographie konstatiert wurde, „apokalyptische Stimmungslagen"[42] als ein Merkmal der zeitgenössisch-postmodernen Kultur und Gesellschaft. Die Integration apokalyptischer Themen in die literarische Form der Pikareske kennzeichnet auch sechs der sieben Erzählwerke, die die Primärtextgrundlage für diese Studie lieferten; allein Irvings *The Cider House Rules* rekurriert nicht auf apokalyptische Motive oder Welterklärungsmuster.

Wie prominent oder unauffällig aber präsentieren sich die 80er Jahre des 20. Jahrhunderts im Gesamtkontext amerikanisch-apokalyptischer Literatur? Die Ereignisgeschichte des Jahrzehnts läßt einander gegenläufige Antworten zu. Am Beginn der Dekade schürt der Amtsantritt Reagans in den Friedensbewegungen Nordamerikas und Europas Ängste vor einem „heißen" Krieg, vor einer atomaren Auseinandersetzung zwischen den Supermächten; am Ende des Jahrzehnts aber stehen Abrüstungsverträge, fällt die Mauer in Berlin, löst sich das Sowjetimperium auf. Joseph Dewey spricht, mit Blick auf die Erzählwerke von Vonnegut, Coover, Percy, Pynchon, Gaddis und DeLillo, von einem „revival of the apocalyptic temper"[43]; Frank Kermode hingegen konstatiert in einer Zeitdiagnose lapidar: „For the time being, the apocalyptic, certainly in Western literature, is out of fashion, and the Gospel is not being written."[44] Wenn, wie Kermode formuliert, „Terrors and Decadence [...] two recurring elements in

---

[42] Heinz-Günter Vester, p. 21.
[43] Joseph Dewey, *In a Dark Time: The Apocalyptic Temper in the American Novel of the Nuclear Age* (West Lafayette: Purdue University Press, 1990), p. 41.
[44] Frank Kermode, „The Apocalyptic and the Modern," in: Saul Friedlander et al. (eds.), *Visions of Apocalypse: End or Rebirth* (New York und London: Holmes & Meier, 1985), p. 102.

the apocalyptic pattern"⁴⁵ sind, dann scheinen die 80er Jahre – zumindest aus der Perspektive eines Pynchon oder eines Irving – geradezu dazu prädestiniert zu sein, mit markanter Häufigkeit auf apokalyptische Darstellungsmuster zur Beschreibung der zeitgenössischen Wirklichkeit Amerikas zurückzugreifen. Nach M. H. Abrams kennen apokalyptische Erzählwerke nur „the opponent forces of light and darkness and there is no middle-ground between the totally good and the totally evil." Zeitalter, die durch apokalyptische Weltdeutungsmuster gekennzeichnet werden, kennen nach Abrams nur absolute Polarität, nur unversöhnbare Antithesen: „Those who are not totally for are totally against; if you are not part of the solution you are part of the problem [...]."⁴⁶

Mit unvereinbaren Antithesen glauben sich auch die pikaresken Romanciers der Reagan-Dekade konfrontiert, wenn sie ihren Blick auf die gesellschaftliche Wirklichkeit lenken. Das hinterläßt Spuren: *Quinn's Book* setzt ein mit einer Katastrophe, die der Ich-Erzähler als apokalyptisch empfindet; *A Prayer for Owen Meany* zitiert am Ende die Offenbarung des Johannes; auf die Apokalypse spielt T.C. Boyle bereits im Titel seines Romans *World's End* an; *Moon Palace* registriert mit apokalyptischer Düsterkeit die Irreversibilität des Völkermords an der indianischen Urbevölkerung; in *Don Quixote* und *Vineland* werden angesichts der sozialen Verhältnisse im Amerika Reagans Endzeitstimmungen artikuliert. Und doch: entgegen dem, was vereinzelt prognostiziert wurde, ist die Apokalypse nicht zu einem wichtigen, dekadeprägenden Motiv der Literatur des Reagan-Jahrzehnts geworden. Wo die pikaresken Romanciers der 80er Jahre auf apokalyptische Themen und Motive zurückgreifen, dort bleiben diese zum einen eingebunden in übergeordnete pikareske Erzähl-

---

⁴⁵ Frank Kermode, *The Sense of an Ending*, p. 9.
⁴⁶ M.H. Abrams, „Apocalypse: Theme and Variations," in: C.A. Patrides und Joseph Wittreich (eds.), *The Apocalypse in English Renaissance Thought and Literature: Patterns, Antecedents and Repercussions* (Ithaca: Cornell University Press, 1984), p. 345. Cf. auch Lois Parkinson Zamora, „Introduction," zu: ders. (ed.), *The Apocalyptic Vision in America: Interdisciplinary Essays on Myth and Culture* (Bowling Green: Bowling Green State University Popular Press, 1984), p. 3: „Apocalyptic thinking is fundamentally dualistic, envisaging human history as a kind of dialectic between two opposing forces [...]."

strukturen; und zum anderen sind apokalyptische Bilder in zeitgenössisch-pikaresken Romanen immer räumlich und zeitlich begrenzt, sie nehmen niemals ein kosmisches Ausmaß an. Zudem gilt, daß zwar alle pikaresken Romane des Jahrzehnts – wie literarische Apokalypsen generell – mit nur selten eingeschränkter Empathie die Leiden der Ausgegrenzten und Exilierten darstellen, daß solche empathischen Schilderungen aber auch fortgesetzt relativiert werden durch eine schwarz-humorige Sicht auf die Schicksale der jeweiligen (Anti)Helden. Was Joan Bischoff über apokalyptische Romane der 60er Jahre schreibt, gilt mit nicht weniger Berechtigung für pikareske Romane der 80er Jahre: „[they] ring with manic laughter", „[t]he laughter is uproarious, sympathetic, scathing, horrified, manic."[47] Bischoff schließt sich mit ihrem Fazit einer These von R.W.B. Lewis an, der bereits 1965 erklärt hat: „our [i.e. American] literature and our spiritual history are in fact caught between the wrath and the laughter."[48] Zwischen Zorn und Spott ist auch die pikareske Sicht auf die Welt angesiedelt.

Pikareske wie Apokalypse thematisieren vorrangig Zeit und Geschichtlichkeit. Douglas Robinson unterscheidet in seiner Geschichte amerikanisch-apokalyptischer Erzählwerke zwischen „the *biblical* prediction", „the *annihilative* prediction" und „the *continuative* prediction of no end at all [....]"[49] Pikareske Romane sind immer, so sie denn den Konventionen des Genres entsprechen, der zuletzt genannten Kategorie zuzurechnen. Eine pikareske Individualbiographie mag mitunter – selten genug – den Anschein von zielgerichteter Linearität suggerieren, die pikareske Welt aber ist ausnahmslos eine, die nach den Gesetzen des Zufalls und der zyklischen Wiederkehr strukturiert ist. Was die fortschreitende Zeit den jeweiligen Pikaros und Pikaras beschert, das trägt immer die Merkmale der Unberechenbarkeit, der Launenhaftigkeit und der Kapriole. Wo

---

[47] Joan Bischoff, „With Manic Laughter: The Secular Apocalypse in American Novels of the 1960's," Diss. Lehigh University, 1975, pp. 2 und 307.
[48] R.W.B. Lewis, „Days of Wrath and Laughter," in: *Trials of the Word* (New Haven: Yale University Press, 1965), p. 185.
[49] Douglas Robinson, *American Apocalypses: The Image of the End of the World in American Literature* (Baltimore und London: Johns Hopkins University Press, 1985) p. 26.

Pikareske und Apokalypse kombiniert werden, dort liegt immer ein eindeutiges und unstrittiges Hierarchisierungsverhältnis vor: in keinem pikaresken Erzähltext der 80er Jahre kommt es zu einer wirklich gleichberechtigten Koexistenz verschiedener Zeitkonzeptionen. Generell gilt also für pikareske Erzählwerke aller Zeiten: „the dubious possibility of time as mere mutability [...] mocked apocalyptic endings."[50] Damian Thompson stellt in diesem Sinne klar, daß „die endlose Wiederholung von Zyklen im Grunde eine echte Eschatologie, eine Vorstellung vom Weltende, ausschließt [...]."[51] Und mit Joseph C. Schöpp läßt sich ergänzen: „Apokalyptische Endzeitvisionen sind nun einmal nicht auf Dauer wiederholbar."[52]

Wenn sich die amerikanische Pikareske des 18., 19. oder des 20. Jahrhunderts apokalyptischer Motive und Interpretationsmuster bedient (bzw. mit solchen spielt), dann rückt sie sie in eine Tradition ein, die nicht primär als eine christliche bestimmt werden kann. Die Katastrophenszenarien und die kataklystischen Einschübe in pikaresken Romanen weisen letztlich nicht auf Apokalypse, sondern auf das altgriechische Konzept der Apokatastase hin, auf „the Greek anticipation of the periodic devastation of the world (*apokastasis* [sic!], *ekpyrosis*)", ein Konzept, „[which] views history as cyclical [...]."[53]

Die Pikaresken der 80er Jahre sind wie ihre literarischen Modelle in ihrer Weltsicht weder deterministisch noch statisch; in den pikaresken Welten, denen Kennedy, Auster, Irving, Acker und Pynchon literarische Konturen verliehen haben, ist allein die Veränderung eine konstante Größe. In apokalyptischen Romanen ist fast alles, in pikaresken Romanen fast nichts irreversibel; in apokalyptischen Romanen ist der Ausgang festgelegt, in pikaresken Erzählwerken ist das Ende offen. Die Pikareske akzentuiert nicht zielgerichtete Ent-

---

[50] Joseph Dewey, p. 17.
[51] Damian Thompson, *Das Ende der Zeiten: Apokalyptik und Jahrtausendwende* (Hildesheim: Claassen, 1997), p. 27.
[52] Joseph C. Schöpp, *Ausbruch aus der Mimesis*, p. 252.
[53] Amos Funkenstein, „A Schedule for the End of the World: The Origins and the Persistence of the Apocalyptic Mentality," in: Saul Friedländer et al. (eds.), *Visions of Apocalypse: End or Rebirth?* (New York und London: Holmes & Meier, 1985), p. 50.

wicklungen oder schicksalhafte Unausweichlichkeit, sondern sie betont mit Nachdruck Zufall, Willkür und Unberechenbarkeit. Möglicherweise ist es erst die Akzidentialität der pikaresken Welt, die ihren Realismus begründet: Implausibilität konstituiert Glaubwürdigkeit. So läßt etwa Robert Musil seinen Mann ohne Eigenschaften „das Prinzip des unzureichenden Grundes" entwickeln: „'[...] in unserem wirklichen, ich meine damit unserem persönlichen Leben und in unserem öffentlich-geschichtlichen [sic!] geschieht immer das, was eigentlich keinen Grund hat.'"[54]

Wie fügen sich apokalyptische Visionen dennoch in pikareske Romane ein? So wenig es in der amerikanischen-pikaresken Erzählliteratur der 80er Jahre zu einer gleichrangigen Koexistenz verschiedenartiger Zeitvorstellungen kommt, so wenig läßt sich auch leugnen, daß sich dekadentypische Pikaro-Figuren als höchst anfällig erweisen für apokalyptische Modelle der Weltdeutung. Nur auf den ersten Blick vermag allerdings dieser Sachverhalt zu überraschen und zu verblüffen. Denn zumindest dort, wo der Pikaro bzw. die Pikara mit sozialrevolutionären Zügen ausgestattet werden, impliziert der Traum von einer alternativen Gesellschaftsordnung *per definitionem* radikale Veränderungen politischer Institutionen und damit auch die Vision einer plötzlichen und dauerhaften Befreiung. William Kennedy, Kathy Acker und Thomas Pynchon führen, wie schon zuvor John Steinbeck und Ralph Ellison, ein utopisch-revolutionäres Element in den amerikanisch-pikaresken Roman des 20. Jahrhunderts ein. Die revolutionäre Phantasie aber bedient sich immer einer apokalyptischen Bildlichkeit: „For evolution and apocalypse have been twins in Western history; each when it fully appears has been accompanied by the other, and so much so that it is impossible to dissociate apocalyptic and revolutionary thinking and vision."[55] Die Verzweiflung über den moralisch-kulturellen Zerfall der zeitgenössischen amerikanischen Welt der 80er Jahre schafft bei den Pikaros Ackers und Pynchons Raum für die Artikulation einer Sehnsucht

---

[54] Robert Musil, *Der Mann ohne Eigenschaften: Roman* ([Frankfurt:] Büchergilde Gutenberg, 1980), p. 134.
[55] Thomas J.J. Altizer, *History as Apocalypse* (Albany: State University of New York Press, 1985), p. 1.

nach Transformation, nach einem anderen, alternativen Amerika. In diesem Sinne rekurrieren beide Autoren – so überraschend dies auch auf den ersten Blick erscheinen mag – vordergründig auf die millenialistische Denktradition des puritanischen Amerikas des 17. Jahrhunderts: „the millenialist spirit accepts endings most cheerfully because of the fanatic commitment to better worlds emerging from the ruins."[56]

In seiner geschichtswissenschaftlichen Studie zum Stellenwert apokalyptischer Heilserwartungen in der jüdisch-christlichen Zivilisation arbeitet Damian Thompson überzeugend heraus, daß apokalyptische Literatur seit jeher „Untergrundliteratur, Trost der Verfolgten" war. Thompson entwickelt in der Folge seiner Argumentation eine prägnante These: „Apokalyptische Glaubensinhalte [...] sind tendenziell am attraktivsten für [...] Menschen am Rande der Gesellschaft [...]." Apokalyptischer Glaube ist für ihn „die Religion der Außenseiter."[57] Es kann somit nicht verwundern, daß eine plausible Affinität besteht zwischen pikarischer Leidens- und Welterfahrung und apokalyptischer Weltdeutung. In diesem Sinne kommt es in der amerikanischen Gegenwartspikareske gelegentlich zu einem Konflikt zwischen der figurenpsychologisch relevanten Zeitkonzeption eines Pikaro und der strukturgebenden Zeitkonzeption des literarischen Genres. Gerade pikarische Figuren, die von einer Ahnung ihres bevorstehenden Todes heimgesucht werden (Magdalena Colón, Walter Van Brunt, Owen Meany), beschleicht gelegentlich das Gefühl, daß die Zeit sich beschleunigt.

Die pikarische Deutung der Welt muß nicht notwendigerweise die Strukturen und Gesetzmäßigkeiten der pikaresken Welt erkennen. Die Relevanz und die Dominanz des zyklischen Geschichtsbildes der Pikareske werden durch widerstreitende Deutungen einzelner, in ihrem Erkenntnisvermögen notwendigerweise beschränkter Figuren weder beschädigt noch relativiert. Denn apokalyptische

---

[56] Joseph Dewey, p. 13. Es ist in diesem Zusammenhang freilich notwendig klarzustellen, daß traditionell-christliche Eschatologie die bessere Welt in ein Jenseits projiziert. Pynchon und Acker hingegen tragen bei der Darstellung der Denkmuster ihrer pikarischen Figuren selbstverständlich dem säkularen Charakter der Gegenwart Rechnung.

[57] Damian Thompson, pp. 33 und 267.

Themen, Motive und Denkstrukturen erfüllen im pikaresken Roman Nordamerikas, bei Brockden Brown, Ellison und Heller ebenso wie bei Boyle, Kennedy und Pynchon, immer die Funktion, totalisierende (Selbst-)Auslöschungsphantasien zu falsifizieren. Individueller Tod und Bilder von kollektivem Sterben sind im pikaresken Roman immer „ein Anakoluth, das die Textur eines Menschenlebens ebenso zerreißt wie alle ästhetischen Totalisierungsversuche, die daraus einen Sinn machen wollen."[58] Der rebellische Pikaro verweigert sich nicht nur inhaltlich den Geboten eines herrischen Meisters, auch die Form der Pikareske verweigert sich erzähltechnisch einer „totalizing master narrative", indem sie einer Erzähllogik abschwört, die „historical inevitability"[59] als eine feste Bezugs- und Interpretationsgröße kennt. Nicht der Pikaro, wohl aber die Pikareske argumentiert immer gegen-apokalyptisch.

Eine weitere Differenzierung muß in diesem Zusammenhang festgehalten werden. Im strengen Sinn kombinieren Erzähltexte wie *A Prayer for Owen Meany*, *Moon Palace* und *World's End* pikareske Welterklärungsmuster nicht mit apokalyptischen, sondern mit post-apokalyptischen Interpretationsstrategien. Denn für die Erzähler in diesen Romanen ist das Schreckliche immer schon geschehen: der Opfertod Owens, der Genozid an den Indianern, die freiwillige Unterwerfung der Besitzlosen und Geknechteten unter die Insignien der Macht. Peter Freese hat den Begriff der Post-Apokalypse in die literaturwissenschaftliche Analyse von *Mainstream*-Romanen eingeführt und 1987 seine Brauchbarkeit zur Deutung anhand von Bernard Malamuds Spätwerk *God's Grace* (1982) unter Beweis gestellt. Freese definiert die literarische Post-Apokalypse als eine „tale which examines what might come after the cataclysm, a story that begins with the very end and tries to sound out the possibilities of a new beginning."[60] Unter Berufung auf Freese bestimmt Josef Pesch 1993 „post-apocalyptic literature" als eine narrative Form „[which] tells us

---

[58] Christiaan L. Hart Nibbrig, *Ästhetik der letzten Dinge* (Frankfurt: Suhrkamp, 1989), p. 9.
[59] Michael André Bernstein, *Foregone Conclusions: Against Apocalyptic History* (Berkeley u.a.: University of California Press, 1994), p. 14.
[60] Peter Freese, „Exploring the Post-Apocalypse: Bernard Malamud's *God's Grace*," *Amerikastudien*, 32 (1987), 410.

Pikareskes Erzählen in den 80er Jahren: Thesen und Synthesen 597

that this [final] catastrophe might not have been really final – and tells us the story after. In post-apocalyptic writing the apocalypse has happened before the narration sets in."[61] Don Quixote, Zoyd Wheeler, DL oder Daniel Quinn warten mit zwiespältigen Gefühlen auf das Ende einer/ihrer Welt; John Wheelwright, Marco Stanley Fogg und der auktoriale Erzähler von *World's End* aber definieren ihren eigenen historischen Standort als einen nachzeitigen, in dem eine Katastrophe von apokalyptischem Ausmaß nicht mehr unmittelbar präsent ist, sondern durch Erinnerung konserviert wird. Deshalb bringen *Moon Palace*, *World's End* und *A Prayer for Owen Meany* auch primär eine leere, entzauberte Welt zur Darstellung, deshalb leisten sich die jeweiligen Erzählinstanzen gelegentlich resignativ-apathische Phasen, deshalb auch tendieren alle drei Erzähler bisweilen zu einer atemporalen Sicht auf vergangene Geschehnisse. Und dennoch verbreiten in allen drei Romanen post-apokalyptische Stimmungslagen in erster Linie nicht Hoffnungslosigkeit und Auswegslosigkeit: „After all, if you have survived one apocalypse, at least you know there is a chance of survival [...]."[62]

Weder Marco Stanley Fogg noch John Wheelwright noch Rombout Van Wart Jr. (alias Jeremy Mohonk Jr.) sind unwiderruflich zum Scheitern Verurteilte. Und schon für Owen Meany und Walter Van Brunt gilt, daß ihren jeweiligen Schicksalen allein deshalb etwas Zwanghaftes innewohnt, weil sie von den jeweiligen Erzählerfiguren retrospektiv als in sich stimmig gedeutet werden: „the future was inevitable simply because it happened [...]."[63] Das Ende einer Welt, die Owen Meany, Walter Van Brunt, Sol Barber oder Thomas Effing ein Zuhause geboten hatte, signalisiert im pikaresken Roman auch immer die Geburt einer neuen, selbst wenn einzelne Erzähler sich weigern, dies zur Kenntnis zu nehmen und düstere Prognosen in bezug auf künftige Entwicklungen stellen. Das Universum der Pikareske ist niemals ein geschlossenes.

---

[61] Josef Pesch, „*Beloved*: Toni Morrison's Post-Apocalyptic Novel," *Canadian Review of Comparative Literature*, 20 (1993), 395.
[62] Josef Pesch, 406.
[63] Michael André Bernstein, p. 27.

Zehnte These: Das traditionelle pikareske Erzählmuster der additiven, episodischen Reihung bleibt in den 80er Jahren unverändert. Die Darstellungstechnik des *sideshadowing* legt den Akzent nicht auf Unveränderbarkeit, sondern auf die prinzipielle Möglichkeit gesellschaftlichen Wandels.

In der Geschichte eines jeglichen Genres erweisen sich strukturelle Merkmale als erheblich resistenter gegenüber den Geboten des historischen Wandels als inhaltliche Aspekte, Figurenperspektivik und Figurenpsychologie. So orientieren sich auch die Erzählmuster zeitgenössischer pikaresker Romane, in Übereinstimmung mit der Tradition, am Bauprinzip der episodischen Reihung. Selbst wo eine radikale Revision pikaresker Erzählkonventionen in Angriff genommen wird (wie in Ackers *Don Quixote*), wird die Grundstruktur des additiven Erzählens beibehalten. Während allerdings die Episodik im spanisch-pikaresken Roman des 16. Jahrhunderts primär die Konsistenz der pikarischen Welterfahrung fördert und damit einheitsstiftend wirkt, ist die Wirkung episodischen Erzählens in der Gegenwartsliteratur eine andere: Welt und Wirklichkeit werden fragmentarisiert und nur noch in Bruchstücken wahrgenommen; die Addition von Einzelgeschichten ergibt keine schlüssige und jedem einsichtige Summe. Zyklische Weltdeutung wird so ergänzt durch die simultane Erfahrung disparater gesellschaftlicher Enklaven.

Die episodische Grundstruktur ist auch dafür verantwortlich, daß sich in pikaresken Romanen der Schluß dem interpretatorischen Bedürfnis nach Geschlossenheit verweigert. Diese strukturelle Offenheit hat aber überdies Auswirkungen auf die Einschätzung der Möglichkeiten gesellschaftlicher Veränderung. Die Form prägt und begrenzt die Inhalte pikaresker Weltdeutung, „carrying ideological messages of their own, distinct from the ostensible or manifest content of the works [...]."[64] Dabei findet die offene Grundstruktur ihre mikrostrukturelle Entsprechung in der Technik des *sideshadowing*.

Die vorherrschende Darstellungstechnik im apokalyptischen Roman ist *foreshadowing*. Im zeitgenössischen pikaresken Roman hingegen wird diese Technik ergänzt (und bisweilen substituiert) durch

---

[64] Fredric Jameson, p. 99.

das Strukturmittel des *sideshadowing*. Michael André Bernstein definiert *sideshadowing* als „a gesture to the side, to a present dense with multiple, and mutually exclusive, possibilities for what is to come." „Sideshadowing", so Bernstein, „stresses the significance of random, haphazard, and unassimilable contingencies, and instead of the power of a system to uncover an otherwise unfathomable truth, it expresses the ever-changing nature of that truth and the absence of any predictive certainties in human affairs."[65] Der Geschichtsverlauf in *Don Quixote*, *Vineland* und in *Quinn's Book* und, ganz besonders augenfällig, in *World's End* und in *Moon Palace* ist nicht unidirektional, teleologisch oder prädeterminiert, „there are always multiple paths and sideshadows, always moment-by-moment events, each of which is potentially significant in determining an individual's life, and each of which is a conjunction, unplottable and unpredictable in advance of its occurrence, of specific choices and accidents."[66]

Auf John Irvings *A Prayer for Owen Meany* scheint zunächst ein solcher Befund nicht recht zuzutreffen, doch stellt der Roman auch einen Sonderfall dar. Der Erzähler ist ein spätbekehrter Christ, der das Interesse verfolgt, den toten Freund heiligzusprechen. Folgerichtig liegt John Wheelwright daran, in allen Ereignissen, wie groß der Anteil des Zufalls bei deren Zustandekommen auch immer gewesen sein mag, geheime Zeichen und Vorausdeutungen zu erkennen. Als guter Christ und neuzeitlicher Hagiograph macht John überall Antizipationen, Präfigurationen, Weissagungen und Prophezeiungen in bezug auf das spätere Schicksal des Freundes aus, Owens Leben und Sterben werden für John rückblickend zu einer „Offenbarung" des Heiligen. Doch die (apokalyptische und zudem paranoide) Weltsicht des Erzählers ist nicht deckungsgleich mit der Weltsicht des Romans, die – in völliger Übereinstimmung mit den Konventionen des pikaresken Romans – Freiraum für konkurrierende Weltdeutungen und Bewertungen läßt.

Pikareske Romane betonen Potentialität. Episodik und *sideshadowing* stützen zwar zyklische Geschichts- und Weltdeutungsmuster; in diese lassen sich jedoch die Verzweiflung über die

---

[65] Michael André Bernstein, pp. 1 und 4.
[66] Michael André Bernstein, p. 12.

Wiederkehr des Immergleichen ebenso mühelos integrieren wie die Hoffnung auf die für ein gesamtes Kollektiv segensreichen Wirkungen eines Sich-Weiterdrehens des Glücksrads.

Elfte These: Die Raumkonzeption bleibt auch in der amerikanischen Pikareske der Eighties expansiv. Die Vorstellung von einem Grenzland erfüllt die Funktionen einer konkreten Utopie.

Es ist ein spezifisches Kennzeichen der pikaresken Romanliteratur Nordamerikas, daß sie immer auch die Sehnsucht eines Huckleberry Finn nach dem Freiheitsversprechen des noch unerschlossenen Territoriums thematisiert. In einer kulturanalytischen Studie zur sozialen Geographie in fortgeschrittenen kapitalistischen Gesellschaften gelangt David Sibley zu einer These über den Zusammenhang zwischen politisch-wirtschaftlicher Macht und dem Verfügungsrecht über geographische Räume: „power is expressed in the monopolization of space and the relegation of weaker groups in society to less desirable environments [...]."[67] Raum ist im pikaresken Roman schon seit jeher eine Widerspiegelung gesellschaftlicher Machtverhältnisse. Die Mächtigen fürchten die Präsenz derer, die einer anderen sozialen Sphäre angehören. Eine der ersten Fragen, die sich Lazarillo auf seinen Streifzügen durch die Gesellschaft stellt, lautet: „Wie viele mag es auf der Welt geben, die vor andern davonlaufen, weil sie sich selbst nicht sehen."[68] In Amerika aber ist die Vorstellung von geographischen Rändern historisch gekoppelt mit der Erschließung des Westens. In amerikanischen Mythen ist das Grenzland der Frontier nicht primär der Fluchtpunkt der gesellschaftlich Unerwünschten und Deklassierten, sondern ein Ort, der positiv für Freiheit, Selbstbehauptung, Nonkonformismus, Individualismus und Autoritätsverachtung steht: „Spaces of cultural regeneration, it seems, are

---

[67] David Sibley, *Geographies of Exclusion: Society and Difference in the West* (London und New York: Routledge, 1995), p. ix.
[68] *Das Leben des Lazarillo aus Tormes*, übs. von Helene Henze (Frankfurt und Wien: Büchergilde Gutenberg, 1992), p. 8.

border spaces [...]."⁶⁹ Das Grenzland der zeitgenössischen Literaten hat allerdings nur wenig gemein mit einer Frontier, wie sie von Frederick Jackson Turner 1893 konzipiert wurde. Bei diesem war die Frontier „a site in which conflicts and differences are overcome."⁷⁰ Bei den amerikanischen Gegenwartsschriftstellern hingegen wird der Grenzraum zu einem Ort, an dem Differenz, Diversität und Dissens eine Heimstatt finden.

Die gesellschaftspolitische Relevanz der Raumkonzeption der amerikanischen Pikareske der 80er Jahre ist offensichtlich: Der Pikaro klagt Verhältnisse ein, „in which those on the borders can feel at home."⁷¹ Wo hingegen pikarische Freiheitsräume eingeschränkt werden, wie etwa in *Moon Palace* und in *Vineland*, dort protokollieren pikareske Gegenwartsromanciers, wie eine potentiell redemptive gesellschaftliche Expansionsbewegung in Kontraktion übergeht.

Mit der adamischen Flucht aus dem realen sozialen in den geographischen Raum bewahrt sich der amerikanische Pikaro einen Rest von Unschuld; die spezifische Raumkonzeption der amerikanischen Pikareske erklärt, warum in der Literatur Nordamerikas pikarische Heilige häufiger anzutreffen sind als in anderen Nationalliteraturen. Die räumliche Fluchtbewegung ist allerdings nicht nur ein Akt der Befreiung, sondern auch einer der Verdrängung. Sie rekonfiguriert ein literarisches Problemlösungsmodell des späten 18. und 19. Jahrhunderts, das, wie Wolf Kindermann herausstellt, schon damals unscharf war: „Diese [...] transzivilisatorische Metamorphose bleibt jedoch in ihren Konsequenzen vage und in ihren Folgewirkungen problematisch."⁷² Die Hypermobilität zeitgenössischer amerikanischer Pikaros ist nicht allein eine Folge äußerer Zwänge. Wanderschaft erfolgt mitunter motivationslos und bleibt häufig ziellos.

---

[69] Brook Thomas, „Turner's 'Frontier Thesis' as a Narrative of Reconstruction," in: Robert Newman (ed.), *Centuries' Ends, Narrative Means* (Stanford: Stanford University Press, 1996), p. 137.
[70] Brook Thomas, p. 126.
[71] Brook Thomas, p. 136.
[72] Wolf Kindermann, *Man Unknown to Himself: Kritische Reflexion der amerikanischen Aufklärung: Crèvecoeur - Benjamin Rush - Charles Brockden Brown* (Tübingen: Narr, 1993), p. 242.

Robert J. Butler stellt die Freiheits- und Bewegungssucht in einen umfassenderen allgemein- und literarhistorischen Kontext: „the picaresque heroes of American literature are all descendents of Columbus because their travels seldom bring them to satisfying places but instead open up new space for exploration. [...] Columbus's New World, Cooper's West, Melville's seas, Whitman's open road, and Twain's territories are the mythic spaces Americans yearn for because these frontiers promise a 'new life' of continuous growth [...]. [...] Americans instinctively equate placement with stagnation and open movement with new possibilty."[73] In vielen Nationalliteraturen gestalten Erzählwerke das Motiv der visionären Sicht auf das Paradies; in den U.S.A. aber verweisen edenisch-arkadische Visionen stets auf einen diesseitigen Ort, haben immer den Status einer konkreten Utopie. Der eigentliche Heimatort des amerikanischen Pikaros ist der nicht definierte Raum, der Nicht-Ort, die Utopie.

In den Pikaresken Kennedys, Ackers und Pynchons wird die pikarische Figur sogar zu etwas, wozu sie, gemessen an der literaturgeschichtlichen Tradition, eigentlich überhaupt nicht prädestiniert ist: zu einem Instrument der Artikulation sozialrevolutionärer Utopien. Gelingen kann dies nur, indem zwielichtige pikarische Eigenschaften wie Wankelmut, Anpassungsbedürfnis und Opportunismus (schon Lazarillo von Tormes spricht von seiner „Feigheit und Schwäche"[74]) durch die Technik der Figurenmultiplikation auf andere Romanfiguren verteilt (bei Kennedy: John the Brawn, bei Pynchon: Frenesi Gates) bzw. zu Tugenden umgedeutet werden (z.B. der pikarische Masochismus in *Don Quixote*). Pynchon, Kennedy und Acker formulieren so ein politisches Credo, das zum apokalyptischen Glauben in einem Oppositionsverhältnis steht: Es konzipiert das Goldene Zeitalter nicht außerhalb, sondern innerhalb der Geschichte. Die Freilegung der utopischen Dimension in der amerikanischen Gegenwartspikareske trägt somit entscheidend zu

---

[73] Robert J. Butler, „The Woman Writer as American Picaro: Open Journeying in Erica Jong's *Fear of Flying,*" *Centennial Review*, 31 (1987), 309.
[74] *Das Leben des Lazarillo aus Tormes: Seine Freuden und Leiden*, p. 24.

deren Politisierung bei: „the effectively ideological is also, at the same time, necessarily Utopian."⁷⁵

Zwölfte These: In pikaresken Erzählwerken der 80er Jahre realisiert sich das Politische durch explizite Bewertungen und Kommentare, durch den Einfluß des sozialen Kontextes auf die Konstitution der Romanwelt, durch die Repräsentativität der pikarischen Mentalität und durch die Einbindung erzähltechnischer Experimente in inhaltliche Argumentationsstrukturen.

Bei Studien zum amerikanisch-pikaresken Roman der 80er Jahre geht es natürlich im Kern um eine exemplarische Analyse des Verhältnisses zwischen Literatur und Realgeschichte. Die Beziehung zwischen beiden ist eine reziproke: Der literarische Text reflektiert den politisch-sozialen Kontext seiner Entstehungszeit und geht zugleich darüber hinaus, wenn er diesen mit den Mitteln der Romankunst problematisiert, attackiert oder neu definiert. Die These von der Politisierung der US-Pikareske während der Reagan-Dekade meint viererlei:

1. die Integration expliziter (auktorialer oder figurenperspektivisch eingebundener) politischer Kommentare,
2. die Widerspiegelung des sozialen und historischen Kontextes der Entstehungszeit in der Konstitution der pikaresken Romanwelt,
3. die Ausdeutung der pikarischen Psyche als einer zeittypisch-repräsentativen Mentalität,
4. die Problematisierung pikaresker Themen (Zentralität, Authentizität, Anpassung und Revolte) auf der Ebene der narrativen Struktur.

ad 1) Explizite Kommentare zur politisch-sozialen Wirklichkeit der Eighties finden sich besonders prominent in *A Prayer for Owen Meany*, *Don Quixote* und *Vineland*. Doch auch für alle anderen pikaresken Romane der späteren 80er Jahre gilt, daß sie sich mit ihrer empathetischen Darstellung marginalisierter und oppositioneller

---

⁷⁵ Fredric Jameson, p. 286.

gesellschaftlicher Gruppen in Widerspruch stellen zu den abschätzigen Bewertungen multikultureller und multi-ethnischer Erscheinungsformen durch das weiße Kern-Amerika, wie es durch herausragende Vertreter der *Republican Party* repräsentiert wird.

ad 2) Jenseits ausformulierter politischer Sympathien hat freilich auch die generische Struktur eines Textes Einfluß darauf, wie sich das Politische literarisch manifestiert. Wie jedes erzählliterarische Genre wird auch die Pikareske durch einen „narrativen Prätext"[76] vorgeprägt, der die Kategorien von Ereignissen, die zur Darstellung kommen (können), festlegt und begrenzt. In diesem Sinne steht pikareskes Erzählen *per se* in einer engen Nachbarschaft zu politischem Erzählen. Was immer einem Pikaro im einzelnen widerfahren mag, es betont immer die prägende Kraft wirtschaftlicher Verhältnisse und sozialer Bedingungen. Selbst wo diese überzeichnet dargestellt sind, bleibt stets der Rückbezug auf die reale gesellschaftliche Wirklichkeit gegeben. Die pikareske Welt ist gekennzeichnet durch soziales Elend und soziale Ungleichheit; die amerikanischen *1980s* zeichnen sich besonders durch eine soziale und ökonomische Auseinandergliederung von Arm und Reich aus: Als implizite Vergleichsgröße ist das Realgeschichtliche zwangsläufig in die Textur der Gegenwartspikareske eingeschrieben. Studien zur pikaresken Gegenwartsliteratur können einen solchen Nachweis leichter führen, da der unmittelbare Kontext, in dem Romantexte als protopolitische Äußerungen gelesen werden können, nicht (nur) durch soziohistorische Studien rekonstruiert werden muß. Die Eigentümlichkeiten der pikaresken Romanwelt gewährleisten in diesem Zusammenhang, daß die Komplexität der politischen Gegenwartserfahrung nicht simplistisch in kleine handliche und durchschaubare Einzelelemente überführt wird. Statt dessen wird vielmehr der Blick darauf gelenkt, wie sich Herrschaftsverhältnisse individual- und kollektivpsychologisch konstituieren. In der Gegenwartspikareske gibt es keinen kategorialen Unterschied zwischen dem Politischen und dem Psychologischen.

---

[76] Zum Begriff cf. Fredric Jameson, p. 44.

ad 3) George Lakoffs bereits zitierte Studie über *Moral Politics* begibt sich, wie der Untertitel *What Conservatives Know That Liberals Don't* bereits deutlich macht, auf die Suche nach einer Antwort auf die Frage, warum sich ein rechtslastiges Weltbild während der 80er Jahre so erfolgreich behaupten konnte. Lakoffs Ergebnis: „Conservatives know that politics is not just about policy and interest groups and issue-by-issue debate. They have learned that politics is about family and morality, about myth and metaphor and emotional identification."[77] Neokonservative Politiker teilen freilich ein solches Herrschaftswissen mit den pikaresken Romanciers der Dekade.

Welches sind die großen Oppositionen, die der Pikareske Spannung und lebenswirkliche Bezüge verleihen? Anpassung und Rebellion, Zentrum und Peripherie, Norm und Deviation, Erscheinung und Wesen, Simulation und Authentizität, Zugehörigkeits- und Abgrenzungsbedürfnis, Unterwerfung und Rebellion. Es sind Gegensatzpaare, die gleichermaßen Relevanz für psychologische *und* politische Analysen beanspruchen dürfen. Die Erforschung der pikarischen Psyche wird zu einer politisch relevanten Studie über die Mechanismen gesellschaftlicher Exklusion, über Prozesse der freiwilligen Selbstversklavung und über die Voraussetzungen erfolgreicher Selbstbehauptung.

ad 4) Die formalen Experimente mit generischen Konventionen, die sich am Beispiel der pikaresken Literatur des Jahrzehnts exemplarisch nachzeichnen lassen, sind in letzter Konsequenz weitere Komponenten einer protopolitischen Programmatik. Wenn Paul Auster an einer Romanform arbeitet, in der alles Mitte ist und die demnach kein Zentrum mehr kennt, wenn Kathy Acker auch auf der Ebene formaler narrativer Strukturen einen „fight against centralization"[78] zu führen beabsichtigt, oder wenn Thomas Pynchon durch parodistische Darstellungsverfahren den Grenzen und Bedingungen von Authentizität auch auf einer strukturellen Ebene nachspürt, dann wird die Auseinandersetzung mit der literarisch-kulturellen Tradition

---

[77] George Lakoff, p. 19.
[78] Rebecca Deaton, „Kathy Acker interviewed by Rebecca Deaton," *Textual Practice*, 6 (1992), 275.

zu einem Indiz für ein übergeordnetes Bedürfnis nach kultureller Revolte und zu einem wesentlichen Bestandteil der politischen Argumentationsstringenz eines Textes. In den gelungeneren Pikaresken des Jahrzehnts stützt und repetiert die Form die Inhalte der politischen Argumentation. Mehr noch: Die schematischen Grenzen zwischen Form und Inhalt lösen sich auf. Es gilt, was Jameson in einem anderen Kontext auf den Punkt bringt: „'form' is apprehended as content."[79]

ad 1-4) Die sozialen Spannungen, Asymmetrien und Verwerfungen der 80er Jahre haben entscheidenden Anteil an der Renaissance pikaresker Romane. Ihnen fällt die Aufgabe zu, ansprechende und anspruchsvolle zeittypische Sittenporträts zu entwerfen, die freilich, wo sie auch qualitativ gelingen, nicht verschleiern, Produkte einer postmodernen Epoche zu sein. Politisches Erzählen der 80er Jahre kann nicht mehr naiv auf realistische oder naturalistische Konventionen der Wirklichkeitsbeschreibung zurückgreifen, will sie nicht Komplexität zugunsten von Einsinnigkeit opfern. Die literaturgeschichtliche Leistung politischer Gegenwartsromanciers wird dadurch nicht geringer. Im Gegenteil: „Dichtung bietet zwar (ohne aufzuhören, Dichtung zu sein) keine Formeln und Rezepte zum Gebrauch, aber eine Diagnose [...] zur Kontemplation. Sie ist nicht Propaganda, aber sie testet das Bewußtsein."[80] Das Genre der Pikareske stellt zeitgenössischen Erzählern ein literarisches Muster zur Verfügung, das es ihnen erlaubt, eine zeitgenössische Form des politischen Romans zu entwickeln, die weder „resignativ erstarrt" noch „nostalgisch rückwärts blickt [...]."[81]

Die Pikaresken der 80er Jahre oszillieren zwischen der literarischen Beschreibung des Repressiven und der des Emanzipatorischen. In diesem Zusammenhang formulieren einzelne Stimmen (Acker, Pynchon, Irving in *The Cider House Rules*) auch politische

---

[79] Fredric Jameson, p. 99.
[80] Ulrich Halfmann, *Der amerikanische „New Criticism": Ein Überblick über seine geistesgeschichtlichen und dichtungstheoretischen Grundlagen mit einer ausführlichen Bibliographie* (Frankfurt: Athenäum, 1971), p. 105.
[81] Joseph C. Schöpp, *Ausbruch aus der Mimesis*, p. 254.

Wunschphantasien, die als Bezugsrahmen für die Bewertung des Realgeschichtlichen dienen. Die pikaresken Romanciers des Reagan-Jahrzehnts verleihen allgemein der Sehnsucht nach einer Politik abseits der Politiker Ausdruck. Auf der allgemeinsten politisch-philosophischen Ebene stellen sie die Fragen nach dem Sinn des Lebens, der Natur des Menschen und den Zielpunkten gesellschaftlicher Entwicklung neu: „all literature must be read as a symbolic meditation on the destiny of community."[82] Allen poststrukturalistischen Relativierungen zum Trotz kommen auf der impliziten, textinternen Werteskala pikaresker Gegenwartsromanciers Wahrheit und Gerechtigkeit höchste Priorität zu. Der pikareske Roman der 80er Jahre belegt die Existenz eines moralischen nationalen Gewissens, das Fragen nach der Integrität und Legitimität des offiziellen politischen Handelns stellt.

Dreizehnte These: Als ein Symbol der Eighties personifiziert Reagan das Objekt elementarer Ängste der pikaresken Romanciers der Dekade: Ängste vor einer Petrifizierung der Zweiklassengesellschaft, vor der Ausmerzung des Marginalisierten und Subkulturellen, vor einer Verflachung des politischen Diskurses durch seine Inszenierung als Entertainment.

Welche Bedeutung kommt Ronald Reagan bei der (Re-)Politisierung der amerikanischen Erzählliteratur während der späteren 80er Jahre zu? Seine zweifache Wahl zum US-Präsidenten, die jeweils symptomatischen Inaugurationsfeierlichkeiten, seine innen- und wirtschaftspolitischen Entscheidungen waren im Kontext der mehr als zwei Jahrhunderte umfassenden amerikanischen Präsidialgeschichte sicherlich nur punktuelle Ereignisse. Und doch: „[T]he social ground of a text" definiert sich nach Jameson zuallererst durch „the notions [...] of political history, in the narrow sense of punctual event, and a chroniclelike sequence of happenings in time [...]."[83] Ronald Reagans Regentschaft hat den pikaresken Romanciers Anlaß zur Polarisie-

---

[82] Fredric Jameson, p. 70.
[83] Fredric Jameson, p. 75.

rung, Klärung und Zusammenfassung politischer Grundpositionen geboten. Reagan symbolisierte in den Augen vieler „some deep shift in American life."[84] Seine Politik steht für die Petrifizierung einer Zweiklassengesellschaft, für die Angst vor allem Fremden und „Unamerikanischen", sein Regierungsstil für die schamlos-selbstbewußte Zurschaustellung von Luxus, Prunk und Reichtum, seine Reden artikulieren populistische Intellektuellenfeindlichkeit. Sein Image speist sich aus seinem Talent für medienvermittelte Selbstdarstellung, Maskenspiel und Theatralik. Noch Reagans Mimik ist symptomatisch; Jean Baudrillard beschreibt Reagans Art des lautlosen Lachens als ein „Lächeln, in dem die Selbstzufriedenheit der ganzen amerikanischen Nation kulminiert und das mittlerweile [i.e. 1986] zum letzten und alleinigen Regierungsprinzip zu werden droht."[85] Amerika als Reaganland: das ist in den Augen amerikanischer Gegenwartsliteraten ein gigantomanisch-unwirkliches, schönfärberisch-geschichtsklitterndes Disneyland, ein Land der sozialen und kulturellen Verelendung, der Habgier und der Intoleranz.

Im Kontext des pikaresken Romans personifiziert Reagan das Objekt der Ängste vor der Auslöschung des Marginalisierten, Subkulturellen, Andersartigen, vor der Beschränkung der freien Bewegung im sozialen und geographischen Raum. In *Vineland, Don Quixote* und *A Prayer for Owen Meany* ist Reagan noch spezifischer nicht nur die entscheidende Klammer, die Text und Kontext miteinander verbindet, sondern darüber hinaus auch Anlaß für paranoide Konspirationstheorien. In ihren düstersten Visionen äußern die pikaresken Romanciers der Dekade die auch gelegentlich im politischen Feuilleton geäußerte Befürchtung, „daß die USA sich in 'antagonistische ethnische und ökonomische Enklaven balkanisiert' [...]."[86] In einer Zweiteilung der Gesellschaft in eine Gruppe der Superreichen, sicher verschanzt hinter Festungsmauern, und in

---

[84] Richard King, „The Eighties," in: Malcolm Bradbury und Howard Temperley (eds.), *Introduction to American Studies: Second Edition* (London und New York: Longman, 1989), p. 362.
[85] Jean Baudrillard, *Amerika* (München: Matthes & Seitz, 1995), p. 51.
[86] Damian Thompson, p. 394. Thompson zitiert nach eigenem Bekunden in dieser Passage einen Artikel aus der *Los Angeles Times*; den Nachweis seiner Quelle bleibt er allerdings schuldig.

heimat- und besitzlose marodisierende Horden sehen Schriftsteller wie Kennedy, Auster, Boyle, Acker und Pynchon den logischen, künftigen Endpunkt eines staatlichen Handelns, das sich die sozial- und wirtschaftspolitischen Prinzipien Reagans dauerhaft zu eigen macht.

Die pikaresken Romanciers der 80er Jahre und Ronald Reagan bilden politische Antipoden. Sogar in Detailfragen der amerikanischen Innen- und Sozialpolitik differieren sie auf das entschiedenste bei Antworten auf die Frage, worin spezifisch amerikanische Tugenden bestünden. *Quinn's Book* setzt sich für das Recht ethnischer und sozialer Minderheiten auf Differenz ein; Reagan propagiert in seinen Reden die Angleichung an die weiße Norm. *Moon Palace* übt Technologie- und Imperialismuskritik; Reagan praktiziert außenpolitisch eine imperiale Unterwerfungspolitik und schürt innenpolitisch Technologiegläubigkeit. *World's End* entmystifiziert die amerikanische Besiedlungsgeschichte; Reagan müht sich, die koloniale Vergangenheit und den *frontier spirit* zu heroisieren. *The Cider House* Rules benennt „choice" als eine originäre amerikanische Tugend, argumentiert für das Recht auf Abtreibung; Reagan fordert den absoluten Schutz des ungeborenen Lebens. *A Prayer for Owen Meany* preist die Vorzüge eines basisdemokratisch strukturierten Gemeinwesens; Reagan schart während seiner Regierungszeit oligarche Zirkel um sich. *Don Quixote* hält ein leidenschaftliches Plädoyer für sexuelle Grenzerfahrungen; Reagan fordert die heterosexuelle Norm ein. *Vineland* preist das Erbe der 60er Jahre; für Reagan dient diese Dekade als eine Warnung vor den Gefahren libertärer Dekadenz.

Die Popularität Reagans und seiner Politik war den Romanciers des Jahrzehnts Anlaß, ihren Erzählwerken einen dezidiert politischen, oppositionellen Zuschnitt zu verleihen. Selbst politisch marginalisiert, konnten sie in der pikaresken Romanliteratur Amerikas entweder vorgeprägte Formen des Widerstands gegen gesellschaftliche Mißstände oder aber aufklärerisch gesinnte Protokolle (vermeidbarer) Prozesse der Selbstauslieferung und Selbstentmündigung finden. Die literarische Tradition Amerikas war so der Ausgangspunkt ihrer Reaktualisierungen pikaresker Konventionen und Welterklärungsmuster. Letztlich gehören somit auch die Pikaros und Pikaras der 80er Jahre, wie vor ihnen Bellows Augie March und

Ellisons Unsichtbarer, der „family of Ishmaels" an, „schooled in madness and determined to reclaim, nevertheless, the hope that is the birthright of any generation."[87]

Vierzehnte These: Genre bleibt eine erkenntnisfördernde, unverzichtbare Kategorie der literaturwissenschaftlichen Interpretation und der literaturgeschichtlichen Einordnung von Gegenwartsliteratur.

Forschungsarbeiten zur geschichtlichen Entwicklung einzelner Genres sind – zumindest in der deutschen Amerikanistik – selten geworden. Fredric Jameson resümiert: „genre criticism [has been] [...] thoroughly discredited by modern literary theory and practice [...]."[88] Die zeitgenössische amerikanische Erzählliteratur nimmt aber keinen Platz ein, der jenseits generischer Zuordnungen liegt; die Anwendung flexibel definierter Genres stellt ein angemessenes Korrektiv zur These von der gattungssprengenden Kraft zeitgenössisch-postmoderner Fiktionen dar. Wo das Paradigma der generischen Zuordnung und Interpretation vorschnell aufgegeben wird, entsteht nicht Erkenntniszuwachs, sondern Erkenntnisverlust, sofern die Bestimmung von Genrezugehörigkeiten als ein Akt der Interpretation und nicht als einer der reinen typologischen Klassifizierung definiert wird. Der Zusammenhang zwischen Genrezuordnung und Textinterpretation impliziert allerdings, daß Genrezuordnungen weder für alle Zeiten stabil noch unumstritten sein können.

Aus der Freiheit des Interpreten, ein und denselben Text verschiedenen Genres zuzuordnen, folgt aber keineswegs das Recht auf Willkür und Beliebigkeit. Pluralismus auf dem Gebiet der Genretypologie schließt die Privilegierung einzelner Lesarten nicht aus. Meine Studie argumentiert für die Priorität einer politischen Lesart zeitgenössischer Romantexte, wie sie durch deren Rubrizierung unter dem Begriff der Pikareske nahegelegt wird. „Postmodern" und „pikaresk" bilden ganz sicherlich kein lupenreines Gegensatzpaar. Es

---

[87] Joseph Dewey, p. 238.
[88] Fredric Jameson, p. 105.

verdient aber festgehalten zu werden, daß sich die analytische Perspektive eines Lesers entscheidend verändert, je nachdem ob die Werke Ackers, Austers oder Pynchons als Musterbeispiele für postmodernes oder zeitgenössisch-pikareskes Erzählen gedeutet werden. Erst eine Einrückung dieser Romane in die Tradition des pikaresken Erzählens schärft den Blick für die Offenheit ihrer Schlüsse, ihr zyklisches Geschichtsbild, die Welterfahrung ihrer Figuren aus der Opferperspektive und ihre politischen Argumentationsstrategien. Das generische Interpretationsverfahren meiner Studie versteht sich dabei durchaus als ein exemplarisches: der scheinbar externe Kontext wird im Prozess der Deutung in den Text zurückgeholt bzw. in ihm transparent gemacht.

Die Gruppierung partiell einzigartiger Erzählwerke unter einer gemeinsamen generischen Rubrik ist eine Möglichkeit, Teilbereiche der Gegenwartsliteratur zu erfassen, zu beschreiben und zu deuten: „Genre criticism is not indeed the whole of criticism. But in construction it makes an invaluable contribution, by locating the work's individuality vis-à-vis convention."[89] Die feuilletonistischen Rezensionen der Romane Kennedys, Irvings, Boyles oder Ackers illustrieren beispielhaft, wie fragwürdige Kategorisierungen zu anfechtbaren literarischen Werturteilen führen können. Für Textdeutungen jeglicher Art gilt ein Sachverhalt, den E.D. Hirsch schon 1967 prägnant auf den Punkt gebracht hat: „All understanding of verbal meaning is necessarily genre-bound"; „an interpreter's preliminary generic conception of a text is constitutive of everything that he subsequently understands, and [...] this remains the case unless and until that generic conception is altered."[90] Bereits generische Klassifikation ist also Interpretation und unvermeidlicher Bestandteil des hermeneutischen Prozesses. Selbst die auf den ersten Blick vermeintlich anarchistischen Erzählexperimente eines Thomas Pynchon oder einer Kathy Acker entwerfen keine völlig unstrukturierten oder im erzähltechnischen Sinne herrschaftsfreien, gesetzlosen Welten. Beide greifen auf tradierte literarische Formen, beispielsweise auf Parodie

---

[89] Alastair Fowler, p. 262.
[90] E.D. Hirsch, *Validity in Interpretation* (New Haven und London: Yale University Press, 1967), pp. 76 und 74.

oder Pikareske, zurück. Das Innovative in ihren Werken bleibt für Kritiker oder Leser nur obskur, solange kein generischer Kontext sie interpretatorisch zugänglich macht.

Kein literaturwissenschaftlicher Beitrag zu der geschichtlichen Entwicklung eines Genres kann ohne ein eigenes implizites Geschichtsverständnis auskommen. Modellbildungen zu generischem Wandel setzen eine Vorstellung über Gesetzmäßigkeiten historischer Entwicklung zwingend voraus. Meine Studie setzt als Prämisse, daß es Wechselbeziehungen zwischen literarischem Text und historischem Kontext gibt. Die soziale Wirklichkeit der 80er Jahre generiert eine bestimmte Gruppe von Texten, welche wiederum auf die kulturell-kollektive Deutung dieser Wirklichkeit einwirkt. Kausalität ist in diesem Interaktionsprozeß freilich nicht gleichbedeutend mit Notwendigkeit. Allein aufgrund der Kenntnis einer spezifischen gesellschaftlichen Realität lassen sich noch nicht Formen und Inhalte der Literatur erraten, die aus ihr entsteht. Literaturgeschichtliche Studien können aber sehr wohl die soziohistorischen Voraussetzungen dafür ermitteln, daß bestimmte Formen des Erzählens florieren. In den USA lagen in den 80er Jahren Verhältnisse vor, die eine Renaissance pikaresker Erzählmuster begünstigten, wenn nicht sogar nahelegten. Darüber hinaus spricht einiges für die Annahme, daß es sich bei der Dominanz pikaresker Romane in der amerikanischen Literatur der Eighties keineswegs um ein isoliertes Phänomen in der geschichtlichen Weiterentwicklung populärliterarischer Formen des Erzählens handelt. Hypothetisch läßt sich jedenfalls vermuten, daß während der späteren 80er Jahre eine bemerkenswerte Anzahl populärer erzählliterarischer Genres, deren Nähe zum politischen Erzählen weniger offensichtlich und auch weniger zwingend ist, eine Politisierung erfährt, z.B. die *Domestic Fiction*, der Abenteuerroman, der Kriminalroman und der Weltkatastrophenroman.

Fünfzehnte These: Das Genre der Pikareske wird in den 80er Jahren revitalisiert durch den Einbezug von Konventionen anderer Genres und durch den Rückgriff auf Erzählmuster der populärkulturellen Literatur.

Jeder Text der erzählenden Gegenwartsliteratur integriert in sich die Konventionen mehrerer Genres. Die literaturwissenschaftliche Interpretations- und Definitionsarbeit wird dadurch nicht einfacher, gilt es doch, Heterogenes zu verknüpfen, ohne der Heterogenität Abbruch zu tun. Eine genretypologische Romaninterpretation muß also dem Sachverhalt der generischen Mischung Rechnung tragen und gegebenfalls auf produktive Kombinationen und Hybridformen hinweisen. Die Koexistenz von Konventionen verschiedenartiger generischer Herkunft kann aber auch zu einem Konflikt führen, der die Einheitlichkeit eines Textes beschädigt. Vor allem aber ist die Synthetisierung der Konventionen verschiedener Genres eine der grundlegenden Techniken der generischen Erneuerung. Auf dieses innovatorische Verfahren greifen die pikaresken Romanciers der Reagan-Dekade auf eine augenfällige Art und Weise zurück: William Kennedy, T. Coraghessan Boyle und partiell auch Paul Auster erweitern die Leistungsfähigkeit der Pikareske, indem sie deren Konventionen mit denen des historischen Romans kombinieren; Kennedy, Auster und Kathy Acker koppeln pikareske Themen mit poetologisch relevanten Fragestellungen; John Irving und Paul Auster spielen mit der Spannung zwischen den Darstellungsverfahren der Pikareske und jenen des Entwicklungsromans.

Wie alle literarischen Genres unterliegt natürlich auch die Pikareske ständigen Transformations- und Reaktualisierungsprozessen. Ein durchgängiges Muster, fast eine Gesetzmäßigkeit beim Prozeß der generischen Erneuerung, ist die Aktualisierung konventioneller Genres durch Anleihen aus dem Zeicheninventar der populären Kultur: „popular narrative from time immemorial [...] is ceaselessly drawn on to restore vitality to an enfeebled and asphyxiating 'high culture.'"[91] Alle pikaresken Romanciers der Reagan-Dekade greifen auf diese Aktualisierungstechnik zurück. In den 80er Jahren werden

---

[91] Fredric Jameson, p. 86.

neue (postmoderne) Darstellungstechniken, neue Themen (Reagan, Yuppie-Amerika, Kolonialgeschichte, sexueller Masochismus, Verrat an den Befreiungsphantasien der 60er Jahre, Vietnamkrieg) und tradierte literarische Formen, etwa die Konventionen des pornographischen, des historischen, des poetologischen, des apokalyptischen oder des utopischen Romans, neu in die amerikanische Pikareske eingeführt. Nicht an einer illusionären „Reinheit" des Genres, sondern an wagemutigen und originellen Mischungen ist den pikaresken Romanciers der 80er Jahre gelegen. Die Affinität der Pikareske zu so ganz unterschiedlichen Genres wie Pornographie und puritanischem Bekehrungsroman ist aber keineswegs mysteriös, sondern kann in jedem Einzelfall durch die Existenz gemeinsamer Strukturelemente erklärt werden. Es kommt aber bei der Kombination verschiedenartiger generischer Repertoires im Fall der amerikanischen Pikareske des Reagan-Jahrzehnts niemals zu echten Hybridformen, sondern vielmehr zu einer Modifikation pikaresker Erzählmuster, die sich bei aller Wandlungsfähigkeit als dominant erweisen.

Gemäß der Terminologie Fowlers befindet sich das pikareske Schreiben in den U.S.A. gegenwärtig in einer tertiären Phase.

> The distinction of phases is [...] concerned with the conventionality of individual generic forms. Every writer uses conventions; but in a kind's secondary stage, particular conventions are available that were unknown as such to the inventors of the primary form. [...] The corresponding disadvantage is literariness. [...] To do justice to [...] disparities, we need to distinguish a tertiary stage. This is reached when a writer takes up a kind already secondary, and applies it in quite a new way. [...]
> [...] The secondary kind may savor the primary kind aesthetically, and so in a sense „reinterpret" it. But the tertiary takes individual conventions as materials for symbolic developments that presuppose allegorical, psychological, or other interpretations of them.[92]

Die pikaresken Romanciers der 80er Jahre leisten nicht erstmalig eine Symbolisierung, Psychologisierung oder Politisierung der Pikaro-Figur, aber sie spitzen solche Interpretationen zu, wenn sie politi-

---

[92] Alastair Fowler, p. 162f.

schen Opportunismus, sexuellen Masochismus oder gegenkulturelle Rebellion zu Hauptgegenständen des Darstellungsinteresses machen. Variabilität, darstellungstechnische und thematische Ausweitungen oder Veränderungen kennzeichen die zeitgenössische Pikareske; ihre gesellschaftspolitische Funktion hingegen hat sich über die Jahrhunderte hinweg erhalten. Im pikaresken Roman drückt sich das Unbehagen an der jeweiligen sozialen Wirklichkeit aus, verschafft sich das Ausgegrenzte und Exilierte Geltung, erhält das Marginalisierte eine Stimme. Der pikareske Roman verfügt über ein eigenes, erstaunlich stabiles Wertesystem: er bringt das Andersartige in der Welt und im Menschen mit Empathie zur Darstellung. Die Pikareske leistet die Kritik am Bestehenden und einen Vorgriff auf Besseres, sie kombiniert das Physische mit dem Psychischen (*Quinn's Book*, *World's End*, *The Cider House Rules*), mit dem Utopischen (*Don Quixote*, *Vineland*), mit dem Metaphysischen (*Moon Palace*, *A Prayer for Owen Meany*). Die amerikanische Erzählliteratur der 80er Jahre erbringt den Nachweis, daß es sich bei der literarischen Pikareske um ein höchst produktives Genre handelt, fähig zur Wandlung und reaktualisierbar.

Sechzehnte These: Genretypologisch und stilistisch markieren pikareske Schreibweisen eine Gegenbewegung sowohl zu naiv-realistischen als auch zu elaboriert-experimentellen Erzähltechniken.

Jede Dekade kennt nur eine sehr begrenzte Anzahl von Genres, auf die der literarische Markt mit Enthusiasmus, Gefallen oder zumindest wohlwollender Aufmerksamkeit reagiert. Im Amerika der 80er Jahre zählt der pikareske Roman zweifelsohne zu jenen Genres, die sich ästhetisch wie marktwirtschaftlich beträchtlicher Beliebtheit erfreuen. Alle sieben Romane, die die Textgrundlage dieser Studie liefern, waren Bestseller-Erfolge; kein einziger ist gegenwärtig *out of print*, weder in den U.S.A. noch in Großbritannien, weder in deutschsprachigen noch in französischsprachigen Übersetzungen. Es ist noch zu früh, um von einem Kanon von Erzählwerken der 80er Jahre reden zu können; allein die Nobelpreisverleihung an Toni

Morrison scheint sicherzustellen, daß *Beloved* (1987) in der Zukunft einen sicheren Platz auf institutionellen Kanonlisten finden wird. Die pikaresken Erzählwerke der Zeit gehören aber ganz gewiß dem „accessible canon"[93], dem Kanon einer nicht-wissenschaftlichen, aber literarisch interessierten Öffentlichkeit zu. Da das Forschungsinteresse dieser Studie auf die Entwicklung eines einzigen narrativen Genres begrenzt war, lassen sich zwei Entwicklungen im Bereich der Erzählliteratur an dieser Stelle nur als Hypothesen formulieren: der Geschmack der 80er Jahre, so scheint es erstens, hat lange Erzählformen kürzeren vorgezogen, und unter den Langerzählwerken, so steht zweitens zu vermuten, waren jene besonders auffällig erfolgreich, die profiliert mit überlieferten Genrekonventionen experimentiert haben. Wie so oft bei Bestsellern besteht auch hier das Erfolgsrezept aus einer produktiven Mischung von Fremdem mit Vertrautem. Die Moden des literarischen Geschmacks können zu Reevalutionen tradierter Genres führen. So läßt sich für die 80er Jahre eine Hochschätzung der pikaresken Romanform im besonderen und des politischen Erzählens im allgemeinen konstatieren. Wer Link oder Porush von einer generellen Entpolitisierung der amerikanischen Literatur unter Reagan redet, geht bei seinem Urteil von einem zu schmalen oder unangemessenen Kanon aus.

Vieles deutet darauf hin, daß die Renaissance der pikaresken Romanliteratur im Amerika der 80er Jahre nicht allein durch den Verweis auf außerliterarische, zeitgeschichtliche Faktoren erklärt werden kann. Die Pikareske der amerikanischen Gegenwartsliteratur kann auch als eine Gegenbewegung, als eine Antithese, wenn nicht sogar als ein Anti-Genre zum experimentellen Roman der Postmoderne gedeutet werden. Indem die zeitgenössische Pikareske synchrone und diachrone innerliterarische Bezüge transparent macht, steht sie in Opposition zu avantgardistischen Spielarten des Gegenwartsromans, wie sie beispielsweise Donald Barthelme, Robert Coover oder William H. Gass publiziert haben. Die Renaissance pikaresker Erzählmuster reiht sich somit ein in eine generelle Entwicklungstendenz des amerikanischen Romans der letzten drei Jahrzehnte, zu der Malcolm Bradbury schreibt: „as its [America's]

---

[93] Alastair Fowler, p. 215.

abundance has come to dismay as well as satisfy, its cities become more terrifying and ungovernable, its wealth insufficient to solve its problems, its problems of drugs, disease and poverty apparently insuperable, then perhaps the very plural realism that has grown over the Eighties is an understandable response to the times."[94] Die Pikareske der 80er Jahre versucht aber nicht mehr, wie noch zum Teil jene der 50er Jahre, den Anschein zu erwecken, eine nichtliterarisierte soziale Wirklichkeit realistisch abzubilden. Alle pikaresken Romanciers der Reagan-Dekade bekennen sich, wie die zahlreichen intertextuellen Querverweise in ihren Werken deutlich machen, offen und offensiv zur Literarizität ihrer jeweiligen Romanwelten. Pikareske Literatur leistet eine spezifische Form gesellschaftskritischer Diagnostik, keine allgemeinpolitisch relevante Prognostik.

Es gehören freilich wenig hellseherische Fähigkeiten zu der Prognose, daß künftige Erzähltexte Ronald Reagan als einen literarischen Gegenstand marginalisieren werden. So ist das zumeist, wenn Kunst und Politik sich begegnen: die Literatur erweist sich als überlebensfähiger als die Namen einstiger Potentaten. Günter Grass läßt z.B. in seiner Novelle *Das Treffen zu Telgte* seinen Erzähler die fiktive Versammlung barocker Literaten in diesem Sinne mit den Worten kommentieren: „Schließlich war man wer. Wo alles wüst lag, glänzten einzig die Wörter. Und wo sich die Fürsten erniedrigt hatten, fiel den Dichtern Ansehen zu. Ihnen, und nicht den Mächtigen, war Unsterblichkeit sicher."[95]

Die pikaresken Romanciers der 80er Jahre haben, wie alle Literaten, denen an der Reaktualisierung historischer Formen und Genres gelegen ist, eine Brücke zwischen Vergangenheit und Gegenwart errichtet. Sie haben vielleicht nicht Neuland entdeckt, statt dessen aber weithin unerforschtes Territorium ausgekundschaftet. Der amerikanische Pikaro ist in den 80er Jahren vielleicht etwas einsamer geworden, dafür aber auch streitlustiger und rebellischer, mißtrauischer gegenüber den Werten des normierten und vorgeblich zivilisierten

---

[94] Malcolm Bradbury, *The Modern American Novel: New Edition* (New York u.a.: Penguin USA, 1994), p. 273.
[95] Günter Grass, *Das Treffen in Telgte: Eine Erzählung* (Darmstadt und Neuwied: Luchterhand, 1979), p. 26.

Mainstream-Amerika. Aber selbst dieses Mißtrauen ist in der amerikanischen Literatur nichts Neuartiges:

> But I reckon I got to light out for the Territory ahead of the rest, because aunt Sally she's going to adopt me and sivilize me and I can't stand it. I been there before.
>
> THE END, YOURS TRULY HUCK FINN.[96]

Wie das Zitat aus *Huckleberry Finn* belegt, kommen pikareske Romane aber niemals wirklich zu einem Ende; jeder Abschluß impliziert einen Akt der Willkür. Ebenso kann auch der Schlußpunkt in einer genregeschichtlichen Studie immer nur ein vorläufiger sein. So stellt sich beispielsweise im Anschluß an eine Studie über amerikanisch-pikareskes Erzählen der späteren 80er Jahre die Frage nach möglichen Modifikationen und potentiell anderen Schwerpunktsetzungen in jüngsten amerikanischen Beiträgen zum Genre der Pikareske. Um eine erste (notgedrungen provisorische) Antwort geht es mir in der nun folgenden Coda zu pikaresken Romanen der früheren 90er Jahre.

---

[96] Mark Twain, *Adventures of Huckleberry Finn* (Berkeley u.a.: University of California Press, 1985), p. 362.

Coda: Pikareskes Erzählen in den 90er Jahren

Sharon Olds, „35/10" (1994)

Brushing out my daughter's dark
silken hair before the mirror
I see the grey gleaming on my head,
the silver-haired servant behind her. Why is it
just as we begin to go
they begin to arrive, the fold in my neck
clarifying as the fine bones of her
hips sharpen? As my skin shows
its dry pitting, she opens like a small
pale flower on the tip of a cactus;
as my last chances to bear a child
are falling through my body, the duds among them,
her full purse of eggs, round and
firm as hard-boiled yolks, is about
to snap its clasp. I brush her tangled
fragrant hair at bedtime. It's an old
story – the oldest we have on our planet –
the story of replacement.

Quelle: Sharon Olds, *The Dead and the Living* (New York: Knopf, 1994), p. 75.

Nicht der Amtsantritt George Bushs 1989[1], wohl aber Bill Clintons Wahlsieg im Jahr 1992 hat – nach allgemeinem politikwissenschaftlichen und populärkolumnistischen Konsens – einen entscheidenden Wendepunkt in der jüngeren politischen Geschichte der Vereinigten Staaten markiert. Koichi Suzuki, L. Alexander Norsworthy und Helen C. Gleason etwa akzentuieren deutlich die Differenzqualität

---

[1] Cf. Michael Duffy und Dan Goodgame, *Marching in Place: The Status Quo Presidency of George Bush* (New York u.a.: Simon & Schuster, 1992), p. 69: „From the transition through his first three years as president, Bush made clear his view that Ronald Reagan had accomplished all the change and renewal that American society would need for a good long while. In his inaugural address Bush set his task and America's as 'stewardship' of the Reagan legacy."

der Politik des ersten demokratischen Präsidenten nach 12 Jahren republikanischer Herrschaft: „Bill Clinton's decisive victory over George Bush sets the stage for a revolution in U.S. foreign and domestic policy."[2] Das auflagenstärkste Nachrichtenmagazin des Landes betitelte seine Ausgabe vom 16.11.92 mit „Mandate for a Change" und jene vom 16.8.93 mit der Schlagzeile „Overturning the Reagan Years." Und die Politologen Theodore J. Lowi und Benjamin Ginsberg fassen zusammen: „on November 3, 1992, the nation elected a Democratic president. It was time for a change."[3]

Clintons Abgrenzung von den sozialpolitischen Vorstellungen Reagans ist offensichtlich und markant: „At the core of his [Clinton's] belief, growing out of his own experience of poverty and personal hardships from a broken home, is a conviction that government should play a major role in alleviating social inequity and expanding economic opportunities."[4] Zwar hat der erste demokratische US-Präsident seit Carter ganz gewiß nicht alle der mit seinem Amtsantritt verbundenen Hoffnungen erfüllen können und wollen, aber der Sachverhalt bleibt bestehen, daß mit ihm eine neue, nachgewachsene Generation angetreten ist, um die Geschicke des Landes zu lenken:

> Comparisons between George Bush and Bill Clinton can be drawn *ad finitum*; the two presidents are almost diametric opposites of one another. For our purposes, a comparison of each candidate's favored mode of transportation during the campaign provides a telling example of their differences. While George Bush was often seen traveling on Air Force One, Bill Clinton and Al Gore opted

---

[2] Koichi Suzuki et al., *The Clinton Revolution: An Inside Look at the New Administration* (Lanham u.a.: University Press of America, 1993), p. xv.
[3] Theodore J. Lowi und Benjamin Ginsberg, *Democrats Return to Power: Politics and Policy in the Clinton Era* (New York und London: W.W. Norton and Co., 1994), p. 16.
[4] Haynes Johnson, *Divided We Fall: Gambling with History in the Nineties* (New York und London: W.W. Norton and Co., 1994), p. 41.

for the path commonly used by rock-and-roll stars on tour: the Clinton-Gore All-American Bus Tour.[5]

Lowi und Ginsberg interpretieren die Politik Clintons als einen expliziten Versuch, „the legacy of Ronald Reagan that haunted Democrats in the 1980s and early 1990s"[6] zu exorzieren. Wird Clintons Präsidentschaft in Analogie zu der politischen Wirkung und Ausstrahlung früherer Amtsinhaber gesehen, so werden Roosevelt und Kennedy, von weniger wohlwollenden Kommentatoren auch Johnson und Carter, als Vergleichsgrößen benannt[7], aber fast niemals Reagan, Nixon, Eisenhower oder Coolidge.[8]

Es fragt sich, ob eine generelle These dieser Studie – die Nachweisbarkeit einer aktiven Relation zwischen realhistorischen und literarischen Prozessen – auch für die 90er Jahre Bestätigung findet. Diese Nachschrift zu meiner Studie über pikareske Romane der 80er Jahre setzt sich ein dreifaches Ziel. Sie zeichnet zum ersten skizzenhaft typische Modifikationen in der pikaresken Erzählliteratur der früheren 90er Jahren nach. Sie versucht zum zweiten, auf die Differenz zwischen der pikaresken Literatur des Reagan- und des Clinton-Jahrzehnts und damit auf den Einfluß des Kontexts auf die Konstitution fiktionaler Welten hinzuweisen. Im Prozeß der

---

[5] Koichi Suzuki et al., p. xi. Eine sorgfältige Analyse von Clintons Wahlkampfstrategie 1992 leistet Stanley B. Greenberg in seiner Untersuchung zu *Middle Class Dreams: The Politics and Power of the New American Majority* (New York: Random House, 1995), pp. 218-28.
[6] Theodore J. Lowi und Benjamin Ginsberg, *Embattled Democracy: Politics and Policy in the Clinton Era* (New York und London: W.W. Norton and Co., 1995), p. 17. Der Band ist eigentlich eine überarbeitete Neuauflage der Lowi-Ginsberg-Studie von 1994 (cf. FN 2 dieser Coda) und keine eigenwertige Neupublikation.
[7] Cf. Stanley A. Renshon, *High Hopes: The Clinton Presidency and the Politics of Ambition* (New York und London: New York University Press, 1996), p. 116: „Clinton sees himself as a modern Roosevelt [...] and has also publicly identified with Kennedy [...]. Others have seen him differently. Some have compared him unflatteringly to Jimmy Carter [...] and Lyndon Johnson [...]."
[8] Eine Ausnahme ist der Aufsatz „Clinton – Every Man but His Own?" von Burt Solomon, in dem wenig konsensfähig und (für mich) wenig überzeugend Ähnlichkeiten Clintons mit Reagan, Bush und Ford konstatiert werden; *National Journal*, 11 (1993), 2206.

Ermittlung charakteristischer Merkmale pikaresker Romane der aktuellen Gegenwart soll zugleich – und dies kennzeichnet das dritte und eigentliche Ziel – deutlich werden, daß es ein lohnendes Unterfangen ist, eine genretypologische Perspektive auf Gegenwartstexte beizubehalten.

Aufgrund ihrer thematischen und strukturellen Besonderheiten argumentiert die Pikareske *per se* zumindest implizit im engeren Sinne politisch. Es wäre allerdings irrwitzig und im Interesse einer komparativ-literarhistorischen Perspektive geradezu kontraproduktiv, wollte man differenzierende Abstufungen hinsichtlich des Ausmaßes der Politisierung in verschiedenen Einzelwerken in Abrede stellen. So macht beispielsweise ein Blick auf die amerikanische Pikareske der 90er Jahre zweierlei anschaulich: zum einen die exzeptionelle Bedeutung pikaresker Erzähl- und Weltdeutungsmuster während der Reagan-Dekade und zum zweiten – tendenziell – eine Einbuße sowohl an expliziter sozialpolitischer Interessiertheit als auch an impliziter oppositionell-gegenkultureller Programmatik.

Ich unterscheide im folgenden zwischen drei Varianten des pikaresken Erzählens der 90er Jahre, nämlich zwischen einer politisch weitgehend indifferenten, einer neokonservativen und einer amerikakritischen. Nur die zuletztgenannte Form ist typisch für die Pikareske der vorangegangen Dekade. Allerdings fällt selbst dort, wo Autoren wie Auster oder Boyle relativ bruchlos an ihre pikaresken Texte der Eighties anknüpfen, auf, daß die jüngeren Erzählwerke ein ungleich versöhnteres Verhältnis zur amerikanischen Geschichte und zur aktuellen Alltagswirklichkeit an den Tag legen. Jede der drei Varianten soll nun durch eine illustrierende Analyse belegt werden. Meine Beispieltexte sind Douglas Couplands *Generation X* (1991), Ernest Heberts *Mad Boys* (1993) und Paul Austers *Mr. Vertigo* (1994).

Als ein den Zeitgeist der Dekade definierenden Roman ist beispielsweise das Erstlingswerk des gebürtigen Kanadiers und in den U.S.A. wohnhaften Jungschriftstellers Douglas Coupland gelesen worden. Sein Titel, *Generation X*, ist umgangssprachlich sogar zu einem Synonym für das Amerika der 90er Jahre, für das Amerika der Jungkarrieristen und Yuppies geworden. Tatsächlich schildert der Roman aber das relativ ereignislose Leben von drei Aussteigern (von Andy, der der Erzähler des Romans ist, Dag und Claire), die sich an den Rand Kaliforniens, nach Palm Springs, zurückgezogen haben, um dort einen nonkonformistischen Lebensstil zu verwirklichen. Alle drei Figuren gehören – wie ihr Erfinder – der Generation der Nach-Baby-Boomers an, sie sind in den 60er Jahren des 20. Jahrhunderts geboren, führen eine Existenz ohne persönliche Ambitionen oder gesellschaftskritisches Engagement und finanzieren ihr Aussteigerdasein jeweils durch die Ausübung eines anspruchslosen „McJob", den der Roman als „low-pay, low-prestige, low-dignity, low-benefit, no-future job in the service sector"[9] definiert. Die drei Freunde leben zumeist in den Tag hinein, führen Gespräche, die meisten „silly and morose" (p. 6), unterhalten sich z. B. über „holidays and their general lack of amusement value" (p. 162), und sie erzählen sich gegenseitig selbsterfundene Geschichten. Auf der Suche nach vitalen Formen des Geschichtenerzählens wählen sie sich die Treffen der Anonymen Alkoholiker zum Modell: „we come up with stories and we tell them each other. The only rule is that we're not allowed to interrupt, just like in AA, and at the end we're not allowed to criticize" (p. 14).

Den Angehörigen der Generation X fehlt das Gefühl für biographische, historische oder geographische Wurzeln. Der Erzähler erklärt: „where you're from feels sort of irrelevant these days" (p. 4); sein Bruder Tyler begründet diese These: „everyone has the same stores in their mini-malls" (ibid.). So besucht Andy in Portland, Oregon, an einem Punkt der Handlung ein Vietnamkriegsdenkmal, wird von nostalgischen Gefühlen erfaßt („I *do* remember a bit of it") und erläutert seinem Bruder Tyler: „Okay, *yes*, I think to myself, they *were* ugly times, but they were also the only times I'll ever get – genuine capital *H* history times, before *history* was turned into a press release, a marketing strategy, and a cynical campaign tool" (p. 151). Letztlich jedoch ist Andy auf der Flucht vor der Geschichte; in Oregon, dem Staat seiner Herkunft, erkennt er, „that there was still too much history there for me. That I needed *less* in life. Less past"

---

[9] Douglas Coupland, *Generation X: Tales for an Accelerated Culture* (New York: St. Martin's, 1991), p. 5; alle Zitate aus dem Roman beziehen sich auf diese amerikanische Erstausgabe. Im folgenden werden die Seitenangaben jeweils nach dem Zitat in den fortlaufenden Text gesetzt.

(p. 59). Der Erzähler gibt sich so, gemäß seiner eigenen Definition, als eine prototypische Mittelklassenexistenz zu erkennen: „when you're middle class, you have to live with the fact that history can never champion your causes and that history will never feel sorry for you. It is the price that is paid for day-to-day comfort and silence. And because of this price, all happinesses are sterile; all sadnesses go unpitied" (p. 147).

Die Hauptfiguren des Romans leben ihre „small lives at the periphery" (p. 11) in einer aktualisierten Version der Welt von Steinbecks *Tortilla Flat*. Was Andy und Dag noch an Aggressivität empfinden, richtet sich mit aller Macht gegen die „Yuppie Wannabe's": „An X generation subgroup that believes the myth of a yuppie life-style being both satisfying and viable. Tend to be highly in debt, involved in some form of substance abuse, and show a willingness to talk about Armageddon after three drinks" (p. 91). Tobias, der Freund Claires und der Vorzeige-Yuppie des Romans, sieht sich konfrontiert mit der Verachtung der männlichen Mitglieder der Dreiergruppe, da ihm der Mut zum gesellschaftlichen Ausstieg fehlt und er statt dessen eine stromlinienförmige Karriere anstrebt: „He'd never have the guts to live up to complete freedom. The lack of rules would terrify him" (p. 157). Die aktuellste Erscheinungsform von Pynchons disziplinierungssüchtigen Kindern der rebellischen 68er-Generation ist in *Generation X* der 90er-Jahre-Karrierist; über den Arbeitgeber von Dag und Andy heißt es: „Martin, like most embittered ex-hippies, is a yuppie" (p. 20). Andy und Martin definieren sich als Antigeneration zu den Baby Boomers, als nonkonformistisch und antimaterialistisch. Noch eine durch eine Wette gewonnene 50-Dollar-Note wird von Dag mit einer Geste der Verachtung in den Mund geschoben, gekaut, verschluckt.

Manche der konsumkritischen Kommentare des Romans überschreiten die Grenze zum Zynismus, doch erschöpfen sich die gesellschaftskritischen Anliegen zumeist in der phantasievollen Suche nach sprachlichen Neologismen (etwa p. 119: „the pooch" für „*Greyhound bus*"). Was Andy und Dag von pikarischen Gestalten in der Literatur der Reagan-Dekade, von Figuren wie Daniel Quinn, Don Quixote oder Darryl Louise Chastain grundlegend unterscheidet, ist die relative Harmlosigkeit ihrer zeitkritischen Glossen, ist die Absenz von Wut, Zorn und positiven Idealen. In einer empathetischen Rezension des Coupland-Romans schreibt Mark Brett, selbst ein Angehöriger der Generation X und damit eines weißen Jahrgangs der besonderen Art, selbstanalytisch: „A blank generation with no war or 'movement' to define us, we refuse to define ourselves."[10] Couplands Erzähler zeichnet sich durch eine teils misanthropische, teils fatalistische Grundeinstellung aus. Zwar zitiert das letzte Kapitel, „Numbers", fragmentarisch Statistiken, die die neue Armut, Mißstände im Bildungswesen, ökologische Katastrophen und die Brutalisierung des Alltags nachhaltig belegen, ein wirksamer emotionaler oder politischer Protest gegen solche Entwicklungen wird in *Generation X* aber nicht artikuliert. Ein authentisches Problembewußtsein für Phänomeme wie Armut und Obdachlosigkeit, für Rassismus oder sexuelle Diskriminierung, für kulturellen oder militärischen Imperialismus, allesamt zentrale Themen in pikaresken Romanen der 80er Jahre, formuliert *Generation X.* somit nicht. Der Roman dokumentiert statt dessen zwar keine Entpolitisierung des sozialen Gewissens, sehr wohl aber – tendenziell – eine Apolitisierung der Pikaro-Figur.

Das Schlagwort von der Generation X ist semantisch nicht deckungsgleich mit dem im Deutschen geläufigen Begriff der 89er-Generation; Douglas Coupland ist keine Neue-Welt-Version von Botho Strauß. Gleichwohl lotet *Generation X* – wie die essayistischen Reflexionen von Botho Strauß in dem Aufsatz „Anschwellener Bocksgesang" (1993) – den Raum des Vorpolitischen aus, wird im Roman – wie bei Strauß – „der erschütterte Einsame gegen die banale Gesellschaft der aufgeklärten Moderne"[11] gestellt, freilich ohne daß sich bei Coupland – im Unterschied zu Strauß – auch nur in Ansätzen ein neuartiges, nationalistisches Selbstbewußtsein artikulieren würde.[12] In der amerikanischen Erzählliteratur seit 1945 ist

---

[10] Mark Brett, „Review of *Generation X* by Douglas Coupland," *Minnesota Review*, 39 (1992/93), 183.

[11] Robert Leicht, „Vom Bockshorn und vom Bocksgesang," *DIE ZEIT* (7.10.1994), 1.

[12] Cf. etwa die folgenden Formulierungen in dem Strauß-Essay: „Rechts zu sein, nicht aus billiger Überzeugung, aus gemeinen Absichten, sondern von ganzem

undenkbar, daß der Rechte als eine bemitleidenswerte Außenseiterexistenz konzipiert wird. Bei Botho Strauß hingegen wird der „Rechte – in der Richte: ein Außenseiter": „Das, was ihn zutiefst von der problematischen Welt trennt, ist ihr Mangel an Passion, ihre frevelhafte Selbstbezogenheit, ihre ebenso lächerliche wie widerliche Vergesellschaftung des Leidens und des Glückens."[13] Vor allem anderen ist *Generation X* ein Beleg dafür, daß auch die Nullbockgeneration zur literarischen Darstellung ihrer Weltbilder auf pikareske Erzählkonventionen zurückgreift, diese aber auch im Prozeß der Übernahme entpolitisiert.

Im Jahrzehnt Reagans sind neokonservative neopikareske Erzählwerke nicht existent. Erst in der Romanliteratur der 90er Jahre finden sich erste – spärliche – Anzeichen für eine Synthese von pikaresker Erzählform und neukonservativer Weltanschauung. Wie könnte sich eine solche Synthese inhaltlich präsentieren? Vielleicht durch die Umdeutung der klassischen patriarchalischen Vaterfigur, wie sie z.B. Ernest Heberts Roman *Mad Boys* (1993) leistet: die furchtauslösende Vaterfigur eines Halbwaisenkindes ist dort eine zeitgenössische Variante von Twains Pap Finn, „an old hippie from the 1960s, a drifter, an alcoholic, [...] a drug addict [...]."[14] Zu Beginn der Pikareske erwacht der Erzähler, der 13-jährige Langdon Webster (später im Roman nimmt er den Namen Web Clements an), eines Tages ohne Gedächtnis in einer Klinik in Keene, New Hampshire. Nach Wochen erst wird die Identität des Erzählers geklärt; ein Vater meldet sich und holt den Jungen zu sich, nämlich der oben beschriebene Joseph Webster alias Dirty Joe. Langdon reagiert mit Entsetzen

---

Wesen, das ist, die Übermacht einer Erinnerung zu erleben, die den *Menschen* ergreift, weniger den Staatsbürger, die ihn vereinsamt und erschüttert inmitten der modernen, aufgeklärten Verhältnisse, in denen er sein gewöhnliches Leben führt." Botho Strauß, „Anschwellender Bocksgesang," in: Franz Josef Görtz u.a. (eds.), *Deutsche Literatur 1993: Jahresüberblick* (Stuttgart: Reclam, 1994), p. 259; der Essay ist erstmals im Februar 1993 im *SPIEGEL* veröffentlicht worden.

[13] Botho Strauß, p. 260.

[14] Ernest Hebert, *Mad Boys* (Hanover und London: University Press of New England, 1993), p. 25; alle weiteren Zitate beziehen sich auf diese Erstausgabe und erfolgen im fortlaufenden Text.

auf das heruntergekommene Relikt aus den späten 60er Jahren und versieht den Vater bei der Wiederbegegnung mit dämonisch-satanischen Zügen: „Behind the wheel sat the scroungiest human being I could imagine, a man with a scraggly beard and dark, greasy, shoulder-length hair. I thought the devil had come to take me away" (p. 27).

Tatsächlich entpuppt sich Joseph als ein gewalttätiger Bösewicht, der Langdon brutal mißhandelt und unbarmherzig ausbeutet. Die politischen Anschauungen des Vaters bleiben vage und dunkel; alkoholisiert faselt er von Aufruhr und Verschwörung: „He'd scoff at both conservatives and liberals. They were all part of 'the system.' Not Father – he was part of 'the revolution'; he loved that word 'revolution.' Sometimes he'd say it just to excite himself" (p. 32). Einem solch suspekten Antipathieträger wie Joseph Webster wird im Roman auch die Kritik an den sozialen Verhältnissen des Landes in den Mund gelegt: „He rambled on. The country was going to hell because the rich people he said screw you to everybody [...]. The country was going to be turned upside down, inside out, ass backward, and bottoms up. [...] I concluded that Father was spinning out of control" (p. 47). Eine derart konfus vorgetragene Gesellschaftskritik bleibt natürlich unglaubwürdig und wenig überzeugend. Wie sich herausstellt, ist sie auch inauthentisch und verlogen, denn in seinen Tagträumen phantasiert der Vater u.a. von einem geheimnisvollen (steinreichen) Schutzengel: „he used to soothe himself by imaging that a billionaire was watching over him, waiting for the right moment to give him a million" (p. 48). Wie eine Erlösung erscheint es dann, wenn Langdon in einer Szene, die Edgar Allan Poes „The Tell-Tale Heart" (1843) parodiert, den Vater schließlich tötet. Was Heberts Kritik an den späten 60er Jahren formal und perspektivisch unterscheidet von der Kritik desselben Zeitraums in Romanen wie *Vineland*, *A Prayer for Owen Meany* oder *World's End*, ist der Umstand, daß sie stets aus der Außenperspektive des zu keiner Zeit Involvierten vorgetragen wird. Nicht Enttäuschung oder Verbitterung über gescheiterte Utopien verschaffen sich in *Mad Boys* Gehör, sondern ironisierende Distanz und die Überheblichkeit der Nachgeborenen.

Nach dem Vatermord schließt sich Langdon der Jungenbande der „River Rats" an und erkennt, indem er sich mit den Mitgliedern der pubertären Truppe vergleicht: „They had something I didn't have and would never have – family – but I had something they didn't have and likely, because of their families, would never have: freedom" (p. 67). Vaterlos, begibt sich der Junge auf eine Suche nach der Mutter; wie in *Vineland* wird die Muttersuche zu einer Suche nach der amerikanischen Geschichte und Vergangenheit. Doch wieder verweist der Roman auf Klischees und überzeichnende Simplifikationen, statt daß er sich auf die Ambivalenzen von Amerikas radikaler Dekade einließe. Langdon findet schließlich in Sorrows, New Mexico, die Grabstätte der vor langer Zeit verstorbenen Mutter. Sie war einst ein Groupie verschiedener Rock-and-Roll-Bands gewesen und wurde nach ihrem Tod zu einer Art Heiligenfigur einer exzentrischen New-Age-Sekte, die sich „Children of the Cacti" nennt. Eine der Romanfiguren referiert die – vermutlich als exemplarisch konzipierte – Geschichte der Gemeinschaft:

> „Most of the Children of the Cacti are middle-aged, but when they first started they were rebellious youths. They found their insights through drugs. Graduated to ideas – peace and love. Flirted with Eastern religions. Tried group living – commune-ism. When their numbers declined, they sought refuge in Christianity and conventional life-styles. Invented New Age. None of it worked. The Children of the Cacti left Jesus, political ideology, and drugs. [...] Led by an excommunicated priest, they found the keys to the perfect society: trust funds, entertainment, no kids. [...] Today the Children of the Cacti are learning to govern their lives and loves with entertainment as the medium and money as the method." (p. 179)

Langdon sucht und findet im Verlauf der Romanhandlung verschiedene Ersatzfamilien, trifft auf Feministinnen, die in unterirdischen Katakomben leben, auf rivalisierende und einander bekriegende Straßengangs in New York und auf revolutionäre Freiheitskämpfer, deren Glaubensbekenntnis denkbar simpel ausfällt: „Kill the bad people, take over the government, and establish freedom and justice for all" (p. 169). Das Waisenkind schließt sich der Bewegung an, lernt „to see things the rebel way": „It wasn't right that most of the people should be miserable and a few should have everything. Since there was no way the rich were going to give up their wealth and power, the rebels had to revolt. It was better to start over. Blow everything up and rebuild the society from the smithereens. All this appealed to my need to hate" (p. 196).

Eine halbwüchsige Führerfigur dient im Roman als positives Identifikationsangebot für die (Enkel-)Kinder Reagans: Langdons geistiger Mentor Royal Durocher. Sein pikareskes Aufsteiger-Credo: „I don't care about anybody but me" (p. 21). Royal ist im wörtlichen Sinne ein Produkt der Reagan-Ära, Sohn eines „rich record producer who lost everything in the 1987 stock market crash" (p. 22). Royal glaubt nicht an Freundschaft, sondern an Partnerschaft, sieht sich als „a positive thinker", dem „[t]he entrepreneurial gift" (ibid.) in die Wiege gelegt wurde. In bezug auf seine Ambitionen ist er explizit: „I want more. More of everything. Glory. Money. Power" (p. 46). Doch auch der Egomane *par excellence* leistet sich ein utopisches Ideal: die Herrschaft der Buben. Seinem Freund und Adepten Langdon gegenüber wird er schwärmerisch: „'Soon the parents will be dead, soon the grown-ups will be enslaved, soon the girls will be our cheerleaders. We, the boys of America, will rule with weapons of Artificial Experience, Synthetic Encounters, and the Exposition of the Uncanny [...]'" (p. 88).

Mad Boys rekurriert sicherlich auch auf parodistische, sogar auf selbstparodistische und satirische Darstellungstechniken.[15] Letztlich aber dokumentiert der Roman primär sozialpolitisches Desinteresse und neokonservative Weltdeutungsmuster. Seine postmodernen Erzähltechniken bleiben pure, selbstverliebte Spielerei ohne gesellschaftskritische Zuspitzung. Die Schöne Neue Welt ist wie in *Vineland* eine pikareske, sie wird wie in *Vineland* simuliert, durch diese

---

15 Cf. etwa das satirisch gezeichnete Schlußbild (ein Blick in die Zukunft zeigt Royal als amerikanischen Präsidentschaftskandidaten und Langdon alias Web als eine Art „young Jerry Brown"), p. 215. Cf. ebenso die (parodistische) Erkennungsszene gegen Ende des Romans, in der die Blutsverwandtschaft zwischen Langdon und Royal – „Royal's father was your mother's first lover" (p. 213) – enthüllt wird.

imitative Technik aber nicht – wie bei Pynchon – decouvriert oder kritisiert, sondern letztlich beschworen, herbeigezaubert und gefeiert. In der Literatur der 90er Jahre wird vereinzelt möglich, was in den pikaresken Romanen der 80er Jahre undenkbar gewesen wäre: ein in letzter Konsequenz ästhetizistisches, indifferentes und unkritisches Verhältnis zur sozialen Wirklichkeit Amerikas. Nicht zufällig hört die einzige Romanfigur, mit der sich der Erzähler von *Mad Boys* wahrhaft anfreundet, auf den Namen Ike. Das nostalgische Ideal der konservativen Bildungsschicht der Nineties sind die Fifties.

Selbstverständlich haben die bedeutenden Autoren der pikaresken Romanliteratur der 80er Jahre im Folgejahrzehnt weitere Werke veröffentlicht. Aber ebenso gilt, daß pikareske Erzählformeln und -muster, die während der 80er Jahre eine Renaissance erfahren haben, in den 90er Jahren nur vereinzelt und sporadisch genutzt werden. Die 90er Jahre definieren in der Wahrnehmung der US-amerikanischen Romanschriftsteller keine gesellschaftliche Krisenzeit. Pikareske Romanciers der Reagan-Dekade wie Kathy Acker, John Irving, William Kennedy und Thomas Pynchon lenken ihr Interesse an Erzählexperimenten auf die Konventionen anderer Genres, und Autoren wie T.C. Boyle oder Paul Auster, die in ihren Werke weiterhin auf pikareske Konventionen zurückgreifen, nehmen in ihren jeweils jüngsten Werken ihren Schilderungen pikaresker Welten und Weltdeutungsmuster die gesellschaftskritische Schärfe und die politische Verbindlichkeit. Paul Austers Roman *Mr. Vertigo* aus dem Jahr 1994 vermag diesen Sachverhalt beispielhaft zu illustrieren.

Mr. Vertigo ist, gemäß den Vorgaben der Fiktion, die posthum veröffentlichte Lebensrückschau von Walter Clairbone Rawley, in der acht Jahrzehnte der amerikanischen Geschichte des 20. Jahrhunderts zur Darstellung kommen. Allerdings werden die letzten 50 Jahre aus Walters Leben nur in einer äußerst gerafften Form referiert; die Jahre von 1942 bis 1991 machen gerade einmal 17 Seiten, nur etwas mehr als 5% des Gesamtumfangs des Romans, aus. Der Schwerpunkt der fiktiven Autobiographie liegt auf den Jahren von 1924 bis 1930, deren Schilderung drei Viertel des Gesamttextes in Anspruch nimmt. 1924 wird Walter als 9-jähriger Straßenjunge von dem Vaudeville-Künstler Master Yehudi, einem jüdisch-ungarischen Einwanderer, in St. Louis als ein Talent der besonderen Art entdeckt. Yehudi verheißt dem Jungen, daß er ihm das Fliegen beibringen könne und ködert ihn mit der Aussicht auf Ruhm und Reichtum: „'It's not an easy skill to learn, but if you listen to me and obey my instructions, we'll both wind up millionaires."[16]

Moon Palace erzählt die Geschichte eines sozialen Aussteigers, *Mr. Vertigo* hingegen – sogar im wörtlichen Sinn – das Leben eines Aufsteigers. Doch bevor Walters Flugversuchen Erfolg beschieden sein kann, bevor er zu einem „household name, the number one cause célèbre in the land" (p. 170) werden kann, muß er – wie jeder mehr oder minder ambitionierte Pikaro – eine harte Schule durchlaufen. Yehudi nimmt Walter in seinen Haushalt auf, in dem bereits eine mütterliche Indianerin (Mother Sioux) und ein schwarzer Teenager (Aesop) leben. Die neu gewonnene Vaterfigur löst in dem Waisenkind nach nur kurzer Zeit ein automatisiertes Verhalten des Gehorsams und der Folgsamkeit aus; mit „blind obedience" (p. 45) folgt Walter allen Anweisungen des strengen Lehrers, läßt er sich beispielsweise für einige Stunden lebendig begraben. Das Ziel am Ende der vielen Ausbildungsschritte ist die Gabe des Fliegens; die Absichten der gewählten Methoden macht Yehudi explizit: „the first thing I have to do is break your spirit" (p. 18). In einer Rückschau auf seine Lehrjahre resümiert Walter: „For one whole year, I've suffered every indignity known to man" (p. 48). Doch die Leiden des jungen Walter werden mit Erfolg gekrönt; er erlernt das Fliegen und nimmt unter der Obhut seines Mentors eine Karriere als Flugakrobat in Angriff. Nach zunächst bescheiden besuchten Vorstellungen in den Kleinstädten des amerikanischen Midwest wird er, gekleidet in einem „Huck Finn costume" (p. 126), gegen Ende der 20er Jahre zu einem gefeierten Star des amerikanischen Vaudeville.

Die im Vergleich zu früheren Auster-Romanen bemerkenswerte Harmonie und gelassene Heiterkeit, die *Mr. Vertigo* auf den ersten

---

16 Paul Auster, *Mr. Vertigo* (New York: Penguin USA, 1995), p.4; alle weiteren Zitate beziehen sich auf diese Ausgabe und verweisen unmittelbar im fortlaufenden Text auf die jeweilige Seitenzahl. Die Erstausgabe ist 1994 in New York bei Viking erschienen.

100 Seiten ausstrahlt, spiegelt den zukunftsgewissen Optimismus der *Roaring Twenties* wider. Doch beinhaltet der Roman auch, wie es von einen amerikakritischen Schriftsteller wie Auster erwartet werden darf, sehr düstere Szenen, die Yehudi und Walter mit „the shittiness of life" (p. 100) konfrontieren. Die Depressionszeit kündigt sich in den Gesichtern der Menschen an und entfesselt den rassistischen Mob. Hilflos müssen Walter und Yehudi mitansehen, wie Mother Sioux und Aesop zu Opfern der Lynchjustiz des Ku-Klux-Klans werden. Mit vergleichbarer Bitterkeit erinnert *Mr. Vertigo* zudem an das Gemetzel bei Wounded Knee, „a wholesale slaughter of the innocent" (p. 79). Wie in *Moon Palace* stellt Paul Auster auch in *Mr. Vertigo* den Völkermord des weißen Amerika an seiner indianischen Bevölkerung an den Pranger, aber der jüngere Roman beschwört auch eine Atmosphäre der Versöhnung; er entwirft nicht – wie *Moon Palace* – eine elegische Grundstimmung der Trauer über eine verlorene Utopie. Letztlich wird der bittere Gesellschaftskommentar des 94er-Romans vor allem durch die für das Textverständnis zentrale Flugsymbolik neutralisiert. Walters erfolgreiche Flugübungen symbolisieren primär eine fundamentale Emanzipationserfahrung[17]; sie eröffnen – wie Kunst und Phantasie im allgemeinen – „new territories" (p. 73). Der zeitgenössische Pikaro wird somit zu einem Ikarus, „I began to spread my wings" (p. 85), bzw. zu einem „Columbus and Magellan of human flight" (p. 91), zu einem „daredevil who defied the laws of gravity" (p. 86). Da Walters Fliegen im Roman auch in eine enge Nachbarschaft zur Tradition des Geistertanzes der Sioux-Indianer gestellt wird, wird es sogar als eine Geste des Widerstandes lesbar: „Dancing the Ghost Dance was the last line of resistance [...]. You could fly out of your body then, and the white man's bullets would no longer touch you" (p. 78).

Zu Beginn der großen Weltwirtschaftskrise verliert Walter schließlich mit dem Einsetzen der Pubertät die Gabe des Fliegens; wieder einmal – wie so oft in Austers Romanen – schlägt die Schicksalsgöttin unbarmherzig zu. Yehudi bringt das launische

---

[17] Die Symbolik des Fliegens ruft freilich – Erica Jong läßt grüßen – untergeordnet auch sexuelle Assoziationen ab; cf. etwa p. 170, wo Walters Flugnummern als „a string of one- and two-night stands" bezeichnet werden.

Walten der Fortuna in einer pikaresk konstruierten Welt auf den Punkt: „That's the way it goes. We won for a while, and now we've lost" (p. 200). Doch hält Fortuna für die beiden Wanderkünstler noch weitere Mißgeschicke bereit. Auf der Autofahrt nach Hollywood, wo Walter unter Führung seines väterlichen Betreuers eine zweite Karriere in der Filmindustrie anstreben will, werden die beiden in der Mojave-Wüste von Straßenräubern beraubt und Yehudi dermaßen schwer verletzt, daß ihm ein Weiterkommen zu Fuß unmöglich wird. In einer Reaktualisierung der Hawthorne-Erzählung „Roger Malvin's Burial" (1832)[18] fordert der Ersatzvater Walter dazu auf, ihn zurückzulassen; schließlich gibt sich der 46-jährige den Gnadenschuß und löst so den inneren Konflikt seines Zöglings.

Mit dem Tod Yehudis verliert der erzählte Walter an Orientierung: „Without the master I was no one, and I wasn't going anywhere" (p. 240). Ganz ähnlich verliert mit der Schilderung der Todesszene die Geschichte des erzählenden Walter an Momentum. In den letzten fünf Jahrzehnten seines Lebens sucht Walter nach Ersatzfamilien und Familienersatz und wird mit unterschiedlichem Erfolg fündig. Nach einem unsteten Leben als Bettler und Gelegenheitsarbeiter wird er Mitglied einer Gangsterbande in Chicago (cf. p. 239: „I made a home for myself in the organization"), avanciert durch ein den Ganoven gefälliges Betragen (p. 237: „If I had to lick boots to earn my living, so be it") zu einem Nachtlokalbesitzer, wird im Zweiten Weltkrieg zu einem „expert in the habits of worms and other creatures who slither along the ground and prey on human skin for nourishment" (p. 277), schließt in den 50er Jahren eine ereignislose Ehe, die zwar 23 Jahre währt, der der Erzähler aber noch nicht einmal ganze drei Seiten seiner Lebensschau widmet. Nach dem Tod seiner Frau Molly wird Walter zum Alkoholiker; ein letztes Jobangebot für den inzwischen 58-jährigen besteht in einer Stelle als Hausmeister an der University of Colorado in Denver. Schließlich wird Walter Mitte der 70er Jahre von der ehemaligen Geliebten seines Lehrmeisters, Mrs. Witherspoon, aus seiner finanziellen Not

---

[18] Auster verweist zusätzlich auf sein literarisches Vorbild, indem er einer Nebenfigur des Romans den Namen „Ms. Hawthorne" zuweist.

errettet, wenn er nach einer zufälligen Wiederbegegnung zum geschäftlichen Teilhaber der reichen Gönnerin avanciert.

Die Wirrnisse in Walters Leben dienen Auster primär als ein Gleichnis für die amerikanische Geschichte des 20. Jahrhunderts. Im Zentrum des Romans steht aber nicht Kritik an der jüngeren amerikanischen Geschichte, sondern vielmehr die Aussöhnung mit ihr. Nicht von ungefähr kommt es z.B., daß am Ende der flugakrobatischen Vorstellungen Walters – gemäß den choreographischen Anordnungen Yehudis – die Melodie von „America the Beautiful" erklingt. Walters erfolgreiche Flugübungen verweisen auf den selbstvergessenen Optimismus der 20er Jahre und deren Verliebtheit in den Augenblick: „From the latter part of 1927 through the first half of 1928, I lived in a cocoon of total concentration. I never thought about the past, I never thought about the future – only about what was happening now, the thing I was doing at this or that moment" (p. 130). Die sozialen Krisen der 30er Jahre führen zu Wurzellosigkeit, Armut und sittlicher Verrohung und gehen über in das Jahrzehnt des Weltkriegs und in die in vielerlei Hinsicht behaglich-langweiligen 50er Jahre der Eisenhower-Regentschaft. Die 60er Jahre, zentraler Gegenstand des Romans *Moon Palace*, spart Auster bezeichnenderweise in seinem pikaresken Erzählwerk der 90er Jahre aus. Die 80er Jahre präsentieren sich in *Mr. Vertigo* als ein Jahrzehnt der geschäftstüchtigen Profite, die 90er Jahre bleiben undefiniert. Am Beginn der Dekade steht allerdings der Tod von Mrs. Witherspoon, wie Thomas Pynchons V. ein Kind des 20. Jahrhunderts: „She lived to be ninety or ninety-one (it was never clear which century she'd been born in)" (p. 288).

Mrs. Witherspoon ist eine neuzeitliche Frau Welt und eine zeitgenössische Fortuna in einem. „Booze, money, and sex" definieren die „eternal verities" (p. 247) der geschwindigkeitssüchtigen Lebedame, die gemäß undurchschaubarer Kriterien ihren Opfern ihre Gunst schenkt oder entzieht: „Just when you thought she was your bosom buddy, she'd turn around and do something unexpected" (p. 109). Am Ende des Romans wird Walter Rawley zum kaufmännischen Teilhaber und Bettgefährten und schließlich – 1990 – auch zum Erben der familienlosen Geschäftsfrau. Ein langer pikaresker Lebensweg nähert sich seinem Ende. Wie im Falle von Marco

Stanley Fogg, so dient auch die Lebensniederschrift Walters therapeutischen Zwecken; sie erlöst ihn aus seiner Trauer und führt zur seelischen Gesundung: „I was rescued by the idea of writing this book" (p. 289). Gleichzeitig setzt Walter mit seinem schriftlichen Lebensrückblick auch den Verstorbenen und Betrauerten ein Denkmal; er erfüllt mit dem Überliefern seiner Biographie „an obligation to remember the dead" (p. 113). Der nostalgische Grundton, der gelegentlich Walters Lebensbeichte charakterisiert, wird beispielsweise transparent, wenn sich der Adoptivsohn an seinen Ersatzvater rückerinnert: „They don't make them like that anymore. Master Yehudi was the last of a breed, and I've never run across the likes of him since: a man who felt perfectly at home in the jungle" (p. 205). Gegen Ende des Romans bezieht der Erzähler auch seine eigene Jugendzeit in seine Klage um Unwiederbringliches ein: „They don't make men like master Yehudi anymore, and they don't make boys like me either" (p. 292).

Solche Formulierungen klingen fast wie ein Grabgesang, sie klingen fast wie ein Abgesang auf die Figur des Pikaros, die die Literaturlandschaft der 80er Jahre so reich bevölkert hat. In der aktuellen Gegenwart der 90er Jahre, so scheint es, finden Pikaros weder genügend geographischen noch hinreichend imaginativen Freiraum. Mehr noch: der Randständige, das ist bei Auster der Träumer, der Phantast, der wahre Erbe des *American Dream*. Mit Yehudi, so scheint es zunächst, wurden auch Kreativität und Imaginationsvermögen zu Grabe getragen: „His [Yehudi's] mouth was one of the great huckster machines of all time, and once he got it going full tilt, the dreams poured out of it like smoke rushing through a chimney" (p. 191). Je näher die Handlungszeit sich der Gegenwart nähert, desto deutlicher wird der Roman zu dem Protokoll eines Niedergangs, der die Freiheitsräume von pikarischen Figuren einschränkt. Der Erzähler kommentiert selbstanalytisch: „I had no idea what was wrong with me. I had always been so fast, so quick to pounce on opportunities, and turn them to my advantage, but now I felt sluggish, out of sync, unable to keep up with the flow. The world was passing me by, and the oddest thing about it was that I didn't care" (p. 278).

Doch der Pikaro richtet sich sogar an unwirtlichen Orten und in scheinbar konfliktlosen Dekaden ein. Letztlich fordert das zyklische

Bauprinzip der Pikareske auch in *Mr. Vertigo* seinen Tribut. Walter leistet sich nach dem Tod von Mrs. Witherspoon eine schwarze Haushälterin und macht so die Bekanntschaft mit deren Sohn Yusef. Er registriert: „The boy has the devil in him. He's brash and rude and incorrigible, but he's lit up with the fire of life, and it does me good to watch him as he flings himself headlong into a maelstrom of trouble" (p. 291). Letztlich erkennt Walter in dem 8-jährigen Kind sein früheres Ich: „This boy has the gift, too. If I could ever pluck up my courage to speak to his mother, I'd take him under my wings. In three years, I'd turn him into the next Wonder Boy" (p. 292). Walter Rawley sind drei weitere Lebensjahre nicht mehr vergönnt, aber das Wirken pikarischer Figuren, so machen seine Kommentare deutlich, wird mit seinem Tod nicht zu einem Abschluß kommen. Gegen Ende des 20. Jahrhunderts bleiben literarische Pikaros, bleiben die Randexistenzen pikaresker Romane ein notwendiges kulturelles Korrektiv zur spätkapitalistischen Ethik der westlichen Welt. Paul Austers *Mr. Vertigo* belegt somit die Existenz einer anspruchsvollen, politisch engagierten Pikareske auch im Amerika der Clinton-Zeit.

Auch in den Fiktionen der 90er Jahre dient *picarismo* der subkulturellen Selbstabgrenzung, auch in aktuellen Gegenwartstexten bleibt die pikareske Welt eine gleichermaßen repressive und postmoderne. Dennoch fällt bei einem Vergleich zwischen pikaresken Romanen der Eighties und der Nineties vor allem auf, daß die jüngeren Erzählwerke nicht das Ausmaß der expliziten Politisierung erreichen, das Erzählwerke der Reagan-Dekade kennzeichnet. Ein wichtiger Grund für diesen Sachverhalt ist sicherlich die Tatsache, daß die amerikanischen Pikaros der 90er Jahre nicht mehr den Werten der *Sixties Counterculture* verpflichtet sind. Pikareske Romane des Clinton-Jahrzehnts zeigen daher auch einen (politischen wie schriftstellerischen) Generationswechsel auf: aus den Rebellen der Sixties sind die Patriarchen der Nineties geworden. Ein Indiz für die tendenzielle Entpolitisierung der Pikareske ist beispielsweise die weitestgehende Absenz apokalyptisch-revolutionärer Geschichts- oder Weltdeutungen.

Soweit sich dies augenblicklich schon überschauen läßt, bestätigen folglich aktuelle Formen der Gegenwartspikareske die singuläre Bedeutung des Genres während der 80er Jahre. Wie die Geschichte des pikaresken Romans in den Eighties illustriert, erweist sich die Pikareske gerade zu Zeiten gesellschaftlicher Krisen und zu Zeiten einer polarisierenden Aufspaltung eines Volkes in eine Zweiklassengesellschaft der notleidenden Habenichtse und der sorglos Reichen als eine höchst aktualisierungsfähige literarische Form. Es gibt ganz gewiß keine einfache Korrelation zwischen dem Auftreten gesellschaftlicher Not und der Renaissance pikaresker Erzähl- und Weltdeutungsmuster. Aber die Geschichte des Genres in den U.S.A. legt beinahe zwingend die These nahe, daß die Entscheidung von Romanciers für die Aktualisierung bestimmter Genres nicht allein aus innerliterarischen Erwägungen heraus getroffen wird. Veränderungen in Politik und Zeitgeist haben Auswirkungen auf die Popularität und konkrete Formen der Transformation einzelner Genres. Romanschriftsteller reagieren auf die sozialen Verhältnisse, in denen sie leben, z.B. durch die Entscheidung, sozial engagierte literarische Formen, zu denen zweifelsohne die Pikareske zählt, zu reaktualisieren. Mindestens solange wie eine Welt „ohne Entäußerung und Entfremdung", solange ein gesellschaftliches Zusammenleben „in realer Demokratie"[19] eine kulturell relevante Utopie bleibt, wird auf die Traditionen des pikaresken Erzählens zurückgegriffen werden.

Der Blick des Armen auf eine Gesellschaft, deren Mitglieder sich überwiegend als wohlhabend definieren, ist kostbar. Der Blick des Außenseiters, des Ausgegrenzten, des Marginalisierten kann mitunter sogar repräsentativ sein, repräsentativ für den Traum von einer alternativen und gerechteren Gesellschaftsordnung. Die Kunst konserviert und artikuliert Anklage des Bestehenden und Sehnsucht nach Besserem. In den Werken von Kennedy, Auster, Boyle, Irving, Acker und Pynchon äußert sich das soziale, manchmal auch das sozialutopische Gewissen der amerikanischen Gesellschaft. Die Ansichten derjenigen, deren Aufgabe das politische Alltagsgeschäft ist, stehen in der pikaresken Literatur auf dem Prüfstand. Ein Irrtum der Politik steht am Beginn der weißen Besiedlungsgeschichte Amerikas: „Co-

---

[19] Ernst Bloch, *Das Prinzip Hoffnung: Dritter Band* (Frankfurt: Suhrkamp, ³1976), p. 1628.

lumbus too thought he was a flop, probably, when they sent him back in chains. Which didn't prove there was no America."²⁰

Am Ende seiner Abenteuer ist Augie March nicht resignativ, sondern ein Mann der Hoffnung; Suche setzt für ihn nicht notgedrungen ein fest definiertes Ziel voraus. Wie für so viele Pikaros in der Literatur der 80er Jahre, wie für Daniel Quinn, Marco Stanley Fogg, Don Quixote und Zoyd Wheeler, gilt auch für Augie March: „he may be a colossal failure, but he is still in the process of looking forward to and discovering 'his' America – the America of the road not taken [...]."²¹ Wider Willen wird ein Pikaro mitunter zu einer repräsentativen Stimme, die einklagt, was einstmals die Attraktivität des kultur- und sozialpolitischen Projekts „Amerika" definiert hat: Freiheit, Gleichheit, Brüderlichkeit. In Frageform formuliert der vielleicht bedeutendste Pikaro der amerikanischen Literatur des 20. Jahrhunderts am Ende seines Lebensberichts einen Anspruch, den noch alle literarischen Pikaros Amerikas, unabhängig davon, welchem Geschlecht, welcher Ethnie oder welcher sozialen Schicht sie angehörten, mit trotziger, aber gleichsam unsicherer Selbstbehauptung erhoben haben: „Who knows but that, on the lower frequencies, I speak for you?"²²

---

[20] Saul Bellow, *The Adventures of Augie March* (New York: Viking, 1960), p. 536.
[21] Leicia N. Tavares Cavalcanti, „'Chicago Born, Free Style': The Picaresque in *Tmo Azvontures of Augio Mavch* [sic!]," *Ilha de Desterro*, 15-16 (1986), 189.
[22] Ralph Ellison, *Invisible Man* (New York: Modern Library, 1994), p. 572.

Literaturverzeichnis

1. Amerikanisch-pikareske Romane der 80er Jahre

ACKER, Kathy. *Don Quixote which was a dream*. New York: Grove, 1986.
AUSTER, Paul. *Moon Palace*. New York: Viking, 1989.
BOYLE, T. Coraghessan. *World's End: A Novel*. New York: Viking, 1987.
DOCTOROW, E.L. *Billy Bathgate: A Novel*. New York u.a.: Harper Paperbacks, 1990 [Erstpublikation 1989].
IRVING, John. *The Cider House Rules*. New York: William Morrow, 1985. Reprint: London u.a.: Black Swan, 1986.
IRVING, John. *A Prayer for Owen Meany*. New York: William Morrow and Co., 1989. Reprint: New York: Ballantine Books, 1989.
JOHNSON, Charles. *Oxherding Tale*. New York: Penguin USA, 1995 [Erstpublikation 1982].
KENNEDY, William. *Quinn's Book*. New York: Viking, 1988.
PYNCHON, Thomas. *Vineland*. Boston u.a.: Little, Brown and Co., 1990.
ROBINSON, Marilynne. *Housekeeping*. New York u.a.: Bantam, 1982 [Erstpublikation 1981].

2. Andere Primärtexte

ACKER, Kathy. *Kathy Goes to Haiti*. London: Flamingo, 1993 [Erstpublikation 1978].
ACKER, Kathy. *Hello, I'm Erica Jong*. New York: Contact II, 1982.
ACKER, Kathy. *Blood and Guts in High School*. New York: Grove Weidenfeld, 1989 [Erstpublikation 1984].
ACKER, Kathy. *Empire of the Senseless*. New York: Grove Weidenfeld, 1988.
AUDEN, W.H. *Collected Poems*. New York: Vintage, 1991.
AUSTER, Paul. „The Art of Hunger." *The Art of Hunger: Essays, Prefaces, Interviews and The Red Notebook*. New York: Penguin USA, 1993, pp. 9-22.
AUSTER, Paul. „Ideas and Things." *Harper's Magazine*, 25 (November 1975), 106-110. Reprint: *The Art of Hunger: Essays, Prefaces, Interviews and The Red Notebook*. New York: Penguin USA, 1993, pp. 103-106.
AUSTER, Paul. „Interview with Joseph Malla." *The Art of Hunger: Essays, Prefaces, Interviews and The Red Notebook*. New York: Penguin USA, 1993, pp. 264-276.
AUSTER, Paul. „Interview with Larry McCaffery and Sinda Gregory." *The Art of Hunger: Essays, Prefaces, Interviews and The Red Notebook*. New York: Penguin USA, 1993, pp. 277-320
AUSTER, Paul. „Moonlight in the Brooklyn Museum." *Art News*, 86, 7 (September 1987), 104-105.
AUSTER, Paul. *Mr. Vertigo*. New York: Penguin USA, 1995 [Erstpublikation 1994].
BELLOW, Saul. *The Adventures of Augie March*. New York: Viking, 1960.

BLUMENTHAL, Michael. „Stones." In: Edelberg, Cynthia Dubin (ed.). *Scars: American Poetry in the Face of Violence*. Tuscaloosa und London: University of Alabama Press, 1995, pp. 137-138.
BRECHT, Bertolt. *Gedichte 4: Gedichte und Lieder aus Stücken und Prosatexten* [...]. Frankfurt: Suhrkamp, 1976.
BROWN, Charles Brockden. *Arthur Mervyn Or Memoirs of the Year 1793*. New York: Holt, Rinehart and Winston, 1962.
BROWN, Rita Mae. *Rubyfruit Jungle*. New York u.a.: Bantam, 1988 [Erstpublikation 1973].
CANETTI, Elias. *Masse und Macht*. Frankfurt: Fischer, 1980.
CARTER, Angela. *The Infernal Desire Machines of Doctor Hoffman*. New York: Penguin USA, 1994.
COUPLAND, Douglas. *Generation X: Tales for an Accelerated Culture*. New York: St. Martin's, 1991.
DAVIS, Patti. *Home Front*. New York: Crown, 1986.
DOCTOROW, E. L. „Introduction." *Poets and Presidents: Selected Essays, 1977-1992*. London: Papermac, 1994, pp. ix-xii.
DOCTOROW, E. L. „The Character of Presidents." *Poets and Presidents: Selected Essays, 1977-1992*. London: Papermac, 1994, pp. 91-101.
DOVE, Rita. *Mother Love*. New York und London: W.W. Norton and Co., 1995.
ELLISON, Ralph. *Invisible Man*. New York: Modern Library, 1994.
FRANKLIN, Benjamin. *Advice to a Young Tradesman: Written By an Old One*. Boston: [Benjamin Mecom, 1762].
GINSBERG, Allen. *Death & Fame: Poems 1993-1997*. New York: HarperPerennial, 1999.
GLÜCK, Louise. *The First Four Books of Poems*. Hopewell: Ecco Press, 1995.
GOETHE, Johann Wolfgang von. *Faust: Der Tragödie erster und zweiter Teil, Urfaust*. Hg. von Erich Trunz. 14., durchgesehene Auflage. München: Beck, 1989.
GRASS, Günter. *Das Treffen in Telgte: Eine Erzählung*. Darmstadt und Neuwied: Luchterhand, 1979.
HAILE, Berard. *Navaho Coyote Tales: The Curly Tó Aheedlíinii Version*. Lincoln: University of Nebraska Press, 1984.
HAWKES, John. *Adventures in the Alaskan Skin Trade*. New York: Simon and Schuster, 1985.
HEBERT, Ernest. *Mad Boys*. Hanover und London: University Press of New England, 1993.
The Holy Bible [...]: *New Revised Standard Edition*. Glasgow u.a.: Collins, 1989.
HOWELLS, William Dean. „Lazarillo de Tormes." *My Literary Passions*. New York: Harper & Brothers, 1895, pp. 139-144.
IGNATOW, David. *Shadowing the Ground*. Hanover und London: University Press of New England, 1991.
IRVING, John. *The World According to Garp*. New York: Pocket Books, 1979.

IRVING, John. „The Narrative Voice." In: Wier, Allen und Don Hendrie, Jr. (eds). *Voicelust: Eight Contemporary Fiction Writers on Style*. Lincoln: University of Nebraska Press, 1985, pp. 87-92.
IRVING, John. *A Son of the Circus*. New York: Ballantine Books, 1995 [Erstpublikation 1994].
IRVING, John. „Günter Grass: King of the Toy Merchants." *Trying to Save Piggy Sneed*. New York: Arcade, 1996, pp. 397-432.
JONG, Erica. *Fear of Flying*. New York u.a.: Signet, 1995 [Erstpublikation 1973].
JONG, Erica. „Fear of Flying Turns Twenty-One." *Fear of Flying*. New York u.a.: Signet, 1995, pp. xiii-xvi.
KANT, Immanuel. „Beantwortung der Frage: Was ist Aufklärung?" *Schriften zur Anthropologie Geschichtsphilosophie Politik und Pädagogik*. Darmstadt: Wiss. Buchgesellschaft, 1983), pp. 53-61.
KENNEDY, William. *O Albany! Improbable City of Political Wizards, Fearless Ethnics, Spectacular Aristocrats, Splendid Nobodies, and Underrated Scoundrels*. New York: Viking Penguin, 1983.
KENNEDY, William. „The Responsibility of Carrying the Dead." *New York Times Book Review* (22.5.1988), 32.
KENNEDY, William. „The Homeless: Do They Have Souls?" *Riding the Yellow Trolley Car: Selected Nonfiction*. New York: Penguin USA, 1994, pp. 414-417.
KENNEDY, William. *The Flaming Corsage*. New York: Viking, 1996.
KÖHLER, Barbara. *Deutsches Roulette: Gedichte 1984-1989*. Frankfurt: Suhrkamp, 1991.
KUSHNER, Tony. *Angels in America: A Gay Fantasia on National Themes: Part One: Millenium Approaches*. New York: Theatre Communications Group, 1993.
KUSHNER, Tony. *A Bright Room Called Day*. New York: Theatre Communications Group, 1994.
Das Leben des Lazarillo aus Tormes: Seine Freuden und Leiden. Frankfurt und Wien: Büchergilde Gutenberg, 1992.
LODGE, David. *Changing Places*. London: Secker & Warburg, 1975.
McGINLEY, Phyllis. *Times Three: Selected Verse From Three Decades With Seventy New Poems*. New York: Viking, 1960.
McHUGH, Heather. *Hinges & Signs: Poems, 1968-1993*. Hanover und London: University Press of New England, 1994.
MELVILLE, Herman. *Moby-Dick or the Whale*. Evanston und Chicago: Northwestern University Press, 1988.
MORRISON, Toni. *Playing in the Dark: Whiteness and the Literary Imagination*. Cambridge: Harvard University Press, 1992.
MUSIL, Robert. *Der Mann ohne Eigenschaften: Roman*. Frankfurt: Büchergilde Gutenberg, 1980.
NEMEROV, Howard. *The Collected Poems of Howard Nemerov*. Chicago und London: University of Chicago Press, 1977.

OLDS, Sharon. *Satan Says*. Pittsburgh und London: University of Pittsburgh Press, 1991.
OLDS, Sharon. *The Living and the Dead*. New York: Knopf, 1994.
ORWELL, George. *Nineteen Eighty-Four: A Novel*. Harmondsworth: Penguin, 1972.
PLATH, Sylvia. *Ariel*. London und Boston: Faber and Faber, 1968.
PYNCHON, Thomas. *V.* Philadelphia: Lippincott, 1963.
PYNCHON, Thomas. *The Crying of Lot 49*. Philadelphia: Lippincott, 1966.
PYNCHON, Thomas. *Mason & Dixon*. New York: Henry Holt, 1997.
QUEVEDO, Francisco de. „The Swindler (El Buscón). In: *Two Spanish Picaresque Novels*. London u.a.: Penguin, 1969, pp. 81-214.
RECTOR, Liam. *American Prodigal*. Brownsville: Story Line Press, 1994.
REED, Ishmael. *The Terrible Twos*. New York: Atheneum, 1988.
REGLER, Gustav. *Das Ohr des Malchus: Eine Lebensgeschichte*. Köln und Berlin: Kiepenheuer & Witsch, 1958.
REXROTH, Kenneth. *The Collected Shorter Poems*. New York: New Directions, 1966.
RICH, Adrienne. *Adrienne Rich's Poetry and Prose: Poems Prose Reviews and Criticism*. New York und London: W.W. Norton, 1993.
SCHILLER, Friedrich. „Über die ästhetische Erziehung des Menschen in einer Reihe von Briefen." *Werke in drei Bänden: Band II*. München: Carl Hanser, 1981, pp. 445-520.
SHAPIRO, Alan. *The Courtesy*. Chicago und London: University of Chicago Press, 1983.
SILLIMAN, Ron. *What*. Great Barrington: Figures, 1988.
STRAND, Mark. *Selected Poems*. New York: Knopf, 1995.
STRAUSS, Botho. „Anschwellender Bocksgesang." In: Görtz, Franz Josef (ed.). *Deutsche Literatur 1993: Jahresüberblick*. Stuttgart: Reclam, 1994, pp. 255-269.
THEROUX, Paul. *The Mosquito Coast*. Boston: Houghton Mifflin, 1982.
TWAIN, Mark. *Adventures of Huckleberry Finn*. Berkeley u.a.: University of California Press, 1985.
VONNEGUT, Kurt. *Fates Worse Than Death: An Autobiographical Collage of the 1980s*. London: Vintage, 1992.
WITTGENSTEIN, Ludwig. *Tractatus logico-philosophicus: Logisch-philosophische Abhandlung*. Frankfurt: Suhrkamp, 1963.
WOLF, Christa. *Kassandra: Erzählung*. Darmstadt und Neuwied: Luchterhand, 1983.
WRIGHT, James. *Above the River: The Complete Poems*. Middletown: Wesleyan University Press, 1992.

3. Literaturwissenschaftliche Sekundärtexte

ABRAMS, M.H. „Apocalypse: Theme and Variations." In: Patrides, C.A. und Joseph Wittreich (eds.). *The Apocalypse in English Renaissance Thought and Literature: Patterns, Antecedents and Repercussions*. Ithaca: Cornell University Press, 1984, pp. 342-368.
ADAMSON, W.D. „Very Old Themes: The Legacy of William Kennedy's Humanism." *Classical and Modern Literature*, 15 (1994), 67-75.
ADORNO, Theodor W. *Minima Moralia: Reflexionen aus dem beschädigten Leben*. Frankfurt: Suhrkamp, 1978.
ALLEN, Bruce. „Wrestling with John Irving: *Trying to Save Piggy Sneed*." *Portfolio*, 1 (April 1996), 4-5, 21.
ALONSO, Amado. „Das Pikareske des Schelmenromans." In: Heidenreich, Helmut (ed.). *Pikarische Welt: Schriften zum europäischen Schelmenroman*. Darmstadt: Wiss. Buchgesellschaft, 1969, pp. 79-100.
ALONSO-HERNANDEZ, José Luis. „Lectura psicoanalitica de tematicas picarescas." *Imprévues*, 1 (1981), 105-113.
ALTER, Robert. *Rogue's Progress: Studies in the Picaresque Novel*. Cambridge: Harvard University Press, 1964.
ALTIZER, Thomas J.J. *History as Apocalypse*. Albany: State University of New York Press, 1985.
AMES, Sanford S. „Coming Home: Pynchon's Morning in America." *Pynchon Notes*, 26-27 (1990), 115-123.
ANCONA, Francesco Aristide. *Writing the Absence of the Father: Undoing Oedipal Structures in the Contemporary American Novel*. Lanham: University Press of America, 1986.
ANDERS, Günther. *Die Antiquiertheit des Menschen: Band I: Über die Seele im Zeitalter der zweiten industriellen Revolution*. München: Beck, 1956.
ANDERSON, Michael. „Casting Doubt on Atheism." *New York Times Book Review* (12.3.1989), 30.
ARENDT, Dieter. *Der Schelm als Widerspruch und Selbstkritik des Bürgertums: Vorarbeiten zu einer literatur-soziologischen Analyse der Schelmenliteratur*. Stuttgart: Klett, 1974.
ATKINS, John. *George Orwell*. London: John Calder, 1954.
AXELROD, Alan. *Charles Brockden Brown: An American Tale*. Austin: University of Texas Press, 1983.
BABA, Minako. „The Young Gangster As Mythic American Hero: E.L. Doctorow's Billy Bathgate." *MELUS*, 18, 2 (1993), 33-46.
BABCOCK-ABRAHAMS, Barbara. „'A Tolerated Margin of Mess': The Trickster and His Tales Reconsidered." *Journal of Folklore Institute*, 11 (1975), 147-186.
BABCOCK-ABRAHAMS, Barbara. „Liberty's A Whore: Inversion, Marginalia and Picaresque Narrative." In: dies. (ed.). *Reversible World: Symbolic Inversion in Art and Society*. Ithaca: Cornell University Press, 1978, pp. 95-116.

BAECKER, Dirk. „Baudrillard, Jean." In: Lutz, Bernhard (ed.). *Metzler Philosophen Lexikon: Von den Vorsokratikern bis zu den neuen Philosophen*. Stuttgart und Weimar: Metzler, ²1995, pp. 85-90.

BAKKER, J. „*Nineteen Eighty-Four* and *Gravity's Rainbow*: Two Anti-Utopias Compared." In: Wemyss, Courtney T. und Alexej Ugrinsky (eds.). *George Orwell*. Westport: Greenwood, 1987, p. 85-91.

BALLINGER, Franchot. „*Ambigere*: The Euro-American Picaro and the Native American Trickster." *MELUS*, 17 (1991-92), 21-38.

BARANCZAK, Stanislaw. „Childhood's End: Janos Nyiri's gripping autobiographical novel of the Holocaust years in occupied Hungary." *The Boston Sunday Globe* (19.11.1995), A17, A20.

BARONE, Dennis. „Introduction: Paul Auster and the Postmodern American Novel." In: ders. (ed.). *Beyond the Red Notebook: Essays on Paul Auster*. Philadelphia: University of Pennsylvania Press, 1995, pp. 1-26.

BARTH, John. „A Few Words About Minimalism." *Further Fridays: Essays, Lectures, and Other Nonfiction*. Boston u.a.: Little, Brown and Co., 1995, pp. 64-74.

BARTHES, Roland. *Critical Essays*. Evanston: Northwestern University Press, 1972.

BARTHES, Roland. *Fragmente einer Sprache der Liebe*. Frankfurt: Suhrkamp, 1988.

BAUER, Matthias. *Der Schelmenroman*. Stuttgart: Metzler, 1994.

BAWER, Bruce. „Doubles and More Doubles." *The New Criterion*, 7 (1989), 67-74.

BAXTER, Charles. „The Bureau of Missing Persons: Notes on Paul Auster's Fiction." *The Review of Contemporary Fiction*, 14, 1 (1994), 40-43.

BEASLEY, Jerry C. „Translation and Cultural *Translatio*." In: Benito-Vessels, Carmen und Michael Zappala (eds.). *The Picaresque: A Symposium on the Rogue's Tale*. Newark: University of Delaware Press, 1994, pp. 94-106.

BECKE, Rosita und Dirk Vanderbeke. „Chants of Dispossession and Exile: Anmerkungen zum Motiv der Yuroks in Thomas Pynchons *Vineland*." *Zeitschrift für Anglistik und Amerikanistik*, 40 (1992), 214-226.

BECKER, Peter von. „Marco Stanley Foggs Reise ins Ich." *Süddeutsche Zeitung* (5.12.1990), 7.

BEEBEE, Maurice. „*Ulysses* and the Age of Modernism." *James Joyce Quarterly*, 10 (1972), 172-188.

BEEBEE, Thomas O. *The Ideology of Genre: A Comparative Study of Generic Instability*. University Park: Pennsylvania State University Press, 1994.

BELSEY, Catherine. *Critical Practice*. London und New York: Methuen, 1980.

BEMROSE, John. „Growing Up in Gangland." *Maclean's Magazine* (6.3.1989), 58-59.

BENESCH, Klaus. „The Manumission of First-Person Viewpoint: Identität und Autobiographie in Charles Johnsons *Oxherding Tale*." *Arbeiten aus Anglistik und Amerikanistik*, 17 (1992), 3-22.

BENITO-VESSELS, Carmen und Michael Zappala (eds.). „Preface." In: dies. (eds.). *The Picaresque: A Symposium on the Rogue's Tale*. Newark: University of Delaware Press, 1994, pp. 11-22.
BENSON, Peter. „Between Women: Lesbianism in Pornography." *Textual Practice*, 7, 3 (1993), 412-427.
BERNSTEIN, Richard. „John Irving: 19th-Century Novelist for These Times." *New York Times* (25.4.1989), C13, C17.
BERRESSEM, Hanjo. *Pynchon's Poetics: Interfacing Theory and Text*. Urbana und Chicago: University of Illinois Press, 1993.
BETTS, Richard A. „Thomas Berger's *Little Big Man*: Contemporary Picaresque." *Critique*, 23 (1981-82), 85-96.
BIRKERTS, Sven. „'O Albany.'" *The New Republic* (27.6.1988), 41-42.
BIRKERTS, Sven. „Postmodern Picaresque." *The New Republic* (27.3.1989), 36-40.
BISCHOFF, Joan. „With Manic Laughter: The Secular Apocalypse in American Novels of the 1960's." Dissertation Lehigh University, 1975.
BJORNSON, Richard. *The Picaresque Hero in European Fiction*. Madison: University of Wisconsin Press, 1977.
BLACKBURN, Alexander. *The Myth of the Picaro: Continuity and Transformation of the Picaresque Novel 1554-1954*. Chapel Hill: University of North Carolina Press, 1979.
BLOCH, Ernst. *Das Prinzip Hoffnung*. 3 vols. Frankfurt: Suhrkamp, ³1976.
BOEDECKER, Sven. „Ein Wirbel von Phantasie: Thomas Pynchon meldet sich mit seinem Roman *Vineland* zurück." *Berliner Zeitung* (27.5.1993), 35.
BOLONGARO, Eugenio. „From Literariness to Genre: Establishing the Foundations for a Theory of Literary Genres." *Genre*, 25 (1992), 277-313.
BOOKER, M. Keith. „*Vineland* and Dystopian Fiction." *Pynchon Notes*, 30-31 (1992), 5-38.
BOOKER, M. Keith. „America and Its Discontents: The Failure of Leftist Politics in Pynchon's *Vineland*." *LIT: Literature Interpretation Theory*, 4 (1993), 87-99.
BOOTH, Rosemary. „Three Insiders, One Outsider: *Housekeeping*." *Commonweal* (22.5.1981), 306-307.
BORUCHOFF, David Alan. „In His Own Words: Monologue and Monologism in the Picaresque Confession." *DAI*, 49,10 (1989), 3019A.
BOSCHMANN, Hella. „Das Literaturgenie unter der Tarnkappe." *Rheinischer Merkur* (23.3.1990), 19.
BOYLE, Sharon D. „Rita Mae Brown (1944-)." In: Pollack, Sandra und Denise D. Knight (eds.). *Contemporary Lesbian Writers of the United States: A Bio-Bibliographical Sourcebook*. Westport: Greenwood, 1993, pp. 94-105.
BOYLE, T. Coraghessan. „Into the Heart of Old Albany." *The New York Times Book Review* (22.5.1988), 1, 31-32.
BRADBURY, Malcolm. „Writing Fiction in the 90s." In: Versluys, Kristiaan (ed.). *Neo-Realism in Contemporary American Fiction*. Amsterdam: Rodopi, 1992, pp. 13-25.

BRADBURY, Malcolm. *The Modern American Novel: New Edition*. New York u.a.: Penguin USA, 1994.
BRANDE, David. „Making Yourself a Body Without Organs: The Cartography of Pain in Kathy Acker's *Don Quixote*." *Genre*, 24 (1991), 191-209.
BREINIG, Helmbrecht. *Satire und Roman: Studien zur Theorie des Genrekonflikts und zur satirischen Erzählliteratur der USA von Brackenridge bis Vonnegut*. Tübingen: Narr, 1984.
BREINIG, Helmbrecht. *Mark Twain: Eine Einführung*. München und Zürich: Artemis, 1985.
BRETT, Mark. „Review of *Generation X* by Douglas Coupland." *Minnesota Review*, 39 (1992/93), 183-185.
BREUER, Ingeborg u.a. „Ariadne im Labyrinth der Zeichen: Semiotik und Literatur bei Umberto Eco." In: dies. (eds.). *Welten im Kopf: Profile der Gegenwartsphilosophie: Frankreich/Italien*. Darmstadt: Wiss. Buchgesellschaft, 1996, pp. 93-112.
BREUER, Ingeborg u.a. „Nach dem Ende der großen Erzählungen: Jean-François Lyotards postmoderne Philosophie." In: dies. (eds.). *Welten im Kopf: Profile der Gegenwartsphilosophie: Frankreich/Italien*. Darmstadt: Wiss. Buchgesellschaft, 1996, pp. 193-205.
BREUER, Ingeborg u.a. „Der Triumph der Zeichen über das Reale: Jean Baudrillards nihilistische Kulturphilosophie." In: dies. (eds.). *Welten im Kopf: Profile der Gegenwartsphilosophie: Frankreich/Italien*. Darmstadt: Wiss. Buchgesellschaft, 1996, pp. 35-47.
BREUER, Ingeborg u.a. „Von Geschichte zu Geschichten: Zu Hans Blumenbergs Metaphorologie." In: *Welten im Kopf: Profile der Gegenwartsphilosophie: Deutschland*. Darmstadt: Wiss. Buchgesellschaft, 1996, pp. 65-77.
BREUER, Wolfgang. „Rülpser unverdauter Geschichte." *UZ* (13.10.1989), 39.
BRISICK, William. „PW Interviews T. Coraghessan Boyle." *Publisher's Weekly* (9.10.1987), 71-72.
BROCKHOFF, Annette. „'Take it to the limit': Zu neuen Romanen von Thomas Pynchon und Robert Coover." *Schreibheft: Zeitschrift für Literatur*, 43 (1994), 203-210.
BRÖCKERS, Mathias. „Wunderbare Verlierer." *Taz* (3.10.1990), 42.
BROWN, Norman O. *Life Against Death: The Psychoanalytical Meaning of History*. Middletown: Wesleyan University Press, ²1985.
BROWN, Terry. „Longing to Long: Kathy Acker and the Politics of Pain." *LIT: Literature Interpretation Theory*, 2 (1991), 167-177.
BROYARD, Anatole. „*Housekeeping*." *Books of the Times*, 4, 3 (1981), 132-133.
BRUYN, Frans de. „Genre Criticism." In: Makaryk, Irena Rima (ed.). *Encyclopedia of Contemporary Literary Theory: Approaches, Scholars, Terms*. Toronto u.a.: University of Toronto Press, 1991, pp. 79-85.
BUTLER, Robert J. „The Woman Writer as American Picaro: Open Journeying in Erica Jong's *Fear of Flying*." *Centennial Review*, 31 (1987), 308-329.

CARR, C. „Text and Violence: Kathy Acker Strikes Again." *VLS* (March 1987), 9-10.
CAVALCANTI, Leicia N. Tavares. „'Chicago Born, Free Style': The Picaresque in *Tmo Azvontures of Augio Mavch.*" *Ilha de Desterro*, 15-16 (1986), 183-193.
CAVILLAC, Cécile. „Roman Picaresque et Théorie du Roman." In: Bessière, Jean (ed.). *Fiction, Narratologie, Texte, Genre.* New York u.a.: Lang, 1989, pp. 161-171.
CHAMBERS, Judith. *Thomas Pynchon.* New York: Twayne, 1992.
CHANDLER, Frank Wadleigh. *Romances of Roguery: An Episode in the History of the Novel: Part I: The Picaresque Novel in Spain.* New York: Columbia University Press, 1899.
CHANDLER, Frank Wadleigh. *The Literature of Roguery.* 2 vols. Boston: Houghton Mifflin, 1907. Reprint: New York: Burt Franklin, 1961.
CHÉNETIER, Marc. *Paul Auster as „the Wizard of Odds: Moon Palace.* Paris: Didier, 1996.
CHEW, Martha. „Rita Mae Brown: Feminist Theorist and Southern Novelist." *The Southern Quarterly*, 22 (1983), 61-80.
CHILDERS, J. Wesley. *Tales from Spanish Picaresque Tales: A Motif-Index.* Albany: State University of New York Press, 1977.
CHORIER, Bénédicte. „Le yoyo de l'histoire: *Vineland* de Pynchon." *Revue Françaises d'Etudes Américaines*, 62 (1994), 349-359.
CIXOUS, Hélène. „The Character of 'Character.'" *New Literary History*, 5 (1974), 383-402.
CLIFFORD, Andrew. „True-ish Crime Stories." *The Listener* (14.9.1989), 29.
CLUTE, John. „Van Warts and All." *The Times Literary Supplement* (26.8.1988), 927.
COE, Barbara Wall. „The Power of Vision: Parody as Theological Perspective in the Fiction of John Irving." *DAI*, 48,11 (1988), 2873A.
COHEN, Ralph. „Do Postmodern Genres Exist?" *Genre*, 20 (1987), 241-257.
COKER, Judith Briggs. „Sexuality in Discourse: Feminine Models in Recent Fiction by American Women." *DAI*, 47,4 (1986), 1321A.
COTTS, Cynthia. „World's End [Review]." *VLS* (November 1987), 3.
COULOMB-BUFFA, Chantal. „Réconciliation dans *Moon Palace* de Paul Auster." *Revue Française d'Etudes Américaines*, 62 (1994), 404-415.
COWART, David. „Attenuated Postmodernism: Pynchon's *Vineland.*" *Critique*, 32 (1990), 67-76.
COX, James M. *Mark Twain: The Fate of Humor.* Princeton: Princeton University Press, 1966.
CRAMER, Sibylle. „Rutschpartien der Perversion: Kathy Ackers Bemühungen um den erzählerischen Skandal." *Süddeutsche Zeitung* (24./25.2.1990), 14.
CROUCH, Stanley. „Charles Johnson: Free At Last!" *The Village Voice* (19.7.1983), 30, 32.

CRUZ, Anne J. „The Picaresque as Discourse of Poverty." *Ideologies and Literature*, 1 (1985), 74-97.
DÄSCHLER, Eberhard. „Imagismus." In: Schweikle, Günther und Irmgard Schweikle (eds.). *Metzler Literatur Lexikon: Stichwörter zur Weltliteratur*. Stuttgart: Metzler, 1984, pp. 207-208.
DAVIDSON, Cathy N. *The Revolution and the Word: The Rise of the Novel in America*. New York und Oxford: Oxford University Press, 1986.
DEATON, Rebecca. „Kathy Acker interviewed by Rebecca Deaton." *Textual Practice*, 6 (1992), 271-282.
DELLAMORA, Richard. *Apocalyptic Overtures: Sexual Politics and the Sense of Ending*. New Brunswick: Rutgers University Press, 1994.
DE LOS SANTOS, Oscar. „The Concealed Dialectic: Existentialism and (Inter)Subjectivity in the Postmodern Novel." *DAI*, 54,5 (1993), 1802A.
DeMOTT, Benjamin. „Guilt and Compassion." *New York Times Book Review* (26.5.1985), 1, 25.
DeMOTT, Benjamin. „Ghost Ships on the Hudson." *New York Times Book Review* (27.9.1987), 1, 52-53.
DENIGAN, James B. „The Irish-American Experience in the Novels of William Kennedy." *DAI*, 51,6 (1990), 2018A.
DEROUNIAN-STODOLA, Kathryn Zabelle. „The New England Frontier and the Picaresque in Sarah Kemble Knight's Journal." In: dies. und J.A. Leo Lemay (eds.). *Early American Literature and Culture: Essays Honoring Harrison T. Meserole*. Newark: University of Delaware Press, 1992, pp. 122-131.
D'HAEN, Theo. „Genre Conventions in Postmodern Fiction." In: ders. et al. (eds.). *Convention and Innovation in Literature*. Amsterdam und Philadelphia: John Benjamins Publishing Co., 1989, pp. 405-420.
DETWEILER, Robert. „Apocalyptic Fiction and the End(s) of Realism." In: Jasper, David und Colin Crowder (eds.). *European Literature and Theology in the Twentieth Century: Ends of Time*. London: Macmillan, 1990, pp. 153-183.
DEWEY, Joseph. *In a Dark Time: The Apocalyptic Temper in the American Novel of the Nuclear Age*. West Lafayette: Purdue University Pres, 1990.
DEWEY, Joseph. *Novels from Reagan's America: A New Realism*. Gainesville u.a.: University of Florida Press, 1999.
DIX, Douglas Shields. „Kathy Acker's *Don Quixote*: Nomad Writing." *The Review of Contemporary Fiction*, 9, 3 (1989), 56-62.
DOANE, Janice und Devon Hodges. *Nostalgia and Sexual Difference: The Resistance to Contemporary Feminism*. New York und London: Methuen, 1987.
DRENTTEL, William. *Paul Auster: A Comprehensive Bibliographic Checklist of Published Works 1968-1994*. New York: Delos, 1994.
DUNN, Peter N. *The Spanish Picaresque Novel*. Boston: Twayne, 1979.
DUNN, Peter N. *Spanish Picaresque Fiction: A New Literary History*. Ithaca und London: Cornell University Press, 1993.
DUNN, Tony. „A Radical American Abroad." *Drama*, 160 (1986), 17.

EDER, Richard. „Kismet Comedy from New Holland to New York." *Los Angeles Times Book Review* (11.10.1987), 3.
EDER, Richard. „Siege Perlious in the Court of Dutch Schultz." *Los Angeles Times Book Review* (5.3.1989), 3.
EDWARDS, Thomas R. „Sad Young Men." *New York Review of Books* (17.8.1989), 52-53.
EGGEBRECHT, Harald. „Van Brunt heißt die Kanaille." *Süddeutsche Zeitung* (2./3.12.1989), 4.
ENGELBRECHT, Penelope J. „Re/viewing Kathy Acker." *Trivia*, 21 (1993), 30-41.
ERZGRÄBER, Willi. „Einleitung." In: Halfmann, Ulrich et al. (eds.). *Wirklichkeit und Dichtung: Studien zur englischen und amerikanischen Literatur: Festschrift zum 60. Geburtstag von Franz Link*. Berlin: Duncker & Humblot, 1984, pp. 9-11.
EUSTIS, Christopher. „Politics and the Picaresque in the 20th-Century Spanish Novel. *Revisto de Estudios Hispanicos*, 18 (1984), 163-182.
„Favoriten für den Nobelpreis?" *Die Welt* (17.9.1992), 8.
FEIN, Esther B. „Costly Pleasures." *New York Times Book Review* (26.5.1985), 25.
FELDMANN, Doris und Sabine Schülting. „Cixous, Hélène." In: Nünning, Ansgar (ed.). *Metzler Lexikon Literatur- und Kulturtheorie: Ansätze – Personen – Grundbegriffe*. Stuttgart und Weimar: Metzler, 1998, pp. 67-68.
FELDMANN, Doris und Sabine Schülting. „Écriture féminine." In: Nünning, Ansgar (ed.). *Metzler Lexikon Literatur- und Kulturtheorie: Ansätze – Personen – Grundbegriffe*. Stuttgart und Weimar: Metzler, 1998, pp. 107-108.
FICHTELBERG, Joseph. „The Picaros of John Dos Passos." *Twentieth Century Literature*, 34 (1988), 434-452.
FIEDLER, Leslie. „Close the Border – Close That Gap: Postmodernism." In: Cunliffe, Marcus (ed.). *American Literature Since 1900*. New York: Peter Bedrick Books, 1987, pp. 329-351.
FISHBEIN, Leslie. „*Rubyfruit Jungle*: Lesbianism, Feminism, and Narcissism." *International Journal of Women's Studies*, 7 (1984), 155-159.
FLUCK, Winfried. „Literarische Postmoderne und Poststrukturalismus: Thomas Pynchon." In: Hempfer, Klaus W. (ed.). *Poststrukturalismus – Dekonstruktion – Postmoderne*. Stuttgart: Steiner, 1992, pp. 25-38.
FLUCK, Winfried. „Surface Knowledge and 'Deep' Knowledge: The New Realism in American Fiction." In: Versluys, Kristiaan (ed.). *Neo-Realism in Contemporary American Fiction*. Amsterdam: Rodopi, 1992, pp. 65-85.
FLUCK, Winfried. *Das kulturelle Imaginäre: Eine Funktionsgeschichte des amerikanischen Romans 1790-1900*. Frankfurt: Suhrkamp, 1997.
FÖRSTER, Heinz. „Erica Jongs 'Angst vorm Fliegen': Versuch einer differenzierenden Wertung des Romanschaffens einer amerikanischen Erfolgsautorin." *Weimarer Beiträge*, 31 (1985), 429-437.
FOWLER, Alastair. *Kinds of Literature: An Introduction to the Theory of Genres and Modes*. Oxford: Clarendon Press, 1982.

FREDERICK, Bonnie und Virginia Hyde. „Introduction." In: Frederick, Bonnie und Susan H. McLeod (eds.). *Women and the Journey: The Female Travel Experience.* Pullman: Washington State University Press, pp. xvii-xxxiii.
FREESE, Peter. „Exploring the Post-Apocalypse: Bernard Malamud's *God's Grace.*" *Amerikastudien,* 32 (1987), 407-430.
FREESE, Peter. „Surviving the End: Apocalypse, Evolution, and Entropy in Bernard Malamud, Kurt Vonnegut, and Thomas Pynchon." *Critique,* 34 (1995), 163-177.
FRENCH, Marily. „The 'Garp' Phenomenon." *Ms.* (September 1982), 14-16.
FRIEDMAN, Edward H. *The Antiheroine's Voice: Narrative Discourse and Transformations of the Picaresque.* Columbia: University of Missouri Press, 1987.
FRIEDMAN, Ellen G. „A Conversation with Kathy Acker." *The Review of Contemporary Fiction,* 9, 3 (1989), 12-22.
FRIEDMAN, Ellen G. „'Now Eat Yor Mind': An Introduction to the Works of Kathy Acker." *The Review of Contemporary Fiction,* 9, 3 (1989), 37-49.
FRIEND, Tad. „Rolling Boyle." *New York Times Magazine* (9.12.1990), 50, 64-68.
FRITSCH-RÖSSLER, Waltraud. *Finis Amoris: Ende, Gefährdung und Wandel von Liebe im hochmittelalterlichen deutschen Roman.* Tübingen: Narr, 1999.
GÄCHTER, Sven. „Schreiben ist eine endlose Therapie: Der amerikanische Romancier Paul Auster über das allmähliche Entstehen von Geschichten." *Weltwoche* (31.12.1992), 30.
GALLOWAY, David. *The Absurd Hero in American Fiction: Updike, Styron, Bellow, Salinger.* Austin und London: University of Texas Press, 1966.
GERHART, Mary. *Genre Choices, Gender Questions.* Norman und London: University of Oklahoma Press, 1992.
GERSDORF, Catrin. „Postmodern Aventiure: *Don Quijote* in America." *Zeitschrift für Anglistik und Amerikanistik,* 46 (1998), 142-156.
GIAMO, Benedict. „*Ironweed* and the Snows of Reduction." In: Lupack, Barbara Tepa (ed.). *Take Two: Adapting the Contemporary American Novel to Film.* Bowling Green: Bowling Green State University Popular Press, 1994, pp. 131-53.
GILBERT, Roger. „Textured Information: Politics, Pleasure, and Poetry in the Eighties." *Contemporary Literature,* 33 (1992), 242-274.
GORDIMER, Nadine. „Three in a Bed: Fiction, Morals, Politics." *The New Republic* (9.11.1991), 37.
GORDON, Andrew. „Smoking Dope with Thomas Pynchon: A Sixties Memoir." In: Green, Geoffrey et al. (eds.). *The Vineland Papers: Critical Takes on Pynchon's Novel.* Norman: Dalkey Archive Press, 1994, pp. 167-178.
GRABO, Norman S. *The Coincidental Art of Charles Brockden Brown.* Chapel Hill: University of North Carolina Press, 1981.
GRAY, Paul. „The Spores of Paranoia." *TIME* (15.1.1990), 69-70.
GREEN, Martin. *Seven Types of Adventure Tale: An Etiology of Adventure Tale.* University Park: Pennsylvania State University Press, 1991.

GREINER, Donald J. *Women Enter the Wilderness: Male Bonding and the American Novel of the 1980s.* Columbia: University of South Carolina Press, 1991.
GREINER, Donald J. *Women Without Men: Female Bonding and the American Novel of the 1980s.* Columbia: University of South Carolina Press, 1993.
GRIM, William E. „'Good-bye, Columbus': Postmodernist Satire in *Vineland*." In: Green, Geoffrey et al. (eds.). *The Vineland Papers: Critical Takes on Pynchon's Novel.* Norman: Dalkey Archive Press, 1994, pp. 154-160.
GRIMAL, Claude. „Paul Auster au coeur des labyrinthes." *Europe*, 68 (1990), 64-66.
GRÖNER, Rüdiger. „Granate." *Frankfurter Allgemeine Zeitung* (22.9.1990), L5
GUILLÉN, Claudio. „Toward a Definition of the Picaresque." *Proceedings of the IIIrd Congress of the International Comparative Literature Association.* Den Haag, 1962, pp. 252-266.
GUILLÉN, Claudio. „Zur Frage der Begriffsbestimmung des Pikaresken." In: Heidenreich, Helmut (ed.). *Pikarische Welt: Schriften zum europäischen Schelmenroman.* Darmstadt: Wiss. Buchgesellschaft, 1969, pp. 375-396.
GUILLÉN, Claudio. „Toward a Definition of the Picaresque." *Literature as System: Essays Toward the Theory of Literary History.* Princeton: Princeton University Press, 1971, pp. 71-106.
GURGANUS, Allan. „How Do You Introduce Paul Auster in Three Minutes?" *The Review of Contemporary Fiction*, 14, 1 (1994), 7-8.
HABERMEIER, Steffi. „Autoerotismus und Pikareske in Angela Carters *The Infernal Desire Machines of Doctor Hoffman*." In: Keck, Annette (ed.). *Auto(r)erotik: Gegenstandslose Liebe als literarisches Projekt.* Berlin: Erich Schmidt, 1994, pp. 102-118.
HALFMANN, Ulrich. *Der amerikanische „New Criticism": Ein Überblick über seine geistesgeschichtlichen und dichtungstheoretischen Grundlagen mit einer ausführlichen Bibliographie.* Frankfurt: Athenäum, 1971.
HALFMANN, Ulrich. „'With clenched fist ...': Beobachtungen zu einem rekurrierenden Motiv in den Dramen O'Neills." In: ders. (ed.). *Eugene O'Neill 1988: Deutsche Beiträge zum 100. Geburtstag des amerikanischen Dramatikers.* Tübingen: Narr, 1990, pp. 188-202.
HALTER, Martin. „Die Schlange im alternativen Paradies: Spinner, Ausgeflippte und Gelöschte: Thomas Pynchons Roman *Vineland*." *Badische Zeitung* (10.7.1993), 4.
HARRIS, Sharon M. „Introduction: Literary Politics and the Political Novel." In: dies. (ed.). *Redefining the Political Novel: American Women Writers, 1797-1901.* Knoxville: University of Tennessee Press, 1995, pp. vii-xxiii.
HARTER, Carol C. und James R. Thompson. *John Irving.* Boston: Twayne, 1986.
HARTVEIT, Lars. *Workings of the Picaresque in the British Novel.* Oslo: Solum Forlag, 1987.

HASSAN, Ihab. *Selves At Risk: Patterns of Quest in Contemporary American Letters*. Madison und London: University of Wisconsin Press, 1990.
HAVERTY, Anne. „In the (K)Night Time." *The Times Literary Supplement* (23.5.1986), 554.
HAWTHORNE, Mark D. „Imaginary Locales in Pynchon's *Vineland*." *Pynchon Notes*, 30-31 (1992), 77-90.
HAYLES, N. Katherine. „'Who Was Saved?' Families, Snitches, and Recuperaton in Pynchon's *Vineland*." *Critique*, 32 (1990), 77-91.
HEIDENREICH, Helmut. „Einleitung." In: ders. (ed.). *Pikarische Welt: Schriften zum europäischen Schelmenroman*. Darmstadt: Wiss. Buchgesellschaft, 1969, pp. ix-xvii.
HELLER, Dana A. *The Feminization of Quest-Romance: Radical Departures*. Austin: University of Texas Press, 1990.
HEMPFER, Klaus W. *Gattungstheorie: Information und Synthese*. München: Fink, 1973.
HENNING, Peter. „Ein 'Charles Dickens' unseres Jahrhunderts." *Westdeutsche Allgemeine Zeitung* (16.12.1992), 12.
HENNING, Peter. „T.C. Boyle: It's Show Time." *FOCUS* (16.8.1993), 64-66.
HERRERO, Javier. „Renaissance Poverty and Lazarillo's Family: The Birth of the Picaresque Genre." In: Pellon, Gustavo und Julio Rodriguez-Luis (eds.). *Upstarts, Wanderers Or Swindlers: Anatomy of the Picaro: A Critical Anthology*. Amsterdam: Rodopi, 1986, pp. 199-212.
HERZOGENRATH, Bernd. *An Art of Desire: Reading Paul Auster*. Amsterdam und Atlanta: Rodopi, 1999.
HILBERT, Alexander. „Bloß kein Abschied vom Leben auf der Überholspur: Interview mit T. Coraghessan Boyle." *Rheinischer Merkur* (13.11.1992), 17.
HILFER, Tony. *American Fiction Since 1940*. London und New York: Longman, 1992.
HINDS, Elizabeth Jane Wall. „Visible Tracks: Historical Method and Thomas Pynchon's Vineland." *College Literature*, 19 (1992), 91-103.
„Hippie am Ende." *DER SPIEGEL* (5.2.1990), 235.
HIRSCH, E.D. *Validity in Interpretation*. New Haven und London: Yale University Press, 1967.
HITE, Molly. „Postmodern Fiction." In: Elliott, Emory (ed.). *The Columbia Literary History of the American Novel*. New York: Columbia University Press, 1991, pp. 709-724.
HITE, Molly. „Feminist Theory and the Politics of *Vineland*." In: Green, Geoffrey et al. (eds.). *The Vineland Papers: Critical Takes on Pynchon's Novel*. Norman: Dalkey Archive Press, 1994, pp. 135-153.
HOBERMAN, Jim. „Spielbergs Oskar." *Taz* (3.3.1994), 13.
HOFFERT, Barbara. „*A Prayer for Owen Meany* [Rezension]." *Library Journal* (10.4.1989), 54.

HOFFMANN, Gerhard. „Perspektiven der Sinnstiftung: Das Satirische, das Groteske, das Absurde und ihre Reduktion zur 'freien Komik' durch Spiel und Ironie." In: ders. (ed.). *Der zeitgenössische amerikanische Roman: Von der Moderne zur Postmoderne: Band 1: Elemente und Perspektiven.* München: Fink, 1988, pp. 225-307.

HOFFMANN, Gerhard, Alfred Hornung und Rüdiger Kunow. „'Modern', 'Postmodern' und 'Contemporary': Zur Klassifizierung der amerikanischen Erzählliteratur des 20. Jahrhunderts." In: Hoffmann, Gerhard (ed.). *Der zeitgenössische amerikanische Roman: Von der Moderne zur Postmoderne: Band 1: Elemente und Perspektiven.* München: Fink, 1988, pp. 7-43.

HOFFMEISTER, Gerhart. „Zur Problematik der pikarischen Romanform." In: ders. (ed.). *Der deutsche Schelmenroman im europäischen Kontext: Rezeption, Interpretation, Bibliographie.* Amsterdam: Rodopi, 1987, pp. 3-12.

HORN, Carole. „Out of the Closet and the Plain Brown Wrapper." *Washington Post* (14.2.1974), D6.

HORNUNG, Alfred. „Postmodern – post mortem: Death and the Death of the Novel." In: Versluys, Kristiaan (ed.). *Neo-Realism in Contemporary American Fiction.* Amsterdam: Rodopi, 1992, pp. 87-109.

HORSTMANN, Ulrich. „Geschichte als Mahlstrom." *DIE ZEIT* (10.11.1989), L8.

HOWARD, Gerald. „Publishing Paul Auster." *The Review of Contemporary Fiction*, 14, 1 (1994), 92-95.

HOWE, Irving. *Politics and the Novel.* New York: Horizon, 1957.

HOWE, Irving. *The Idea of the Modern in Literature and the Arts.* New York: Horizon, 1967.

HUME, Martin. *Spanish Influence on English Literature.* London: E. Nash, 1905.

HUNT, George W. „William Kennedy's Albany Trilogy." *America* (19.5.1984), 373-375.

HUTCHEON, Linda. *A Theory of Parody: The Teachings of Twentieth-Century Art Forms.* New York und London: Routledge, 1991.

ICKSTADT, Heinz. „Die unstabile Postmoderne oder: Wie postmodern ist der zeitgenössische amerikanische Roman?" In: Hempfer, Klaus W. (ed.). *Poststrukturalismus – Dekonstruktion – Postmoderne.* Stuttgart: Steiner, 1992, pp. 39-51.

ICKSTADT, Heinz. *Der amerikanische Roman im 20. Jahrhundert: Transformation des Mimetischen.* Darmstadt: Wiss. Buchgesellschaft, 1998.

INGENDAAY, Paul. „Wenn alles ins Wanken gerät." *Frankfurter Allgemeine Zeitung* (22.9.1990), BZ5.

INGENDAAY, Paul. „Rakete, Slapstick, Paranoia: Über die Romanlabyrinthe Thomas Pynchons." *Frankfurter Allgemeine Zeitung* (19.1.1991), 28

INGENDAAY, Paul. „Der Hippie wird sich selbst zum Rätsel: Thomas Pynchons Roman *Vineland*." *Frankfurter Allgemeine Zeitung* (30.3.1993), L5.

IRELAND-KUNZE, Leah. „Two Clowns: New Dimensions of the Picaresque." *Colloquia Germanica*, 14 (1981), 342-351.
JACOBS, Jürgen. *Der deutsche Schelmenroman: Eine Einführung*. München und Zürich: Artemis, 1983.
JACOBS, Jürgen. „Das Erwachen des Schelms: Zu einem Grundmuster des pikaresken Erzählens." In: Hoffmeister, Gerhart (ed.). *Der deutsche Schelmenroman: Rezeption, Interpretation, Bibliographie*. Amsterdam: Rodopi, 1987, pp. 61-75.
JACOBS, Naomi. „Kathy Acker and the Plagiarized Self." *The Review of Contemporary Literature*, 9, 3 (1989), 50-55.
JAMESON, Fredric. *The Political Unconscious: Narrative as a Socially Symbolic Act*. London: Routledge, 1989.
JOLLES, André. „Die literarischen Travestien: Ritter – Hirt – Schelm." In: Heidenreich, Helmut (ed.). *Pikarische Welt: Schriften zum europäischen Schelmenroman*. Darmstadt: Wiss. Buchgesellschaft, 1969, pp. 101-118.
JONES, Ann Rosalind. „Writing the Body: Toward an Understanding of *l'Écriture féminine*." In: Showalter, Elaine (ed.). *The New Feminist Criticism: Essays on Women, Literature, and Theory*. New York: Pantheon Books, 1985, pp. 361-377.
JORGENSEN, Kathrine Sorenson Ravn. „Pour une nouvelle approche du roman picaresque." *Revue romane*, 21 (1986), 77-95.
JUNG, Carl Gustav. „Zur Psychologie der Schelmenfigur." In: Heidenreich, Helmut (ed.). *Pikarische Welt: Schriften zum europäischen Schelmenroman*. Darmstadt: Wiss. Buchgesellschaft, 1969, pp. 245-254.
KAKUTANI, Michiko. „A Picaresque Search for Father and for Self." *New York Times* (7.3.1989), C19.
„Kathy Acker 1948–." *Contemporary Literary Criticism*, 45. Detroit: Gale, 1987, 13.
KAWADA, Louise. „Liberating Laughter: Comedic Form in Some Lesbian Novels." In: Wolfe, Susan J. und Julia Penelope (eds.). *Sexual Practice, Textual Theory: Lesbian Cultural Criticism*. Cambridge und Oxford: Blackwell, 1993, pp. 251-262.
KAZIN, Alfred. „God's Own Little Squirt." *New York Times Book Review* (12.3.1989), 1, 30-31.
KEESEY, Douglas. „*Vineland* in the Mainstream Press: A Reception Study." *Pynchon Notes*, 26-27 (1990), 107-113.
KENNEDY, Liam. „Memory and Hearsay: Ethnic History and Identity in *Billy Phelan's Last Game*." *MELUS*, 18, 1 (1993), 71-82.
KENT, Thomas L. „The Classification of Genres." *Genre*, 16 (1983), 1-20.
KERMODE, Frank. *The Sense of an Ending: Studies in the Theory of Fiction*. London u.a.: Oxford University Press, 1967.
KERMODE, Frank. „Apocalypse and the Modern." In: Friedländer, Saul et al. (eds.). *Visions of Apocalypse: End or Rebirth?* New York und London: Holmes & Meier, 1985, pp. 84-106.

KERMODE, Frank. „That Was Another Planet." *London Review of Books* (8.2.1990), 3-4.
KETTERER, David. *New Worlds for Old: The Apocalyptic Imagination, Science Fiction, and American Literature*. Garden City: Doubleday, 1974.
KIEFER, Klaus H. „Epoche und Gegenwart: Probleme funktionaler Literaturgeschichtsschreibung am Beispiel der Gegenwartslyrik." In: Cramr, Thomas (ed.). *Literatur und Sprache im historischen Prozeß: Vorträge des Deutschen Germanistentages Aachen 1982: Band 1: Literatur*. Tübingen: Niemeyer, 1983, pp. 216- 234.
KINDERMANN, Wolf. *Man Unknown to Himself: Kritische Reflexion der amerikanischen Aufklärung: Crèvecoeur – Benjamin Rush – Charles Brockden Brown*. Tübingen: Narr, 1993.
KIRCHNER, Gerhard. „Lieber Rollschuhe als einen Ferrari: Romane der amerikanischen Frauenbewegung." *Frankfurter Allgemeine* (17.10.1978), L8.
KIRN, Walter. „Kennedy Stumbles." *Connaisseur* (July 1988), 3.
KLÄHN, Bernd. „Chaotische Kryptolalie: Über Physik, Literatur und fraktale Erzählformen bei Pynchon und bei Glynn." *Schreibheft: Zeitschrift für Literatur*, 35 (1990), 109-114.
KLEPPER, Martin. *Pynchon, Auster, DeLillo: Die amerikanische Postmoderne zwischen Spiel und Rekonstruktion*. Frankfurt und New York: Campus, 1996.
KLIER, Walter. „Eine Kannibalin aus Amerika: Über Kathy Acker und ihre provokatorische Romanwelt." *DIE ZEIT* (24.11.1989), 80.
KLINGENMAIER, Thomas. „Geschichtskollisionen." *Stuttgarter Zeitung* (29.12.1989), 24.
KLINGENMAIER, Thomas. „Zerlegt und zersägt im Dickichtland: Thomas Pynchons Roman über die Reagan-Ära." *Stuttgarter Zeitung* (6.8.1993), 24.
KOCK, Peter. „Einige Bemerkungen zu Thomas Pynchons *Vineland*." *Schreibheft – Zeitschrift für Literatur*, 36 (1993), 173-174.
KOENIG, Rhoda. „Search and Destroy." *New York Magazine* (23.5.1988), 93-94.
KOENIG, Rhoda. „Worth Its Wait." *New York Magazine* (29.1.1990), 66-67.
KOHL, Stephan. „Thatcher's London in Contemporary English Novels." *Journal for the Study of British Cultures*, 1 (1994), 123-132.
KORNBLATT, Joyce Reiser. „The Remarkable Journey of Marco Stanley Fogg." *New York Times Book Review* (19.3.1989), 8-9.
KORT, Wesley A. *Modern Fiction and Human Time: A Study in Narrative and Belief*. Tampa: University of South Florida Press, 1985.
KRASNY, Michael. „A Black Historical Tale." *American Book Review*, 6, 4 (1984), 14.
KUEHL, John. *Alternate Worlds: A Study of Postmodern Antirealistic American Fiction*. New York und London: New York University Press, 1989.
LARSON, David M. „*Arthur Mervyn, Edgar Huntly* and the Critics." *Essays in Literature*, 15 (1988), 207-219.
LASSNER, Phyllis. „Escaping the Mirror of Sameness: Marilynne Robinson's *Housekeeping*." In: Pearlman, Mickey (ed.). *Mother Puzzles: Daughters and Mothers*

in Contemporary American Literature. New York u.a.: Greenwood, 1989, pp. 49-58.
LAURETIS, Teresa de. „American Freud." *Amerikastudien,* 41 (1996), 163-179.
LeCLAIR, Tom. „The Lord of La Mancha and Her Abortion." *New York Times Book Review* (30.11.1986), 10.
LeCLAIR, Tom. *The Art of Excess: Mastery in Contemporary American Fiction.* Urbana: University of Illinois Press, 1989.
LEE, L.L. „American, Western, Picaresque: Thomas Berger's *Little Big Man.*" *The South Dakota Review,* 4 (1965), 35-42.
LEHMANN-HAUPT, Christopher. „*Quinn's Book*: William Kennedy's New Novel." *New York Times* (16.5.1988), C18.
LEHMANN-HAUPT, Christopher. „*Vineland*: Pynchon's First Novel in 17 Years." *New York Times* (26.12.1989), C21.
LEICHT, Robert. „Vom Bockshorn und vom Bocksgesang." *DIE ZEIT* (7.10.1994), 1.
LEITHAUSER, Brad. „Any Place You Want." *New York Review of Books* (15.3.1990), 7-10.
LEONARD, John. „Bye Bye Billy." *The Nation* (3.4.1989), 454-456.
LEONARD, John. „The Styxties." *The Nation* (26.2.1990), 281-286.
LEVIN, Harry. „What Was Modernism?" *Refractions: Essays in Comparative Literature.* New York: Oxford University Press, 1966, pp. 271-295.
LEVINE, Robert S. „Arthur Mervyn's Revolutions." *Studies in American Fiction,* 12 (1984), 145-160.
LEWICKI, Zbigniew. *The Bang and the Whimper: Apocalypse and Entropy in American Literature.* Westport und London: Greenwood, 1984.
LEWIS, Barry. „The Strange Case of Paul Auster." *The Review of Contemporary Fiction,* 14, 1 (1994), 53-61.
LEWIS, Richard W.B. *The American Adam: Innocence, Tragedy, and Tradition in the Nineteenth Century.* Chicago: University of Chicago Press, 1955.
LEWIS, Richard W.B. *The Picaresque Saint: Representative Figures in Contemporary Fiction.* Philadelphia: Lippincott, 1959.
LEWIS, Richard W.B. „Days of Wrath and Laughter." *Trials of the Word.* New Haven: Yale University Press, 1965, pp. 184-235.
LEWIS, Richard W.B. „Der pikareske Heilige." In: Heidenreich, Helmut (ed.). *Pikarische Welt: Schriften zum europäischen Schelmenroman.* Darmstadt: Wiss. Buchgesellschaft, 1969, pp. 314-333.
LINK, Franz. *Amerikanische Erzähler seit 1950: Themen, Inhalte, Formen.* Paderborn u.a.: Schönigh, 1993.
LITTLE, Jonathan. „Charles Johnson's Revolutionary *Oxherding Tale.*" *Studies in American Fiction,* 19 (1991), 141-151.
LODRON, Herbert. „Dunkle Attacken der Vergangenheit: Boyles amerikanisches Geschichtsepos." *Die Presse* (7./8.10.1989), 9.

LUCKERT, Karl W. „Coyote in Navajo and Hopi Tales: An Introductory Essay [...]." In: Haile, Berard. *Navaho Coyote Tales: The Curly Tó Aheedlíinii Version*. Lincoln: University of Nebraska Press, 1984, pp. 3-19.
LUKÁCS, Georg. „Die weltanschaulichen Grundlagen des Avantgardismus." *Werke*, IV. Neuwied und Berlin: Luchterhand, 1971, pp. 467-499.
LYOTARD, Jean-François. „[Interview von Christian Descamps]." In: Engelmann, Peter (ed.). *Philosophien* [...]. Graz und Wien: Edition Passagen, 1985, pp. 115-128.
McCAFFERY, Larry. „The Fictions of the Present." In: Elliott, Emory (ed.). *Columbia Literary History of the United States*. New York: Columbia University Press, 1988, pp. 1161-1177.
McCAFFERY, Larry. „The Artists of Hell: Kathy Acker and 'Punk Aesthetics.'" In: Friedman, Ellen G. und Miriam Fuchs (eds.). *Breaking the Sequence: Women's Experimental Fiction*. Princeton: Princeton University Press, 1989, pp. 215-230.
McCAFFERY, Larry. „An Interview with Kathy Acker." *Mississippi Review*, 20 (1991), 83-97.
McCARTHY, Desmond Fergus. „Reconstructing the Family: Alternatives to the Nuclear Family in Contemporary American Fiction." *DAI*, 53,5 (1992), 1518A.
McCARTHY, Mary. „The Lasting Power of the Political Novel." *New York Times Book Review* (1.1.1984), 1, 27, 29.
McDONALD, Michael Bruce. „Doctorow's *Billy Bathgate*: Compelling Postmodern Novel, Retro-Realist Film." In: Lupack, Barbara Tepa (ed.). *Take Two: Adapting the Contemporary American Novel to Film*. Bowling Green: Bowling Green State University Popular Press, 1994, pp.169-189.
MacEÓIN, Gary. *Cervantes*. Milwaukee: Bruce Publ. Co., 1950.
McHALE, Brian. „Publishing Events and Unfinished Business." *American Book Review*, 12, 3 (July/August 1990), 8-9.
McHALE, Brian. *Constructing Postmodernism*. London und New York: Routledge, 1992.
McMANUS, James. „Pynchon's Return." *Chicago Tribune* (14.1.1990), Books 3.
MADSEN, Deborah L. *The Postmodernist Allegories of Thomas Pynchon*. New York: St. Martin's, 1991.
MAINUSCH, Herbert. „Walter sucht seinen Vater am Ende der Welt." *Die Welt* (28.10.1989), 19.
MALTBY, Paul. *Dissident Postmodernists: Barthelme, Coover, Pynchon*. Philadelphia: University of Pennsylvania Press, 1991.
MANDRELL, James. „Questions of Genre and Gender: Contemporary American Versions of the Feminine Picaresque." *Novel*, 20 (1987), 149-170.
MARCKWORT, Ulf-Heiner. *Der deutsche Schelmenroman der Gegenwart*. Köln: Pahl-Rugenstein, 1984.
MARCUS, Laura. „Feminist Aesthetics and the New Realism." In: Armstrong, Isobel (ed.). *New Feminist Discourses: Critical Essays on Theories and Texts*. London und New York: Routledge, 1992, pp. 11-25.

MAY, John R. *Toward a New Earth: Apocalypse in the American Novel*. Notre Dame und London: University of Notre Dame Press, 1972.
MAYER, Allan. „John Irving, Happy at Last." *VOGUE* (June 1985), 122-124.
MAZUREK, Raymond. „Courses and Canons: The Post-1945 U.S. Novel." *Critique*, 31 (1990), 143-156.
MEAD, Clifford. „A *Vineland* Bibliography." In: Green, Geoffrey et al. (eds.). *The Vineland Papers: Critical Takes on Pynchon's Novel*. Norman: Dalkey Archive Press, 1994, pp. 179-188.
MENDELSON, Edward. „Introduction." In: ders. (ed.). *Pynchon: A Collection of Critical Essays*. Garden City: Prentice Hall, 1978, pp. 1-15.
MENDELSON, Edward. „Levity's Rainbow." *New Republic* (9./16.7.1990), 41-46.
MICHAELSEN, Sven. „Romane sind wie Rockkonzerte." *STERN* (10.8.1989), 119.
MILLER, Gabriel. *John Irving*. New York: Frederick Ungar, 1982.
MILLER, Lori. „In the Tradition of Cervantes, Sort of." *New York Times Book Review* (30.11.1986), 10.
MILLER, Stuart. *The Picaresque Novel*. Cleveland: The Press of Case Western Reserve University, 1967.
MODICK, Klaus. „Erblast des Besitzes: Klassenverrat am Hudson River: Ein amerikanisches Epos von Weltrang." *Rheinischer Merkur* (13.10.1989), 5.
MÖCKEL-RIEKE, „Media and Memory in Thomas Pynchon's *Vineland*." *American Studies*, 43 (1998), 51-74.
MONTESER, Frederick. *The Picaresque Element in Western Literature*. University: University of Alabama Press, 1975.
NEUBAUER, Paul. „The Presence of the Tube in Thomas Pynchon's *Vineland*." *Zeitschrift für Anglistik und Amerikanistik*, 45 (1997), 313-324.
NEUHAUS, Volker. „Nachwort" [zu Grass, Günter. *Die Blechtrommel*]. Nachgedruckt in: ders. (ed.). *Günter Grass: Die Blechtrommel: Erläuterungen und Dokumente*. Stuttgart: Reclam, 1997, pp. 159-163.
NIBBRIG, Christiaan L. Hart. *Ästhetik der letzten Dinge*. Frankfurt: Suhrkamp, 1989.
NICHOLS, Charles H. „The Slave Narrators and the Picaresque Mode: Archetypes for Modern Black Personae." In: Davis, Charles T. und Henry Louis Gates, Jr. (eds.). *The Slave's Narrative*. Oxford und New York: Oxford University Press, 1985, pp. 283-298.
NÜNNING, Ansgar. „*Unreliable Narration* zur Einführung: Grundzüge einer kognitiv-narratologischen Theorie und Analyse unglaubwürdigen Erzählens." In: ders. (ed.). *Unreliable Narration: Studien zur Theorie und Praxis unglaubwürdigen Erzählens in der englischsprachigen Erzählliteratur*. Trier: Wissenschaftlicher Verlag Trier, 1998, pp. 3-39.
O'BRIEN, Sheila Ruzycki. „*Housekeeping* in the Western Tradition: Remodeling Tales of Western Travelers." In: Frederick, Bonnie und Susan H. McLeod (eds.).

Women and the Journey: The Female Travel Experience. Pullman: Washington State University Press, 1993, pp. 217-234.
OEHLEN, Martin. „Ein Autor, der die Lust am Lesen wecken will." *Kölner Stadt-Anzeiger* (30.9.1992), 9.
OLSTER, Stacey. „When You're a (Nin)jette, You're a (Nin)jette All the Way – or Are You? Female Filmmaking in *Vineland*." In: Green, Geoffrey et al. (eds.). *The Vineland Papers: Critical Takes on Pynchon's Novel.* Norman: Dalkey Archive Press, 1994, pp. 119-134.
ORTEGA Y GASSET, José. „Die originelle Schelmerei des Schelmenromans." In: Heidenreich, Helmut (ed.). *Pikarische Welt: Schriften zum europäischen Schelmenroman.* Darmstadt: Wiss. Buchgesellschaft, 1969, pp. 8-14.
PALMER, Jerry. *Potboilers: Methods, Concepts and Case Studies in Popular Fiction.* London und New York: Routledge, 1991.
PARKER, Alexander A. *Literature and the Delinquent: The Picaresque Novel in Spain and Europe.* Edinburgh: University Press, 1967.
PARRINDER, Patrick. „Austward Ho." *London Review of Books* (18.5.1989), 12-13.
PARRISH, Timothy L. „Imagining Slavery: Toni Morrison and Charles Johnson." *Studies in American Fiction,* 27 (1997), 81-100.
PELLON, Gustavo und Julio Rodriguez-Luis. „Introduction." In: dies. (eds.). *Upstarts, Wanderers Or Swindlers: Anatomy of the Picaro: A Critical Anthology.* Amsterdam: Rodopi, 1986, pp. 8-21.
PELLON, Gustavo und Julio Rodriguez-Luis. „Francisco Rico's *The Picaresque Novel and the Point of View*." In: dies. (eds.). *Upstarts, Wanderers Or Swindlers: Anatomy of the Picaro: A Critical Anthology.* Amsterdam: Rodopi, 1986, pp. 159-166.
PESCH, Josef. „*Beloved*: Toni Morrison's Post-Apocalyptic Novel." *Canadian Review of Comparative Literature,* 20 (1993), 395-408.
PESSO-MIQUEL, Catherine. „'Humpty Dumpty had a great fall': L'Amérique comme lieu de la Chute dans *Moon Palace* de Paul Auster." *Etudes Anglaises,* 49 (1996), 476-486.
PETERS, Greg Lewis. „Dominance and Subversion: The Horizontal Sublime and Erotic Empowerment in the Works of Kathy Acker." In: Ruddick, Nicholas (ed.). *State of the Fantastic: Studies in the Theory and Practice of Fantastic Literature and Film.* Westport: Greenwood, 1992, pp. 149-156.
PHILLIPS, Rod. „Purloined Letters: *The Scarlet Letter* and Kathy Acker's *Blood and Guts in High School*." *Critique,* 35 (1994), 173-180.
PICCINATO, Stefanie. „The Slave Narrative and the Picaresque Novel." In: Sollors, Werner und Maria Diedrich (eds.). *The Black Columbiad: Defining Moments in African American Literature.* Cambridge und London: Harvard University Press, 1994, pp. 88-98.
PIERCE, Constance. „Contemporary Fiction and Popular Culture." In: Delbanco, Nicholas und Laurence Goldstein (eds.). *Writers and their Craft: Short*

Stories & Essays on the Narrative. Detroit: Wayne State University Press, 1991, pp. 384-393.

PIERCY, Marge. „Active in Time and History." In: Zinsser, William (ed.). *Paths of Resistance: The Art and Craft of the Political Novel*. Boston: Houghton Mifflin Co., pp. 91-123.

PINSKER, Sanford. *The Schlemiel as Metaphor: Studies in Yiddish and American Jewish Fiction*. Carbondale und Edwardsville: Southern Illinois University Press, 1971.

PITTMAN, Barbara L. „'Dangerously Absent Dreamers': Genealogy, History and the Political Left in *Vineland*." *Pynchon Notes*, 30-31 (1992), 39-51.

POENICKE, Klaus. „Fortune's Wheel and Revolution: On the Picaresque View of History." In: Fluck, Winfried et al. (eds.). *Forms and Functions of History in American Literature: Essays in Honor of Ursula Brumm*. Berlin: Erich Schmidt, 1981, pp. 120-133.

POENICKE, Klaus. *Der amerikanische Naturalismus: Crane, Norris, Dreiser*. Darmstadt: Wiss. Buchgesellschaft, 1982.

POLITYCKI, Matthias. „Das Kamerun-Prinzip: Einige Vorurteile über 'amerikanische' und 'deutsche' Literatur." *Neue Rundschau*, 104 (1993), 82-87.

POPE, Dan. „A Different Kind of Postmodernism." *The Gettysburgh Review*, 3 (1990), 658-669.

POPE, Randolph D. „The Picaresque and Autobiography." In: Benito-Vessels, Carmen und Michael Zappala (eds.). *The Picaresque: A Symposium on the Rogue's Tale*. Newark: University of Delaware Press, 1994, pp. 69-78.

PORUSH, David. „'Purring into Transcendence': Pynchon's Puncutron Machine." *Critique*, 32 (1990), 93-105.

PRAAG, Jonas Andries van. „Die Schelmin in der spanischen Literatur." In: Heidenreich, Helmut (ed.). *Pikarische Welt: Schriften zum europäischen Schelmenroman*. Darmstadt: Wiss. Buchgesellschaft, 1969, pp. 147-164.

PÜTZ, Manfred. „The Art of the Acronym in Thomas Pynchon." *Studies in the Novel*, 23 (1991), 371-382.

PUGH, Thomas. „Why Is Everybody Laughing? Roth, Coover, and Meta-Comic Narrative." *Critique*, 35 (1994), 67-80.

QUINN, Peter. „William Kennedy: An Interview." *The Recorder*, 1 (1985), 81.

QUINN, Peter A. „Incandescent Albany." *Commonweal* (20.5.1988), 308-309.

RADDATZ, Fritz J. „Arroganz des Talents." *DIE ZEIT* (5.4.1991), L5.

RADDATZ, Fritz J. „Der Maschinengott." *DIE ZEIT* (2.4.1993), L11.

RAFFERTY, Terrence. „Long Lost." *The New Yorker* (19.2.1990), 108-112.

REDDING, Arthur F. „Bruises, Roses: Masochism and the Writing of Kathy Acker." *Contemporary Literature*, 35 (1994), 281-304.

REICH, Allon. „The Promised Land." *New Statesman & Society* (21.4.1989), 37-38.

REILLY, Edward C. „Dante's *Purgatorio* and Kennedy's *Ironweed*: Journeys to Redemption." *Notes on Contemporary Literature*, 17, 3 (1987), 5-8.

REILLY, Edward C. „John the Brawn McGee in *Quinn's Book*: A Probable Source." *Notes on Contemporary Literature*, 19 (1989), 4-5.
REILLY, Edward C. *Understanding John Irving*. Columbia: University of South Carolina Press, 1991.
REILLY, Edward C. *William Kennedy*. Boston: Twayne, 1991.
RHODES, Robert E. „'Polytics Ain't Bean Bag: The Twentieth-Century Irish-American Political Novel.'" *MELUS*, 18, 1 (1993), 47-60.
RICAPITO, Joseph V. „Classicity in the Spanish Golden Age: Gonzalo Pérez's Translation of *La Ulyxea* and the Origins of the Spanish Picaresque Novel." In: Benito-Vessels, Carmen und Michael Zappala (eds.). *The Picaresque: A Symposium on the Rogue's Tale*. Newark: University of Delaware Press, 1994, pp. 36-56.
RICO, Francisco. *The Picaresque Novel and the Point of View*. Cambridge und New York: Cambridge University Press, 1984.
RIESE, Utz. „Thomas Pynchon: *Vineland*." *Weimarer Beiträge*, 36 (1990), 1641-1648.
RIESE, Utz. „Der amerikanische Roman zwischen Moderne und Postmoderne: 'Erzählung' zu einer Bilanz des 20. Jahrhunderts." *Weimarer Beiträge*, 38 (1992), 181-195.
RIGGAN, William. *Picaros, Madmen, Naïfs, and Clowns: The Unreliable First-Person Narrator*. Norman: University of Oklahoma Press, 1981.
ROBINSON, Douglas. *American Apocalypses: The Image of the End of the World in American Literature*. Baltimore und London: Johns Hopkins University Press, 1985.
ROBINSON, Phyllis. „A Talk with John Irving." *Book-of-the-Month-Club News* (April 1989), 3.
ROSENBLATT, Roger. „Black Autobiography." In: Olney, James (ed.). *Autobiographies: Essays Theoretical and Critical*. Princeton: Princeton University Press, 1980, pp. 169-180.
ROSENTHAL, Regine. *Die Erben des Lazarillo: Identitätsfrage und Schlußproblematik im pikarischen Roman*. Frankfurt und Bern: Lang, 1983.
ROSENTHAL, Regine. „*Gravity's Rainbow* and the Postmodern Picaro." *Revue Françaises d'Etudes Américaines*, 14 (1989), 407-426.
ROSKOTHEN, Johannes. *Hermetische Pikareske: Beiträge zu einer Poetik des Schelmenromans*. Frankfurt u.a.: Lang, 1992.
RUSHDIE, Salman. „Billy the Streetwise Kid." *The Observer* (10.9.1989), 51.
RUSHDIE, Salman. „Still Crazy After All These Years." *New York Times Book Review* (14.1.1990), 1, 36-37.
RUTSCHKY, Michael. „Die Erfindung der Einsamkeit: Der amerikanische Schriftsteller Paul Auster." *Merkur*, 45 (1991), 1105-1113.
SAFER, Elaine B. *The Contemporary American Comic Epic: The Novels of Barth, Pynchon, Gaddis, and Kesey*. Detroit: Wayne State University Press, 1989.
SAFER, Elaine B. „Pynchon's World and Its Legendary Past: Humor and the Absurd in a Twentieth-Century Vineland." *Critique*, 32 (1990), 107-125.

SALINAS, Pedro. „Der literarische 'Held' und der spanische Schelmenroman: Bedeutungswandel und Literaturgeschichte." In: Heidenreich, Helmut (ed.). *Pikarische Welt: Schriften zum europäischen Schelmenroman*. Darmstadt: Wiss. Buchgesellschaft, 1969, pp. 192-212.
SALOMON, Roger B. *Twain and the Image of History*. New Haven: Yale University Press, 1961.
SALOMON, Roger B. *Desperate Storytelling: Post-Romantic Elaborations of the Mock-Heroic Mode*. Athens und London: University of Georgia Press, 1987.
SAMUELS, Shirley. „Plague and Politics in 1793: *Arthur Mervyn*." *Criticism*, 27 (1985), 225-246.
SANOFF, Alvin P. „A Novelist's Need to Go Home Again." *U.S. News and World Report* (20.6.1988), 66.
SCHABERT, Ina. *Der historische Roman in England und Amerika*. Darmstadt: Wiss. Buchgesellschaft, 1981.
SCHACHTSIEK-FREITAG, Norbert. „Breitwand-Panorama." *Frankfurter Rundschau* (10.10.1989), B10.
SCHAUB, Thomas. „An Interview with Marilynne Robinson." *Contemporary Literature*, 35 (1994), 233-251.
SCHECK, Denis. „Halali am Hudson." *FOCUS* (23.6.1997), 98-100.
SCHELLER, Wolf. „Ein Hohelied auf ein burleskes Amerika, das es so nie gegeben hat." *Handelsblatt* (30.4.1993), G6.
SCHILDGEN, Brenda Deen. „The Gospel of Mark as Picaresque Novella." *Genre*, 29 (1996), 297-324.
SCHLEUSSNER, Bruno. *Der neopikareske Roman: Pikareske Elemente in der Struktur moderner englischer Romane: 1950-1960*. Bonn: Bouvier, 1969.
SCHMIDT, Daniel Wayne. „Rewriting the American Picaresque: Patterns of Movement in the Novels of Erica Jong, Toni Morrison, and Marilynne Robinson." *DAI*, 54,8 (1994), 3035A.
SCHMIDT, Thomas E. „Am Ende der utopischen Parabeln: Die Schuld der US-Gesellschaft und die Urszenen des Verrats – Thomas Pynchons Zeitroman *Vineland*." *Frankfurter Rundschau* (10.4.1993), ZB4.
SCHMITZ, Alexander. „Tragik und Triumph des Lebens." *Welt am Sonntag* (10.12.1989), 69.
SCHÖPP, Joseph C. „Thomas Pynchons *Die Enden der Parabel* oder: Von der Dichtung als Aufschub des Endes (1973)." In: Grimm, Gunter E. et al. (eds.). *Apokalypse: Weltuntergangsvisionen in der Literatur des 20. Jahrhunderts*. Frankfurt: Suhrkamp, 1986, pp. 130-147.
SCHÖPP, Joseph C. *Ausbruch aus der Mimesis: Der amerikanische Roman im Zeichen der Postmoderne*. München: Fink, 1990.
„Seifenoper: Thomas Pynchon: *Vineland*." *Weltwoche* (7.10.1993), 3.
SHAW, Patrick W. „Huck's Children: The Contemporary American Picaro." *Mark Twain Journal*, 21, 4 (1983), 42-43.

SHAW, Patrick W. „History and the Picaresque Tradition in Saul Bellow's *The Adventures of Augie March*." *CLIO*, 16 (1987), 203-219.
SHECHNER, Mark. „American Realisms, American Realities." In: Versluys, Kristiaan (ed.). *Neo-Realism in Contemporary American Fiction*. Amsterdam: Rodopi, 1992, pp. 27-50.
SHEPPARD, R.Z. „Life into Art: Garp Creator John Irving Strikes Again." *TIME* (31.8.1981), 46-51.
SHEPPARD, R.Z. „Doing Things His Way." *TIME* (3.4.1989), 80.
SHEPPARD, R.Z. „The Message Is the Message." *TIME* (3.4.1989), 80.
SHIBATA, Motoyuki. „Being Paul Auster's Ghost." In: Barone, Dennis (ed.). *Beyond the Red Notebook: Essays on Paul Auster*. Philadelphia: University of Pennsylvania Press, 1995, pp. 183-188.
SHOSTAK, Debra. „The Family Romances Of John Irving." *Essays in Literature*, 21 (1994), 129-145.
SHOWALTER, Elaine. „The Feminist Critical Revolution." In: dies. (ed.). *The New Feminist Criticism: Essays on Women, Literature, and Theory*. New York: Pantheon Books, 1985, pp. 3-28.
SIEBER, Harry. *The Picaresque*. London: Methuen, 1977.
SIEGEL, Carol. „Postmodern Women Novelists Review Victorian Male Masochism." *Genders*, 11 (1991), 1-16.
SIEGLE, Robert. „On the Subject of Walter Abish and Kathy Acker." *Literature and Psychology*, 33, 3-4 (1987), 38-58.
SIGELMAN, Lee. „Taking Popular Fiction Seriously." In: Whitebrook, Maureen (ed.). *Reading Political Stories: Representations of Politics in Novels and Pictures*. Lanham: Rowman & Littlefield, 1992, pp. 149-163.
SIMMONS, Philip E. „Minimalist Fiction as 'Low' Postmodernism: Mass Culture and the Search for History." *Genre*, 24 (1991), 45-62.
SIMON, Richard Keller. „John Kennedy Toole and Walker Percy: Fiction and Repetition in *A Confederacy of Dunces*." *Texas Studies in Language and Literature*, 36 (1994), 99-116.
SKLOVSKIJ, Viktor. „Kunst als Verfahren." In: Strieder, Jurij (ed.). *Russischer Formalismus*. München: Fink, 1971, pp. 5-35.
SLADE, Joseph W. „Communication, Group Theory, and Perception in *Vineland*." *Critique*, 32 (1990), 126-144.
SOLBACH, Andreas. „Pikarische Elemente in Kafkas *Amerika*." *Neophilologicus*, 71 (1987), 413-422.
SOLOMON, Barbara Probst. „The Spanish Journey of Saul Bellow's Fiction." *Salmagundi*, 106-07 (1995), 94-99.
SOLOMON, Eric. „Argument by Anachronism: The Presence of the 1930s in *Vineland*." In: Green, Geoffrey et al. (eds.). *The Vineland Papers: Critical Takes on Pynchon's Novel*. Norman: Dalkey Archive Press, 1994, pp. 161-166.
SORKIN, Adam J. „Introduction: Politics and the Muse: Voices and Visions at the Crossroads." In: ders. (ed.). *Politics and the Muse: Studies in the Politics of Recent*

American Literature. Bowling Green: Bowling Green State University Popular Press, 1989, pp. 1-9.
STÄNNER, Paul. „Ein amerikanisches Epos." *Der Tagesspiegel* (10.12.1989), 8.
STÄNNER, Paul. „Heißes Haiti: Kathy Ackers Liebesabenteuer." *Der Tagesspiegel* (18.8.1991), 10.
STELZMANN, Rainulf A. „Glauben im Chaos: John Irving's *A Prayer for Owen Meany*." *Stimmen der Zeit*, 208 (1.1.1990), 59-66.
STEUHL, Wolfgang. „Am Ende der Welt: Ein amerikanischer Familienroman." *Frankfurter Allgemeine Zeitung* (10.10.1989), L17.
STEUHL, Wolfgang. „Das Etwas ist die Liebe." *Weltwoche*, 40 (4.10.1990), 990.
STONE, Robert. „We Are Not Excused." In: Zinsser, William (ed.). *Paths of Resistance: The Art and Craft of the Political Novel*. Boston: Houghton Mifflin Co., 1989, pp. 19-37.
STORY, Richard David. „Wild Novels, Extravagant Success." *U.S.A. Today* (23.5.1985), 1D-2D.
STRATMANN, Silke. „Funktionsgeschichtliche Ansätze." In: Nünning, Ansgar (ed.). *Metzler Lexikon Literatur- und Kulturtheorie: Ansätze – Personen – Grundbegriffe*. Stuttgart und Weimar: Metzler, 1998), pp. 168-170.
STREHLE, Susan. „Pynchon's 'Elaborate Game of Doubles' in *Vineland*." In: Green, Geoffrey et al. (eds.). *The Vineland Papers: Critical Takes on Pynchon's Novel*. Norman: Dalkey Archive Press, 1994, pp. 101-118.
SUTHERLAND, John. „Shakespeare the Novelist." *London Review of Books* (28.9.1989), 26-27.
TABBI, Joseph. „Pynchon's Groundward Art." In: Green, Geoffrey et al. (eds.). *The Vineland Papers: Critical Takes on Pynchon's Novel*. Norman: Dalkey Archive Press, 1994, pp. 89-100.
„T. Coraghessan Boyle." *Contemporary Literary Criticism*, 36. Detroit: Gale, 1986, 56.
TANNER, Tony. *Thomas Pynchon*. London und New York: Methuen, 1982.
TEMPLIN, Charlotte. *Feminism and the Politics of Literary Reputation: The Example of Erica Jong*. Lawrence: University Press of Kansas, 1995.
THOMPSON, James R. „Tomas Pynchon's *Vineland* and the New Social Novel, or, Who's Afraid of Tom Wolfe." In: Grünzweig, Walter et al. (eds.). *Constructing the Eighties: Versions of an American Decade*. Tübingen: Narr, 1992, pp. 197-209.
THOREEN, David. „The Economy of Consumption: The Entropy of Leisure in Pynchon's *Vineland*." *Pynchon Notes*, 30-31 (1992), 53-62.
TOMPKINS, Jane. *West of Everything: The Inner Life of Westerns*. New York und Oxford: Oxford University Press, 1992.
TONKIN, Boyd. „A Round Table Story." *New Statesman & Society* (15.9.1989), 37.
TREADWAY, James L. „Johnson Jones Hooper and the American Picaresque." *Thalia*, 6, 2 (1983), 33-42.

TRILLING, Lionel. *The Liberal Imagination: Essays on Literature and Society.*
New York: Viking, 1950.
TUCKER, Ken. „Playing Hell with History." *The Village Voice* (6.1.1982), 39.
TURNER, Ellen Layne. „The Reception of the Picaresque in the French, German, and English Tradition." *DAI*, 51,8 (1991), 2738A.
TURNER, John W. „*Little Big Man*, the Novel and the Film: A Study of Narrative Structure." *Literature/Film Quarterly*, 5 (1977), 154-163.
TURNER, Tramble T. „*Quinn's Book*: Reconstructing Irish-American History." *MELUS*, 18 (1993), 31-45.
VALENTIN, Jean-Marie. „Kulturtransfererscheinungen im Bereich der Literaturgeschichte am Beispiel des europäischen und deutschen Schelmenromans." In: Quast, Gisela (ed.). *Einheit in der Vielfalt*. Bern: Lang, 1988, pp. 546-555.
VAN DOVER, J.K. *Understanding William Kennedy*. Columbia: University of South Carolina Press, 1991.
VESTER, Heinz-Günter. „Moderne – Postmoderne und Retour: Vom Verschiebebahnhof zeitdiagnostischer Begriffe." In: Flögel, Evelyn und Joseph C. Schöpp (eds.). *Die Postmoderne – Ende der Avantgarde oder Neubeginn? Essays*. Eggingen: EditionIsele, 1989, pp. 13-30.
VIDAL, Didier. „Mythe du picaro et mythe picaresque." *Caliban*, 22 (1983), 107-114.
VOGEL, Walter. „Jesus auf der Harley Davidson: Psychedelischer Spätbarock aus Kalifornien." *Die Presse* (3.4.1993), spectrum 5.
VOSSKAMP, Wilhelm. „Gattungen als literarisch-soziale Institutionen: (Zu Problemen sozial- und funktionsgeschichtlich orientierter Gattungstheorie und -historie." In: Hinck, Walter du Alexander von Bormann (eds.). *Textsortenlehre – Gattungsgeschichte*. Heidelberg: Quelle Meyer, 1977, pp. 27-44.
VOSSKAMP, Wilhelm. „Literaturgeschichte als Funktionsgeschichte der Literatur: (Am Beispiel der frühneuzeitlichen Utopie)," in: Cramer, Thomas (ed.), *Literatur und Sprache im historischen Prozeß: Vorträge des Deutschen Germanistentages Aachen 1982: Band 1: Literatur*. Tübingen: Niemeyer, 1983, pp. 32-54.
WAGES, Jack D. „Disappearing Letters and Breaking Rules: John Irving as a Namer." *Literary Onomastic Studies*, 15 (1988), 63-65.
WALKER, Michael. „Boyle's 'Greasy Lake' and the Moral Failure of Postmodernism." *Studies in Short Fiction*, 31 (1994), 247-255.
WALL, James M. „Owen Meany and the Presence of God." *The Christian Century* (22./29.3.1989), 299-300.
WALSH, Richard. „The Quest for Love and the Writing of Female Desire in Kathy Acker's *Don Quixote*." *Critique*, 32 (1991), 149-168.
WALTERS, Michael. „In Circulation." *The Times Literary Supplement* (28.4.1989), 452.
WARD, Carol M. *Rita Mae Brown*. New York u.a.: Twayne, 1993.

WATTS, Carol. „Releasing Possibility into Form: Cultural Choice and the Woman Writer." In: Armstrong, Isobel (ed.). *New Feminist Discourses: Critical Essays on Theories and Texts*. London und New York: Routledge, 1992, pp. 83-102.
WEBB, Marilyn. „Daughters, Inc.: A Publishing House Is Born." *Ms.* (Juni 1974), 35-38.
WEISENBURGER, Steven. „In-Between." *Callaloo*, 7 (1984), 153-156. Reprint: *Contemporary Literary Criticism*, 51 (1989), 231-232.
WEISENBURGER, Steven. „Inside *Moon Palace*." *The Review of Contemporary Fiction*, 14, 1 (1994), 70-79.
WELLEK, René und Austin Warren. *Theory of Literature*. New York: Harcourt, ²1956.
WEYH, Florian Felix. „Paul Auster." *Kritisches Lexikon der fremdsprachigen Gegenwartsliteratur* (26. Nachlieferung), 1-10.
WHALEN-BRIDGE, John. „Some New American Adams: Politics and the Novel in the Nineties." *Studies in the Novel*, 24 (1992), 187-200.
WHALEN-BRIDGE, John. „Outside the Whale: Reading the American Political Novel in the Age of Reagan." *DAI*, 54,4 (1993), 1371A.
WICKS, Ulrich. *Picaresque Narrative, Picaresque Fictions: A Theory and Research Guide*. New York u.a.: Greenwood, 1989.
WILD, Reiner. „Einige Überlegungen zum Zusammenhang von Literatur und Prozeß der Zivilisation, insbesondere zum Wandel literarischer Formen." In: Cramer, Thomas (ed.). *Literatur und Sprache im historischen Prozeß: Vorträge des Deutschen Germanistentages Aachen 1982: Band 1: Literatur* (Tübingen: Niemeyer, 1983), pp. 383-399.
WILDE, Alan. „Love and Death in and around Vineland, U.S.A." *Boundary 2*, 18 (1991), 166-180.
WILLIAMS, Daniel E. „Doctor, Preacher, Soldier, Thief: A New World of Possibilities in the Rogue Narrative of Henry Tufts." *Early American Literature*, 14 (1984), 3-20.
WILLIAMS, Linda R. „Happy Families? Feminist Reproduction and Matrilineal Thought." In: Armstrong, Isobel (ed.). *New Feminist Discourses: Critical Essays on Theories and Texts*. London und New York: Routledge, 1992, pp. 48.4.
WILLIAMS, Thomas. „Talk with John Irving." *New York Times Book Review* (23.4.1978), 6.
WILSON, Raymond J., III „The Postmodern Novel: The Example of John Irving's *The World According to Garp*." *Critique*, 34 (1992), 49-62.
WILT, Judith. *Abortion, Choice, and Contemporary Fiction: The Armageddon of the Maternal Instinct*. Chicago und London: University of Chicago Press, 1990.
WINKELS, Hubert. *Einschnitte: Zur Literatur der 80er Jahre*. Köln: Kiepenheuer & Witsch, 1988.
WINKGENS, Meinhard. „Natur als Palimpsest: Der eingeschriebene Subtext in Charles Dickens' *David Copperfield*." In: Groß, Konrad et al. (eds.). *Das Natur/Kultur-Paradigma in der englischsprachigen Erzählliteratur des 19. und 20.*

Jahrhunderts: Festschrift zum 60. Geburtstag von Paul Goetsch. Tübingen: Narr, 1994, pp. 35-61.
WIRTH, Eric. „A Look Back from the Horizon." In: Barone, Dennis (ed.). *Beyond the Red Notebook: Essays on Paul Auster.* Philadelphia: University of Pennsylvania Press, 1995, pp. 171-182.
WISSE, Ruth. *The Schlemiel as Modern Hero.* Chicago: University of Chicago Press, 1991.
WOODS, Alan. „Consuming the Past: Commercial Theatre in the Reagan Era." In: Engle, Ron und Tice L. Miller (eds.). *The American Stage: Social and Economic Issues from the Colonial Period to the Present.* Cambridge: Cambridge University Press, 1993, pp. 252-266.
YARMUS, Marcia Dorothy. „The Hispanic World of John Steinbeck." *DAI*, 46,1 (1985), 146A.
YETMAN, Michael G. „*Ironweed*: The Perils and Purgatories of Male Romanticism." *Papers on Language and Literature*, 27 (1991), 84-104.
ZAMORA, Lois Parkinson. „Introduction." In: ders. (ed.). *The Apocalyptic Vision in America: Interdisciplinary Essays on Myth and Culture.* Bowling Green: Bowling Green State University Popular Press, 1982, pp. 1-10.
IMMERMANN, Peter. „Lust und Frust auf Haiti: Obsessives Frühwerk von Kathy Acker." *Die Presse* (11./12.5.1991), spectrum 9.
ZUCKERT, Catharine H. „The Novel as a Form of American Political Thought." In: Whitebrook, Maureen (ed.). *Reading Political Stories: Representation of Politics in Novels and Pictures.* Lanham: Rowman & Littlefield, 1992, pp. 121-148.
„Zwei Autoren sind Anwärter auf den Literatur-Nobelpreis." *General-Anzeiger* (17.9.1992), 14.

4. Landeskundliche Sekundärtexte

ALBERT, Judith Clavir und Stewart Edward Albert (eds.). *The Sixties Papers: Documents of a Rebellious Decade.* New York u.a.: Praeger, 1984.
ALLSOP, Kenneth. *The Angry Decade: A Survey of the Cultural Revolt of the Nineteen-Fifties.* New York: British Book Centre, 1958.
BARON, Robert C. und Samuel Scinta. *20th Century America: Key Events in History.* Golden: Fulcrum, 1996.
BARONE, Michael. *Our Country: The Shaping of America from Roosevelt to Reagan.* New York: Free Press, 1990.
BAUDRILLARD, Jean. *Amerika.* München: Matthes & Seitz, 1995.
BERNSTEIN, Michael André. *Foregone Conclusions: Against Apocalyptic History.* Berkeley u.a.: University of California Press, 1994.
BIEL, Steven. „Frederick Lewis Allen's *Only Yesterday* and the Idea of the Decade." *Journal of American Studies*, 25 (1991), 259-266.

BLANKENHORN, David. *Fatherless America: Confronting Our Most Urgent Social Problem*. New York: BasicBooks, 1995.
BLUMENTHAL, Sidney. *Our Long National Daydream: A Political Pageant of the Reagan Era*. New York u.a.: Harper & Row, 1988.
BLY, Robert. *The Sibling Society*. Reading u.a.: Addison-Wesley Publishing Co., 1996.
BOORSTIN, Daniel. *The Exploring Spirit: America and the World, Then and Now*. New York: Random House, 1975.
BOORSTIN, Daniel. *The Discoverers*. New York: Random House, 1985.
BOSMAJAN, Haig. „Reaganspeak as a Case Study in the Uses of Godterms, Adwords, Euphemisms, and Faulty Metaphors." *ETC*, 42 (1985), 101-108.
CANNON, Lou. *Reagan*. New York: Perigee Book, 1982.
CHIDESTER, David. „Saving the Children By Killing Them: Redemptive Sacrifice in the Ideologies of Jim Jones and Ronald Reagan." *Religion and American Culture*, 1 (1991), 177-201.
CHRISTENSON, Larry. *The Christian Family*. Minneapolis: Bethany House, 1970.
CROUCH, Stanley. „Charles Johnson: Free At Last!" *The Village Voice* (19.7.1983), 30, 32.
COMB, James E. *The Reagan Range: The Nostalgic Myth in American Politics*. Bowling Green: Bowling Green State University Press, 1993.
CURRY, Richard O. „Introduction." In: ders. (ed.). *Freedom At Risk: Secrecy, Censorship, and Repression in the 1980s*. Philadelphia: Temple University Press, 1988, pp. 3-29.
CURRY, Richard O. „Paranoia – Reagan Style: Encounters with the USIA." In: ders. (ed.). *Freedom At Risk: Secrecy, Censorship, and Repression in the 1980s*. Philadelphia: Temple University Press, 1988, pp. 178-191.
DALLEK, *Ronald Reagan: The Politics of Symbolism*. Canbridge und London: Harvard University Press, 1984.
DE GRAVE, Kathleen. „Swindler, Spy, Rebel: The Confidence Woman in Nineteenth Century America." Dissertation University of Wisconsin at Madison, 1989.
DETLEFSEN, Robert R. *Civil Rights Under Reagan*. San Francisco: ICS Press, 1991.
DIEFENBACHER, Hans. „Anarchismus – die verlorene Utopie? Eine Einführung." In: ders. (ed.). *Anarchismus: Zur Geschichte und Idee der herrschaftsfreien Gesellschaft*. Darmstadt: Wiss. Buchgesellschaft, 1996, pp. 7-23.
DOWD, Maureen. „Of Knights and Presidents: Race of Mythic Proportions." *New York Times* (10.10.92), A1, A9.
DOWD, Maureen. „G.O.P.'s Rising Star Pledges to Right the Wrongs of the Left." *New York Times* (10.11.1994), A1, B3.
DUFFY, Michael und Dan Goodgame. *Marching in Place: The Status Quo Presidency of George Bush*. New York u.a.: Simon & Schuster, 1992.

EDSALL, Thomas Byrne. *The New Politics of Inequality*. New York und London: W.W. Norton and Co., 1984.
EDSALL, T.B. und M.P. Edsall. *Chain Reaction*. New York: W.W. Norton and Co., 1991.
EHRENREICH, Barbara. *The Worst Years of Our Lives: Irreverent Notes from a Decade of Greed*. New York: Pantheon Books, 1990.
ELLIOTT, Michael. „Will He Lead?" *Newsweek* (18.11.1996), 5-11.
ERICKSON, Paul D. *Reagan Speaks: The Making of an American Myth*. New York und London: New York University Press, 1985.
ERLEWINE, Michael et al. (eds.). *All Music Guide to Rock: The Best CDs, Albums and Tapes: Rock, Pop, Soul, R & B, and Rap*. San Francisco: Miller Freeman, 1995.
FINEMAN, Howard. „Hail ... and Farewell." *Newsweek* (18.11.1996), 6-11.
FLIEGELMAN, Jay. *Prodigals and Pilgrims: The American Revolution Against Patriarchal Authority, 1750-1800*. New York: Cambridge University Press, 1982.
FREIDEL, Frank. *The Presidents of the United States of America*. 14th edition. Washington: White House Historical Association, 1995.
FUGATE, J. Richard. *What the Bible says about ... Child Training*. Tempe: Alpha Omega, 1980.
FUNKENSTEIN, Amos. „A Schedule for the End of the World: The Origins and the Persistence of the Apocalyptic Mentality." In: Friedländer, Saul et al. (eds.). *Visions of Apocalypse: End or Rebirth?* New York und London: Holmes & Meier, 1985, pp. 44-60.
GINGRICH, Newt. *To Renew America*. New York: HarperCollins, 1995.
GOETSCH, Paul. *Presidential Rhetoric and Communication since F.D. Roosevelt: An Annotated Bibliography*. Tübingen: Narr, 1993.
GOETSCH, Paul. „Reagan's Labor Day Address, September 4, 1982." In: ders. und Gerd Hurm (eds.). *Important Speeches by American Presidents after 1945*. Heidelberg: Winter, 1994, pp. 119-132.
GREEN, Mark und Gail MacColl. *There He Goes Again*. New York: Pantheon Books, 1983.
GREENBERG, Stanley B. *Middle Class Dreams: The Politics and Power of the New American Majority*. New York: Random House, 1995.
GRÜNZWEIG, Walter und Roberta Maierhofer. „Introduction: America in the 1980s." In: ders. et al. (ed). *Constructing the Eighties: Versions of an American Decade*. Tübingen: Narr, 1992, pp. 13-29.
HALMARI, Helena. „Dividing the World: The Dichotomous Rhetoric of Ronald Reagan." *Multilingua*, 12 (1993), 143-176.
HELLER, Steven. „Hit & Run: A Legacy of UNofficial Graphic Protest." In: Jacobs, Karrie und ders. (eds.). *Angry Graphics: Protest Posters of the Reagan/Bush Era*. Layton: Peregrine Smith Book, 1992, pp. 6-7.
HESS, Elke: „Homelessness." In: Wersich, Rüdiger B. (ed.). *USA Lexikon: Schlüsselbegriffe zu Politik, Wirirtschaft, Gesellschaft, Kultur, Geschichte und zu den deutsch-amerikanischen Beziehungen*. Berlin: Erich Schmidt, 1995, pp. 353-354.

HIMMELSTEIN, Jerome L. „The New Right." In: Liebman, R. und R. Wuthnow (eds.). *The New Christian Right*. New York: Aldine Publishing Co., 1983, pp. 15-30.
HYLES, Jack. *How to Rear Children*. Hammond: Hyles-Anderson, 1972.
IGNATIEV, Noel. *How the Irish Became White*. New York und London: Routledge, 1995.
JACOBS, Karrie und Steven Heller. *Angry Graphics: Protest Posters of the Reagan/Bush Era*. Layton: Peregrine Smith Book, 1992.
JAENECKE, Heinrich. *Es lebe der Tod*. Hamburg: Gruner + Jahr, 1980.
JEFFORDS, Susan. *Hard Bodies: Hollywood Masculinity in the Reagan Era*. New Brunswick: Rutgers Univerity Press, 1994.
JOHNSON, Haynes. *Sleepwalking Through History: America in the Reagan Years*. New York und London: W.W. Norton and Co., 1991.
JOHNSON, Haynes. *Divided We Fall: Gambling with History in the Nineties*. New York und London: W.W. Norton and Co., 1994.
JORDAN, Winthorp D. „Familial Politics: Thomas Paine and the Killing of the King." *Journal of American History*, 60 (1973), 294-308.
KEIL, Hartmut (ed.). *Sind oder waren Sie Mitglied? Verhörprotokolle über unamerikanische Aktivitäten 1947 bis 1956*. Reinbek: Rowohlt, 1979.
KELLNER, Douglas. „Film, Politics, and Ideology: Reflections on the Hollywood Film in the Age of Reagan." *The Velvet Light*, 27 (1991), 9-24.
KERKHOFF, Ingrid. „Das Ethos der *Sixties* rekonstruieren ......" *Gulliver*, 21 (1987), 6-16.
KIEWE, Amos und Davis W. Houck. *A Shining City on a Hill: Ronald Reagan's Economic Rhetoric, 1951-1989*. New York u.a.: Praeger, 1991.
KINDER, Marsha. „Back to the Future in the 80s with Fathers & Sons, Supermen & PeeWees, Gorillas & Toons." *The Film Quarterly*, 42 (1989), 2-11.
KING, Richard. „The Eighties." In: Bradbury, Malcolm und Howard Temperley (eds.). *Introduction to American Studies: Second Edition*. London und New York: Longman: 1989, pp. 362-381.
KNELMAN, F.H. *Reagan, God, and the Bomb: From Myth to Policy in the Nuclear Arms Race*. Buffalo: Prometheus Books, 1985.
KOZOL, Jonathan. *Rachel and Her Children: Homeless Families in America*. New York: Crown, 1988.
KUHRE, Bruce. „The American Dream in Crisis." In: Grünzweig, Walter et al. (eds.). *Constructing the Eighties: Versions of an American Decade*. Tübingen: Narr, 1992, pp. 33-49.
KUHRE, Bruce. „The 'Politicalization' of the 'Christian Right' and Its Union with the 'New Right.'" In: Grünzweig, Walter et al. (eds.), *Constructing the Eighties: Versions of an American Decade*. Tübingen: Narr, 1992, pp. 61-66.
LAKOFF, George. *Moral Politics: What Conservatives Know That Liberals Don't*. Chicago und London: University of Chicago Press, 1996.

LEE, Martin A. und Bruce Shlain. *Acid Dreams: The CIA, LSD, and the Sixties Rebellion*. New York: Grove, 1985.
LEWIN, Tamar. „New Sex Mores Are Chilling TV Ardor." *New York Times* (8.3.1987), H29, H40.
LEWIS, William F. „Telling America's Story: Narrative Form and the Reagan Presidency." *The Quarterly Journal of Speech*, 73 (1987), 280-302.
LIFTON, Robert Jay. „The Image of 'The End of the World': A Psychohistorical View." In: Friedländer, Saul et al. (eds.). *Visions of Apocalypse: End or Rebirth?* New York und London: Holmes & Meier, 1985, pp. 151-167.
LOEB, Paul Rogat. *Hope in Hard Times: America's Peace Movement and the Reagan Era*. Lexington: D.C. Heath and Co., 1987.
LÖSCHE, Peter. *Amerika in Perspektive: Politik und Gesellschaft der Vereinigten Staaten*. Darmstadt: Wiss. Buchgesellschaft, 1989.
LOVE, Brenda. *The Encyclopedia of Unusual Sexual Practices*. Fort Lee: Barricade Books, 1992.
LOWI, Theodore J. und Benjamin Ginsberg. *Democrats Return to Power: Politics and Policy in the Clinton Era*. New York und London: W.W. Norton and Co., 1994.
LOWI, Theodore J. und Benjamin Ginsberg. *Embattled Democracy: Politics and Policy in the Clinton Era*. New York und London: W.W. Norton and Co., 1995.
LULE, J. „The Political Use of Victims: The Shaping of the *Challenger* Disaster." *Political Communication and Persuasion*, 7 (1990), 115-128.
MacKINNON, Kenneth. *The Politics of Popular Pepresentation: Reagan, Thatcher, AIDS, and the Movies*. Rutherford u.a.: Fairleigh Dickinson University Press, 1992.
McPHERSON, James M. *Battle Cry of Freedom*. New York: Oxford University Press, 1988.
MANSBRIDGE, Jane. *Why We Lost the ERA*. Chicago: University of Chicago Press, 1986.
MEAD, George Herbert. *Geist, Identität und Gesellschaft aus der Sicht des Sozialbehaviorismus*. Frankfurt: Suhrkamp, 1973.
MELTZER, Ellen. *Day by Day, the Eighties*. New York: Facts on File, 1995.
MENDEL-REYES, Meta. *Reclaiming Democracy: The Sixties in Politics and Memory*. New York und London: Routledge, 1995.
MERRILL, Robert. „Simulations: Politics, Television and History in the Reagan Era." In: ders. (ed.). *Ethics/Aesthetics: Post-Modern Positions*. Washington: Maisonneuve, 1988, pp. 141-168.
METZGER, Robert P. *Reagan: American Icon*. Lewisburg: Bucknell University Press, 1989.
MOORE, Barrington, Jr. *Reflections on the Causes of Human Misery and Upon Certain Proposals to Eliminate Them*. Boston: Beacon, 1970.
MOORHEAD, James H. *American Apocalypses: Yankee Protestants and the Civil War, 1860-1869*. New Haven: Yale University Press, 1978.

The Motion Picture Guide 1988 Annual. Evanston: Cine Books, 1988.
NOONAN, Peggy. *What I saw at the Revolution: A Political Life in the Reagan Era*. New York: Random House, 1990.
OAKLEY, J. Ronald. *God's Country: America in the Fifties*. New York: Dembner Books, 1986.
ORMAN, John. *Comparing Presidential Behavior: Carter, Reagan, and the Macho Presidential Style*. New York: Greenwood, 1987.
OSTENDORF, Berndt. „Roaring Twenties." In: Wersich, Rüdiger B. (ed.). *USA Lexikon: Schlüsselbegriffe zu Politik, Wirtschaft, Gesellschaft, Kultur, Geschichte und zu den deutsch-amerikanischen Beziehungen*. Berlin: Erich Schmidt, 1995, pp. 646-648.
PARKER, Thomas und Douglas Nelson. *Day by Day: The Sixties*. 2 vols. New York: Facts on File, 1983.
PELLS, Richard H. *The Liberal Mind in a Conservative Age: American Intellectuals in the 1940s and 1950s*. New York u.a.: Harper & Row, 1985.
PHIFER, Gregg. „Two Inaugurals: A Second Look." *Southern Speech Communication Journal*, 48 (1983), 378-383.
RAEITHEL, Gert. *Geschichte der nordamerikanischen Kultur: Band 3: Vom New Deal bis zur Gegenwart*.Weinheim und Berlin: Quadriga, 1989.
REAGAN, Maureen. *First Father, First Daughter: A Memoir*. Boston u.a.: Little, Brown and Co., 1989.
REAGAN, Ronald. „'America The Beautiful,': June, 1952." In: Houck, Davis W. und Amos Kiewe (eds.). *Actor, Ideologue, Politician: The Public Speeches of Ronald Reagan*. Westport und London: Greenwood, 1993, pp. 4-9.
REAGAN, Ronald und Richard Hubler. *Where's the Rest of Me?* New York: Duell, Sloan and Pearce, 1965.
REAGAN, Ronald. *The Creative Society*. New York: Devin-Adair, 1968.
REAGAN, Ronald. „National Association of Evangelicals; Remarks at the Annual Convention in Orlando, Florida, March 8, 1983." In: Erickson, Paul D. *Reagan Speaks: The Making of an American Myth*. New York und London: New York University Press, 1985, pp. 155-166.
REAGAN, Ronald. „Unknown Serviceman of the Vietnam Conflict, May 5, 1984." In: Erickson, Paul D. *Reagan Speaks: The Making of an American Myth*. New York und London: New York University Press, 1985, p. 166.
REAGAN, Ronald. *The Quest for Peace, the Cause of Freedom: Selected Speeches on the United States and the World*. Washington: United States Information Agency, 1988.
REEVES, Jimmie L. und Richard Campbell. *Cracked Coverage: Television News, the Anti-Cocaine Crusade, and the Reagan Legacy*. Durham: Duke University Press, 1994.
RENSHON, Stanley A. *High Hopes: The Clinton Presidency and the Politics of Ambition*. New York und London: New York University Press, 1996.

ROGIN, Michael Paul. *Ronald Reagan, the Movie and Other Episodes in Political Demonology*. Berkeley u.a.: University of California Press, 1987.
ROLOFF, Janet. „The Reagan Administration and the Freedom of Information Act." In: Curry, Richard O. (ed.). *Freedom At Risk: Secrecy, Censorship, and Repression in the 1980s*. Philadelphia: Temple University Press, 1988, pp. 45-59.
RUBIN, Eva. *Abortion, Politics and the Courts*. Westport: Greenwood, 1987.
SAVAGE, James. *A Genealogical Dictionary of the First Settlers of New England, Showing Three Generations of Those Who Came Before May, 1692, on the Basis of Farmer's Register*. Vol. IV. Boston: Little, Brown and Co., 1862.
SCHALLER, Michael. *Reckoning with Reagan: America and Its President in the 1980s*. New York und Oxford: Oxford University Press, 1992.
SCHIEFER, Bob und Gary Paul Gates. *The Acting President*. New York: E.P. Dutton, 1989.
SCHULMAN, Sarah. *My American History: Lesbian and Gay Life During the Reagan/Bush Years*. New York: Routledge, 1994.
SCHWARTZ, Hillel. *The Culture of the Copy: Striking Likenesses, Unreasonable Facsimiles*. New York: Zone Books, 1996.
SHATTUCK, John. „Federal Restrictions on the Free Flow of Academic Information and Ideas." In: Curry, Richard O. (ed.). *Freedom At Risk: Secrecy, Censorship, and Repression in the 1980s*. Philadelphia: Temple University Press, 1988, pp. 69-85.
SHULL, Steven A. *A Kinder, Gentler Racism? The Reagan/Bush Civil Rights Legacy*. Armonk: M.E. Sharpe, 1993.
SIBLEY, David. *Geographies of Exclusion: Society and Difference in the West*. London und New York: Routledge, 1995.
SLANSKY, Paul. *The Clothes have no Emperor: A Chronicle of the American 1980s*. New York: Fireside, 1989.
SMITH, Geoffrey. *Reagan and Thatcher*. London: The Bodley Head, 1990.
SOLOMON, Burt. „Clinton – Every Man but His Own?" *National Journal*, 11 (1993), 2206.
SPARK, Alasdair. „The Soldier at the Heart of the War: The Myth of the Green Berets in the Popular Culture of the Vietnam Era." *Journal of American Studies*, 18 (1984), 29-48.
„*SPIEGEL*-Gespräch: 'Zur Dummheit erzogen': Kulturkritiker Robert Hughes über die neuen Rechten in Amerika." *DER SPIEGEL* (30.10.1995), 196-204.
SPOTERNO, G.B. *Memorials of Columbus*. London, 1823.
STEIN, Stephen J. „Transatlantic Extensions: Apocalyptic in Early New England." In: Patrides, C.A. und Joseph Wittreich (eds.). *The Apocalypse in English Renaissance Thought and Literature: Patterns, Antecedents and Repercussions*. Ithaca: Cornell University Press, 1984.
STOCKMAN, David A. *The Triumph of Politics: How the Reagan Revolution Failed*. New York u.a.: Harper & Row, 1986.

STOWASSER, Horst. *Freiheit pur: Die Idee der Anarchie, Geschichte und Zukunft.* Frankfurt: Eichborn, 1995.
STUCKEY, Mary E. *Playing the Game: The Presidential Rhetoric of Ronald Reagan.* New York u.a.: Praeger, 1990.
SULLIVAN, Marianna P. „Vietnam War." In: Wersich, Rüdiger B. (ed.). *USA Lexikon: Schlüsselbegriffe zu Politik, Wirtschaft, Gesellschaft, Kultur, Geschichte und zu den deutsch-amerikanischen Beziehungen.* Berlin: Erich Schmidt, 1995, pp. 735-738.
SUMMERS, Harry G., Jr. *Historical Atlas of the Vietnam War.* Boston und New York: Houghton Mifflin Co., 1995.
SUZUKI, Koichi et al. *The Clinton Revolution: An Inside Look at the New Administration.* Lanham u.a.: University Press of America, 1993.
SWEET, Ellen. „Men Who've Taken Chances and Made a Difference." *Ms.* (July/August 1982), 102-107.
TAYLOR, Charles. *The Ethics of Authenticity.* Cambridge und London: Harvard University Press, 1991.
THOMAS, Brook. „Turner's 'Frontier Thesis' as a Narrative of Reconstruction." In: Newman, Robert (ed.). *Centuries' Ends, Narrative Means.* Stanford: Stanford University Press, 1996, pp. 117-137.
THOMPSON, Damian. *Das Ende der Zeiten: Apokalyptik und Jahrtausendwende.* Hildesheim: Claassen, 1997.
THOMPSON, Hunter S. *Generation of Swine: Tales of Shame and Degradation in the '80s.* New York: Summit Books, 1988.
TOCQUEVILLE, Alexis de. *Democracy in America.* 2 vols. New York: Vintage, 1990.
VAUGHN, Stephen. *Reagan in Hollywood: Movies and Politics.* Cambridge u.a.: Cambridge University Press, 1994.
WATTS, Pauline Moffitt. „Apocalypse Then: Christopher Columbus's Conception of History and Prophecy." *Medievalia et Humanistica*, New Series, 19 (1992), 1-10.
WERSICH, Rüdiger B. „New Christian Right (NCR)." In: ders. (ed.). *USA Lexikon: Schlüsselbegriffe zu Politik, Wirtschaft, Gesellschaft, Kultur, Geschichte und zu den deutsch-amerikanischen Beziehungen.* Berlin: Erich Schmidt, 1995, pp. 520-521.
WHITE, John Kenneth. *The New Politics of Old Values.* Hanover und London: University Press of New England, 1988.
WILLS, Gary. *Reagan's America: Innocents At Home.* Garden City: Doubleday, 1987.
WIMMER, Adi. „Recyclings of the Frontier Myth in Vietnam War Films of the 1980s." In: Grünzweig, Walter et al. (eds.). *Constructing the Eighties: Versions of an American Decade.* Tübingen: Narr, 1992, pp. 109-137.
WOOD, Robin. *Hollywood from Vietnam to Reagan.* New York: Columbia University Press, 1986.
The World Almanac and Book of Facts 1996. Mahwah: World Almanac Books, 1995.

Index Personen/Werke

Acker, Kathy 5, 49f., 104, 108, 112f., 119, 123, 129, 131, 136, 140, 143, 147, 360, 417f., 420, 422-424, 430-461, 463-470, 472-480, 487, 498, 500, 516, 522, 531, 535, 550, 558, 565-567, 571-573, 575, 578-581, 584-586, 588f., 591, 593-595, 597-599, 602f., 605f., 608f., 611, 613, 615, 624, 630, 637f.
  Don Quixote 108f., 119, 123, 143, 430-480, 531, 565, 571, 573, 578, 581, 584f., 588, 591, 598f., 602f., 608f., 615
Adorno, Theodor W. 281f., 430, 506f., 538
Alger, Horatio 427
Anders, Günther 550
Atwood, Margaret 423
Auden, W.H. 226
Austen, Jane 355
Auster, Paul 5, 49f., 59, 85, 104, 109, 112, 116, 129, 131, 134, 136, 140, 143, 206, 209-213, 216-220, 222-225, 229f., 232-234, 236-242, 245f., 248-251, 253, 313, 316, 412, 422, 468, 472, 477, 485, 487, 498, 535, 550, 558, 566, 575, 579f., 593, 605, 609, 611, 613, 622, 630-637
  Moon Palace 85, 112, 116, 134, 143, 206f., 209-255, 256, 307, 413, 436, 476f., 565, 571, 584, 588f., 591, 596f., 599, 601, 609, 615, 631f., 634
  Mr. Vertigo 622, 630-636
Ballard, J.G. 52
Barth, John 130, 132, 258, 550
Barthelme, Donald 616
Baum, Frank L. 546
Beattie, Ann 130
Beckett, Samuel 210, 297

Bellow, Saul 73f., 85, 89, 95, 96, 103, 104f., 110, 112, 127, 172, 178, 199, 208, 265, 548, 580, 609, 638
Berger, Thomas 89, 106f., 110
Bloch, Ernst 546, 637
Bloom, Harold 473
Blumenberg, Hans 217f.
Bly, Robert 415
Boyle, T. Coraghessan 5, 49f., 59, 68, 85, 87, 110, 113f., 119, 123, 129, 134, 140, 142f., 151, 160, 174, 183, 256, 259-299, 302-314, 316, 386, 412, 424, 468, 498, 535, 558, 567, 570-572, 575, 578f., 590f., 596, 609, 611, 613, 622, 630, 637
  World's End 50, 68, 151, 160, 174, 183, 257, 258, 259, 260, 261, 262, 316, 386, 613
Bradbury, Malcolm 12, 51, 130, 132, 558, 608, 616f.
Bradfield, Scott 141
Brecht, Bertolt 581
Brontë, Charlotte 358
Brown, Charles Brockden 40, 54, 73, 89, 94, 96, 98, 101, 103, 109, 130, 136, 144, 149, 202, 247, 299, 331f., 335f., 366, 424-426, 429, 431, 433, 442, 449, 470, 480, 491, 567, 584, 596, 601, 629
  Arthur Mervyn 94, 96, 98, 101, 119, 126, 144, 331-336, 536
Brown, Rita Mae 67, 108, 112, 129, 136, 141, 144, 419f., 424-426, 429, 431, 442, 567
  Rubyfruit Jungle 67, 109, 127, 144, 419, 424-431, 442
Burke, Phyllis 108, 141
Bush, George 14, 22f., 42, 47, 55-57, 130, 505, 557, 560, 582, 619-621

Callenbach, Ernest 517
Canetti, Elias 512f.
Carter, Angela 88, 114
Carter, Jimmy 12, 16, 621
Cervantes, Miguel de 459, 479
Clinton, Bill 12, 46, 560, 619-621, 636
Columbus, Christoph 101, 241, 301, 491, 536, 602, 632, 638
Cooper, James Fenimore 66, 98f., 301, 602
Coover, Robert 132f., 503, 516, 550, 590, 616
Coupland, Douglas 622f., 625
Generation X 622-626
DeLillo, Don 59, 132
Dickens, Charles 258f., 270, 318, 350, 355, 382, 384f., 400, 584
Doctorow, E.L. 16, 19, 21, 24, 29, 32, 47, 66, 112, 129, 144, 198f., 203f.
Billy Bathgate 112, 144, 199-204
Donleavy, J.P. 74, 95, 143
Dos Passos, John 78, 87, 103, 112, 202, 567
Dove, Rita 146
Dworkin, Andrea 433, 457
Edwards, Johnathan 408
Eisenhower, Dwight 12, 18, 73, 621, 634
Eliot, T.S. 216, 547
Ellison, Ralph 67, 72f., 87, 95f., 104-107, 111f., 114, 127, 166, 168f., 171, 173, 299, 471, 484, 580, 594, 596, 610, 638
Enzensberger, Hans Magnus 463
Faulkner, William 154, 257, 259, 482
Fielding, Henry 211, 335, 437
Ford, Gerald 12

Franklin, Benjamin 247, 333, 334
French, Marilyn 317
Frost, Robert 206, 521
Gass, William H. 616
Gingrich, Newt 42, 48, 314
Ginsberg, Allen 48
Glück, Louise 269f.
Goldwater, Barry 284
Grass, Günter 258, 368, 617
Gurganus, Allan 210, 248
Hawkes, John 108f.
Hawthorne, Nathaniel 66, 337, 394, 434, 447, 520, 633
Hemingway, Ernest 149
Hebert, Ernst 622, 626f.
Mad Boys 622-630
Howells, William Dean 69, 95
Ignatow, David. 361
Irving, John 5, 33, 49f., 59, 63, 65f., 113-115, 120, 123, 125, 129, 136, 140, 142f., 147, 237, 243, 315-319, 321f., 325f., 328f., 331, 336, 339, 341f., 344f., 349-363, 365-368, 373, 375f., 378, 386f., 390f., 393, 396f., 400, 403-406, 408f., 411f., 414, 417, 436, 468, 477, 498, 535, 558, 566f., 575, 578, 581, 590f., 593, 599, 606, 611, 613, 630, 637
A Prayer for Owen Meany 33, 63, 112, 114f., 119, 125, 131, 142f., 147, 243, 318, 326, 329, 360-415, 417, 477, 531, 565, 570, 571f., 578, 584, 589, 591, 595-597, 599, 603, 608f., 615, 627
The Cider House Rules 112f., 123, 131, 143, 147, 315, 318-331, 336-360, 361, 387f., 394, 404, 414, 436, 447, 468, 525,

569, 571-573, 578f., 581, 584, 588-590, 606, 609, 615
Jacobs, Harriet 98
Johnson, Charles 9f., 12f., 15-21, 24, 31, 37f., 51, 53, 93, 104, 111, 140, 144, 163-165, 167-171, 204, 256, 396, 560, 620f.
  Oxherding Tale 112, 140, 144, 163, 164-170, 204
Jong, Erica 87f., 101, 104, 108f., 112, 136, 141, 419-424, 431, 442, 452, 602, 632
  Fear of Flying 53, 87f., 101, 109, 112, 144, 419, 420-424, 444, 602
Joyce, James 154, 237, 240, 482, 528
Kafka, Franz 77, 210
Kant, Immanuel 282
Kennedy, John F. 12, 372, 393, 395, 403, 410, 468, 532, 560, 621
Kennedy, William 50, 59, 109f., 112, 114f., 129, 131, 140, 142f., 146-148, 151, 154, 171f., 177, 179, 181f., 184, 197f., 205, 207, 239, 260, 268, 280, 468, 498, 535, 558, 566f., 575, 580, 593f., 596, 602, 609, 611, 613, 630, 637
  Quinn's Book 110, 112, 115, 119, 142, 146, 148-164, 169-198, 199, 204f., 207, 212, 229, 239, 253, 256, 260, 280, 307, 436, 447, 468, 528, 531, 565f., 571-573, 578f., 581, 584, 588f., 591, 597, 599, 609, 615, 624, 638
Kerouac, Jack 73, 101
Kesey, Ken 106
King, Martin Luther 73
King, Stephen 53, 351
Köhler, Barbara 1

Kushner, Tony 57f.
Lampedusa, Tomasi di 435, 473
Lazarillo de Tormes 69, 84, 86, 92, 121, 123, 193f., 209, 216, 222, 232, 268, 334, 414, 570, 600, 602
Lawrence, D.H. 334, 420
Lippard, George 158
Lodge, David 52
Malamud, Bernard 208, 538, 596
Mamet, David 57
Mason, Bobbie Ann 127, 130, 141
McCarthy, Mary 65f., 74
McCullers, Carson 66
McGinley, Phyllis 408
McHugh, Heather 418
Melville, Herman 77f., 88, 307f., 522f.
Miller, Henry 420
Morrison, Toni 141, 161, 165, 420, 483, 597, 616
Musil, Robert 594
Nemerov, Howard 559
Nietzsche, Friedrich 307
Nixon, Richard 12, 41, 226, 393, 433f., 460, 532, 621
Olds, Sharon 209, 619
Orwell, George 232, 485, 489, 519, 529
Percy, Walker 298f.
Phillips, Jayne Anne 51, 59, 130, 141
Piercy, Marge 65
Plath, Sylvia 66, 500
Poe, Edgar Allan 158, 299, 627
Pynchon, Thomas 5, 9, 49f., 59, 63, 78, 96, 104, 106, 110, 112-115, 120, 123, 129, 131f., 136, 140, 143, 147, 219, 258, 360, 417, 447, 468, 472, 480-494,

496f., 498-500, 502-505, 507f., 510-521, 526-536, 538-543, 545-552, 555-558, 566f., 571, 573, 575, 578f., 581, 590f., 593-596, 602, 605f., 609, 611, 624, 630, 634, 637
   Vineland 9, 63, 110, 112f., 115, 119, 123, 140, 143, 447, 468, 480, 481-521, 525-558, 570-572, 578, 584f., 588f., 591, 599, 601, 603, 608f., 615, 627-629
Quevedo, Francisco de 214, 275
Rabe, David 57
Reagan, Ronald 6-16, 18-43, 45-58, 60-63, 66, 68, 72, 85, 96, 113, 115, 117, 119, 128, 130, 140-142, 144, 147, 164, 169f., 193, 197f., 205, 246, 253, 284, 303, 314, 318, 340, 356, 358, 360f., 363, 386-390, 392f., 399, 403, 415f., 432, 435, 447, 457, 459f., 464, 480, 488f., 491f., 496, 505, 508, 510, 516, 526, 530, 532f., 539, 542, 548, 555, 557, 560-563, 567, 569, 571f., 575, 577, 581, 585f., 588, 590f., 603, 607-609, 613f., 616f., 619-622, 624, 626, 629f., 636
Rector, Liam 58f., 256
Reed, Ishmael 17, 104
Regler, Gustav 463, 464
Rexroth, Kenneth 8
Rich, Adrienne 442, 478
Robinson, Marilynne 108, 112, 140f., 144, 301, 373, 393f., 420, 520-522, 524-527, 592
   Housekeeping 108, 112, 521-527
Roosevelt, Franklin D. 30-33, 36, 327, 341, 532, 560, 621
Roth, Philip 109, 420

Rushdie, Salman 199-201, 484, 489, 515, 536
Sade, Marquis de 435, 445
Salinger, J.D. 74, 87, 89, 104, 265, 548
Schiller, Friedrich 451
Shakespeare, William 398
Shapiro, Alan 315
Silliman, Ron 58
Smiley, Jane 141
Steinbeck, John 73, 102f., 137, 299, 421, 594, 624
Strand, Mark 70
Strauß, Botho 625f.
Tenney, Tabitha Gilman 97, 109f.
Thatcher, Margaret 21
Theroux, Paul 12f.
Tocqueville, Alexis de 95
Toole, John Kennedy 67, 89, 108, 112, 127, 298
Turner, Frederick Jackson 601
Twain, Mark 35, 38f., 50, 67, 72, 76, 87, 89, 93f., 96, 99f., 102f., 105, 110, 112, 119, 127, 136, 143, 149, 155, 199, 204, 211, 299, 313f., 334, 361, 364, 367f., 379, 424, 437, 501, 546, 602, 618, 626. 631
Updike, John 59
Vernes, Jules 217
Vonnegut, Kurt 27, 106, 132, 290, 550, 590
Wedekind, Frank 435, 444, 473
West, Nathaniel 299
Whitman, Walt 177, 521, 602
Wittgenstein, Ludwig 501
Wolf, Christa 397f.
Wright, James 206

Index Begriffe

68er Generation 46, 274
89er Generation 46, 386, 625
Abtreibung 43, 250, 317, 319f., 326-328, 340f., 345, 348f., 353, 356-359, 435, 450, 458, 609
AIDS 10, 32, 55, 575
Anarchismus 131, 442f., 457f., 462-464
Antikommunismus 43, 492, 500
Antisemitismus 266, 392f.
Apokalypse 118f., 130, 136, 139, 151, 188, 298-307, 310, 407, 459, 471, 496, 531f., 535, 538f., 544, 584, 588-596, 598f., 602, 614
Assimilation 143, 165, 183, 187, 207, 385, 430, 552, 568, 573
Atombombe 299, 301
Außenseiter 50, 82, 86, 91, 125, 178, 250, 259, 368, 424f., 438, 467, 471, 473, 479, 493, 564, 595, 626
Avantgarde-Literatur 142
Befreiungserfahrung 412, 424, 446, 496, 523
Besiedlungsgeschichte 119, 609, 637
Bürgerkrieg 162, 178, 186-188, 195, 464
Écriture féminine 452-456
Eighties 1, 3, 5-16, 19f., 24, 27, 31f., 41-44, 46f., 49f., 52-64, 68f., 72, 95, 104, 107f., 111, 113, 118, 128, 131, 133, 138-142, 146f., 163f., 168, 170, 193, 197-199, 203, 205, 213, 246, 254, 256, 302, 312, 314, 323, 340f., 356, 359, 363, 365, 382, 388f., 391, 394, 412, 414f., 417, 419f., 422, 428, 435, 454, 461, 468, 472, 476, 480, 486, 489, 492f., 513, 515, 521, 525-527, 529, 545, 548, 557, 559-572, 575-584, 587-594, 598, 600f., 603-609, 612-618, 621f., 625, 630, 634-638
Eskapismus 105, 112, 139, 233, 564
Exklusion/Inklusion 3, 18, 44, 46, 61, 78, 83f., 86, 91, 126, 157, 160, 162, 329, 368, 419, 459, 524, 577, 582, 605
Familienmetaphorik 46, 113, 341, 459, 526, 562, 572f.
Fifties 13, 17, 51, 73, 74, 85, 95, 104, 106, 114, 117, 173, 178, 233, 411, 617, 633f.
Fortuna 115, 318, 425, 632
Gegenkultur 48f., 62, 113, 314, 513, 526, 534, 582, 636
Genre 1, 4f., 67, 69, 71, 78, 80, 82f., 92, 95f., 98, 101-103, 106, 127, 129, 133-141, 145, 149, 183, 212, 216, 230, 233, 235, 239, 256, 318, 409, 425, 445, 455, 497, 526, 552, 562f., 570, 604, 606, 610f., 613, 615, 618
Identität 32, 37, 46, 48, 89f., 98, 104, 106, 123, 152, 163-167, 169, 179, 184, 212, 217, 228-231, 242, 268, 280, 282, 285, 321, 339, 341, 349, 351, 354, 358, 405, 412, 423, 440, 445, 449, 452, 455, 462, 473, 495, 523, 525f., 552, 562, 568, 578-580, 626
Initiation 97, 252, 376
Intertextualität 64, 479, 549
Mainstream-Kultur 169, 509
Masochismus 143, 418, 439f., 443, 447, 448f., 480, 562, 569, 572, 578, 602, 614f.
Minimalismus 129, 130
Minoritäten 22f., 31, 163, 169, 342, 565, 568, 577, 582, 609

Mobilität 37, 97, 101f., 105, 126, 142, 150, 167, 323, 420, 442, 479, 516, 565
Moderne 73, 87, 154, 236-239, 296, 298f., 341, 411, 547, 549, 557, 583, 590, 625
Muttersuche 125, 139, 488, 525, 527, 540, 575, 628
Neopikareske 74f., 626
Nineties 6, 23, 48f., 141, 560, 573, 618f., 621f., 626, 630, 634-636
Obdachlosigkeit 2, 75, 85, 147, 522, 523, 625
Parodie 106, 120, 130, 139, 172, 174, 182, 192, 194, 238, 270, 291, 408f., 411, 430, 444, 446, 460, 473, 479, 484, 507, 517, 538, 541, 547-552, 555, 584f., 605, 611, 627, 629
Pikara 50, 84, 112, 190, 345, 419, 423, 431, 441, 456, 461, 465, 467, 470, 475, 497, 516, 522, 567, 570, 594
Pikareske/pikaresker Roman 1, 3-5, 56, 61-64, 67, 69, 71-74, 77f., 80, 83, 85, 87, 89, 91f., 94f., 97-99, 101f., 104-106, 110, 114-119, 121f., 125f., 128-130, 140-143, 146, 148, 157, 163f., 168, 170, 175, 187, 218-220, 229, 237, 254, 257, 275, 281, 283, 299f., 312-314, 316, 318, 364, 386, 400, 409f., 412, 414, 418f., 424-426, 436, 441, 455, 466, 474f., 479, 481, 485-487, 490, 521, 524, 526, 533, 540, 544, 548f., 557, 561-565, 567-570, 573, 578, 580-584, 586-590, 592-601, 604-607, 609f., 612-618, 621f., 626, 630, 636f.

Definition 67, 76-81, 91, 93, 98, 125-128, 268, 274, 300, 459, 547, 624
pikareskes Erzählen 7, 64, 66, 105, 123, 436, 604
pikareske Welt
Fortuna 115, 156, 160, 308, 335, 486, 520, 633f.
Realismus 2, 4, 26, 64, 96, 115f., 127, 129, 142, 148, 188, 211, 222, 236, 296, 313, 317, 355, 487, 508, 521, 558, 585, 594, 607, 612
Zirkularität/Zyklik 17, 19, 49, 61f., 81, 95, 116, 119, 170, 242, 297, 300, 302, 309f., 359, 404, 409f., 445, 454, 462, 474, 479, 487, 515, 524, 531f., 543, 581, 586, 588f., 592f., 595, 599f., 635
Zufall 15, 31, 69, 93, 118, 154, 166, 190, 196, 218, 230, 235, 253, 335, 353, 365, 410, 437, 594, 630
Pikaro 50, 75, 80-84, 86-94, 97, 99-101, 104, 108, 110, 112f., 121, 123, 125f., 128, 132, 139f., 143, 146, 151, 163, 169f., 172, 174, 178, 181, 183, 187, 190, 199, 204, 207f., 222, 231, 240, 243, 248, 254, 264, 268f., 293, 306f., 316, 318, 322, 329, 331, 335f., 344, 352, 354, 366, 410, 412, 414, 436, 439, 441, 469f., 494, 504, 534, 536, 564-568, 570, 572f., 578, 581f., 592, 594-596, 601f., 604, 609, 617, 631f., 635f., 638
Einsamkeit 58, 82, 84, 86, 99, 125, 170, 212, 231, 239, 252, 341, 410, 413, 440, 523, 564

Integrität 92, 99, 102, 126, 273, 304, 494, 503, 518, 607
Marginalität 22, 61, 82, 86, 119, 122, 198, 287, 302, 311, 341, 368, 385, 431, 436, 439f., 456, 464, 467, 471, 473, 478f., 516, 562-564, 567, 582, 607-609, 637
pikarische Mentalität 81, 86, 124, 174, 176, 366, 429
pikarischer Held 49, 58, 60, 62, 90, 126, 183, 578
politische Literatur 64, 66f.
politisches Erzählen 7, 60, 105, 138, 558, 616
Postmoderne 5, 56, 129, 132, 134f., 142, 210, 219, 236, 238, 296, 298f., 312f., 408, 411, 432, 449, 485, 487, 516, 534, 549, 557, 580, 583, 590, 616
Puritanismus 71, 324, 335, 340, 447, 459
Satire 76, 118, 257, 289, 294-296, 312f., 363, 460, 479, 491, 549, 555, 629
Seventies 108, 129, 136, 144, 164, 419, 424, 430, 633
Sixties 8, 9, 42, 44, 47-51, 56, 60, 62f., 72f., 106, 113f., 131, 134, 143, 198, 220, 253, 256, 258, 260, 290, 295, 304, 314, 320, 363, 386, 393-395, 397, 417, 426, 430, 461, 480f., 488, 492, 497, 504, 509, 512-515, 519, 529, 531, 535, 540, 552f., 558, 562, 569-571, 575, 592, 609, 614, 623, 627, 634, 636
Slave Narrative 99, 110, 184
Utopie 49, 92, 99, 113f., 226, 228, 248, 417, 428, 458, 461, 463f., 468, 480, 515-517, 523, 526, 534-536, 540, 556, 563, 600, 602, 627, 632, 637
Vater 36f., 39f., 87, 125, 139, 155, 158, 166, 199, 213, 215, 218, 228, 233-235, 242, 244, 253, 261-270, 273f., 276, 278f., 285f., 292, 296, 298, 311, 322, 325, 328, 332, 335, 337, 339, 342, 354, 361, 366, 381, 402f., 413, 470, 475, 495, 499, 520f., 527, 554, 570, 572, 626f.
Vaterersatz 40, 179, 262, 331, 626, 631
Vatergeneration 40, 235
Vatersuche 40f., 88, 90, 113, 125, 127, 131, 200, 222, 243, 260, 269, 359, 381, 412, 479, 504, 527
Vatersymbolik 131, 239
Vietnam 12, 23, 41, 44f., 47, 53, 59, 107, 116, 221, 225, 258, 363, 380, 386-388, 393-397, 459, 492, 514, 530, 553, 614
Zweiklassengesellschaft 17, 150, 170, 419, 563, 607f., 637

Mannheimer Beiträge zur Sprach- und Literaturwissenschaft

Zur Schriftenreihe:

Sie ist fächerübergreifend konzipiert und bietet den in ihren Verfahrensweisen immer weiter auseinandertendierenden philologischen Einzeldisziplinen Gelegenheit zur Bekundung der Gemeinsamkeit ihrer Aufgaben. Sprach- und Literaturwissenschaft müssen nicht nur Fachleuten, sondern auch der Öffentlichkeit, die sie trägt, verständlich machen können, daß sie Fragestellungen und Gegenstände von allgemeinem Interesse behandeln und daß ihre Erkenntnisse Belange aller betreffen. Es sagt etwas über die Qualität ihrer Arbeit aus, ob ihnen das gelingt oder nicht. In dieser Reihe sollen vor allem solche Beiträge veröffentlicht werden, die Sprache und Literatur als Wirklichkeit interpretierende Produktionen und ihre wissenschaftliche Erarbeitung als stets neu zu leistenden Beitrag zum Verständnis und zur Humanisierung der Gegenwart zur Geltung bringen und denen das auf eine nicht nur in Fachkreisen verständliche Art gelingt.

Weitere Bände der Reihe:

Band 51
Ralf Schuster
Antwort in der Geschichte
Zu den Übergängen zwischen
den Werkphasen bei
Reinhold Schenider

Band 50
Antje Kley
"Das erlesene Selbst" in der
autobiographischen Schrift
Zu Politik und Poetik der Selbstreflexion bei Roth, Delany,
Lorde und Kingston

Band 49
Christiane Augner
Gedichte der Ekstase in der
Literatur des 16. und 17. Jahrhunderts

Band 48
Christian v. Zimmermann (Hrsg.)
Fakten und Fiktionen
Strategien fiktionalbiographischer Dichterdarstellungen
in Roman, Drama und Film
seit 1970

Band 47
Karin Gerig
Fragmentarität
Identität und Textualität bei
Margaret Atwood, Iris Murdoch
und Doris Lessing

Band 46
Christian v. Tschilschke
Roman und Film
Filmisches Schreiben im
französischen Roman der
Postavantgarde

Band 45
Julia Mitko
Aspekt im Französischen
Eine semantisch-funktionelle
Analyse

Band 44
Karl-Bernhard Silber
Die dramatischen Werke
Sigmund von Birkens (1626-1681)

Band 43
Stefanie Hofmann
Selbstkonzepte der New Woman
in George Eliots *Daniel Deronda*
und Henry James' *The Portrait
of a Lady*

Band 42
Waltraud Fritsch-Rößler
Finish Amoris
Ende, Gefährdung und Wandel
von Liebe im hochmittelalter-
lichen deutschen Roman

Band 41
Friedrich Emde
Alfred Döblin
Sein Weg zum Christentum

Band 40
Volker Hartmann
Religiosität als Intertextualität
Studien zum Problem der
literarischen Typologie im Werk
Franz Werfels

Band 39
Ulrich Winter
Der Roman im Zeichen seiner selbst
Typologie, Analyse und historische
Studien zum Diskurs literarischer
Selbstrepräsentation im spanischen
Roman des 15. bis 20. Jahrhunderts

Band 38
Stefan Horlacher
Visualität und Visualitätskritik
im Werk von John Fowles

Band 37:
Annegreth Horatschek
Alterität und Stereotyp
Die Funktion des Fremden in den
'International Novels' von
E.M. Forster und D.H. Lawrence

Band 36:
Ulrike Weißenborn
"Just Making Pictures"
Hollywood Writers, The Frank-
furt School, and Film Theory

Band 35:
Jürgen Schwann
Georg Büchners implizite
Ästhetik
Rekonstruktion und Situierung
im ästhetischen Diskurs

Band 34:
Stefan Glomb
Erinnerung und Identität im
britischen Gegenwartsdrama

Band 33:
Jürgen Heizmann
Antike und Moderne in Hermann
Brochs "Tod des Vergil"
Über Dichtung und Wissen-
schaft, Utopie und Ideologie

Band 32:
Christine Braß / Antje Kley
"Will the parts hold?"
Erinnerung und Identität in
Toni Morrisons *Beloved* and *Jazz*.
Zwei Thesen / Two Theses

9783823356523.2